汽车技术创新与研发
系列丛书

汽车产品开发结构集成设计实战手册

开发理论+实战方法论

[加] 曹 渡 ◎ 主 编

林 业　黄力平 ◎ 副主编

刘智慧　张金生　韩 愈　孙 锌　王 岩 ◎ 参 编
陈渝祺　勾俊杰　曹征栋　高艳俊　毕有为
王志亮　姚剑锋　于兴林　孔祥勇　刘 波
　　　　　杨 月　戴家祥

STRUCTURAL DESIGN INTEGRATION
FOR AUTOMOBILE
PRODUCT DEVELOPMENT

本书站在整车集成高度系统地介绍了整车开发结构集成设计概念、流程、跨专业系统的结构集成设计，具体包括整车属性、整车集成、结构集成等内容和相互之间的关系，以及当前现状与存在的问题。本书从实战出发，以汽车产品开发流程为主线，通过大量案例具体说明结构集成优化设计技术路线或方法，重点阐述了整车开发流程、传统整车结构集成、整车NVH 和整车碰撞安全、整车结构耐久性、整车工艺制造、整车静态感知质量结构集成设计、整车轻量化正向设计、全生命周期生态设计及成本设计等内容。

本书适合从事汽车产品开发设计的工程师或项目管理人员阅读，以了解整车结构集成设计全貌，并作为工作手册查阅相关技术内容，也可作为高等院校汽车专业教材。

北京市版权局著作权合同登记　图字：01-2020-5830 号。

图书在版编目（CIP）数据

汽车产品开发结构集成设计实战手册/（加）曹渡主编．—北京：机械工业出版社，2022.3

（汽车技术创新与研发系列丛书）

ISBN 978-7-111-70280-1

Ⅰ.①汽⋯　Ⅱ.①曹⋯　Ⅲ.①汽车－工业产品－技术开发－手册②汽车－车体结构－结构设计－手册　Ⅳ.①F407.471-62②U463.82-62

中国版本图书馆 CIP 数据核字（2022）第 035864 号

机械工业出版社（北京市百万庄大街 22 号　邮政编码 100037）
策划编辑：赵海青　　　责任编辑：何士娟　戴　琳
责任校对：张　征　王明欣　责任印制：李　昂
北京联兴盛业印刷股份有限公司印刷
2022 年 3 月第 1 版第 1 次印刷
184mm×260mm・36 印张・6 插页・889 千字
0 001—1 900 册
标准书号：ISBN 978-7-111-70280-1
定价：239.00 元

电话服务　　　　　　　　　网络服务
客服电话：010－88361066　　机　工　官　网：www.cmpbook.com
　　　　　010－88379833　　机　工　官　博：weibo.com/cmp1952
　　　　　010－68326294　　金　书　网：www.golden-book.com
封底无防伪标均为盗版　　机工教育服务网：www.cmpedu.com

序

众所周知,中国在10多年前就已成为世界最大的汽车产销国,汽车制造业在综合研发实力、产业结构转型、零部件产业配套能力等诸多方面也在激烈的市场竞争中取得了长足的发展。随着互联网、大数据、人工智能和实体经济的深度融合,结合实施"制造强国"战略,中国汽车行业正在坚定不移地走智能化、网联化、电动化、绿色环保的中国特色新型工业化道路。中国制造业要实现由"中国制造"到"中国创造"的核心转变,完成制造业由大变强的历史跨越,汽车行业首当其冲,面临极大的挑战。中国汽车品牌只有通过汽车产品的正向设计开发,在激烈的市场竞争和技术革新的过程中不断创新才有机会获得成功。

汽车产品开发是一套非常复杂的流程,涉及上万个零部件的设计、验证、管控等,以及各自独立的零件、结构、系统的整合,还涉及上千家公司、上万名工程开发人员的相互合作。因此,全面地理解汽车结构集成设计与相关开发流程是必不可少的。新车型开发的整车集成工作通常包含结构(或系统)集成设计和性能集成设计两大部分。在我国汽车产品研发过程中,整车性能集成的工作开展较早,也比较成熟。整车结构集成是整车性能目标达成的基础和保障,合资品牌的结构集成设计开发都在国外进行,属于其核心技术。中国自主品牌汽车在整车结构集成领域不得不自力更生,尽管产品研发部门大都也有从事结构集成设计的相关组织机构或专业人员,但对整车结构集成设计的总体架构、技术路线及工作方法的全面理解和系统运用还十分欠缺。目前,中国汽车企业大多遵循传统整车开发设计的方法,通常是专业部门各自为政,按照整车开发目标和技术规范分解结构设计要求,形成系统级和零部件级指标,分别完成结构设计,再由整车集成部门汇总。这种工作模式忽略了整车结构(或系统)集成设计优化和引领的作用,不能很好地实现整车性能、成本、装配、重量、结构(拓扑优化)、能耗等精益设计的终极目标。

针对中国汽车行业的需求和挑战,曹渡先生组织相关领域的专家,站在整车结构集成精益设计的高度,将众多看似孤立的整车性能目标及其与各个性能目标相关的领域或专业结构设计系统地关联起来,完成这本《汽车产品开发结构集成设计》的编写,用于指导开展整车结构集成联合设计工作。这对于实现汽车产品正向联合开发、提高整车综合研发能力意义重大。

该书从整车结构集成理念和建立整车结构集成开发体系及流程开始,将各个结构集成专业领域和相应的结构设计有机地联系在一起,分别论述但彼此借鉴和支持,以实现整车各个性能目标的最佳化。其最大的特点就是从实战出发,以产品开发流程为主导,通过大量设计案例来说明结构集成优化理论与实践。值得一提的是,该书提出了一些值得学习的新理念和方法。例如:将整车轻量化设计归结到成本设计范畴,用具体案例系统地说明整车轻量化正向设计的重量目标制定、设计原则、过程管控、系统轻量化评价等一整套技术路线或方法;最后一章提出"全生命周期汽车低成本结构集成设计"理念,阐述整车全生命周期成本的构成，产品开发过程中如何从顾客角度考虑降低汽车的使用成本，直至产品使用终结对环境的影响等，符合近年来国家提出并倡导的汽车生态化设计要求。

改革开放40多年的经验告诉我们，只有掌握汽车产品研发的核心技术才能在激烈的竞争中拔得头筹，中国汽车行业的发展不能再依托高速增长的时代，当下已转变为创新的时代、精益设计和制造的时代、要质量要效益的时代，只有把创新驱动放在第一位，企业才有底气和实力向中高端发展。

在得知曹渡先生和多位行业专家将多年积累的成果和经验汇集成了一本系统性的整车集成开发设计的专业书籍时，我感到十分欣慰，并将此书推荐给行业同仁，旨在与大家一起分享和探讨，共同提高，为推动中国产品向中国品牌转变、实现民族工业的强国梦共同奋斗。

赵福全

前　言

汽车是一个具有多重属性或功能的复杂产品，虽然中国自主品牌各个子领域或专业的结构设计已趋于成熟，但如何通过整车结构集成将各个专业或系统结构设计有效地集合到一起，形成最佳机械组合来实现低成本并达到预期的各项性能或质量目标的能力仍十分缺乏，也没有专门的技术书籍对此进行比较全面的阐述。本书就是基于这一重要技术需求而编写的。

一般来说，整车集成可以分解为性能集成与结构集成。结构集成又称为物理集成或系统集成，是将不可分解的零件经过合理设计逐一层层装配为部件或系统，反复平衡和优化形成最佳的结构组合的过程。其实每个专业，例如动力总成、底盘、车身、电器等，都是零部件结构集成设计的集合。本书是站在整车结构集成的高度，按照产品开发流程，首先根据整车性能或质量目标需求，创建或诠释一系列整车结构集成设计要求，并分解到各个专业领域作为其系统设计的依据；整车结构集成牵头人与各个专业或系统结构设计人员反复沟通与协作，引导各专业完成系统结构设计；再将各个专业或系统结构设计集成到一起，利用虚拟验证工具、模型或样件模拟、评审或评价方法检查与评估各项整车属性指标达成风险；最终基于整车平台架构、总布置、人机工程、碰撞安全、NVH、可靠耐久、装配质量、感知质量、质量和成本等整车指标综合平衡与优化整车结构组合与匹配，将各个系统结构设计有效地整合到一起，使新开发车型的功能、性能、质量、成本等达到预期的目标。本书的特点是从实战出发，通过大量案例来说明结构集成优化设计方法或技术路线。

本书第1章阐述了整车属性、整车集成与结构集成等内容和彼此之间的关系，以及当前现状与存在的问题。

第2章从整车开发流程入手，介绍整车结构集成开发内容及技术文件体系、设计所要遵循的性能目标的设定方法及验证手段，以及整车虚拟验证优化设计体系和评价方法。

第3章论述了整车总布置和人机工程等传统整车结构集成设计，也重点介绍了整车平台架构与模块化相关内容，详细论述了传统的整车结构集成设计的分析理念、原则、内容、流程、方法和工具，以及未来发展趋势，并分享了相关技术分析案例。

第4章阐述了整车性能中的重要属性：整车NVH性能和整车安全性能，其分别对应着用户的乘坐舒适性和安全性，从整车结构集成的角度，分别介绍了这两个性能的目标设定与分解、结构集成设计、虚拟验证以及典型的性能集成案例，并对传统燃油车和新能源车的结构设计差异性进行了比较。

第5章从整车集成的角度介绍了整车结构耐久性的开发，质量、可靠性、耐久性的关系及特点。重点说明产品开发阶段可靠性结构集成的内容；首次提出汽车索赔率可靠性目标的设定及分解方法，以及可靠性试验开发的几种常见的规划方法；着重介绍汽车主要耐久性失效与整车性能的关系，同时概括地介绍汽车耐久性开发的体系和流程。

第6章站在整车工艺制造高度来说明如何通过结构集成设计出高质量汽车的方法。围绕公差尺寸目标设定、分解、设计和管控，沿着产品开发不同阶段顺序系统地介绍尺寸工程设计方法，即定位系统设计、功能尺寸设计、尺寸链分析、尺寸稳健性设计等，并从实战角度重点叙述整车结构集成尺寸匹配与验证方法。

　　第7章介绍了为顺应近年来汽车市场对汽车颜值、做工及车内环境提出的更高要求，而产生的整车静态感知质量结构集成设计。详细介绍了感知质量目标设定、评价与管控方法。通过大量设计案例来说明精致工程结构集成设计方法，并结合智能网联发展说明感知质量设计未来走向与趋势。

　　第8章首先介绍了当前汽车轻量化开发工作现状和发展趋势，以及规划编制方法。在行业内率先提出整车轻量化正向设计开发流程及技术路线，并通过典型案例说明实施方法；首次系统地阐述了整车轻量化多维度重量目标制定与评价体系及其应用。也介绍了新兴轻量化材料和工艺，以及重点系统或关键零部件的轻量化结构集成设计。

　　第9章系统全面地介绍了汽车设计、制造、使用，直至回收利用的全生命周期生态设计，及其相关成本分析及降本案例。聚焦顾客在汽车使用过程中如何降低成本，如降低能耗、降低维修成本、降低保险费等相应的结构集成设计原则和案例；从全生命周期汽车产品对环境和全球能源消耗的评价角度说明生态设计选材及其工艺路线的最新观点；阐明汽车轻量化减重降本结构集成设计思路，重点提出电动汽车"成本对冲"的辩证理念与实践方法。同时结合本书各个章节内容，列举性能目标合理选择、造型同步工程和结构虚拟验证等实际案例说明降低开发制造成本的结构集成设计。首次提出"首先失效设计原则""车身节点增强减重法"等创新结构优化设计方法，以及简化装配设计等低成本结构集成设计理念，并通过典型案例进行说明。

　　值得一提的是，鉴于当前电动汽车的迅速发展，本书相关各章对电动汽车结构集成设计有专门的阐述，针对电动和燃油汽车的结构设计差异也有相关说明。

　　本书由曹渡确定总体思路及基本观点，林业、黄力平具体负责组织统稿。其中，第1章由曹渡撰写；第2章由杨月撰写；第3章由戴家祥撰写，陈渝祺、匀俊杰补充完善；第4章由王志亮和姚剑锋撰写；第5章由林业和黄力平撰写，曹征栋补充完善；第6章由于兴林撰写，高艳俊补充完善；第7章由孔祥勇撰写，毕有为、刘智慧补充完善；第8章由刘波撰写，张金生补充完善；第9章由曹渡撰写，孙锌、韩愈、王岩补充完善。

　　由于编者水平有限，书中不妥及疏漏之处在所难免，恳请读者提出宝贵意见。

编　者

目 录

序
前言

第1章 整车集成与结构集成概述 ………… 1
1.1 汽车产品的正向开发 ………………… 1
1.1.1 汽车产品的正向开发过程 ………… 1
1.1.2 汽车产品的整车属性 ……………… 1
1.1.3 整车属性技术指标分解和转化及目标达成 ………………………… 5
1.2 汽车产品开发中的整车集成与结构集成 ……………………………………… 6
1.2.1 整车集成与结构集成的关系 ……… 6
1.2.2 整车结构集成的任务和目标 ……… 7
1.3 整车结构集成设计现状与问题 ………… 7
参考文献 ……………………………………… 9

第2章 整车结构集成开发体系与技术路线 ……………………………………… 10
2.1 整车集成开发体系与流程 ……………… 10
2.1.1 汽车产品开发体系与流程 ………… 10
2.1.2 整车结构集成设计开发流程 ……… 11
2.2 整车结构集成开发内容及技术文件 …… 12
2.3 整车性能指标的制定与分解 …………… 16
2.3.1 产品定义与整车性能开发策略 …… 17
2.3.2 整车性能目标的制定与分解 ……… 21
2.3.3 整车性能目标的验证 ……………… 31
2.4 结构集成CAE虚拟验证优化设计体系 ……………………………………… 33
2.4.1 建立CAE虚拟验证优化体系的意义 ……………………………… 33
2.4.2 虚拟验证优化设计体系 …………… 34
2.5 汽车产品设计同步工程 ………………… 38
参考文献 ……………………………………… 41

第3章 传统的整车结构集成设计 ………… 42
3.1 整车平台架构与模块化 ………………… 42
3.1.1 平台、架构与模块化定义和关系 ………………………………… 42
3.1.2 主流汽车企业的平台架构开发概述 ………………………………… 44
3.1.3 模块化平台架构开发与实施 ……… 47
3.1.4 电动汽车平台架构开发特点与策略 ………………………………… 49
3.2 整车总布置集成设计 …………………… 52
3.2.1 整车总布置集成设计的主要特点、内容及逻辑关系 ……… 52
3.2.2 整车型式和主要参数选择 ………… 58
3.2.3 整车姿态 …………………………… 84
3.2.4 下车体集成布置 …………………… 91
3.2.5 整车产品设计阶段的法规适应性分析 ………………………………… 116
3.2.6 整车水管理 ………………………… 120
3.2.7 新能源汽车的保安防灾 …………… 127
3.2.8 电动汽车与燃油汽车总布置设计差异分析 ……………………………… 130
3.3 整车人机工程 …………………………… 133
3.3.1 驾乘人体坐姿分析 ………………… 134
3.3.2 视野分析 …………………………… 144
3.3.3 乘坐舒适性 ………………………… 169
3.3.4 操作舒适性 ………………………… 178
3.3.5 整车人机工程的未来发展 ………… 187
参考文献 ……………………………………… 188

第4章 整车NVH和碰撞安全性能结构集成 ……………………………………… 190
4.1 整车NVH性能 …………………………… 190
4.1.1 整车NVH性能开发目标设定与管理 ………………………………… 190
4.1.2 路况NVH性能分析及验证 ……… 198
4.1.3 发动机NVH性能分析及验证 …… 203
4.1.4 风噪声NVH性能分析及验证 …… 206

4.1.5 异响 NVH 性能分析及验证 ……… 208
4.1.6 纯电动车与燃油车差异性分析 … 213
4.2 整车安全性能 …………………… 216
  4.2.1 整车安全开发目标设定 ……… 216
  4.2.2 整车安全开发目标分解 ……… 219
  4.2.3 整车安全结构集成设计 ……… 224
  4.2.4 整车安全结构集成设计虚拟
     验证 ………………………… 229
  4.2.5 纯电动车与燃油车碰撞结构设计
     差异 ………………………… 232
参考文献 …………………………… 234

第5章 整车可靠性和耐久性结构集成 …………………………… 235

5.1 汽车产品的全生命周期 ………… 235
  5.1.1 汽车产品的全生命周期简介 … 235
  5.1.2 汽车产品的质量、可靠性和
     耐久性 ……………………… 237
5.2 汽车产品的可靠性开发 ………… 238
  5.2.1 可靠性工程概述 ……………… 238
  5.2.2 可靠性工程与产品开发集成 … 238
  5.2.3 可靠性目标定义及分解 ……… 239
  5.2.4 可靠性试验开发 ……………… 241
5.3 汽车结构的耐久性 ……………… 243
  5.3.1 汽车耐久性的失效与整车性能 … 243
  5.3.2 汽车结构的耐久性与量化指标 … 248
5.4 汽车产品的结构耐久性开发 …… 250
  5.4.1 汽车产品耐久性设计的总目标 … 251
  5.4.2 汽车产品耐久性目标的分解 … 251
  5.4.3 汽车产品结构耐久性的开发体系
     和流程 ……………………… 254
  5.4.4 汽车产品的耐久性试验与用户
     关联 ………………………… 257
5.5 整车性能导向的结构耐久性开发 … 260
  5.5.1 结构的刚度与整车性能 ……… 260
  5.5.2 结构的强度与整车性能 ……… 275
  5.5.3 结构的疲劳寿命与整车性能 … 280
  5.5.4 结构的稳定性与整车性能 …… 283
5.6 汽车结构的性能集成 …………… 284
  5.6.1 结构耐久性、NVH 性能、碰撞安全
     性能的结构集成 …………… 285
  5.6.2 悬架设计与整车性能 ………… 288
参考文献 …………………………… 289

第6章 整车尺寸结构集成设计与验证 …………………………… 290

6.1 整车尺寸结构集成及目标设定与
  评价 ……………………………… 290
  6.1.1 整车内外观尺寸目标设定 …… 291
  6.1.2 整车内外观尺寸目标的评价
     方法 ………………………… 297
  6.1.3 整车功能集成尺寸目标设定 … 299
6.2 基于结构集成的尺寸目标分解 … 300
  6.2.1 整车结构集成的定位系统设计与
     案例 ………………………… 301
  6.2.2 整车尺寸目标的分解与虚拟
     验证 ………………………… 310
  6.2.3 GD&T 产品图样与 3DPMI …… 324
6.3 同步工程校核与结构集成尺寸优化 … 325
  6.3.1 尺寸设计检查 ……………… 325
  6.3.2 尺寸目标修正与结构优化设计 … 326
  6.3.3 尺寸稳健性结构设计与优化 … 329
  6.3.4 尺寸稳健性的工装设计标准 … 330
6.4 结构集成的尺寸验证 …………… 332
  6.4.1 零部件尺寸匹配验证 ………… 332
  6.4.2 工装的物理验证 ……………… 337
  6.4.3 尺寸波动的工艺验证 ………… 342
  6.4.4 整车级尺寸物理验证 ………… 343
6.5 尺寸目标测量与达成 …………… 347
  6.5.1 零部件尺寸测量与验收 ……… 347
  6.5.2 白车身尺寸测量与匹配 ……… 350
  6.5.3 整车尺寸测量与匹配 ………… 352
参考文献 …………………………… 355

第7章 整车静态感知质量结构集成设计与评价 …………………… 356

7.1 静态感知质量设计开发概况及核心
  方法的运用 ……………………… 356
  7.1.1 整车静态感知质量设计开发
     概况 ………………………… 356
  7.1.2 整车静态感知质量评价要素 … 357
  7.1.3 整车静态感知质量评价维度
     介绍 ………………………… 360
  7.1.4 整车静态感知质量目标建立及管控
     流程 ………………………… 376
7.2 整车静态感知质量结构集成设计
  评价 ……………………………… 383

7.2.1 造型阶段静态感知质量结构集成评价 …… 383
7.2.2 工程数据阶段静态感知质量结构集成评价 …… 391
7.2.3 实车阶段静态感知质量结构集成评价 …… 397
7.3 精致工程结构集成设计案例分析 …… 401
7.3.1 典型的造型结构集成案例分析 …… 401
7.3.2 典型的内外饰结构集成案例分析 …… 403
7.3.3 典型的电气结构集成案例分析 …… 404
7.3.4 典型的安全性结构集成案例分析 …… 406
7.3.5 典型的整车气味性感知质量优化案例分析 …… 407
7.4 整车静态感知质量设计未来发展趋势 …… 409
7.4.1 电动汽车与燃油汽车静态感知质量评价差异性 …… 409
7.4.2 目标群体关注的整车感知质量亮点发展趋势 …… 416
参考文献 …… 422

第8章 整车轻量化开发结构集成设计 …… 423
8.1 整车轻量化概述 …… 423
8.1.1 轻量化意义与工作内容 …… 423
8.1.2 轻量化开发技术现状和发展趋势 …… 424
8.2 整车轻量化正向开发流程及技术路线 …… 432
8.2.1 整车轻量化设计开发流程及影响因素 …… 432
8.2.2 整车轻量化技术规划 …… 436
8.2.3 整车轻量化正向设计技术路线 …… 438
8.3 整车开发重量目标制定、评价及管控方法 …… 439
8.3.1 整车重量管控概述 …… 439
8.3.2 整车轻量化多维度重量目标制定、分解和评价体系 …… 440
8.3.3 整车重量管控工作内容、现状、问题与解决方案 …… 450
8.4 轻量化材料与轻量化工艺 …… 452
8.4.1 轻量化材料 …… 452
8.4.2 轻量化工艺 …… 457
8.5 整车轻量化结构集成设计与典型案例 …… 460
8.5.1 低成本整车轻量化集成设计技术与典型案例分析 …… 461
8.5.2 轻质材料车身轻量化集成设计技术 …… 469
8.5.3 车身结构优化集成设计 …… 480
8.6 重要零部件轻量化结构集成设计与案例分析 …… 484
8.6.1 底盘重要零部件轻量化设计开发 …… 485
8.6.2 内外饰重要零部件轻量化设计开发 …… 492
8.6.3 动力蓄电池包轻量化设计开发 …… 501
参考文献 …… 506

第9章 全生命周期汽车低成本结构集成设计 …… 507
9.1 全生命周期汽车生态与成本设计 …… 507
9.1.1 汽车生命周期评价的概念与政策 …… 507
9.1.2 全生命周期汽车生态设计理念与实践 …… 510
9.1.3 成本设计工作方法与全生命周期成本构成 …… 515
9.2 汽车使用期间的低成本结构集成设计 …… 519
9.2.1 降低行驶能耗的技术方案概述 …… 519
9.2.2 节能降耗的整车轻量化低成本设计 …… 521
9.2.3 降低汽车维修和保险费用的结构集成设计 …… 525
9.2.4 汽车全生命周期生态设计案例及材料选择 …… 531
9.3 低成本产品开发结构集成设计 …… 536
9.3.1 结构集成优化设计方法与典型案例 …… 536
9.3.2 造型同步工程中的低成本结构集成设计 …… 544
9.3.3 结构集成创新构想与虚拟验证拓扑优化设计 …… 549
9.3.4 低成本最简装配结构集成设计 …… 551
参考文献 …… 563

第 1 章 整车集成与结构集成概述

汽车是一个具有多重功能属性的复杂产品,只有通过整车结构集成将各个专业或系统结构设计有效地整合到一起,形成最佳机械组合,才能达到预期的各项整车属性目标。本章重点介绍汽车产品主要属性,整车集成、性能集成与结构集成的关系,整车结构集成的任务和目标,以及整车结构集成在产品正向开发的现状及面临的主要问题。旨在帮助读者了解整车集成与结构集成的基本概念及内容,为后续章节的阅读打下基础。

1.1 汽车产品的正向开发

1.1.1 汽车产品的正向开发过程

一般来说,从决定新产品开发意向开始到产品可以在市场上销售的整个过程称为产品开发。汽车产品开发、生产、销售、使用等各个领域,是一个巨大而复杂的系统工程。一款全新汽车产品的正向开发、生产和销售过程要经历产品企划、整车属性指标定义、造型、产品设计与验证、供应商确定与采购、样件和样车的制造与试验验证、产品公告及认证、生产设备的制造、安装与调试、规模化生产、销售和售后服务等各种活动。一个全新设计或基于自身平台部分更新设计的产品开发称为产品的正向开发设计,通常这个过程需要的时间在12~48个月之间。

1.1.2 汽车产品的整车属性

汽车是一种全球拥有量巨大、销售范围较广、存在时间较长的复杂机电商品。它作为一种交通和运载工具,具有载人、载货、长时间和长距离行驶的功能属性;作为一种个人使用的商品,需要具有容易使用、安全、方便、舒适、美观、经济、可靠和耐用等各种特征属性;作为企业大规模工业化生产的产品,要求具有经济性、生产连续和一致性、质量保障等属性;它同时也会影响到社会与环境,因此国家或政府针对汽车产品制定了各种法规或标准,以确保其健康、节能、环境保护等社会属性。汽车产品的使用者、生产企业和政府管理部门对汽车产品的众多要求,构成了汽车的整体通用特性,这被称为汽车产品的整车属性。它表述了汽车使用者、生产企业、政府或社会关注的汽车通用特性或总体指标。

汽车企业对汽车的整车属性的定义和分类大体类似。本书将汽车产品的整车属性归纳为以下15类。

1. 造型和感知质量

造型是指汽车整体形状或风格及颜色搭配,是给客户的第一个感观印象。除了整体造型之外,汽车外表、内饰的精细程度及制造质量也是客户对所关注车型的第一感性认识,称为静态感知质量。它包括视觉、触觉、听觉、嗅觉以及乘坐舒适性与方便性感受。

2. 功能与配置

汽车需要满足市场或顾客需要的各种功能要求，以及车辆结构配置、动力性配置、功能配置、智能网联配置、舒适性配置、档次性配置等用户关心的车辆基本配置要求。

3. 总布置

汽车的总布置主要包括平台架构、机械布置和人机工程。平台架构是在架构原则的指引下，通过各种公用模块来搭建具有不同属性特征的平台。机械布置是指汽车内部各个功能系统的空间分配和尺寸制定的设计约束，即将构成整车的各个系统通过优化平衡的方案整合到一起的过程。人机工程则是从人的生理和心理特点出发，研究人、机、环境相互关系的设计与布置。

4. 温度适应性能

汽车的使用环境可以从冰天雪地到烈日炎炎。汽车产品必须能够在这些温度下正常工作，并且为乘员提供舒适的环境条件。汽车的温度管理涉及所有与温度相关的性能，包括空调系统、车辆的热管理、除霜化冰和车辆在低温下的冷起动性能等。

首先，汽车给乘员提供的空间是一个封闭的空间。车内的环境温度调节对于乘员乘坐的舒适性至关重要。空调是提供车内暖风和降温的系统。空调系统的性能是车辆温度管理的一个重要方面。车辆的热管理还包括发动机舱内部的热平衡和热防护，要确保车辆在各种极端温度和驾驶条件下的各种水温或油液温度在正常工作范围；要保证热源周围的零部件满足热防护的要求，不会出现因高温而失效或者性能下降。汽车在低温或冰雪条件下的除霜化冰是汽车使用的基本保障功能之一。在极冷条件下，车辆的冷起动性能也是车辆的重要性能之一。这些性能都属于温度适应性特征范畴。

5. 电子电器性能

汽车的电子电器设备包括灯光、车辆信息显示、人机交互界面（Human – Machine – Interface，HMI）和娱乐系统。电子电器性能包括在极限条件下（如过载）电子电器设备的性能、电器系统零部件抗电磁辐射干扰能力（电磁兼容性），以保证汽车的电子电器设备不会因为在容许的极限工作条件下和电磁环境中功能丧失或性能衰减。

6. 车辆动力学性能

车辆动力学表述汽车行驶操作时的性能，包括操纵稳定性、平顺性、制动性能和转向性能等，是车辆行驶的基本性能。

操纵稳定性是指汽车在行驶状态下能否完全按照驾驶员的操作完成改变运动方向和运动速度，且当遭遇外界干扰时，汽车能够抵抗干扰而保持稳定行驶的能力。它包括转向回正、稳态回转、转向轻便、蛇形行驶和直线行驶时车辆的稳定性等。

平顺性是指汽车在行驶状态下，由于路面不平而引起的座椅振动对乘员舒适性的影响程度。

制动性能是指汽车在制动过程中表现出来的良好程度，包括制动距离、制动稳定性、踏板感觉、ABS 性能等。

转向性能是指汽车在静止或行驶过程中能否根据驾驶员通过转向盘转向操作实现车辆（或车轮）转向功能的便利性和准确性。它包括转向盘转向力的大小和转向盘的转向回正性能等。

7. 动力性、动力经济性和驾驶性

汽车动力是汽车最重要的属性之一，与动力有关的汽车性能有动力性、动力经济性和驾驶性。

动力性体现车辆动力的强劲程度，通常用户认为汽车在路口停车后的起步加速快、高速行驶中超车并线敏捷是动力性好的表现。实际上，动力性指标包括最高车速、百公里加速性能、中高速加速性能、爬坡性能和牵引能力等。动力经济性也称能耗经济性或能耗，是指汽车以最少的能源消耗量完成单位运输量的能力。对于燃油汽车，评价指标为标准设计载荷下行驶每百公里消耗的燃油量（简称油耗）；而电动汽车评价指标则是标准设计载荷下行驶每百公里消耗的电量（简称电耗）。动力经济性的指标包括等速能耗、综合能耗、续驶里程等。驾驶性是评价车辆在起动、熄火、怠速、加减速、换档、巡航、轻踩加速踏板、快松加速踏板等工况下的性能反馈。

8. 噪声、振动（NVH）

NVH 是噪声（Noise）、振动（Vibration）和粗糙度（Harshness）的英文缩写。噪声是车内人员不希望听到的声音；振动是车内人员在驾乘过程中身体的感受；粗糙度也是人体感知舒适性的衡量。NVH 的噪声或振动源通常来自动力系统、道路状况及风力大小。

9. 全生命周期的产品性能

汽车全生命周期的产品性能是指产品在其全生命周期内保持其功能与性能以及市场剩余价值的能力。这是一项比较特殊的产品性能，因为它跨越较长的时间范围，有较长的时间因素，更多地体现在产品售后的长期使用中。

汽车企业通常从多个方面考察汽车全生命周期的产品性能，如客户的满意度、结构的耐久性、动力总成的耐久性、耐蚀性、抗老化性、质量、维护和保养性、可修理性、回收与再利用性、质保索赔与成本、二手车市场价值等，可归结为整车功能的可靠性、设计的可靠性和制造的可靠性。耐久性是指在长期和正常的使用条件下，产品在一定衰减情况下还能保持其功能和性能、不发生失效的能力。

10. 安全性能

汽车的安全性能是指所有汽车预防交通事故发生和在交通事故发生时减少乘员和行人伤害的功能。汽车的安全性能包括主动安全、被动安全、灯光和信号安全。

主动安全是指车辆在碰撞发生前，对车辆进行主动控制以避免事故发生或减轻事故损伤的能力。目前，智能驾驶汽车增加了各种传感器和车辆自动控制功能，能够发现和识别险情、自动控制车辆回避险情或避让其他车辆，从而避免车辆事故。被动安全是指当车辆发生碰撞时，最大限度地减少车内人员和行人受伤的能力。当前，车辆碰撞能力测试的工况包括正碰、偏置碰、侧碰、后碰等。灯光和信号安全包括灯光和警示信号装置的视觉效果等。

11. 水管理性能

汽车的水管理性能包括整车涉水能力和密封性能，主要是保证车辆在设计容许水位高度涉水，以及在雨雪中正常行驶；正常洗车时车内不会进水；停车浸泡在规定高度水中不影响车辆的正常使用等。

12. 空气动力学性能

空气动力学性能是指车辆在行驶中空气与车辆相对运动，沿着车辆的表面、穿流空间和间隙形成的气流对车辆造成的阻力作用，主要的性能参数是整车风阻系数。

13. 生态环保性能

国家正通过制定和逐步实施生态汽车评价相关法规，提出在汽车产品全生命周期内，对人体健康、环境影响、能源消耗等方面进行综合评价与认证。其内容包括车内空气质量、车内噪声、有害物质、尾气排放、综合能耗，以及材料回收利用和汽车生命周期碳排放量等指标。

14. 重量

重量是汽车产品的一个基本属性，主要指汽车自身的重量。整车的重量直接影响车辆的动力性、动力经济性和成本，是一项非常重要的整车属性指标。

15. 全生命周期成本

全生命周期成本构成是站在购车消费者立场，通过分析和研究产品原材料制备、工艺制造或装配过程，以及销售、使用、维修、回收、报废等汽车产品全生命周期中各个阶段的成本耗费构成汇总而得到的。

将以上整车属性内容精简归纳总结在表1-1中。

表1-1 汽车产品整车属性

序号	整车属性名称	整车属性主要内容
1	造型和感知质量	汽车整体造型风格、颜色搭配及汽车静态感知质量
2	功能与配置	用户直接关注的车辆基本功能和配置信息
3	总布置	主要包括平台架构、机械布置和人机工程
4	温度适应性能	空调系统、车辆的热管理、除霜化冰和车辆在低温下的冷起动性能
5	电子电器性能	灯光、车辆信息显示、人机交互界面和娱乐系统的功能和性能
6	车辆动力学性能	操纵稳定性、平顺性、制动性能和转向性能
7	动力性、动力经济性和驾驶性	最高车速、百公里加速性能、爬坡性能和牵引能力、等速能耗、综合能耗、续驶里程，车辆在起动、熄火、急速、加减速、换档、巡航、轻踩加速踏板、快松加速踏板等工况下的性能
8	NVH	噪声、振动及人体感知舒适性
9	全生命周期的产品性能	客户满意度、产品的可靠性、耐久性、质量、维护和保养性、可维修性、质保索赔与成本、市场剩余价值
10	安全性能	车辆碰撞前的主动安全、碰撞过程中的被动安全，还有灯光和信号安全
11	水管理性能	整车涉水能力和密封性能
12	空气动力学性能	空气流场与风阻系数，以及发动机舱热害
13	生态环保性能	健康、节能、环境保护
14	重量	整备质量
15	全生命周期成本	原材料制备、工艺制造或装配过程，以及汽车销售、顾客使用、维修与保养、回收与报废等各个阶段的成本汇总

汽车的整车属性是随时代的变化、技术的进步、人们需求的增加、政府管理的加强和汽车产品的升级不断发展和变化的，并且仍然在变化和发展中。例如，静态感知质量、生态设计或环保性等都是近十年内发展起来的整车属性要求。当今汽车发展的一个新趋势是汽车的电动化和智能化。例如，随着智能网联化的迅速发展，传统动力总成将向电动化转型，电子

电器软件架构很快将作为汽车开发的主要属性之一。

从汽车总体属性或特征可以看出，复杂的汽车产品为满足用户及法规等要求，在产品设计开发过程中就必须考虑各种技术属性要求。例如：在产品设计时，必须考虑满足使用者需求的配置和功能属性；满足结构设计要求的设计属性（如总布置）；满足政府要求的社会属性（如生态环保）；生产制造企业需要管控的经济属性（如成本）等。因此，在汽车开发过程中各类属性都需要制定相应的技术指标加以管控。

1.1.3 整车属性技术指标分解和转化及目标达成

综上所述，汽车产品的技术特征可以用整车属性来表达。对于特定新开发车型的整车各项技术属性主要是根据新车型产品开发商品性战略目标和定位要求决定的，其整车属性的综合技术表现指标主要由"整车产品设计任务书"中的"整车技术规范"（Vehicle Technical Specifications，VTS）来表述。VTS 技术指标对一辆汽车的各项技术属性进行综合的定义或评价，涵盖了整车技术属性所有内容。它将整车的每个属性都展开为多个具体量化或可评测的技术指标。整车是否达标的评测也是根据这些目标值（上百个）而进行的，评价可以是客观量化的，也可以是主观对标评测。然而，要保证整车技术指标的真正落地，必须将整车各项指标分解并体现在相关系统和零部件结构设计上，并在系统及零部件结构设计规范或技术要求中具体体现，作为各级结构设计检查或验收依据。例如，针对整车功能属性的性能评价：功能属性是产品实现某种行为的表达，性能是功能属性能力的优劣描述，即该功能属性好与差的度量。通过 VTS 中大量整车性能评价目标值，就可以比较完整地表述其功能属性的客观表现，是否达到产品初始战略目标或定位要求。同时，整车性能目标还需要进一步分解到各个系统或总成，直至零件的性能目标要求中去，并逐级通过性能指标验证，才有可能保证整车各项性能目标的达成，这又称为性能开发设计，相关内容将在第 2 章中详细叙述。值得一提的是，性能目标必须真实地反映用户的需求，整车性能没有最好，只有最合适，这也是汽车产品正向设计开发原则。

整车层面的 VTS 指标不仅需要继续往下分解，还要同步进行属性目标转化与控制（Attribute Transform & Control，AT&C），即将整车属性目标向各个总成或系统，直至底层零件分解；在形成各级技术评价指标的同时，还需将评价技术指标要求转化为系统或零部件结构设计技术规范。通过指标分解，使各系统明确围绕整车属性目标达成进行相关工作，并以此来确定系统、总成和零件具体控制因素和主要参数等。例如整车加速性能目标的实现，一般可由整车发动机大小、动力系统传动效率、整车重量等主要因素决定。当发动机和传动效率初步确定之后，整车重量就成为达成预定整车加速性能目标的关键要素。而不同的整车重量又决定了整车关键系统或总成的结构和工艺技术方案，并带来相应的整车成本变化。这就需要综合协调或平衡动力性能目标，以及动力选型和重量等目标，从而提出明确的技术参数指标要求及相关结构集成设计要求。而针对指定的整车重量目标，又要逐级分解到各个系统，分配给系统不同的重量目标意味着不同的材料和工艺选择，以及不同的系统结构集成设计技术方案选择。这种基于整车众多的综合属性指标层层分解到零部件层级，并同步转化为结构设计技术要求或规范；之后再从零部件材料、工艺、结构设计逐级集成为系统或总成，并按照分解的系统或总成的性能目标要求检查或验证结构集成设计，最终形成整车结构集成设计，满足整车各种属性目标要求的过程，就是整车属性技术目标达成的技术路径或方法，可由图 1-1 来表达。

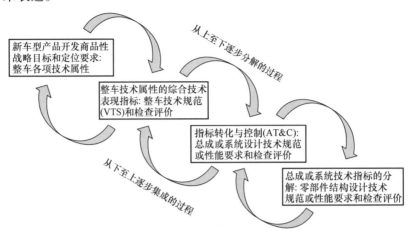

图 1-1　整车属性目标的分解和转化及目标达成技术路径

1.2　汽车产品开发中的整车集成与结构集成

1.2.1　整车集成与结构集成的关系

从一般意义上说，集成就是组合，是一些孤立的单元通过某种方式改变原有的分散状态集中在一起，相互产生联系，从而构成一个有机整体的过程。汽车就是一个典型集成的产品。

汽车是一种具有可驾驶性、可承载性和安全舒适性等多重属性的交通工具。燃油汽车主要由发动机、底盘、车身和电子电器等系统组成。一般的轿车由上万个不可拆解的独立的零部件组成，其零部件总数甚至可以达到 3 万个之多。然而，汽车并不是一个通过简单机械堆积而成的产品。当新开发车型战略目标和定位确定之后，代表整车各项技术属性的 VTS 指标也随之初步设定，并分解为系统、子系统、零部件级相应性能目标和相应结构设计技术要求；以造型和整车各个属性指标达成为目标的汽车产品结构设计同步开展起来；借助各种虚拟验证或快速验证工具的反复验证，结构集成对各个单元零件、子系统、系统、总成进行不断反复优化组合；整车结构集成以 VTS 整车属性指标为目标，最终将各个系统或总成有效地匹配与集成，完成整车装配；然后通过性能集成对整车反复进行各项性能指标的标定、匹配及评价；有时还需同步适当调整或平衡 VTS 各项指标之间的关系与目标值；最终实现满足整车 VTS 上百个指标的整车各项属性要求。这个不断调整、组合、优化与平衡的过程被称为汽车的整车集成。

一般来说，整车集成可以分为性能集成与结构集成，结构是性能的载体，性能是结构的灵魂。结构集成又称为物理集成或系统集成，是从不可分解的零件经过合理设计逐一层层装配为系统或总成，反复平衡和优化形成最佳的结构组合的过程，它是实现或达成预期的整车性能目标或其他属性目标的基础。每一个系统或总成都是结构集成的产物，因此，每个专业或领域都有结构集成设计，例如动力总成、底盘、车身、电器等。而整车结构集成是站在整车高度的系统集成,首先根据整车属性目标要求,创建或诠释一系列相关结构集成设计目标和技术要求,并分解到各个专业领域作为其系统和零部件设计的依据;并采用本书中各个章节提及的方法和工具,通过与各个系统结构设计反复沟通与协作,引导各专业完成合理的结构设计;再将各个专业系统结构设计整合到一起,利用虚拟验证工具、模型或样件试验、评审或评价方法检查与评估整车结构集成设计数据各项性能指标达成风险,进行整车结构集成有效的组合与匹配;基于对整车平台架构、总布置、人机工程、碰撞安全、NVH、可靠耐久、装配质量、感官品质、重量和成本等跨专业整车质量或属性指标进行综合平衡与优化,使新开发车型的各项整车属性达到预期的目标。

1.2.2 整车结构集成的任务和目标

汽车是一个多系统、由零部件集合而成的产品。各专业根据分解的技术要求或条件分别开展其结构设计,由于各自站在本专业的角度或立场,在整车结构集成层面常常会产生冲突。例如对于前轮减振塔的结构刚度要求,从整车碰撞角度设计,希望在碰撞过程中能够容易变形吸收能量,而从NVH提高车身刚度和稳定性而言,又希望更加刚硬,这就需要整车结构集成专家来平衡或协调双方技术方案,达成结构设计目标共识。另外,满足零件、系统和总成技术要求的结构设计也可能有多种设计方案,而不同系统结构集成方案的设计组合会导致整车VTS各项指标产生不同结果或差异。整车结构集成的任务是从整车目标属性的角度出发,通过对各个系统机构设计提出相关技术要求或条件,从而指导相关的结构设计和系统组合的开发,使得各个系统在统一的约束和条件下开展零部件或系统设计工作,在开发的过程中反复不断地检查、评估、平衡和优化,以便满足整车各项属性指标。整车结构集成的目标是在系统工程意义下形成最优化组合,最终达成整车技术属性各项指标的最佳效果或平衡。

1.3 整车结构集成设计现状与问题

汽车是一个复杂的机电产品,由众多的零件和系统组合而成。在一个限定的时间里,要完成从策划、造型、结构集成设计、性能匹配和评价等工作,并有序地批量生产装配成一辆辆整车,并且满足车辆所要求具备的各种特征属性,是一个复杂的系统工程。整车预定的特征属性是由各个系统和零部件结构集成逐步形成的,而在汽车产品开发设计过程中,所有的系统和零部件都处在结构集成设计和设计变更优化之中,它们之间以及它们对整车属性特征的影响也在不断变化。因此,整车集成需要引领和把控汽车产品的结构设计开发过程,确保产品的整车属性特征在开发目标范围内,这是整车集成的一项重要任务,也是汽车产品研发的挑战。

汽车研发必须掌握的核心竞争能力可以从以下10个方面来衡量或评价:①商品竞争力规划;②造型设计;③正向开发设计;④虚拟仿真验证;⑤成本设计与管控;⑥试制与试验;⑦整车装配;⑧匹配与标定;⑨项目管理;⑩创新导向设计。聚焦于产品开发前期的结构集成设计直接涉及的至少有其中5项。中国自主品牌汽车自主研发经过短短20年的发展,从简单对标借鉴到当前已具备部分正向开发设计能力,已经取得了巨大的进步,但与百年以上成功品牌比较却还有较大差距,尤其是在整车集成或结构集成设计这个领域,主要体现在造型、正向设计、整车仿真、成本设计、匹配与标定和创新导向设计这几个方面的能力不足，导致自主品牌汽车的市场占有率、价格、质量等对比合资品牌仍处于劣势。

首先是结构集成在造型设计过程中的工程支持和协调能力不足。大多数自主品牌主机厂参与前期造型工程设计的主要是总布置（含人机工程、碰撞安全等），近年来逐渐介入造型同步工程的还有 NVH、尺寸工程、感知质量等。但在不影响造型主流和风格的前提之下，评审并提出优化技术方案能力和影响力都十分有限，而诸如轻量化和成本设计等还没有全面参与造型同步工程工作。

其次是结构集成正向设计开发能力，即在整车设计开发过程中的引领与管控能力不足。其原因在于能力储备有限，面对错综复杂、涉及面广、既彼此依赖又相互冲突的结构集成设计问题缺乏专家引导或决策。良好的整车结构集成设计是各总成或系统、子系统及零部件结构集成优化设计的综合体现，绝不是简单的叠加。例如，整车的模态（NVH 的性能参数之一）是车身结构系统模态、底盘结构系统模态、发动机结构系统模态、传动结构系统模态、所有附件结构系统模态和它们之间连接（如螺栓或衬套）结构集成之后的综合力学表现，力学上称为模态综合。而每一个子系统模态都不同于整车的模态，系统内部机制复杂并且系统之间存在交互作用和彼此影响，需要整车集成统筹、规划、分解各个系统模态区间，最终通过各系统合理的结构集成设计及综合平衡来达成整车 NVH 模态目标。另外，针对汽车某个特定系统的结构设计一般都具有多重性能或属性目标要求，有些目标在不同系统的结构设计中是相互矛盾或相互制约的。例如，碰撞安全性能希望发动机舱盖较"软"（刚度低），以便在发生碰撞时容易压溃吸收能量，保护车内人员和行人。但"软"的结构在行驶过程中容易导致发动机舱盖发生振动、变形和开裂，所以 NVH 和车身结构耐久设计希望发动机舱盖更"硬"（刚度高），与碰撞安全性能的要求相矛盾。这就需要整车结构集成来引导和协调，实现综合平衡的整体结构设计。

结构集成正向设计开发能力不足还体现在基础平台能力建设匮乏，主机厂缺乏清晰的整车平台规划和数据库支持。还有各项关联技术指标的分解、协调及平衡能力欠缺，尤其是当各个专业完成初步设计数据之后的整车结构集成优化能力不足。这导致整车结构集成的引导和管控能力非常有限，往往是各个专业各自为政，分别站在各自专业角度，以满足与自身直接相关的 VTS 指标为目的进行设计开发工作，不顾或影响到其他专业领域或整体指标的达成。例如：NVH 为达成其车内降低噪声指标，一味地要求采用昂贵的吸隔声材料，并增加其铺放面积和厚度，使得成本与重量大大增加；而碰撞性能要求前舱更大的溃缩空间、刚度更大的乘员舱结构、更多的约束系统配置等，造成造型前悬过长不成比例，车身不能完成其重量和成本目标等。

在通过创新结构集成设计优化来实现低成本产品开发方面，中国自主品牌汽车设计开发一直有所欠缺。主要体现在不懂正确对标优化方法，而是简单逆向对标甚至直接照搬。例如，整车众多的性能目标设定不根据购车客户群的特定需求有重点地突出部分性能属性亮点，而是采用较高的对标性能目标，造成结构复杂，成本居高不下。当前的全球生态环境发展对汽车提出了更高的环保要求，前瞻性地开展生态结构集成设计，以及全生命周期成本设计，提高全球市场竞争力水平是当前汽车行业一大挑战。例如，站在顾客购车之后全生命周期立场，在设计开发阶段就应该考虑到降低新开发车型汽车保险及维修费用的结构集成设计，以及通过提高装配效率和减少额外装配连接零件实现低成本装配结构创新设计等。

本书正是为解决上述整车正向设计开发结构集成能力不足而特别撰写的。它涵盖了几乎所有整车结构集成设计专业或领域的内容和设计方法。最重要的是，站在整车高度将它们整合到一起，彼此借鉴、引用、及相互参考，通过合理的整车结构集成设计优化、综合平衡各项属性指标，最终保证VTS的各项技术属性指标的达成。本书让读者不仅对整车结构集成的内容和工作方法有清楚的了解，还能将各个专业或领域的结构设计有机地关联起来，通过正确的工作流程和设计方法来实现最优的整车结构集成设计，对于不论项目管理、整车集成还是各个汽车设计专业领域的工程师，站在整车集成高度开展各自结构设计开发工作具有重要指导意义。

参 考 文 献

[1] 汽车材料网. 汽车性能正向开发方法介绍［EB/OL］.（2018－10－22）［2021－05－07］. https：//mp. weixin. qq. com/s/96Rt2UAET8ZDbmE1GihECw.

[2] 任起龙. 汽车性能开发实施方案. 博睿智创汽车技术平台［EB/OL］.（2020－01－21）［2021－02－04］. https：//mp. weixin. qq. com/s/OmjIeQwerwG _ p8kd7bBc4g.

[3] 赵福全，刘宗巍，杨克铨，等. 汽车技术创新［M］. 北京：机械工业出版社，2019.

第 2 章 整车结构集成开发体系与技术路线

汽车产品从规划、研发到生产及上市的过程是一项复杂的系统工程，其整个过程涉及市场调研、产品规划、采购管理、财经分析、工程设计、试验验证、公告认证、生产制造及市场推广等环节。随着消费者对汽车产品安全、可靠、舒适以及配置多样化、智能化等要求的不断提高，汽车产品开发也变得越来越复杂，不再是"小作坊式"的简单"堆砌"，而是要通过多学科、多专业的协同开发来完成。因此，各大汽车企业逐渐在实践中将一些有规律的开发活动进行经验总结，并相互学习借鉴，从而逐步形成适用于各自的汽车产品开发较完善的汽车开发流程体系。开发流程强调团队的作用，其作用是协同各跨部门团队紧密配合，有序衔接相关工作，要求各板块制定基于流程的详细计划，充分调动企业各种资源，执行一个共同的工作标准并为最终的产品服务。通过开发流程的运用，能有效地降低成本、缩短开发周期、提高开发质量和控制开发风险。

整车开发流程可以在规定的范围内对开发方案进行有效的控制，控制要素包括进度（Plan）、交付物（Deliverables）、质量（Quality）、成本（Cost）和开发风险（Risk）。而整车结构集成是汽车产品开发从概念设计到试制验收阶段最重要的活动，是汽车产品开发体系中的主体部分。整车性能是整车结构的灵魂，是汽车产品的核心竞争力，而整车结构作为性能的载体，其集成开发贯穿了整车设计开发全过程。本章重点解析整车结构集成开发流程，以及当前主流的技术路线实施手段。

2.1 整车集成开发体系与流程

2.1.1 汽车产品开发体系与流程

汽车产品开发流程定义了一辆汽车从概念设计、产品设计、工程设计到生产制造，并最终转化为商品的整个过程，描述了开发过程中各专业部门及职能部门的职责、活动及交付物。目前比较典型的开发流程有大众的 PEP（德语 Projekt Entweirklung Process）、丰田的 LPD（Lean Product Development System）、通用的 GVDP（Global Vehicle Development Process）、福特的 GPDS（Global Product Development System）等。目前，中国自主品牌参考最多的开发流程是通用的 GVDP 和福特的 GPDS，虽然各大车企的开发体系在细节上存在差异，但本质和原则却是大同小异。

汽车是一个复杂的机电产品，由众多的零件和系统组合而成。按照丰田汽车提供的数据，如果包括最小的螺钉，一辆汽车有大约 3 万个大小不同的零件。在一个限定的时间里，将所有零件设计、制造出来并有序地装配成一辆整车，并且要求车辆具有所要求的功能和良好的性能是一个巨大的挑战。如同汽车的生产在一条汽车装配的流水线上按部就班地进行装配一样，汽车整车产品的开发也需要一条产品开发的"流水线"。这条产品开发的"流水线"就是产品开发体系和流程。一个好的产品开发体系能够全面地涵盖所有的产品研发活动，规划精细、组织周全，流程符合设计和制造的逻辑与能力，将汽车产品开发的复杂系统工程有效地组织起来。这样一个完整、细致、流畅的产品开发体系是整车产品开发的基础，也是支撑整车集成开发的基础。

每个成熟的主机厂都有自己的产品开发体系。图 2-1 是一个汽车产品开发流程中与结构开发相关部分的简化示意图。通常的汽车产品开发流程包括产品策划、工程开发和工业投产三个阶段。在产品策划阶段，企业经营的决策者和产品规划部门会根据企业的战略目标、经营规划、市场信息、客户需求和竞争信息决定一个新产品的开发以及新产品的主要技术要求和目标。工程开发根据新产品的主要技术要求，在计划规定的时间和成本之内，具体完成产品的所有相关设计和验证，确保产品最大限度地满足客户的需求和所有政府的法规、行业的标准、企业的设计规范。工程开发是产品开发最重要的部分，是完成整车集成的产品开发阶段。工业投产是为完成汽车产品的工业化生产做准备，包括制造规划、工艺与设备的开发和验证、设备的制造、安装和调试、试生产、制造质量控制，使产品生产能够达到量产的水平并且保证产品的质量。汽车产品的整车集成必须在汽车产品开发的体系内运作达成目标。本书所介绍的结构集成开发工作几乎都发生在工程开发阶段。为了让读者更容易理解本书的后续内容，有必要在这里介绍一下整车结构集成设计的开发流程及体系。

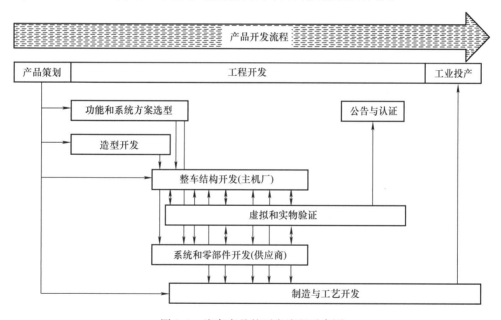

图 2-1 汽车产品的开发流程示意图

2.1.2 整车结构集成设计开发流程

汽车产品作为复杂的集合体，其结构开发不可避免地具有复杂性，而整车结构集成作为必不可少的开发手段也无法通过简单和孤立的方式和方法达成，必须依靠特殊的途径和方法完成。在现代汽车产品的开发过程中，很多企业开发了自己的整车结构集成方法。尽管各个汽车企业的方法有所不同，但是基本的思路都相类似。这些方法的中心就是确保整车结构集成有明确的目标、工作团队可以有效地沟通和协作、对复杂的矛盾能够有效地平衡和决策，这些目标通过一系列具体的管理手段和工程技术手段来实现。因此，所有零部件、系统以及整车结构集成设计的目的都是达成预期的整车性能目标。其中，目标的设定、产品开发体系的保障、项目团队的组织、人员的责任分工、专职整车集成管理、特殊的工程方法和技术手段是比较主要的几个方面。

汽车是由多个复杂系统构成的整体，构成整车的系统及零部件越多，其可靠性及匹配性问题就会越多。为了避免错误组合后的系统及整车无法满足最初设定的目标而导致不必要的设计变更，需要各系统设计工程师按照产品设计说明书中整车性能 VTS 目标，在整车集成引导下协同工作。整车结构集成工程师利用各种技术工具对各系统装配组合之后的模型（数据）进行集成和匹配优化，并提出优化方案，以便实现 1+1>2 的最佳效果，这一过程即是整车结构集成设计，而各专业部门的协同活动所遵循的章程即为整车结构集成设计开发流程。图 2-2 示例即展示了某车型整车性能与结构集成设计验证流程。

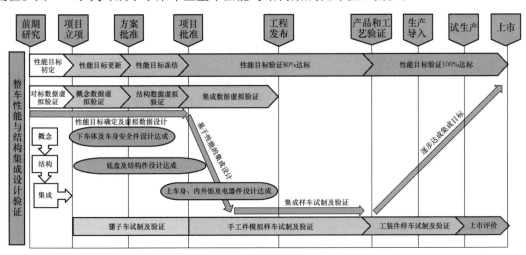

图 2-2　整车性能与结构集成设计验证流程示例

2.2　整车结构集成开发内容及技术文件

1. 开发内容

用户购买汽车是购买汽车整车的功能属性。产品设计说明书中所描述的功能属性是将客户的需求或语言通过各种技术手段转化为工程语言，而性能目标是功能属性好坏的表述或评价指标，包含整车、系统及零部件的技术规范，即 VTS、STS/SSTS 和 CTS 等。图 2-3 所示为整车结构集成设计的内容以及整车的主要功能属性，这些功能属性是整车性能目标达成的基础与保障。结构集成开发活动的每一个环节都要以整车性能目标作为风向标，并促使系统及零部件设计最终满足在整车结构集成后的性能目标。因此，集成并非简单的组合，要保证组合后的系统或整车能够满足用户的使用需求，甚至带来惊喜。

整车结构集成开发遵循三个原则。首先要满足用户的要求，也就是用户买它的理由或亮点，因此，整车属性的定义必须能够真实地反映用户的需求，并且最大程度满足。其次，要

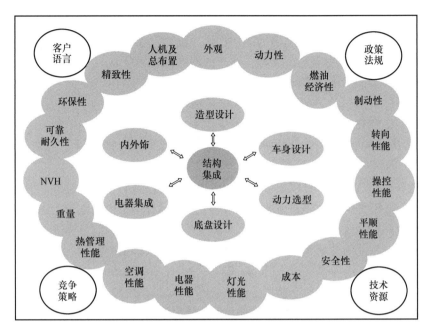

图 2-3 整车结构集成设计与属性分类图

考虑产品的全生命周期内市场特定客户群体的需求来制定性能目标范围。最后，主机厂要根据自身能力，即投入及收益因素来平衡优化性能目标，制定最合适的性能目标。从严格意义上讲，真正的整车结构集成开发流程的起点通常为正式立项，即概念阶段的尾声，整个流程将持续到工程开发结束。

整车结构集成设计开发的核心工作是整车工程数据开发及设计验证。工程数据分为与造型相关的设计和与造型无关的设计。通常，与造型无关的车身下体，包括发动机舱、动力总成和前后悬架等系统已在概念阶段的平台开发中开始论证，正式立项时，动力选型、电子电器架构、底盘硬点等参数已经明确，后期针对具体车型结构的细节进行适应性调整。与造型强相关的上车体及内外饰系统结构数据开发因为受造型开发流程的影响会区分为至少三个阶段，分别是TG0、TG1和TG2（TG是英文Tool Go的缩写），从模具开发的角度定义了数据的精细程度，见表2-1。

表 2-1 不同阶段数据的状态、要求及用途

数据	质量等级	数据要求	用途
TG0	粗糙	明确零件在整车位置上的基本外形和尺寸，数模包含有主要的特征和边界、管线部件的中心线位置	可用于零部件定点和粗略的CAE仿真分析
TG1	中等粗糙	数模包含所有零件界面、过渡面、紧固件和位置	可进行模拟样件模具设计、CAE仿真计算
TG2	精细	表明了在整车位置上完整的零件设计意图，并包含尺寸和公差（GD&T）信息	可用于正式模具和零件制造

整车总布置工程师基于不同阶段系统级细化的数据进行整车布置，以VTS为设计目标，借助三维数字技术进行数据校核和优化集成设计。同时，虚拟仿真工程师以总布置提供的整

车数据为基准进行 CAE（计算机辅助工程）仿真验证，以获得此阶段整车、系统及零部件性能目标验证。当然，此时越来越多的零部件供应商也会参与进来，对其负责的零部件进行数据制作、虚拟验证和实物验证。另外，整车的静态感知质量从另一个维度同步地对造型数据进行全周期的精致性评价和验收。整车结构集成开发是一个由"整体"到"部分"，再从"部分"到"整体"的过程，而过程中的数据是在持续完善和改进的，并始终坚持以性能目标（VTS、STS 及 SSTS）为导向，以最优的集成方案体现设计意图，并形成具有竞争力的整车产品。本书从第 3 章到第 9 章的内容都是基于整车结构集成设计开发流程开展的相关工作。

整车性能目标的达成除了可以依靠先进的虚拟仿真手段进行辅助验证外，实物及模拟样车的验证手段仍是必不可少的途径。在整车结构集成设计过程中，可以基于上述三个不同阶段的数据制作越来越接近设计状态的样件及样车，对整车结构集成的性能目标进行最终的验证和评估。为了验证功能属性的达成情况，一般会进行几轮试装车和试生产，从手工装配到生产导入，再到上市，一般分为骡子车（Mule Car）、EP（Engineering Prototype）车阶段、PPV（Product and Process Validation）车阶段、PP（Pre-Pilot）车阶段、P（Pilot）车阶段，共五个阶段。骡子车也称为杂合车，其制作的主要目的是验证布置可行性以及用于动力总成的基础标定工作。TG1 数据基本已体现整车结构集成的几何位置和形状，经过虚拟验证合格的数据可用来制作模拟样车（EP 车），此阶段可以完成前期结构集成优化方案的验证，以及整车性能 80% 的目标的达成验收，其余 20% 的整车可靠耐久性验证可在 SOP（量产）前达成验收。TG2 数据基于模拟样车的验证优化使集成设计达到了更加完善的水平，此时的数据状态完全可以用于制作正式工装模具，为实际生产线上的造车（PPV、PP 和 P）做好准备。

上市准备阶段是整车性能集成目标全面达成的阶段，此阶段已不允许再有颠覆性的设计变更。此阶段的设计变更数量的多少从侧面反映了整车结构集成设计的成功与否，设计变更的数量越少说明整车结构集成设计的能力越强。此阶段，整车集成的工作重心更多的是对生产导入后的整车产品的商品性和产品力进行验收和评价，确保达到整车动静态感知质量目标。

2. 技术文件

整车结构集成设计的目的是在满足整车开发流程所规定的数据发布计划节点的前提下，达成整车性能目标、质量目标及成本目标，在概念阶段已经完成产品定义，包括目标人群和需求研究、产品定位、竞争策略及销量规划等，产品研发部门负责将产品竞争策略转化为产品开发策略及技术目标，即整车技术规范（VTS），并由 VTS 逐级分解到系统技术规范（STS）及零部件技术规范（CTS），整车结构集成设计过程从始至终都是围绕 VTS 开展的，同样，系统及零部件的设计过程都是围绕 STS 和 CTS 开展的，系统及零部件工程师与整车集成设计工程师紧密配合，确保各阶段整车结构数据按要求进行 CAE 虚拟验证或 DMU（虚拟装配检查）等并使预期目标达成。整车结构集成的开发过程所产生的技术文件，如 VTS、法规符合性报告、数据冻结报告及 2D 图样等均称为交付物，顾名思义，交付物即为里程碑节点前各责任部门必须按项目管理要求提交的文件或图样，是对结构集成开发成熟度的评价依据，也是整车产品开发计划中各阶段评审签发的重要依据。表 2-2 展示了整车结构集成设计在各个项目节点的交付物体系。

项目立项是整车结构集成开发全面开始的起点，此时造型方向已明确，并已根据总布置草图及工程边界参数等输入完成多个效果图。初始的整车技术方案已根据规划的产品定义和设计任务书完成，同时，虚拟验证部门和试验验证部门完成初步的虚拟和实物验证策划。整车项目组要基于产品定义建立法规需求清单，所有交付物均会作为后期数据开发的约束条件和目标基础。

表 2-2　各阶段交付的技术文件

工程开发	造型设计	性能开发	结构开发	设计验证	产品认证
项目立项	造型方向确定	初始的整车及系统性能目标确定；性能达成策划报告	总布置草图；初始的整车技术方案	虚拟验证策划、初始零部件及样车验证策划	法规需求清单
方案批准	单一造型主题开发	整车及系统性能目标更新；性能达成策划报告签批发布	关键部件的设计方案分析、技术策略和创新方案选择；总布置方案	长周期件虚拟验证完成；模拟样车试制	法规符合性校核
项目批准	造型冻结；A面数据发布	整车及系统性能目标冻结；性能达成状态发布	长周期件数据冻结报告；中周期件产品技术要求（SOR）签发	中周期件虚拟验证完成；模拟样车试验报告	法规符合性校核
工程发布	色彩材质确定	整车性能状态发布	工程数据100%冻结报告	工程样车装车计划；工程样车零部件到位；模拟样车试制试验问题关闭；虚拟验证策划100%完成	法规符合性校核
产品和工艺验证	—	整车性能目标80%达成	动力总成标定报告；试制试验问题解决方案；PPV造车物料清单（BOM）	全工装件造车的虚拟分析完成；标准车头完成	公告申报
生产导入	—	整车性能目标90%达成	零部件ESO100%认可报告（除文档工作）；试生产BOM导入	试制试验A类问题关闭率100%；3状态问题关闭率90%；整车试验100%完成	公告试验
试生产	—	整车性能目标100%达成	零部件ESO100%认可报告	试制试验问题关闭率100%	公告试验
上市	—	—	SOP BOM清单导入	未解决的单一问题清单和措施报告	公告认证合格

方案批准是评估整车设计数据可行性的重要节点，此时的VTS已完成优化更新，并制定整车性能达成策划报告，关键部件的设计方案、技术策略和创新方案的选择均通过必要的虚拟验证，并完成初步的法规符合性清单校核，整车的总布置方案全部完成，长周期件的数据虚拟仿真验证并合格后冻结发布。

项目批准是整车开发流程中最重要的节点，因为从这个节点开始，将开启模具制作而产生大量的资金投入。此时的整车性能目标已根据对标车和结构集成数据虚拟验证评估后冻结发布。造型方案已冻结，并发布A面数据。长周期件数据冻结发布，中周期件数据虚拟仿真验证完成，模拟样车试验不断开展，法规符合性校核工作持续进行。

工程发布是工程数据100%冻结发布的节点，是整车结构集成设计优化工作完成的阶段性终结，虚拟仿真验证计划100%完成并合格，开始发布整车性能状态报告，实时更新性能达成状态并对未达成项进行严格管控。

产品和工艺验证、生产导入、试生产及上市节点的主要交付物均是围绕试制、试验及质量评审问题的优化整改开展的，最终实现性能目标、质量目标和成本目标100%达成。

2.3 整车性能指标的制定与分解

市场用户评价一款"好车"会说"性价比高""外观好看""空间大""起步快""超车有劲儿""皮实""省油""好开""安全"等等，对于汽车企业来说，造一款用户口中的"好车"应该是终极目标。但是，用户评价的语言并不能直接用来指导工程设计，因此，需要将用户的语言转化为技术语言，即整车功能属性或性能开发技术规范，供整车、系统及零部件设计参考。第1章中已经概述了整车15类主要功能属性，这些技术属性与用户语言和汽车专业之间具有一定的对应关系，见表2-3。

表2-3 用户语言与技术属性及专业关联

用户评价"好车"	技术属性	专业关联度（●—强关联；◎—弱关联；×—无关联）						
		总布置	造型	动力系统	车身系统	底盘系统	内外饰	电子电器
外观好看	造型	●	●	×	◎	◎	●	◎
空间大	总布置及人机工程	●	●	◎	◎	◎	●	◎
起步快	动力性	◎	◎	●	◎	◎	◎	◎
超车有劲儿								
皮实	可靠耐久	◎	×	●	●	●	●	●
省油	燃油经济性							
保养费用低	维修经济性	●		◎	◎	◎	◎	◎
好开	驾驶性	◎	×	●	◎	●	●	×
安全	制动性能	×	×	●	×	●	×	◎
	操作便利	●	◎	●	●	●	●	●
	碰撞安全	●	◎	◎	●	●	◎	●
	高压电安全（电动车）	◎	×	●	●	●	◎	●
舒适	NVH	●	◎	●	●	●	●	●
	平顺性	×	×	●	×	●	×	×
	电器性能	●	◎	●	●	●	●	●
	气味性	×	×	◎	◎	◎	●	◎
	内饰颜色	×	●	×	×	×	●	◎
做工精致	感知质量	●	●	◎	●	●	●	●
	尺寸公差	●	●	◎	●	●	●	◎
性价比高	功能配置	●	●	●	●	●	●	●

表2-3不仅描述了"好车"在工程技术开发中的对应规范内容，同时也展示了各技术规范与整车及各系统结构集成设计开发的关联度。将用户语言转换成技术指标是一个重要的关联和逻辑分析过程。基于汽车属性和汽车理论知识建立汽车产品研发的技术开发体系，表2-4列出了用户语言与技术指标关联的一些因素。

第2章 整车结构集成开发体系与技术路线

表2-4 整车动力经济性的用户语言转换

用户语言→技术指标		
用户语言	功能属性（性能）	技术指标参量
"车子那么没劲？"	起步加速性能	0～100km/h 加速时间
"车子爬坡很费劲"	超车加速性能	各档位超车加速时间
"总被人超车真没面子"	爬坡性能	起步最大爬坡度
"车子提速很慢"		
"车子没有爆发力"	最高车速性能	最高车速
"等红绿灯、堵车时很费油啊"	燃油经济性性能	循环油耗（NEDC、WLTC）
"跑高速费油"		等速油耗（60/90/120km/h）
		怠速油耗
	整车基本性能	整车重量
		迎风面积
		风阻系数
		加速踏板曲线形式
		换档曲线标定形式
		液力变矩器标定
		发动机标定
"车子怎么冒黑烟，这油是怎么烧的啊"	排放性能	CH 化合物排放量
		NO_x 化合物含量
		颗粒物含量

有了清晰的用户语言与技术指标的逻辑关系，就可以有针对性地进行功能属性开发工作，并指导结构集成设计了。

2.3.1 产品定义与整车性能开发策略

产品定义是整车性能开发策略制定的纲领和基础，也是研发过程中各部门务必共同遵守的原则。能否正确地制定整车性能开发策略直接影响产品在未来市场上的竞争力，对于整车开发具有重要的指导意义。在产品定位及竞争策略明确的情况下，整车性能开发策略才能够顺利执行。产品定义的制定原则源于图2-4所示的四个要素。

1. 基于用户市场的需求

开发的产品能否在未来市场成为"爆款"在很大程度上取决于战略规划阶段的产品定义，取决于全面准确的市场需求分析、竞争策略及销售策略的制定。战略规划团队在预研阶段进行了大量市场分析和用户需求研究，从特定车型购买人群的工作状况、收入水平、家庭构成及性格特征等数据分析中，获得此类目标用户的价值观和购车特点，提炼用户购车的关注点。同时，也必须开展对核心及主要竞争车型购买人群的调研工作，以获得对已购车型的评价，尤其关注其抱怨点或痛点作为开发亮点或突破点来制定策略，确保满足市场需求。目标用户购车需求一般包括必须满足的基本需求和如果满足可以获得加分的需求。比如，某车型的目标用户收入较低，对价格敏感，其基本需求是价格，相对动力性他们更看重油耗低、维护费用低和性价比。而对于微型SUV来说，空间的问题经常遭到抱怨，尤其是后排腿部

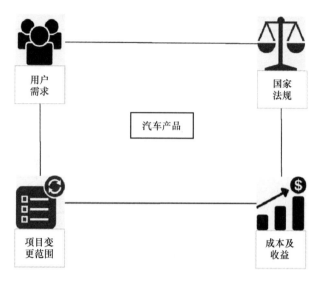

图 2-4　产品定义的四个要素

空间或中间地板凸起问题，这些痛点如果解决会对用户购买起到加分的作用。如果不知道用户需要的是什么，或者用户预期的目标无法达成，即使我们已经做得自认为很完美，也可能无法避免失败。表 2-5 所列为某用户购车关注点"三部曲"，制定竞争策略时各个环节都要考虑到并制定明确的目标。当然，针对不同的用户群体决定其购车因素的组成会有不同。

表 2-5　用户购车关注点"三部曲"

购车门槛（进店理由）	购车犹豫（进店感知）	购车冲动（试乘试驾）
价格 安全 质量和可靠性 口碑	外观设计 内饰造型 内部做工与空间 乘驾方便性 服务体验	操控及转向性能 乘坐舒适性 动力性 制动踏板感受 换档品质 噪声控制 智能化及安全配置

应通过对市场需求及销售策略等全面的分析研究来获得准确的竞争策略，即在竞争策略中要明确产品在未来市场中的"卖点"或"优势"，而性能策略是将"卖点"和"优势"进行工程转换，逐步形成各系统的开发准则和目标。

2. 基于国家法规或评测的要求

未来在市场上允许销售的汽车产品必须满足相关的政策和法规并通过申报公告获得认证资格，以确保车辆在道路上行驶安全。但是，政府不需要对每辆车都进行检测。不同的国家在机动车规范认证的流程和要求上存在不同程度的差别，需要在开发阶段制定应对方案并核查符合性。

汽车产品通过型式认证只是获得了可以在限定区域内销售的许可。而近年来随着汽车产品与人民生活的关系逐渐密切，中国在涉及汽车安全、环保等方面也产生了自愿性汽车产品型式认证。例如，中国新车评价规程（China - New Car Assessment Program，C - NCAP）对市场上购买的新车型按照更严格和更全面的要求进行碰撞安全性能测试，评价结果按星级划分并公开发布，为消费者提供系统、客观的车辆安全评价信息，促进企业按照更高的安全标准开发和生产，从而有效减少道路交通事故的伤害及损失，详见第4章介绍。另外，为了推广健康、节能、环保理念，中国汽车技术研究中心有限公司制定了针对车内空气质量、车内噪声、有害物质、综合油耗、尾气排放等项目的评价体系——中国生态汽车评价，详见第9章介绍。随着电动汽车的发展，还出现了针对电动汽车续航、电耗、充电、安全和动力等五个维度的电动汽车测评管理规则，即EV–TEST。这一系列的评价体系日益受到消费者的认同，逐渐成为不可忽视的产品力，是性能开发策略中重要的部分。新车评价体系的不断完善推动了汽车企业的技术迭代与更新。

3. 基于现有产品性能的要求

如何制定符合用户需求的性能是产品开发的核心任务。但不是所有的车型开发都要进行全面的性能开发，要根据整车项目的开发范围来制定相应的性能开发策略及提升方向，做到因地制宜、有的放矢。表2-6列出了常见的几类车型开发对应的性能开发范围。

表2-6 不同车型开发对应的性能开发范围

项目分类	性能开发范围
全新车型	整车性能全新开发
换代车型	需要进行较大范围的性能开发，如动力经济性、驾驶性、NVH、可靠耐久、碰撞安全、热管理、动静态感知质量等性能开发
中期改款	涉及内外饰造型变化（或者包括车身上体），需要对部分动静态感知质量进行优化，如乘坐舒适性等功能开发
换发车型	需要进行与动力总成变更相关的功能开发，如动力经济性、驾驶性、NVH等动态性能开发
年度车型	需要开展静态感知质量方面的性能开发，如表面颜色搭配、皮纹等

4. 基于现有产品成本优化的要求

近些年，自主品牌的成本控制越来越受到重视，对于全新开发产品来说，成本评估是决定能否立项的关键要素，成本意识贯穿开发始末，通常由设计成本部门负责进行专项管控。由于设计开发之初技术水平的限制，会出现成本较高的"过盈设计"。为了进一步降低单车成本并提高利润，主机厂会对已上市车型进行相应的成本优化设计，即在不影响市场竞争力的前提下优化配置或"过盈设计"带来的成本增加。所以，如何实现性能和成本的综合平衡对一款产品能否获得成功至关重要，这一点在第9章中有详细的论述。

规划部门在立项前期经过大量的市场调研、产品布局和用户需求分析，明确产品开发的必要性，并定义未来所开发产品的关键特征、市场定位、目标人群、生命周期规划和产品竞争策略等一系列产品构想，经过预研项目团队的不断评审及修订，最终输入给产品研发团队进行开发策略的制定。表2-7所列为某车型产品概念的基本信息。

表2-7 某车型产品概念示例

产品概述	1）市场目标：作为全新换代车型，定位A级主流SUV，进入A级市场竞争核心圈 2）主要市场：中国一二线城市 3）售价区间：10~15万 4）上市时间：2019年7月 5）生命周期：5年 6）销量目标：30万辆

(续)

目标人群	1）特征：年轻奋斗一族，自由随性，乐享生活，对外观、安全和舒适性关注度高 2）价值观：追求高颜值、品质和时尚 3）家庭情况：三口之家 4）首购比例：60%
竞品定义	1）核心市场竞品：＊＊＊ 2）核心技术竞品：＊＊＊ 3）其他竞品：＊＊＊
产品卖点	1）高颜值 2）空间大 3）安全可靠 4）驾驶舒适 5）智能化配置丰富 6）动力足够 7）油耗低 8）保养维修费用低
核心技术	1）领先的设计理念与顶尖的设计团队 2）先进的平台化开发能力 3）热效率更高的缸内直喷发动机技术 4）满足最严格的碰撞安全法规要求 5）超低的整车风阻设计 6）应用先进的节油技术 7）保证排放标定一致性
造型方向	1）体现家族化元素 2）外饰新颖独特、识别度高 3）内饰做工细致
关键参数	1）整车长宽高 2）最小离地间隙 3）轮胎尺寸 4）驱动形式 5）发动机最大功率 6）发动机最大转矩 7）最高车速 8）0～100km/h加速时间 9）油耗 10）排放标准
竞争策略	1）L：造型、空间、安全 2）A：舒适性、感知质量、信息娱乐、经济性 3）C：动力性、驾驶性、操控性

  基于上述产品概念，进一步制定性能开发策略。如何制定适合的性能开发策略呢？目

前，各大车企认可且行业普遍采用技术竞争策略（Product Attribute Leadership Strategy，PALS）定义的计算方法来评价新车型各项技术特征的水平。PALS 来源于福特产品属性竞争力策略分析，该工作应该在预研阶段完成并随立项建议书同时发布。根据产品竞争力强弱进行等级划分，PALS 采用 LACU（Leadership、Among of Leaders、Competitive、Uncompetitive）来分别代表不同的等级。其表达如图 2-5 所示，计算公式见式（2-1）。

$$\sigma = \sqrt{\frac{\sum (x_i - \bar{x})^2}{n-1}} \quad (2-1)$$

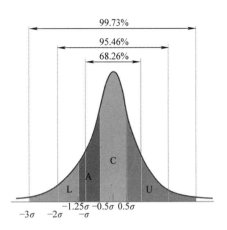

图 2-5　技术竞争策略正态分布图

式中　x——所选样本；
　　　$\bar{x}$——所选样本算术平均值；
　　　σ——所选样本平均值标准差。

对于汽车 PALS 的分类区间分别定义 L、A、C 和 U 四个等级，具体的定义、分布及占比见表 2-8。PALS 法则被广泛应用于整车性能目标的制定中。

表 2-8　PALS 的定义、分布及占比

分类	定义	正态分布情况	占比
L	领先（Leadership）	$(-\infty, -1.25\sigma]$	7.9%
A	接近领先（Among of Leaders）	$(-1.25\sigma, -0.5\sigma]$	26.6%
C	有一定竞争力（Competitive）	$(-0.5\sigma, +0.5\sigma]$	30.9%
U	无竞争力（Uncompetitive）	$(+0.5\sigma, +\infty)$	34.6%

PALS 的制定需要有充足的数据作为依据，而中国成立自主研发中心的年限最长不超过 25 年，虽然近些年的发展迅猛，但和世界上的百年汽车企业的差距还很大，尤其在与发动机和底盘等核心系统相关的数据积累上还有很多不足。那么如何在没有足够的数据支撑下制定合适的 LACU 竞争策略呢？目前常见的方法是对标，并引入 LACU 的思想。首先根据目标市场分析确定出同级别、同类型的所有车型作为竞品车，然后根据价格、销量、口碑及品牌等因素，选出竞品圈中具有代表性的车型，通常是销量领先的车型，样本量至少为三款车型。通过主、客观测试及评价等方式，并结合战略规划的产品卖点来确定开发目标。将 LACU 竞争策略局限在有代表性的车型范围内，通过与不同水平的代表车型进行对比测试及评价来实现后续的整车性能验收也是在缺少数据支持下的可行方法。

2.3.2　整车性能目标的制定与分解

整车性能目标的制定是将"无形"的性能开发策略转化为"有形"的目标，而整车结构集成开发是将"有形"的系统部件集成为"无形"的可以达成性能目标的整车产品竞争力。整车性能开发流程中的核心文件 VTS 中需要定义整车级要求的性能项目、法规清单、验收规范及目标值，由整车性能集成工程师基于整车性能开发策略制定。性能开发策略是实现未来产品预期竞争力的指导性文件，是整车结构集成开发的方向标。而只有方向不足以支

撑整车集成设计，量化后的 VTS 才是用于指导产品设计实现产品竞争力的目标性文件。该文件包括了对工程术语的说明和对数据的定义，文件中定义的各项内容是可以实施和验证的，或者定义评估的等级，而目标的制定务必要正确地体现性能开发策略。

本书第 1 章中已经介绍过整车功能属性开发的内容，这些相关的性能指标是对用户需求及法规要求的体现，也是产品核心竞争力的具体表现。例如 2.3.1 节中表 2-7 所描述的某车型产品概念，其竞争策略是需要将造型、安全和空间定位为 L，舒适性、经济性、感知质量和信息娱乐定位为 A，其他功能属性达到平均水平 C 即可。基于以上产品定位，VTS 的制定就有了方向，即可确定整车 VTS 策略。表 2-9 列出某款车型 VTS 的 PALS 定义示例。

表 2-9 某款车型 VTS 的 PALS 定义示例

性能目标			PALS 定义				
序号	一级指标	二级指标	目标定位	竞品 1	竞品 2	竞品 3	竞品 4
1	碰撞安全		L				
1.1		结构耐撞性	L	L	A	C	U
1.2		行人保护	A	A	C	C	C
1.3		约束系统	C	C	C	C	C
1.4		灯光及信号	A	C	A	U	U
1.5		主动安全	A	A	C	C	C
2	总布置		A				
2.1		乘员舱空间	A	A	C	C	L
2.2		通过性	A	A	C	A	L
2.3		维修便利性	A	A	A	C	U
2.4		生产便利性	A	A	C	C	C
3	人机工程		A				
3.1		视野	A	C	A	A	C
3.2		坐姿及活动空间	A	C	A	C	U
3.3		上下车便利性	A	A	C	C	C
3.4		操作便利性	A	A	C	C	C
4	操纵稳定性		C				
4.1		转向性	C	C	C	C	A
4.2		平顺性	C	C	C	U	U
5	制动性能		A				
5.1		制动距离	A	C	A	C	C
6	驾驶性		C				
6.1		起动性能	C	C	A	C	L
6.2		换档性能	C	C	U	C	C
7	动力性		C				
7.1		百公里加速	C	L	A	U	C
7.2		起步动力性	A	A	L	A	C

(续)

性能目标			PALS 定义				
序号	一级指标	二级指标	目标定位	竞品1	竞品2	竞品3	竞品4
7.3		超车动力性	C	C	U	C	A
8	经济性		A				
8.1		油箱容积	C	L	A	C	—
8.2		NEDC 油耗	A	A	C	C	—
8.3		等速油耗	A	C	C	C	—
9	NVH		A				
9.1		定置噪声与振动	A	L	A	A	
9.2		匀速噪声与振动	A	A	C	C	
9.3		通过噪声	A	A	C	A	
9.4		异响	A	A	C	A	—
10	热管理		C				
10.1		热平衡	C	C	C	C	
10.2		热害	C	C	C	C	
10.3		风阻	L	C	A	C	
11	可靠耐久		C				
11.1		车身耐久	C	—	—	—	—
11.2		整车耐久	C	—	—	—	—
11.3		环境适应性	C				
12	环保性		C				
12.1		排放	C	—	—	—	—
12.2		气味性	A	A	C	C	C
12.3		有害物质含量	C	—	—	—	—
12.4		材料可回收率	C				
13	电子电器性能		C				
13.1		除霜除雾	C				
13.2		采暖	C				
13.3		降温	C				
13.4		抗电磁干扰	C				
13.5		静态电流	C	—	—	—	—
14	造型		L				
14.1		外饰	L	A	A	C	C
14.2		内饰	L	C	A	C	C
15	感知质量		A				
15.1		静态感知质量	A	A	A	C	C
15.2		动态感知质量	A	A	C	C	U
16	成本						
16.1		直接物料成本	—	—	—	—	—

表2-9中的16项属性称为一级指标，通常性能开发策略会对基于产品概念的要求进行定义。而每一个整车性能会因为法规要求或分类方式的不同分解为多个二级指标。例如，对于碰撞安全来说，结构耐撞性、行人保护、约束系统、灯光及信号以及主动安全这些二级指标项目共同构成整车碰撞安全性能。为了达到整体指标的要求，需要制定相应的二级指标开发策略。明确了一、二级的LACU定位，为了达成此宏观目标需要对性能定位建立可量化的指标体系，通常还需要专业资深专家对系统及零部件指标进行策略分解。整车各系统研发人员可通过关联性、匹配性分析逐步建立明确的零部件设计指标，同时建立起可客观测试或主观感知的评价指标与验证体系。汽车是由多个系统及成千上万的零部件构成的，如何保证这些零部件或系统组装后能够满足整车的VTS目标要求呢？关键的任务是将VTS定义的整车性能目标转化为系统、子系统及零部件的设计要求。将整车性能目标分解成各个系统明确的性能指标或控制参数是性能开发活动中的关键环节。系统及子系统技术规范（STS/SSTS）是基于VTS制定的针对此系统所涉及的性能参量和指标值，零部件技术规范（CTS）是基于STS、SSTS制定的针对零部件所要满足的性能参量和指标值，即第1章所提及的性能目标转换及控制的过程（AT&C）。整车性能制定、分解与达成过程的载体是整车结构集成，二者相互依存，其关联性如图2-6所示。

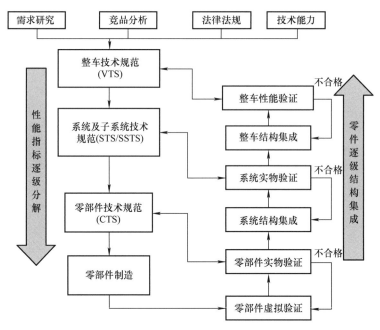

图2-6　整车性能与结构集成开发体系

从立项开始的性能开发工作贯穿了整车开发流程的每个节点。性能开发包括两个阶段。第一阶段是基于性能开发策略制定整车技术规范（VTS），并将整车目标逐级分解至系统、子系统和零部件的技术规范（STS/SSTS/CTS）。第二阶段是实物制造阶段，从零部件到系统再到整车，逐级验证并最终形成达到性能目标的产品。零部件的加工制造务必遵循零部件的性能指标要求，经过实物验证合格的零部件可用于组装成系统或总成部件，系统实物验证合格后才可以进行整车装配，并最终通过整车性能验证合格作为设计认可的依据。当然，如果前期设计阶段未对性能指标做充分的虚拟验证或评估，可能会在实物制造阶段由于零部件在系统及整车匹配性上出现前期设计阶段未发现的问题而造成设计变更，如果无法通过设计变更来达成目标，那么很可能需要经过专家委员会评审后修订性能指标并重新进行复核验收。

前面的章节描述了整车技术规范中性能目标的内容、制定策略和开发思路，如何制定符合车型定位并在未来市场具备足够竞争力的性能目标呢？除了必须满足的法规要求外，客户关心的车辆属性很自然地就会成为目标制定的核心性能。对于成熟的车企来说，丰富的数据积累可以支撑新产品的全正向开发，这样的企业通常已经在市场上做了非常完善的产品布局，并在多年的市场实践中积累了大量的产品数据和用户需求数据，已逐渐修正并完善针对不同用户使用车型的开发目标及手段。因此，在进行新产品开发的初期，一方面借助数据库直接调取对应车型的技术规范，另一方面根据市场需求对原有技术规范进行目标修正。不管多么成熟的企业，都需要应对不断变化的市场，对竞争对手及市场需求的研究永远都不过时。为了确保新车型可持续地保持优势，新车型的开发目标应根据市场趋势来进行不断的更新改进。制定整车性能目标要经过选择技术对标车、对标车的主观评价、对标车的客观测试及分析以及整车性能目标的确定等环节。图2-7所示为性能开发目标制定的推演。

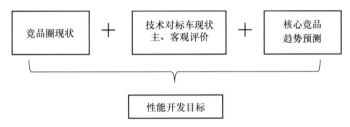

图2-7 性能开发目标制定的推演

1. 选择技术对标车

战略规划部门参考乘用车市场信息联席会汽车销量数据和借助一些大数据平台的咨询服务来确定新产品定义。选择什么样的竞争车型作为对标车是制定合理并具有竞争力的性能目标的重要因素。首先根据未来产品的市场定位来明确竞品圈，再根据竞品圈中所有车型的整车尺寸、销量占比、价格区间、动力级别及用户口碑等维度对竞品车型进行区分，进一步明确哪些作为市场竞品、哪些作为技术竞品。通常会选择销量及口碑高的车型作为技术对标车，甚至为了确保某些核心竞争力的实现，跨级来选择价格更高的同类车型作为技术对标车。

2. 对标车的主观评价

用户的体验决定一切，如何将以"自我"感受为中心的客户语言转化为代表典型"群体"的用户体验的工程语言呢？这需要最贴近用户的整车主观评价，其评价的意义是站在用户的角度来检验所开发车型是否符合用户的性格特点和兴趣爱好。对标车选定之后，首先要进行动、静态的主观评价，目的是确定对标车的整车级主观评价水平。而主观评价的目的就是将区间市场的客户语言转化为用户体验的工程语言，如图2-8所示。另一方面，与现有竞争对手的对比和对竞争对手的发展态势预测分析，也是作为进一步判断未来推出的新车型能否在市场上具有足够竞争力的参考依据。

静态主观评价主要包括感知质量、整车精致性、总布置及人机方面的评价，而动态主观评价主要包括驾驶、舒适性、动力、转向、操控、制动及噪声振动等方面的评价。随着智能

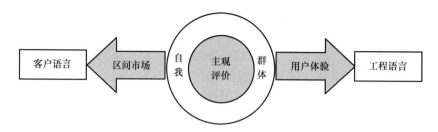

图 2-8 主观评价的目的

化技术在汽车产品上的不断应用,对于智能驾驶功能的评价也纳入了动态主观评价的范畴。总之,凡是可以被用户感知的属性均需要通过专业的主观评价工程师进行全方位的评价与对比分析。表 2-10 中列出了基于 SAE J1441 的主观评价分值标准,该标准被广泛应用。随着市场的不断变化,主观评价的分值标准也是在不断变化的。每个车企都有自己的主观评价标准,但都大同小异。

表 2-10 基于 SAE J1441 的主观评价分值标准

评价分值	专业评价结果	基于用户角度的评价
10	完美(Excellent)	受过专业培训的人员都不会察觉
9	非常好(Very Good)	专业人员可以发现
8	好(Good)	挑剔用户可以发现
7	较好(air)	少数用户注意到但没有抱怨
6	可接受(Acceptable)	部分用户注意到但没有抱怨
5	边界线(Borderline)	所有用户都可以发现
4	差(Poor)	所有用户都反映差
3	很差(Very Poor)	所有用户都反映很差
2	有害(Bad)	几乎没有功能
1	非常有害(Very Bad)	没有功能

按照主观评价的相关规范,完成对标车的动、静态评价,通常的动态主观评价需要在试验场地完成,而静态主观评价只需要在相对安静和清洁的环境中进行。另外,还有与周围环境相关的动态评价,如夜间、雨雪天气及高低温等环境适应性评价,主要评价车辆灯光、空调及驾驶性等主观感受。

整车主观评价的工具包括质量功能分解(Quality & Function Development,QFD)、人体评价能力和统计学。其中,QFD 法是将项目的质量要求、客户意见转化为项目技术要求的专业方法,它从顾客对产品质量要求出发,先识别出客户在功能方面的要求,然后把功能要求与产品或服务的特性对应起来,根据功能要求与产品特性的关系矩阵,以及产品特性之间的相关关系矩阵,进一步确定技术要求。QFD 矩阵主要是用来确定项目质量要求的,形状看起来像房子,于是又称"质量屋"。质量功能分解的目的主要是利用关联关系分析,实现用户语言到零部件设计指标逐级转化,判断用户语言与性能指标、各性能指标与相关联因素之间的关联性,最终为各级性能目标设定提供依据。表 2-3 初步建立了用户语言与专业模块的关联性,而恰恰是整车评价体系担任了这个转化过程的"裁判员",对评价指标的制定及验收起到决定性作用。当前的整车评价内容通常如图2-9所示。

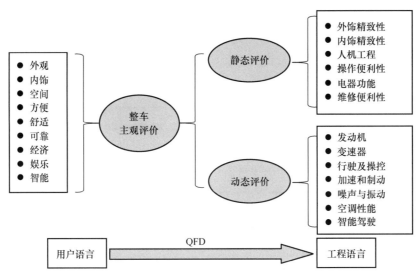

图2-9 整车评价

人体评价能力主要依靠视觉、听觉、嗅觉和触觉来完成评价，分别对应人体的眼睛、耳朵、鼻子和身体接触反馈。人体的各种感知器官将力、加速度、位移、温度及声音等主观信息传递给大脑形成主观感受，经过训练的专业工程师已通过大量的强化训练在大脑中建立了一套评价体系，经过与标准的对比分析获得评价车型的分值。为了便于统计，会制定主观评价打分表。例如，表2-11为某车型驾驶动力性总体（一级指标）主观评价打分表，表2-12为分解细化的驾驶动力性加速性能（二级指标）评价打分表。

表2-11 某车型驾驶动力性总体（一级指标）主观评价打分表

汽车行驶动力学性能的主观评价			
总体主观评价项目	分值	评价人和日期	备注
1	加速性能			
2	制动性能			
3	转向性能			
4	弯道行驶性能			
5	直线行驶性能			
6	行驶舒适性			

表2-12 某车型驾驶动力性加速性能（二级指标）主观评价打分表

加速性能（二级指标）主观评价项目		分值	评价人和日期	问题描述
1. 加速性能				
1.1	加速俯仰			
1.2	加速摇摆			
1.3	加速抖动			
1.4	路径偏移			

（续）

	加速性能（二级指标）主观评价项目	分值	评价人和日期	问题描述
1.4.1	高附路面下的路径偏移			
1.4.2	对开路面下的路径偏移			
1.5	驱动力影响下的跑偏			
1.6	转向卡紧			
1.7	牵引能力			
1.7.1	高附路面下的牵引能力			
1.7.2	低附路面下的牵引能力			
1.7.3	对开路面下的牵引能力			
1.7.4	对接路面下的牵引能力			
1.8	牵引力控制系统的调节特性			
1.9	牵引力控制系统的踏板反馈			
……	……			

主观评价专业工程师们完成全部车型、全部整车用户体验性能的主观评价后会形成类似表 2-11 和表 2-12 的统计表格。要获得最终的评价结果，还需要对所有样本的数据进行统计和分析。

通常评价的最小样本（专业工程师人数）不能小于 3 个，并且针对某项指标的各样本的评价分值应该趋于收敛而非发散，否则需要重新评价。如图 2-10 所示的主观评价分值统计，图 2-10a 的评价分值分布是合理的，评价统计平均值可作为制定性能指标的依据，图 2-10b 的评价分值明显存在分散性，需要重新进行主观评价，甚至需要增加样本量来进行专门的评价。

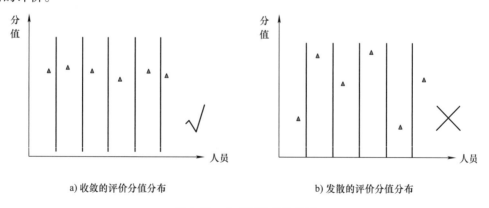

a) 收敛的评价分值分布　　　b) 发散的评价分值分布

图 2-10　主观评价分值统计

3. 对标车的客观测试及分析

为了进一步明确某一性能的具体控制指标，需要对技术对标车型进行客观测试，为性能目标的制定奠定数据基础。客观测试内容涵盖整车 16 大性能中所有可以客观测量的数据，一般根据项目开发的范围选择对标车的客观测试项目。对于全新开发的车型来说，测试的项目会更全面。以整车动力性为例，需要完成如表 2-13 中所列的测试内容。

第2章 整车结构集成开发体系与技术路线

表 2-13 动力性客观测试清单

整车性能项目		单位	测试值	试验标准
1. 动力性				
1.1	最高车速【半载】			
1.1.1	最高车速（ACOFF）	km/h		GB/T 12544—2012
1.1.2	最高车速（ACON）	km/h		《汽车最高车速试验方法》
1.2	最低稳定车速【半载】			
1.2.1	最低稳定车速（ACOFF）	km/h		GB/T 12547—2009
1.2.2	最低稳定车速（ACON）	km/h		《汽车最低稳定车速试验方法》
1.3	爬坡度【满载】			
1.3.1	最大爬坡度	%		GB/T 12539—2018
1.3.2	坡起爬坡度	%		《汽车爬陡坡试验方法》
1.4	加速性能【半载】			
1.4.1	0～100km/h 全油门加速时间	s		
1.4.2	30～70km/h 全油门加速时间	s		GB/T 12543—2009
1.4.3	60～100km/h 全油门加速时间	s		《汽车加速性能试验方法》
1.4.4	80～120km/h 全油门加速时间	s		
1.5	整车滑行阻力（50～0km/h 滑行距离）	m		GB/T 12536—2017 《汽车滑行试验方法》

4. 整车性能目标的确定

按照表 2-13 中列出的国家标准推荐的试验方法完成所有对标车型的测试后对测试数据进行对比分析，并根据性能开发策略完成整车性能目标的初步确定。

例如，针对某项性能指标的测试结果见表 2-14，性能竞争策略的定义是 A，即接近领先的水平，那么该项性能指标的目标值可以根据对标车的测试结果及式（2-1）制定。目标值的取值趋势需要根据实际情况，同时考虑成本和开发投入的因素来制定。

表 2-14 对标车测试数据整理

项目	对标车测试数据			性能竞争策略	目标值 X		
	对标车 1	对标车 2	对标车 3		V0.0	V1.0	V2.0
数值	a	b	c	A	X	X 修订	X 冻结

初步确定的目标值可作为初始目标签批发布。随着开发工作的深入，开展了相应的虚拟仿真验证或者手工样车的验证，发现经过多次优化验证目标值不可达成，则需要对目标值进行修订。整车性能目标的制定是一项非常严肃的工作，一旦确定就不可轻易修改，若经过多次试验验证，仍无法达成，方可提出修改申请，并经过专家委员会的评审决策是否修改。

至此基本已完成 VTS 目标制定。VTS 是衡量产品整车属性的标准，是整车开发过程中各阶段判断实物验收合格与否的依据，同样也是系统技术方案制定的基础。为了达到整车性能目标（VTS），需根据系统匹配分析，对总成及部件提出性能指标要求（STS/SSTS/CTS），AT&C 是 VTS 和 STS 之间的控制环节，是性能模块设计必须控制及分析的项目，用以指导总成及零部件指标的设定。

性能目标的分解工作是根据 AT&C 原则将整车性能目标或系统性能目标"打散"分解到系统、子系统或零部件设计规范（STS/SSTS/CTS）中，为后期整车结构集成奠定重要的理论基础。STS/SSTS 是对 VTS 的保证和支撑，是总成及零部件设计必须控制的技术要求，在系统匹配计算分析报告中要进行充分的校核与分析，从而指导系统及零部件的工程设计开发，为最终实物质量验收合格奠定基础。而对于 CTS，一般会根据实际情况的需要来确定是否需要制定、分解和细化。图 2-11 所示为性能目标的分解。

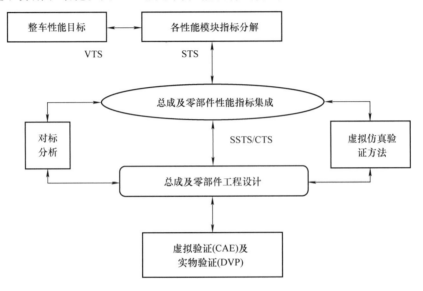

图 2-11　性能目标的分解

以舒适性为例，用户在乘坐和驾驶过程中感知到的车辆特点都与舒适性存在或多或少的关系。通常，舒适性分为行驶舒适性和空间舒适性。行驶舒适性可以进一步区分为行驶平顺性和整车 NVH 性能。而空调性能、内部空间设计和内饰的色彩、材质、气味等都属于空间舒适性的范畴。行驶平顺性是指汽车在一般行驶速度范围内行驶时，能保证乘员不会因车身振动而引起不舒服和疲劳的感觉，以及保持所运货物完整无损的性能。影响车辆平顺性的因素主要有路面的凸凹不平、发动机的振动、轮胎不平衡和传动系统的振动等，这些影响因素通过轮胎、悬架、悬置等弹性元件过滤后传递到座椅、转向盘和地板等部位并被驾驶员及乘员所感知，其传递关系如图 2-12 所示。

影响平顺性的因素主要是车速、悬架结构、系统阻尼、轮胎、悬架质量（车身、车架、发动机和传动系统等）和非悬架质量（车轮、轮胎、制动总成等）等。汽车在行驶过程中，车身振动的频率较低，共振区通常在低频范围内。为了避免共振而保证车辆具有良好的平顺性，应使会引起车身共振的行驶速度尽可能地远离汽车行驶的常用速度。设计悬架结构时为了提高汽车行驶平顺性，应尽量减小悬架刚度，即增大静挠度。但刚度降低会增加非悬架质量的高频振动位移。而大幅度的车轮振动有时会使车轮离开地面，前轮定位角也将发生显著变化，在紧急制动时会产生严重的车辆"点头"现象。转弯时因悬架侧倾刚度的降低，车身会产生较大的侧倾角。因此，对于不同的车型，平顺性的要求也不尽相同。阻尼系统的阻尼是振动激励在传递路径上的关键元件，其作用是将冲击力尽可能降低。为了达到减振的效

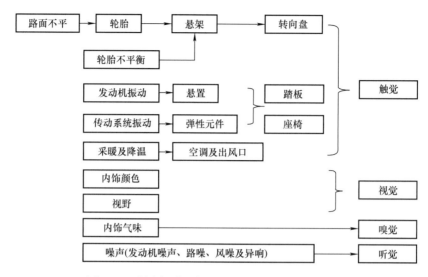

图 2-12 影响驾驶员舒适性的外界激励的传递路径

果，常把减振器的压缩行程的阻尼和伸张行程的阻尼设计为不同的值，当弹性元件被压缩时，为了减小减振器传递的路面冲击力，选择较小的相对阻尼系数；而在弹性元件的伸张行程，为使振动迅速衰减，选择较大的相对阻尼系数。

为了提高汽车行驶平顺性，轮胎径向刚度应尽可能减小。在采用足够软的悬架的情况下，在相当大的行驶速度范围内，低频共振的可能性完全可以消除。但轮胎刚度过低，会增加车轮的侧向偏离，影响稳定性，另外，还会使滚动阻力增加，缩短轮胎寿命，同时增加油耗。因此，轮胎选型过程是平衡这些矛盾的一个过程。

乘坐舒适性在很大程度上还与座椅的结构、尺寸、布置方式和车身（或载货汽车的驾驶室）的密封性（防尘、防雨、防止废气进入车身）、通风保暖、照明、隔声等效能，以及是否设有其他提高乘客舒适感的设备（钟表、收音机等）等有关。另外，空间舒适性和操作的便利性也会影响整车舒适性。如前排空间、后排空间、行李舱空间、头部空间、腿部空间、乘员间距离、高度、宽度、座椅尺寸等指标都是用来量化空间舒适性的指标参量。座椅的支撑性和包裹性、驾驶员的视野、后排地板的平整度以及各种开关操作的力度等都是用户评价车辆舒适性的指标项。借助关联性方法可以将舒适性的目标分解到相关总成及零部件的各性能指标要求中，这里同样会用到质量屋（QFD）分析方法。

2.3.3 整车性能目标的验证

整车、系统及零部件的功能属性能否达到预期的目标，需要不断的分析和验证，而这个过程中最重要的验证手段是计算机辅助工程（Computer Aided Engineering，CAE）虚拟验证方法，尤其在设计开发阶段，整车结构集成设计与 CAE 虚拟验证工作几乎同步开展。随着数字模拟软硬件技术的飞速发展，CAE 虚拟仿真精度在不断提升，很多传统的实物验证方法逐渐被虚拟验证手段替代，不仅节约了大量的试验资源，也大大缩短了开发周期。

图 2-13 清晰易懂地展示了 CAE 验证和实车验证在整车开发过程中不同时期的权重。实际上，早在预研阶段，CAE 虚拟仿真工作就已经在平台选型和制定初始整车性能策略中开展。随着造型数据和工程数据的不断细化，CAE 虚拟仿真工作变得尤为重要，不仅是不同

阶段数据冻结发布的依据，也是数据开发阶段整车性能目标达成的主要验收手段。

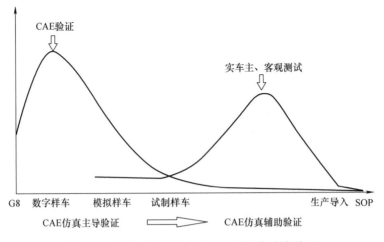

图 2-13　整车开发阶段中的 CAE 验证与实车验证

在没有 CAE 参与的整车设计开发中，对于复杂结构的部件设计完全依靠经验或照搬照抄的方式完成，没有对结构强度、刚度或匹配性等进行有效充分的理论校核，只能等待实物验证来校核设计的合理性。在计算机仿真技术没有应用之前只能依靠这样的手段进行整车开发，而带来的后果是实物验证中出现的问题很多，问题的整改必然要修改设计或制造工艺，而每一次整改都只是一次试错的过程，难以保证整改后的实物验证一次通过，这样的循环整改过程中所投入的财力、物力和时间的代价都是很昂贵的。20 世纪 90 年代中期，CAE 虚拟仿真技术开始逐渐应用到整车设计开发中，一些能对白车身刚度、强度、模态和流体动力学等进行简单虚拟仿真的手段参与了设计校核，一些设计问题可以在零部件加工之前发现并修改，从而减少后期的设计变更。随着 CAE 虚拟仿真技术的不断发展完善，可以在设计阶段开展的验证内容不断增加，并出现了多学科、多目标的优化仿真技术，整车设计开发阶段 CAE 逐渐占据不可替代的主导地位。这种方式的设计开发不仅可以在早期发现更多的设计缺陷，从而减少试制样车数量，并且避免了后期出现设计变更而进行重复的试验验证，其更有价值的作用是大大缩短了开发周期，加快了产品迭代升级，提升了企业竞争力。图 2-14 所示为 CAE 在整车开发中的作用。本章的 2.4 节中将对虚拟验证优化设计体系的内容和流程进行详细的阐述。

汽车是一个很复杂的集成产品，而 CAE 虚拟仿真在设计开发阶段，主要是

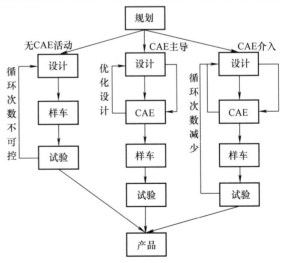

图 2-14　CAE 在整车开发中的作用

结构耐久、NVH、被动安全、空气动力学、多体动力学、人机校核、运动校核、同步工程等方面应用得很成熟，并且在整车开发中已经成为不可缺少的技术手段，也因此带来了减少

投入和缩短周期的利好。但是，不管虚拟仿真做得多精确也避免不了与整车实际的制造状态存在较大的差异，这是因为计算方法和资源的限制，建模过程中存在一定的假设条件，比如弹性阻尼元件或联接结构的简化，另外也无法预估制造工艺带来的匹配性问题，仿真模型中也不可能包含所有可能的使用工况。所以，整车实车测试及试验还是不能缺少的验证环节。表 2-15 列出了主要的实车测试验证内容，供参考。

表 2-15　实车测试验证内容

类型	测试验证内容
系统标定类	动力总成标定、三高标定、底盘及电器控制、安全气囊控制、空调系统、车门电控系统、智能驾驶等
系统开发类	台架耐久、热管理、外气动、闭合件耐久、进排气 NVH 测试等
整车调校类	NVH 调校、动力经济性测试、操稳调校、悬置调校等
整车评价类	强化耐久、环境耐久、动力总成耐久、动静态主观评价等

2.4　结构集成 CAE 虚拟验证优化设计体系

2.4.1　建立 CAE 虚拟验证优化体系的意义

计算机技术已成为现代工业提升竞争力的主要手段之一。最先将计算机技术引入工业应用的是计算机辅助设计（Computer Aided Design，CAD），使用计算机软件直接从事图形的绘制与结构的设计。然后是计算机辅助制造（Computer Aided Manufacture，CAM），使用计算机来操纵各式各样的精密工具机器以制造不同的零件组。最后引入的是 CAE，在产品分析和优化设计中具备强大的助理作用，自进入工业应用领域以来得到了长足的发展和广泛的应用，并且成为汽车产品结构集成开发中不可缺少的技术手段。

整车结构集成开发过程中 CAE 的应用领域包括 NVH、碰撞安全、结构耐久、热管理、车辆动力学及加工制造等，而在关键系统选型分析计算中也会应用 CAE 仿真技术，如动力经济性、电磁及动力总成等。且随着计算机技术的飞速发展，仿真精度得到进一步提升。各大整车企业为了加速新产品升级迭代，可以凭借完善的虚拟仿真验证技术提前、快速地识别前期开发阶段的设计问题并进行优化整改，缩短造车周期，减少开发费用。

概念设计阶段运用虚拟仿真技术对技术对标车的数据进行分析计算有助于快速建立整车、系统或零部件的初始设计目标。随着整车结构集成工作的细化，虚拟仿真技术的应用显得尤为重要，详细设计阶段通过仿真技术可以评估整车数据的设计可行性和设计目标达成情况，并成为数据冻结或下发开模指令的必要条件之一。从试验样车试制到试验验证结束，CAE 虚拟仿真承担了试验问题优化整改的职责，为零部件工程师提供整改依据。即使整车产品成功上市后，一些售后质量问题的协助解决仍然离不开 CAE 虚拟仿真技术。

实践证明，虚拟仿真技术在整车开发过程中的作用越来越重要，而各应用领域的虚拟仿真能否在复杂的整车开发过程中有序、高效地协同工作也是影响开发质量的重要因素。因此，建立一套符合企业自身研发环境，科学、高效管理的虚拟验证优化设计体系是很有必要的。虚拟验证优化设计体系不仅可以缩短开发周期、减少投入，也可以通过系统科学的分析规划，识别能力短板，统筹制定提升计划。开发体系管理平台通过建立模型库、材料库、试验数据库及多平台指标数据体系，为新车型开发奠定数据基础，同时也实现快捷、安全的资源共享，使分析流程及规范标准化，培训新人快速成长。

2.4.2 虚拟验证优化设计体系

1. 虚拟验证优化设计流程

前期预研开发明确的整车产品定义包括对车型级别、架构平台、配置需求、法规要求以及关键性能和质量目标等。造型设计过程中，结构集成需要根据造型外饰的计算机辅助造型（Computer Aided Styling，CAS）完成工程可行性分析及法规校核，并通过结构集成设计确定各系统的布置位置走向、空间尺寸，同时兼顾装配工艺、各方面属性需求等。第一轮集成设计的结果初步界定了系统数据的边界，为下一轮的精细化设计奠定基础，至少要经过三轮这样的验证、细化和集成迭代的过程，完善并在工程发布的节点冻结发布。此阶段完成了从整车概念定义到零部件结构精细化并最终搭建可供制造生产使用的数字样车的设计开发过程。从预研阶段的造型设计开始，到试制样车验证结束，虚拟验证优化设计工作在验证评价中占主导地位，并在整车开发过程中设置关键评审节点，用于支撑工程数据冻结。虚拟验证优化设计评审流程如图2-15所示。虚拟验证优化设计工作主要集中在生产导入之前完成，基于数据设计的层级和逻辑关系可分为六个主要阶段，具体如下：

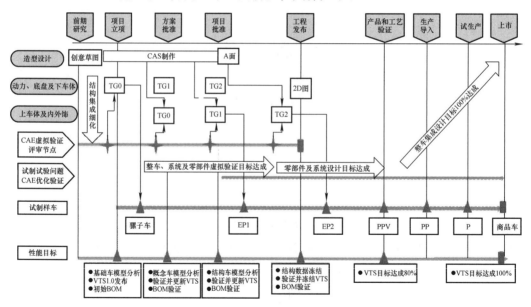

图2-15 虚拟验证优化设计评审流程

1) 前期预研阶段的虚拟验证工作主要是基于产品定义和整车性能开发策略制定初步的整车性能目标和造型创意草图方案，确定初始整车架构，并选择合适的基础模型和材料模型，并根据项目需求对基础模型进行虚拟仿真分析。

2) 立项前需完成早期动力总成的初始匹配验证和发动机台架标定工作，以及动力附件、底盘及下车体等特定系统的早期仿真验证，确定骡子车中的架构件数据，初步设计和验证主断面数据，并完成CAS整车外流场及初始碰撞安全虚拟仿真验证，基于架构件的评估更新整车性能目标,同时完成骡子车装车方案的制定。

3)从立项到方案批准的阶段需完成概念车的设计数据虚拟仿真验证及整车性能目标的更新,完成非造型相关件的概念车 TG1 数据冻结,并开启模拟样车模具制作以支持 EP1 阶段的工程造车,完成上车体及造型相关的结构车 TG0 数据发布,发布数据包括零部件数量、材料及几何结构要求。

4)从方案批准到项目批准阶段的虚拟验证工作用于评估概念车架构件的最终数据(TG2 数据)冻结发布,为开正式模具做准备。同时完成结构车零部件的中间设计数据(TG1)的虚拟验证,即验证造型相关零部件的先期设计数据,包括整车上车体及内外饰结构等的初始装配情况,完成初始 BOM 及焊接关系的可行性评估,同时完成整车性能目标的冻结发布,并完成部分性能指标达成验证评估报告。

5)从项目批准到工程发布阶段是建立结构车数据,即造型相关件 TG2 数据虚拟仿真验证并冻结发布的阶段,为开模和 EP2 工程样车造车做准备。结合整车架构 TG2 数据,评估上车体及内外饰结构等数量、材料、焊接信息等的最终确认,并完成 BOM 的最终验证。此阶段完成部分与整车相关的 VTS 及 STS 的验证评估,完成动力总成标定及公告法规的早期验证。

6)产品和工艺验证前需要完成基于工程样车试验验证过程中设计变更后的数据,并对验证问题提供解决方案,优化后的整车数据可为 PPV 造车做准备。

2. 虚拟验证优化设计内容简介

虚拟验证涵盖多学科、多专业。从造型设计到工程设计需要各专业有序协同开展工作,以寻求最佳的低成本解决方案为原则,同时以减少因为验证不充分而带来的设计变更为目的。CAE 在整车结构集成开发中应用比较成熟的领域是车身刚度、强度、模态、噪声及机构运动分析等,有些工况的仿真精度已经可以达到取代试验的程度。而在碰撞模拟分析、金属板材冲压成形分析、疲劳分析和空气动力学等大变形、非线性等有限元模拟分析中的精度还有待提高。以上分析技术已经全面投入工程应用,虽然还不能取代试验验证,但完全可以用于定性分析和改进优化,也为减少试验次数和缩短开发周期做出很大贡献。近些年,整车虚拟试验场分析技术已开始进入各大主机厂研发部门的视线,还处于不断探索的阶段。另外,焊装模拟和涂装模拟分析技术也已经逐步得到工程应用,为评估制造工艺可行性提供不可缺少的依据。此外,虚拟现实(Virtual Reality,VR)技术也已逐步走进汽车领域,造型设计师和工程师们可以利用人机交互方式在虚拟现实的空间里进行无限接近真实的造型设计和零部件布置。下面简要介绍几个较成熟领域的虚拟仿真内容。

(1)NVH 虚拟仿真

NVH 属于客户感知的舒适性范畴的控制指标。从噪声来源上可以将 NVH 属性细分为发动机噪声和振动、风噪、路噪、内外饰或底盘异响等。NVH 虚拟仿真技术就是借助计算机模拟整车振动噪声的传递路径和激励源与被激励对象之间进行模态规避设计的性能集成开发手段。NVH 仿真分析主要应用在动力总成系统的振动和辐射噪声分析、悬架动静态刚度分析、车身的灵敏度分析、传递函数分析、模态分布、声腔模态分析、接头刚度分析等,结构设计阶段的 NVH 虚拟仿真技术为车身结构的模态频率避开车辆行驶过程中因多种激励所产生的共振风险提供可能。所以,准确识别外部激励的情况是实现 NVH 设计目标的重要前提和依据。本书的第 4 章中将对 NVH 虚拟验证内容做详细的讲解。

(2)碰撞安全虚拟仿真

车辆碰撞模拟分析广泛应用在汽车被动安全性能开发中。被动安全 CAE 分析包括汽车正面碰撞和侧面碰撞的乘员保护分析、后部碰撞的燃油系统安全分析、前后端防护装置低速碰撞分析、乘用车顶部抗压强度分析、行人的碰撞保护分析、安全带固定点分析、座椅及头枕强度分析、行李舱冲击工况分析的仿真内容,并考核前围板乘员位置的侵入量、转向管柱向后或向上的侵入量、正碰过程中的冲击力及加速度、侧碰 B 柱各位置的侵入量、车顶压溃中各位置的刚度值。本书的第 4 章中将对被动安全虚拟验证内容做详细的讲解。

(3)结构耐久性虚拟仿真

车身和车架是整车中结构和受力都很复杂的部件,对于承载式车身更是如此。在整车结构集成开发的设计阶段,车身的刚度、强度 CAE 分析的主要目的在于基于重量最轻的原则提升车身承载能力和抗变形能力,即轻量化设计,随着重量的降低,整车的动力性和经济性也会得到改善。另外,CAE 强度分析也为零部件设计校核提供了便利,例如,对于动力传动系统中的齿轮所承受的弯曲应力和接触应力分析,可以借助 ABAQUS 非线性接触分析模块,实现齿轮齿根弯曲应力和齿面接触应力的分析,优化齿轮结构参数,提高齿轮的承载能力和使用寿命,大大缩减传统手工理论计算的时间和误差。同样,在发动机缸盖设计中,如果仅采用结构局部应力的理论计算方法则无法同时引入气缸内高压气体的作用力和其承受的复杂的热应力,而有限元软件中的热机耦合模块可以从根本上解决热机耦合疲劳开裂分析的问题。近年来,虚拟试验场技术在整车疲劳耐久性能分析中崭露头角。

传统的车身疲劳分析方法需要在物理样车制造之后,通过试验场实测道路载荷采集并建立整车多体动力学模型,获得车身连接点的受力,从而对车身钣金及焊点进行疲劳强度分析。道路采集除了样车的准备,还需要采集设备及工装夹具的制作和标定数据,周期长、试验费用高。然而,虚拟试验场技术不依赖物理样车,可以在项目前期通过扫描 3D 试验场路面和测试轮胎参数,建立虚拟试验场模型,获得动态道路载荷,开展车身疲劳分析,预测危险部位。本书的第 5 章中将对结构耐久虚拟验证内容做详细的讲解。

(4)机构运动分析

机构运动分析是根据系统原始运动部件的已知运动规律,校核与其相关联的其他部件的运动轨迹、位移、速度、加速度、角速度、角位移及角加速度等参量。通过机构运动分析可以确定系统运动时所需要的空间,判断当系统运动时是否会存在系统内干涉或与配接系统存在干涉,并最终实现预定的轨迹和位置要求。通过对机构进行速度分析,可以了解从动件的速度变化规律能否满足工作要求,了解机构的受力情况。通过对机构进行加速度分析,可以确定各构件及构件上某些点的加速度,了解机构加速度的变化规律。

(5)加工工艺仿真技术

冲压成形材料利用率高,产品质量稳定,可用于批量的自动化生产中,因此这一工艺方法在汽车零部件生产中得到广泛应用。传统的冲压生产过程中,冲压工序的制定、工艺参数的选取,冲压模具的设计与制造都要经过多次试错性试验验证并修改才能确定。这种反复的调试过程不仅造成企业人力、物力和财力的大量消耗,而且导致生产成本高,生产周期难以保证。随着计算机有限元模拟软、硬件技术的发展,冲压成形过程的虚拟仿真技术的出现改变了这种传统模式的生产过程。通过对冲压过程模拟分析不仅能够设计最佳的模具结构和工艺条件,能在计算机上直观地验证模具结构、冲压工艺条件(如压边力、冲压方向、摩擦润滑等）和材料性能参数（如褶皱、破裂）对材料成形的影响，还可以提供最佳的材料形状、合理的压料面形状、最佳冲压方向以及分析卸载和切边后的回弹量，并补偿模具尺寸以得到尺寸和形状精度良好的冲压件。该技术使试模时间大大缩短，从而减少制模成本。另外，在焊接技术上，运用优化算法规划焊接机器人的焊接路径也可以提高车身的焊接质量，缩短生产加工时间，并通过仿真加工进行验证，从而达到指导实际生产的目的。

虚拟仿真技术还应用到了电器的 EMC 分析和智能驾驶的模拟中，为减少开发投入和缩短开发周期提供可能。基于以上虚拟验证内容建立整车虚拟验证优化设计体系，内容框架如图 2-16 所示。整个体系的基础是模型数据库、材料数据库和试验数据库，借助强大的模型前后处理工具建立不同专业领域的分析模型，凭借先进的 CAE 仿真求解器完成分析评价结果，为达成整车结构集成优化设计目标奠定理论基础。

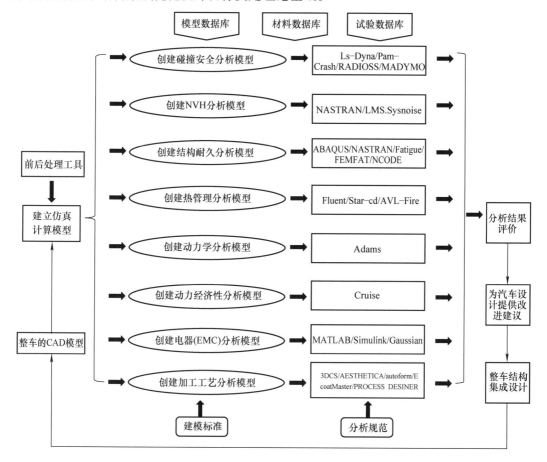

图 2-16 虚拟验证优化设计内容

3. 虚拟验证优化设计的数据库

建立数据库的核心目的是"共享"，而"共享"带来的是提升新产品开发能力和企业的可持续发展。模型数据库的建立方便各专业的有限元模型共享，可以减少不必要的重复劳动。例如，碰撞安全、NVH 和结构耐久的仿真计算模块虽然不同，但前处理的建模要求是相似的，因此模型是可以共享的。另外，在同平台开发换代产品或年度改款产品时，可以在模型数据库中找到基础车型数据并快速建立分析模型，缩短分析时间。材料数据库包括汽车常用材料的牌号及相应的力学属性（强度、硬度、刚度、塑性和韧性等）、物理属性（密度、熔点、导热性、热膨胀性等）和化学属性（耐蚀性、热稳定性等）。仿真分析结果的准确性很大程度上取决于模型材料数据的准确性，如结构耐撞性分析中的材料力学特性不是简单的应力应变拉伸曲线，而是高速拉伸曲线，只有准确的材料输入才能获得合理的仿真结果。试验数据库包括常规的系统试验或整车试验的过程数据积累，如试验工况（环境）、样车或系统部件的状态（工装、约束条件）、试验结果及问题等，其目的主要是用于标定和修正仿真模型，从而进一步提升仿真能力和精度。当然大部分车企还会建立专门的对标数据库，通常由竞品分析部门负责搜集和管理。对标数据库的建立可以在实现与竞争车型之间进行充分对比的过程中提升自身汽车新产品开发的能力。

2.5 汽车产品设计同步工程

同步工程（Simultaneous Engineering，SE）又称并行工程，是对汽车产品设计及其相关活动进行并行、一体化设计的一种系统化的工作模式。同步工程起源于美国的20世纪80年代中期，同类商品竞争异常激烈，制造商们为了缩短产品开发周期，加快新产品迭代并占据市场份额，同步工程技术应运而生。同步工程是指对整个产品开发过程实施同步、一体化设计，促使开发者始终考虑从概念形成直到用后处置整个产品生命周期内所有因素（包括质量、成本、进度和用户要求）的一种系列方法。同步工程是把目前大多数按阶段进行的跨部门的工作尽可能地设置为同步作业。

同步工程具有同步性、约束性、协调性和一致性等特点。同步性是指在产品开发的各个子过程尽可能同步进行，例如，整车总布置草图细化工作与初始造型效果图设计是可以同步开展的，制造工程也已根据整车基本车型定位参数开始对现有工装、设备的通用化进行分析。造型意图的实现过程是造型设计与工程可行性分析不断碰撞交流的过程，本书从第3章到第9章会就整车开发各个领域在同步工程开发中的职责和作用进行详细的描述。同步工程主要是根据造型设计的各个阶段进行同步的工程可行性分析，尽量减少造型工作的反复，确保后期的结构设计与前期的造型设计良好衔接。

在产品开发过程中，为缩短开发周期，各专业领域的工作开展必须应用同步工程及多方论证的原则。项目计划中的各项工作均要按关键里程碑事件节点进行倒排，并识别关键路径，在此基础上合理分配资源，不断优化计划，缩短开发周期。对关键路径上的各项工作，要加强实施过程的监督和管理。图2-17所示为某车型整车结构集成开发中的主要同步工程开发案例。

下面介绍几个同步工程中重要的专业领域所参与的案例。造型设计是非常重要的环节，人们对汽车的审美已经从最初的功能性需求逐渐转变为向艺术和文化方向发展，越来越多的人要求外观设计要具有个性化，然而造型设计的周期往往由于主机厂加快产品迭代升级的需求被严重压缩，同样，工程可行性分析的周期也十分紧张，这就需要在造型和工程同步开发的前提下提升工程输入的准确性和同步工程分析能力和效率。

造型设计不是天马行空的想象和信手拈来的发挥，而是涉及美学、动力学、材料学、工艺学等多学科领域的知识，是在某些特定的工程约束条件下的创意表现。也就是说，一个成功的造型设计离不开前期准确的工程输入。前期工程输入包括总布置图、典型断面和特定区

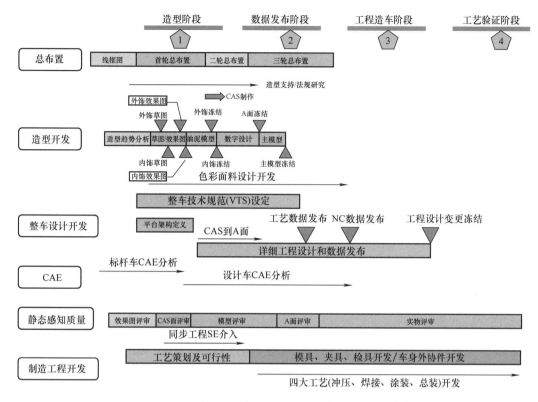

图 2-17 整车结构集成开发中的主要同步工程开发案例

域限制等。总布置图主要是通过竞争车型对标、项目输入、市场定位和法规要求等来确定的，包括影响外部造型整体边界的整车尺寸、轴距、轮距、前后悬长度、接近角、离去角、最小离地间隙等，另外，影响内饰设计的工程输入包括视野、前后门乘降方便性、头部空间、座椅硬点、行李舱容积及其开口离地高度等要求。造型根据总布置图设计整车的比例姿态和特征线面，也就是最初的造型效果图。典型断面是指具有特殊要求的工程技术要求，用于指导造型开发和零件设计。典型断面中包括零件的空间位置、尺寸、结构等内容，整车的常见典型断面数量有 100 多个。典型断面的收集整理工作通常由整车集成部门负责，原则是车身系统先行，其他系统以车身为基准，在应用时参考车身的基准线整体进行调整和控制。特定区域限制通常是指受限于人机、法规及零部件安装要求等的一些典型断面或区域，通常将限制面或实体数据等限制模型提供给造型设计师，用于辅助造型设计，避免不必要的重复工作。

DTS（Dimensional Technical Specification，尺寸技术规范）的设计开发工作贯穿整个产品开发过程，是与造型、总布置、产品开发、制造工程等部门不断讨论、校核与优化的过程。其中，尺寸部门通过 DTS 与产品和造型部门进行沟通和讨论。但一般情况下 DTS 并不直接用于指导造型 CAS 面的详细设计，这是因为由于测量方法的不同，尺寸部门要求的 DTS 值不一定能够被造型工程师完全理解。因此，最佳的方式是 DTS 目标通过三维数据主断面间接输出给造型工程师，而三维数据主断面在正式输出前则由尺寸工程师详细审核并与工程部门握手。在一个完整的产品开发周期内，各个部门的输出物需严格遵循相应的时间和质量要求，其工作流程如图 2-18 所示。

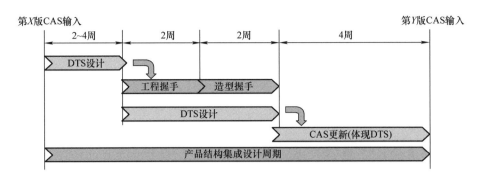

图 2-18　DTS 在 CAS 制作过程中的工作流程

DTS 设计时尺寸工程师会基于工程三维数模、基础公差表、焊接流程图、基准点系统（Reference Point System，RPS）文件及总装工艺文件等进行零件基准和装配工艺的模型搭建，进行不断的虚拟装配工艺验证，并借助三维数据主断面间接输出给造型设计师。尺寸验证是 CAS 设计过程中不可缺少的工程可行性校核环节，该内容将在第 6 章进行详细的讲解。

在造型设计和工程造车阶段，都需要进行静态感知质量同步管控。静态感知质量对消费者第一印象的影响是决定性的。因此从造型效果图的制作开始，就要进行静态感知质量的评审工作。在包括造型效果图、CAS 面初版数据、内外油泥模型、CAS 面终版数据、内外硬质模型、A 面数据及色彩材质实物模型在内的每一个阶段完成前进行静态感知质量评审，发现可能或已经存在的静态感知质量问题，与各专业工程师沟通解决方案，在造型阶段消除影响静态感知质量的造型特征和结构，然后才能冻结设计或数据，保证此阶段满足当前的静态感知质量要求。同样，在每一个阶段装车（EP、PPV、PP 和 P）完成后，应选取装配工艺良好的一台试装车，按照评价表进行整车静态感知质量评价。由于静态感知质量目标无法分解到试生产的每个阶段，需要对此阶段的评价结果进行预估。预估方式为对不达标的评价项给出解决方案，预估改进后能够达到的分数，然后重新进行计算和分析，保证产品的最终状态能够满足目标要求。随着试制车的状态不断接近量产车，其问题数量应逐渐减少，分数逐渐升高直到达成目标。有关静态感知质量的控制技术具体详见第 7 章的内容。

在大多数情况下，许多设计可以是安全的设计，但其中只有一个是最佳设计，不仅安全，而且在满足所有标准方面也是最好的。在目前的设计过程中，整车多学科优化是性能、重量的一种协同优化的手段。整车的结构性能包括 NVH、碰撞安全、刚强度等。通常的分析优化过程都是按不同学科单独进行的，然后再验证优化方案对其他性能的影响。多学科优化可以同时考察各项性能，并可以将整车重量作为设计目标，在满足各项性能的基础上进行最优化的轻量化设计。关于整车多学科优化有不同的优化策略，这涉及软硬件资源、性能要求、项目开发周期等各方面的影响。

在不同的阶段也需要不同的轻量化策略，为实现整车轻量化目标，需要通过流程将整车轻量化规范化。在预研阶段侧重轻量化顶层设计，需要对整车重量、整车安全星级定义、整车动力、经济性定义、整车 NVH 性能进行多纬度交叉评估。在方案阶段，前期侧重基于成本 – 重量的平衡，在后期侧重基于整车结构的细化，需要基于性能 – 成本 – 重量的平衡进行选择，该平衡主要集中在子系统，但同时不能忽略子系统的关联性。在设计验证阶段，重点在于轻量化方案的细化论证实施，基于结构、性能、技术成熟度、供应商体系等，有部分轻量化方案难以实施。图 2-19 所示为整车轻量化在不同阶段同步开展的工作内容。关于轻量化技术的具体阐述详见第 8 章。

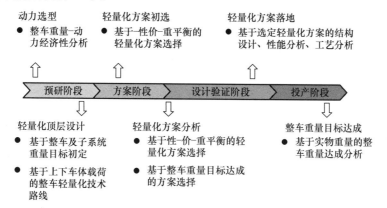

图 2-19 整车轻量化同步开发内容

参 考 文 献

[1] 王秋成. 汽车设计与开发集成 [M]. 北京：机械工业出版社，2018.
[2] 吴礼军，管欣. 汽车整车性能主观评价 [M]. 北京：北京理工大学出版社，2016.
[3] 周廷美，莫易敏，等. 汽车 CAE 技术与实践 [M]. 北京：化学工业出版社，2017.
[4] 胡亮，康飞，等. 整车性能开发综述 [J]. 上海汽车，2011（4）：21-25.
[5] 周舟，周建文，等. 整车 NVH 性能开发中的 CAE 技术综述 [J]. 汽车工程学报，2011（3）：175-184.
[6] 王红转. 浅谈汽车外饰造型的工程输入和同步工程研究 [J]. 上海汽车，2016（7）：56-58.

第 3 章 传统的整车结构集成设计

传统的整车结构集成设计即整车总布置集成设计，也可以理解为狭义范畴的整车结构集成设计，是以整车为研究对象，以结构几何集成为切入点和基本载体，整合相关资源、条件、方法和工具，分析确定整车开发的各项目标及其可行性，再将构成整车的各个部分单元通过优化平衡的方案整合到一起，形成满足既定目标的整车产品开发过程。

本章将对传统的整车结构集成设计中的整车平台架构与模块化、整车总布置集成设计、整车人机工程的主要工作进行详细论述，包括分析理念、原则、内容、流程、方法、工具，以及未来发展趋势，并分享相关技术分析案例。

3.1 整车平台架构与模块化

3.1.1 平台、架构与模块化定义和关系

近年来兴起的模块化平台架构开发是众多汽车企业为应对市场挑战而选择的一条出路。最具代表性的是吉利的 CMA（Compact Modular Architecture）、大众的 MQB（Modular Querbaukasten），以及丰田的 TNGA（Toyota New Global Architecture）平台架构。虽然同样都称为平台架构，但是 CMA、MQB、TNGA 的内涵却有所差异。适合丰田的平台架构不一定适合吉利，反之亦然。本节将系统性地阐述平台、模块化及架构的概念及其开发应用。

1. 平台、模块、架构的定义

就产品开发而言，如何高质量、高效率、低成本地推出汽车产品是汽车企业面临的重要课题。大众、丰田、通用等全球领先企业为此投入了大量的精力来制定产品战略和规划，并逐步引用平台、模块、架构的理念与模式进行整车产品开发。

（1）平台

为了追求大规模制造带来的成本优势，最早的平台概念可以追溯到 20 世纪 30 年代福特 T 型车所采用的经典轿车平台。然而，平台的定义却在不断演变，以下是汽车行业内对于平台的一些描述：

- 按大众汽车的定义，平台主要包括悬架、车架、传动、制动、行驶、转向及油箱等。
- 按一些自主品牌的定义，平台包括了底盘系统、下车身系统、动力总成、座椅骨架等，电气架构（硬件和软件）也可能被归入到平台的范畴。
- 也有人认为平台是指由若干通用部件组合而成的一种载体，在这一载体上开发出的不同产品会使用这些通用部件。

不难看出，以上对平台的描述可以归纳为：按照某种特定的规则，对一些下车体和底盘的零件，特别是对造型不敏感、相对不可见、用户感知度低的部分进行组合集成，强调不同

产品之间这些零部件的通用。参照一些跨国汽车企业的惯用做法,整车划分为上车体(或称上装)和平台两大部分,如图3-1所示。

(2) 模块

1997年,美国哈佛大学提出"模块时代"的概念,2000年,美国出版了《设计的规则:模块化的力量》一书,标志着模块化正式成为制造领域的一种全新规范标准,在全球范围内

图 3-1 整车、平台和上车体的关系

得到推广和实现。模块化由原来仅为计算机信息系统内的解决方案,扩展到各个工业领域,也由原来仅针对设计研发领域,逐渐扩展到模块化采购、模块化制造等不同的领域。

在汽车领域,模块主要指的是从整车结构角度拆分出的、具有某种特定结构和功能的通用部件的组合。可以说,模块和总成、系统等概念有相近之处,但模块更强调独立性、继承性和通用性;标准接口的设计,使得模块还具有互换性的重要特征。

不同模块的互换,可以拓展平台车型的性能,如多连杆悬架模块与扭力梁悬架模块的互换;也可延展平台车型的尺寸,使其能从紧凑车型扩展到中大车型。模块的引入,解决了客户多样性需求与成本之间的矛盾,可应对更多的客户定制化、更短的产品上市时间以及同时具有成本优势。这与当下工业4.0和智能制造的发展方向基本一致。

(3) 架构

与模块随之产生的是架构的概念。那么,什么是架构?在业界,大多数的观点认为架构是平台概念的拓展,是平台与平台之间的关系,是更高程度的共用,是从共用部件上升到共用工程解决方案等。

基于实践经验,架构是模块化平台开发所需要遵循的原则,主要包括共用件清单、共用安装与连接界面、共用制造与工艺过程、功能和性能带宽范围,以及尺寸带宽范围,称之为架构五要素,如图3-2所示。

a) 共用件BOM

b) 共用安装与连接界面

c) 共用制造与工艺过程

d) 功能和性能带宽范围

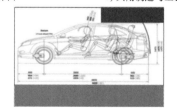
e) 尺寸带宽范围

图 3-2 架构五要素

2. 平台、模块、架构三者之间的关系

平台、模块、架构之间的关系可用一句话来概述:在架构原则的指引下,通过模块来搭

建平台。架构始终贯穿并指导各个模块的设计与开发，以共用模块为基础，选择不同的个性模块来搭建具有不同属性特征的平台，比如多连杆悬架模块与扭力梁悬架模块具备相同的安装界面，可以通过互换来体现高性能平台与低成本平台的特征差异。

如图 3-3 所示，可借助用户感知与性能矩阵图来阐释标准化制造与客户多样性需求之间的关系。整车平台决定整车产品性能的 80%，主要包括下车体、底盘、动力、座椅骨架以及电气架构（EEA）的硬件等实物性零部件。造型等可见部分主要体现在上车身、内外饰及具有特定功能的产品配置上，对整车性能（多为动态性能）影响不大，为了满足产品的多样性和差异性，应该做最大化的差异处理。对于不可见部分，应通过规模效益来降低成本，如构成平台的底盘、动力、下车体等。

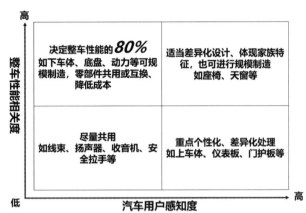

图 3-3　汽车零部件对用户感知度与整车性能的相关度

3. 平台架构开发与整车结构集成

通过整车结构集成来实现零部件物理组合，是性能集成的基础。整车结构集成过程中，需要在成本、性能、质量之间平衡，选择最优的解决方案，开发出最高性价比、质价比的整车产品。

模块化平台架构开发是一种用模块架构的理念进行整车开发的方法和管理模式，主要目的是提升企业的整体盈利能力，缩短产品的开发周期并保证新产品质量的一致性和稳定性。这种开发模式并没有改变整车结构集成工作的方法与过程，但提升了集成的难度和复杂度。在单一车型开发中只需要确定各个系统、零部件间的一种最优组合或最优方案以满足整车性能的要求，但在架构开发过程中，还需要满足架构中的尺寸带宽和性能带宽，以及公共接口界面的设定等要求。设计时，需要分析并确定模块间的多种组合（或平台），以保证每种组合上的整车产品性能和尺寸都在架构的带宽范围内，并具有相同的工艺制造流程。因此，在架构开发中结构集成工作的难度可能会呈几何级增加（需要同时考虑几个或几十个车型的需求），对开发团队和资源（战略合作伙伴和供应商的能力）提出了非常高的要求。

实际上，当前汽车产品更新换代速度越来越快，用一款一款车去追赶市场，企业的研发之路会越来越艰难，模块化平台架构立足现在、储备未来，既能解决近忧，又能兼顾长远，是关注当前产品与后续产品持续提升的一种有效平衡。

3.1.2　主流汽车企业的平台架构开发概述

目前主流汽车企业平台架构开发的目的基本一致，如提高零部件共用化率，缩短开发周期，降低开发及管理成本，最终增加公司的盈利。但各平台架构的侧重点不尽相同，例如，以大众公司 MQB 为代表的"模块化平台"，实现了跨车型、跨产品的零部件高度共用，而以丰田 TNGA 为代表的"架构平台"，追求细分区隔内产品的最优化。本节将简要介绍大众 MQB 平台、丰田 TNGA 平台以及日产/雷诺 CMF 平台，阐述各个企业在进行平台架构开发时是如何运用架构的思想，通过裁剪并选择不同的侧重点，开发出适用于自身战略需求的平台架构，帮助企业优化单一产品、产品系列、制造、管理等各方面的成本。

1. 大众 MQB 模块化平台

大众 MQB 是模块化平台的代表作。它整合了原有的 PQ2、PQ3 及 PQ4 系列平台，从而形成一个全新的扩展性更强的统一平台。大众集团经历了平台化战略、部分模块化战略、全面模块化战略三个阶段，实现从一个车辆级别的共享到所有车辆级别的共享。

MQB 模块化平台具有极强的衍生性，可以开发 A00、A0、A、B 四个级别的各种车型，如两厢车、三厢车、SUV、MPV 等，动力系统包含了传统燃油和新能源动力。MQB 平台把大量系列化的可组合的模块与子模块应用到大众集团的各个品牌（比如大众、奥迪、斯柯达和西雅特等）。因此，在 MQB 平台上衍生出的车型可以实现 80%～85% 的零部件通用，从而极大地节约了产品开发时间和费用，降低了零部件采购和质量管控成本。

MQB 平台把一辆车的基本框架分为 7 个平台模块（前桥、前部车身、前座椅、中部底板、后座椅、后部车身及后桥），这些模块通用于大众集团的各个品牌，以极高的灵活性满足不同用户对车辆的差异化要求。深度模块化可实现所有车型开发协同，进一步促进车辆标准化和定制化。

MQB 平台的核心要素是相对不变的发动机模块位置，安装倾角相同，前轴与 BOFRP（驾驶员正常驾驶状态下的鞋底参考点）的距离相对固定，而轴距、轮距、前悬和后悬等都可调整，如图 3-4 所示。另外，平台模块的安装位置也实现了标准化，不同车型的模块可以共用或互换，具有超强柔性和灵活性。比如前地板总成由两种中通道、三种座椅支架、两种前挡板和不同长度的地板面组合而成，使用同一套模具就能实现不同的地板总成长度。

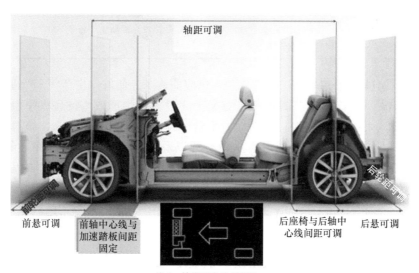

图 3-4　大众 MQB 平台示意图

总之，MQB 模块化平台不仅是一个开发车型的平台，也是一种新的生产方式。通过建立一个标准化、可互换的 MQB 平台，大众可在其生产线上制造不同品牌的车型，不仅降低单车成本，还可以缩短新产品上市周期，发挥旗下众多品牌的协同效益，快速应对全世界各地不同区域市场的需求及变化。基于 MQB 平台的车型项目有望达到如下目标：单车成本降低 20%，固定资本开支降低 20%，每款车工程开发时间缩短 30%，显著减轻车身重量，减少排放。

2. 丰田 TNGA

丰田 TNGA 是丰田开创的全新的造车理念，是一个涉及汽车研发、设计、生产、采购等全产业链价值的创新体系。TNGA 围绕驾驶员，以驾驶舱为起点，在汽车研发、生产过程中通过优化和统筹，从无到有地重新塑造汽车的基本性能和根本架构，开发和生产更具吸引力的车辆。为了实现这一目标，TNGA 对车辆平台和动力系统部件进行了全面的重新开发，并共用大量零部件，以达到更高的通用化程度。通过 TNGA，产品的性能显著增强：动力性能提高 15%，燃油效率提高 15%~25%，车身刚度提高 30%~65%，车身重心降低。同时，在不同车型上最大限度地实现零部件共用，将汽车生产成本缩减 20%。

与大众的目标相似，丰田也利用 TNGA 平台进一步扩大零部件共享、缩短车型研发和生产周期，从而降低成本。不过与大众 MQB 平台不同，TNGA 平台囊括横置和纵置的产品平台，理论上平台柔性更高。TNGA 架构包含了 GA－B、GA－C、GA－K、GA－N、GA－L 五个基础平台，以及一个纯电动平台 e－TNGA，见表 3-1。

表 3-1 丰田 TNGA 下属平台及应用车型

序号	平台	应用车型
1	GA－B	横置发动机，小型车，如 Yaris（致享、致炫等）
2	GA－C	横置发动机，紧凑型车，如 C－HR、卡罗拉、雷凌
3	GA－K	横置发动机，中型轿车、SUV，如 RAV4、凯美瑞、汉兰达、雷克萨斯 ES 系列
4	GA－N	纵置发动机后驱平台，主要用于皇冠
5	GA－L	全新研发的纵置发动机后驱平台，主要为高端品牌雷克萨斯生产轿车、SUV、轿跑等车型，包括 IS、GS、LS、LC 等系列车型

丰田通过 TNGA 将公司结构、管理体制、供应商体系、研发、生产等全产业链环节进行了一场变革，这是 TNGA 架构与目前传统意义上为了节省生产成本的各大平台最本质的区别。用架构思想，将燃油车平台、混合动力平台、纯电动平台整合起来，统筹考虑开发设计，实现零部件的尽量共用。同时通过重新布置以及开发设计关键零部件（如动力总成、车身结构）来提高基于 TNGA 架构开发车型的基础性能，从而增强产品的综合竞争力。

3. 雷诺/日产 CMF

CMF 是 Common Module Family 的英文缩写，即通用模块化平台，包括四个基本模块：发动机舱、乘员舱、前部底盘和后部底盘模块，再加一个电气架构模块。通过系列化模块的不同组合，衍生出众多的不同产品，从而可以大幅度简化设计，缩短研发、生产所需的时间。

CMF 平台采用相对较少的模块是其突出特点，模块的性能和可靠性更容易得到保证。同时，各模块并非完全固化，而是系列化的，有不同的尺寸，具备灵活组合、衍生不同车型的能力。该平台具有以下特点：

1）灵活性：平台可按照车型的研发需求，以任意尺寸自由组合，具备高灵活性。
2）通用性：全平台所有车型实现电气架构通用，其他 4 个区域均可灵活组合，零部件通用率达到了80%左右，具备高通用性。

3) 延展性：CMF平台可搭载日产面向未来的e-Power智充动力、涡轮增压发动机、自然吸气发动机等多样性动力总成；兼容两厢车、三厢车、SUV、MPV等多种车型，车型级别覆盖A、B、C、D等。

与大众MQB平台划分不同，CMF平台重点强调设计和生产的灵活性，而且对驱动形式也没有限制，前置前驱、前置后驱、前置四驱都可以采用CMF平台进行设计。同时由于CMF平台的通用零件比例更高，因而能够极大降低车辆设计和生产成本，最终使得基于CMF平台的车型有更高的性价比和更低的维护成本。

随着汽车开发方式的发展以及对模块化平台架构的深入研究，无论大众MQB平台、丰田TNGA平台，还是日产CMF平台，汽车企业开发自己的平台架构时，都有一定的共识，即在各自架构原则的指引下，通过模块去搭建平台。采用模块化的思路，实现不同车型的零部件共用，降低成本，缩短周期，再结合自身的实际情况，综合平衡后进行裁剪，有侧重点、有目的地进行平台架构开发。

3.1.3 模块化平台架构开发与实施

本节从公司战略、产品规划以及市场环境的角度阐述和探讨模块化平台架构这种新的开发方式，为企业实施模块化平台架构提供参考。另外，本节还将论述平台架构开发流程，让读者了解平台架构开发的框架、需要完成的工作及时间节点。

1. 模块化平台架构与公司战略、产品规划的关系

战略，是一种全局谋划从而实现目标的规划。从时间维度看，平台架构以及产品规划等被统称为公司的中长期规划，其中以产品规划为核心。从市场维度看，产品规划需要从配置、尺寸、性能、舒适度等方面清楚地显示产品的差异，并保持显著的品牌形象。从成本维度看，产品规划的车型应该尽可能多地共享模块，便于优化开发投入、采购量和生产灵活性等。如同均衡的投资组合维持可持续的财务回报，均衡的产品规划能维持汽车企业可持续健康发展。

平台架构一般是在产品规划初步成形以后开始启动，产品规划对平台架构起引导作用，需要基于平台与模块的定义对产品规划进行分类。初步形成差异化方案与共用化方案，并考虑如何用合理的架构去承担这些车型的开发任务。卓越的平台架构，能使企业的产品规划得以实现，在现有的设计、工程、制造及采购等能力范围内最优地覆盖各个细分产品市场，并在减小产品复杂度的同时推出多种衍生车型来满足更多细分客户的需求，从而让企业的盈利能力达到最优。简言之，合理的平台架构应该有这样两个特点：①满足车型规划的需求；②保证企业资源利用效率的最大化。

模块化平台架构作为一种新的产品开发方式，核心是根据企业自身的产品规划与研发能力、现有资源等进行特定的匹配和调整，在遵循架构开发原则的基础上，运用模块化的方法，特别是利用模块互换的重要特性，使得产品的共用性与差异化不再是"此消彼长"的关系。同时，平台架构还能不断地进行迭代和升级，以增强企业的盈利和抗风险能力。

2. 自主品牌车企模块化架构开发实践的现状及问题

行业领先企业已经在模块化之路上走得相当远，如丰田通过核心技术模块的前置开发和在平台上的提前验证，使得车型产品开发任务更多的是整车集成开发和验证，因而大大缩短了整车开发周期。中国自主品牌的模块化实践还在起步阶段,没有平台化和模块化的积累,产品开发还不能以丰田的整车产品开发周期作为衡量标准。在产品规划尚未明朗之前就匆匆开始平台开发,很难把握好效率、质量、成本与产品个性化之间的平衡,容易导致重复开发、重复验证、开发周期过长、研发费用过高等问题。另外,有的自主品牌习惯于把新产品作为当年销售的增长点,因而对新产品急功近利,强行要求缩短上市时间,欲速则不达,导致在质量上的妥协让步。如果把这些实践结果放到一个较长的时间段来看,实际上企业都为此付出了无法计算的沉重代价。总结起来,在开发实践中主要有以下几个典型的问题:

1)模仿借用。采用"模仿借用"的逆向研发思路,容易导致车型过多且管理复杂。近几年随着消费需求日新月异、市场竞争越发激烈,一些自主品牌逐渐意识到一味模仿借用已无法立足。

2)产品规划缺乏有效性。没有建立与中长期产品规划、技术规划相结合的模块规划、前置开发流程和管理机制,产品规划的有效性较差,常常会"朝令夕改"。缺少系统的前瞻性市场研究和需求分析,产品开发过程中简单粗暴,为适应市场形势的某种当前变化而频繁地改变产品定义,导致偏离原有规划,并且缺少产品规划的变更流程和变更决策机制。在这种情况下推行模块化开发,就会出现"一车一模块"的尴尬局面。

3)平台开发能力不足。即使产品规划时定义了平台及其产品系列,但在按照既定规划进行车型开发的过程中由于能力的限制,无法守住平台的边界约束条件,最终每个产品实际上都变成了不同的车型平台,同代各车型之间通用率很低,各代车型之间的继承性也很差。

4)研发体系不健全、管理能力欠缺。大多数自主品牌企业的开发流程体系、研发技术储备、研发组织机构、企业资源等都不足以支撑立即全面开展平台化开发。历史问题在不同的项目中重现,过往的经验未得到有效的传承和优化。

平台化之路对于中国汽车企业来说是面向未来必须迈出的一步,更可能有着"生死存亡"的重要意义。中国自主品牌汽车企业需要切合自身情况,基于产品规划,充分整合资源,适时理性地推广平台化开发。同时,面对客户的多种需求,需要从工程角度去简化,一步一步升级到模块化平台架构,形成一个高效、经济、高质量的方案,最终推出各种衍生车型去满足顾客的需求,从而实现企业自身价值的提升。

3. 整车架构开发实施流程

每个企业都有属于自己的架构开发流程,但目的和逻辑都是基本一致的。需要明确开发项目组中各类人员的职责和工作范围,明确里程碑事件及其关系、交付物,确保综合平衡时间、质量和成本,使架构的开发工作有序地进行。如图3-5所示,架构开发流程可分为三个

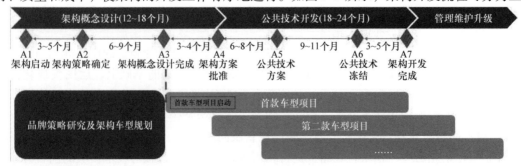

图3-5 平台架构开发流程

阶段：架构概念设计、公共技术开发及管理维护升级，分为七个节点：A1～A7。其中概念设计预计需要 12～18 个月的时间、公共技术开发预计需要 18～24 个月的时间，也就是说，架构开发预计需要 30～42 个月的时间。其中每个节点（也称为阀门）的工作内容见表 3-2。

表 3-2 节点与工作内容

节点	名称	工作内容
A1	架构启动	平台架构项目立项，完成开发策略构想，初步确定性能带宽/尺寸带宽，初步确定模块定义及划分原则，对工业化方案进行初步分析建议，估算架构开发费用等
A2	架构策略确定	完成架构技术策略，基本确定尺寸带宽/性能带宽，梳理完成平台件清单及初版公共界面，进一步完善工业化方案，架构车型造型趋势分析，确定初版成本目标，确定分析目标市场的标准法规
A3	架构概念设计完成	综合考虑成本、性能、质量等因素，完成架构总体技术方案，完成典型车型架构数据，完成 CAE 分析，验证无重大风险，战略供应商引进，共同确定关键技术方案，成本目标更新，模块及公共界面基本确定，架构性能带宽/尺寸带宽细化等
A4	架构方案批准	通过骡车及仿真分析再次验证架构技术方案，冻结并发布架构数据，完成关键架构件供应商的选择，确定各车型共用制造系统方案，发布架构尺寸带宽、性能带宽、架构件清单以及公共界面，典型车型共用化率初步统计，架构部分成本梯度及目标确定
A5	公共技术方案	架构件技术方案及数据状态确认，完成所有架构件供应商的选择，制作样车验证关键架构件以及部分整车功能，结合首款车型确定发放的工程数据，中、长周期架构件开发启动，开模计划等
A6	公共技术冻结	架构件开发完成并进行验证，完成样车制作并进行整车功能验证调试，确定工业化方案，更新成本目标达成情况
A7	架构开发完成	架构带宽、总体技术方案及典型车型数据检查确认，计算架构共用化率，确认架构成本目标达成情况，制定架构变更管理办法、架构推广策略

3.1.4 电动汽车平台架构开发特点与策略

本节通过对比电动汽车平台架构与传统燃油车平台架构开发的差异性来体现电动汽车平台架构的特点。新能源平台动力系统（驱动电机）通常比发动机小，两者工作方式也不同，在空间布置和性能方面都存在差异。储能系统（电池包）尺寸和重量都比较大，需要更大空间并大幅度增加整车重量。这些都改变了传统燃油车平台的结构，燃油车的一些设计标准和理念不再适用。另外，电动汽车内部的高压系统在使用过程中将面临更多的安全风险，如在车辆充电或发生交通事故时，电池包有起火甚至爆炸的风险，将严重影响乘员的生命安全。因此，电安全性也是电动汽车平台架构开发时需要重点关注的地方。

1. 电动汽车类型

电动汽车是指采用电力动力系统，完全或者主要依靠电能驱动的汽车，包括混合动力（含增程式）汽车、纯电动汽车和燃料电池汽车等。详细描述可参阅本章 3.2.2 中有关内容。

本节论述纯电动汽车平台架构开发的特点和策略。纯电动汽车（Battery Electric Vehicle，BEV）是完全由可充电电池提供动力的汽车。电动汽车的关键部件有电池、驱动电机、电机控制器、直流/直流（DC/DC）变换器、车载充电机（OBC）、高压配电盒（PDU）等。

2. 电动汽车平台架构开发特点和策略

目前，汽车企业推出的电动汽车平台一般基于两大策略：一是基于传统燃油车平台改造，二是重新设计开发新的电动汽车专属平台。基于传统燃油车改造的平台，可以通过共享平台降低成本，但也会受到诸多限制，如续驶里程受限、汽车动力性受限以及内部空间和舒适性受限。开发新的电动汽车专属平台，可以解决受限问题，但需要投入更多资金，成本较高。那么纯电动汽车平台相对传统燃油车平台有哪些不同呢？

首先，从零部件的差异来看看纯电动汽车平台与传统燃油车平台的不同之处，见表3-3。

表3-3 纯电动汽车平台与传统燃油车平台零部件差异

平台	主要差异零部件
纯电动汽车	驱动电机、电池、电控、DC/DC、OBC、PDU、高压线束、充电附件等
燃油车	发动机、变速器、进气系统、排气系统、燃油系统、中冷器、中间传动轴（四驱）

两种平台主要是动力系统、能源系统及附属的相关系统不同。这相应地带来了在整车层面上的总体布局、热管理系统、碰撞安全、电气架构、整车重量等的差异。

1）整体布局。纯电动汽车平台在设计时，以人和电池包为中心，由于电池包侵占乘员舱 Z 向空间，为保证乘员的头部空间，整车高度比较难控制；电机体积比发动机小，占用空间小，可缩短前悬长度；电池包尺寸大，通常平铺在地板下；平地板，后排中通道无凸起或凸起较少，提升后排的乘坐空间和舒适性；驱动方式灵活，前驱、后驱、四驱的实现方式简单，无中间传动轴；电机运行时比较安静，电子机械噪声和振动更容易被用户感知，所以电子真空泵和空调压缩机等部件必须布置在合适的位置，且需要控制振动噪声的传递路径。

2）纯电动汽车平台车身特点。通常，纯电动汽车的前舱较小（X 向和 Y 向）。一般燃油车前纵梁宽度大约为900mm，而特斯拉 Model 3 前舱 Y 向宽约为715mm，捷豹 I-PACE 前舱 Y 向宽度约为764mm；同尺寸纯电动汽车比燃油车更重，前纵梁截面的承载能力要求比燃油车更高，纯电动汽车平台的前舱碰撞吸能策略和燃油车平台也不相同；燃油车地板下需要安装排气管及油箱，四驱车还需要布置中间传动轴，通常是凹凸地板，而纯电动汽车平台下车体一般平铺电池包，地板平整；由于电池包的存在，纯电动汽车平台与燃油车平台的前地板结构不同，碰撞时车体的传力路径也不同。

3）纯电动汽车平台的底盘系统与传统燃油车无大的差别，主要受整车重量差异的影响，纯电动汽车平台的制动、转向、悬架等总成需要选择性能更好、承载能力更强的零部件，同时为了保证大电量电池的布置空间，需要选择合适的悬架形式，避让电池包。副车架可与电机一体化设计，减少整体尺寸，更好地实现模块化。

4）碰撞安全方面，纯电动汽车平台新增对电安全性的考虑，如柱碰、托底工况时对电池包的保护，纯电动汽车平台需要设计更强的门槛和地板横梁。另外，前舱的吸能空间充足，行人保护性能更优秀。纯电动汽车碰撞能量大、高压系统保护工况严格。随着全球安全法规要求提高，传统燃油车平台很难兼顾，开发全新的纯电动汽车平台是较好的解决办法。

5）热管理系统。纯电动汽车平台的热管理系统主要保证乘员舱、驱动电机、电池、小三电（电空调、电制动、电助力）等的温度在合适的范围内，而燃油车平台主要保证发动机在正常的工作温度以及创造适宜的乘员舱温度环境。

6）电气架构特点。纯电动汽车平台与燃油车平台在具有相同智能化、电气化配置时，整车电气架构的区别不大，主要是由于动力系统不同，电气架构在动力领域存在差异。

综上所述，纯电动汽车平台与燃油车平台在动力系统、车身结构、碰撞要求等方面具有一定差异，企业需根据汽车行业未来的发展方向、市场需求以及自身战略，确定新能源架构的开发策略和目标（如能源规划、基于该平台架构开发的整车产品的市场定位），作为平台架构开发前期的重要输入。在架构开发时，架构的能源规划对架构的结构尺寸和性能带宽有重要影响，产品定位决定了零部件的物料成本范围，是对不同技术方案进行选择的主要依据。

3. 多动力源平台与纯电动专属平台对比

多动力源平台是可搭载两种及以上不同动力的平台，如传统燃油、混动、纯电、燃料电池等。多动力源平台有大众 MQB 平台、吉利 CMA 平台等。

以大众的多动力源 MQB 平台和纯电动专属 MEB 平台为例，从结构布置、空间、性能等多个维度对 MEB 和 MQB 进行详细对比。MEB 平台是大众汽车开发的全新纯电动专属平台，围绕电池组、电控系统、电机等电动车特有部件进行重新设计。MEB 平台具有类似 MQB 平台的拓展能力（生产不同尺寸的各种车型），可用于全球三大区域内的五大汽车品牌，为整个大众汽车集团超过 1000 万辆全新电动汽车的首期目标奠定了基础，铺平了通往电动出行时代的道路。MEB 平台三大特点：以电池为核心；可实现后驱动和四驱；长轴距，短前后悬。基于 MEB 平台开发的车型具有更多变的造型风格、灵活的造型空间，使整车具有更高的可塑性。表 3-4 所列为 MEB 和 MQB 两大平台的总体对比。

表 3-4 MEB 与 MQB 总体对比

平台	MEB	MQB
总体特点	电池和人为中心；机舱占用空间小；平衡电池包高度、乘员空间和整车高度；平地板；电池容量大	发动机和人为中心；机舱占用空间大；车高更低，通过性更优；电池布置空间小，续航不足
驱动形式	后驱、四驱；接近 50∶50 的轴荷分配，加速重心后移时驱动更优；简洁灵活的四驱方案；后驱动可实现更短前悬	前驱、四驱；接近 60∶40 的轴荷分配；四驱方案结构复杂
三电/动力系统	适应新能源系统零件的全新 MEB 平台；以高压电池为核心；电池能量及能量密度可最大化；电池具备极大拓展性；前舱布局得到充分利用；巡航里程可达 600km	新能源系统零件集成到 MQB 平台；以内燃机、变速器及燃油系统为核心；电池能量受限，电池不具备拓展性；前舱布局不能得到充分利用；巡航里程约 260km
底盘系统	转向器：DP – EPS&R – EPS（电动汽车更重，需要能承受更大齿轮力的转向器）	转向器：CP – EPS &DP – EPS
	制动系统：I – booster MEB	制动系统：真空助力器
	后悬架采用五连杆独立悬架，电池包布置空间更优	后悬架采用拖曳臂式 E 型多连杆，两侧拖曳臂侵占电池包 X 及 Y 向空间
电气架构	集中式的功能分布（3 个域控器）；具有可扩展性；面向服务的软件架构（SOA），实现不断的升级和迭代	分布式的功能分配架构（功能分散在各网络结点上）；具有可扩展性；不适合更新和升级

总体而言，电动汽车相对于燃油车加速更快，且具有更低的重心，操控性更好。但电动汽车在安全方面需要额外考虑电安全，包括对电池包的保护，防止热管理系统热失控、电池包起火等问题的发生。详细的性能对比分析见表 3-5。

表 3-5 MEB 平台与 MQB 平台性能对比分析

性能项	MEB	MQB
加速性	单档减速器无冲击；加速线性、顺畅	多档变速器引起频繁的换档冲击
乘坐感	没有发动机，NVH 性能提高 电池包加强，具有更坚固的车身 更低的重心，具有高阶的操控性能	发动机带来噪声 相比而言车身较单薄 重心较高，操稳性能欠佳
油耗/成本	结合制动能量回收，能量利用率可达 80%，纯电动出行使用成本更低	传统发动机能量利用率不高于 40%，高油价下的出行成本高
碰撞安全	保护对象除乘员、行人、高压系统外新增电池包、高压线束保护等碰撞工况，如柱碰、托底等；整车重量更重，同级别车碰撞能量增加 30%~40%；针对新碰撞工况制定安全策略，性能目标达成更容易	保护对象：乘员，行人；工况应对 NCAP、C-IASI、国标；应对难度不断增加的新碰撞工况较困难，如 MPDB、25% 小偏置工况、行人保护等

纯电动专属平台与多动力源平台存在较大的差异。MEB 平台可以充分发挥纯电动专属平台的优势，打造更具未来感的电动汽车。而 MQB 平台主要以燃油为主，兼顾纯电，由于受到燃油车技术方案和结构的限制以及强调与燃油车的共用性，MQB 平台的电动汽车还保持着燃油车的造型特点，大多数是基于燃油车的电动化改进，MQB 平台的纯电动车型更像是过渡产物。一方面，由于基于 MQB 平台开发的纯电动车型存在局限性，与市场主流纯电动车型相比缺乏竞争力（特别是创新设计和续航），另一方面，全球新能源汽车市场快速增长，为应对电动化、智能化、网联化趋势，打造纯电动专属平台势在必行。

3.2 整车总布置集成设计

整车总布置集成设计主要解决整车用户需求、政策法规要求、整车产品市场竞争力等转化为整车功能与结构布置问题，是一个反复平衡和优化的创新过程，也是一个实现合理的结构组合达成最优整车综合目标的开发过程。整车总布置集成设计是整车产品开发流程中的主轴线，在整车产品整个开发过程中起着举足轻重的作用。

3.2.1 整车总布置集成设计的主要特点、内容及逻辑关系

在整车总布置集成设计中，常会提到"设计硬点"这个概念。在整车产品开发中，由于零部件设计要在整车总布置集成设计基本完成后才开始，在整车总布置集成设计阶段中还没有零部件的详细资料，还不能解决零部件和总成内部的细节问题。总布置集成设计中出现的是各总成的主要控制点、主要中心线，也包括重要的外廓线和由这些轮廓线构成的控制面及运动极限位置等，这些控制点称为硬点。简言之，设计硬点是整车总布置集成设计中，为保证零部件之间的协调和装配以及造型风格要求所确定的控制点、控制线、控制面及控制结

构的总称，分为安装装配硬点（包括尺寸与型式硬点）、运动硬点、轮廓硬点及性能硬点四类。设计硬点是零部件结构设计和选型最重要的设计原则，也是整车开发各专业组共同认可的尺度和设计原则，同时也是使各专业组分而不乱、并行设计的重要方法。

本章中与整车有关的尺寸参数等设计硬点主要采用 SAE J1100 的定义和代码。

1. 整车总布置集成设计的主要特点

整车总布置集成设计领域几乎所有的工作内容，在整个产品开发周期中，自始至终都是以整车为研究对象，以整车综合平衡为目的。

整车总布置集成设计从讨论研究整车的各种要求开始，先设定整车目标（整车性能、成本），再有的放矢，寻求整车在动力性、经济性、乘坐舒适性、操纵方便性、驾乘安全性、技术法规标准等各个方面的最优化匹配集成，并形成可行的整车技术开发实施方案，最终形成在特定市场的有竞争力的整车产品。

整车总布置集成设计涉及很多领域的知识，非常广泛，如车辆工程学、人机工程学、统计学、造型美学、交通经济学、心理学以及相关法律法规和政策等，并在整车产品开发活动中灵活应用，有效服务于相关分析和论证。

在整车产品概念设计阶段，整车总布置集成设计的很多工作需要专业小组，甚至整个研发团队和产品决策层参与，进行集体"头脑风暴"，进行广泛对标分析。比如，针对某一主要零部件，很可能会从产品结构数据库中调用多个不同型号的这个零件进行布置、性能等综合对比，然后选择最匹配的那一个；再比如，选择或设定某具体整车参数时，列举出多个同类型车型同一参数的数值，并进行必要的统计学分析，结合新开发产品的规划和定位，综合平衡分析其他要素，从而得到新开发产品这一参数的具体设定值。

整车总布置集成设计的一般工作思路：①基于市场的大胆全面的产品创新设想；②全面了解分析整车相关技术、资源、政策法规以及时间进度等约束条件；③广泛对标分析获得大量有价值的基础参考数据；④通过大量头脑风暴集体讨论，全面设定整车各种参数目标；⑤采用定性分析和定量计算进行全面详实的技术论证，抓住主要矛盾和主要问题，综合分析空间与性能、局部与整体、技术与成本等关系，获得一个满意的平衡优化方案；⑥在方案实施和产品实现的过程中实时评估、校验、监控，必要时加以修正。

2. 整车总布置集成设计的主要内容

（1）市场驱动的整车产品技术规划分析

确定产品的市场需求应对策略和主要技术规划目标。这项工作中包含但不限于以下内容：①整车产品平台综合分析；②市场整车竞争产品格局分析；③整车技术发展趋势分析；④整车产品配置需求分析；⑤整车产品技术目标分析；⑥整车产品品质目标分析；⑦整车产品量价目标和成本目标分析等。

（2）整车技术路线分析

确定新车型开发的技术路线设想、关键技术对策和技术风险等，一般包括：①整车产品的平台选择论证分析；②整车总体方案构想，初步分析主要总成的型式；③整车主要技术参数初步分析与目标设定；④整车法规适应性要求和趋势分析；⑤整车关键技术应用对策和风险分析；⑥关键零部件技术路线对策和风险分析；⑦整车总布置图初步分析；⑧整车造型定位初步分析；⑨产品开发关键时间进度等。

(3) 整车技术方案分析

确定车型开发的详细技术方案，通常包括：①整车平台方案；②整车基本参数；③主要总成型式选择和空间布置；④整车产品主要功能分析；⑤整车产品主要配置方案；⑥整车主要设计硬点；⑦整车主要系统方案；⑧整车适应标准目录等。

(4) 整车姿态分析

确定整车各种载荷下的地面线、整车姿态角为主要参数的车型整体形态。整车姿态设定是否合理，直接影响消费者对汽车整体造型的视觉感受，直接影响汽车整体造型美感的协调性，同时，与汽车通过性、操纵稳定性、上下车方便性、车门开闭操作方便性、泊车性、维修保养便利性等整车属性都有着直接的紧密关系，是相关分析的基础条件之一。

(5) 下车体及底盘平台结构集成布置及整车设计硬点分析

乘用车开发主要包括：①动力总成机舱布置；②动力传动系统布置；③三踏板操控布置；④前后悬架及副车架布置；⑤转向盘及转向传动机构布置；⑥排气系统布置；⑦冷却系统布置；⑧燃油箱总成布置；⑨备胎布置；⑩前后防撞梁和牵引装置布置；⑪车体地板相关支撑梁结构、底盘平台与车体接口定义等。而对于电动乘用车，增加了三电（动力蓄电池、驱动电机、电控系统）相关的集成布置。

(6) 上车体结构集成布置分析及整车设计硬点分析。主要包括：①驾乘人员及座椅布置；②开闭件布置；③车内空间分析；④车内操控件及信息显示部件布置；⑤扶手布置；⑥空调布置；⑦安全带布置等。

(7) 整车人机工程分析

通常包括以下四个方面：①人体坐姿分析；②视野分析；③驾乘舒适性分析；④驾乘操作舒适性分析。

(8) 整车法规适应性分析

整车产品设计开发必须满足整车产品销售地区有关的各种法规和标准的要求，特别是强制性标准法规。不同国家或地区标准法规体系不同，相关具体要求也不相同。需要根据产品的主要销售地区来选择相应的法规标准体系。整车总布置集成设计中法规适应性分析，不能完全等同于整车产品或主要零部件的实物测试试验和认证，它主要是通过电子数据或电子样车，按照相关标准法规的具体要求进行适应性分析和风险评估。

(9) 整车水管理

整车水管理性能一般是指整车在水、盐水及泥水中的适应能力、整车水密封性能、水侵入后的排水能力以及防飞溅能力的综合性能体现，一般包括：①整车涉水和防飞溅性能；②整车防雨密封性能；③整车商业洗车适应性；④整车浸泡防护适应性；⑤雨天驾驶视野安全适应性；⑥降低汽车溅水及由水引起的车身表面污染等。

(10) 整车性能理论计算分析

整车总布置集成设计需要对整车的一些性能进行理论分析计算，一方面是对整车各个属性进行综合平衡优化评估选择的参考信息之一，另一方面，部分理论分析计算结果也是整车产品开发设计中部分具体工作的必要输入条件之一。其内容一般包括：①整车质量参数统计分析和整车轴荷分配估算；②整车动力性理论计算；③整车经济性理论计算；④散热器有效通风面积计算与对比分析等。

(11) 整车造型可行性分析

整车造型设计是整车产品创意概念设计中非常重要的一环,尤其是各类乘用车,除了满足产品定位对美学的要求外,还需要适应汽车产品的相关法规标准,适应产品技术与成本的匹配,适应工程技术、工艺制造的某些特殊条件,适应汽车作为消费工业品在使用过程中功能性、可维护性的需求等,从而使美学与工程完美融合;同时,为了降低产品成本、技术风险以及减少产品开发中后期的修改调整从而降低时间成本,在整车造型设计阶段,应同步进行必要的可行性分析。通常包括:①上述整车总布置集成设计内容与造型美学的平衡与协调,如整车姿态、下车体结构集成布置、上车体结构集成布置、整车人机工程分析、整车法规适应性分析、整车设计硬点分析以及造型美学与整车产品定位、技术功能配置的一致性等;②开闭件的运动机构布置、运动特性及运动包络等与造型美学的平衡与协调;③基于主断面结构分析与造型外观品质控制的平衡与协调;④整车风阻、格栅进气、侧窗和后视镜等雨水影响等计算流体动力学(CFD)流体(场)特性与造型美学的平衡与协调;⑤整车制造工艺技术(焊接、冲压、涂装、装配)与造型美学的平衡与协调,比如焊接、装配操作空间与造型分块的相互影响,冲压成形工艺条件与造型特征线、造型分块的相互影响,涂装工艺中的喷涂流挂性与局部造型型面的相互影响等。

(12) 整车总布置图绘制

整车总布置图是整车总体方案的重要表达方式,是整车总体设计方案"蓝图",是整车设计开发各专业进行技术交流协调的重要载体。包括侧视图、俯视图、前视图、后视图和必要的断面布置图、局部布置图。绘图比例通常为1:1或1:5。随着计算机辅助设计系统的广泛应用和现代信息技术的应用,在整车产品开发过程中大量交流都是而是以电子化的信息和数据,所以这一比例的要求没有那么严格了,而是以总布置图所表达信息能够准确、清晰,便于高效率交流沟通为首要因素进行总布置图绘图比例的选择。

按照乘用车整车开发流程,从整车产品开发项目启动后的产品战略预先研究开始到总布置设计冻结,根据整车开发过程技术状态管理和各专业组之间的沟通协调需要,一般会绘制如下6个版次的整车总布置图。

1) 第1版整车总布置图。在整车产品开发方案阶段的早期产品战略预先研究阶段,初步确定整车产品概念和定位后,在初步整车总体技术路线分析和平台技术方案分析基础上,绘制第1版整车总布置图,或称整车方案布置草图,有的企业也称整车总布置边界草图或整车总布置框图。其主要内容包括:①整车主要外形尺寸目标值;②整车主要内部尺寸(臀部空间、腰部空间、肘部空间、头部空间等)目标值;③整车平台(下车体和底盘系统)初步布置方案;④整车各种载荷的地面线及姿态角;⑤全车座椅及人体初步布置方案;⑥驾乘人员头部包络体;⑦外部灯具布置区域法规性布置空间及可视角;⑧全车安全带布置有效固定点法规性约束空间;⑨前后视野法规性极限区域;⑩低速碰撞器布置等。

第1版整车总布置图也是造型创意设计师创作造型草图和效果图的重要基础。

2) 第2版整车总布置图。在产品战略确认阶段,结合造型创意设计效果图、详细的整车技术方案和整车主要系统初步方案,并在第1版整车总布置图的基础上绘制第2版整车总布置图。这个阶段都是从多个造型方案中进行选择,各个方案必然存在相同的地方,也存在不同的地方。通常,一个造型效果图方案对应一个总布置方案,并罗列出各个方案相同和差异的地方。第2版整车总布置图是进行造型效果图评价选择的重要信息之一，可促进造型美学与工程技术有效融合。

第2版整车总布置图是在第1版基础上，结合造型效果图方案以及整车技术方案的深入分析进度进行修订和完善，与前期初定的目标值进行对比分析，并增加如下主要内容：①结合造型效果图和刮水器系统初步技术方案等，初步拟合前后风窗玻璃表面，并进行前视野初步分析，初步确定风窗玻璃透明区及AB区等；②结合造型效果图和侧窗玻璃升降功能方案等，初步拟合侧窗玻璃表面；③Y0主断面的初步布置分析，同时校核高度和长度方向整车主要外形尺寸，如C点、D点，整车长、前悬长、后悬长，整车高、前后风窗倾斜角等；④前后排R点横截面（$X = \text{SgRP}$）的主断面初步布置分析；⑤结合造型效果图，初步拟合外后视镜镜面及形状位置，分析外后视野并优化调整外后视野法规性极限区域，确定外后视镜镜面布置位置；⑥结合内造型效果图（门护板侧视效果图），初步分析车门各种功能操作件的布置；⑦分析驾驶员各种操作模式的手伸及界面等。

在具体项目中，由于实际各种技术状态或输入条件的明确程度不同，该阶段的内容可适当增减。随着造型创意效果图的选择确认，与之匹配的、修改完善后的第2版整车总布置图也是造型模型（3D数字模型和1:1油泥模型）设计的重要输入之一。

3）第3版整车总布置图。从整车技术定义、设计硬点确定阶段到整车目标确认阶段，结合3D数字造型设计（CAS），1:1实物（油泥）模型设计，整车、系统总成方案的详细分析论证，先后确认整车设计硬点和明确整车产品开发的所有目标，此时绘制形成比较完整的第3版整车总布置图。此版总布置图基本包括了整车总布置设计中的平台（底盘和下车体）主要设计硬点、上车体主要设计硬点、人机工程分析项目、主要法规适应性分析项目、视野分析项目等绝大部分信息。图3-6所示为某车型完整的整车总布置图示意，图3-6a为底盘平台总布置图；图3-6b、c为车身外部总布置图，图3-6d、e为车身内部总布置图。

4）第4版整车总布置图。从造型A级表面数据阶段到总布置设计冻结阶段，在整车总布置设计冻结时，形成冻结版的整车总布置图，即第4版整车总布置图。与第3版相比，内容基本一致，主要差别是第4版基于已确认的内外造型A级表面数据和详尽的车型结构分析，该版整车总布置图中的信息是通过充分论证并得到确认的，是后续车型零部件详细结构设计应当遵循的技术条件之一。

5）第5、6版整车总布置图。在全车数据首次发布阶段，根据电子样车的数据（或称为工艺数据）对总布置图进行修订，形成第5版。在全车数据正式发布阶段，根据正式发布的电子样车的数据（或称为NC数据）对整车总布置图进行修订，形成第6版。

通常情况下，绘制第5、6版整车总布置图主要是为了与相应整车结构数据状态保持一致，以相应的结构数据来修订整车总布置图，相关结果的变化相对较小，尤其是一些基础性设计硬点或影响较广的设计硬点一般都不会变化，除非项目发生较大的技术调整或颠覆性的改变。在实际车型开发项目实践中应尽量避免在后期发生较大改变，或者后期应该审慎进行。

3. 整车总布置集成设计主要内容之间的逻辑关系

汽车产品是非常复杂的产品，很多属性参数之间存在一种相互制约的关系。以整车为研究对象的整车总布置集成设计，其内容不仅多而广，而且各项内容相互之间交错关联。整车总布置集成设计主要内容之间的逻辑关系如图3-7所示。

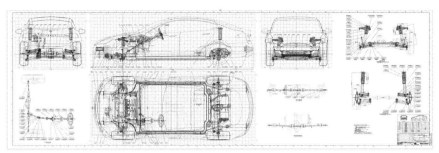

a) 底盘平台总布置图

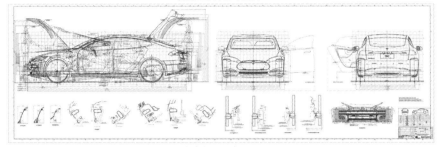

b) 车身外部总布置图1

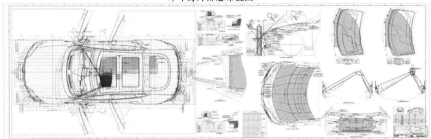

c) 车身外部总布置图2

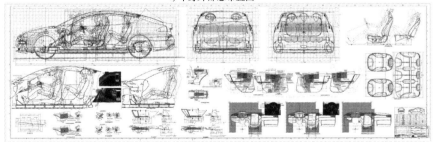

d) 车身内部总布置图1

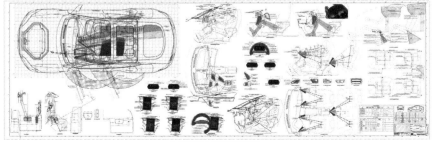

e) 车身内部总布置图2

图 3-6　某车型整车总布置图示意

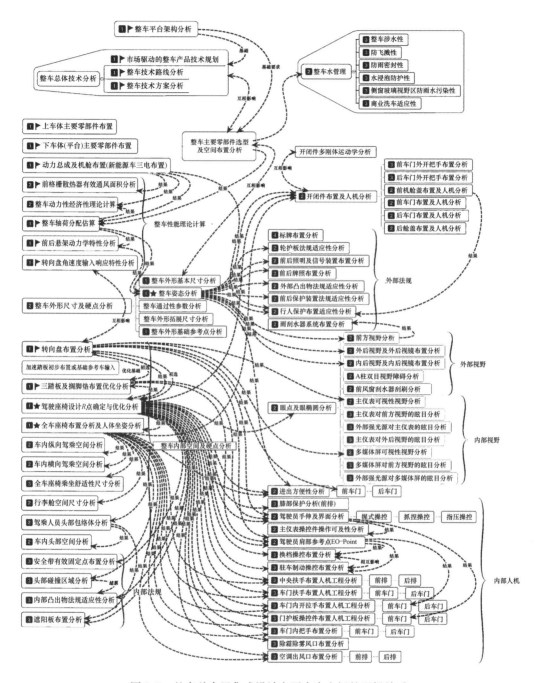

图3-7 整车总布置集成设计主要内容之间的逻辑关系

3.2.2 整车型式和主要参数选择

乘用车整车型式和主要参数的选择应遵循一定的原则：

1) 根据市场需求、市场竞争产品格局、整车技术发展趋势、企业的产品谱系、企业的产品发展规划、企业的产品发展资源（平台资源、零部件配套资源等）以及整车产品的具体技术规划等来进行。

2）以对同类型产品尤其是竞争产品的深入分析和广义对标分析为基础进行整车型式和主要参数的选择。对同类型产品的分析包括但不限于市场调查、使用调查、用户反馈调查、生产工艺调查、样车结构分析、样车性能分析以及同类型产品未来发展可能趋势（产品趋势和技术趋势）等。

3）对原有车型或引进的样车进行深入分析，分析其优势和劣势，全面掌握现有车型的市场和用户反馈等。继承优点、发挥优势，削弱劣势、消除缺陷，解决市场和用户关切的问题，进行整车型式和主要参数的选择。

4）制定产品的开发总体目标和总体定位（用户群、产品级别、销售市场、车型风格等）。

5）力求零部件的标准化、通用化和整车产品的系列化，适应整车模块化架构策略等。

6）整车产品量价和成本原则。如低端车采用低成本方式（如发动机前置前驱，前桥为麦弗逊式独立悬架、后桥为扭力梁式非独立悬架等），高端车则选择技术更复杂、更华丽的方式（如高性能动力系统、全轮驱动、前后均为空气弹簧和主动独立悬架等）。

1. 整车主要型式选择

整车主要型式选择对产品结构和属性都具有重要的影响，是整车总布置集成设计的一项重要的综合匹配分析工作，也是一项重要的产品决策。整车开发早期的整车技术路线和方案分析，需要整车总布置集成设计人员分析车型的整车型式方案。主要内容如下：

（1）车型分类与级别

在现行中国国家标准和汽车行业标准中，GB/T 15089—2001、GB/T 3730.1—2001、GB/T 918.1—1989 和 QC/T 775—2007 对道路机动车辆和乘用车进行了分类和定义，并对相关结构和技术特性进行了描述。另外，GB/T 19596—2017 对电动汽车进行了分类和定义。GB/T 32694—2016 明确规定了"插电式混合动力电动乘用车"的定义。

1）载客机动车辆（M类）的定义和分类。GB/T 15089—2001 把道路上运行的汽车、挂车及摩托车等机动车辆分为五大类：L类、M类、N类、O类和G类。其中M类为载客机动车辆，其描述见表3-6。

表3-6 载客机动车辆（M类）

序号	类别	说明
1	M类	至少有四个车轮且用于载客的机动车辆
2	M_1类①	包括驾驶员座位在内，座位数不超过九座的载客车辆
3	M_2类	包括驾驶员座位在内，座位数超过九座，且最大设计总质量不超过5000kg
4	M_3类	包括驾驶员座位在内，座位数超过九座，且最大设计总质量超过5000kg

① 对于M_1类中的多用途乘用车（定义见 GB/T 3730.1—2001 中 2.1.1.8），如果同时具有其定义中规定的两个条件，则不属于M_1类而应根据其质量属于N_1、N_2或是N_3类。

GB/T 3730.1—2001 对乘用车的定义为"在其设计和技术特征上主要用于载运乘客及其随身行李和/或临时物品的汽车，包括驾驶员座位在内最多不超过9个座位，也可牵引一辆挂车。"需注意座位数的核定应满足 GB 7258—2017/XG1—2019 中 4.4.2 规定的成年乘员座位空间的要求。因此，乘用车属于 GB/T 15089—2001 所规定的M_1类汽车。

2）乘用车车辆类别。GB/T 918.1—1989 按照用途和结构特征对道路机动车辆进行了分类。其中乘用车按发动机排量分 5 类：微型（排量≤1L）、普通（1L＜排量≤1.6L）、中级（1.6L＜排量≤2.5L）、中高级（2.5L＜排量≤4.0L）和高级（排量＞4.0L）。GB/T 3730.1—2001 给出了乘用车的车型类别术语和定义，如普通乘用车、活顶乘用车、高级乘用车、小型乘用车、敞篷车、仓背乘用车、旅行车、多用途乘用车、短头乘用车、越野乘用车和专用乘用车等。其技术特征和定义见 GB/T 3730.1—2001 的 2.2.1。QC/T 775—2007 进一步阐述了乘用车的结构和特性，并规定了四类乘用车：轿车（代号 M_{1a}，与 GB/T 918.1 中的"轿车"含义不同）、运动型乘用车（代号 M_{1g}）、多用途乘用车（代号 M_{1h}）、专用乘用车（代号 M_{1z}）。

3）电动车类型。GB/T 19596—2017 将电动车（EV）分为三大类：纯电动车（BEV）、混合动力电动车（HEV）和燃料电池电动车（FCEV）。混合动力电动车（HEV）按动力系统结构型式分为串联式、并联式和混联式三种；按外接充电能力分为可外接充电式和不可外接充电式两种；按行驶模式的选择方式分为有手动选择功能的和无手动选择功能的两种。除此之外，混合动力电动车还有一种特殊的类型，称为增程式电动车（REEV）。燃料电池电动车（FCEV）分为纯燃料电池电动车（pure FCV）和燃料电池混合动力电动车（FCHEV）。

GB/T 19596—2017 对电动车（EV）、纯电动车（BEV）、混合动力电动车（HEV）、串联式混合动力电动车（SHEV）、并联式混合动力电动车（PHEV）、混联式混合动力电动车（CHEV）、可外接充电式混合动力电动车、不可外接充电式混合动力电动车、有手动选择功能的混合动力电动车、无手动选择功能的混合动力电动车、增程式电动车（REEV）、燃料电池电动车（FCEV）、纯燃料电池电动车（pure FCEV）和燃料电池混合动力电动车（FCHEV）等进行了详细定义和说明。另外，GB/T 32694—2016 将"插电式混合动力电动乘用车"这一类型乘用车明确定义为"具有可外接充电功能并且有一定的纯电动续驶里程的混合动力电动乘用车。"还对"纯电驱动模式"有明确规定：只由可充电储能装置提供能源、供电机驱动车辆行驶的模式。

4）乘用车的普遍分级方式。乘用车的分级一般是按照用途和外部尺寸或发动机排量来定义的，汽车行业内相对比较普遍的分级方式见表 3-7。其中，分级标准中各项参数的取值是一个大致的范围，不是标准限值范围，仅供读者参考。

表 3-7　乘用车的级别

	国家/地区	级别					
分级方法	欧系	A00	A0	A	B	C	D
	美系	A	B	C	D	E	F
		Mini	Small	Lowmed	Interm	Upp–med	Large/Lux
	中国	微型	小型	紧凑型	中型	中大型	大型
分级标准	发动机排量/L	≤1.0	1.0~1.3	1.3~1.6	1.6~2.5	2.5~4.0	>4.0
	轴距/m	1.65~2.40	2.12~2.45	2.30~2.54	2.50~2.86	2.85~3.40	3.40~3.90
	总长/m	3.3~3.7	3.7~4.0	4.0~4.2	4.2~4.5	4.5~4.8	>4.8
	自重/kg	≤680	680~800	800~970	970~1150	1150~1380	>1380

注：各级别乘用车发动机排量范围按照 GB/T 918.1—1989 的规定。

随着乘用车生产、销售和发展的全球化不断加深和持续不断的创新，乘用车产品生命周期缩短，车型种类数量不断增加，价格、款式、配置选择越来越多样化。每年都有新的车型面世，还存在被称为跨界跨级的车辆，边缘交叉也越来越多。现在的车型分级不再一目了然，相应地也存在着不同的分级方式。因此，乘用车分级不应过于僵化死板，需灵活处理。

（2）动力总成的型式

整车总布置集成设计中，发动机的选型是一项关键的决策。发动机选型时要考虑的因素很多，如汽车的类型、用途、使用条件、布置型式、整车重量及动力性指标、经济性、燃料资源、排放污染和NVH等法规限制、已有发动机资源及其技术指标水平、技术发展趋势、生产工艺条件和制造成本、市场预测评估，以及相关配件配套资源和维修条件等。通常会通过多次多个方案的论证与比较，必要时需要进行相关的先行样机样车试制和试验研究，才能获得一个比较理想的方案。发动机的型式分类及特征见表3-8。

表3-8 发动机的型式分类及特征

分类方式		主要型式及特征
燃料类型		汽油机、柴油机、液化天然气发动机以及乙醇发动机等
气缸数		三缸机、四缸机、六缸机、八缸机、十缸机、十二缸机、十八缸机等
气缸排布型式	直列	结构简单、宽度尺寸小，便于布置，但一般适用于六缸以下
	V型	具有长度小、高度低、曲轴刚度大等优点，在高级别车上应用较多，但其宽度大，布置比较困难，成本也较高
	水平对置	水平对置发动机平衡好、高度低，主要应用于某些微型车上
	W型	与V型相比可做得更短，节省发动机长度方向所占的空间，纵置时可为驾乘舱留出更大空间，重量更轻，但宽度更大
冷却方式	风冷	优点是冷却系统简单，维修方便，在干旱地区和异常气候环境的适应性较好，但冷却不均匀、消耗功率大和噪声大等，乘用车应用较少
	水冷	优点是冷却均匀可靠、散热好、噪声小，并可解决车内供暖问题等，其缺点是冷却系统结构复杂，使用与维修相对较难，冷却性能受环境温度影响较大，夏季易过热、冬季易过冷
进气方式	自然吸气	大气压直接将空气输送到发动机气缸内，和燃料混合 进气系统简单直接，动力输出流畅平顺，加速无明显延迟感 急速和低速区域不能发挥发动机的最大性能，低速时油耗高
	涡轮增压	利用排气产生的能量带动涡轮旋转，起到进气增压的效果。在不额外消耗能量的条件下增加进气压力，提升动力性能。节能效果好。低转速区增压效果不明显，到一定转速后涡轮增压才介入，加速延迟，不连贯
	机械增压	由曲轴传动带直接带动机械增压器，压缩空气产生增压效果。和发动机转速同步，增压响应好，汽车加速连贯，尤其在低转速区。额外消耗发动机功率，高转速区提速不明显，高速时油耗高。主要用于赛车

以驱动电机为核心的电动驱动系统的任务是在驾驶员的控制下，高效率地将电能转化为整车的动能。普遍选用的驱动电机有五种：直流电机、感应电机、永磁同步电机、开关磁阻电机和永磁混合电机。各电机性能评价对比见表3-9。

表 3-9 电动汽车用各种驱动电机的性能比较

性能	直流电机	感应电机	永磁同步电机	开关磁阻电机	永磁混合电机
功率密度	2.5	3.5	5	3.5	4
效率	2.5	3.5	5	3.5	5
可控制性	5	4	4	3	4
可靠性	3	5	4	5	4
成熟性	5	5	4	4	3
成本	4	5	3	4	3
综合	22	26	25	23	23

注：采用数字评价的方法，每种性能的分值为 1~5 分。数据来源于参考文献 [11]。

从表 3-9 中可以看到：传统的直流电机似乎在失去其竞争力；感应电机相比较最容易接受；永磁同步电机随着其成本下降，技术更加成熟，更加受欢迎；而开关磁阻电机和永磁混合电机在电动汽车上的应用有更大的发展潜力。

表 3-10 列出了近几年中国市场部分电动汽车的驱动电机型式。

表 3-10 部分电动汽车的驱动电机型式

电动汽车车型	驱动电机型式
特斯拉 Model X 2019 款	双电机，前：永磁同步电机/后：交流异步电机
奥迪 e-trone 2019 款	双电机，前/后：交流异步电机
宝马 i3 2020 款	单电机：永磁混合电机
保时捷 Taycan 2019 款	双电机，前/后：永磁同步电机
奔驰 EQC 2020 款	双电机，前/后：交流异步电机
北汽 EU7 2019 款	单电机：永磁同步电机
比亚迪唐新能源 2020 款	单电机：永磁同步电机（插电混合）
长安新能源 E-Pro 2020 款	单电机：永磁同步电机
广汽 GS4 新能源 2020 款	单电机：永磁同步电机（插电混合）
红旗 E-HS3 2019 款	双电机，前/后：永磁同步电机
广汽 Jeep 指挥官 2020 款	双电机，前：永磁同步电机（插电混合）
吉利帝豪 GSe 2020 款	单电机：永磁同步电机
雷克萨斯 UX 2020 款	单电机：永磁同步电机
路虎揽胜 2020 款	单电机：永磁同步电机（插电混合）
荣威 Ei5 2020 款	单电机：永磁同步电机
蔚来 ES8 2020 款	双电机，前：永磁同步电机/后：交流异步电机
通用雪佛兰畅巡 2020 款	单电机：永磁同步电机

无论燃油乘用车，还是电动乘用车，在实际使用中都会遇到多种多样的工况，如起步、怠速停车、低速或高速行驶、加速、减速、爬坡和倒车，以及克服各种道路障碍等。发动机和电机的特性（如转矩、转速、功率和效率等）都无法直接满足车辆如最低稳定车速、复杂工况等行驶性能要求，需要设置安装一个变速器（或减速器）。另一方面，变速器可以使发动机或电机经常保持在高效率特性范围内工作。变速器对整车的动力性、经济性、操控的可靠性和轻便性、传动的平稳性与效率等都有直接的影响。

电动汽车和燃油汽车都采用橡胶轮胎，行驶过程中车轮与地面之间相互接触与相互作用，其力学过程没有本质的区别只是采用了不同的动力源。因此，两者的变速器本质上没有太大的区别，都是根据整车的行驶性能等属性要求，结合发动机或电机的特性，进行优化匹配，选择或设计开发合适的变速器。当然，两种汽车的变速器也存在明显差异，比如：

1）燃油汽车变速器的前进档档位数为4~9，一些特殊用途的越野车，变速器前进档档位数最高可达16；而电动汽车通常采用一个两档变速器（部分小型电动汽车仅需一档变速器，或称减速器），即可满足整车行驶阻力变化范围要求，同时减轻电机和动力蓄电池组的负荷，提高工作效率。

2）由于发动机不可反转，与之匹配的变速器需要设置倒档，实现汽车的倒车行驶；而电机可以通过控制电流方向实现反转，与之匹配的变速器无须设置倒档也可实现倒车行驶。

3）相对燃油汽车，电动汽车的变速器结构变得很简单。对于一些小型电动汽车，将电机、减速齿轮箱及差速器等进行一体化设计，使得整车的传动装置大大简化，整车布置相对比较方便，为整车集成的综合匹配提供更大的可利用的"剩余"空间。

（3）驱动型式（动力总成位置和驱动位置）

驱动型式和车型级别一样，是对平台和整车都很重要的因素之一。驱动型式也称驱动方案，在整车总布置集成设计中可从动力总成和驱动轴的位置两个方面来论述整车驱动型式。

1）传统燃油乘用车的驱动型式。燃油汽车的发动机具有三种基础布置方式：前置、中置和后置；两种结构方式：纵置和横置。整车具有三种驱动结构方式：前轮驱动、后轮驱动和全轮驱动。而批量应用于乘用车的组合有发动机前横置前轮驱动、发动机前横置全轮驱动、发动机前纵置前轮驱动、发动机前纵置后轮驱动、发动机前纵置全轮驱动、发动机后横置后轮驱动、发动机后纵置后轮驱动、发动机后纵置全轮驱动和发动机中纵置后轮驱动。如图3-8所示，上述九种驱动型式中只有六种驱动型式使用较多。另外三种型式即中置或后置的纵置发动机后轮驱动（或全轮驱动）主要应用于运动型车辆或赛车，以提高驱动与驾驶性能，但由于车型限制、成本高，基本不用于常规车辆中。通过相关统计分析，绝大多数燃油车辆主要应用三种驱动型式：发动机前横置前轮驱动（世界范围内75%的车辆）、发动机前纵置后轮驱动（16%）和发动机前置全轮驱动（7%），其他类型的驱动型式应用不超过2%。

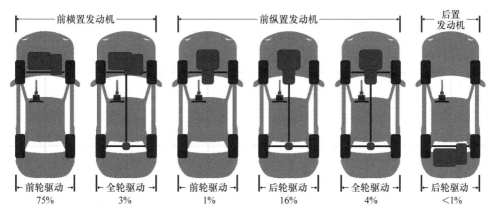

图3-8 整车驱动型式的主要类型

大部分乘用车采用发动机前横置前轮驱动，如图3-9a所示。它的优点：前轴轴荷较大，有明显的转向不足特性；由于是前轮驱动，具有较好的越过障碍能力；主减速器与变速器集成在一个壳体内，结构紧凑；没有后传动轴，车内地板凸包高度可以降低（仅用于布置排气管总成），有利于提高乘坐舒适性；发动机布置于前轴之前，轴距可以缩短，从而有利于提高整车的机动性；相对而言，整车总长缩短的可能性较大，同时由于没有后传动轴等因素，整车重量得以减轻；散热器布置于前部，散热条件好，发动机能得以足够的冷却，整车环境适应性较好；行李舱布置于汽车后部，有利于实现较大的行李舱空间；冬季供暖机构简单，且管路较短，供暖效率高；发动机、变速器（含离合器）离驾驶员位置近，操纵机构简单。其不足：前轮驱动并转向，传动轴需要采用等速万向节，其结构和制造工艺相对较复杂；前轴负荷比后轴重，又是转向轮，工作条件较差一些，前轮轮胎磨损相对大一些，影响使用寿命；上坡行驶时前驱动轮附着力减小，爬坡性能降低；在车辆实际使用中，若发生正面碰撞，发动机及附件损失风险较大，维修成本相对较高。

由于中高级乘用车能够给较大排量和较大体积的发动机和各种手动或自动变速器提供相对充足的布置空间，发动机前纵置后轮驱动型式一般为这类车的标准方式，如图3-9b所示。其优点有：前后轴荷分配更趋合理，行驶平稳，乘坐舱较长，乘坐空间宽敞，具有更好的乘坐舒适性；转向与驱动分离，使车辆转向时具有更好的性能；上坡时，后驱动轮附着力增大，爬坡能力强；同样因为前后轴荷分配合理，有利于提高轮胎的使用寿命；前转向轮不驱动，不必采用等速万向节，利于降低制造成本；操纵机构简单；采暖结构简单，供暖效率高；发动机冷却条件好；有足够大的行李舱空间；主减速器与变速器分开，拆装、维修相对容易。其存在的不足：车身地板下有传动轴，地板有凸起较高的通道，并使得后排中部坐垫较薄，影响乘坐舒适性；整车总长较大，整备质量增大，一定程度上影响汽车的燃油经济性和动力性；在车辆实际使用中，若发生正面碰撞，动力总成侵入乘员舱空间的风险相对较大。

a) 发动机前横置前轮驱动

b) 发动机前纵置后轮驱动

图3-9 发动机前置两驱示例

发动机前置全轮驱动乘用车出现以后，一直备受消费者青睐。它不仅在坚固平整的路面上有良好的驱动效果，在湿润、松软越野路面或冬季冰雪路面上也具有较好的驱动性能。随着乘用车轻量化和动力不断增强，全轮驱动在驱动和行驶方面的优势越来越得到重视。发动机前置全轮驱动的车辆具有前置发动机、前后轴驱动的共同优点，当然，其价格、重量和燃油消耗都更高。发动机前置全轮驱动一般有两种型式：①发动机前横置全轮驱动（图3-10a）；②发动机前纵置全轮驱动（图3-10b、c）。

为了比较和选型，表3-11列出了各种不同驱动型式的重要特征和评价标准。

a) 前横置全轮驱动　　　　　b) 纵置+一体化+后主减速器　　　　c) 纵置+前后独立主减速器

图 3-10　发动机前置全轮驱动示例

表 3-11　乘用车常用驱动型式的特征比较

序号	发动机布置	前纵置			前横置		后置		中置	
	驱动轴	前	后	全	前	全	后	全	后	全
1	外部尺寸	+	+	+	+ +	+	+	+	-	-
2	内部空间应用	+	+	o	+ +	+	-	-	- -	- -
3	行李舱容积	+ +	+	+	+ +	+	- -	- -	o	-
4	空间分配	+	o	o	+ +	+	-	-	- -	- -
5	基础策略	+	+ +	+	+	+	o	o	o	o
6	生产成本	+	o	-	+ +	o	+	o	+	-
7	净重	+	o	-	+ +	-	+	-	+	-
8	加装附件	o	+	+ +	o	+ +	+	+ +	+	+ +
9	轴荷分配	+	+ +	+ +	+	+	+ +	+ +	+ +	+ +
10	驱动：干路面	+	+ +	+ +	+	+ +	+ +	+ +	+ +	+ +
11	驱动：平坦路面	+	-	+ +	+	+ +	+	+ +	o	+ +
12	驱动：弯道	+ +	o	+ +	+ +	+ +	+	+ +	+	+ +
13	驱动：爬坡	o	+	+ +	o	+ +	+	+ +	+	+ +
14	操控舒适性	o	+ +	+	o	+	+ +	+	+ +	+
15	直道行驶	+ +	+	+ +	+ +	+ +	-	o	-	-
16	侧向风时的稳定性	+ +	+	+ +	+ +	+	-	o	-	o
17	转向	+	+	+ +	+	+ +	+	+ +	+	+ +
18	制动	+	+ +	+ +	+	+ +	+ +	+ +	+	+ +

注：++表示最好；+表示好；o表示中等；-表示差；- -表示最差。

2）纯电动乘用车的驱动型式。由于纯电动乘用车动力源、驱动单元的型式和变速器的型式与燃油乘用车存在显著的不同，相应也存在布置上的差异。纯电动乘用车的驱动型式基于以下要素进行组合，相比燃油乘用车的驱动型式更加灵活。

驱动电机具有两种基础驱动方式：单电机集中驱动和多电机分布式驱动；三种基础布置方式：前置、后置和中置。驱动电机与变速器有两种组合方式：与两级或多级变速器组合、与单级减速器组合。差速器的两种基础型式：机械式差速和电子控制差速。整车三种驱动结构方式：前轮驱动、后轮驱动和全轮驱动。如图3-11所示，批量应用于纯电动乘用车上的组合主要有单电机集中式前置前轮驱动、单电机集中式后置后轮驱动、双电机分布式全轮驱动（减速器+机械差速器）、双电机分布式前置前轮驱动、双电机分布式后置后轮驱动、四电机分布式全轮驱动、轮毂电机前置前轮驱动、轮毂电机后置后轮驱动和轮毂电机全轮驱动。

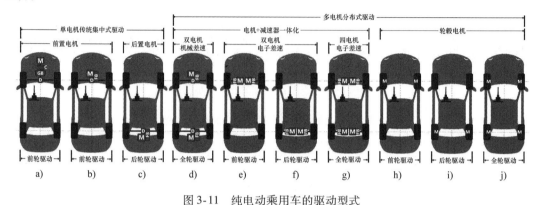

图 3-11　纯电动乘用车的驱动型式

M—驱动电机　　GB—变速器　　FB—单级固定速比减速器　　C—离合器　　D—差速器

单电机传统集中式驱动与燃油汽车的驱动相似，如图 3-11a 所示，由发动机前置前驱的传统汽车发展而来，用电机及相关部件替换发动机，通过双级或多级变速器、离合器、差速器等机械传动装置，将电机输出的转矩传递到左右车轮驱动汽车行驶。随着汽车用驱动电机的转速特性控制技术的发展，如图 3-11b 所示，由单级固定速比减速器取代双级或多级变速器，去掉离合器，并且将电机、固定速比减速器和差速器一体化结构设计（一体化电力驱动系统），用两根半轴连接驱动车轮，减小机械传动装置的重量，缩小其体积，使其结构紧凑、布置简单。对于固定速比的传动，选型设计的驱动电机要求既能在恒定转矩区提供较高的瞬时转矩（额定值的 3~5 倍），又能在恒定功率区提供较高的运行速度（基速的 3~5 倍）。对于双级或多级可变速比的传动，其优势是应用常规驱动电机系统可在低档位得到较高的起动转矩，在高档位获得较高的行驶速度，其劣势是重量和体积较大、结构复杂、成本较高。如图 3-11c 所示，将上述一体化电力驱动系统布置于车辆的后轴，即得到单电机集中式后置后轮驱动。这两种驱动型式在小型和紧凑型电动汽车上应用都非常普遍。集中驱动式电动汽车技术成熟、安全可靠，但存在体积大、重量重、效率较低等不足。

多电机分布式驱动型式一般包括两类：电机与减速器一体化电力驱动系统驱动和轮毂或轮边电机驱动。如图 3-11d 所示，用两套电机、固定速比减速器和差速器一体化电力驱动系统，分别布置在车辆的前后轴，实现双电机驱动的全轮驱动。由于每个电机的转速可以独立调节控制，可通过控制程序实现电子差速。将上述一体化电力驱动系统进一步简化机械结构，去掉机械差速器，用两个电机通过固定速比减速器和传动轴分别驱动左右两个车轮，如图 3-11e 所示为双电机前置前轮驱动型式，如图 3-11f 所示为双电机后置后轮驱动型式，如图 3-11g 所示为四电机全轮驱动型式。这样也可以满足一些车辆需要更大驱动功率（或转矩）的使用工况；也有利于单个电机的小型化，缩小体积，应用于布置空间相对狭小的车辆上。

随着相关技术的进一步发展，将电机和减速器（多为固定传动比行星齿轮减速器）集成安装于车轮里，或采用低速外转子电机，彻底去掉机械减速齿轮箱，电机的外转子直接安装在车轮的轮缘上,这两种结构型式的电机都被称为轮毂电机或轮边电机。轮毂电机驱动对驱动电机的要求较高,同时,电机控制算法也比较复杂。相应的整车驱动布置型式如图 3-11h~j 所示,分别为轮毂电机前轮驱动、轮毂电机后轮驱动和轮毂电机全轮驱动。这样一方面可进一步缩短从电机到驱动车轮的动力传递路径,另一方面,也需要解决或避免轮毂电机可能造成整车悬架系统簧下重量过大对整车相关性能的不利影响。

选择电机和固定传动比行星齿轮减速器集成安装于车轮里的轮毂电机,在集成布置上要注意其输入和输出轴布置在同一轴线上。若因为布置空间的限制以及整车其他属性(如簧下重量、整车离地间隙等)要求的限制,无法做到,可以考虑根据产品需要选择如图 3-11e~g 所示的驱动电机和固定速比减速器一体化配合转动轴的驱动布置型式。虽然目前集中式驱动是电动汽车驱动系统的主流型式,但多电机分布式驱动作为汽车电力驱动系统的新兴布置型式,随着电机体积小型化、轻量化以及集成控制等技术的不断发展和突破,在整车集成布置、整车结构设计、动力学控制、能量效率及其他性能方面均有很多优点,比如:①机械传动系统简化或全部取消,结构更为简单、紧凑,降低整车重量,便于实现整车轻量化目标,提高整车性能;②驱动转矩的控制方式由硬连接变成软连接,便于实现无级变速、电子差速等功能;③电机驱动转矩响应迅速,正反转灵活切换,并且可以通过集成控制管理系统优化匹配输出整车行驶中各种工况所需要的功率、转矩和高效率工作特性等,具有很高的适应能力;④通过软硬件管理控制技术,更容易实现电气制动、机电复合制动及再生制动等,从而提高整车的能量利用效率,经济性更高,续驶里程更长;⑤在行驶稳定性方面,通过多电机转矩的综合控制技术,更容易实现对整车横摆力矩、纵向力矩的控制和动态优化匹配,从而提高整车的操纵稳定性及行驶安全性;⑥同等总功率需求下,单台电机功率降低,尺寸和质量均减小,使得整车集成布置的灵活性和车身造型设计的自由度增大;⑦便于实现底盘平台通过如软件控制管理等"柔性化"调整,满足不同类型整车的属性要求;⑧便于实现同一底盘平台下不同造型产品的多样化和系列化,也便于实现满足特定市场或特定用户的个性化需求的定制产品,缩短开发周期,降低整车产品开发综合成本。

3)混合动力电动乘用车的驱动型式。按 GB/T 19596—2017 的定义,混合动力电动汽车(HEV)是指能够至少从下列两类车载储存的能量中获得动力的汽车:可消耗的燃料;可再充电能/能量存储装置。本节中混合动力电动汽车均指采用内燃发动机和电机的车辆。

混合动力电动乘用车驱动型式的分析除了要考虑如发动机基础布置及结构方式、驱动电机的基础驱动和布置方式、驱动电机与变速器基础组合方式、整车驱动结构方式等与燃油乘用车和纯电动乘用车驱动型式分析相同的因素外,还应考虑发动机和驱动电机是否都参与直接驱动,两种驱动之间的工作协调方式、布置等因素。结合实际技术可行性和应用价值等因素,混合动力电动乘用车的主要驱动型式可以划分为三大类型,有九种型式,如图 3-12 所示:串联式前置前轮驱动(前置 APU)、串联式后置后轮驱动(前置 APU)、串联式分布式全轮驱动(前置 APU)、并联式前置前轮驱动、并联式后置后轮驱动、并联式分布式全轮驱动(前置 APU)、混联式前置前轮驱动、混联式后置后轮驱动和混联式分布式全轮驱动(前置 APU)。

串联式混合动力电动乘用车的主要特点是纯电动驱动模式,发动机和发电机(合称 APU)一起工作产生所需要的电能。发动机输出的机械能首先通过发电机转换为电能,一部分用来给动力蓄电池充电,另一部分直接给电机经过传动装置驱动车轮。其动力蓄电池的电

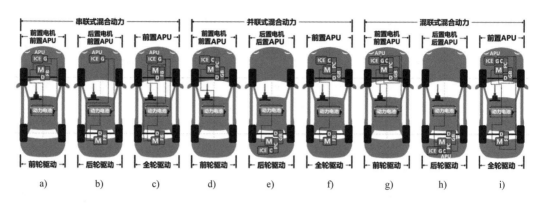

图 3-12 混合动力电动乘用车的驱动型式

ICE—内燃机　G—发电机　APU—发动机和发电机合称　M—驱动电机
PC—动力耦合器　GB—变速器　FB—单级固定速比减速器　C—离合器　D—差速器

能可以是通过 APU 获得，也可以是通过外接充电装置从外部电网获得，或者是以换电模式获得。和燃油汽车比较，发动机驱动发电机发电，不参与直接驱动，而是用于提高这类电动汽车的行驶里程，也被认为是一种发动机辅助的电动汽车。发动机和发电机之间的机械传动连接简单，没有离合器等，在整车布置中具有一定的灵活性，发动机的工作工况也比用于传统燃油汽车的发动机要简单。图 3-12a 所示的串联式前置前轮驱动（前置 APU）混合动力电动汽车多采用单电机传统集中式驱动，与前置前驱燃油车相似，前轴轴荷较大，具有不足转向特性等。图 3-12b 所示的串联式后置后轮驱动（前置 APU），将电机等传动装置布置于后轴，发动机和发电机布置于前舱，使得前后轴荷的分配更加合理。如图 3-12c 所示，在串联式前置前轮驱动的基础上，后轴增设电机驱动单元，形成双电机分布式布置的串联式全轮驱动混合动力电动汽车。

并联式混合动力电动乘用车的主要特点是发动机和电机通过动力耦合器、变速器等机械装置都可以驱动车轮。有三种驱动工作模式：一是发动机单独驱动；二是电机单独驱动；三是发动机和电机同时驱动。其动力蓄电池的电能可以是通过外接充电装置从外部电网获得，或者是以换电模式获得。从构型概念上讲，它是一种电力辅助的燃油汽车，目的是降低排放和燃油消耗。当发动机提供的功率大于整车所需的功率时，多余能量充入动力蓄电池；还可以通过再生制动技术，回收能量充入动力蓄电池。与串联式混合动力电动汽车比较，它有发动机和电机两个驱动装置，如果在动力蓄电池放完电之前具有相同的性能，并联式比串联式的发动机和电机更容易小型化。

图 3-12d 所示为并联式前置前轮驱动，图 3-12e 所示为并联式后置后轮驱动。由于发动机和电机通过动力耦合器等机械装置都参与驱动车轮，所以发动机和电机一般布置在一起，不然传动机械结构会变得更加复杂。如图 3-12f 所示，在并联式前置前轮驱动的基础上，后轴增设电机驱动单元，形成双电机分布式布置的并联式全轮驱动混合动力电动汽车。

混联式混合动力电动乘用车的主要特点如并联式一样，发动机和电机通过动力耦合器、变速器等机械装置都可以驱动车轮，如串联式一样，发动机还可以与发电机一起工作产生所需要的电能，提供给电机驱动车轮或给动力蓄电池充电。混联式混合动力电动汽车同时具有串联式和并联式的优点，但其结构复杂、成本高。随着控制技术和现代制造技术的发展，一些混合动力电动汽车更倾向于选择这种型式。

图3-12g和图3-12h所示分别为混联式前置前轮驱动和混联式后置后轮驱动。与并联式相似,发动机和电机通过动力耦合器等机械装置都参与驱动车轮,所以发动机和电机一般布置在一起,不然传动机械结构会变得更加复杂。如图3-12i所示,在混联式前置前轮驱动的基础上,后轴增设电机驱动单元,形成双电机分布式布置的混联式全轮驱动混合动力电动汽车。

图3-12c、图3-12f和图3-12i所示的三种双轴全轮驱动在一些新型的混合动力电动汽车上应用,也被认为是一种复合式混合动力电动汽车。

(4) 车桥和悬架的型式

随着现代乘用车底盘平台结构的演变与发展,独立式悬架广泛应用,其没有固定连接,车轮可旋转地被支承在副车架上;而副车架作为运动链的连接件,通过杆件与车轮连接在一起。每一辆乘用车都有两个车桥,以使车轮支架通过悬架与车身连成一体。每个车桥一般都需要一根横向稳定杆,用以减小在曲线行驶中引起的车身倾斜。横向稳定杆通过两个橡胶支承固定在副车架上,稳定杆末端与车轮支架(转向轮为转向节)或摆臂铰接。转向器和转向横拉杆都参与前轮控制,也是前桥的一部分,一般固定于副车架上。图3-13所示为某车型的前桥结构示意。运动的车轮支架通过悬架零件(摆臂、纵臂、拉杆或控制杆、减振器支柱等)以及转向横拉杆连接在副车架上。由车桥运动学确定的杆系连接点(铰接点)构成了悬架的基础。鉴于绝大多数主机厂都有自己的底盘平台架构模块化系统,这里就不再赘述了。

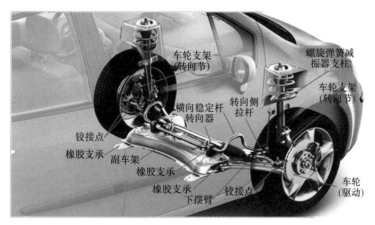

图3-13 某车型的前桥结构示意图

(5) 轮胎的选择

在整车属性尤其是在车辆-道路系统中,轮胎有着突出的作用。如图3-14所示(数据来源参考文献[12]),作为车辆与道路之间的连接链,轮胎承受所有的力和力矩,其传力能力直接关系着车辆的安全性、操纵性和舒适性。轮胎的型号和尺寸是进行整车性能计算的原始数据之一,也是整车总布置设计,如分析确定整车姿态、绘制总布置图等专业工作的重要基础输入之一。因此,整车车型开发项目实践中,在方案阶段的早期就应选定轮胎。

轮胎按照用途、结构、配套车辆或机械装备以及其他方式可以分为多种不同的类型。按照结构特征可以分为子午线轮胎和斜交轮胎(轮胎按其他方式的分类参阅GB/T 6326—2014)。乘用车采用子午线轮胎,而斜交轮胎用于载货汽车。

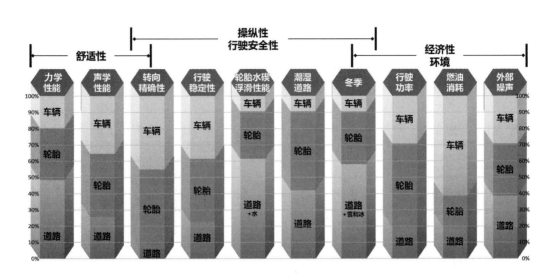

图 3-14　道路、轮胎和车辆对使用性能的影响

乘用车（轿车）所采用的子午线充气轮胎规格的表达方式按 GB/T 2978—2014 的规定，如图 3-15 所示，包含轮胎规格标志（名义断面宽度、名义高宽比、结构类型代号等）和使用说明（轮辋名义直径、负荷指数和速度符号等）。

速度符号	最高速度/(km/h)
C	60
D	65
E	70
F	80
G	90
J	100
K	110
L	120
M	130
N	140
P	150
Q	160
R	170
S	180
T	190
U	200
H	210
V	240
W	270
Y	300

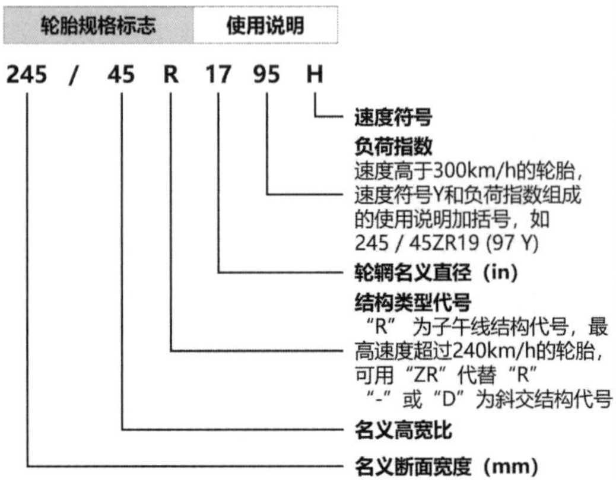

图 3-15　轮胎规格的表达方式

轮胎的选择依据是车型、使用条件、轮胎的静负荷、轮胎的额定负荷以及整车的行驶速度，同时还要考虑动力传动系统参数的匹配，以及对整车尺寸（如整车高、整车离地间隙等通过性参数）、整车外观造型美学等的影响。

为了提高整车动力因数、降低整车高度和质心高度，以及减小非簧载质量等，在满足轮胎负荷系数以及整车最小离地间隙等通过性要求的允许范围内，应尽量选择尺寸较小的轮胎。比如采用高强度尼龙帘布增加轮胎的额定负荷，从而使轮胎直径尺寸缩小。

乘用车车速越高，轮胎所受动载荷越大，过多超载会使轮胎早期磨损。有关试验表明，轮胎超载 20% 时，其寿命将下降 30% 左右。所以根据整车轴荷、最高车速等因素，并结合轮胎气压选择合适轮胎负荷能力所对应的负荷系数。

乘用车大都采用直径较小、断面形状扁平（高宽比较小）的宽轮辋低压轮胎，以降低整车质心高度，改善行驶平顺性、稳定性、轮胎附着性能并确保足够的承载能力。但近年来的发展趋势是中高端车型越来越多地选用大宽度、大内径（大轮辋尺寸）和高宽比较小的轮胎。因为这种轮胎胎壁较短、胎面较宽，接地面积大，轮胎可承受压力也大，并且对路面反应非常灵敏，转弯曲线行驶时侧向承载能力强，使整车的操控性大大提高；另外，整车的外观造型也给人良好的视觉效果。低端车型，基于成本的考虑，仍然比较多地采用小宽度、小内径（小轮辋尺寸）和高宽比较大的轮胎。这种轮胎不仅成本较低，而且由于胎壁较长，缓冲能力较强，相对而言有利于提高整车舒适性，但对路面反应较差，转弯时侧向承载能力也较弱。

乘用车轮胎、轮辋的规格、尺寸、气压与负荷等详细参数可查阅 GB/T 2978—2014，轮胎性能要求和测试可查阅 GB 9743—2015。

2. 整车主要参数选择

在整车产品方案阶段的早期，基于初步确定的整车产品概念和定位、整车总体技术路线、平台技术方案以及整车技术方案等，整车总布置集成设计人员通过必要的布置分析和计算选择确定整车的主要目标参数。众多其他整车参数全面分析确定，将融入整车总布置集成设计各项具体内容的分析中，这里不单独进行论述。

（1）整车主要尺寸参数确定

整车主要尺寸参数有整车长、整车宽、整车高、轴距、轮距、前悬长、后悬长、接近角、离去角、纵向通过角、纵向通过圆半径、最小离地间隙等，如图 3-16 所示。这些参数也是表述乘用车类别和等级的主要参数。初步确定这些整车主要尺寸参数，需要考虑的核心因素：不同企业的平台架构状态、产品方案、核心零部件资源等不同，其整车布置型式也有所差异；由整车产品所针对的目标市场、主要用户群体需求来确定的使用条件。

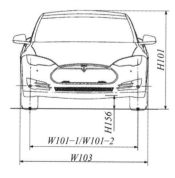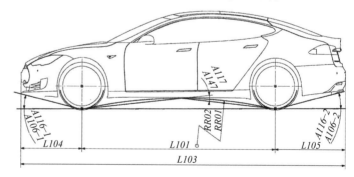

图 3-16 整车主要尺寸参数

1）整车外廓尺寸。整车的外廓尺寸包括整车长 $L103$、整车宽 $W103$ 和整车高 $H101$，通常依据乘用车类型、用途、乘坐人数（或装载量）、道路条件、结构选型与布置、行业标准、法规政策等因素确定。为了降低整车重量，提高整车的动力性、经济性和机动性等，在满足使用需求、驾乘舒适性的前提下，力求减小整车的外廓尺寸，即整车空间布置上力求"小车大空间"，提高空间的有效利用率。GB 1589—2016 对乘用车的外廓尺寸整车长 $L103$、整车宽 $W103$、整车高 $H101$ 的最大限制值分别是 12000mm、2550mm 和 4000mm。

① 整车长 $L103$。它对乘用车的用途、功能、使用方便性、驾乘舒适性等影响都很大。

车身长意味着纵向空间大；另一方面，车太长，其机动性受到制约，如对掉头、停车等带来不便。整车长是划分乘用车等级的重要参数之一，表 3-7 列出了微型 A00、小型 A0、紧凑型 A、中型 B、中大型 C、大型 D 各个级别乘用车整车长的大致范围。

② 整车宽 W103。它主要影响乘用车驾乘横向空间和整车布置的灵活性。整车宽 W103 的确定从四个方面来分析和综合平衡：

a. 由乘坐必需的车内横向空间和两侧车门布置厚度来决定。如参照 GB 7258—2017/XG1—2019 的乘员数核定的规定，乘用车横向布置 3 个座位需要有宽阔的乘坐感，具有足够的肩部空间尺寸，W3 应不小于 1650mm；横向布置 2 个座位时，W3 应不小于 1200mm；同时考虑在同类产品中宽阔乘坐感带来的竞争力来确定 W3。由于对整车安全性的要求越来越高，现代乘用车的车门布置厚度有所增加。

b. 根据机舱布置的横向尺寸链分析确定整车宽度。确保能布置下所选型的动力总成、悬架、副车架、转向系统以及车轮等，同时还应注意基于碰撞安全考虑的纵梁结构、动力总成悬置结构布置等重要因素带来的影响。

c. 由轮距、轮胎选型及轮眉横向突出车轮的宽度来决定。

d. 综合考虑整车外观造型美学需要，如整车形体和横向比例等美学感受、侧窗玻璃倾斜角度、外表面型面特征等对车门布置厚度和整车宽度带来的影响。

③ 整车高 H101。通过整车垂向尺寸链分析，可知影响乘用车整车高 H101 的因素有前后轴之间底部离地间隙 H_C、车身地板及下部零部件（底盘构件或电动汽车动力蓄电池等）的布置高度空间 H_P、驾乘人员的坐姿高 H30、驾乘人员的头部空间 H61 以及车顶造型高度 H_R 等。整车高 H101 可以根据式（3-1）近似计算获得初选值。

$$H101 = H_C + H_P + H30 + (H61 - 102.0)\cos8° + H_R \quad (3-1)$$

式中 H_C——前后轴之间底部离地间隙，应大于相应载荷下最小离地间隙 H156，单位为 mm；

H_P——地板及下部零部件（底盘构件或电动汽车动力蓄电池等）的布置高度空间，单位为 mm；

H30——对应座位的坐姿高度（前排 H30 - 1，后排 H30 - 2），单位为 mm；

H61——对应座位的头部空间目标值（前排 H61 - 1，后排 H61 - 2），单位为 mm；

H_R——车顶造型高度（包括车顶内表面到外表面的厚度、造型弧线的弦高），单位为 mm。

整车高直接影响整车质心高度，进而影响车辆的操控性和平稳性；也会影响整车的正面迎风面积和整车风阻系数；还会影响乘员的空间感受，整车高在一定程度上限制了乘员舱内的空间高度，头部空间过小会带来压抑感，影响乘坐舒适性。一般的设计观念和原则是尽量降低整车高度，以减少风阻，提高车辆行驶性能。但为了提高乘坐舒适性，在有限的长度内获得尽可能大的乘员舱空间，目前也有增大整车高度的设计趋势。为了平衡解决由此可能带来的行驶平稳性以及经济性问题，通常会采取降低底盘平台高度、采用扁平宽胎以及装备电子稳定性系统（ESP）、侧倾角传感器、横向速度传感器等技术手段。

④ 轴距 L101。绝大多数乘用车，驾乘座椅都布置在前后轴之间，在整车长一定的情况下，轴距增大使得乘员的纵向空间增大，尤其是对乘坐舒适性影响很大的腿部空间，如有效腿部空间（L51）、SgRP 到 AHP 或 FRP 纵向距离（L53）等尺寸。轴距还对整车整备质量、

整车长、最小转弯半径、纵向通过圆半径等有影响。当轴距较短时,上述参数一般也会较小。轴距对轴荷分配也有一定影响。比如,轴距过小时会使乘员舱长度不足或通过增加后悬长来补充,对轴荷分配的平衡带来一定的不利影响;再如轴距过小时,上坡或制动时轴荷转移较大,可能会给乘用车的制动性能和操纵稳定性带来不利影响;另外由于轴距过小,轴荷转移较大,车身纵向角振动增大,给整车平顺性带来不利。对于发动机前置后驱的乘用车,若轴距过小,可能会增大动力传动系统布置难度,传动轴万向节工作角度过大,不仅影响万向节轴承的使用寿命,也会因此带来较大的附加转矩,对整车平顺性和NVH性能不利。在行驶性能方面,长轴距可以提供直线行驶稳定性,但转向机动灵活性下降,回转半径增大。在设定轴距时需要在两者之间平衡取舍。但一些小型或微型汽车会竭力增大轴距来扩大乘坐空间。

一般情况下,乘用车等级越高,轴距取值越大;而对机动性要求高的乘用车,轴距取值较小。乘用车各个级别的轴距并没有明确的分界线,取值范围可参考表3-7。

⑤ 轮距$W101$。它对整车宽有直接影响。轮距、轮胎选型及轮眉横向突出车轮宽度等横向尺寸也决定了整车宽;反过来,轮距受到悬架类型、动力系统类型等机械布置的直接影响。

轮距($W101$)越大,悬架系统角刚度越大,对横向平稳性越有利,同时对车身造型和车厢的横向空间也有利。但轮距宽了,汽车的总宽和总重一般也会相应增大,而且容易产生向车身侧面甩泥的问题。轮距过宽也会影响汽车的安全性,因此,轮距应与整车宽相适应。

另外,乘用车前后轮距不一定是相等的,存在差异时,一般是前轮距($W101-1$)比后轮距($W101-2$)略大,相差10~50mm。前轮距较宽的车辆在弯道行驶中会更加稳定。这种情形在前置横置发动机车型中相对会更多一些,用以给机舱布置提供更大的横向空间。结合整车外观造型设计的美学需要,可能存在车身前部比后部略宽的情形,这也有利于空气动力学性能。但是前轮距宽,转向的精度会相对降低,后轮距宽的车,转向的精度会非常高,如F1赛车,前轮距比后轮距要窄很多。各类型乘用车的轮距参考范围见表3-12。

表3-12 各类型乘用车的轮距

车型	A00/微型	A0/小型	A/紧凑型	B/中型	C/中大型	D/大型
轮距/mm	1100~1270	1150~1450	1250~1500	1300~1500	1400~1580	1560~1620

⑥ 前悬长$L104$和后悬长$L105$。按相关标准的定义得到:整车长=前悬长+后悬长+轴距。整车长确定后,轴距越长,前后悬长就越短。最短的悬长可以短到只有车轮轮胎半径的一半。应综合整车主要零部件选型和布置、造型形体比例,以及整车性能要求等因素,平衡确定前悬长和后悬长,并协调好与整车长、轴距相互之间的纵向比例关系。

a. 前悬长$L104$。它与乘用车的类型、驱动型式、动力总成的布置型式等有着密切的关系。前部一般要布置散热器、风扇、保险杠、转向器等,对于前置发动机的车型,还有发动机及其附件的布置,要有足够的纵向布置空间。另外,由于越来越严格的乘用车正面碰撞、偏置碰撞和行人保护被动安全性要求,前悬在考虑上述机械布置的同时,还应考虑车身前纵梁有足够的碰撞缓冲结构空间、前防撞梁结构的布置空间,以及前保险杠与前防撞梁之间有必要的充裕间隙等要求。前悬不宜过长,应避免整车的接近角过小而影响通过性。如越野车为了具有良好的爬坡、越障的通过能力,前悬一般都比较短。

b. 后悬长 $L105$。对于前置发动机的燃油车,它一般取决于行李舱、备胎及燃油箱的布置,而后置发动机时,主要取决于后置发动机的布置。它与整车长度、轴距以及轴荷分配都有关。一般而言,两厢两排座的乘用车后悬比前悬短,而三厢轿车或三排座 MPV 后悬可以比前悬长一些。但后悬过长,使得离去角太小影响车辆通过性,可能会引起上下坡时后保险杠等蹭刮地面等,也可能会降低转向的灵活机动性。GB 1589—2016 对乘用车后悬长的限制性要求:后悬长 $L105$ 小于 3500mm,并小于或等于轴距 $L101$ 的 55%。

2)整车通过性尺寸参数。汽车与地面之间的间隙不足而被地面托起,无法通过,被称为间隙失效。间隙失效有三种情形:一是顶起失效,即当汽车前后轴之间的底部零部件碰到地面而被顶住的情形;二是触头失效,即当汽车前端触及地面而不能通过的情形;三是托尾失效,即当汽车尾部触及地面而不能通过的情形。汽车通过性尺寸参数就是与间隙失效有关的汽车整车尺寸参数,如图 3-16 所示,主要包括最小离地间隙、纵向通过角、纵向通过圆半径、接近角和离去角。

① 最小离地间隙 $H156$:汽车满载静止停放,支承平面与车辆底部中间区域(与整车 Y0 基准平面等距且平行的两平面之间的区域,两平面距离为同一轴上两端车轮轮胎内缘间最小横向距离的 80%)最低点之间的距离。它体现车辆无碰撞地通过地面凸起的能力。

② 纵向通过角:车辆静止停放,当分别切于前后车轮外缘且垂直于 Y0 基准平面的两平面相交于车辆底部较低部位时,两切平面之间的最小锐角。如图 3-16 所示,满载(最大质量)时纵向通过角为 $A117$,空载(整备质量)时纵向通过角为 $A147$;与之相对应的还有一个参数,即纵向通过圆半径,空载和满载状态分别为 $RR01$ 和 $RR02$。纵向通过圆一般定义为前后车轮外缘、车体底部轮廓三者之间的共切圆。纵向通过角和纵向通过圆半径都表征了汽车能够无碰撞地通过小丘、拱桥等障碍物的轮廓尺寸。

③ 接近角 $A106-1$ 和 $A116-1$:包括前车轮前部所有柔性部件在内,由地面线和与轮胎静止半径圆弧相切的直线形成的最小侧视图角度。如图 3-16 所示,空载时接近角为 $A106-1$,满载时接近角为 $A116-1$。接近角越大,越不容易发生触头失效。

④ 离去角 $A106-2$ 和 $A116-2$:包括后车轮后部所有柔性部件在内,由地面线和与轮胎静止半径圆弧相切的直线形成的最小侧视图角度。如图 3-16 所示,空载时离去角为 $A106-2$,满载时离去角为 $A116-2$。离去角越大,越不容易发生托尾失效。

各类型乘用车主要通过性尺寸参数的取值范围见表 3-13。

表 3-13 各类型乘用车的主要通过性尺寸参数取值范围

车型	最小离地间隙/mm	接近角/(°)	离去角/(°)	纵向通过角/(°)	纵向通过圆半径/mm
微型、小型、紧凑型	120~180	20~30	15~23	—	3000~5000
中型、中大型、大型	130~200	20~30	15~23	—	5000~8000
SUV	180<轴间离地间隙≤200	≥25	≥20	≥20	—

(2)整车质量参数估算

在整车技术方案分析中,随着整车各系统总成方案的确定与结构集成布置分析的初步完成,可以对整车质量参数(如空载的整车整备质量、满载的整车最大总质量、设计载荷的整车总质量、非簧载质量、各种载荷的轴荷分配、质心位置等)进行估算,为整车性能计算、整车姿态分析、悬架动力学特性分析以及其他总成设计匹配提供基础条件。

首先明确如下三种载荷状态：

① 空载状态（CVW），即整车整备质量下无任何装载和人员乘坐的载荷状态。整车整备质量包含整车所有零部件、加满各种油液和随车工具等质量，其定义应符合 GB/T 3730.2—1996 的 4.6 条规定。

② 半载状态（DVW），或称设计载荷，即在设计质量（整车整备质量加上部分乘员的质量）时的载荷状态。乘员的质量为人均 68kg，其中乘员分配如下：对于 2+3 个座位整车布置 2 人在前排；对于 4+5 个座位整车则布置 2 人在前排，1 人在第 2 排（中间）；对于 6+7 个座位整车则布置 2 人在前排，2 人在第 2 排；对于 8+9 个座位整车则布置 2 人在前排，3 人在最后排。

③ 满载状态（GVW），即在最大设计质量时的载荷状态。最大设计质量的定义按 GB/T 3730.2—1996 的 4.7 条规定。对于乘用车，最大设计质量就是整备质量加上所有乘员及其随身行李的质量总和。每位乘员质量为 68kg，每位乘员的随身行李质量为 7kg。各乘员的质心初定：a. 不可调座椅，座椅 R 点前 50 mm 的点；b. 可调座椅，座椅 R 点前 100 mm 的点。标准行李的质心设在垂直通过位于车辆纵向中心平面上的行李舱的最大有效长度在水平面上投影的中点处。

1）整车整备质量 M_C、质心位置（X_{MC}, Y_{MC}, Z_{MC}）和轴荷分配的估算。首先确定各选型零部件或估算新设计零部件的质量 M_i 和质心位置（X_{Mi}, Y_{Mi}, Z_{Mi}），则整车整备质量 M_{CVW}、质心位置（X_{MCVW}, Y_{MCVW}, Z_{MCVW}）分别按式（3-2）和式（3-3）计算。

$$M_C = \sum_{i=1}^{N} M_i \tag{3-2}$$

式中　N——估算整车整备质量的全部总成数量（总成划分根据实际产品项目由设计人员自定）；

M_i——单个总成的质量，单位为 kg。

$$\begin{cases} X_{MC} = \dfrac{\sum_{i=1}^{N} M_i X_{Mi}}{M_C} \\ Y_{MC} = \dfrac{\sum_{i=1}^{N} M_i Y_{Mi}}{M_C} \\ Z_{MC} = \dfrac{\sum_{i=1}^{N} M_i Z_{Mi}}{M_C} \end{cases} \tag{3-3}$$

式中　X_{Mi}, Y_{Mi}, Z_{Mi}——各个总成的质心的坐标值，单位为 mm；

X_{MC}, Y_{MC}, Z_{MC}——整车整备质量的质心的坐标值，单位为 mm。

空载状态的后轴荷 M_{RC} 按式（3-4）计算，前轴荷 M_{FC} 按式（3-5）计算。

$$M_{RC} = M_C(X_{MC} - L128 - 1)/L101 \tag{3-4}$$

式中　$L128-1$——前轮中心 X 坐标值，单位为 mm；

$L101$——轴距，单位为 mm。

$$M_{FC} = M_C - M_{RC} \tag{3-5}$$

2）整车设计质量 M_D、质心位置（X_{MD}, Y_{MD}, Z_{MD}）和轴荷分配的估算。以 5 座乘用车为例，半载状态的乘员分布为2人在前排，1人在后排中间。一般情况下，前排为可调节座椅，后排为不可调节座椅。那么半载状态的整车设计质量 M_D 按式（3-6）计算。半载状态的质心位置（X_{MD}，Y_{MD}，Z_{MD}）按式（3-7）~式（3-9）计算。

$$M_D = M_C + 68 \times 3 \tag{3-6}$$

$$X_{MD} = [M_C X_{MC} + 2 \times 68 \times (L31-1-100) + 68 \times (L31-2-50)]/M_D \tag{3-7}$$

$$Y_{MD} = (M_C Y_{MC} + 68 \times W20-1 + 68 \times W20-1_P + 68 \times 0)/M_D \tag{3-8}$$

$$Z_{MD} = (M_C Z_{MC} + 2 \times 68 \times H70-1 + 68 \times H70-2)/M_D \tag{3-9}$$

式中　$L31-1$，$W20-1$，$H70-1$——驾驶员座椅设计 R 点的坐标值，单位为 mm；

　　　$L31-1$，$W20-1_P$，$H70-1$——前排乘员侧座椅设计 R 点的坐标值，单位为 mm；

　　　$L31-2$，0，$H70-2$——第二排中间座位设计 R 点的坐标值，单位为 mm。

半载状态的后轴荷 M_{RD} 按式（3-10）计算，前轴荷 M_{FD} 按式（3-11）计算。

$$M_{RD} = M_D(X_{MD} - L128-1)/L101 \tag{3-10}$$

$$M_{FD} = M_D - M_{RC} \tag{3-11}$$

3）整车满载质量 M_G、质心位置（X_{MG}，Y_{MG}，Z_{MG}）和轴荷分配的估算。同样以5座乘用车为例，满载状态的最大装载量为5人及其随身行李。满载状态的整车最大设计总质量 M_G 按式（3-12）计算，质心位置（X_{MG}，Y_{MG}，Z_{MG}）按式（3-13）~式（3-15）计算。

$$M_G = M_C + 68 \times 5 + 7 \times 5 \tag{3-12}$$

$$X_{MG} = [M_C X_{MC} + 2 \times 68 \times (L31-1-100) + 3 \times 68 \times (L31-2-50) + 35 \times X_{LU}]/M_G \tag{3-13}$$

$$Y_{MG} = [M_C Y_{MC} + 68 \times (W20-1 + W20-1_P) + 68 \times (W20-2_L + W20-2_R) + 35 \times Y_{LU}]/M_G \tag{3-14}$$

$$Z_{MG} = (M_C Z_{MC} + 2 \times 68 \times H70-1 + 3 \times 68 \times H70-2 + 35 \times Z_{LU})/M_G \tag{3-15}$$

式中　$L31-1$，$W20-1$，$H70-1$——驾驶员座椅设计 R 点的坐标值，单位为 mm；

　　　$L31-2$，$W20-2_L$，$H70-2$——第二排左侧座位设计 R 点的坐标值，单位为 mm；

　　　$L31-2$，$W20-2_R$，$H70-2$——第二排右侧座位设计 R 点的坐标值，单位为 mm；

　　　X_{LU}，Y_{LU}，Z_{LU}——行李舱空间中心点的坐标值，单位为 mm。

满载状态的后轴荷（M_{RG}）按式（3-16）计算、前轴荷（M_{FG}）按式（3-17）计算。

$$M_{RG} = M_G(X_{MG} - L128-1)/L101 \tag{3-16}$$

$$M_{FG} = M_G - M_{RG} \tag{3-17}$$

GB 1589—2016 对乘用车最大允许轴荷限值是 7000kg；安装名义断面宽度不小于 425mm 轮胎的车轴，最大允许轴荷限值是 10000kg；驱动轴安装名义断面宽度不小于 445mm 轮胎，则最大允许轴荷限值是 11500kg；对乘用车的最大允许总质量的限值是 4500kg；驱动轴轴荷不应小于整车最大总质量的 25%。

乘用车的轴荷分配与整车驱动形式、轴距的大小等关系很大，同时它对整车的行驶性能、操纵稳定性、制动性能等都有直接影响。对于发动机后置后驱的乘用车，后轴载荷一般不超过 59%，以避免后轴过载和不利于操纵稳定性；对于发动机前置前驱的乘用车，后轴载荷一般不大于 52%，也是为避免后轴过载和不利于操纵稳定性，同时注意，在满载或超载状态下，前轴载荷应在 55% 以上，以保证上坡时有足够的驱动附着力和良好的通过性；对于高速的乘用车，还应考虑与转向不足特性有关的操纵稳定性，如整车质心位置一般在中性转向点以前,使整车具有不足转向特性,而中性转向点的位置与前后车轮轮胎侧偏刚度有关。

各类型乘用车的轴荷分配参考范围见表3-14。

表3-14 各类型乘用车的轴荷分配参考范围

车型	空载（%）		满载（%）	
	前轴	后轴	前轴	后轴
发动机前置前驱（FF）	56~66	34~44	55~60	40~45
发动机前置后驱（FR）	50~55	45~50	45~50	50~55
发动机后置后驱（RR）	42~50	50~58	41~45	55~59

4）非簧载质量的估算。非簧载质量的估算与悬架和车桥的型式与结构有紧密关系。一般而言，对于独立悬架，车轮支架（转向节）、轮毂、轮胎、制动器等都属于非簧载质量部分。独立悬架的各种杆件一端与车身或副车架铰接，一端与车轮支架（转向节）铰接，可将静止状态作用于车轮支架（转向节）铰接点的质量作为非簧载质量（导向臂、摆臂、弹性立柱或减振器立柱、悬架控制杆、转向侧拉杆、稳定杆、传动轴等构件可取其质量的1/2作为非簧载质量）。

而对于非独立悬架，整个车桥总成（包括制动器、轮毂、轮胎、驱动桥的主减速器、差速器、传动半轴等）等都属于非簧载质量部分。同样，非独立悬架中可能存在的杆件一端与车桥铰接，一端与车身或车架连接，也把静止状态作用于车桥铰接点的质量作为非簧载质量（转向拉杆、导向臂、稳定杆、传动轴等构件可取其质量的1/2作为非簧载质量），螺旋弹簧取其1/2的质量作为非簧载质量，吊挂式钢板弹簧取其质量的3/4作为非簧载质量，平衡悬架钢板弹簧取其质量的1/4作为非簧载质量。

GB/T 12674—1990给出了汽车质量（重量）参数测定方法。

(3) 整车主要性能参数的选择确定

乘用车整车总布置设计中需要平衡匹配一些整车性能参数，项目早期需进行必要的理论计算，其结果也作为整车主要部件或系统的选型依据之一。这些整车性能参数如下：

1）动力性参数：直接档和1档最大动力因数、最高车速、加速时间、比功率和比转矩等。图3-17所示为某纯电动车整车动力性特性曲线。

① 直接档最大动力因数 D_{0max} 的选择主要根据整车的加速性能、燃料（或电量）经济性的要求，以及乘用车的类型、用途和行驶道路条件等因素。对于燃油乘用车，D_{0max} 随发动机的排量（功率）增大而增大；对于纯电动汽车，D_{0max} 随动力电机的功率增大而增大。中、高级乘用车对加速性要求高，因此，D_{0max} 的值较大；对于微型、小型或紧凑型乘用车，基于燃料（电量）经济性考虑，D_{0max} 的值较小。

② 1档最大动力因数 D_{1max} 直接影响整车的爬坡能力和通过困难路段的能力以及起步并连续换档时的加速能力，主要取决于整车所要求的最大爬坡度和附着条件。对于燃油乘用车，D_{1max} 多在0.30~0.38范围。中级及以上乘用车为获得必要的最低车速和强劲的加速能力，其 D_{1max} 可高达0.5。动力因数 D 按式（3-18）计算，可得到图3-17b所示的动力特性曲线。

$$D = \frac{\left(\dfrac{T_{tq} i_g i_0 \eta_T}{r_r} - \dfrac{C_D A u_a^2}{21.15}\right)}{M_G g} = f + i \qquad (3\text{-}18)$$

式中 T_{tq}——发动机或动力电机的转矩,单位为 N·m;

i_g——变速器或减速器传动比;

i_0——主减速器传动比;

η_T——传动效率;

r_r——车轮滚动半径,单位为 m;

C_D——空气阻力系数,乘用车可按 0.3~0.45 进行初选;

A——迎风面积,设计前期可以按前轮距 $W101-1$ 乘以整车高 $H101$ 估算,单位为 m^2;

u_a——汽车速度,单位为 km/h;

g——重力加速度,取 9.81,单位为 m/s^2。

f——滚动阻力系数;

i——坡度。

③ 最高车速 u_{amax}。随着汽车技术的发展,尤其是主、被动安全技术的广泛应用,整车主、被动安全性能大大提高,以及高质量高速公路的发展,乘用车的最高车速都普遍提高。考虑乘用车的具体类型、用途、道路条件、具备的安全条件和发动机(电动机)的功率等,并以汽车行驶的功率平衡或者如图 3-17a 所示的汽车驱动力和行驶阻力平衡为依据来确定最高车速。

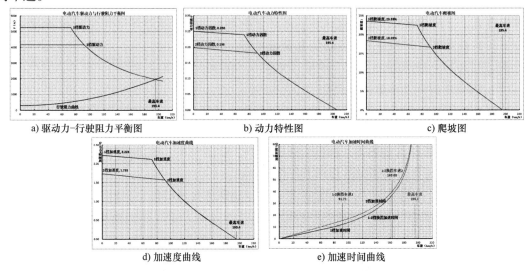

a) 驱动力-行驶阻力平衡图　　b) 动力特性图　　c) 爬坡图

d) 加速度曲线　　e) 加速时间曲线

图 3-17　某纯电动车整车动力性特性曲线

④ 加速时间 t。汽车从起步并连续换档到一定车速 u_a 的时间,被称为 $0—u_a$ 的换档加速时间;而在直接档下从车速 20km/h 加速到某一车速 u_a 的时间,被称为 $20—u_a$ 的直接档加速时间。它们都是衡量整车加速性能和动力性能的重要指标。乘用车常以 0—100km/h 换档加速时间来评价。中、高级乘用车 0—100km/h 的换档加速时间一般在 8~15s,微型、小型、紧凑型乘用车则多为 12~25s。整车产品开发中,按式(3-19)进行理论计算,可获得

图3-17e所示的加速时间曲线。

$$t = \int_{u_{a1}}^{u_{a2}} \frac{\delta M_G}{\left(\dfrac{T_{tq} i_g i_0 \eta_T}{r_r} - \dfrac{C_D A u_a^2}{21.15} - M_G g f\right)} du_a \quad (3-19)$$

式中 f——滚动阻力系数，估算取值0.014，或$f = 0.0076 + 0.000056 u_a$；

δ——旋转质量换算系数，估算取值1.04~1.08。

⑤ 整车比功率和比转矩。这两个参数分别表示发动机（或动力电机）最大功率P_{emax}和最大转矩T_{emax}与整车最大设计质量M_G之比。整车比功率是评价整车动力性能，如速度性能和加速度性能的综合指标；而整车比转矩则体现整车的比牵引力和牵引性能。在比较不同国家车型的比功率时，需注意不同国家对发动机功率测定标准上的不同。

各类型乘用车的部分动力性参数的取值范围见表3-15，可在整车动力性评价分析、动力总成选型分析中参考应用。

表3-15 各类型乘用车的部分动力性参数的取值范围

乘用车车型	直接档最大动力因数 D_{0max}	1档最大动力因数 D_{1max}	最高车速 u_{amax}/(km/h)	比功率/ (kW/t)	比转矩/ (N·m/t)
微型	0.07~0.11	0.30~0.40	90~120	18~50	40~60
小型	0.09~0.11	0.30~0.45	120~160	30~60	70~90
紧凑型	0.09~0.12	0.30~0.45	130~160	36~64	80~99
中型（中级）	0.11~0.13	0.30~0.50	160~200	43~68	90~110
中大型（中高级）	0.13~0.15	0.30~0.50	180~220	50~72	95~125
大型（高级）	0.15~0.20	0.30~0.50	200~260	60~110	100~160

2）经济性参数。本节论述的整车经济性主要是指在保证动力性的前提下，汽车以尽量少的燃料（或电能）消耗量经济行驶的能力，也称为汽车的燃料（或耗电）经济性。

① 燃油乘用车的燃料经济性。它有两种表达方式：行驶100km的燃料消耗量（L/100km），数值越大，燃料经济性越差；每加仑燃油行驶的英里数（MPG），数值越大，燃料经济性越好。另外，有少数地区采用每升燃油行驶的里程（km/L）来表示。

如图3-18所示，影响燃油车燃料消耗的因素可分为四大类：汽车结构、发动机及其控制、行驶工况和驾驶使用等。GB/T 12545.1—2008规定了乘用车燃料消耗量试验方法：采用GB 18352.3—2005（已被GB 18352.6—2016所替代）规定的市区行驶工况和市郊行驶工况循环进行综合燃料消耗量的试验和计算。部分国家和地区有关乘用车燃料消耗量试验方法的对比见表3-16。

中国乘用车燃料消耗量目标值第5阶段要求在2021年1月1日开始实施，相关要求可参阅GB 27999—2019。

② 电动乘用车的能量消耗经济性。对于纯电动汽车，常采用一定运行工况下一次充电的续驶里程数（km）或者单位里程数消耗电量的能量消耗率（W·h/km）两种方式来表达整车的能量消耗经济性。GB/T 18386—2017规定了纯电动汽车的能量消耗率和续驶里程的试验方法和相关要求。电动乘用车（M1类）采用NEDC循环工况进行试验测定，而混合动力电动乘用车的能量消耗量试验方法按照GB/T 19753—2013的规定进行。

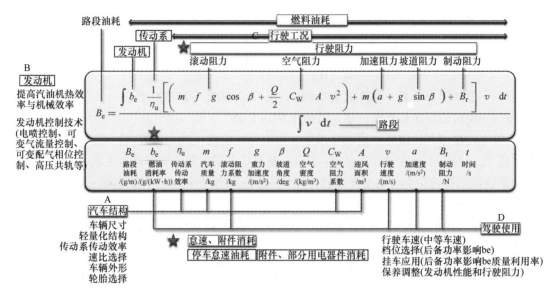

图 3-18 燃油车燃料消耗的影响因素

表 3-16 部分国家和地区有关乘用车燃料消耗量试验方法的对比

国家和地区	燃料消耗量测定方法			
	测定内容	试验方法	单位	其他说明
中国	市区油耗值 市郊油耗值 综合油耗值	EU + EUDC 循环	L/100km	Ⅰ、Ⅱ阶段，单车型评价；Ⅲ、Ⅳ和Ⅴ阶段，企业平均评价
欧洲	市区油耗值 市郊油耗值 综合油耗值	EU + EUDC 循环	L/100km	综合油耗： 混合 = $\frac{1}{3}$ECE + $\frac{1}{3}$ × 90km/h + $\frac{1}{3}$ × 120km/h ECE——欧洲循环工况（EU + EUDC 循环）油耗
美国 加拿大	UDDS 油耗 × 0.9 HWFET 油耗 × 0.78 UDDS + HWFET 综合值	UDDS 工况 HWFET 工况	MPG km/L	综合油耗： 综合 = $\dfrac{1}{\dfrac{0.55}{\text{UDDS}} + \dfrac{0.45}{\text{HWFET}}}$
澳大利亚	UDDS 工况油耗 HWFET 工况油耗	UDDS 工况 HWFET 工况	L/100km	2004 年 1 月 1 日，由美国法变更为欧洲法
	市区油耗值和城郊油耗综合值	EU + EUDC 循环		
日本	10.15 工况法油耗	10.15 工况	km/L	

3）操纵稳定性参数。汽车操纵稳定性的评价指标很多，GB/T 6323—2014 给出了汽车操纵稳定性的试验方法。其中与整车总布置关系密切，在产品方案设计阶段作为指标性予以

控制的操纵稳定性参数如下：

① 转向特性。如图 3-19 所示，以偏驶增强系数与车速的相关性来体现三种转向特性。车辆行驶中，在较高的横向加速度 a_y 作用下，由于轮胎的侧偏刚度特性，会得到一个相对于横向加速度的非线性的自动转向斜率 EG。可能会出现的情形：在恒定半径下行驶，随着横向加速度的增大，转向角需求减小，斜率 EG 为负值，为过度转向趋势；相反，若转向角需求增大，斜率 EG 为正值，则是不足转向趋势；$EG = 0$，为中性转向。具有强烈的过度转向特性的车辆在弯道行驶中掌控比较困难，因此，当前几乎所有的车辆都具有轻微的不足转向特性。随着稳定性辅助系统的应用，允许车辆向过度转向方向进行调校，以改善车辆的灵活性。转向特性通常用汽车以 $0.4g$ 的向心加速度做等速定半径圆周行驶时前、后轴的侧偏角之差来评价，为获得轻微的不足转向特性，期望这个差值是一个较小的正角度值，乘用车多以 $1° \sim 3°$ 为宜。

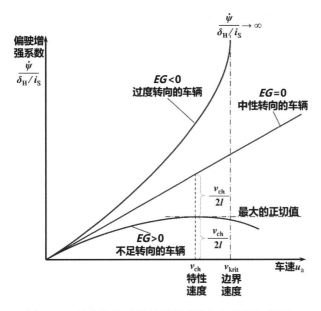

图 3-19　转向特性（偏驶增强系数与车速的相关性）

② 车身侧倾角。汽车以 $0.4g$ 的向心加速度做等速定半径圆周行驶时，车身的侧倾角度应在 $3°$ 以内，最大不得超过 $7°$。

③ 制动点头角。汽车以 $0.4g$ 的减速度制动时，为了获得良好的乘坐舒适性，车身点头角应不大于 $1.5°$。

4）行驶平顺性参数。行驶平顺性通常以车身振动的参数来评价，如车身垂向振动加速度、自由振动固有频率、振幅以及人-车系统的振动响应特性等，相关性能的具体论述和说明可参阅本书第 4 章的 4.1 节。在整车总布置集成设计中，在零部件的详细技术状态还没有完全明确之前，通常会给出前后悬架的偏频、静挠度、动挠度以及车身振动加速度等参数作为设计开发要求。

为了避免车身发生较大纵向角振动，通常乘用车的前悬架偏频 n_1 与后悬架偏频 n_2 很接近，并且 n_2 略大于 n_1。对于一些轴距很短的微型乘用车，后排座接近后轮甚至可能就在后轴上方，为了改善后排座的舒适性，也可将后悬架设计得更柔软，可能存在 $n_2 < n_1$ 的情形。

对于静挠度 f_c、动挠度 f_d，一般而言，$f_c + f_d \geq 160$mm，由于受到结构空间的限制，总工作行程 $f_c + f_d$ 也不可能太大。为了防止汽车在行驶过程中频繁撞击限位块，应当有足够的动挠度，对于轿车 f_d / f_c 的值应不小于 0.5。前后悬架静挠度值 f_{c1} 和 f_{c2} 的匹配，一般推荐 $f_{c2} = (0.8 \sim 0.9) f_{c1}$。各类乘用车的偏频、静扰度和动挠度的参考范围见表 3-17。对舒适性要求高的车辆，在匹配选择时偏频靠下限取值。

表 3-17 乘用车前后悬架偏频、静挠度和动挠度的参考范围

车型	满载偏频 n/Hz		满载静挠度 f_c/mm		满载动挠度 f_d/mm	
	前悬架 n_1	后悬架 n_2	前悬架 f_{c1}	后悬架 f_{c2}	前悬架 f_{d1}	后悬架 f_{d2}
中级及以下类型	1.02 ~ 1.44	1.18 ~ 1.58	120 ~ 240	100 ~ 180	80 ~ 110	100 ~ 140
高级	0.91 ~ 1.12	0.98 ~ 1.29	200 ~ 300	150 ~ 260	80 ~ 110	100 ~ 140

5）机动性参数。最小转弯半径 R_{Smin} 是衡量汽车机动性的主要参数，是指当转向盘转到极限位置时，从转向中心到前外侧车轮接地中心的距离。它体现了汽车通过小半径弯曲道路的能力和在狭长路面或场地上调转方向的能力。其与轴距、轮距、转向轮的最大转角等参数有关，常根据车辆的类型、用途、使用道路条件、结构型式以及轴距、轮距等尺寸选取。乘用车最小转弯半径 R_{Smin} 大致为轴距的 2 ~ 2.5 倍。在整车总布置集成设计中，也可根据前后悬架布置硬点等按式（3-20）进行理论估算。由于转向梯形机构不能保证内、外转向轮在最大转角 θ_{imax} 和 θ_{omax} 时与理论内、外转角关系（$\cot\theta_o - \cot\theta_i = K/L101$）相一致，同时，轮胎在转弯时在侧向力作用下产生侧偏，式（3-20）的计算结果与车辆实际试验结果可能存在明显差异，所以仅作为估算评估。

$$R_{Smin} = a + \sqrt{\left(\frac{L101}{\sin(\theta_{imax})}\right)^2 + K^2 + \frac{2KL101}{\tan(\theta_{imax})}} \tag{3-20}$$

式中 $L101$——轴距，单位为 mm；
a——转向轮主销接地点与同侧轮胎接地中心点的横向距离（转向轮的转臂），单位为 mm；
K——两侧转向轮主销接地点的横向距离，单位为 mm；
θ_{imax}——内侧转向轮最大转角，单位为（°）。

表 3-18 列出了各类乘用车最小转弯半径的参考范围。

表 3-18 乘用车最小转弯半径参考范围

乘用车车型	微型	小型	紧凑型	中型	中大型	大型
R_{Smin}/m	3.5 ~ 5.0	4.0 ~ 5.5	4.5 ~ 6.0	5.0 ~ 6.5	5.0 ~ 7.0	5.5 ~ 7.5

6）发动机的主要参数：最大功率、最大转矩及其对应的转速。

① 发动机的最大功率 P_{emax} 及其对应的转速 n_p。初步确定最高车速后，发动机的功率应大于或等于车辆按照最高车速行驶时所需要克服行驶阻力的功率之和。可用式（3-21）计算。

$$P_{emax} = \frac{1}{\eta_T}\left(\frac{M_G g f}{3600}u_{amax} + \frac{C_D A}{76140}u_{amax}^3\right) \tag{3-21}$$

按式（3-21）求得的 P_{emax} 是发动机在配备所有附件下测得的最大有效功率或净输出功

率，它比一般发动机的外特性的最大功率值低12%~20%。在实际项目的开发前期，还可以利用比功率的统计值来确定发动机的功率。与按式（3-21）的计算结果互相补充，综合确定发动机的最大功率。发动机最大功率对应的转速及转速范围，一般根据车辆最高车速、最大功率等需求以及发动机的类型、结构、制造工艺水平等综合因素来合理确定。

② 发动机最大转矩 T_{tqmax} 及其转速 n_T。当 P_{emax} 和 n_p 初步确定后，可利用式（3-22）来确定发动机的最大转矩。

$$T_{tqmax} = 7019 \frac{\alpha P_{emax}}{n_p} \quad (3-22)$$

式中 α——发动机转矩适应系数，$\alpha = \frac{T_{tqmax}}{T_p}$。$\alpha$ 值表明行驶阻力增加时，发动机沿着外特性曲线自动增加转矩的能力。通常，汽油机 $\alpha = 1.2 \sim 1.25$，柴油机 $\alpha = 1.1 \sim 1.25$；T_p 为最大功率时的转矩（单位为 N·m）。

发动机最大转矩时的转速 n_T 的选择原则是，期望 n_T 和 n_p 保持适当的比例关系。通常取 $n_p/n_T = 1.4 \sim 2.0$。这是因为车辆在使用过程中往往会出现需要低车速和较大转矩的场景，如果 n_p/n_T 小于 1.4，n_T 过于接近 n_p，会使直接档最低稳定车速偏高，造成车辆在如市区、转弯或繁忙的交叉路口等场景下，换档次数变多。一般希望 n_T 不要太高。

在整车总布置集成设计中，通过初步确定 P_{emax}、n_p、T_{tqmax}、n_T 以及比功率、比转矩等参数，有针对性地进行发动机的选型设计。

7) 电动汽车动力电机的主要参数。在整车总布置集成设计中，对于电动汽车动力电机的选型设计，需结合整车结构和性能的集成需求和动力电机本身不同于燃油机功率转速（或转矩转速）特性的特点，主要分析动力电机的最大转速、额定转速、最大转矩、额定转矩、最大功率和额定功率等参数。

① 动力电机的最大转速 N_{max} 和额定转速 N_e。根据整车最高车速目标值按式（3-23）初定动力电机的最大转速 N_{max}。按常规，动力电机的最高转速为额定转速的 2~5 倍，由最大转速 N_{max} 初选值可以得到额定转速 N_e 的初选值。

$$N_{max} \geq \frac{u_{amax} i_g i_0}{0.377 r_r} \beta_1 \quad (3-23)$$

式中 β_1——转速储备系数（大于1），通常取 $\beta_1 = 1.2 \sim 1.3$。

② 动力电机的最大转矩 T_{emax} 和额定转矩 T_e。根据最大爬坡度 i_{max} 按式（3-24）计算初定电机的最大转矩 T_{emax}。通常电机最大转矩约为额定转矩的 2 倍，由最大转矩 T_{emax} 初选值可以得到额定转矩 T_e 的初选值。

$$T_{emax} \geq \frac{M_G g f \cos\left(\arctan\left(\text{grade}\left(\frac{i_{max}}{100}\right)\right)\right) + M_G g \sin\left(\arctan\left(\text{grade}\left(\frac{i_{max}}{100}\right)\right)\right)}{i_g i_0 \eta_T} \beta_2 \quad (3-24)$$

式中 β_2——转矩储备系数（大于1），通常取 $\beta_2 = 1.1 \sim 1.15$；

i_{max}——整车最大爬坡度。

③ 动力电机的最大功率 P_{emax} 和额定功率 P_e。初定动力电机的最大功率，与确定发动机的最大功率一样，应满足车辆按照最高车速行驶时所需要克服行驶阻力的功率之和，即同样可以按式（3-21）计算所需动力电机的最大功率。同时，由于动力电机的功率转速特性不

同于发动机,并且电动汽车多采用单级减速器,还应根据整车加速时间目标值确定所需的电机功率。按式(3-25)计算 $0—u_a$(通常 $u_a = 100\text{km/h}$)加速时间目标值 t_1 行驶所需的功率。

$$P_{et1} = \frac{\left(\dfrac{\delta M_G - u_a}{3.6 t_1} + M_G g f + \dfrac{C_D A u_a^2}{21.15}\right) u_a}{3600 \eta_T} \quad (3\text{-}25)$$

式中 t_1——$0—u_a$(km/h)加速时间目标值,单位为 s。

由最高车速行驶所需功率、以 $0—u_a$(km/h)加速时间 t_1 行驶所需功率的70%两者中较大者初步确定电机最大功率 P_{emax}。额定功率 P_e 可根据式(3-26)计算进行初选确定。

$$P_e = \frac{T_e N_e}{9550} \quad (3\text{-}26)$$

根据以上各参数的初选值,进行电动汽车动力电机的选型。

3.2.3 整车姿态

整车姿态是整车集成设计中非常重要的参数之一,是非常重要的基础参数,也是汽车造型设计中一个非常重要的元素。图 3-20 所示为整车姿态与其他要素的关系。

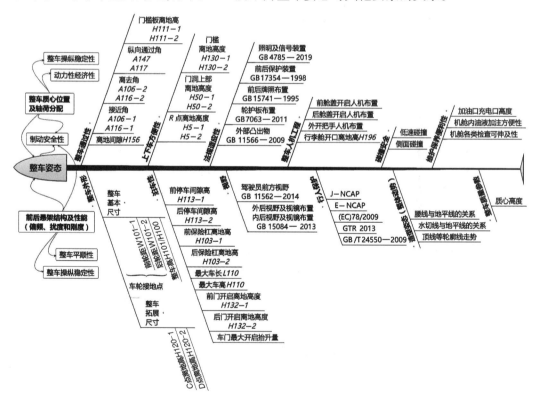

图 3-20 整车姿态与其他要素的关系

整车姿态一般是指汽车基于地平面(或地面线)在各种载荷下的前后倾角、车身与车轮及地面各方间隙、车身腰线、水切线(或称窗台线)与整车的比例关系等。

绝大多数消费者购买乘用车时，首先从视觉感官上感受汽车的造型外观，然后再了解汽车的其他性能。整车姿态的综合分析设定是否合理，直接影响汽车整体造型美感的协调性，直接影响到消费者对汽车整体造型的视觉感受。从造型美学感受角度看，整车姿态是汽车造型综合体现出的整体"动势"，一种在静态下就能感受的一种运动趋势的视觉感受。

在整车产品开发项目的产品概念设计早期，就需要进行整车姿态的分析与设定。在整车结构集成设计中，整车姿态的设定主要体现在地面线和整体姿态角的确定上。

地面线指在车辆不同载荷下，前后车轮轮胎接地的切平面（在车辆侧视图中为一条直线，故称为地面线）。乘用车产品设计中通常会设定空载（整备质量）、半载（又称设计载荷）、满载、整备质量增加一名驾驶员状态以及最大装载状态五种载荷下的地面线。其中空载、半载、满载是三种最为常用的载荷状态。

地面线在整车坐标系中，车辆纵向矢量轴与 X 轴的夹角称为整车姿态角（VAA）。当地面线与整车坐标系 X 轴呈顺时针方向锐角夹角时，VAA 为正值；当地面线与整车坐标系 X 轴呈逆时针方向锐角夹角时，VAA 为负值，如图 3-21 所示。

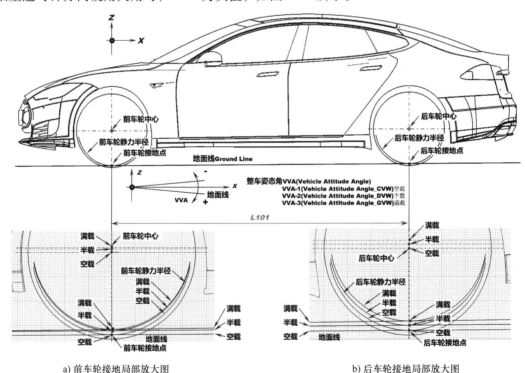

图 3-21　地面线与整车姿态角度（VAA）

1. 整车姿态设定分析流程

整车姿态（地面线）分析设定的详细流程如图 3-22 所示。在整车开发的概念设计阶段，根据初定或者选定平台车型的悬架特性参数（偏频、扰度、刚度等），结合主要零部件布置和整车质量估算，估算出各种载荷下的前后轴荷分配情况（空载、半载、满载以及整备加驾驶员等）；在整车坐标系下，计算初定的空载状态下前后车轮中心位置坐标；再根据悬架多刚体运动学模型，推算出其他载荷状态下前后车轮中心位置坐标；根据选定型号轮胎

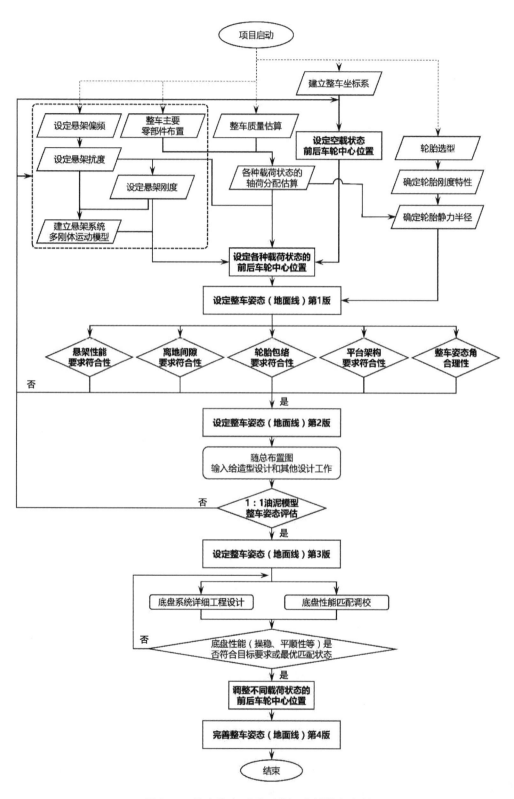

图 3-22 整车姿态（地面线）分析设定流程

的试验数据"轮胎负荷－轮胎静力半径"关系图，用插值获得轮胎在空载、半载、满载等状态下的静力半径等，即可编绘出第 1 版整车姿态（地面线），它是总布置初步方案分析、人机工程分析、主要法规分析、造型创意效果图设计以及整车和主要系统方案分析等工作的必要输入。在该阶段，由于各种边界约束条件的限制，如离地间隙、悬架行程和性能、轮胎包络体周边间隙、平台架构策略和有关零部件借用结转等要求，需综合集成、平衡优化，获得最优解决方案。随着整车技术方案和主要系统方案逐步优化和明确，相关的一些输入信息更加准确。反过来可能需要对整车姿态（地面线）进行优化调整，从而得到更加合理、准确的第 2 版整车姿态（地面线），它是进行 1∶1 整车造型油泥模型设计的一个重要的输入。在整车 1∶1 造型油泥模型评价时，分别对各种载荷状态下的整车姿态进行综合的造型静态感知评估，综合平衡优化，获得第 3 版整车姿态（地面线）。以第 3 版整车姿态（地面线）为基础输入，进行详细的工程结构设计以及整车底盘性能匹配。在样车验证阶段，需要对整车底盘性能进行调校。由于调校后的悬架系统刚度等特性参数与产品设计阶段会存在一定的偏差，故需要根据调校后的悬架系统刚度等参数来修正完善地面线，获得第 4 版整车姿态（地面线）。这是所开发车型最终确定的地面线，可以确定开发车型量产状态的整车姿态。

2. 整车姿态设定分析详细内容和方法

整车设计中，结构 3D 数模常常采用空载状态，所以需要首先确定空载状态的车轮中心位置坐标。也有企业或车型开发项目，整车电子样车的结构 3D 数模采用的是半载状态，那么就先确定半载状态的车轮中心位置坐标。

（1）设定空载车轮中心位置坐标（X_C，Y_C，Z_C）

1）设定纵向 X 坐标值 X_C。对于 S5 级及以上项目，前车轮中心 X 坐标值可取 0；后车轮中心 X 坐标值则根据轴距来设定。对于 S4 级及以下项目，即基于某基础车型或平台仅进行全新造型设计或局部改型的车型开发，前车轮中心 X 坐标值一般是沿用原基础车型，便于直接应用基础车型的 3D 结构数模；后车轮中心 X 坐标值同样根据轴距来确定。

2）设定横向 Y 坐标值 Y_C。空载状态前后车轮中心 Y 坐标值，根据前后轮距来计算。若选用轮距 $W101$，需要考虑车轮倾角和车轮静力半径对轮距 $W101$ 的影响，按照式（3-27）来设定；若选用轮距 $W102$，则按照式（3-28）来设定。

$$Y_C = \pm [W101/2 + H108\sin\gamma] \qquad (3\text{-}27)$$
$$Y_C = \pm W102/2 \qquad (3\text{-}28)$$

式中 $W101$——对应载荷的轮距（$W101-1$ 为前轮，$W101-2$ 为后轮），单位为 mm；

$H108$——对应载荷的轮胎静力半径（$H108-1$ 为前轮，$H108-2$ 为后轮），单位为 mm；

γ——对应载荷的车轮外倾角（γ_1 为前轮，γ_2 为后轮），单位为（°）；

$W102$——对应载荷的车轮中心轮距（$W102-1$ 为前轮，$W102-2$ 为后轮），单位为 mm。

3）设定垂向 Z 坐标值 Z_C。对于 S5 级及以上项目，车轮中心 Z 坐标值设定需要综合考虑平台架构策略、平台车型拓展性、整车通过性、悬架结构型式和性能、轮胎包络体间隙、整车质心高度、整车姿态角等要求和边界条件，并结合轮胎的选型、下车体主要零部件空间结构集成布置方案等进行设定。对于 S4 级及以下项目，车轮中心 Z 坐标值通常以原基础车型为参考结合轴荷变化和悬架特性进行调整。

（2）推算设定其他载荷状态的车轮中心位置坐标

1）估算各种载荷下整车轴荷分配。在产品设计阶段，首先根据车型方案以及与基础车型的差异化分析，估算开发车型的整备质量及其前后轴荷分配。再按 GB/T 5910—1998 的方法，估算半载、满载以及整备加驾驶员的整车质量和前后轴荷分配。在样车试制阶段，车辆以 GB/T 5910—1998 的要求和方法进行加载，按 GB/T 12674—1990 或者利用整车侧倾试验平台，测量计算出空载、半载、满载以及整备加驾驶员的整车质量参数和前后轴荷分配。

车内驾乘人员的座椅布置及行李舱空间布置是非空载状态下轴荷分配的一个非常重要的因素，因此乘用车座椅布置分析中须综合匹配平衡两个方面的需求：①驾乘舒适性、安全性、操作舒适性、使用便捷性等人机工程学需求；②整车轴荷分配合理性的需求。

2）设定悬架偏频、刚度特性和工作行程。对于 S5 级及以上车型开发项目，在产品概念设计阶段，根据平顺性的目标要求，可以初步设定前后悬架的偏频 n_1 和 n_2。结合底盘平台结构布置分析、整车各种载荷的轴荷分配情况，并兼顾获得良好的平顺性，初步确定悬架的总工作行程，即静挠度 f_c 和动挠度 f_d 之和。设定选择可参阅本章 3.2.2 节。悬架多为非线性刚度特性。典型的乘用车前悬架刚度特性曲线如图 3-23a 所示，通过增加上下行程限位缓冲块或副簧以增加行程两端附近的刚度。对于 S4 级及以下项目，在产品设计阶段，由偏频、刚度特性和工作行程等特性参数可以初选基础车型。

3）推算不同载荷下的车轮中心位置坐标。

以图 3-23a 所示的悬架刚度特性曲线为例，从空载到半载（设计载荷），静挠度 f_c 相差为 $\Delta f_c = 115\text{mm} - 80\text{mm} = 35\text{mm}$，那么可以得到半载状态车轮中心 Z 坐标值 $Z_D = Z_C + \Delta f_c$。然后利用 CATIA 或 ADAMS 等工程设计分析软件，如图 3-23b 所示，建立悬架的多刚体运动学模型，以 Z 向跳动 Δf_c 为驱动，得到半载状态车轮中心坐标值 X_D 和 Y_D。

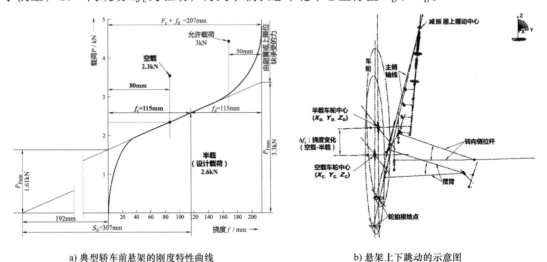

a）典型轿车前悬架的刚度特性曲线　　　b）悬架上下跳动的示意图

图 3-23　通过悬架刚度特性及运动学特性确定不同载荷的车轮中心位置

用同样的方法，可以得到其他载荷状态的车轮中心坐标值。

（3）确定轮胎静力半径

产品概念设计早期，设定了开发车型所选用的轮胎型号，其在使用胎压条件的静载荷变形曲线（通过试验获得或由轮胎供应商提供）如图 3-24 所示。根据空载、半载、满载以及整备加驾驶员各种状态的前后轴荷分配，确定各种载荷状态下轮胎的静载荷值，采用插值法，得到各种载荷状态下的前后轮胎的静力半径。

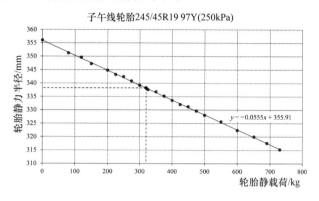

图 3-24　轮胎静载荷变形曲线

（4）绘制地面线，设定整车姿态角

通过上述方法，综合整车主要零部件布置、各种载荷的轴荷分配、悬架基本性能匹配和多刚体运动学匹配等要素，确定了各种载荷下前后车轮的中心位置坐标（x,y,z）、轮胎静力半径、车轮外倾角以及单侧车轮前束角等，就可以通过工程绘图软件绘制出各种载荷下的地面线；同时，也得到了各种载荷下的整车姿态角（VAA）。图 3-25 所示为某纯电动乘用车整车姿态设定绘制实例。

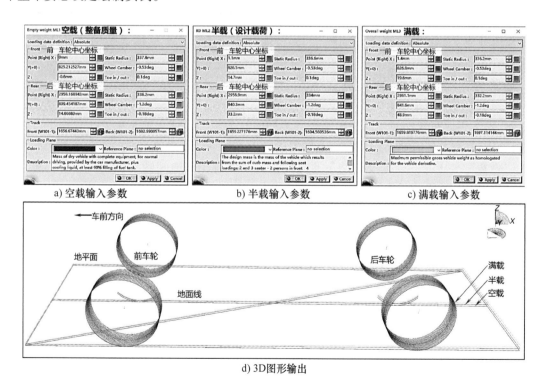

图 3-25　某纯电动乘用车整车姿态设定绘制实例：输入和输出

3. 整车姿态评估和校验

在产品开发项目中，整车结构集成工程师应进行广义对标分析同类型车型、基础车型或目标车型等，并结合开发车型的实际条件来设定和调整各种载荷状态的姿态角，并通过诸如造型模型评估、整车集成布置校验、底盘悬架性能校验等方式，综合优化平衡和评估，最终确认整车姿态地面线和姿态角。

1）整车姿态角的参考范围。多数乘用车的整车姿态角的大致范围见表3-19，可供产品开发概念设计阶段设定整车姿态角时参考，但这不是必须满足的限制要求或规范性要求。

表3-19 乘用车整车姿态角参考范围

序号	载荷状态及说明	参考范围
1	空载（整备质量）状态	VAA – 1 ≈ 0° ~ 0.8°
2	半载（设计载荷）状态	VAA – 2 ≈ 0° ~ 0.2°
3	满载状态	VAA – 3 ≈ – 0.8° ~ 0.2°
4	空载←→满载	整车姿态角变化量 ≤ 1.3°
5	空载←→半载	整车姿态角变化量 ≤ 0.6°
6	半载←→满载	整车姿态角变化量 ≤ 0.8°

2）造型模型评估。通过造型模型进行整车姿态的评估，是非常直观、重要的方式。油泥模型骨架设计应尽量增加前后轴独立上下调节的机构，以便于将造型模型调到各种载荷状态的整车姿态并固定可靠。对不同载荷状态的整车姿态（整车的前后倾角、车身与车轮及地面各方间隙、车身腰线、水切线与整车的比例关系等）进行静态感知评估：是否能有效地体现造型美学所需要的整体"动势"，是否能有效地诠释汽车整体造型的"动作表情"；对比分析不同载荷状态的整车姿态变化，感知评估这些变化对汽车"整体形态"和"精神气"造型美学带来的潜在影响，综合评估产品各种目标要求、结构性能边界约束条件与造型美学要求的融合与平衡。

3）整车集成布置校验。以整车姿态（地面线）为基础，结合整车集成布置和平台架构要求，分析与整车姿态地面线直接相关的要素是否满足平台策略要求或同平台系列产品开发拓展"带宽"要求等；分析校验整车通过性参数，如最小离地间隙、接近角、离去角、纵向通过角、上车踏板或门槛裙板离地高度等，是否符合产品目标要求；结合悬架结构设计分析校验轮胎包络体周边间隙是否满足产品使用可靠性和安全性要求；在结构集成布置分析中进一步校验分析与整车姿态地面线直接相关的人机布置、上下车方便性、泊车性、行人保护以及相关法规适应性等是否满足相应要求。在上述众多要素综合分析平衡调整中，存在需要反过来优化调整整车姿态地面线的可能性。这也是一个综合性和比较繁杂的系统平衡优化过程。

4）底盘悬架结构性能特性匹配校验。底盘悬架的结构性能特性与整车姿态地面线和姿态角之间有着直接的相关性，相互影响的敏感度也很高。当产品开发前期悬架系统方案不够完善、输入信息准确度不高或悬架系统方案出现较大调整时，优化平衡整车姿态和悬架系统刚度、挠度及与之直接相关的平顺性、操纵稳定性等性能，相关校验也尤为必要。

在样车验证阶段，对整车操纵稳定性、平顺性、NVH等进行评价，从而对整车底盘性能进行调校。通过调整悬架的刚度、减振器阻尼、横向稳定杆结构、橡胶衬套等各个弹性元件的参数，使得各项性能综合评价达到最优匹配状态。根据调校后的悬架系统刚度等参数来修正完善地面线，并通过样车进行类似造型模型阶段对不同载荷状态的整车姿态分别进行相应的静态感知评估，但应尽可能避免整车姿态地面线和姿态角调整过大带来的不利影响。

3.2.4 下车体集成布置

下车体集成布置是整车总布置集成设计的重要内容之一，与整车的动力、经济、行驶、操纵、结构、安全、NVH、耐久等性能都有着密切关系。不仅要适应某具体车型开发的目标要求，还需要综合考虑同平台系列不同车型以及未来产品发展趋势要求，适应平台化模块化的策略原则，满足不同产品的需求，体现不同产品的属性，有效提高设计开发效率，提升产品质量，降低产品综合成本。如本章3.2.3节所述前后悬架等底盘系统的综合布置与性能匹配等对整车姿态的决定性作用，会对同一平台车型造型变化带来综合性影响。下车体集成模块也是满足个性化审美需求、构成实现不同风格车型的平台基础。

乘用车下车体集成模块通常包括由前舱总成、前地板总成、后地板总成等构成的下车体系统，由动力系统、转向、悬架、车架、传动、制动、行驶、供油或电动汽车的动力蓄电池系统、空调、电子系统等构成的底盘系统。

1. 发动机舱集成布置

燃油乘用车发动机舱是整车结构的重要组成部分，是整车总布置集成设计中零部件布置最集中和最复杂的区域。发动机舱及其中布置的相关零部件涉及车身结构、动力总成、进气、排气、冷却散热、制动、传动、驾驶操控机构、电器、空调，以及各种管线等。在当前整车开发车型架构平台化的趋势下，在发动机舱集成布置中分析相关空间物理集成与性能集成的关系越来越重要。本节以乘用车中最为普遍的前置前驱车型为例，论述整车发动机舱（前舱）集成布置的一般方法和流程，综合空间集成分析和性能集成分析两方面，论述发动机舱集成布置的要点及与整车尺寸和整车性能相关的影响。

(1) 发动机舱集成布置的工作任务和流程

发动机舱集成布置设计主要解决如何确定动力总成合理位置以及对整车相关结构和性能影响等问题，其工作任务主要包括：①确定动力总成的位置；②发动机附件（冷却、进气、排气、供油）以及机舱内底盘构件（传动、制动、转向等）、电器构件（蓄电池、控制器、电器盒、压缩机等）布置；③分析动力总成DC点（输出轴轴线与结构端面的交点）对传动轴布置的影响；④初步确定动力总成重量及质心在整车坐标系中的位置，分析对整车轴荷分配、左右车轮载荷等影响；⑤初步分析确定动力总成悬置布置位置和结构可行性；⑥分析计算X、Y、Z三个方向的尺寸链关系，确定发动机布置对整车尺寸，如前悬长、轮距、离地间隙、车身纵梁结构、结构安全性能的影响；⑦进行空调、电器、底盘等系统在机舱内的管线布置；⑧全面检查动力总成与周边各零部件的间隙，分析其对结构和整车性能（如热害）的影响；⑨发动机舱装配工艺性、维护维修便利性检查；⑩机舱内装饰护罩的布置分析等。发动机舱集成布置的一般流程如图3-26所示。

(2) 动力总成（发动机+变速器）初步定位

动力总成初步定位时，首先考虑两个因素：①动力总成的离地间隙目标值要求，如图3-27中的尺寸a，通常比整车最小离地间隙大10~15mm；②为了使传动轴角度尽可能小，设定动力总成的DC点与前车轮中心之间合理的相对位置关系，在X向的距离

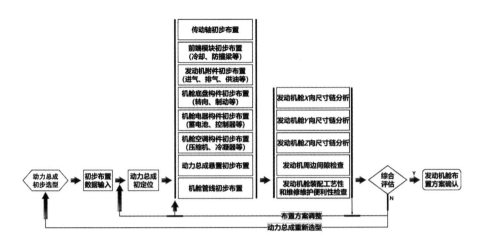

图 3-26 发动机舱集成布置的一般流程

（图 3-27 中的尺寸 F）尽可能小，Z 向距离（图 3-27 中的尺寸 c）适应车轮跳动和转向过程中传动轴角度的要求（传动轴角度一般要求见表 3-20）。通常，动力总成输出轴轴线与整车坐标系 Y 轴平行，或成尽量小的夹角。因此，在位置调整中，动力总成的安装角主要体现其与输出轴轴线形成的俯仰角。

表 3-20　乘用车驱动桥传动轴万向节夹角参考范围

车辆工况	传动轴万向节类型	万向节夹角参考范围
车辆满载静止状态	十字轴万向节	一般车辆：≤6°；越野车：≤12°
	球笼式等速万向节	≤7°
	球叉式等速万向节	≤7°
	球面滚轮式万向节	≤7°
行驶中极限夹角	十字轴万向节	一般车辆：15°~20°；越野车：≤30°
	球笼式等速万向节	35°~37°
	球叉式等速万向节	32°~33°
	球面滚轮式万向节	≤40°

（3）机舱（前舱）的布置空间分析

机舱（前舱）的空间尺寸与整车尺寸，如整车长宽高、轮距、轴距、前悬长、C 点离地高度等，有直接关系并相互制约，与车辆的定位、级别等密切相关。下面分别从整车坐标系的 X、Y、Z 三个方向分别进行空间分析，从而使读者理解和掌握机舱（前舱）集成布置的要点。

1) X 向布置空间分析。发动机舱（前舱）的纵向空间与碰撞安全性、低速碰撞、行人保护等整车性能之间存在非常重要的相互影响。而发动机舱（前舱）的 X 向空间与整车前悬长 $L104$、BOFRP 到前车轮中心的距离 $L113$ 等整车参数相互制约。机舱（前舱）的 X 向从前往后依次布置前保险杠，前防撞梁，空调冷凝器、散热器及风扇构成的冷却模块，动力总成，转向器，副车架，前围板等。X 向布置尺寸链如图 3-27 所示，尺寸 A 为前防撞梁的安全区，尺寸 B 为冷却模块的厚度，尺寸 C 为冷却模块到动力总成的间隙，尺寸 D、E、F、G 构成动力总成的外形总长（X 向厚度），尺寸 H 为动力总成到前围板的安全间隙。通常将

$A+B+C+H$ 称为前舱纵向安全距离。尺寸 B 纳入其中，是考虑到冷却模块大部分零件的纵向可压缩性，在实际安全距离分析中，一般也会相应减去风扇电动机等不可压缩的厚度。

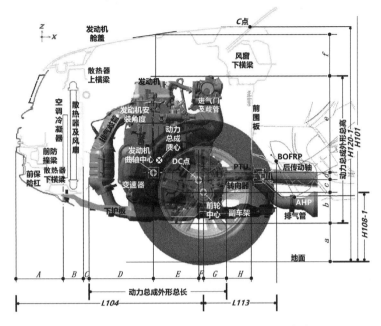

图 3-27　发动机舱集成布置侧视图（整车 YO 局部截面）

尺寸 A 中，前保险杠到前防撞梁的距离（图 3-28 中的尺寸 g）不作为高速碰撞距离，但与低速碰撞和行人保护的小腿碰撞有关，通常 $g \geqslant 80\text{mm}$，而行人保护欧洲第Ⅱ阶段要求 $g \geqslant 130\text{mm}$。结合动力总成左右主悬置的布置位置，如图 3-28 所示，其中纵向尺寸 $h \sim n$ 对整车高速碰撞性能有直接影响。尺寸 h 为前防撞横梁的厚度，包含截面厚度和与造型相关的形状弧度；尺寸 i 为前防撞梁的纵向溃缩区，是高速碰撞早期主要的压溃变形吸能区，综合前舱前立柱布置结构，应尽量增大尺寸 i；尺寸 j 为前舱前立柱的纵向厚度，在满足结构强度和刚度的前提下应尽量减小尺寸 j；尺寸 k 为从前舱前立柱后端到动力总成主悬置车身支架前端的车身前纵梁长度，是高速碰撞主要的压溃变形吸能区，应尽可能增大；尺寸 l 为动力总成主悬置车身支架纵向厚度，在满足动力总成悬置特性要求下该支架应尽量往后布置，尺寸 l 尽量小，利于增大尺寸 k；尺寸 m 为动力总成主悬置车身支架后端到副车架前安装点的车身前纵梁长度，尺寸 n 为从副车架前安装点到前围板的车身前纵梁长度，这两部分在高速碰撞中主要起到支承传力作用，需要足够的刚度避免弯曲变形，降低高速碰撞时乘员舱变形侵入风险。

2）Z 向布置空间分析。机舱（前舱）的 Z 向空间与发动机舱盖高度（如图 3-27 中的 C 点离地高 $H120-1$）相互影响，而 $H120-1$ 与整车高 $H101$ 和车轮静半径 $H108-1$ 相关，共同影响整车形体的高度比例关系，还与驾驶员前下视野目标要求、行人保护头部碰撞安全性要求、离地间隙通过性要求等整车属性直接相关。机舱（前舱）Z 向布置尺寸链如图 3-27 所示，尺寸 a 为动力总成离地间隙，按动力总成初步定位的要求，应满足最小离地间隙的通过性目标要求，同时满足底盘底部气流的风阻要求（必要时可设置导流护板）；尺寸 b、c、d、e 构成动力总成的外形总高（Z 向厚度）；尺寸 f 为动力总成到发动机舱盖外表

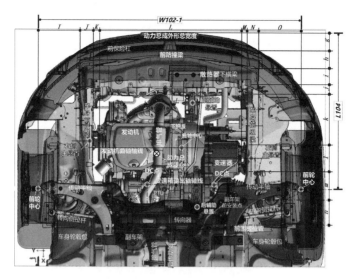

图 3-28　发动机舱集成布置仰视图

面的距离，需要满足整车行人保护的头部碰撞要求，通常尺寸 $f > 80 \sim 100$ mm（行人保护欧洲第Ⅱ阶段要求），兼顾发动机舱内的空气热力学的气流要求。

3）Y 向布置空间分析。机舱（前舱）的 Y 向空间与整车宽度 $W103$、轮距 $W102-1$（车轮中心处轮距）以及车身左右纵梁距离、动力总成外形总宽度等相互影响。如图 3-28 所示，尺寸 O、I 分别为左右侧车轮中心到左右侧纵梁外缘的横向距离，用于布置两侧悬架及车轮轮胎，满足前车轮轮胎上下跳动和转向时的运动包络。该运动包络体需要综合考虑整车匹配的轮胎型号、是否需要设置保护防滑链、基于整车最小转弯半径要求的转向轮转角、基于悬架挠度行程和刚度特性等要求的车轮上下跳动量。尺寸 J 和 N 分别为两侧车身前纵梁的宽度，应符合整车碰撞安全性要求所需要的前纵梁截面大小，满足车身结构性能（整车载荷支承性、车体强度、抗弯和抗扭刚度等）要求。尺寸 K 和 M 分别为动力总成到两侧车身前纵梁的间隙。该间隙的大小设定主要考虑：①满足整车装配过程中底盘和车身装配、拼合工艺所必要的间隙要求；②满足动力总成采用弹性悬置支承在各种工况下振动包络体运动空间要求，避免造成干涉；③满足动力总成悬置支架结构型式和布置空间要求。尺寸 L 为动力总成外形横向总宽度，因不同发动机和变速器结构型式及组合而不同。

对于机舱（前舱）X、Y、Z 三个方向的各个空间尺寸，在产品开发项目实践中，早期无详细结构设计之前，应综合各种相关联的整车结构、性能目标要求，广泛对标参考同类型车辆的布置结构，对相关尺寸进行初步设定并进行必要的可行性和风险评估。

4）机舱（前舱）其他零部件的布置空间。机舱（前舱）中左右前纵梁上方轮毂包前方以及前围板两边角部区域是各系统零部件的主要布置空间。多数车型，在前围板两边角部区域主要布置 ABS 控制器、制动真空泵和制动主缸等；而对左右前纵梁上方空间的利用，不同车企的不同车型，其策略不尽相同。图 3-29 所示为某前横置前驱车型的机舱布置示意，右前纵梁上方布置冷却液膨胀壶、转向油壶、活性炭罐（供油系）等，这是大众、丰田和福特等车企常采用的布置策略，而通用的策略是在右前纵梁上方布置进气空滤器等部件。而对于左前纵梁上方布置策略，不同车企差异更加明显，比如通用从车前往后依次的布置策略一般为蓄电池、熔丝盒、冷却液壶、制动模块；大众的布置策略为进气空滤器、蓄电池、熔丝盒、制动模块；丰田的布置策略为蓄电池、进气空滤器、熔丝盒、制动模块；而图3-29所示的实际案例的布置策略则是洗涤液壶、蓄电池、ECU（电子控制单元）、进气空滤器、熔丝盒和制动模块。

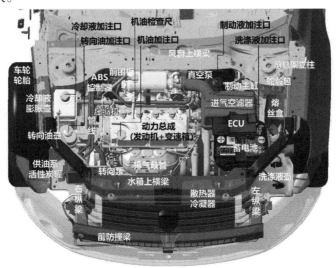

图3-29 某前横置前驱车型的发动机舱布置示意

由于车型平台的差异和主要部件选型不同，哪怕是同一平台的系列车型也由于所搭载动力总成存在差异或搭载多款动力总成，机舱的布置型式也是多种多样，不同平台车型之间，极其相似的机舱布局更是非常少见。因此，机舱集成布置设计需要灵活处理。

5）机舱（前舱）主要零部件之间的布置间隙。动力总成初步位置确定后，机舱各零部件在布置过程中，需设定和检查各零部件之间的布置间隙，避免间隙过小带来结构干涉风险。常利用电子样机（Digital Mock – Up，DMU）技术对机舱内各零部件尤其是运动件进行可视化检查。结合动力总成悬置的刚度特性、悬架运动力学特性等状态，建立DMU运动模型，分析机舱内各运动件，如动力总成、传动轴、转向拉杆、悬架摆臂等，在各种工况下的运动包络体，确定其运动空间，确保运动件在整个实际运动过程中都不会与周边零部件发生干涉。机舱零部件布置间隙的经验推荐值见表3-21。

表3-21 发动机舱主要零部件布置间隙经验推荐值　　　　　（单位：mm）

主要间隙	主要零部件	相邻零部件	经验推荐值
左部间隙	动力总成（变速器）	左纵梁	≥15
	动力总成（变速器）	副车架	≥20
右部间隙	动力总成（发动机）	右纵梁	≥25
	动力总成（发动机）	副车架	≥20
前部间隙	动力总成（发动机）	散热器电子风扇	≥40 前排气≥60
后部间隙	动力总成（发动机）	前围板（钣金）	≥50
	动力总成（变速器）	转向器	≥20
	动力总成（变速器）	副车架	≥20

(续)

主要间隙	主要零部件	相邻零部件	经验推荐值
上部间隙	动力总成（发动机）	发动机舱盖（外表面）	≥80（130）
	动力总成	固定在车身的零部件	≥15
下部间隙	动力总成（发动机油底壳）	满载地面	大于最小离地间隙 10~15
	动力总成（变速器）	转向器	≥25
	动力总成（变速器）	副车架	≥25
举升空间	动力总成	纵梁（Y 向最小间隙）	≥10
空间间隙	油管等管线	散热器及其支架	≥20
	油管等管线	带轮	≥30
	油管等管线	发热高温部件	≥60

6) 机舱（前舱）的管线布置分析。发动机舱集成布置美观性等感知质量很大程度上取决于各系统管线的合理布局与走向，有助于提高展现整个产品的精细化程度。机舱内管线的布置是在各主要零部件完成合理布置之后进行的。机舱内管线的布局与走向一般遵循以下原则：满足静态、动态间隙要求；各管线布置尽可能横平竖直，避免斜向布置；管线路尽可能走向隐蔽、走形顺畅，无交错、无干涉；尽可能区域化布置设计；气管外径较大，多在上层布置，油水管、线束等外径较小，布置在下方，并根据周边零部件布置设置合理的管线固定点，使发动机舱更加美观。

7) 机舱（前舱）集成布置中的装配维修工艺性分析。机舱内的动力总成及各系统零部件布置应满足整车装配工艺要求，遵循一定的装配次序，并便于整车装配中的紧固、调整调试等；还应考虑车辆使用中的维修拆装方便，便于各种油液的加注等，缩短维修工时，节省用户使用成本。机舱（前舱）集成布置时可参考表 3-22 进行装配维修工艺性检查和优化设计，也可参考第 9 章成本设计相关说明和案例。

表 3-22 发动机舱集成布置装配维修工艺性检查项目

类别	装配维修工艺性项目	检查校验要素和要求
装配工艺性	动力总成装配于车身上	装配空间足够，装配举升过程中无干涉
	悬置装配	装配空间足够，悬置螺栓能够便于工具紧固
	油液辅料加注	操作空间足够，便于加注，无遮挡
维修保养便利性	发动机机油检查、补充和更换	机油尺拔出方便，易于观察接近，无遮挡
		放油螺塞松开或紧固，工具操作空间充足
		机油滤清器更换，易于接近，方便松开和紧固
		机油加注口盖易于手动操作，并便于加注
	洗涤液的检查和补充	洗涤液壶口易于观察、手动操作和开盖加注
	冷却液的检查和补充	易于人眼观察膨胀壶的最高、最低刻度线
		膨胀壶口易于观察、手操作和开盖加注
	制动液的检查和补充	易于人眼观察储液罐的最高、最低刻度线
		储液罐口易于手接近操作和开盖加注

(续)

类别	装配维修工艺性项目	检查校验要素和要求
维修保养便利性	空调制冷剂补充	制冷剂加注口,便于工具接近操作和加注
	变速器油、离合器油液更换	更换操作方便
	空气滤芯及空调滤芯更换	更换操作方便
	蓄电池的拆装	拆卸装配方便
	熔丝的检查和更换	盒盖易于手动操作,空间足够无遮挡,熔丝易更换
	前照灯泡更换	前照灯后部预留足够空间,更换方便
	前照灯调光操作	预留调光工具过孔,并操作方便
	ECU 拆装	插装方便,且不存在短路风险
	发动机装饰罩拆装	便于拆装,徒手不用工具最佳
	发动机舱盖锁开启	一级开启手动操作的可及性和方便性
	发动机舱盖开启高度	开启关闭的操作方便性,机舱内维修操作可及性

2. 转向系统的集成布置

转向系统是通过匹配左右转向轮之间的合理转角来确保汽车按照设想的运动轨迹运动,实现车辆的安全曲线运动。它主要包括转向盘、转向操纵机构(转向轴、转向管柱、转向传动轴)、转向器、转向侧拉杆和转向助力器等。乘用车转向系统的典型结构如图3-30所示。

(1) 转向系统集成布置设计的主要内容和流程

转向系统的集成布置设计需要解决的核心问题是确定转向盘及转向操纵机构布置位置,并满足如下要求:①转向盘布置满足驾驶员坐姿的人机工程学要求;②转向器及转向侧拉杆布置与前悬架系统的运动特性相匹配;③转向盘角速度输入响应特性应满足角速度传动比变化不能太大;④转向系统布置硬点有利于满足结构工程化设计和造型设计需求。转向系统集成布置设计的一般工作流程如图3-31所示。

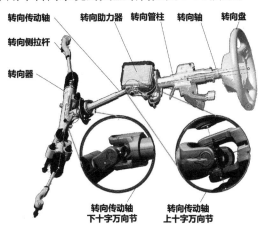

图 3-30 乘用车转向系统典型结构示意

(2) 转向系统集成布置设计的主要分析方法

1) 转向盘的布置。驾驶员直接操控转向盘,确保汽车按照设想的轨迹运动。转向盘的布置首先要基于驾驶员的正常驾驶坐姿,满足人机操作的要求,见表3-23。如图3-32所示,转向盘的布置与 $SgRP$、AHP 和 $BOFRP$ 及 $L7$、$L11$、$H17$、$H13$、$A18$、$A17$ 等布置尺寸相关。

图3-33所示为某车型开发中转向盘布置广义对标分析实例节选,进行广义对标分析 $L11$、$L6$、$L7$、$H17$、$H13$ 等尺寸随驾驶员坐姿高度 $H30-1$ 的变化趋势,以及综合对比同类车型的转向盘布置位置 X、Z 双向偏差统计。参考同类车辆的转向盘布置,初步确定转向盘布置。在造型设计阶段,综合分析转向盘、组合开关等与仪表板造型表面的空间间隙关系、转向盘与主仪表的布置关系等,根据相互影响关系对相关布置进行优化调整。

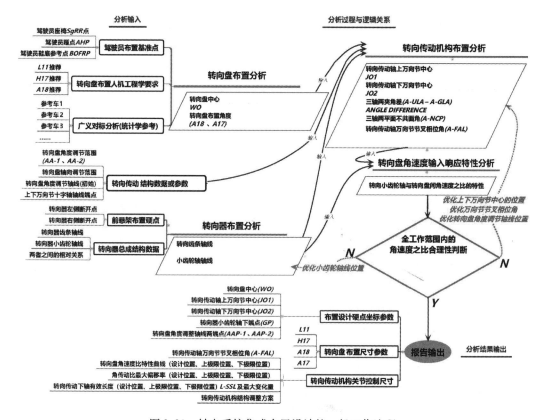

图 3-31 转向系统集成布置设计的一般工作流程

表 3-23 转向盘布置空间尺寸人机推荐参考范围

尺寸代码	人机推荐参考范围	
L7	推荐范围为 365mm ± 30mm，极值 ≥ 330mm	
L11	$-0.786H30-1+676$ mm $[\pm 12$ mm$]$	(3-29)
H17	$-0.903 \times (-0.786H30-1+675.7$ mm$) + 1069$ mm $[\pm 15$ mm$]$	(3-30)
H13	≥80mm	
A18	$0.08H30-1+3°$ $[\pm 3°]$	(3-31)
A17	≤2°	

2）转向器的布置。如图 3-34 所示，多数乘用车转向器采用齿轮齿条结构型式。转向器总成包括转向器和转向侧拉杆总成。多数乘用车前悬架采用立柱式独立悬架，转向侧拉杆与减振器立柱或弹性支柱、下部的三点式杆（A 形摆臂）一起构成前独立悬架的完整结构和实现前车轮的有效定位。所以，转向器及左右断开点的位置由前悬架的运动学特性所决定。而结合转向器的具体结构，转向器的位置相对固定后，绕转向器齿条轴线旋转，实现转向器小齿轮轴轴线位置调整，可满足转向器周边布置间隙要求和转向操纵机构的布置需要。

3）转向操纵机构的布置。转向操纵机构是指从转向盘到转向器之间的机构，包括转向管柱、转向下轴以及十字万向节等。图 3-35 所示为转向操纵机构集成结构与参数。①确定万向节中心 JO1 和 JO2 的位置、转向下轴的布置长度；②确定转向管柱与转向下轴之间的

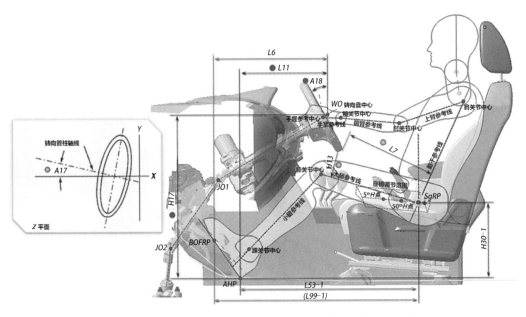

图 3-32 转向盘布置尺寸和与驾驶员位置相关的人机工程参数

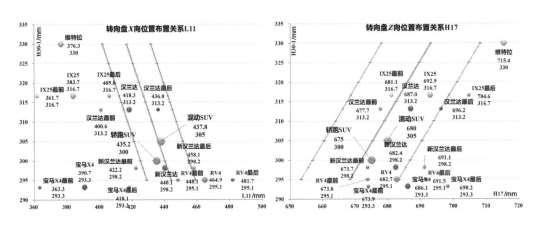

图 3-33 转向盘布置广义对标分析实例节选

夹角 A_ULA、转向下轴与转向器小齿轮轴之间的夹角 A_GLA；③确定三轴的不共面夹角 A_NCP；④确定转向下轴两端万向节节叉的相位角 A_FAL；⑤结合转向管柱的结构数据，布置分析转向盘角度调节回转轴线的位置，并分别确定转向盘在上极限位置、下极限位置时①~④中的各个参数；⑥分析转向操纵机构各部件以及转向助力器的运动包络体（包含转向盘整个调节范围 $[AA\_1 \sim AA\_2]$），并检查其与周边零部件的空间间隙。

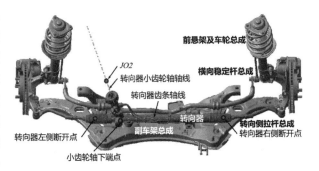

图 3-34 转向器总成布置

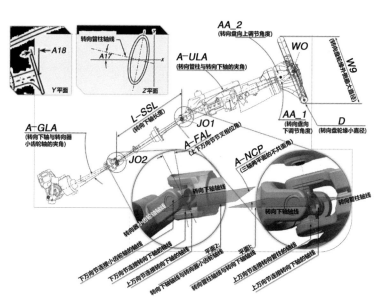

图 3-35 转向操纵机构集成结构与参数

4)转向盘角速度输入响应特性分析。转向操纵机构三轴之间常采用十字轴式万向节实现变角度动力传递,以改变传动轴线方向而不改变动力大小。单个十字轴万向节的工作原理和特性具有明显的不等速性。由于转向盘的布置、转向器的结构和布置等综合影响,很难实现转向管柱、转向下轴和转向器小齿轮轴三轴共平面,并且使转向管柱与转向器小齿轮轴平行,所以虽然采用了两个十字轴万向节,传动的不等速性始终存在。转向盘转速输入到转向器小齿轮轴转速输出的不等速性,即转向盘角速度输入响应特性 i,一般用转向盘输入转动角速度 ω_1 与转向器小齿轮轴的转动角速度 ω_2 之比来表达,利用式(3-32)获得转向盘在设计位置、上极限位置和下极限位置的响应特性曲线。

$$i = \frac{\omega_1}{\omega_2} = \frac{\cos(A\_ULA) - \cos(A\_ULA)\sin^2(A\_GLA)\cos^2[\text{abs}(A\_FAL - A\_NCP) + x]}{\cos(A\_GLA) - \cos(A\_GLA)\sin^2(A\_ULA)\cos^2(x)}$$

(3-32)

式中 A_ULA——转向管柱与转向下轴之间的夹角,单位为(°);

A_GLA——转向下轴与转向器小齿轮轴之间的夹角,单位为(°);

A_FAL——转向下轴两端万向节叉的相位角,单位为(°);

A_NCP——三轴不共面角,单位为(°);

x——转向盘的转动角位移,单位为(°)。

还可利用 CATIA 软件,根据转向系统结构数据或设计硬点参数,建立 DMU 运动模型,以转向盘转动角度从 0°~360° 为驱动输入,以转向器小齿轮轴转动角度为输出,进而得到转向盘角速度输入响应特性曲线,如图 3-36 所示。为了获得良好的转向操纵体验,一般要求:i 应无限接近 1;设计、上极限、下极限三个位置的角传动比最大偏移(率)= (i_{max} - 1)×100%,不大于 3%,部分企业要求设计位置角传动比最大偏移(率)不大于 1.5%。

(3)转向系统集成布置设计案例

1)案例技术背景。在某平台上开发两款不同车型,车型 1 为低地板轿跑 SUV 车型,车

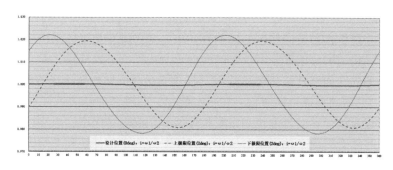

图 3-36 转向盘角速度输入响应特性曲线示意图

型 2 为高地板混动 SUV 车型。两款车型的基本技术特征对比见表 3-24。

表 3-24 两款车型的基本技术特征对比

项目	车型 1：低地板轿跑 SUV 车型	车型 2：高地板混动 SUV 车型
外形	整车基本尺寸（轴距、轮距）相同，整车高度不同	
悬架转向结构	前悬架结构与主要设计硬点相同；副车架主体结构相同；副车架与下车体安装结构基本相同；转向器总成采用同一套系统与结构	
下车体结构	两车型前地板高差约 47mm（SUV 混动车型靠上） 两车型前围板前后相差约 60mm（SUV 混动车型靠前）	
驾驶员布置	$H30$ = 300.0 $SgRP$（1421.0，375.0，381.0） AHP（587.8，195.0，81.0） $BOFRP$（481.4，-195.0，254.0）	$H30$ = 305.0 $SgRP$（1359.0，396.0，433.0） AHP（530.2，-216.0，128.0） $BOFRP$（422.1，-216.0，299.9）

2）两款车型的转向盘布置。按相关方法和人机要求，并匹配两款车型不同的内部（仪表板）造型风格和特征，综合主仪表的布置分析，分别确定两款车型转向盘的布置状态。该案例中两款同平台车型的转向盘布置结果对比见表 3-25。

表 3-25 两款车型的转向盘布置结果对比

序号	尺寸名称	代码	单位	低地板轿跑 SUV 车型	高地板混动 SUV 车型	参考范围	
						$H30$ = 300	$H30$ = 305
1	转向盘中心	X_WO	mm	1023.0	968.0		
		Y_WO	mm	375.0	396.0		
		Z_WO	mm	756.0	808.0		
2	转向盘水平布置角	$A17$	°	0	0	[0, 2]	
3	转向盘纵向布置角	$A18$	°	26.0	28.6	27.0 ± 3.0	27.4 ± 3.0
4	WO 与 R 点 Y 向距离	WWR	mm	0	0	[0, 10]	
5	WO 与 AHP 的 X 向距离	$L11$	mm	435.2	437.8	440.2 ± 12	436.3 ± 12
6	WO 与 AHP 的 Z 向距离	$H17$	mm	675.0	680.0	665.8 ± 15	667.3 ± 15
7	WO 与 $BOFRP$ 的 X 向距离	$L6$	mm	541.4	545.9		
8	转向盘与躯干线距离	$L7$	mm	366.9	354.4	360 ± 30，极小值 = 330	
9	转向盘与大腿线距离	$H13$	mm	81.8	89.3	$H13$ ≥ 80	

3）两款车的转向器布置。由于两款车采用的是同一平台，悬架空间布置硬点和结构都相同，综合悬架系统特性与转向特性的协调性要求，考虑副车架主体结构尽可能相同、副车架与下车体安装结构相同等因素，两款车的转向器总成完全可以互换，左右断开点布置位置也相同。两款车型的转向器安装角度相差 2°，其中车型 2 的转向器小齿轮轴相对靠车前方。

4）两款车型的转向操纵机构布置。在本案例中，同时考虑转向管柱在两款车型中可以完全互换，所以通过前面转向盘的相应布置位置，分别确定转向下轴上十字万向节中心 $JO1$ 的位置，再进一步结合转向下轴的基本结构，以及与周边零部件的间隙等因素，经过转向盘输入响应特性分析，对相关布置进行优化调整，最终确定相关布置参数和结构参数，见表 3-26。

表 3-26 两款车型的转向操纵机构布置结果对比

序号	转向盘调节位置状态	符号	单位	低地板轿跑 SUV			高地板混动 SUV			备注
				上极限	设计	下极限	上极限	设计	下极限	
1	转向下轴上万向节中心	$JO1$	mm	(479.2,	−375.0,	490.8)	(436.8,	−396.0,	518.39)	设计
2	转向下轴下万向节中心	$JO2$	mm	(205.7,	−241.5,	252.2)	(231.5,	−282.4,	335.7)	设计
3	转向盘向下调节角度	$AA-1$	°		2			2		
4	转向盘向上调节角度	$AA-2$	°		2			2		
5	转向管柱与下轴夹角	A_ULA	°	23.76	25.03	26.42	24.70	25.80	27.04	
6	下轴与小齿轮轴夹角	A_GLA	°	25.26	25.02	24.78	26.10	25.80	25.49	
7	两端万向节节叉的相位角	A_FAL	°		36.5			47.5		
8	三轴不共面角	A_NCP	°	40.38	35.94	31.91	52.06	47.43	43.15	
9	转向下轴有效长度	L_SSL	mm	387.59	386.71	385.89	298.31	297.39	296.53	
10	有效长度最大变化量	ΔL	mm		1.71			1.78		<5
11	角传动比最大偏移（率）	Δi	%	1.95	0.19	1.98	1.95	0.03	2.21	<3

图 3-37 所示为两款车型的转向系统布置及驾驶员人体布置状态对比。转向系统的布置满足相应的人机工程学要求；转向盘角速度响应特性角传动比最大偏移（率）均在 3% 以内；在两车型前地板和前围板位置差异较大、驾驶员坐姿不同的情形下，同时确保底盘平台

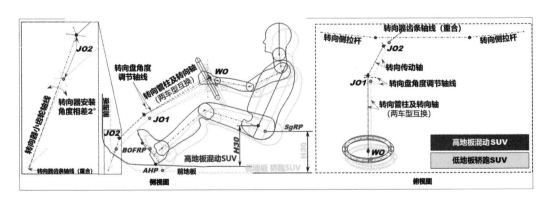

图 3-37 两款车型的转向系统布置对比

前悬架结构和布置设计硬点完全一致，转向器总成、转向管柱及转向下轴总成、副车架主体等相关零部件实现最大化的通用互换。

两款车型转向系统零部件存在差异的地方：①转向下轴有效长度不同；②转向下轴两端万向节节叉的相位角不同；③下十字轴万向节与转向器小齿轮轴连接的轴套长度不同；④前副车架总成。可利用过渡小支架调整转向器总成的安装固定结构，实现两车型转向器的不同布置位置（安装角相差2°）。存在差异的地方，技术难度低；不同结构的调整成本影响也很低；主要和关键零部件可以互换通用，对整车成本的降低都起到非常积极的作用。

若转向盘输入角传动比最大偏移（率）比较大，不满足相关要求时，布置优化调整一般包括以下六个方面，并结合调整难度、综合影响，调整优先级逐渐降低：①检查转向盘的角度调节范围是否过大，或优化调整转向盘角度调节轴线的位置，降低角度调节时相关参数（如 A_ULA、A_GLA 和 A_NCP）的差异程度；②调整转向轴万向节节叉的相位角 A_FAL；③调整转向器的位置，多采取绕转向器齿条轴线旋转，实现转向器小齿轮轴轴线位置的调整，进而调整 $JO2$ 的位置，并优化调整参数 A_ULA 和 A_GLA；④调整下万向节中心 $JO2$ 的位置，优先考虑沿着小齿轮轴轴线移动；⑤调整转向管柱的结构，进而优化调整 $JO1$ 的位置；⑥调整转向盘的布置（如 WO、$A17$、$A18$ 等参数）。

3. 三踏板集成布置

汽车三踏板，包括加速踏板、制动踏板和离合踏板（手动档）。它们是驾驶员操控汽车安全行驶的重要人机交互窗口。三踏板的布置是否合理，直接影响整车驾驶舒适性和安全性，也是整车产品品质体现的主要因素。良好的三踏板布置，还能使驾驶员的腿部操作处于较佳的姿态和较轻松的施力状况，可有效降低驾驶员的操作疲劳。另外，加速踏板的布置，会对驾驶员的坐姿产生影响，进而对其他人机操控带来影响。

现代乘用车加速踏板对动力总成的速度控制已经电子化，加速踏板操纵力的大小通过加速踏板总成中的阻尼机构来实现；而制动踏板操纵力的确定与整车制动系统、离合系统的系统（压力）匹配、制动真空助力泵、制动主泵、离合泵、踏板臂结构（杠杆比、踏板行程、回位弹性结构等）等紧密相关。一般情况下，乘用车三踏板的操纵力大小要求分别如下：加速踏板操纵力多为20～60N，制动踏板操纵力在最大制动效能时不大于500N，离合踏板操纵力不大于200N，多为80～110N。如何匹配计算操纵力通常由底盘系统工程师或结构设计工程师在底盘系统方案分析和详细结构设计中进行分析确定。

本节结合汽车行业标准、实际项目经验，并通过案例讨论乘用车的三踏板集成布置所遵循的原则、要求、内容、方法和流程等。

首先明确几个基础概念和定义，如图3-38所示和表3-27所列。其余尺寸定义依据 SAE J1100。

乘用车开发中，三踏板的集成布置应遵循如下原则：①基于一定的驾驶员坐姿，满足人机工程学要求；②考虑平台化原则，或通过布置分析提供选型依据。

三踏板布置的人机工程学推荐要求见表3-28、表3-29和表3-30。

三踏板布置的侧向间隙要求：无论中国标准、欧洲标准还是美国SAE标准，都是在P平面内进行定义和测量，如图3-39所示。相关布置尺寸的推荐要求见表3-31。

图3-40所示为三踏板布置分析的一般流程。

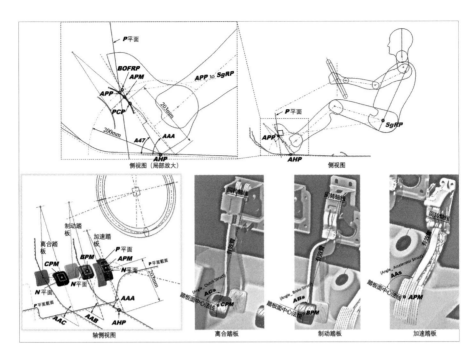

图 3-38　三踏板布置的几个基础概念

表 3-27　关于踏板布置的几个基础定义

序号	名称	代码	定义
1	加速踏板中心点	APM	加速踏板面的中心截面（横向对称面）曲线的中点
2	制动踏板中心点	BPM	制动踏板面的中心截面（横向对称面）曲线的中点
3	离合踏板中心点	CPM	离合踏板面的中心截面（横向对称面）曲线的中点
4	加速踏板鞋底接触点	PCP	在侧视图中，通过点 AHP 作与加速踏板面中心截面（横向对称面）曲线的切线，其切点即为 PCP
5	P 平面参考点	APP	在侧视图中，以点 AHP 为中心、半径为 200mm 的圆弧与通过加速踏板中心的纵向中心线的交点
6	P 平面	Plan – P	在侧视图中，通过点 AAP 作线段 AAP – SgRP 的垂直线，通过该线作整车坐标系 Y 轴的平行面，即为 P 平面
7	踏板 N 平面	Plan – N	过踏板中心点作踏板面的切平面，即为踏板 N 平面
8	加速踏板布置角	AAA	在侧视图中，作加速踏板面中心截面（横向对称面）曲线的切线，使得切点到该切线与压缩状态地毯面的交点距离为 203mm，该切线与整车坐标系 X 轴所成的锐角
9	制动踏板布置角	AAB	在侧视图中，作制动踏板面中心截面（横向对称面）曲线的切线，使得切点到该切线与压缩状态地毯面的交点距离为 203mm，该切线与整车坐标系 X 轴所成的锐角
10	离合踏板布置角	AAC	在侧视图中，作离合踏板面中心截面（横向对称面）曲线的切线，使得切点到该切线与压缩状态地毯面的交点距离为 203mm，该切线与整车坐标系 X 轴所成的锐角

（续）

序号	名称	代码	定义
11	加速踏板结构角	AAS	过APM的踏板面中心法线与过APM到踏板臂回转轴线的垂直线（有效臂）之间的夹角
12	制动踏板结构角	ABS	过BPM的踏板面中心法线与过BPM到踏板臂回转轴线的垂直线（有效臂）之间的夹角
13	离合踏板结构角	ACS	过CPM的踏板面中心法线与过CPM到踏板臂回转轴线的垂直线（有效臂）之间的夹角
14	加速踏板轨迹角	AAX	在侧视图中，加速踏板自由状态的APM与有效工作行程末端位置APM的连线与整车坐标系X轴的夹角
15	制动踏板轨迹角	ABX	在侧视图中，制动踏板自由状态的BPM与有效工作行程末端位置BPM的连线与整车坐标系X轴的夹角
16	离合踏板轨迹角	ACX	在侧视图中，离合踏板自由状态的CPM与有效工作行程末端位置CPM的连线与整车坐标系X轴的夹角

表3-28 加速踏板布置人机工程学推荐要求

序号	参数名称	符号	推荐要求
1	加速踏板面高度	PH11	≥90mm
2	加速踏板面宽度	PW11	40mm±5mm，极限范围：≥35mm
3	加速踏板面曲率半径	RA	100mm±5mm，极限范围：≥95mm
4	踏板平面角	A47	$2.522\times10^{-7}H30^3 - 3.961\times10^{-4}H30^2 + 4.644\times10^{-2}H30 + 73.374°$
5	加速踏板布置角	AAA	$77° - 0.08H30 \pm 5°$
6	APM离地板高度	PH16M	$0.2H30 + 210mm \pm 5mm$
7	APM到人体冠平面距离	PW98	180mm±10mm，极限范围：150~200mm
8	加速踏板横向布置角	AAR	0°~10°
9	加速踏板线行程	LTA	55mm±5mm
10	加速踏板轨迹角	AAX	$0.075H30 + 20° \pm 5°$

表3-29 制动踏板布置人机工程学推荐要求

序号	参数名称	符号	推荐要求
1	制动踏板面高度	PH22	65mm，极限范围：≥50mm
2	制动踏板面宽度	PW22	55mm，极限范围：≥50mm
3	制动踏板面曲率半径	RB	100mm±5mm，极限范围：≥95mm
4	ABM离地板高度	PH26M	$-0.0004H30^2 + 0.04H30 + 200mm \pm 5mm$
5	制动踏板踩踏升高距离	PL1	40mm±5mm
6	制动踏板膝部间隙	PL25	≥620mm
7	与加速踏板面间隙	PL52	40mm±5mm
8	到BOFRP横向间距	PW82	120mm，极限范围：≥110mm
9	右边缘到人体冠平面距离	PW92	90mm，极限范围：≥50mm
10	制动踏板线行程	LTB	≤150mm
11	制动踏板轨迹角	ABX	$0.1H30 - 12° \pm 5°$

表 3-30 离合踏板布置人机工程学推荐要求

序号	参数名称	符号	推荐要求
1	离合踏板面高度	PH33	65mm,极限范围:≥50mm
2	离合踏板面宽度	PW33	65mm,极限范围:≥50mm
3	离合踏板面曲率半径	RC	100mm±5mm,极限范围:≥95mm
4	CPM 离地板高度	PH36M	$-0.0004H30^2 + 0.04H30 + 200mm \pm 5mm$
5	与制动踏板面间隙	PL53	0~5mm,极限范围:≥10mm
6	到 BOFRP 横向间距	PW82	260mm,极限范围:≥230mm
7	到 ABM 横向间距	PW23	140mm,极限范围:≥120mm
8	左边缘到人体冠平面距离	PW94	100mm,极限范围:≥80mm
9	离合踏板线行程	LTC	120~130mm,极限范围:≤160mm
10	离合踏板轨迹角	ACX	当全行程点在轨迹线最低点时,$ACX = 0.1H30 - 12° \pm 5°$; 当全行程点超过轨迹线最低点时,$ACX = 0.1H30 - 18° \pm 5°$

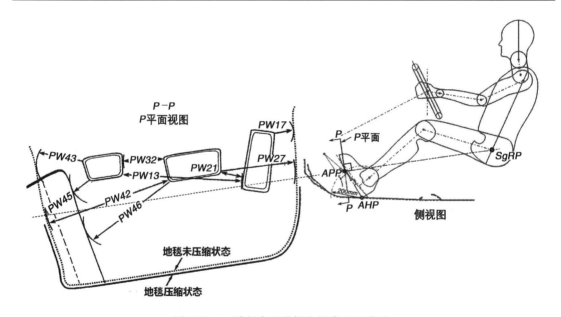

图 3-39 三踏板布置的侧向间隙(P 平面)

表 3-31 三踏板布置的侧向间隙要求(P 平面) (单位:mm)

尺寸名称	尺寸符号	参考范围要求		
		一般经验推荐	ECE R35	DIN 73001
制动踏板空间	PW13	≥190	—	—
加速踏板右侧间隙	PW17	56 - PW11/2 ± 5,极值范围:≥30	—	—
制动踏板与加速踏板间隙	PW21	70±5,极值范围:≥60	50~100	70
加速踏板空间	PW27	≥130	≥130	170
离合踏板与制动踏板间隙	PW32	90,极值范围:≥70	≥50	60
离合踏板左侧间隙	PW43	170,极值范围:≥130	≥50	130

(续)

尺寸名称	尺寸符号	参考范围要求		
		一般经验推荐	ECE R35	DIN 73001
离合踏板到搁脚垫间隙	PW45	70±5，极值范围：≥60	—	—
制动踏板左侧间隙	PW42	230，极值范围：≥220（无离合）	≥160，≥120（无离合）	260
制动踏板到搁脚垫间隙	PW46	130，极值范围：≥100（无离合）	—	—

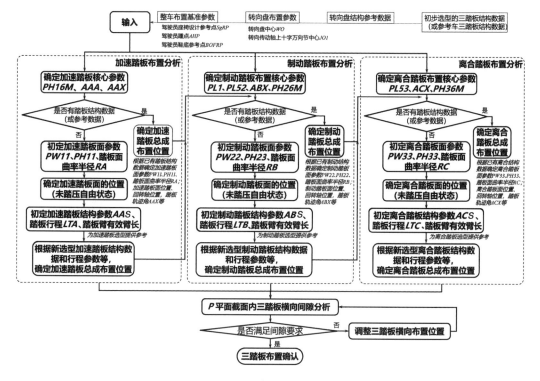

图 3-40 三踏板布置分析流程

下面以某新车型开发为例，论述三踏板的布置分析方法。该案例的相关技术背景：新开发车型驾驶员坐姿高 $H30-1$ 降低 38mm，$H30-1=300$mm；地板高度保持不变；转向盘及转向操纵机构重新优化布置调整。

三踏板布置分析的主要输入条件：①$SgRP$（1421.0，-375.0，381.0）、AHP（587.5，-195.0，81.0）、$BOFRP$（481.4，-195.0，254.0）等整车总布置基准参数；②转向盘中心 WO（1027.0，-375.0，747.5）、转向下轴上十字万向节中心 $JO1$（441.2，-371.7，493.9）等转向盘布置参数；③转向盘结构数模；④初选型三踏板数模或参考车的三踏板数模。

（1）加速踏板的布置分析与优化

根据加速踏板布置人机工程学推荐要求，结合车型的驾驶员初步布置，见表 3-32，先确定加速踏板布置核心参数 AAA、$PH16M$、AAX 的参考范围。

表 3-32　特定驾驶员坐姿下 AAA、$PH16M$、AAX 的推荐值和允许取值范围

参数	$AAA/(°)$	$PH16M/\text{mm}$	$AAX/(°)$
推荐值	**53**	**150**	**42.5**
允许范围	[48, 58]	[145, 155]	[37.5, 47.5]

在特定驾驶员坐姿下，加速踏板结构参数 AAS 与相关布置参数之间的影响特性关系如图 3-41 所示。AAS 取值为 90.2°~130.6°。基于人机布置要求设定加速踏面几何参数 $PH11$、$PW11$、RA 以及 AAS 取值范围，可作为加速踏板选型依据之一。初步确定加速踏板结构参数 AAS、$PH11$、$PW11$、RA，加速踏板有效行程 LTA、有效臂长等，结合 AAA、$PH16M$、AAX 三个核心参数以及驾驶员布置 $A47$、AHP、$BOFRP$ 等参数，即可确定加速踏板在整车坐标系中的位置。

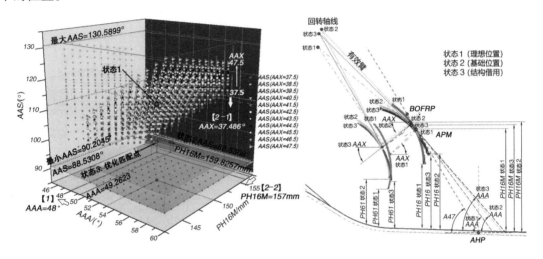

图 3-41　加速踏板布置优化的三种状态对比

完全基于人机工程学的推荐值，可得到比较理想的加速踏板布置位置。本案例中，按表 3-32 中 AAA、$PH16M$、AAX 的推荐值，对应的加速踏板结构参数 $AAS = 111.8°$，此时的布置位置称为理想状态，如图 3-41 所示的状态 1。在实际项目中，常常会要求借用基础车型或参考车型的加速踏板结构。几乎不可能实现理想状态的布置，也可能会出现所借用的加速踏板总成的 AAS 并不在人机推荐范围内。如本案例中，基础车型加速踏板 $AAS = 88.5°$，小于参考范围 90.2°~130.6° 的最小值。新车型的加速踏板初步布置时，先假定 AAA 和 $PH16M$ 两个参数与基础车型一样，此布置称为基础状态，如图 3-41 所示的状态 2。

很明显，由于新车型 $H30$ 降低了 38mm，若考虑借用加速踏板总成的结构，需基于布置状态 2 进行优化调整。本案例中，AAA、$PH16M$、AAX 三个参数在推荐范围内，对踏板结构 AAS 的综合影响敏感度各不相同：AAA 对 AAS 影响最大，其次是 AAX，最小的是 $PH16M$。反过来，确定了踏板结构 AAS 的值，敏感度较低的参数可以获得相对较大的调整量。由于基础车型踏板 $AAS = 88.5°$ 不在参考范围 90.2°~130.6° 内，参数 AAA、$PH16M$、AAX 不可能全部都在推荐范围内。根据对驾驶操控影响程度和影响敏感度的不同，在状态 2 的基础上采取如下优化措施：①AAA 取推荐范围下限，即 $AAA = 48°$；②平衡调整 AAX 和 $PH16M$；③借用

基础车型的加速踏板结构。优化匹配结果如图 3-41 所示的状态 3，最接近于人机工程学推荐范围，即状态 3 是相关限制条件下实现结构完全借用的最优布置。

本案例从产品技术和人机角度考虑，理想布置为状态 1，但需要调整踏板面与踏板臂之间的相对角度位置，其他结构及与电气控制系统的匹配均不发生改变。若成本优先，直接借用加速踏板总成，优化布置状态 3 也可接受，此状态下主要参数及结果见表 3-33。

表 3-33 加速踏板布置主要参数（案例结果）

尺寸代码	尺寸名称	案例数值	尺寸代码	尺寸名称	案例数值
PW11	加速踏板面宽度	41.0mm	AAR	加速踏板横向布置角	0.0°
PH11	加速踏板面高度	97.2mm	PW98	BOFRP 到人体冠平面距离	180.0mm
RA	加速踏板面曲率半径	99.6mm	LTA	加速踏板线行程	52.55mm
AAS	加速踏板结构角	88.5°	AWA	加速踏板工作角行程	16.0°
A47	踏板平面角	58.5°	PH61	加速踏板离地高度_下极限	70.3mm
AAA	加速踏板布置角	48.0°	PH61C	加速踏板最小间隙	30.0mm
PH16M	加速踏板中心离地高度	157.0mm	AAX	加速踏板轨迹角	37.5°
PH16	加速踏板离地高度	107.4mm			

（2）制动踏板的布置分析与优化

根据制动踏板布置人机工程学推荐要求，结合车型的驾驶员初步布置和已确定的加速踏板布置，如表 3-34 所列先确定制动踏板布置核心参数 $PL1$（$PL52$）、$PH26M$、ABX 的参考范围。

表 3-34 特定驾驶员坐姿下 $PL1$、$PL52$、$PH26M$、ABX 的推荐值和允许取值范围

参数	$PL1$/mm	$PL52$/mm	$PH26M$/mm	ABX/(°)
推荐值	40	40	176	18
允许范围	[35，45]	[35，45]	[171，181]	[13，23]

在特定驾驶员坐姿下，制动踏板结构 ABS 与相关核心布置参数之间的影响特性关系如图 3-42 所示。ABS 取值为 62.7°~85.1°。基于人机布置要求设定制动踏面几何参数 $PH22$、$PW22$、RB 以及 ABS 取值范围，可作为制动踏板选型依据之一。初步确定制动踏板 ABS、$PH22$、$PW22$、RB，有效行程 LTB、有效臂长等，结合 $PL1$（$PL52$）、$PH26M$、ABX 核心参数以及驾驶员布置 $A47$、AHP、$BOFRP$ 等参数，即可确定制动踏板在整车坐标系中的位置。

完全基于人机工程学的推荐值，可得到比较理想的制动踏板布置位置。本案例中，按表 3-34 中 $PL1$、$PL52$、$PH26M$ 和 ABX 的推荐值，对应的制动踏板结构参数 $ABS=74.3°$，此时的布置位置称为理想状态，如图 3-42 所示的状态 1。图 3-42 所示的状态 2 则为基础状态，假定 $PL1$（$PL52$）、$PH26M$ 和 ABX 三组参数与基础车型一样，其状态远离人机工程推荐的

范围，基础车型 $PH26M=167.1$mm 和 $ABX=7.97°$ 均不适应新车型驾驶员坐姿的人机工程学要求。而基础车型制动踏板结构 $ABS=69.6°$ 在人机工程学推荐的 ABS 范围 $62.7°\sim 85.1°$ 内，借用基础车型制动踏板结构可以获得适应新车型的人机工程学要求的布置状态。基于已确定或优化后的加速踏板布置，直接借用基础车型的制动踏板总成，而且与加速踏板的相对关系保持与基础车型一致，即 $PL1$（$PL52$）取值与基础车型相同，优化调整 $PH26M$ 和 ABX 两个参数。$PH26M$ 取人机工程学推荐值 176mm。再根据制动踏板结构参数 ABS 与 $PL1$（$PL52$）、$PH26M$、ABX 之间的影响特性，反向确定制动踏板的轨迹角 ABX 的值为 $16.38°$，如图 3-42 所示的状态 3，接近于理想布置。制动踏板优化布置后的主要参数及结果见表 3-35。

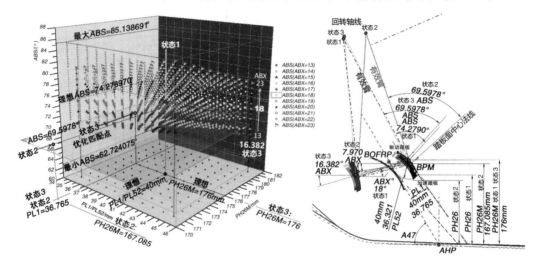

图 3-42 制动踏板布置优化的三种状态对比

表 3-35 制动踏板优化布置主要参数（案例结果）

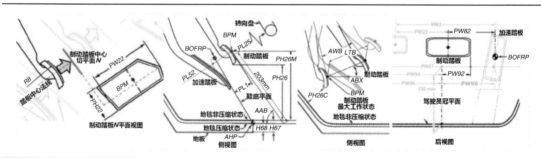

尺寸代码	尺寸名称	案例数值	尺寸代码	尺寸名称	案例数值
$PW22$	制动踏板面宽度	58.5mm	$PL1$	制动踏板踩踏空间	36.8mm
$PH22$	制动踏板面高度	57.3mm	$PL52$	制动踏板间隙	36.3mm
RB	制动踏板曲面曲率半径	69.7mm	$PL25$	制动踏板膝盖间隙	634.7mm
ABS	制动踏板结构角	69.6°	$PW82$	$BOFRP$ 与制动踏板距离	116.5mm
AAB	制动踏板布置角	54.3°	$PW92$	制动踏板右缘到人体冠平面距离	92.7mm
$PH26M$	制动踏板中心离地高度	176.0mm	LTB	制动踏板线行程	113.7mm
$PH26$	制动踏板离地高度	139.2mm	AWB	制动踏板工作角行程	22.8°
$PH26C$	制动踏板最小间隙	40mm	ABX	制动踏板轨迹角	16.4°

(3) 离合踏板的布置分析与优化

完成加速踏板、制动踏板布置分析与优化后，根据离合踏板布置人机工程学推荐要求，结合车型的驾驶员初步布置，确定离合踏板布置核心参数 $PL53$、$PH36M$、ACX 的参考范围，本案例中相关参数范围见表 3-36。

表 3-36 特定驾驶员坐姿下 $PL53$、$PH36M$、ACX 的推荐值和允许取值范围

参数	$PL53$/mm	$PH36M$/mm	ACX/(°)
推荐值	**5**	**176**	**18**
允许范围	[0, 10]	[171, 181]	[13, 23]

在特定驾驶员坐姿下，离合踏板结构参数 ACS 与相关核心布置参数之间的影响特性关系如图 3-43 所示。ACS 的取值为 69.2°～79.2°。结合人机布置设定离合踏板面几何参数 $PH33$、$PW33$、RC 以及 ACS 取值范围，作为离合踏板选型依据之一。初步确定离合踏板结构参数 ACS、$PH33$、$PW33$、RC，离合踏板有效行程 LTC、有效臂长等，并结合 $PL53$、ACX、$PH36M$ 等核心参数以及驾驶员人体布置、制动踏板布置等，即可确定离合踏板在整车坐标系中的位置。

完全基于人机工程学的推荐值，可得到比较理想的离合踏板布置位置。本案例中，按表 3-36 中 $PL53$、$PH36M$、ACX 的推荐值，对应的离合踏板结构参数 ACS =74.2°，此时的布置位置称为理想状态，如图 3-43 所示的状态 1。图 3-43 所示的状态 2 则为假定 $PL53$、$PH36M$ 和 ACX 三组参数与基础车型一样，其状态远离人机工程学推荐的范围，基础车型的 $PH36M$ =166.0mm 和 ACX =8.4°均不适应新车型驾驶员坐姿的人机工程学要求。而基础车型离合踏板结构参数 ACS =72.9°在人机工程学推荐的 ACS 范围 69.1°～79.1°内，借用基础车型离合踏板结构可以获得适应新车型的人机工程学要求的布置状态。

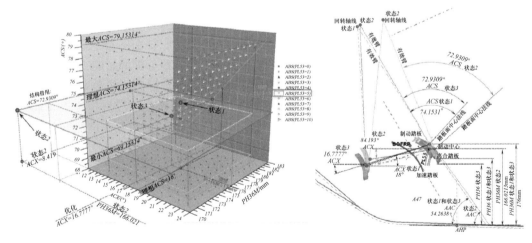

图 3-43 离合踏板布置优化的三种状态对比

基于已确定或优化后的加速、制动踏板布置，借用基础车型的离合踏板，调整 $PH36M$ 和 ACX 两个参数：$PH36M$ 取人机工程学推荐值 176mm。再根据离合踏板结构参数 ACS 与 $PL53$、ACX、$PH36M$ 之间的影响特性，反向确定离合踏板轨迹角 ACX 的值为 16.8°，如图 3-43 所示的状态 3，接近于理想布置。离合踏板优化布置后的主要参数及结果见表 3-37。

表 3-37 离合踏板优化布置主要参数（案例结果）

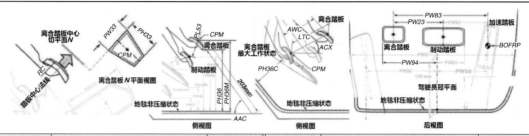

尺寸代码	尺寸名称	案例数值	尺寸代码	尺寸名称	案例数值
PW33	离合踏板面宽度	58.5mm	PL53	离合踏板踩踏空间	5.0mm
PH33	离合踏板面高度	57.3mm	PW94	离合踏板左缘到人体冠平面距离	97.7mm
RC	离合踏板面曲率半径	69.7mm	PW83	离合踏板到加速踏板距离	248.4mm
ACS	离合踏板结构角	72.9°	PW23	离合踏板到制动踏板距离	131.9mm
AAC	离合踏板布置角	54.3°	LTC	离合踏板线行程	149.9mm
PH36M	离合踏板中心离地高度	176.0mm	AWC	离合踏板工作角行程	28.6°
PH36	离合踏板离地高度	139.2mm	ACX	离合踏板轨迹角	16.8°
PH36C	离合踏板最小间隙	55.1mm			

（4）P 平面内三踏板横向间隙检查

三踏板总成布置初步确定后，按照 P 平面的标准定义，将三踏板的踏板面投影于 P 平面上，然后作前地毯、前门槛内护板、副仪表板侧护板等零部件在 P 平面的截面特征。如图 3-39 所示，检查校核三踏板的横向间隙参数是否符合表 3-31 推荐要求或企业标准要求。

4. 其他部件的集成布置

（1）备胎的布置

乘用车备胎布置位置有几种可能情形：①行李舱内；②行李舱底部车身地板下车厢外；③后背门车厢外；④前舱内。情形①和②是乘用车多数车型所采用的。当备胎在行李舱内时，应结合车身底地板结构、对行李舱有效容积的影响、对轴荷分配的影响、对整车后悬长度的影响、取出备胎的方便性、后行李舱门槛高度以及后背门或后行李舱盖造型协调性等因素，进行详细的空间布置和技术方案论证。当备胎布置于行李舱底部车身地板下车厢外时，还应注意备胎布置与后驱动桥或后悬架（副车架）等的相互影响、对整车离去角的影响等，燃油汽车还要注意备胎布置与排气系统布置的协调性。对于后悬较短的乘用车，当备胎布置情形①和②都不容易实现时，会考虑将备胎布置在后背门上。此时除了上述相关因素外，还应特别注意对后背门开启方式和结构的影响，以及对后牌照布置的协调性问题，避免遮挡后牌照。对于后置发动机燃油乘用车、电动汽车，其前舱空间相对空余，综合整车的其他布置因素，可以考虑将备胎布置于前舱内。此时主要注意其布置和结构对车辆前碰撞可能带来的影响，对轴荷分配、前行李舱有效容积的影响以及取出方便性等。

（2）燃油箱的布置

首先从安全性考虑，燃油箱不应布置在发动机舱内。其对整车轴荷分配、左右轮荷平衡都有很大的影响。正是由于考虑了燃油箱布置对左右轮荷平衡的影响，在乘用车中就会存在左油箱和右油箱两种布置形式。应注意：①燃油箱与排气管的距离不得小于 350mm，否则应增设有效的隔热装置；②燃油箱与裸露的电气接头的距离不小于 200mm。对于公路行驶车辆燃油箱容积的确定，一般而言，其一次加油行驶里程不低于600km。通过一定的统计，燃油箱容积一般的目标取值范围参考表3-38。

表3-38 燃油箱容积参考取值范围

乘用车车型	微型、小型、紧凑型	中型、中大型	大型
容积参考范围/L	45	55~60	60~80

（3）前后防撞梁的布置

汽车前后防撞梁总成是车身承受撞击力的装置，也是车身的重要构件，其功能主要有：①保护保险杠在低速碰撞过程中尽量不要破裂或者发生永久变形；②保护车身骨架前后端纵梁在行人保护或者可维修性碰撞时不发生永久变形或者破裂；③在100%正面高速碰撞、后面高速碰撞时起到第一次吸能作用，在偏置碰撞中不仅起到第一次吸能作用，还能起到碰撞过程中均衡传递受力的作用，防止车身左右两侧受力不均。

前后防撞梁的布置应适应法规试验规范要求，使吸能效果最大化并有效地传递膨胀力。其主要参数有防撞横梁中心离地高度、防撞横梁的长度（Y向）、防撞横梁距保险杠外表面和冷凝系统等部件的距离、防撞横梁距机盖前缘的距离、防撞横梁距前照灯表面的距离等。

防撞横梁布置离地高度，需满足碰撞的相容性原理，当两车发生正面相撞时，不合适的防撞梁高度既保护不到自身，还会对对方车辆造成巨大伤害；还需要根据车身高度、轮毂直径的大小来综合评定，并没有一个明确的标准。一般而言，结构方面由纵梁的高度来决定；碰撞安全性方面，这个高度由各种法规试验中的碰撞器中心离地高度决定，同时需将高速碰撞与低速碰撞结合在一起考虑。若这个高度匹配不合理，会导致纵梁在碰撞过程中压溃失稳，导致纵梁后端大弯曲变形，很可能对乘员舱侵入量过大。关于汽车前后防撞梁的安装位置，一般车型的安装高度在400~500mm，但如果超过520mm，则会对C-NCAP（中国新车评价规程）等相关高速碰撞试验的成绩造成影响。前防撞梁总成一般采用螺栓连接固定到机舱纵梁上，误差积累大，同时车身前端安装有很多子件，故要求前防撞梁总成与周边件的间隙在10mm以上，在X向预留出80mm的行人保护缓冲空间。

如图3-44所示，尺寸h_0为碰撞器中心离地高度，不同国家或地区有所不同，见表3-39；尺寸h_1为碰撞器撞击面高度，为114mm；尺寸h_2为防撞梁截面高度，一般为100~120mm；尺寸h_3为碰撞器撞击面与防撞横梁的重叠量高度，一般要求35~40mm。

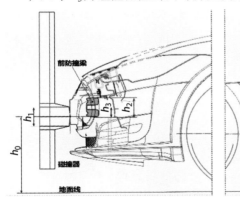
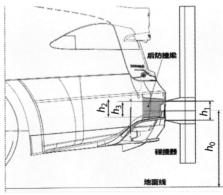

图3-44 前后防撞梁布置高度

表 3-39　不同国家或地区法规碰撞器中心离地高度 h_0

碰撞器类型	国家或地区	法规	碰撞器中心离地高度 h_0/mm
摆锤	中国	GB 17354—1998	445（固定高度）
	欧洲	ECE R42	445（固定高度）
	美国	NHTSA Part581—2006	406~508（高度随测试位置变化）
	加拿大	CMVSS 215—2008	406~508（高度随测试位置变化）
模拟保险杠	美国	IIHS	507（中间位置）、456（任意一侧）
	RCAR	ISSUE 2.0—2010	455/505（不同销售市场，结合相关法规选择）

注：RCAR 是 Research Committee of Automobile Repairs 的缩写。

（4）牵引装置（牵引钩或拖车钩）的布置

汽车的牵引装置是指固定或安装在汽车上，通过使用如拖绳、拖缆或拖杆、牵引钩等装置进行连接，从而实现车辆牵引或被牵引的部件。根据欧洲标准 77/389/EEC、70/156/EEC 或中国国家标准 GB 32087—2015 要求，乘用车等汽车应在其前部至少固定或可安装一个牵引装置，在其后部也可安装牵引装置。牵引装置（牵引钩或拖车钩）空间布置要求：①牵引钩或拖车钩必须位于接近角或离去角内；②牵引钩或拖车钩必须高于地面 170mm；③模拟用直径 25mm 的绳索拉拖车钩保证当绳索处于上下 10°或水平左右 30°时，绳索不与前后保险杠或者周围件干涉，如果与保险杠干涉，一般会将保险杠开个缺口加以避让；④前（后）牵引钩或拖车钩安装点距车辆外表面最前（后）端距离建议不超过 250mm，以便安装拖绳时操作方便（手能很方便地安装拖绳），同时确保牵引装置在非牵引状态时，其最外端不应凸出车辆外部轮廓在水平面上的垂直投影；⑤前后拖钩需布置在同一侧。有时为了造型的需要，会在前后保险杠上开孔，这样会导致出现多余的分型线，有不同的审美观点认为这样会影响美观，所以在整车离地间隙足够以及不影响整车接近角或离去角的情况下，可以将拖车钩固定在底盘零件上，或者设计足够强度的支架固定在车身上有足够强度的部位，通常会固定在前后纵梁或者其他结构件上。

（5）排气系统的布置

传统燃油汽车排气系统包括排气歧管、排气管、氧传感器、排气净化装置（三元催化器）、排气消声器、补偿器、隔热罩等。如图 3-45 所示，大多数燃油乘用车采用前置发动机型式，包括前舱排气系统（含排气歧管、排气歧管隔热罩、预催化器、排气前管、氧传感器等）和车身底部排气系统（含波纹管、主催化器、前消声器、排气管和主消声器等）。排气系统的主要作用：引导发动机各个气缸的废气顺畅排除；降低排气噪声；降低排气污染物 CO、HC、NO_x 等含量，实现排气净化，减少污染。

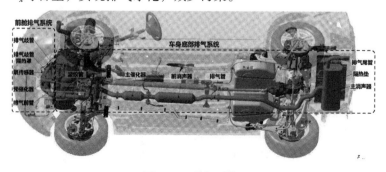

图 3-45　排气系统

对于前横置发动机的燃油车,前舱排气系统的布置型式相对发动机的位置关系一般分为前排气布置(排气歧管位于发动机前方)和后排气布置(排气歧管位于发动机后方),主要由发动机总成的结构型式所决定。这两种布置型式具有不同的特点和优劣势,见表3-40。

表3-40 前排气和后排气的对比

项目	前排气	后排气
排气歧管位置	排气歧管前置,车辆前端进风,容易散热	排气歧管后置,空间相对封闭,不利于散热
乘员舱隔热影响	热源远离车身前围板,利于乘员舱隔热	热源离车身前围板近,不利于乘员舱隔热
被动安全性能影响	动力总成与车身前围板的距离相对可以更小,使得动力总成距离车身前端模块相对较远,纵梁的吸能空间相对较大,利于整车行人保护性能和碰撞被动安全性的提高	动力总成与车身前围板的距离要求相对较大,在前悬长一定的情况下,不利于整车行人保护性能和碰撞被动安全性
前舱热管理影响	排气管从发动机油底壳下方通过,对前舱的热管理影响较小	排气歧管处于前舱后部相对封闭区域,对前舱热管理影响相对较大
油底壳影响	排气管从发动机油底壳下方通过,对发动机油底壳结构和机油容积可能存在影响	发动机油底壳无须做避让结构,相对平整,机油容积相对较大
通过性影响	可能影响整车通过性最小离地间隙或接近角	对整车通过性接近角无影响
结构工艺影响	排气管与副车架相互影响:影响副车架结构复杂性和工艺难度;使排气管走形复杂,容易引起排气压力过大,影响发动机的性能	可以从副车架上方或下方布置排气管,与副车架的相互影响关系与前排气相似。对于前横置四驱车型,后排气布置更加困难

排气系统布置周边零部件相对间隙要求可参考表3-41的经验推荐。

表3-41 排气系统布置周边零部件相对间隙经验推荐　　　　(单位:mm)

前舱排气系统(前排气)			前舱排气系统(后排气)			车身底部排气系统		
热源零部件	周边零部件	最小间隙	热源零部件	周边零部件	最小间隙	热源零部件	周边零部件	最小间隙
预催化器	冷却风扇	≥70	预催化器	前围板	≥70	排气管或消声器或催化器	中央通道	≥50
	管路	≥35		传动轴本体	≥25		转向拉杆	≥35
	线速	≥35		传动轴护套	≥70		转向器	≥40
	空调压缩机	≥40		转向器护套	≥70		传动轴	≥40
	油底壳	≥35		前副车架	≥25		传动轴橡胶件	≥60
	发电机	≥40		管路	≥35		制动管路	≥40
	转向泵	≥40		发电机	≥40		燃油箱	≥50
前排气管	油底壳	≥35		转向泵	≥40		吊环	≥40
—	—	—		换档拉索	≥120		备胎	≥100
—	—	—	预催化器连接管	前副车架	≥25	排气尾管	后保险杠	≥30

各相邻部件耐温在150℃以下的越远离排气系统越好,如果热源高于500℃,需要通过隔热罩降低辐射温度到120℃以下,并建议相关间隙尽量大于55mm,产生相对运动的部件与排气系统的间隙保证大于25mm。

为了满足更加严格的排放标准要求,一般在排气歧管出口处布置预催化器(Closed Couple Catalyst,CCC),且在预催化器前的排气管采取保温措施。主催化器一般布置在车身底板下,又称底板下催化器(Under Floor Catalyst)。消声器有一级、二级或三级布置。二级布置应用最为普遍，SUV、跑车等为追求动力性才采用一级消声器。对于二级消声，分别称为前消声器和主消声器。根据声学原理，消声器摆放在不同的位置，将产生不同的消声效果，一般而言，推荐如下的消声器摆放位置：若以排气尾管长度为 1 个单元，那么前消声器和主消声器之间排气管长度约为 4 个单元；前消声器到排气歧管的排气管长度约为 2 个单元。

3.2.5 整车产品设计阶段的法规适应性分析

汽车法规是指与汽车产品生产、使用、管理有关的法律、行政法规、地方性法规以及部门规章。而汽车标准是政府制定汽车法规的立法基础，不少重要的汽车标准实际上已经成为各国正式的汽车法规。为了保证汽车产品的质量，特别是为了满足安全、环境保护和节约能源等方面的要求，促进汽车生产的系列化、通用化和标准化，各国都制定了一系列汽车标准，成为汽车企业、销售商和使用者必须共同遵守的准则。强制性标准由政府及其授权的部门强制执行，对保障人民生命安全和身体健康、保护生态环境、维护国家能源及资源有重要作用，包括：汽车的安全性、汽车排放物控制、汽车噪声限制、汽车燃油消耗量限制等。

本节主要论述整车产品开发概念设计阶段，结合整车产品主要市场的强制性法规要求，对整车方案设计、造型设计等提供边界约束要求，并对相关工作结果进行检查分析是否适应相关要求。整车总布置集成设计中法规适应性分析的一般思路：①选择确定开发车型需要适应的汽车技术法规体系；②整车技术法规发展趋势适应性分析；③分析整理整车产品开发需要遵循的技术法规清单；④造型设计中的法规适应性分析。

1. 选择确定开发车型需要适应的汽车技术法规体系

不同的国家或地区，与汽车产品生产、使用、管理有关的法律、行政法规等，都不尽相同；对汽车产品存在不同的规范性项目，相同的项目也可能存在不同的量级要求，甚至可能存在不同的分析、试验方法。从 20 世纪 80 年代开始，由国际上一些汽车工业发达的国家牵头，开始进行国际汽车技术法规的协调与统一，以适应经济全球化的趋势。联合国下属组织 UN/ECE/WP29 是全球范围内进行汽车技术法规协调与统一工作的主要国际组织。1998 年 6 月 25 日，WP29 在日内瓦制定《全球性汽车技术法规协定书》（简称《1998 年协定书》），UN/ECE/WP29 随之更名为世界车辆法规协调论坛，仍称 WP29，制定和实施全球统一的汽车技术法规，也称 GTR 法规；同时 WP29 继续运作《1958 年协定书》，继续修订和实施 ECE 法规，即国际技术规范 UNECE 法规。截至 2015 年，《1958 年协定书》正式缔约国（方）共约 51 个（中国尚未正式签署），《1998 年协定书》正式缔约国（方）共约 35 个（中国已正式签署），WP29 建立了 16 项全球统一汽车技术法规（GTR）和一项规范性技术文件（S. R. 1）。

如图 3-46 所示，不同国家或地区存在不同汽车法规标准体系，如中国 GB 法规和 QC 标准；欧洲 ECE 法规和 EEC 指令；美国联邦法规 CFR、美国机动车安全法规 FMVSS 和美国环保法规 EPA；日本 JASIC 法规；澳大利亚 ADR 法规；俄罗斯法规 GOST – R；南非 NRCS 法规、海湾阿拉伯国家合作委员会 GS 标准法规等。

2. 整车技术法规发展趋势适应性分析

在整车产品设计开发中，应满足汽车全生命周期的整车技术法规要求，即结合开发车型的全生命周期、整车技术法规的趋势、可以预见的修订改版以及可以预计的新增法规项目的编制和实施，兼顾全生命周期汽车生态与成本设计（相关内容见本书第 9 章 9.1 节的论

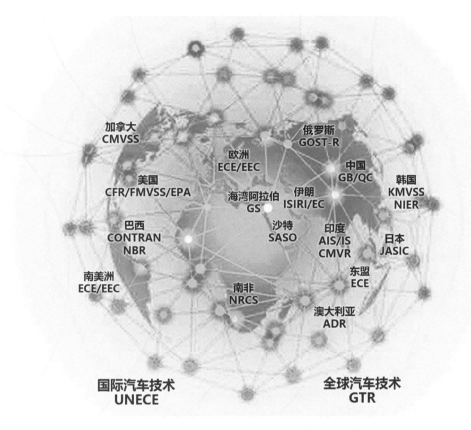

图3-46 不同国家或地区的汽车技术法规体系

述),进行整车技术法规发展趋势适应性分析。

整车技术法规发展趋势适应性分析一般包括:①收集、预测整车产品全生命周期内可预计的汽车技术法规的修订和新增法规的要求内容;②分析改编或新增技术法规所涉及产品属性范畴;③分析制定可能存在的主要技术应对策略和方案;④分析应对整车技术法规发展趋势可能存在的各种风险等。可能还包括汽车企业在进行产品决策时所需要的其他与之有关的内容。这是产品开发初期整车技术路线分析的重要内容之一,也是产品决策的依据之一,还是整车产品开发设计后续工作的主要输入要求之一。

3. 分析整理整车产品开发需要遵循的技术法规清单

在确定所开发产品需要适应的技术法规体系以及完成整车产品全生命周期技术法规发展趋势适应性分析之后,并结合相应技术法规体系的现行法规和标准,列出开发车型全生命周期需要遵循的技术法规清单。包括但不限于表3-42所列清单。

表3-42 乘用车整车技术法规清单(参考)

序号	项目名称	中国法规	EEC指令	ECE法规	美国法规
1	汽车号牌	GB 15741—1995	70/222	—	—
2	M_1类机动车质量和尺寸	GB 1589—2016	92/21	—	—
3	机动车安全运行	GB 7258—2017	—	—	—
4	护轮板	GB 7063—2011	78/549	—	—

(续)

序号	项目名称	中国法规	EEC 指令	ECE 法规	美国法规
5	法定铭牌	GB 7258—2017 GB 16735—2019 GB 16737—2019 GB 13392—2005	76/114	—	CFR 565 CFR 566 CFR 567
6	安全带固定点	GB 14167—2013	76/115	14 – 04	FMVSS 210 FMVSS 225
7	后视野	GB 15084—2013	71/127 2003/97	46 – 01	FMVSS 111
8	前视野	GB 11562—2014	77/649	—	—
9	风窗玻璃刮水器刮刷面积	GB 15085—2013	—	—	—
10	行人保护	GB/T 24550—2009 QC/T 938—2013	2003/102 2004/90	—	—
11	再使用/再循环/再回收	GB/T 19515—2015	2005/64	—	—
12	CO_2 排放量/燃料消耗量	GB/T 19233—2020 GB 19578—2021	80/1268	101 – 00 84	EPA
13	噪声等级	GB 1495—2002	70/157	51 – 02	—
14	排放等级	GB 18352.6—2016	70/220	83 – 03 103 – 00	EPA/CARB
15	油箱/后部保护装置	GB 18296—2019 GB 20072—2006	70/221	34 – 01	FMVSS 301 CFR 585
16	转向装置	GB 17675—1999	70/311	79 – 01	—
17	防止汽车碰撞时转向机构对驾驶员伤害	GB 11557—2011	74/297	12 – 03	FMVSS 203 FMVSS 204
18	加速踏板	—	—	—	FMVSS 124
19	制动	GB 12676—2014 GB/T 13594—2003	71/320	13 – 09 13H – 00	FMVSS 135 FMVSS 105 FMVSS 121
20	汽车用制动器衬片	GB 5763—2018	—	90 – 02	—
21	机动车辆制动液	GB 12981—2012	—	—	FMVSS 116
22	汽车制动软管	GB 16897—2010	—	—	FMVSS 106
23	发动机功率	GB/T 6072.1—2008	80/1269	85 – 00	—
24	变速器档杆序列、起动机锁止装置和传动制动效应	—	—	—	FMVSS 102
25	轮胎	GB 9743—2015	92/23	30 – 02 54 117	FMVSS 109 FMVSS 110 FMVSS 139 FMVSS 120 FMVSS 119 FMVSS 585
26	翻新轮胎	—	—	108	FMVSS 117

(续)

序号	项目名称	中国法规	EEC 指令	ECE 法规	美国法规
27	备胎	—	—	64	FMVSS 129 FMVSS 110
28	内置行李舱脱扣	—	—	—	FMVSS 401
29	发动机舱盖卡锁	GB 11568—2011	—	—	FMVSS 113
30	电动车窗、隔断和汽车顶板	—	—	—	FMVSS 118
31	安全玻璃	GB 7258—2017 GB 9656—2003	92/22	43 – 00	FMVSS 205
32	正面碰撞	GB 11551—2014	96/79	94 – 00 33	FMVSS 208
33	侧面碰撞	GB 20071—2006 GB 15743—1995	96/27	95 – 02	FMVSS 214
34	后碰撞	GB 20072—2006	—	32	—
35	安全带及其约束	GB 14166—2013	77/541	16 – 04 44 – 03	FMVSS 209 FMVSS 213
36	牵引装置	GB 32087—2015	77/389		
37	三角警告牌	GB 19151—2003		27 – 03	FMVSS 125
38	防眩目装置	—	—	—	FMVSS 107
39	风窗玻璃的安装				FMVSS 212
40	风窗玻璃区域向内凸入				FMVSS 219
41	车顶抗压				FMVSS 216
42	阻燃性	GB 8410—2006	95/28	118	FMVSS 302
43	内部凸出物	GB 11552—2009	74/60	21 – 01	FMVSS 118
44	座椅头枕	GB 11550—2009 GB 15083—2019	78/932	17 – 06 25 – 04	FMVSS 202
45	座椅及固定点强度	GB 15083—2019	74/408	17 – 06	FMVSS 207
46	前、后端保护装置	GB 17354—1998	—	42 – 00	FMVSS 581
47	外部凸出物	GB 11566—2009	74/483	26 – 02	—
48	车速表	GB 15082—2008	75/443	39 – 00	
49	操纵件、信号装置和指示器	GB 4094—2016 GB/T 4094.2—2017	78/316	121	FMVSS 101
50	车载接收机的无线电骚扰特性	GB 18655—2018	—	—	
51	无线电干扰抑制	GB 14023—2011 GB/T 18655—2018	72/245	10 – 02	
52	隐藏式前大灯	—	—	—	FMVSS 112
53	照明及信号装置的安装	GB 4785—2019	76/756	48 – 01	FMVSS 108
54	回复反射器	GB 11564—2008	76/757	3 – 02	FMVSS 108
55	前后位置灯、制动灯、示廓灯	GB 5920—2019	76/758	7 – 02	FMVSS 108
56	侧标志灯	GB 18099—2013	76/758	91 – 00	FMVSS 108
57	昼间行驶灯	GB 23255—2019	76/758	87 – 00	FMVSS 108
58	转向指示灯	GB 17509—2008	76/759	6 – 01	FMVSS 108

(续)

序号	项目名称	中国法规	EEC 指令	ECE 法规	美国法规
59	后牌照灯	GB 18408—2015	76/760	4 – 00	FMVSS 108
60	前照灯	GB 4599—2007 GB 21259—2007 GB 19152—2016 GB 25991—2010 GB/T 21260—2007	76/761	1 – 01；5 – 02 8 – 04；20 – 02 31 – 02；37 – 03； 98 – 00	FMVSS 108
61	前雾灯	GB 4660—2016	76/762	19 – 02	FMVSS 108
62	后雾灯	GB 11554—2008	76/538	38 – 00	FMVSS 108
63	倒车灯	GB 15235—2007	77/539	23 – 00	FMVSS 108
64	驻车灯	GB 18409—2013	77/540	77 – 00	FMVSS 108
65	灯丝灯泡	GB/T 15766.1—2008 GB/T 15766.2—2016	76/761	37 – 03 20 – 02	FMVSS 108 Part 564
66	气体放电灯	—	—	99 – 00	FMVSS 108
67	风窗玻璃刮水器和洗涤器	GB 15085—2013	78/318	—	FMVSS 104
68	声音报警	GB 15742—2019	70/388	28 – 00	—
69	轮胎气压监控系统	GB 26149—2017	—	—	FMVSS138， CFR 585
70	防盗系统	GB 15740—2006	74/61	18 – 02；97 – 00； 116	FMVSS 114 CFR 541
71	除霜除雾性能	GB 11555—2009	78/317	—	FMVSS 103

4. 造型设计中的法规适应性分析

在乘用车车型开发的造型设计阶段，进行相关的法规适应性分析，是整车造型可行性分析的重要内容之一，在满足汽车产品定位对美学要求的同时使产品设计适应主要销售区域的技术法规要求，达到这些要求是车型能够在目标区域进行销售最基本的条件。在这个阶段的法规适应分析主要是根据造型轮廓（造型创意草图、造型创意效果图）、造型形体型面（CAS 造型 3D 数字模型、1∶5 或 1∶1 造型实物模型、造型 A 级表面数字模型），并结合与造型方案相匹配的总布置方案进行。图 3-47 所示为外部造型法规适应性分析的一般内容及其与车型外部造型各区域的大致对应关系。图 3-48 所示，为外造型法规适应性分析的一般内容及其与车型外造型各区域的大致对应关系。由于边界条件和输入的限制，造型设计阶段的法规适应性分析主要采用数字化模拟分析，并且多数情形会基于某种经验推荐和广义对标进行评价和判断，一些分析结果与实车试验结果会存在明显差异。

其中一些法规适应性分析项目与车型外部造型和内部造型都有关联或相互影响，如 A 柱视野障碍等前方视野分析、内外后视野分析以及安全带有效固定点分析等。

由于篇幅有限，本节不详细引用技术法规和标准的具体文本，读者可根据本节提供的技术法规编码直接查阅相关技术法规和标准的具体内容。需要提醒的是，在查阅和应用相关技术法规、技术标准时注意相关文件的有效性和执行实施时间。

3.2.6 整车水管理

整车水管理逐渐成为整车集成设计开发的关键指标，也是汽车消费者最能感知的整车属

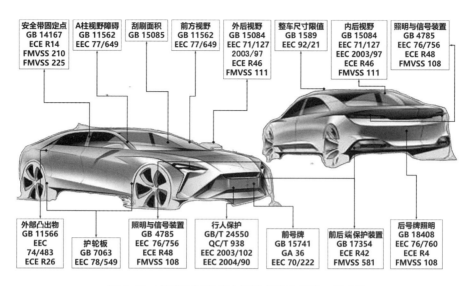

图 3-47　车型外部造型法规适应性分析的一般内容

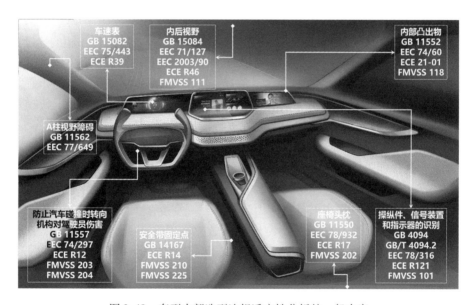

图 3-48　车型内部造型法规适应性分析的一般内容

性之一。水管理质量问题可能直接关系到车型的存亡，甚至对整个品牌产生严重负面影响，所以，整车水管理突显出越来越重要的位置。

在整车产品正向开发中，通过整车集成设计对整车水属性进行统一开发和管理。比如：整车产品开发初期进行整车产品技术规划时，通过广义对标分析和目标市场需求、产品市场竞争力等方面综合平衡优化初步确定整车水管理性能目标；在整车技术方案和整车结构（主断面）分析中，基于水管理性能要求，分析整车密封结构、排水性结构等适应性；并在整车电子样车 DUM 分析中检查校核相关方案措施是否落实于具体的工程设计中；还可以通过现代 CAE 技术，进行相应的 CFD 仿真模拟，初步验证和评价整车的水管理性能是否满足既定目标或评估潜在风险。

整车水管理性能是否满足既定目标，须按照整车水管理性能试验规范开展相关实车试验验证工作，如浅水及深水涉水通过试验、淋雨试验室内的防水密封性试验、商业洗车房试验室内的整车冲洗及洗车设备兼容验证工作等的最终验证和评价。

1. 整车涉水与防飞溅性能

整车涉水与防飞溅性能是指整车应能在涉水和道路飞溅的情况下保持正常行驶，整车不得出现任何功能性缺失，且动力系统部件不得因水侵入而产生性能影响，与安全性有关的部件也不得在此情况下发生任何形式的失效。考量整车涉水与防飞溅性能的重要性能指标之一是车辆能够通过的最大涉水深度。GB/T 12541—1990 规定了整车涉水试验的方法和具体要求。

在整车产品开发初期，利用 CFD 仿真分析的方法来指导整车水管理设计是一个相对有效且成本低的方法。该方法可模拟分析整车以某种车速（低速）驶入和行驶在水较深的路面时，如保险杠、发动机舱下盖板、进气系统、电子控制系统、车身密封结构等相关系统和零部件的工作状态以及受到的影响，并针对其工作状态的具体情况提出设计改进方案。

整车涉水 CFD 仿真分析的常用模型：①两相流模型，分析两种互不相容流体在流场中的相互作用；②拉格朗日模型，利用传统包裹方法处理离散相；③DEM 模型，基于拉格朗日模型分析离散相个体之间的相互作用；④欧拉多相模型，分析求解每一相的连续方程、动量方程和能量转换方程；⑤液膜模型，准确捕捉壳区域液体面积并估算边界层速度；⑥VOF 模型，适用于两种或多种连续流体介质共存流场，并利用 F 函数准确捕捉两相之间的运动交界面。其中，VOF 模型是比较适合和常用的模型，它可以处理整车在涉水运动过程中水和空气这两相之间的宏观交界，并较为准确地进行定量分析。

2. 整车防雨密封性能

整车防雨密封性能是评估整车在雨中行驶、停留等工况下，整车防雨密封的能力。整车防雨密封性能还应考虑车辆在通过绿化带时能够承受路边绿化带浇灌喷水设施的水冲击。淋雨分析主要关注汽车淋雨后排水槽排水能力是否足够，是否存在淹没空调进气口或雨水被抽吸入空调进气口的风险，另外还关注雨刮电机等敏感电器件是否有水侵入，是否存在浸泡风险。

淋雨试验室的顶部、两侧部位、前部、后部及底部均配有按规定排列的喷嘴，喷水流量可根据试验需求进行调整。一般车身前部平均淋雨强度为 12mm/min，车身侧部、后部、顶部及底部平均淋雨强度为 8mm/min，喷嘴压力为 150kPa，为尽可能模拟车辆在雨中行驶的各种工况。试验室内应配有侧倾翻转平台以在横向和纵向上调节车辆的角度，并且需要具备能够模拟自然风的风源，产生水平风速不小于 18m/s 的风，该风速应在试验样品安装前位于试验样品安装处测量。

淋雨试验主要有短时试验和加强试验。其通用要求是车辆置于淋雨试验室中心。试验人员进入车厢，关闭所有门、窗及孔口盖，底部喷嘴位于地面以下 0.2m，其余各喷头与车辆表面距离为 0.7m，时间为 30min，对风窗玻璃、车辆顶部（重点是天窗）、机舱顶部、车辆侧部（重点是门窗）、尾门或行李舱等关键部位集中淋雨。试验时应开启所有电器元件，包括前后雨刮及空调的风机，并运行各种工况观察水侵入情况。注意事项：试验车辆不安装影响水密封泄漏路径排查分析及车辆密封性能的件（如顶棚、A/B/C 柱护板、座椅、地毯、行李舱地毯、侧地毯等），便于淋雨问题点的查找。

验收要求是根据车型定位来设定具体目标分,每辆试验车辆的初始分值为100分,根据漏水情况(渗、滴、流)来进行扣分。①渗:水从缝隙中缓慢出现,并附在车身内表面上向周围漫延开来(每处扣1分);②滴:水从缝隙中成滴出现,并沿着车身内表面断续落下(每处扣4分);③流:水从缝隙中出现,离开或沿着车身内表面连续不断地向下流淌。其中"流"为否决项。整车漏水的原因比较复杂,主要有车身焊接过程中的焊点过烧而焊穿、涂装密封胶偏位或用胶量不足,以及总成装配过程中的配合缺陷等因素。

在整车制造生产的不同阶段,对整车的淋雨试验要求不尽相同。如在试生产期,由于整车的生产制造工艺、设备参数等都处于试验调整期,一般要通过整车长时间的淋雨试验(淋雨时间在4~8h之间),来发现可能漏水的部位,再进行漏水原因分析和设计或工艺的改进完善。而整车批量生产时,设计及工艺问题或缺陷得到基本改善,淋雨试验主要进行例行检查,以防偶发的不符合性带来的密封性缺陷。

3. 整车商业洗车适应性

整车商业洗车适应性是评价车辆在使用一般商业洗车设备进行整车清洗时,能否承受设备高压冲洗并且车辆对洗车设备不会产生负面影响的能力。主要通过整车商业洗车适应性试验从以下角度对整车商业洗车适应性进行评价:①车辆的水密封能力;②车辆外部凸出物或车辆缝隙对洗车设备(主要是滚刷)的影响;③车辆漆面及外露零件对高压冲洗设备的适应性;④车辆外表面的光洁及平整度对人工洗车的影响。

整车商业洗车适应性试验主要包含如下三项试验:

1)标准商业洗车房清洗试验,主要用于评价车厢的水密封能力、车辆外部凸出物或车辆缝隙对洗车设备(主要是滚刷)的影响。

2)商业洗车房高压水枪冲洗试验,主要用于评价车厢的耐高压冲洗密封能力、车辆漆面及外露零部件对高压冲洗设备的适应性。整车门盖开启件应处于关闭状态;使用压力为4MPa,流量小于40L/min的高压水枪,其喷头应调至扇形(雾化状态),模拟正常洗车。在清洗时高压水枪喷头应处于不断移动的状态(移动速度不小于0.2m/s),以"S"形摆动水枪;洗车完成后,乘员舱不能出现大量积水,可以接受少量轻微渗漏。清洗区域主要包括车身外表面、前后轮罩及其他认为的漏水风险点(A柱竖板、前挡板等)。车身外表面的清洗顺序:先车身上部(前盖—翼子板—前风窗玻璃—侧窗玻璃—后视镜—车门—顶盖—后风窗玻璃—后盖),后车身下部(前保险杠—侧面下半部—后保险杠)。

3)人工软布擦拭洗车试验,主要评价外表面的光洁及平整度对人工洗车的影响,以及车辆外部钣金及塑料件的边缘和毛刺等对洗车人员的伤害情况。

4. 整车浸泡适应性

在车辆使用过程中、停放于路边或地下车库,由于暴雨、水灾或城市内涝等积水太深,车辆被水浸泡而进水,造成发动机、内饰、电器元件、电器线束等零部件腐蚀、生锈或损坏,在关键时刻很可能无法正常工作,甚至导致汽车在行驶过程中因短路而突然熄火、自燃,是非常危险的事情。车辆被水浸泡也极易导致车身部件生锈,缩短使用寿命,降低安全性能。对于电动汽车,还可能对电动汽车高压电气系统的安全性产生不良影响。

在整车产品设计过程中,可以通过合适的空间布置、良好的密封方式以及设定合理的防腐防渗要求进行材料选择等措施,提高整车浸泡适应性,降低因浸泡对整车性能和安全带来的负面影响。比如:①保险盒、电子控制器、传感器等重要电子元器件布置于车体较高的位置或相对密封不易进水的区域；②发动机进气口、排气尾管出口、空调进风口、车厢通气孔等尽可能布置在较高位置；③车辆底部线束及其接头具有必要的防水性、密封性，并固定可靠；④下车体各种开孔需要设置必要的堵塞和密封元件，降低车舱内进水的风险等。一般来说，若布置合理，浸泡最高水位可以定义为不高于门槛（即侧门下门缝）高度。

对于经常发生水涝和积水内涝的地区，也可以综合整车成本等因素，在车辆上设置防止汽车被水浸泡的智能装置：在车辆停放状态，若发生积水内涝，通过传感器测量汽车下方积水深度，实时传送给控制器，当测量到水深超过预警值时通过无线通信模块控制升降机构将汽车升起，同时通过无线通信模块向车主发送报警信息提醒车主移车，能够有效地防止汽车被水浸泡，确保车辆安全，避免造成损失。这种装置和服务也可通过汽车后市场提供给车主。

5. 雨天驾驶视野安全适应性

在雨天或者恶劣天气行驶时，驾驶员视野受限，视野敏感度下降。据各保险公司统计的事故率来看，在雨天等恶劣天气时，汽车事故率要比平时高 5 倍之多，其中一个重要原因就是雨水在车窗上形成一层水膜，使得驾驶员视野范围受限，视野清晰度下降，从而对安全驾驶形成重大隐患。在整车设计开发阶段，雨天驾驶视野安全适应性分析主要包括两部分内容：

1）合理布置和设计前风窗雨刮机构。一方面，确保雨刮片的刮刷区域充分覆盖驾驶员前方正常视野所要求的前风窗玻璃透明区。此部分详细论述请参阅本章 3.3.2 节中有关内容。另一方面，基于前风窗玻璃曲面的雨刮臂布置分析以及结构设计，在整个刮刷运动过程中使雨刮片相对风窗玻璃具有适当的下压力，同时使雨刮片唇口边缘与风窗玻璃外表面具有良好的接触关系，最终实现更快更好地将前风窗上的水膜破坏，恢复视野清晰度。这也是目前乘用车行业内对雨天驾驶视野安全适应性分析的最普遍和最集中的研究内容。

2）汽车侧窗和外后视镜镜面雨水污染分析。雨天行车侧窗视野区的可视性影响驾驶的舒适性和安全性，属于高感知质量，是整车集成部门牵头建立的整车水管理开发能力的重要内容之一。从 20 世纪 60 年代开始，一些汽车制造商通过大量的风洞试验，已经获得丰富的工程经验，可以保证整车兼顾风阻、风噪及雨水管理性能。如今，通过多相流仿真技术的应用，世界主流汽车制造商已经具备集仿真、路试、风洞试验为一体的雨水管理性能开发技术。中国汽车制造商，如一汽、吉利等企业开始关注这一领域，正在进行雨水管理研究。

雨刮溅起的水滴可能随 A 柱扰流卷入侧窗，三角窗盖板、后视镜外壳等积累的液膜经过二次破碎与剥离，形成微小的液滴打到侧窗与后视镜上。这些点状、片状、溪流状的液膜都会造成侧窗污染，液体层折射光线，从而降低透过侧窗和镜子的可见度，给驾驶员带来视野阻碍。特别是在夜间行驶时，由液膜漫反射造成的眩光更为严重，如图 3-49 示。

图 3-49 侧窗和外后视镜雨水污染导致的眩光

汽车侧窗没有任何附加的清扫设备，其表面的水膜积累与分布往往处于不可控状态。然而在实际行车过程中，前风窗积累的雨水经过雨刮扫掠作用聚集在 A 柱附近，可能越过 A 柱在侧窗上汇聚成多条"水流"，也就是 A 柱溢流现象，如图 3-50 所示。

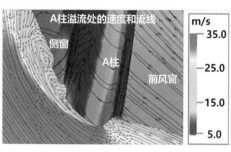

图 3-50　A 柱溢流现象示意图（见彩插）

侧窗和外后视镜镜面的雨水污染来源通常包括：①A 柱溢流；②从乱流中卷入的液滴。A 柱溢流往往是成股的水流或成片的水流，其运动受到动量、重力、表面摩擦力、空气施加的剪切应力共同作用；液滴卷入往往呈点状到片状分布，其卷入程度与分布位置受 A 柱与后视镜附近的扰流影响。图 3-51 所示为某车型的虚拟风洞仿真模拟分析与实车试验，其中仿真结果显示：A 柱边缘（尖角处）液膜二次剥离，脱落为液滴，在空气夹带下到达侧窗上部。A 柱的二次剥离是造成侧窗上部污染的主要原因，最终形成的水流条数为 2 条，液膜在视野区覆盖面积为 1.24%。仿真与试验结果在 A 柱溢流水流突破位置基本吻合，但条状水流分布位置和侧窗液膜覆盖范围存在一定差异。

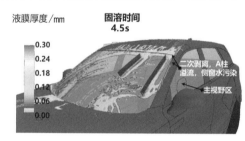

图 3-51　虚拟风洞仿真模拟分析与实车试验（见彩插）

如图 3-52 所示，影响侧窗雨水污染的造型（几何）因素有：前风窗玻璃、A 柱倾斜角、A 柱前端段差、A 柱伸入量、密封条设定、后视镜座上下宽幅、后视镜截面形状、后视镜基座安装位置等。通过各种优化方案的仿真分析对比可以获得改善 A 柱溢流的措施。下面简要列举一些原则和措施，以供参考。

① A 柱上流动的大部分水来自风窗玻璃。有关试验和分析研究表明，侧窗上的水流有将近 70% 来源于雨刮溅起的水流。通过 CFD 及液膜模型仿真试验，可分析行驶过程中风窗玻璃的表面摩擦力和流线以及表面流线朝向 A 柱的方式等。当前围上的涡流在风窗玻璃底部附近形成一个静止区域，有助于排水。

② 设置"路障"最直接的办法，即通过增加 A 柱与前风窗玻璃之间的段差、排水槽等，利用物理手段阻挡水流流向侧窗，但这类方法也可能会带来增大风阻、风噪等负面影响。

③ A 柱形状对气流有引导作用。A 柱拱高抬高减小了负压，使侧窗水流轨迹更靠上；

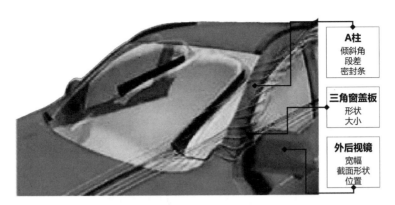

图 3-52 影响侧窗雨水污染的造型（几何）因素（见彩插）

同时，A 柱拱高增加，对溢流有阻挡作用，减少溢流量。A 柱拱高越大，改善效果越明显。

④ 在车门和 A 柱之间有一个间隙（前车门缝），为 A 柱提供了另一屏障。在这个间隙中有一个相当大的流动区域，重力或薄膜动量将带液体穿过这个间隙。这就意味着除非有足够的溢流，否则进入该间隙的液体将被排出。

⑤ 车窗密封件为液膜流到侧窗提供了最后一道屏障。液膜穿过车窗密封条后，沿密封件后缘有一个小的分离。这种分离气泡有助于保持液膜沿密封件流动。在试验和液膜模型仿真分析中，都观察到水沿着该密封件流动。

⑥ 液膜接触到侧窗玻璃并不意味着它必然会导致驾驶员的能见度问题。例如，液膜沿着车门密封条流动可以将驾驶员的注意力分散降到最低程度；或者水流过侧窗的上部，也不会影响到驾驶员的视野。侧窗液流的路径受作用在侧窗上的剪应力的影响。这意味着，对侧窗的改变会影响侧窗玻璃水流的路径（尤其是以较低车速行驶时）。

⑦ 关于外后视镜的布置与造型，通过综合对比分析，一个基本的判定原则是：外后视镜基座安装在车门本体上要优于安装在三角窗盖板上。而后视镜座上下宽幅、后视镜截面形状等细节要素的影响，需要结合整车外流场分析或风洞试验，并兼顾整车风阻、风噪等属性要求进行综合评价。

6. 汽车溅水及由水引起的车身表面污染

在汽车溅水及由水引起的车身表面污染现象中，根据污染源的不同分为外车溅水、自身溅水和表面水流等。对于这些有关整车外部水管理内容，在实际车型开发中，重点进行自身溅水和表面水流的分析，从而减少车身表面污水、泥土的附着，减少车身表面雨水污染和腐蚀。自身溅水和表面水流分析主要包括车轮溅水和尾部涡流，通常利用 Fluent 中的欧拉壁膜模型（EWF）连接空间离散相液滴和车身表面液膜，最后得到液滴撞击壁面而形成的液膜在壁面沉积和运动的仿真结果，不同区域的不同污染壁膜厚度，体现相应不同的污染程度，如图 3-53 所示。也可通过图像处理，分析不同区域内的污染像素数与该区域内总像素数之比 R_C，从而确定不同区域的污染程度。

通过欧拉壁膜模型（EWF）仿真分析，还可得到清晰的液滴运动轨迹（不同的液滴轨迹用不同的颜色进行区分），如图 3-54 所示，大量的液滴从轮腔内部射出，汇入尾流，并在尾流的作用下翻卷。而尾流区也有大量的液滴从车身底部运动而出，在下部涡旋的作用下

图 3-53 欧拉壁膜模型（EWF）Fluent 仿真结果及实车试验结果（见彩插）

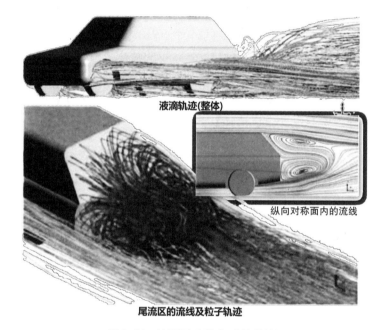

图 3-54 液滴运动轨迹（见彩插）

向上翻卷，当达到两个涡漩的交界区域时，部分液滴进入上部涡漩，并随着气流贴近车身表面运动。

根据整车外流场特性影响液滴运动和车身表面水膜运动的规律、液滴的运动轨迹与车身表面污染的关系，并进行数值仿真方法验证，分析不同车轮辐板结构、不同车轮纵向花纹的侧面水相附着规律；分析护轮板、挡泥板、车尾顶部导流板、车尾底部扰流板和车尾两侧导流板等车身附件宽度、长度和高度对气流、车身表面污染的影响程度，进行优化和控制研究，获得车身表面污染得以减少的具体有效措施。减少车身表面污染一般的改进方案：①设计合理的车轮轮辋结构和轮胎纵向花纹；②增加护轮板；③增加车尾顶部导流片板；④设置车尾底部扰流板；⑤设置车尾两侧导流板等。

3.2.7 新能源汽车的保安防灾

随着汽车电动化及智能化的迅猛发展，整车的功能及配置日益复杂，自燃事故频发，部分新能源汽车安全隐患突出，对消费市场影响深重。因而，车辆设计时必须充分考虑保安防灾的要求，尽可能避免潜在的事故灾难发生。新能源汽车的起火原因主要集中在几个方面，如撞击后起火、线路短路、机械摩擦起火、接触不良及漏电等。在整车设计过程中，可以从几个主要系统维度去考虑整车的保安防灾设计，如动力底盘系统的防灾设计、管线路的防灾设计、座椅约束系统的防灾设计及整车电磁兼容设计等。

1. 动力系统

电动汽车在动力系统层面跟传统燃油车差异较大，纯电动汽车取消了发动机模块，取而代之的为电机减速器系统、电池系统及电控系统。电机的设计中要注意减速器的密封设计，防止出现漏油的问题。控制系统的设计中，接头的选择、结构设计及冷却回路的设计需注意避免出现接触不良、密封等级不够等问题。电池的防灾是电动汽车的重点，在整车设计中要避免电池成为离地最低点，避免撞击，以免发生火灾及爆炸。电池的布置要与车身保持合适的距离，预留足够的碰撞溃缩空间，以免电池受到挤压。电池的使用安全也非常重要，在使用及维修过程中，需严格按照规范要求进行操作，以免造成人身伤害及系统破坏等。

增程电动汽车的系统相对燃油车有很多类似的地方。燃油系统燃料的泄漏会导致火灾。机舱的热管理设计要综合考虑热流场的走向、排气管与关键部件的间距及隔热结构的设计等，避免因温度过高引燃周边可燃物，或引起重要部件因过热导致的故障等。

2. 底盘系统

底盘系统的保安防灾主要考虑制动系统（包括ESP）、转向系统、离合器及轮胎等。在整车设计过程中要注意保证相关结构的承载能力及足够的运动间隙，避免因相互间干涉或摩擦导致过热，甚至发生火灾。离合器摩擦片的过度磨损或破损会导致润滑油有机会与压盘接触，进而导致火灾。同样，转向系统的油管老化及周边干涉接触也会导致转向液泄漏，增加起火风险。车辆的制动系统设计中要考虑制动盘磨损的问题，避免过热起火。轮胎的设计要考虑过载要求，避免因过载或路面冲击导致的故障。

3. 管线路

线路和管路的设计中，首先要有合理整齐的走线布局，不可有过小的转弯半径。通常，转弯半径应大于管线半径的3倍以上，否则需具体验证评估。管线的固定也非常重要，通常两个固定点间不得超过400mm，软管或线束距离不得超过200mm。固定点尽量避免安装在振动部件上，且固定点的设计强度需足够承受管线的重量。

搭铁的设计在管线路防灾中非常重要，其中发动机ECU、ESP等对整车性能及安全影响大，且易受其他用电设备干扰，所以这些件的搭铁点需独立设置。安全气囊系统常采用双搭铁。无线电系统为避免干扰，采用单独搭铁。弱信号传感器采用独立搭铁，且搭铁点尽可能靠近传感器，确保信号的准确传递。搭铁的原则是就近搭铁，避免搭铁线过长而造成电压降。

管线路穿越金属孔或金属棱角时，须有弹性护套管保护；线束布线应沿边、沿槽，且车体内线束不可直接外露或承载压力。管线路要避免与周边干涉，保证与高温部件的合理距离，避免因高温及运动干涉导致的故障及火灾。线束连接处应考虑防水等级要求，尽量避免泥沙直接飞溅。

4. 座椅及约束系统

座椅及约束系统的保安防灾主要集中在以下几个方面：座椅材质的选择、内部线路的优化设计、钣金优化设计，以及必要的保护性防护等。

材质选择阻燃等级高的材料，可降低发生火灾风险、延缓火灾趋势发展、争取逃生时间等。线束应走向合理、固定可靠。钣金设计要尽可能避免尖锐棱角，以免刮伤线束等。

除此之外，特殊的区域需增加防护，如钣金与管线搭接的位置要有波纹管防护，或在易磨损位置增加毛毡等，从而防止由于管线的破损及短路等引起火灾。

5. 电磁兼容

电动汽车上的车用电子设备日益增多，汽车电子零部件在整车成本占比中甚至达到了65%以上，与燃油车不可同日而语。由此导致的电磁兼容问题的影响日益扩大，相关的车辆故障不胜枚举，需在设计过程中强化整车EMC设计管控。根据欧盟2004/104/EC中对电磁兼容的定义，汽车电磁兼容是指车辆、零部件或独立技术单元在其电磁环境中能令人满意地工作，又不对该环境中任何事物造成不应有的电磁骚扰的能力。具体讲是指汽车及其周围的空间中，在一定的时间（运行的时间）内，在可用的频谱资源条件下，汽车本身及其周围的用电设备可以共存不致引起降级。

在整车设计过程中，需要特别注意控制器与高压线、高压线与低压线等的电磁兼容问题，主要解决的办法有屏蔽法（图3-55a）、滤波法（图3-55b）及接地法（图3-55c）等。

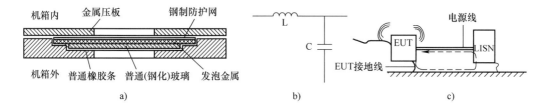

图3-55 电磁兼容问题解决方法

车辆需满足各个国家或地区针对电磁干扰制定的相关法规，才能在相应国家或地区上市销售。整车级电磁干扰法规清单见表3-43。

表3-43 电磁干扰法规清单（整车级）

类别	内容	中国国家标准	ISO	IEC/CISPR	SAE
整车	一般规定	GB/T 33012.1	ISO 11451-1		SAE J551-1
	车外辐射源法	GB/T 33012.2	ISO 11451-2		SAE J551-11
	车载发射机模拟法	GB/T 33012.3	ISO 11451-3		SAE J551-12
	大电流注入法	GB/T 33012.4	ISO 11451-4		SAE J551-13
	混响室法				SAE J551-14
	静电放电	GB/T 19951	ISO 10605		SAE J551-15
	抗瞬态电磁干扰				SAE J551-16
	抗电源线磁场干扰				SAE J551-17
	电动汽车电磁场发射	GB/T 18387		CISPR 36	SAE J551-5
	保护车外接收机	GB 14023		CISPR 12	SAE J551-2
	保护车载接收机	GB/T 18655		CISPR 25	SAE J551-4
	人体曝露	GB/T 37130		IEC 62764-1	
	电磁兼容性	GB 34660			

3.2.8 电动汽车与燃油汽车总布置设计差异分析

21世纪以来能源使用日益紧张，且随着社会发展，消费者也更加注重驾乘体验、环保及经济性。一个优秀的车型需兼具优秀的动力性能，同时又不乏环保、科技及经济性，以此为消费者带来安全感和满足感。基于汽车消费理念的变化，新能源汽车在新世纪的汽车发展中写下了浓墨重彩的一笔，呈现出了百花齐放的繁荣景象。走在街头，你会发现各种类型的新能源汽车驰骋在大街小巷，比如电动汽车、混动汽车、氢燃料汽车、天然气汽车及太阳能汽车等，其中，电动汽车是绝对的明星。现今市场中电动汽车的技术路线主要有两种，一种是以特斯拉为代表的纯电动汽车，另一种是以理想汽车为代表的增程电动汽车。两种技术路线各具特点，各有千秋，其与传统的燃油汽车在结构集成设计方面有较大差异。

1. 纯电动汽车

纯电动汽车在2015年左右开始重新繁荣起来。电动汽车在启动和驾驶过程中提供澎湃的动力，可使驾驶者充分享受极致的驾驶体验，其百公里加速时间远远少于同级的燃油汽车。同时，电动汽车空间布局更加简洁，相较燃油车空间普遍利用率不足的现状有非常大的提升，且驾驶过程中静音效果良好。

本章3.1.4节详细介绍了纯电动汽车与燃油汽车两种车型平台在总体布局、热管理系统、碰撞安全、电气架构、整车重量等方面的差异，本节仅阐述全新纯电动车与燃油汽车在整车结构布置集成设计中整车外形比例、动力机舱和下车体的差异。

1）整车比例。纯电动汽车与燃油汽车从外观车体的总体比例上很容易区分。纯电动汽车由于动力机舱布置系统尺寸大大减小，总体相对燃油汽车会呈现出长车颈的效果，增加车辆豪华感。如图3-56所示，整车 $L113$（BOFRP到前轮心 X 向距离）也会比燃油汽车偏大，普遍取值为500mm以上，甚至600mm以上。由于纯电动汽车地板下布置电池包，且目前电池包的高度很难做得很小，因此纯电动汽车的车高难降低，需要匹配全玻璃顶天窗形式才可做到1500mm左右，整体高度比例优化较难。综上，纯电动汽车相对燃油汽车呈现出长轴距、短前后悬、车更高的趋势。

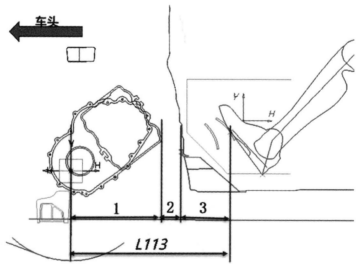

图3-56　纯电动车 $L113$ 示意

2)动力机舱。纯电动汽车的动力系统相对燃油汽车发生了重大变化,由发动机变速器系统变成了动力电机系统,包含电机、减速器及电机控制器。其中平行轴电机布置更灵活。电机系统相对发动机系统尺寸大幅度减小,对动力机舱的布置空间要求较低,因此,纯电动汽车通常会增加一个前舱的储物盒,成为纯电动汽车身份象征。其效果如图3-57所示。

图3-58所示为纯电动汽车动力机舱电机动力系统及主要机舱附件系统的布置效果,如倾斜布置的散热模块、三合一动力系统(电机、减速器及电机控制器集成)、高压配电盒PDU、制动助力泵及电磁阀等。动力机舱主要附件的布置也较为灵活,如散热模块可以倾斜布置,进一步减小 X 向需求的尺寸空间,并增加散热系统的正投影面积,提高散热效率,同时进一步提供动力机舱的空间利用率。

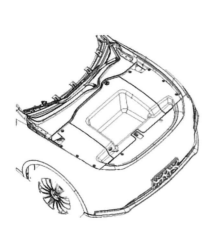

图 3-57 纯电动车前行李舱

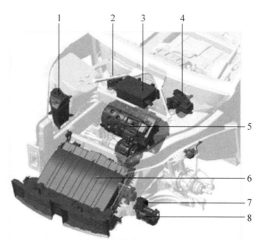

图 3-58 纯电动车前舱布置

1—冷却水壶 2—ESC 3—前高压配电盒 4—真空助力泵
5—前单电机 6—冷却模块 7—电磁阀 8—充气泵

3)下车体。图3-59所示为纯电动汽车下车体布置方案示意。燃油汽车下车体布置的核

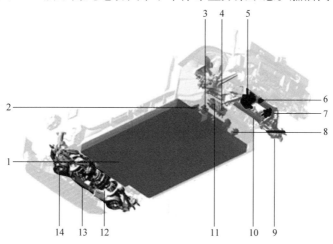

图 3-59 纯电动汽车下车体布置

1—电池包 2、3、7—电子水泵 4—电池冷却器 5—压缩机 6—三通比例阀
8—四通阀 9—前悬架 10—前副车架 11—PTC 12—电动机 13—后副车架 14—后悬架

心是动力系统（发动机与变速器总成），而纯电动汽车的整车布置核心则是电池，下车体的结构布置都是围绕电池包开展，需尽可能扩大电池的空间使用率，并控制 Z 向高度，并考虑安全碰撞的要求，预留周边安全间隙等。电池包占据了整个下车体最大的空间，同时还需考虑电池加热及冷却系统的布置等。

2. 增程电动汽车

纯电动汽车的推广中，续驶里程一直困扰着消费者，较短的续驶里程及较长的充电时间严重限制了纯电动汽车的使用场景，基于此增程电动汽车的概念又被重提，其热度持续增加。

增程电动汽车是在电动汽车平台上设置了增程器，兼顾了燃油汽车和电动汽车两者的优点。增程器一般是指能够通过做功发电提供额外的电能，解决纯电动汽车续驶里程不足的问题。增程电动汽车在电量充足时，由动力蓄电池提供电能驱动电机，增程器不工作。当电池电量消耗到一定程度时，增程器启动工作发电驱动电机，多余的电量给电池包充电，增程器会根据整车动力需求适当增大或减小输出功率。增程电动汽车理论上的热效率要优于混合动力车型，但是由于系统综合匹配非常复杂，实际的增程模式下的综合热效率仍表现一般，需持续优化。

增程电动汽车与燃油汽车相比，差异主要集中在动力系统和下车体。由于动力机舱布置件的增加，相对燃油汽车，增程电动汽车机舱更为拥挤，且前悬长度普遍较大。此外，由于匹配系统较多，整体系统非常复杂，热管理问题突出，需同时配置纯电动汽车和燃油汽车的主要系统及部件，并增加了增程专属的系统，技术难度非常高。

1）机舱。增程电动汽车动力机舱最主要的核心部件是增程器，通常分为两种型式，一种是集成式增程器（包含发动机、发电机、驱动电机、增程控制器、减速器等），另一种为分体式增程器（包含发动机、发电机），驱动电机单元和增程控制器分开布置。集成式增程器空间利用率相比分体式更好，节约了机舱 X 向空间，且只需要一套悬置系统，但其布置受限于驱动轴要求，在机舱内布置位置相对灵活度略小。

图 3-60 所示为分体式增程器的布置方案示意。其空间利用率差，但与驱动电机分开布

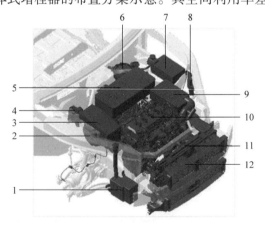

图 3-60　分体式增程器布置

1—洗涤液壶　2—前电机　3—低温冷却水壶　4—ESC　5—GCU、PDU　6—真空助力泵
7—高温冷却水壶　8—ECU　9—空滤器　10—增程器　11—冷却模块　12—主动进气格栅

置,在机舱内布置较为灵活,可以在有限空间内方便调整位置,只需满足常用的热害间隙及空间要求即可。此外,需为增程器和驱动电机配置两套单独的悬置系统,整体匹配较复杂,且增程控制器需单独布置,线路及冷却管路布置复杂,机舱较为杂乱。增程电动汽车的机舱布置非常紧凑,集合了如增程发动机、驱动电机、冷却模块、高压盒及增程控制器等。空调压缩机可以是电驱动,也可类似燃油汽车集成到增程发动机上,以便更好地隔绝压缩机振动的影响。

2)下车体。图3-61所示为增程电动汽车下车体布置示意,其下车体布置兼具燃油汽车及电动汽车的特点,需考虑燃油箱、排气管和电池包的布置,尤其当电池包较大时,排气管与电池包的避让布置结构非常复杂。相对燃油汽车,增程电动汽车依然需要考虑电池包的加热和冷却系统布置,同时要考虑电池包的固定及安全要求等。

增程电动汽车排气的布置通常有两种:侧边布置和居中布置。对于整体式电池包,排气管一般走下车体靠近侧围向后穿过,此法电池包热管理问题较为突出,需优化排气管周边的隔热、通风等结构设计。对于分体式电池包,排气管可以居中布置,整体热管理效果较好,但是电池包的分体式结构会增加接口成本,并不利于电池包整体的性能优化控制。

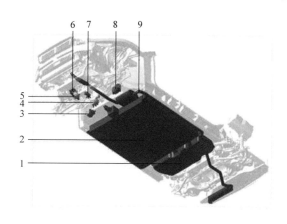

图3-61 增程电动汽车下车体布置
1—燃油箱 2—电池包 3、5—电子水泵 4—电池冷却器 6—三通比例阀
7—四通阀 8—PTC 9—排气系统

3.3 整车人机工程

人机工程学是一门涉及人体的多领域学科,包括心理学、人体测量学、生物力学、解剖学、生理学和心理物理学等,研究人的特性、能力和局限性,然后应用这些信息来设计和评估人们使用的设备和系统。整车人机工程的基本目标就是以人(驾驶员和乘客)为中心,研究整车及其系统设计如何适应人的需要,创造一个舒适、操作方便、可靠的驾驶环境和乘坐环境,设计一个最佳的人-车-环境系统。汽车舒适性就是使用车辆时,车辆作为直接驾驶对象或乘坐工具与人机属性的适应性,这也是汽车人机工程的核心要义。

考虑汽车舒适性设计(人机工程学分析)时,第一是使用容易性,考虑人体功能,减轻负荷,操纵简单方便;第二是舒适度,降低不适的刺激,感受到安慰和舒适;第三是闲适与快乐，综合协调性所带来的闲适与乐趣，其中也包含符合整车概念及驾驶员个性的感性诉求。本节将重点从驾乘人体坐姿、驾驶员视野、乘坐舒适性、操作舒适性等乘用车设计中的人机工程学分析的四大领域，详细论述相关分析方法和评价。

3.3.1 驾乘人体坐姿分析

驾乘人体坐姿分析基于人体测量学和生物力学，依赖于人体尺寸和人体功能，来设定驾驶或乘坐等使用汽车时的不同姿势，将人体测量数据应用于车型设计中和适应人体的产品评估中，同时应用生物力学来评估人的身体或身体部位在操作或使用车辆时是否舒适和安全。

1. 驾驶员布置与坐姿分析

确定驾驶员布置和坐姿，内容包括：①确定驾驶员布置设计基准点，男性 95 百分位驾驶员（群体）设计 H 点、男女 50:50 混合 50 百分位驾驶员（群体）设计 H 点和女性 5 百分位驾驶员（群体）设计 H 点；②确定驾驶员座椅调节范围；③确定驾驶员坐姿状态：95th、50th、05th。

用于定义驾驶员位置和相关尺寸的设计基准点有：

① $SgRP$，是一个特殊的臀部的位置点（H 点），汽车企业把它作为一个关键的参考点来定义每个指定的乘坐位置的座位。每个指定的乘坐位置（驾驶员、前排乘客、后排乘客），都存在一个特殊的 H 点，分别称为驾驶员 $SgRP$、前排乘客 $SgRP$ 或后排乘客 $SgRP$。

② AHP，是当驾驶员脚与未压下的加速踏板接触时，在受压地板（地毯）接触处，驾驶员的鞋的踵点。SAE J1100 定义其为"当鞋工具（SAE J826—2008 或 SAE J4002—2010 中规定）正确放置（BOF 与松开的加速踏板的横向中心线接触，且鞋底部始终放在踏板平面上）时，一个位于鞋的鞋跟和受压地板覆盖物之间的十字交叉点"。通常情况下，地毯压缩量（地毯厚度 $H67$ 与压缩状态厚度 $H68$ 之差）为 5~7mm，多设定为 5mm。

③ $BOFRP$，是驾驶员脚底部的一个点，它沿着加速踏板平面距离 AHP 点 203mm。

④ $A47$，其定义为侧视图中测量加速踏板平面与水平面的角度。特别说明，这里的"加速踏板平面"并不是真的指实际加速踏板的平面，而是代表了在 SAE J826 或 SAE J4002 中定义的人体模型的鞋的底部。因此，$A47$ 在中国汽车行业中也称驾驶员鞋底角。$A47$ 可以通过 SAE J4004 提供的方程来计算，见式（3-33）；它也可通过 SAE J826 或 SAE J4002 定义的人体模型工具来测量。

$$A47 = 2.522 \times 10^{-7} H30^3 - 3.961 \times 10^{-4} H30^2 + 4.644 \times 10^{-2} H30 + 73.374° \quad (3\text{-}33)$$

式中　$H30$——驾驶员坐姿高（$H30-1$），单位为 mm。

（1）确定驾驶员 $SgRP$ 的影响因素和四种情形

在定义驾驶员布置中，驾驶员 $SgRP$ 是最基本和最重要的参考点，确定驾驶员 $SgRP$ 是分析确定驾驶员布置设计基准点的核心内容。驾驶员 $SgRP$ 必须在车型开发的早期就确定，并且在整个车型开发过程中不应被改变，至少要非常谨慎地进行调整。这是因为：①驾驶员 $SgRP$ 决定了驾驶员在车辆布置中的位置；②所有与驾驶员有关的设计和评价分析都和它有关系，如驾驶员眼点及各种视野分析、车内空间要求（头部空间、腿部空间、肩部空间）、可触及区域、控制和显示的位置、驾驶员操控性以及上车方便性等。驾驶员 $SgRP$ 与整车总布置集成设计中各项工作之间的逻辑关系，可参阅 3.2.1 节中的图 3-7。

影响驾驶员 $SgRP$ 的主要因素如下：

① 乘用车类型。表 3-44 列出了不同乘用车型的驾乘坐姿高度 $H30$ 和离地高度 $H5$ 的大致范围。

表 3-44 不同车型的坐姿高度 $H30$ 和离地高度 $H5$ 的大致范围

	轿车 Sedan/Wagon 系	运动型 SUV 系	跑车
$H30$	220~270mm	300~350mm	200mm 以下
$H5$	460~550mm	560~700mm	430mm 以下

② 产品目标市场所适应的人群。根据车型的产品定位和主要销售区域，选择合适的人体模型（包含人体尺寸测量统计数据和生物力学测量统计数据）。在车型设计中多采用百分位数，如大个子人群采用男性第 95 百分位的人体模型，中等个子人群采用男女 50∶50 混合第 50 百分位的人体模型，小个子人群采用女性第 5 百分位的人体模型。

③ 加速踏板、下车体结构（地板地毯）等零部件布置以及变速器型式等。

在实际车型开发项目中，尤其整车设计的早期，由于上述相互影响的各个因素可能部分或全部已确认，或存在一定的限制条件，那么驾驶员 $SgRP$ 的确定就有所不同。归纳起来，确定驾驶员 $SgRP$ 有四种情形，见表 3-45，基本上涵盖了目前乘用车车型开发中正向开发、逆向开发、样车分析等各种应用场景模式。

表 3-45 确定驾驶员 $SgRP$ 的四种情形

情形	情形概况	具体输入条件		正向设计	逆向设计
		相同输入	不同输入		
1	初定 $SgRP$ 和 $H30$	①人体模型；②转向盘布置；③换档模式	④初定座椅轨道 $A19$；⑤初定 $SgRP$；⑥初定 $H30$	[■]	
2	已定加速踏板和地毯布置、初定 $H30$		④初定座椅轨道 $A19$；⑤初定 $H30$；⑥加速踏板布置；⑦地毯布置	[■]	
3	已定地毯布置、初定 $SgRP$		④初定座椅轨道 $A19$；⑤地毯布置；⑥初定 $SgRP$	[■]	
4	已知座椅调节范围、加速踏板和地毯布置		④加速踏板布置；⑤地毯布置；⑥座椅调节行程及区域位置	[■]	[■]

（2）确定驾驶员 $SgRP$ 的一般程序和方法

驾驶员 $SgRP$ 的确定常采用如下规定：①由汽车制造商指定；②它位于座椅轨道运动到最后位置或其附近；③目前汽车行业内多采用 SAE 技术标准，建议驾驶员 $SgRP$ 布置在由 H 点高度（$H30$）得到的 H 点分布的第 95 百分位位置（常称为 $SgRP$ 舒适性曲线）。尽管部分汽车企业或制造商依据自己具体的规范来设定驾驶员的 $SgRP$，主要原则和逻辑与 SAE 的技术规范相似。所以本节主要以 SAE 技术规范来论述确定驾驶员 $SgRP$ 的一般程序和方法。图 3-62 所示为确定驾驶员 $SgRP$ 的四种情形及相关因素之间的逻辑关系，以便于读者更清晰地理解，在车型开发项目中，结合实际技术状态，灵活应用。

每个驾驶员的乘坐位置被定义为驾驶员的 H 点位置，而 H 点的位置由驾驶员在车内座椅高度位置确定的水平方向座椅导轨的位置决定（用 $H30$ 度量）。图 3-63 所示为通过大量驾驶员在不同 $H30$ 值的车辆中实际位置研究提供的从第 2.5 到第 97.5 等共 7 个百分位 H 点位置的统计方程式所建立的座椅布置模型，即 7 个百分位 H 点位置的舒适性曲线。式（3-34）

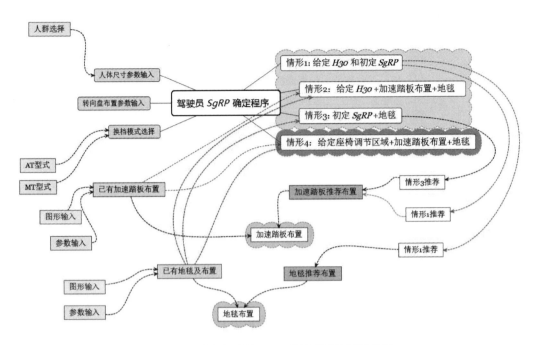

图 3-62　确定驾驶员 $SgRP$ 的情形及其逻辑关系

适用于 SAE 规定的 A 类车辆（乘用车和轻型货车），驾驶员男女比例为 50∶50。

在实际车型开发项目中，若碰到情形 1 和情形 3，已知或初定 $SgRP$ 等条件，可通过式（3-33）和式（3-34）反向确定不同 $H30$ 状态的 AHP 曲线（图 3-63），从而确定 AHP

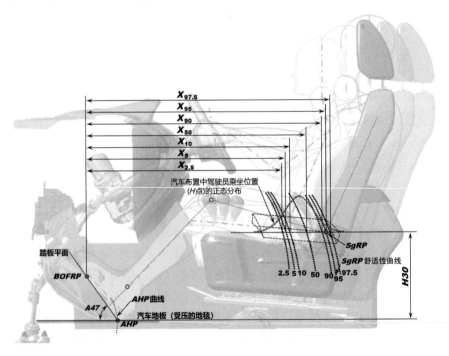

图 3-63　A 型车第 2.5 到第 97.5 百分位 H 点位置舒适性曲线

点，进一步确定基于驾驶员坐姿的加速踏板布置或地毯布置。

无论哪种情形，均可灵活应用式（3-33）、式（3-34）和式（3-35），确定驾驶员人体布置的几个重要基准点 $SgRP$、AHP、$BOFRP$。

$$\begin{cases} X_{97.5} = 936.6 + 0.613879H30 - 0.00186247H30^2 \\ X_{95} = 913.7 + 0.672316H30 - 0.00195530H30^2 \\ X_{90} = 855.0 + 0.735374H30 - 0.00201650H30^2 \\ X_{50} = 793.7 + 0.903387H30 - 0.00225518H30^2 \\ X_{10} = 715.9 + 0.968793H30 - 0.00228674H30^2 \\ X_5 = 692.6 + 0.981427H30 - 0.00226230H30^2 \\ X_{2.5} = 687.1 + 0.895336H30 - 0.00210494H30^2 \end{cases} \quad (3\text{-}34)$$

式中　$X_{97.5}$、X_{95}、X_{90}、X_{50}、X_{10}、X_5、$X_{2.5}$——$SgRP$ 到 $BOFRP$ 的水平距离，单位为 mm；

　　　$H30$——驾驶员坐姿高（$H30-1$），单位为 mm。

$$\begin{cases} H = 203\sin(A47) \\ L = 203\cos(A47) \end{cases} \quad (3\text{-}35)$$

式中　H——AHP 到 $BOFRP$ 的垂直距离，单位为 mm；

　　　L——AHP 到 $BOFRP$ 的水平距离，单位为 mm；

　　　$A47$——踏板平面角，单位为（°）。

（3）确定驾驶员座椅轨道行程调节范围及位置

乘用车驾驶员座椅轨道调节方式大致有三种形式：两向调节、四向调节和六向调节。相关参考点和轨迹行程尺寸采用 SAE J1100 的定义，如图 3-64 所示。

主流汽车企业普遍采用 SAE J4004 来定义座椅轨道，如图 3-65 所示，接近 $BOFRP$ 的 H 点参考点（座椅轨道参考中心）的 X 向距离 X_{ref} 按式（3-36）来计算。

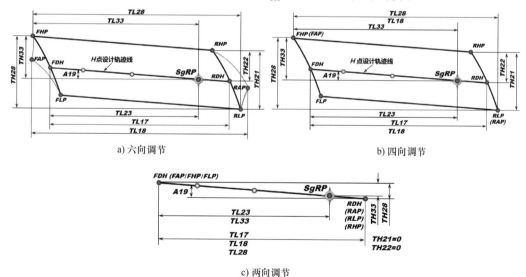

a) 六向调节　　　b) 四向调节

c) 两向调节

图 3-64　H 点轨迹及形式

$$X_{\text{ref}} = 718 - 0.24H30 + 0.41L6 - 18.2t \tag{3-36}$$

式中　X_{ref}——接近 BOFRP 的 H 点参考点（座椅轨道参考中心）的 X 向距离，单位为 mm；

　　　$H30$——驾驶员坐姿高（$H30-1$），单位为 mm；

　　　$L6$——转向盘中心 WO 到 BOFRP 的 X 向距离，单位为 mm；

　　　t——变速器类型（如果存在离合踏板，则 $t=1$；如果没有离合踏板，则 $t=0$）。

如图 3-65 所示，确定座椅轨道参考中心的 X 向距离 X_{ref} 后，选择座椅的适应度（可容纳总百分数），根据 SAE J4004 的推荐，确定座椅轨道前部百分位、座椅轨道后部百分位、座椅轨道总长度等，见表 3-46。

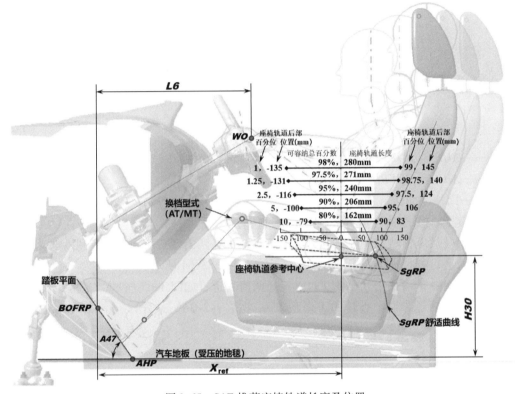

图 3-65　SAE 推荐座椅轨道长度及位置

表 3-46　驾驶员座椅轨道长度与位置　　　　　　　　（单位：mm）

百分位		1	1.25	2.5	5	10	90	95	97.5	98.75	99
距轨道参考中心 X 向距离		-135	-131	-116	-100	-79	83	106	124	140	145
适应度	80%	—	—	—	—	162	—	—	—	—	
	90%	—	—	—	206		—	—	—		
	95%	—	—	240				—	—		
	97.5%	—	271						—		
	99%	280									

如图 3-66 所示，可用作图法确定各个百分位（1～99）相对座椅轨道参考中心前后 X 向位置，再考虑座椅轨道的倾斜角 A19，绕 SgRP 顺时针方向转动 A19 角度，结合选择的适

应度范围,从而得到 H 点设计位置轨迹线、最前设计 H 点（FDH）和最后设计 H 点（RDH）。比如,为了满足 95% 的适应度,那么最前设计 H 点（FDH）取 2.5 百分位的位置点,距离座椅轨道参考中心向前 116mm;最后设计 H 点（RDH）取 97.5 百分位的位置点,距离座椅轨道参考中心向后 124mm;座椅轨道总长度（FDH 到 RDH）为 240mm。

利用式（3-34）,得到 5 百分位 H 点舒适曲线和 50 百分位 H 点舒适曲线,两曲线与 H 点设计位置轨迹线（FDH—RDH）的交点分别为 5 百分位设计 H 点和 50 百分位设计 H 点。

针对四向调节或六向调节的座椅,若初选座椅垂直上下调节行程大于 40mm,即有 $TH_V > 40$mm,则取 $TH_L = 20$mm,否则 $TH_L = TH_V/2$;通过与驾驶员 $SgRP$ 的垂直距离为 TH_L 并向下的 R_L 点,作 H 点设计位置轨迹线（FDH—RDH）的平行线段（FLP—RLP）,在上面作另一平行线,使得两平行线段（FHP—RHP）、（FLP—RLP）之间在垂直方向的距离为 TH_V,并且两平行线段的长度与 H 点设计位置轨迹线（FDH—RDH）的长度相同;最后结合座椅轨道调节结构的运动特性形成的调节轨迹区域尾部特征,确定各个设计参考点,即 FLP、RLP、FHP、RHP 以及针对六向调节结构的最前参考点 FAP 和最后参考点 RAP,形成如图 3-66 所示的驾驶员座椅调节范围及位置。

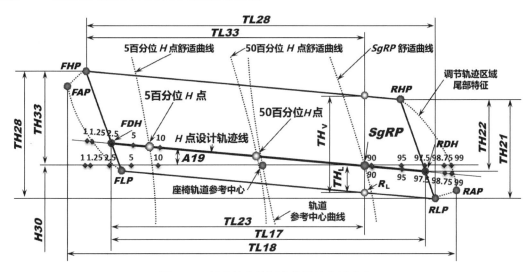

图 3-66 驾驶员座椅调节范围及位置确定

在车型开发实际项目中,若遇到情形 4 的状态:已知座椅调节范围及位置,即已知 FLP、RLP、FHP、RHP 以及 FAP、RAP 各点位置（逆向设计或参考样车的实车测量分析）,利用上述原则,首先确定两平行线段（FHP—RHP）、（FLP—RLP）之间在垂直方向的距离 TH_V,若 $TH_V > 40$mm,则取与线段（FLP—RLP）的垂向间距为 20mm 的线作为 H 点设计位置轨迹线,否则取两平行线段（FHP—RHP）、（FLP—RLP）之间平分线为 H 点设计位置轨迹线。再利用式（3-34）得到各个 H 点舒适性曲线与 H 点设计位置轨迹线的交点,即可得到逆向设计样车或参考样车的驾驶员 $SgRP$、50 百分位设计 H 点和 5 百分位设计 H 点。

实测或验证实车座椅乘坐位置及调节范围的方法:设置 SAE J826 指定的 H 点设备（HPM）或 SAE J4002 指定的 H 点设备（HPD）三维测量装置,放置在测量的座位上,获得相应 H 点。由于座椅可压,且具有弹性,为确保实测 H 点与设计 H 点的偏差满足设计公差要求,并尽可能减小偏差,通常利用 HPM 或 HPD 测量座椅处于最下最后的状态,获得 RLP

（或两向调节座椅的 RDH），再通过座椅轨迹及其调节结构获得其他位置参考点。详细测量规程可参阅 SAE J826、SAE J4002 或汽车制造企业的内部标准。

（4）确定驾驶员座椅靠背角（或称为躯干角）A40 – 1

依据 SAE J1100 的定义，靠背角（或躯干角）A40 是人体模型躯干参考线与垂直线之间的夹角（见图 3-67 中的 A40 – 1）。

驾驶员可以利用座椅靠背角可调节功能，按照自己的偏好或舒适度来调整乘坐时的座椅靠背角。在 20 世纪 60 年代或 70 年代，大多数汽车企业将座椅靠背角 A40 设定为 24°或 25°。随着座椅靠背角可调节功能的广泛使用，大多数驾驶员更倾向于坐得更直了。在大多数乘用车中，A40 设定为 15°~25°，而多用途货车（俗称皮卡）和 SUV 坐姿相对更高，A40 多设定为 15°~23°。在乘用车车型开发中，坐姿高 H30 大，则 A40 取偏小值。

（5）驾驶员人体模型布置坐姿和驾驶舱主要布置空间尺寸分析

确定驾驶员布置的主要基准点 SgRP、50 百分位 H 点、5 百分位 H 点、AHP、BOFRP、A40 之后，结合转向盘的布置位置（详见本章 3.2.4 节中转向系统的集成布置），按照选定的人体模型数据，进行驾驶员人体模型布置摆放。如图 3-67 所示，分别分析各人体模型（大个子人群采用男性第 95 百分位的人体模型，中等个子人群采用男女 50:50 混合第 50 百分位的人体模型，小个子人群采用女性第 5 百分位的人体模型）的上下肢体各个人体关节角度，分析驾驶舱主要布置空间尺寸。

（6）驾驶员布置与坐姿的人机工程评价

如图 3-67 所示，获得大个子、中等个子和小个子人群的坐姿肢体关节角度及驾驶舱主

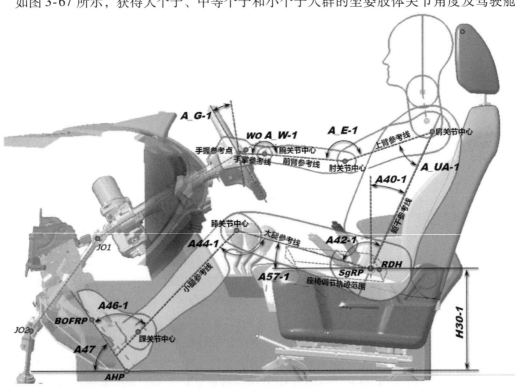

图 3-67　驾驶员布置设计基准点及坐姿

要布置空间尺寸。通过同类车型对标分析以及结合相关主观评价经验,驾驶员坐姿的人机工程评价及推荐范围可参考表3-47。

表3-47 乘用车驾驶员人体坐姿评价:肢体关节角度尺寸　　　　　单位:(°)

名称	靠背角	臀部角	膝关节角	踝关节角	鞋平面角	大腿水平角	上臂躯干角	肘关节角	腕关节角	手掌与转向盘夹角
代码	A40-1	A42-1	A44-1	A46-1	A47	A57-1	A_UA-1	A_E-1	A_W-1	A_G-1
推荐范围	15~25	95~115	112~135	87~105	40~70	5~20	0~50	80~170	170~190	0~30

2. 乘员布置与坐姿分析

乘员布置与坐姿分析包括:①确定布置设计基准点,$SgRP$、FRP、BOF等;②分析各排座椅95^{th}、50th、05^{th}乘员坐姿状态;③分析乘员舱纵向主要布置空间尺寸。

(1)确定各排乘员布置的设计基准点

乘用车乘员舱座椅布置一般为单排、双排或三排,如双座跑车的单排布置、5座乘用车的双排布置、7座乘用车(大SUV、MPV等)的三排布置。图3-68所示为某乘用车(SUV)三排座椅的乘员布置示意。各排乘员座椅$SgRP$的确定与下列因素密切相关:①整车轴距$L101$;②前围板及加速踏板的布置及$BOFRP$距离前轴中心的距离$L113$;③空载前后轴的轴荷分配的状态以及半载和满载状态的前后轴的轴荷分配的要求(参阅本章3.2.2小节有关整车质量参数估算的论述);④乘员乘坐的纵向空间尺寸,如$L50-2$、$L50-3$;⑤座椅结构及其舒适性要求;⑥下车体布置及地板结构等。

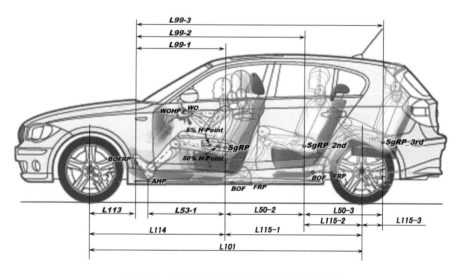

图3-68 某乘用车乘员布置位置及空间示意

通常情况下,考虑主要零部件结构通用化以及控制整车成本等因素,前排乘员座椅的轨道、调节机构和骨架结构等与驾驶员侧座椅基本一致,或简化调节结构只有前后调节轨道。所以,大多数乘用车的前排乘员座椅$SgRP$与驾驶员侧视对称布置。综合上述因素,并和同平台车型、竞争车型或同类型车型等进行广义对标分析,确定乘员座椅布置主要基准点:前排、第二或第三排$SgRP$;前排、第二或第三排FRP和BOF等。后排座椅$SgRP$可以高于前排 5~15mm。

(2) 确定座椅靠背角（或称为躯干角）A40

通常，乘用车前排乘员座椅也具有靠背角可调节功能，其靠背角 A40 与驾驶员座椅设定基本一致，多为 15°~25°；而多数乘用车的第二或第三排座椅的靠背角相对固定不可调节，靠背角设定范围为 20°~30°，常取 25°。同样，坐姿高 H30 大，则 A40 取偏小值。

(3) 乘员人体模型布置坐姿分析

初步确定各排乘员布置的主要基准点 SgRP、FRP、BOF、A40 之后，再结合前一排座椅结构及车身底板结构，按照选定的人体模型数据，进行乘员人体模型布置摆放。同样采用男性第 95 百分位、男女 50:50 混合第 50 百分位和女性第 5 百分位三种人体模型，分析各个人体关节角度。图 3-69、图 3-70 和图 3-71 所示分别为前排、第二和第三排乘员人体坐姿示意。

SAE J1100 规定，当乘员的"鞋模型"处于踝关节角 A46 = 130°状态的位置时，若"鞋模型"还存在一定空间，使其能够继续前移，那么，以踝关节角 A46 = 130°状态的人体模型布置来评价乘员坐姿各人体关节角；当踝关节角 A46 = 130°无法放置"鞋模型"时，向后移动一定量才能放置，则以最小量后移状态的人体模型布置来评价乘员坐姿各人体关节角。

(4) 乘员布置与坐姿的人机工程评价

如图 3-69、图 3-70 和图 3-71 所示，获得大个子、中等个子和小个子人群的人体关节角度。同样通过同类型车型对标以及结合相关主观评价经验，乘员坐姿的人机工程评价及推荐范围可参考表 3-48。

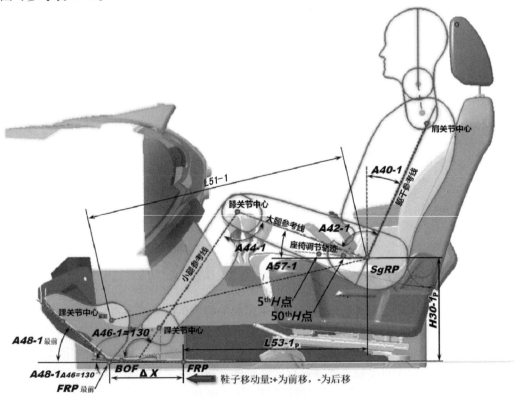

图 3-69 前排乘员人体坐姿

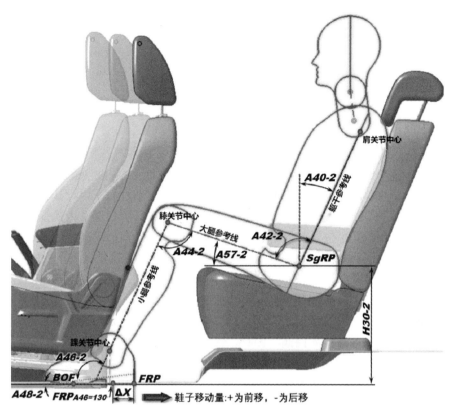

图 3-70 第二排乘员人体坐姿

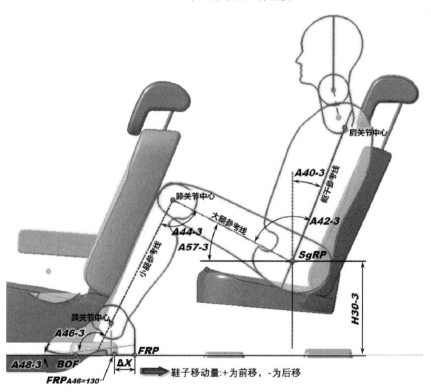

图 3-71 第三排乘员人体坐姿

表 3-48　乘用车乘员人体坐姿评价：肢体关节角度尺寸　　　　　　单位：(°)

名称	靠背角	臀部角	膝关节角	踝关节角	鞋平面角	大腿水平角
代码	A40	A42	A44	A46	A48	A57
推荐范围	[20, 30]	[90, 120]	[90, 145]	[80, 130]	[0, 70]	[5, 25]

3.3.2　视野分析

本小节所述的汽车视野包括两部分：①驾驶员能够观察汽车周围360°范围内其视线到车外不同物体从左到右、从上到下（垂直）的视角范围；②与主仪表、多媒体屏等控制和显示可视性有关的车内视野。而汽车视野分析联系着车型开发的车内设计和车外设计。车内驾驶员布置提供了驾驶员人眼位置，车内造型设计与系统布置提供了内视镜、主仪表、多媒体屏等；车外设计定义了包括前风窗玻璃、后风窗玻璃、侧窗玻璃在内的所有窗口的玻璃曲面、设计玻璃轮廓（Design Glass Outline，DGO）和外视镜。因此，汽车视野分析必须与车内和车外同时紧密协调，以确保驾驶员所有必须的视野清晰，实现安全驾驶。

驾驶员的视野取决于以下几个因素的特性：

1）驾驶员特性：①驾驶员的布置所决定的眼的位置；②如视觉对比度阈值、视力、视野等视觉能力；③头部运动（如前倾、侧身、转头及其舒适的转头角度范围）；④信息处理能力；⑤驾驶员的年龄等。这些特性都决定了驾驶员能够获得的视觉信息数量。

2）与驾驶员视野和可视性有关的车辆特性：①前后风窗、侧窗、天窗等开窗尺寸；②开窗玻璃的材料、光学和安装特性；③由于障蔽、眩目或更亮物体的反射（如外部光源、汽车表面的高反射率、过于光滑材料的反射等）；④间接视觉视野装置（如视镜、传感器、摄像头和显示装置等）；⑤雨刮和除霜除雾系统；⑥车辆照明和识别系统（如前照灯光束模式、信号灯等）；⑦其他能够减少可视性的因素。

3）目标特性：如道路、交通装置、行人、其他车辆、动物或路边物体以及车内仪表、显示装置等不同目标的尺寸、位置和光学特性，及其背景都将影响驾驶员获得的信息数量。

4）环境特性：①如白天、晚上、黎明、傍晚、天气（雾天、雪天、雨天等）等不同照度下的可视条件；②车内车外的光反射；③道路条件；④如太阳、迎面而来的前照灯、街道照明灯等照明和眩目光源。

1. 视野分析基准点（眼椭圆、眼点）

汽车驾驶员眼椭圆是指不同身材的驾驶员按照自己的意愿将座椅调整到舒适的位置，并以正常的驾驶坐姿入座后，他们眼睛位置在整车坐标系中的统计分布模型呈现椭圆状，它为汽车视野设计分析提供了视点基准。驾驶员眼椭圆统计模型总体上服从正态分布，椭圆族中不同椭圆对应着不同的概率值，即对应着不同的百分位。

眼椭圆应用中，应正确理解眼椭圆的视切比与包含比。由某目标点向某百分位眼椭圆作视切线，切线将图形分成两侧，被测驾驶员的眼睛在视切线两侧均有散布。视切线含眼椭圆一侧的区域内的眼睛分布数量与视切线两侧区域内的眼睛总数之比，称为眼椭圆的视切比，记作 p。这样在眼椭圆一侧的眼睛百分比为 $p \times 100\%$，另一侧的眼睛百分比为 $(1-p) \times 100\%$。眼椭圆是汽车视野分析的基准，它只有与视切线一起使用才有意义，因此用视切比来定义眼椭圆的百分位值，如图 3-72 所示，第 95 百分位眼椭圆意味着有总数的 95% 眼睛位于视切线含眼椭圆一侧的区域，另有 5% 的眼睛数位于不含眼椭圆的另一侧。视切比 p 实际上就是位于视切线的含眼椭圆一侧的眼睛的概率。包含比是指眼椭圆内包含的眼睛数与眼睛总数之比，记为 q。包含比 q、视切比 p 以及眼椭圆的百分位数之间的关系可以通过正态分布理论进行分析得到，见表 3-49。

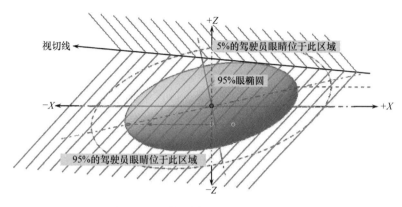

图 3-72 眼椭圆应用和视切线的意义

表 3-49 包含比 q、视切比 p 以及 2D/3D 眼椭圆的百分位数之间的关系（%）

百分位	80.00	85.00	90.00	95.00	96.36	97.87	98.41	99.00	99.28	99.38	99.74	99.89	99.96
视切比 p	80.00	85.00	90.00	95.00	96.36	97.87	98.41	99.00	99.28	99.38	99.74	99.89	99.96
2D 包含比 q	31.80	42.18	56.01	74.15	80.00	87.18	90.00	93.32	95.00	95.61	97.99	99.07	99.66
3D 包含比 q	13.14	21.39	35.02	56.07	64.09	75.00	79.69	85.60	88.80	90.00	95.00	97.50	99.00

1）对于可调节座椅。基于 50:50 美国男女混合驾驶员群体，如图 3-73a 所示，按 SAE J941 的规定，按式（3-37）确定眼椭圆中心（X_C，Y_C，Z_C）位置的 3D 坐标值；按

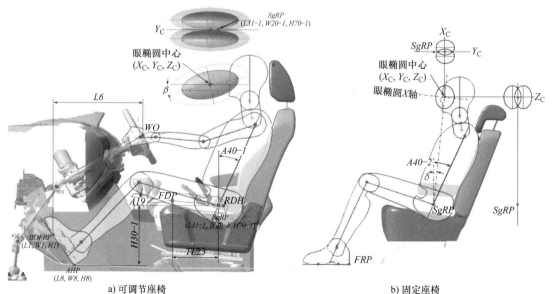

a）可调节座椅　　　　　　　　　　　b）固定座椅

图 3-73 驾驶员眼椭圆的位置

式（3-38）和式（3-39）确定左、右眼椭圆中心位置的 Y 坐标 Y_{CL} 和 Y_{CR}；眼椭圆在侧视图中的倾斜角度 β 按式（3-40）确定。

$$\begin{cases} X_C = L1 + 664 + 0.587L6 - 0.176H30 - 12.5t \\ Y_C = W20 \\ Z_C = H8 + 638 + H30 \end{cases} \quad (3\text{-}37)$$

$$Y_{CL} = Y_C - 32.5 \quad (3\text{-}38)$$

$$Y_{CR} = Y_C + 32.5 \quad (3\text{-}39)$$

$$\beta = 18.6 - A19 \quad (3\text{-}40)$$

式中　$A19$——驾驶员座椅调节轨道前后倾斜角，单位为°。

2）对于固定不可调节座椅。基于 50∶50 美国男女混合驾驶员群体，如图 3-73b 所示，按 SAE J941 的规定，先按式（3-41）确定眼椭圆 X 轴方位角 δ；然后按式（3-42）确定眼椭圆中心（X_C，Y_C，Z_C）位置的 3D 坐标值；左、右眼椭圆中心位置的 Y 坐标 Y_{CL} 和 Y_{CR} 同样按式（3-38）和式（3-39）确定。

$$\delta = 0.698A40 - 9.09 \quad (3\text{-}41)$$

式中　$A40$——座椅靠背角，单位为°。

$$\begin{cases} X_C = L31 + 619\sin\delta \\ Y_C = W20 \\ Z_C = H70 + 619\cos\delta \end{cases} \quad (3\text{-}42)$$

式中　$L31$、$W20$、$H70$——座椅 $SgRP$ 的三维坐标值，单位为 mm。

眼椭圆的 X、Y、Z 轴长见表 3-50。

表 3-50　左、右眼椭圆的轴长

座椅调节行程 $TL23$/mm	眼椭圆百分位（%）	眼椭圆 X 轴长/mm	眼椭圆 Y 轴长/mm	眼椭圆 Z 轴长/mm
>133	95	206.4	60.3	93.4
	99	287.1	85.3	132.1
1~133	95	173.8	60.3	93.4
	99	242.1	85.3	132.1
0（固定座椅）	95	93.5	104.1	130.7
	99	132.3	147.3	179.0

3）颈部枢轴 P 点和眼点 E。如图 3-74 所示，颈部枢轴 P 点相对于眼椭圆中心的位置

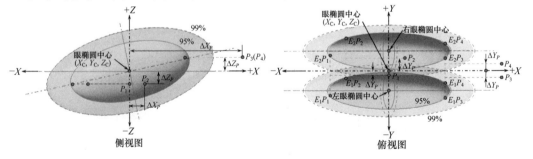

图 3-74　驾驶员眼椭圆及 P 点、E 点

(X、Y、Z 的差值）见表 3-51。每一个颈部枢轴 P 点推导出来，使得其左眼点 E_1 和右眼点 E_2 尽可能接近第 95 百分位 3D 眼椭圆的表面切线点。需注意 P 点并没有为第 99 百分位的眼椭圆设定。P 点主要应用于 A 柱双目障碍、外后视镜视野分析等，详细应用可参阅 SAE J1050。

表 3-51 各 P 点相对眼椭圆中心的位置坐标偏差值 （单位：mm）

座椅调节行程 $TL23$	颈部枢轴 P 点	ΔX_P	ΔY_P（左舵车）	ΔY_P（右舵车）	ΔZ_P
>133	P_1	0	−7.3	+7.3	−20.5
	P_2	+26.2	+20.6	−20.6	−20.5
	P_3	+191.0	−11.2	+11.2	+22.5
	P_4	+191.0	+11.2	−11.2	+22.5
<133（含固定座椅）	P_1	+16.3	−7.3	+7.3	−20.5
	P_2	+39.2	+20.6	−20.6	−20.5
	P_3	+175.0	−11.2	+11.2	+22.5
	P_4	+175.0	+11.2	−11.2	+22.5

左眼点 E_1 和右眼点 E_2 相对于 P 点的位置在同高度平面内，并按式（3-43）确定。

$$\begin{cases} X_E = X_P - 98 \\ Y_{E1} = X_P - 32.5 \\ Y_{E2} = X_P + 32.5 \\ Z_E = Z_P \end{cases} \tag{3-43}$$

式中　(X_E, Y_{E1}, Z_E)——左眼点 E_1 的三维坐标值，单位为 mm；
　　　(X_E, Y_{E2}, Z_E)——右眼点 E_2 的三维坐标值，单位为 mm；
　　　(X_P, Y_P, Z_P)——颈部枢轴 P 点的三维坐标值，单位为 mm。

4）眼点 V_1、V_2，P 点、E 点。如图 3-75 所示，根据 GB 11562—2014 或 ECE R125 的规定，以驾驶员座椅 $SgRP$ 为参照，按式（3-44）和式（3-45）确定眼点 V_1 和 V_2 的位置；按式（3-46）~式（3-48）确定各 P 点（P_1、P_2、P_m）的位置，然后参考图 3-75 中 A 向视图，确定 P_1、P_2 点对应的眼点 E_1/E_2 和 E_3/E_4。应用于国家标准或欧标的前方视野及 A 柱双目障碍分析。

$$\begin{cases} X_{V1} = L31 + 68 + \Delta X \\ Y_{V1} = W20 - 5 \\ Z_{V1} = H70 + 665 + \Delta Z \end{cases} \tag{3-44}$$

式中　$(L31, W20, H70)$——驾驶员 $SgRP$ 的三维坐标值，单位为 mm；
　　　ΔX、ΔZ——驾驶员座椅靠背角的 X、Z 修正值，见表 3-52，单位为 mm。

$$\begin{cases} X_{V2} = L31 + 68 + \Delta X \\ Y_{V2} = W20 - 5 \\ Z_{V2} = H70 + 589 + \Delta Z \end{cases} \tag{3-45}$$

$$\begin{cases} X_{P1} = L31 + 35 + \Delta X + \Delta X_{TL} \\ Y_{P1} = W20 - 20 \\ Z_{P1} = H70 + 627 + \Delta Z \end{cases} \tag{3-46}$$

式中 ΔX_{TL}——驾驶员座椅水平调节范围的 X 修正值,见表3-53,单位为 mm。

$$\begin{cases} X_{P2} = L31 + 63 + \Delta X + \Delta X_{TL} \\ Y_{P2} = W20 + 47 \\ Z_{P2} = H70 + 627 + \Delta Z \end{cases} \quad (3\text{-}47)$$

$$\begin{cases} X_{Pm} = L31 + 43.36 + \Delta X + \Delta X_{TL} \\ Y_{Pm} = W20 \\ Z_{Pm} = H70 + 627 + \Delta Z \end{cases} \quad (3\text{-}48)$$

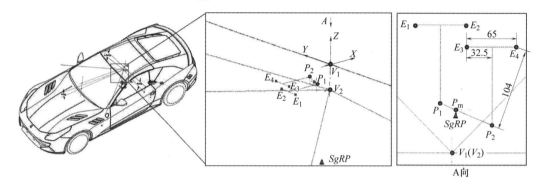

图 3-75 驾驶员视野眼点(GB 和 EC)

表 3-52 不同座椅靠背角下,各 P 点和 V 点的 X、Z 坐标修正值

靠背角/(°)	ΔX/mm	ΔZ/mm	靠背角/(°)	ΔX/mm	ΔZ/mm	靠背角/(°)	ΔX/mm	ΔZ/mm
5	-186	28	17	-72	17	29	34	-11
6	-177	27	18	-62	15	30	43	-14
7	-167	27	19	-53	13	31	51	-18
8	-157	27	20	-44	11	32	59	-21
9	-147	26	21	-35	9	33	67	-24
10	-137	25	22	-26	7	34	76	-28
11	-128	24	23	-18	5	35	84	-32
12	-118	23	24	-9	3	36	92	-35
13	-109	22	25	0	0	37	100	-39
14	-99	21	26	9	-3	38	108	-43
15	-90	20	27	17	-5	39	115	-48
16	-81	18	28	26	-8	40	123	-52

表 3-53 不同座椅水平调节行程下,P_1、P_2 在 X 坐标的修正值 (单位:mm)

座椅调节行程 TL23	ΔX_{TL}	座椅调节行程 TL23	ΔX_{TL}	座椅调节行程 TL23	ΔX_{TL}
TL23 ≤ 108	0	120 < TL23 ≤ 132	-22	145 < TL23 ≤ 158	-42
108 < TL23 ≤ 120	-13	132 < TL23 ≤ 145	-32	158 < TL23	-48

5)眼点 OD 和 OE。根据 GB 15084—2013 的规定,用于分析驾驶员后视野的左眼中心点 OE 和右眼中心点 OD,在整车坐标系的位置坐标值按式(3-49)和式(3-50)来确定。

$$\begin{cases} X_{OE} = L31 \\ Y_{OE} = W20 - 32.5 \\ Z_{OE} = H70 + 635 \end{cases} \quad (3\text{-}49)$$

式中　(X_{OE}, Y_{OE}, Z_{OE})——左眼中心点 OE 的三维坐标值，单位为 mm。

$$\begin{cases} X_{OD} = L31 \\ Y_{OD} = W20 + 32.5 \\ Z_{OD} = H70 + 635 \end{cases} \quad (3\text{-}50)$$

式中　(X_{OD}, Y_{OD}, Z_{OD})——右眼中心点 OD 的三维坐标值，单位为 mm。

2. 驾驶员前方视野（直接视野）

乘用车车型开发中，驾驶员前方视野分析内容和一般流程如图 3-76 所示。

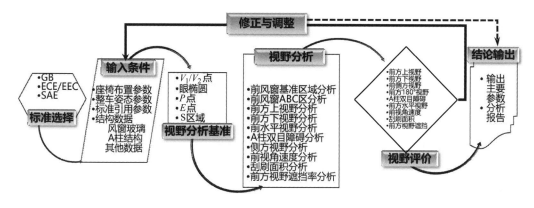

图 3-76　驾驶员前方视野分析内容和一般流程

首先结合车型的主要目标市场，选择相应的标准体系（参考本章 3.2.5 节中有关技术法规标准体系选择的论述）。与驾驶员前方视野分析有关的技术标准见表 3-54。

表 3-54　乘用车驾驶员前方视野分析有关的技术标准

标准体系	标准号	标准名称
中国标准	GB 11562—2014	汽车驾驶员前方视野要求及测方法
	GB 11555—2009	汽车风窗玻璃除霜和除雾系统的性能和试验方法
	GB 15085—2013	汽车风窗玻璃刮水器和洗涤器性能要求和试验方法
欧洲标准	ECE R125	Forward Field of Vision of Drivers
	77/649/EEC	Forward Vision
	78/317/EEC	Defrosting and Demisting Systems
	78/318/EEC	Wiper and Washer Systems
美国 SAE 标准	SAE J1050—2009	Describing and Measuring the Driver's Field of View
	SAE J941—2008	Motor Vehicle Drivers' Eye Locations
	SAE J902—1999	Passenger Car Windshield Defrosting Systems
	SAE J903—1999	Passenger Car Windshield Wiper Systems

（1）确定前风窗玻璃透明区

如图 3-77 所示，基准点 A：V_1 点水平向前偏左 17°在风窗玻璃面的交点；基准点 B：V_1

点向前铅垂偏上 7°在风窗玻璃面的交点；基准点 C：V_2 点向前铅垂偏下 5°在风窗玻璃面的交点；在整车纵向对称平面（$Y=0$）另一侧，增加 3 个辅助基准点 A'、B'、C'，分别与 A、B、C 3 个基准点对称。评价要求：前风窗玻璃透明区应至少包括上述各基准点 A、B、C、A'、B'、C'。

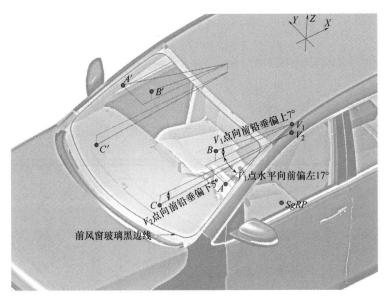

图 3-77 前风窗玻璃透明区

（2）确定前风窗玻璃主视野区

如图 3-78 所示，A、A'、B 区域或 A、B、C 区域为驾驶员透过前风窗玻璃的主视野区域。

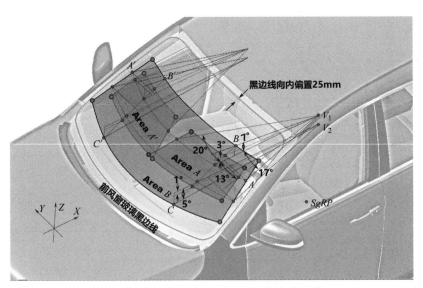

图 3-78 前风窗玻璃 A、A'、B 区域（GB 和 EEC）

在中国和欧洲技术标准体系中，给出了基于 V 点的 A、A'、B 区域的定义。A 区域是下

述从 V 点向前延伸的 4 个平面与前风窗玻璃外表面相交的交线所形成的封闭区域：①通过 V_1 和 V_2 点且在 X 轴左侧与 X 轴成 13°角的铅垂平面；②通过 V_1 点，与 X 轴成 3°仰角且与 Y 轴平行的平面；③通过 V_2 点，与 X 轴成 1°俯角且与 Y 轴平行的平面；④通过 V_1 和 V_2 点且在 X 轴右侧与 X 轴成 20°角的铅垂平面。

A′区域是以汽车纵向中心平面（$Y=0$）为基准面，与 A 区域对称的区域。

B 区域是下述 4 个平面所围成的前风窗玻璃外表面的区域，且距离风窗玻璃透明部分区域边缘（黑边线）向内偏置至少 25mm，以较小区域为准：①通过 V_1 点，与 X 轴成 7°仰角且与 Y 轴平行的平面；②通过 V_2 点，与 X 轴成 5°俯角且与 Y 轴平行的平面；③通过 V_1 和 V_2 点且在 X 轴左侧与 X 轴成 17°角的铅垂平面；④汽车纵向中心平面（$Y=0$）为基准面，且与③所述平面对称的平面。

在美国 SAE 技术标准中，给出了基于眼椭圆的 A、B、C 区域的定义，如图 3-79 所示。用上下左右 4 个相切于眼椭圆平面所围成的前风窗玻璃外表面的区域，且距离风窗玻璃透明部分区域边缘（黑边线）向内偏置至少 25mm，以较小区域为准，上下左右的角度按表 3-55 的数值，分别确定 A、B、C 区域。

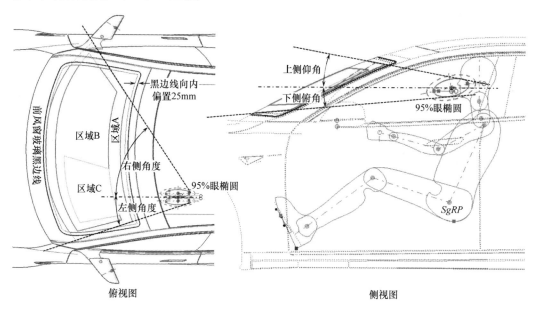

图 3-79　前风窗玻璃 A、B、C 区域（SAE）

表 3-55　前风窗玻璃 A、B、C 区域　　　　　　　　　　　　　　　（单位：°）

区域	左侧角度（Left）	右侧角度（Right）	上侧仰角（Up）	下侧俯角（Down）
A	18	56	10	5
B	14	53	5	3
C	10	15	5	1

（3）驾驶员前方上下视野分析与评价

GB 或 EC 标准体系，一般采用眼点 V_1、V_2 进行前方上下视野的分析和评估。而 SAE 标准体系，一般采用第 95 百分位眼椭圆的切线（侧视图）来分析和评估前方上下视野。

如图 3-80 所示，在驾驶员冠平面（$Y=SgRP$）内，通过 V_1 点或第 95 百分位眼椭圆上切点分别作与遮阳板、顶篷饰板、前风窗透明区上边缘（上黑边点 DLO）等截面的切线，分析相应的上视野角；取其中的最小值作为实际上视野角 $A124-1-U$；对应上视野视线（切线）在车前 12m 处的高度为驾驶员上视野高度 $VH124-1$。

同理，获得横向对称平面（$Y=0$）内前方上视野角 $A123-1-U$ 和上视野高度 $VH123-1$。

驾驶员前方上视野的评价：①通过 V_1 点或第 95 百分位眼椭圆上切点与车前 12m 离地 5m 高的交通信号参考点，作为上视野最小目标值 $AV-1-UD\ Min$（图3-81），即有 $A124-1-U \geqslant AV-1-UD$ 和 $A123-1-U \geqslant AV-1-UD$，$VH124-1 \geqslant 5m$；②通常还与同类型车或竞争车型进行对标分析，并结合产品的定位、平衡造型与工程结构，确定前方上视野的目标值。

如图 3-80 所示，在驾驶员冠平面（$Y=SgRP$）内，通过 V_2 点或第 95 百分位眼椭圆下切点分别作与仪表板、前机舱盖、前风窗透明区下边缘（下黑边点 DLO）以及转向盘等截面的切线，分析相应的上视野角；取其中的最小值作为实际上视野角 $A124-1-L$；对应下视野视线（切线）与地面线上交点到眼点或眼椭圆中心的视距为 $VL124-1$、到车辆前端的距离为前下视野盲区距离 $VBL124-1$，如图 3-81 所示。

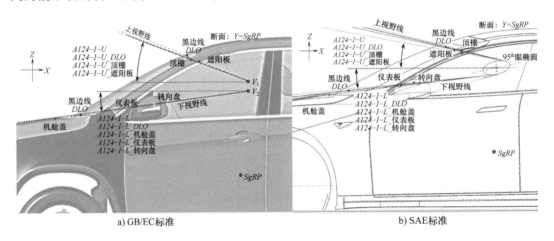

图 3-80　前方上下视野分析：视角

同理，在横向对称平面（$Y=0$）内分析前方下视野角 $A123-1-L$、下视野视距 $VL123-1$ 和前下视野盲区距离 $VBL123-1$。

如图 3-81 所示，当驾驶员的眼点离地高度不变时，若前风窗玻璃下沿（下黑边线）、前舱盖等高度降低，可以缩小车前盲区 $VBL124-1$ 或 $VBL123-1$（在断面 $Y=0$ 中），对改善汽车静态视野有利。但是若过分降低，会导致驾驶员的动态视觉恶化。

车辆行驶时，前方或周围目标相对驾驶员眼睛的位置在不断变化，驾驶员想要保持对目标的注视，就必须转动自己的眼睛。驾驶员眼睛转动角度 ω（单位为 rad/s）按式（3-51）计算。

$$\omega = \frac{v_a}{3.6} \sqrt{\left(\frac{y}{VL^2+y^2}\right)^2 + \left(\frac{EH \times VL}{(VL^2+y^2+EH^2)\sqrt{VL^2+y^2}}\right)^2} \qquad (3-51)$$

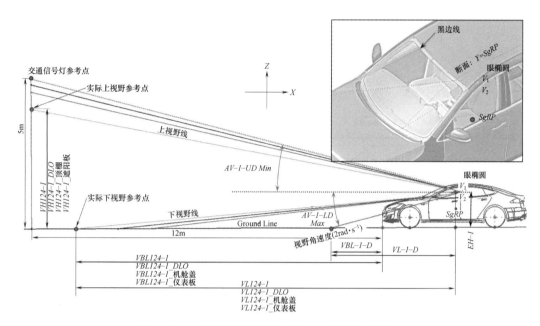

图 3-81 前方上下视野分析：视高、视距和盲区距离

式中 v_a——车速，单位为 km/h；

VL——前方视距，目标物到眼点的 X 向距离，单位为 m；

y——目标物到眼点的 Y 向距离，单位为 m；

EH——眼点离地高度，单位为 m。

假定车辆沿着 X 轴直线行驶，即 $y=0$，则式（3-51）可简化为式（3-52）：

$$\omega = \frac{v_a}{3.6} \frac{EH}{VL^2 + EH^2} \tag{3-52}$$

眼睛转动角速度对驾驶员行车中心理反应有直接关系。具体表现如皮肤电阻值、临界闪光频率以及呼吸率等心理学指标。根据三菱汽车与日本国家警察科学所的联合研究显示：ω 在 2rad/s 以下为舒适区，2~4rad/s 为不舒适区，超过 4rad/s 时有明显的恐惧感。图 3-82 所示为某车型眼点高度 EH = 1125.8mm，在不同车速下直线行驶时的眼睛转动角速度曲线。当该车以 100km/h 的车速行驶时，眼睛转动角速度 ω = 2rad/s 对应驾驶员前方视距，即最小舒适视距 $VL-1\_D$ = 3.79m，增大视距处于舒适区，反之处于不舒适区。而此车最小视距为 13.32m，车速从 100km/h 到 200km/h，驾驶员眼睛转动角速度均为 0.5rad/s 以内，远低于 2rad/s。

驾驶员前方下视野的评价：①根据 GB 15084—2013 规定的驾驶员前视野 180°范围内，下视野角不低于 4°；②当驾驶员眼睛转动角速度 ω = 2rad/s 时的下视野角为最大允许下视野角 $AV-1\_LD\ Max$，对应最小舒适视距为 $VL-1\_D$ 和最小允许盲区为 $VBL-1\_D$（图 3-81）；③下视野盲区通常控制在 9~10m 范围内；④与同类型车或竞争车型进行对标分析，并结合产品的定位、平衡造型与工程结构，确定前方下视野的目标值。需要特别说明的是，通过 V_2 点或眼椭圆下切点作与转向盘上缘的驾驶员冠平面（$Y=SgRP$）截面的切线，分析处于设计位置或中间位置的转向盘下视野角，若不小于 1°，转向盘上边缘所构成的障碍是允许的。

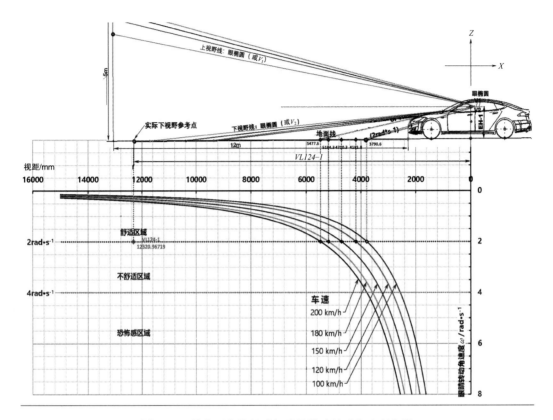

图 3-82　某车型直线行驶驾驶员眼睛转动角速度曲线

(4) 驾驶员前方左右水平视野分析与评价

如图 3-83 所示，水平面 ($Z = V_1$ 或 $Z =$ 眼椭圆定位点) 内，通过 V_1 点或左右眼椭圆的外侧切点分别作与 A 柱外表面、A 柱内饰板、前风窗透明区左右边缘 DLO 水平面截面的切线，其中的最小水平视野角作为实际水平左前视野角 $AW123 - 1 - L$ 和实际水平右视野角 $AW123 - 1 - R$，两者之和为水平总视野角 $AW123 - 1$。基于眼椭圆的水平视野角的分析，其中 $AW123 - 1 - AL$ 为实际左水平单眼总视野角，$AW123 - 1 - AR$ 为实际右水平单眼总视野角，两者之和为实际水平单眼总视野角 $AW123 - 1 - A$；$AW123 - 1 - BL$ 为实际水平左前双目视野角，$AW123 - 1 - BR$ 为实际水平右前双目视野角，两者之和为实际水平双目视野角 $AW123 - 1 - B$。

驾驶员前方左右水平视野的评价：①驾驶员侧的水平视野角不小于 17°；②基于行车安全和行人保护，左舵车通常要求，左前双目视野角 $AW123 - 1 - BL \geqslant AVW\_LD\ Min$ （通过左眼椭圆的外侧切点和车前 2m 高 1m 驾驶员侧车宽外 0.7m 位置，作为左侧水平视野角参考极小值 $AVW\_LD\ Min$），$AW123 - 1 - BL \geqslant AVW\_RD\ Min$ （通过右眼椭圆的外侧切点和车前 2m 高 1m 乘员侧车宽外 0.9m 位置，作为右侧水平视野角参考极小值 $AVW\_RD\ Min$）；

(5) 驾驶员前方侧向视野分析与评价

如图 3-84 所示，在横切面 ($X = V_1$ 或 $X =$ 眼椭圆定位点) 内，通过 V_1 点或 95th 眼椭圆上切点分别作左右车门玻璃密封条横截面的下切线 (或经过 DGO 点)，即为左右侧方上视野线，左右侧方视野上视野角分别为 $AS123\_LU$、$AS123\_RU$；通过 V_2 点或 95th 眼椭圆下切点

第3章 传统的整车结构集成设计

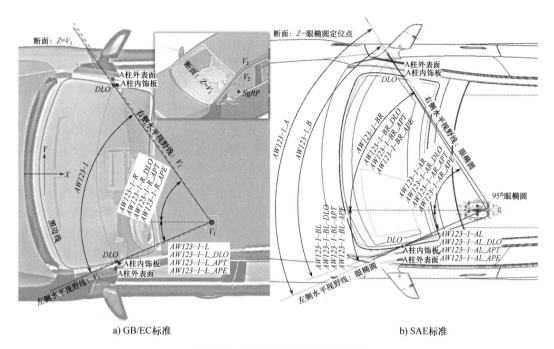

图3-83 前方左右水平视野分析

分别作左右车门（水切）横截面的上切线（或经过 DGO），即为左右侧方下视野线，左右侧方视野下视野角分别为 $AS123\_LD$、$AS123\_RD$。

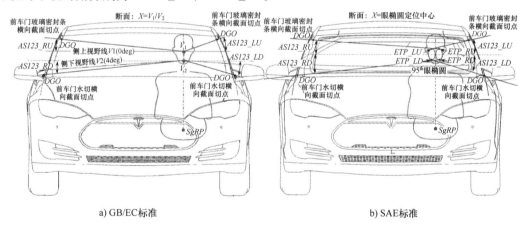

图3-84 前方侧向视野分析

驾驶员前方侧向视野评价：①根据 GB 15084—2013 规定的驾驶员前视野180°范围内，侧向下视野角不低于4°，侧向上视野角不低于0°；②与同类型车或竞争车型进行对标分析，并结合产品的定位、平衡造型与工程结构，确定侧向上、下视野的目标值。

（6）A柱双目障碍角分析与评价

SAE J1050—2009 和 GB 11562—2014 都规定了A柱双目障碍角的分析方法。如图3-85a所示，GB 和 EC 标准采用图3-75所示的 P_1、P_2 及其眼点 E，并且将从 Pm 点向前作与水平面向上成2°的平面与A柱相交的最前点，通过此点作A柱水平截面 $S1$，从 Pm 点向前作与水平面向下成5°的平面与A柱相交的最前点，通过此点作A柱水平截面 $S2$，将 $S1$、$S2$ 投影在 P 点所在的水平面内，双目障碍角在该水平面内测量。眼点 E_1/E_2 及其连续绕 P_1 点旋转，使 E_1' 点至左A柱 $S2$ 截面的外侧切线与 E_1'/E_2' 连续成直角，再作 E_2' 至左A柱的 $S1$ 截面的内侧切线；那么在 P 点所在的水平面内，两条切线的夹角即为驾驶员左侧A柱双目障碍角 OA_AL，并记录头部转动角度 AHT_L。眼点 E_3/E_4 及其连续绕 P_2 点旋转，使 E_4' 点至右A柱 $S2$ 截面的外侧切线与 E_3'/E_4' 连续成直角，再作 E_3' 至右A柱的 $S1$ 截面的内侧切线；那么在 P 点所在的水平面内，两条切线的夹角即为驾驶员右侧A柱双目障碍角 OA_AR，并记录头部转动角度 AHT_R。

如图3-85b所示，美国SAE标准采用如图3-74所示的 P_1、P_2 及其眼点 E，通过 P_1/P_2 高度的水平面作A柱的截面 $S3$。眼点 E_1/E_2 及其连续绕 P_1 点旋转，使 E_1' 点至左A柱的 $S3$ 截面的外侧切线与 E_1'/E_2' 连续成120°夹角。此时，再作 E_2' 至左A柱的 $S3$ 截面的内侧切线；那么在 P_1 点所在的水平面内，两条切线的夹角即为驾驶员左侧A柱双目障碍角 OA_AL_{SAE}，同时记录头部转动角度 AHT_L_{SAE}。眼点 E_3/E_4 及其连续绕 P_2 点旋转，使 E_4' 点至右A柱的 $S3$ 截面的外侧切线与 E_3'/E_4' 连续成120°夹角。此时，再作 E_3' 至右A柱的 $S3$ 截面的内侧切线；那么在 P_2 点所在的水平面内，两条切线的夹角即为驾驶员右侧A柱双目障碍角 OA_AR_{SAE}，同时记录头部转动角度 AHT_R_{SAE}。

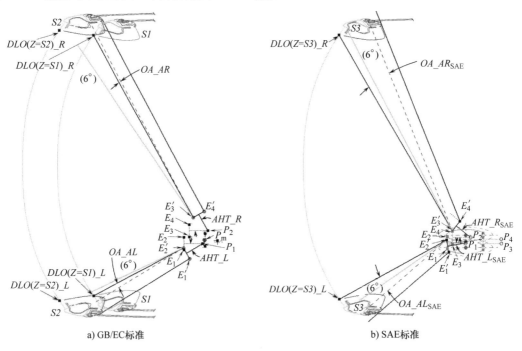

a) GB/EC标准　　　　　　　　　　b) SAE标准

图3-85　A柱双目障碍角分析

A柱双目障碍角评价：①GB 11562—2014规定，每根A柱双目障碍角不超过6°；②在乘用车项目中多数企业要求，A柱双目障碍角不超过4°；②与同类型车或竞争车型进行对标分析，并结合产品的定位、平衡造型与工程结构，确定A柱双目障碍角的目标值。

（7）前方视野遮挡分析与评价

根据相关技术法规部分零部件的遮挡在一定范围内是允许的，如A柱、通风口、三角窗分隔条、后视镜、前风窗玻璃雨刮等。前方视野遮挡率分析的基准区域 S 区域的确定如图 3-86a 所示，详细论述可参阅 GB 15084—2013。障碍物从 V_2 点开始在 S 区域内的投影区域为各障碍物的遮挡区域，如图 3-86b 所示的某车型实例。

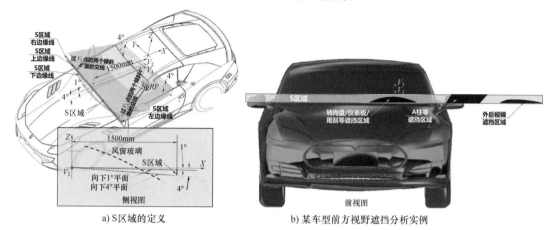

图 3-86　前方视野遮挡分析

前方视野遮挡评价：各个障碍物从 V_2 点开始在 S 区域内的投影区域面积总和与 S 区域总面积之比，称为前方视野遮挡率。该遮挡率不超过 20%。

（8）前风窗玻璃雨刮片刮刷面积分析

根据雨刮系统的杆系硬点、布置位置及刮臂长度等结构参数，利用 3D 作图法或通过多刚体运动学分析，可得到各雨刮片在前风窗玻璃外表面上的刮刷区域；各雨刮片刮刷区域总合，分别与 GB/EC 标准的 A、B（或 SAE 标准的 A、B、C）区进行重叠分析，即可得到 A、B（或 A、B、C）区的刮刷面积；最后计算 A、B（或 A、B、C）各区域的刮刷率（各区刮刷面积/各区域面积×100%），如图 3-87a 所示。

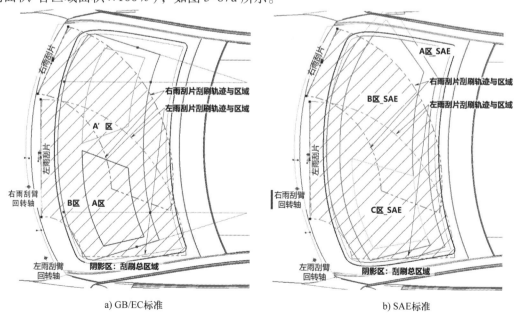

图 3-87　前风窗玻璃雨刮片刮刷面积分析

前风窗玻璃刮刷面积评价：根据 GB 15085 的规定，A 区刮刷率不得低于 98%，B 区刮刷率不得低于 80%（图 3-87a）；而 SAE J903 规定，A 区刮刷率不得低于 80%，B 区刮刷率不得低于 94%，C 区刮刷率不得低于 99%（图 3-87b）。

前风窗玻璃 A、B（或 A、B、C）各区域还应用于乘用车除霜除雾性能的评价，见表 3-56。

表 3-56　乘用车除霜除雾性能的评价

	GB/EC 标准				SAE 标准	
	A 区	A' 区	B 区	A 区	B 区	C 区
除霜	20min 内 80%	25min 内 80%	40min 内 95%	30min 内 80%	—	30min 内 100%
除雾	10min 内 90%	—	10min 内 80%	—	—	—

3. 驾驶员后视野（间接视野）

乘用车车型开发中，驾驶员后视野分析内容和一般流程如图 3-88 所示。

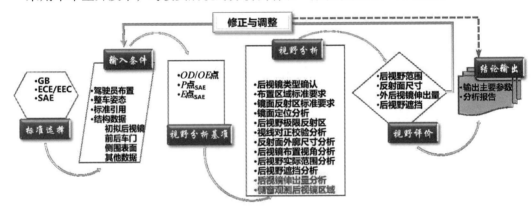

图 3-88　驾驶员后视野分析一般流程

首先结合车型的主要目标市场，选择相应的标准体系（参考本章 3.2.5 节中有关技术法规标准体系选择的论述）。与驾驶员后视野分析有关的技术标准见表 3-57。

表 3-57　乘用车驾驶员后视野分析有关的技术标准

标准体系	标准号	标准名称
中国标准	GB 15084—2013	机动车辆间接视野装置性能和安装要求
欧洲标准	ECE R46—2009	Uniform Provisions Concerning the Approval of Rear – View Mirrors, And of Motor Vehicles with Regard to the Installation of Rear – View Mirrors
	71/127/EEC	the Laws of the Member States Relating to the Rear – View Mirrors of Motor Vehicles
美国 SAE 标准	SAE J1050—2009	Describing and Measuring the Driver's Field of View
	SAE J941—2008	Motor Vehicle Drivers' Eye Locations
	FMVSS 111	Rear – View Mirror – s Passenger Cars, Multipurpose Passenger Vehicles, Trucks, School Buses and Motorcycles

（1）视镜的类型和要求

按照 GB 15084 等相关技术标准的规定，根据车辆类型确定选用的后视镜类型。乘用车作为 M_1 类车型，后视镜类型和要求见表 3-58。一般情况下，主外后视镜为Ⅲ类、内后视镜为I类。主外后视镜布置主要要求：①驾驶员侧后视镜主视角不大于55°；②外视镜下缘在车辆满载状态下距离地面小于1800mm时，后视镜凸出整车宽不超过250mm。

表3-58 乘用车（M_1类）后视镜类型

视镜类型		配置状态	尺寸要求/mm	镜面要求/mm
内视镜	I类	必装	① 矩形 $a \times 40$，$a = \dfrac{150}{1+\dfrac{1000}{r}}$	
主外视镜	II类（大）	选装	① 矩形 $a \times 40$，$a = \dfrac{170}{1+\dfrac{1000}{r}}$ 包含平行于高的线段 $b = 200$	球面：$r \geqslant 1200$ 反射面附加非球面部分：宽度$\geqslant 30$；曲率$ri \geqslant 150$
	III类（小）	必装，两侧各1个；II类可替代	① 矩形 $a \times 40$，$a = \dfrac{130}{1+\dfrac{1000}{r}}$ 包含平行于高的线段 $b = 70$	
广角外视镜	IV类	选装，驾驶员侧1个或乘员侧1个	形状简单 满足规定的视野范围	球面：$r \geqslant 300$ 反射面附加非球面部分：宽度$\geqslant 30$；曲率$ri \geqslant 150$
补盲外视镜	V类	选装，两侧各一个，应高于地面800mm	形状简单 满足规定的视野范围	
前视镜	VI类	选装，安装位置至少应高于地面1800mm	形状简单 满足规定的视野范围	球面：$r \geqslant 200$ 反射面附加非球面部分：宽度$\geqslant 30$；曲率$ri \geqslant 150$

（2）视镜的视野要求

相关技术标准对视镜的视野都提出了明确要求，确定视野范围时，还需要注意几点：①GB/EC和SAE规定的视野范围都是在左右单眼总视角（如图3-89中的视角区域D）条件下的视野；②测定后视野时，车辆状态为整备质量＋驾驶员和必要的设备（75kg）；③视野透过车窗玻璃进行测定，车窗玻璃可见光的垂直透过率至少为70%。乘用车（M_1）常用视镜的视野范围如图3-90和图3-91所示，其他视镜范围可参阅GB 15084—2013等资料。

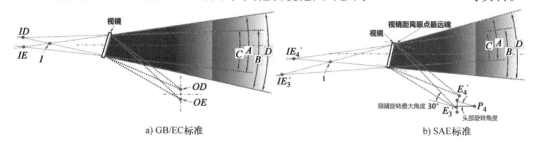

图3-89 双目总视野

A—左眼视角 B—右眼视角 C—双眼视角 D—左右单眼总视角；
IE（IE_3'）—左单眼虚像；ID（IE_4'）—右单眼虚像；I—左右单眼总虚像
OD/OE—驾驶员眼点（GB/EC）；E_3'/E_4'—驾驶员眼点（SAE：眼睛转动最大角度观察视镜距离眼点最远端时，头部转动一定角度后的眼点）；P_4—驾驶员颈部枢轴

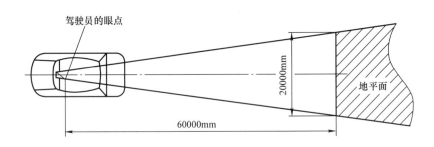

图 3-90 内视镜（Ⅰ类）视野范围

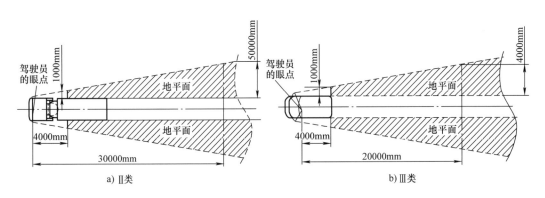

图 3-91 主外视镜（Ⅱ和Ⅲ类）视野范围

（3）外视镜定位及视野分析

结合外造型、外后视镜类型、车型相关定义等，初步确定左右外视镜镜片的形状、大小和位置；利用眼点 OD/OE（或 E_3'/E_4'）分析初步确定左右外后视镜法规区域在镜面上的极限反射区域。再调整如下参数：①镜面横向安装角（俯视，+：向内；-：向外）；②镜面俯仰角（侧视，-：俯角；+：仰角）；③镜面中心位置坐标；④镜面调节中心；⑤镜面曲率半径（球面主体部分）；⑥镜面外廓尺寸等，使后视镜镜片的设计位置无限接近于满足法规视野范围的正态分布中心位置，以适应更多驾驶员使用需求。同时以法规视野极限反射区的内侧最上点为对正分析的投射点，通过调整外视镜的中心点位置以及镜面的方位角度进行视野对正分析，满足：反射线与车辆纵向平面 XZ 无限接近平行，同时与地平面无限接近平行，即为视野对正。需要补充如下说明：

1）调整参数①~④可实现：后视野满足对正要求；后视野法规极限反射区尽可能位于镜面中心部位；后视野法规极限反射区面积尽可能小。

2）若在调整前四个参数后，初定镜面大小仍不满足法规要求，或者初定镜面偏大，则可调整参数⑤和参数⑥。

3）调整镜面曲率半径时，可能会再调整前四个参数。

通过优化调整，以获得满足法规视野要求的外后视镜布置、镜片几何特征以及实际视野等参数。某车型外视镜定位及视野分析如图 3-92 所示，分析结果见表 3-59。

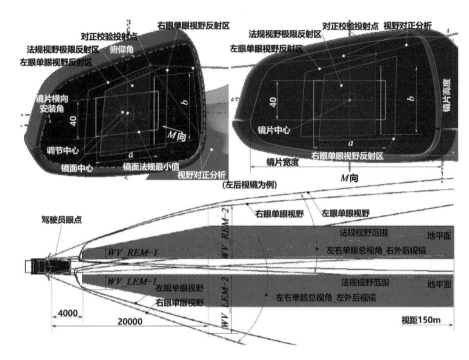

图 3-92 外视镜定位及视野分析

表 3-59 外视镜布置参数（实例）

编号	参数名称		代码	数值			单位	评价
1	布置位置	左外视镜镜面中心	EMC-L	1041.69	-992.63	691.85	mm	
2		左外视镜镜面调节中心	EAC-L	1032.49	-996.53	691.44	mm	
3		左外视镜镜片安装角（俯视）	LS_H	23.0			°	
4		左外视镜镜片俯仰角（侧视）	LS_V	+2.6（仰角）			°	
5		左外视镜折收角	FA_L	47.0			°	
6		左外视镜驾驶员视野角（3D）	VA3D_L	47.9			°	≤55
7		左外视镜外伸出量	WMV_L	125.0			mm	≤250
8		右外视镜镜面中心	EMC-R	1062.11	991.46	691.36	mm	
9		右外视镜镜面调节中心	EAC-R	1053.49	996.53	691.44	mm	
10		右外视镜镜片安装角（俯视）	RS_H	30.5			°	
11		右外视镜镜片俯仰角（侧视）	RS_V	-0.5（俯角）			°	
12		右外视镜折收角	FA_R	40.0			°	
13		右外视镜驾驶员视野角（3D）	VA3D_R	69.3			°	
14		右外视镜外伸出量	WMV_R	140.5			mm	≤250
15	镜片特征	左外视镜镜片曲率半径	SR_L	1400.0			mm	≥1200
16		左外视镜镜片宽度	H_LREM	200.36			mm	≥a
17		左外视镜镜片高度	V_LREM	121.82			mm	≥b
18		右外视镜镜片曲率半径	SR_R	1400.0			mm	
19		右外视镜镜片宽度	H_RREM	204.73			mm	≥a
20		右外视镜镜片高度	V_RREM	121.20			mm	≥b

(续)

编号	参数名称		代码	数值	单位	评价
21	实际视野	左外后视野4m视距视野宽	WV_LEM-1	1380.1	mm	≥1000
22		左外后视野20m视距视野宽	WV_LEM-2	5858.3	mm	≥4000
23		左外后视野上视角（max）	AREU_L	3.4	°	≥0
24		左外后视野下视角（max）	AREL_L	14.2	°	
25		左外后视野侧外视角（max）	ARES_L	17.9	°	
26		右外后视野4m视距位置视野宽	WV_REM-1	1150.6	mm	≥1000
27		右外后视野20m视距视野宽	WV_REM-2	6365.3	mm	≥4000
28		右外后视野上视角（max）	AREU_R	0.3	°	≥0
29		右外后视野下视角（max）	AREL_R	12.4	°	
30		右外后视野侧外视角（max）	ARES_R	20.6	°	

（4）外视镜视野遮挡分析

外视镜指定的视野区域（图3-92中地面上的法规视野）内可能被车体及其上的零部件，如其他视镜、门把手、示廓灯、转向灯、前后保险杠以及反射面清洗部件等障碍物遮挡。图3-93所示为某实际车型的左外视镜的遮挡影像和遮挡区域分析。后视镜视野遮挡率为地平面上视距150m以内，被遮挡区域与法规视野重叠部分的面积与法规视野区域总面积之比。视野遮挡率应不超过10%。

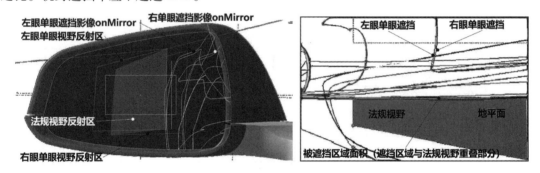

图3-93 外视镜视野遮挡（左）

（5）内视镜的布置与视野分析

结合外造型、前风窗玻璃的布置等初步确定内视镜位置，结合车型内部造型设计，初步确定内视镜的形状和大小。同样利用眼点OD/OE（或E_3'/E_4'）分析初步确定Ⅰ类视镜的视野法规区域（图3-92）在内视镜镜面上的极限反射区域。再调整如下参数：①镜面横向安装角（俯视，+：向内；-：向外）；②镜面俯仰角（侧视，-：俯角；+：仰角）；③镜面中心位置坐标；④镜面调节中心；⑤镜面外廓尺寸；⑥镜面曲率半径（Ⅰ类视镜多为平面镜）等，使后视镜镜片的设计位置无限接近于满足法规视野范围的正态分布中心，以适应更多驾驶员使用需求。

同时以法规视野极限反射区的最上点为上视野线对正分析的投射点、以其左右外侧点分别为左右视野线对正分析的投射点，通过调整后视镜的中心点位置以及镜面的方位角度进行视野对正分析，满足：①上视野线反射线与地平面无限接近平行；②左右视野线的反射线无限接近与车辆横向对称面（$Y=0$）对称，即为视野对正。

某车型内视镜（Ⅰ类）定位及视野分析如图3-94所示，分析结果参数见表3-60。

表 3-60 内视镜布置参数（实例）

编号	参数名称		代码	数值			单位	评价
1	布置位置	内视镜镜面中心	IMC	1188.6	−10.1	922.7	mm	
2		内视镜镜面调节中心	IAC	1166.7	0.0	915.9	mm	
3		内视镜镜片安装角（俯视）	INS_H	21.9			°	
4		内视镜镜片俯仰角（侧视）	INS_V	−4.5			°	
5	镜片特征	内视镜镜片曲率半径	SR_IN	∞			mm	≥1200
6		内视镜镜片宽度	H_IEM	240.3			mm	≥a
7		内视镜镜片高度	V_IEM	59.6			mm	≥b
8	法规视野	法规视野的左水平视野角	ASL_INL	9.33			°	
9		法规视野的右水平视野角	ASR_INL	9.34			°	
10		法规视野的下视野角	AEL_INL	1.17			°	
11	实际视野	内后视野60m视距位置视宽	WV_IN	23644.6			mm	≥2000
12		内后视野上视角（max）	AEU_IN	0.1			°	≥0
13		内后视野下视角（max）	AEL_IN	2.6			°	≥AEL_INL
14		内后视野左侧视角（max）	ASL_IN	11.1			°	≥ASL_INL
15		内后视野右侧视角（max）	ASR_IN	11.4			°	≥ASR_INL

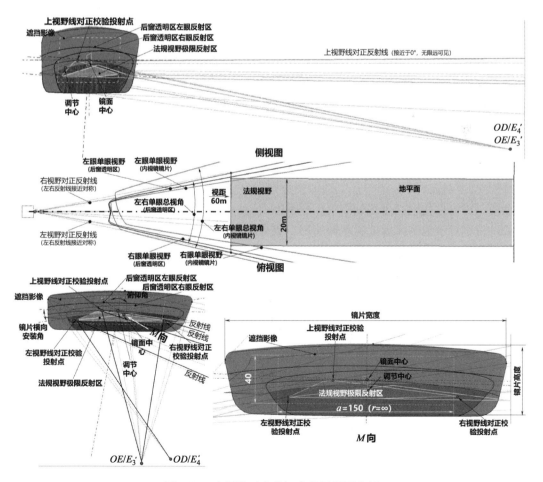

图 3-94 内视镜（Ⅰ类）定位及视野分析

(6) 内视镜视野遮挡分析

可能遮挡内后视野的部件包括遮阳板、后刮雨器、S3 类制动灯、除雾部件等。需要注意的是遮挡物不应包括头枕、框架或车身结构（如后窗框、D 柱、对开门立柱等）等。遮阳板及后雨刮器等运动部件应处于回收位置状态。遮挡的评价要求：上述装置的遮挡部分投影到与整车纵向中心面垂直的铅垂面上时，其总和不大于法规视野的 15%，如图 3-95 所示。本案例中法规视野区域无任何遮挡。

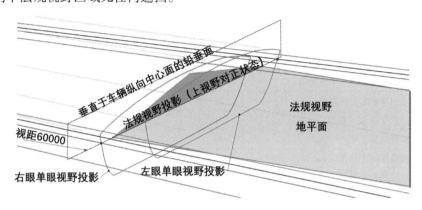

图 3-95　内视镜（Ⅰ类）视野遮挡分析

4. 主仪表及多媒体屏视野分析

早期汽车的机械仪表（图 3-96a）包含了车速里程表、转速表、机油压力表、水温表、燃油表、充电表等，并设置稳压器，专门稳定仪表电源的电压，抑制波动幅度，以保证汽车仪表的精确性。随后出现的电气式汽车仪表（图 3-96b），从真空荧光显示屏（VFD），发展到采用液晶显示器（LCD）、小尺寸薄膜晶体管显示器（TFT），可实现 CAN 总线信号输入，驱动仪表显示信息，显示的信息越来越清晰、快捷。

随着数字技术和图形处理技术的发展，全数字汽车仪表得到迅猛发展，它是一种网络化、智能化的仪表（图 3-96c）。其功能更加强大，显示内容更加丰富，线束连接更加简单，可更全面、更人性化地满足驾驶需求。还可以由用户自定义仪表显示系统，以满足不同的要求；各种指示灯被拟物化设计，从而让用户更易理解；多媒体娱乐信息和车辆基本信息的显示更符合逻辑，集中显示有助于提升驾驶安全性，驾驶员的视距也不必在多个位置频繁切换；简化的设计，将更多空间留给乘坐或储物等。

另一种数字技术——HUD 抬头显示技术也逐渐应用于汽车信息显示（图 3-96d）。它利用光学反射的原理，将重要的驾驶信息投射在前风窗玻璃上，投射的文字和影像在焦距无限远的距离上，透过 HUD 往前看时，将外界的景象与 HUD 显示的信息融合在一起。这样，驾驶员不必低头就能看到信息，避免分散对前方道路的注意力；驾驶员不必在观察远方的道路和近处的仪表之间调节眼睛，能够有效地减轻眼睛的疲劳。全数字汽车仪表是目前最先进的汽车仪表，也是未来的发展方向与趋势。

主仪表和各种多媒体屏是人机系统中功能最强大、使用最广泛的显示装置。通过可视化的数值、文字、曲线、符号、标志、图形、图像，可听的声波以及其他人体可感知的刺激信号向"人"传递"机"的各种运行信息。无论什么类型的汽车主仪表，作为视觉显示装置，对它最基本、最主要的要求就是使操作人员观察认读既准确、迅速而又不易疲劳。在产品开

a) 机械式　　　　b) 电气式　　　　c) 全数字式　　　　d) HUD

图 3-96　汽车仪表

发的结构集成设计中，主仪表等视觉显示装置的视野分析尤显重要。

下面介绍主仪表和多媒体屏的视野分析内容。

(1) 主仪表或多媒体屏的可见性分析与评价

如图 3-97 所示，主仪表或多媒体屏的可见区域确定从确定其障碍区域开始。根据选定人群及其百分位确定相应的眼椭圆（多采用第 95 百分位眼椭圆），结合驾驶员布置、转向盘布置和主仪表或多媒体屏的初步布置。以主仪表为例，确定：①转向盘轮缘典型双目障碍区；②转向盘轮缘总双目障碍区；③转向盘轮辐双目障碍区；④选定人群可见；⑤头部移动量分析（移动头部看到被遮挡的信息），优化调整主仪表或多媒体屏的中心位置、横向布置角和纵向布置角等参数，从而定位主仪表或多媒体屏。详细方法可参阅 SAE J1050。

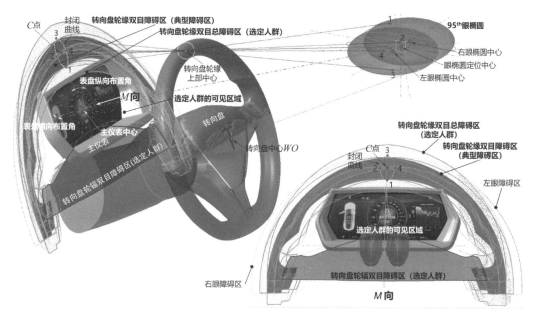

图 3-97　汽车主仪表视野障碍及可见区域分析

如图 3-98 所示，在某实际案例中，分别分析：①处障碍区（轮缘左侧遮挡），通过头部向右移动量 $M1 = S1 \cdot C/P$（68.7mm），看到左侧被遮挡的信息；②处障碍区（轮缘右侧遮挡），通过头部向左移动量 $M2 = S2 \cdot C/P$（65.3mm），看到右侧被遮挡的信息；③处障碍区（轮辐遮挡），通过头部向前移动量（55mm），看到下部被遮挡的信息。

可见性评价：①主仪表表盘显示区域尽可能在选定人群的可见区域内；②允许主仪表表盘显示区域存在局部障碍，但能够在人体生理机能范围内通过头部左右移动或向前移动消除障碍区，通常头部向前或左右可移动量为 80~120mm；③在满足第②原则下，同时可能存

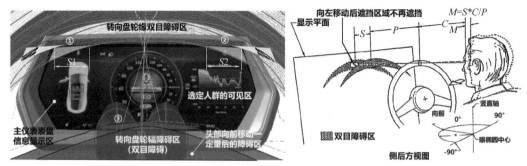

图 3-98 主仪表视野障碍头部移动量分析

在的障碍区内设置辅助性信息显示,不能设置重要的或高频次显示的信息。在目前众多车型采用大屏或超长连屏趋势下,遮挡形成障碍区几乎不可避免,那么这一点就很重要。

(2) 主仪表或多媒体屏的可辨性分析与评价

主仪表或多媒体屏显示内容的可辨性取决于显示的内容、驾驶员、车辆内部布置以及车辆内部可视环境的特性。可辨性评估是一个系统性的问题,应通过理解、选择系统中所有元素的特性的适当组合后,进行评估。相关因素包括:①显示内容的几何特性,如字符的高度、宽度、笔画的宽度、高宽比、字体、字符之间的水平间隔、多行之间的行间隔等;②光学显示特性,如视觉显示的亮度、背景亮度、亮度的变化(如照明变化引起的显示信息及其背景亮度的不均匀性,或强光和阴影也可能造成不均匀的亮度)、显示元素及其背景的颜色特性,③车辆内部的布置特性,如驾驶员眼点(眼椭圆)的位置、显示平面的位置和方位(视距和视角)、照入驾驶员眼睛的眩目光源照度、眩目光源相对眼睛到显示屏之间视线的角度位置等;④环境特性,如环境照明情况、外部照度(如太阳光、街道灯光)、适应性亮度、动态照明条件(如外部照明变化、对向车辆前照灯的逼近、通过视镜的反射、镀铬等高反射表面)。

整车总布置集成设计中,主仪表或多媒体屏显示区的可辨性分析主要包括:

1) 视距和视野角分析。眼椭圆定位中心到主仪表表盘中心的连线称为主视野线,两点距离为主仪表视距 VDI(一般推荐 710~760mm),主视野线与表盘面的夹角称为视角 VAI(一般推荐 75°~90°)。主仪表下视角 VAX 是表盘轮廓最高点与眼椭圆的上切线与 X 轴的夹角 VAX_1、表盘轮廓最低点与眼椭圆的下切线与 X 轴的夹角 VAX_2 中的较大值,一般推荐 $VAX \leq 45°$。如图 3-99 所示,此分析中多采用第 95 百分位的眼椭圆。

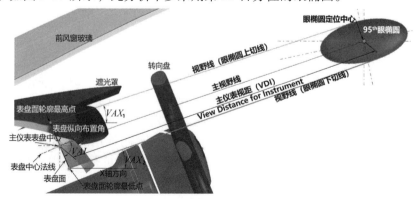

图 3-99 主仪表视距和视角分析

2)外部强光眩目分析。眩目的实际影响除了光学空间几何关系外,还与外部光的照度、背景亮度、主仪表亮度、主仪表表盘的反射率、视觉对比阈值等光学特性参数有密切关系,这些因素综合作用形成不同程度的眩光,给驾驶员带来不同的不舒适感。对于眩目影响的光学特性,可以通过一些专业软件进行复杂的光学仿真分析,也可以通过实景模拟进行主观体验评价,确定眩光对驾驶员观察主仪表的可辨性影响和不舒适感程度。

如图3-100所示,多采用第99百分位眼椭圆的上下切点分别对应的左右眼点,进行外部强光源对某车型主仪表的眩目的光学几何空间分析。从图中可以看到:①汽车需要各种开窗,尤其是天窗越做越大,眩光的光学几何关系几乎无法避免,在众多开窗中,总会存在某个或某些方向的外部强光通过主仪表表盘反射,给驾驶员带来眩目影响;②通过设置合适的遮光罩,减小可能存在眩目的反射区域,效果也是非常明显的。

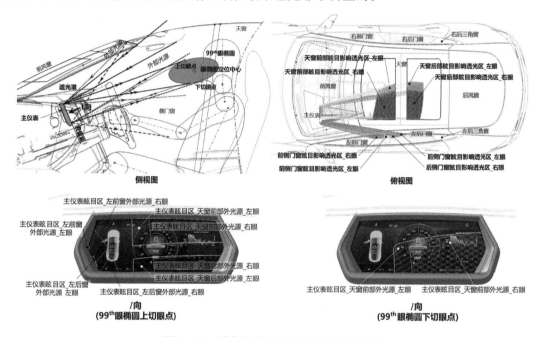

图3-100 外部强光源对主仪表的眩目分析

(3)主仪表对前视野、后视野的眩目影响分析

在夜间或阴雨天等光线较昏暗的情况下,车辆行驶中,主仪表或多媒体屏通电状态下存在较强的亮度,其会在前风窗玻璃或前车门窗玻璃上形成比较明显的影像,可能会对驾驶员前视野或后视野带来影响,甚至给驾驶员带来眩目等不舒适感,进而影响行车驾驶安全。

主仪表或多媒体屏在前风窗玻璃上的影像对前视野的影响,多采用99百分位眼椭圆的上下切点分别对应的左右眼点,以主仪表或多媒体屏发光作为光源,基于反射成像原理进行光学几何空间分析。设计中,尽量避免在A、B区等主视野区形成大于$25mm^2$的影像区。通过其分析,在实际车型项目中,即使是在几何空间关系上无法避免形成影像的可能性,那么也可以结合主仪表或多媒体屏可能成像的发光区域进行显示界面或背景设计,降低眩目的风险。

如图3-101所示,以某车型的主仪表为例。图中主仪表在前风窗玻璃上的影像分布区域主要在GB 11555规定的B区上部到玻璃上边缘,案例车型仪表板的遮光罩(仪表帽檐)的遮挡，非常明显地减小了主仪表在前风窗玻璃的影像区域，在 B 区内的影像最终也只是形成一个小于 $25mm^2$ 的小光点，同时主仪表的实际影像对应其发光区域为亮度较小的背景显示，对驾驶员的前视野影响非常小。

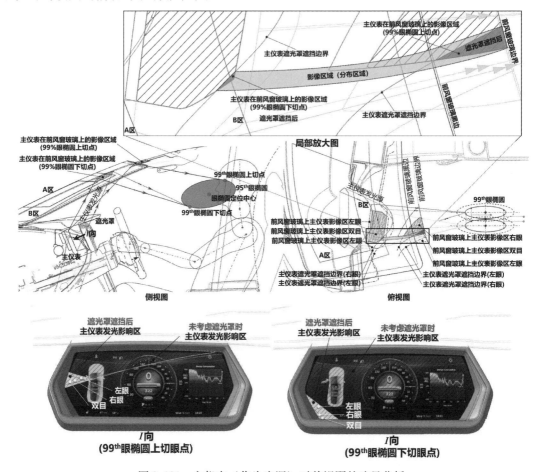

图 3-101　主仪表（作为光源）对前视野的眩目分析

主仪表或多媒体屏在前车门窗玻璃上的影像，采用 OD、OE 或者驾驶员颈部枢轴 P3 对应眼点，在车型设计实际项目中需要注意该眼点的选择应与后外视镜视野分析的眼点统一。设计中，匹配调整眼点位置（驾驶员布置），主仪表或多媒体屏的位置、表盘发光面的角度（俯仰角或横置偏角），遮光罩侧方特征与表盘面的段差，侧窗玻璃的布置角度和曲率，外视镜的布置位置和镜片方位（俯仰角或横置偏角）等因素，尽量避免主仪表影像与外视镜反射区重叠，更不能与外视镜镜面的最小有效反射区域（法规视野）重叠。

图 3-102 所示为某车型的主仪表在前车门窗玻璃的成像与外视镜的布置关系。该案例中，尽管遮光罩侧面对主仪表影像的遮挡非常小（图中 I 向视图显示，主仪表存在大量发光区域在前车门窗玻璃上成像），但是主仪表在前车门窗玻璃的成像（未被遮挡部分）远离外视镜镜面的最小有效反射区域（图中 A 向视图所示）。

本小节中，以主仪表为例论述主仪表及多媒体屏视野分析，多媒体屏或中央布置 MP5 播放器视野分析的原则和方法是一致的，不再赘述，只是由于位置不同，相关分析的结果不同。

第3章 传统的整车结构集成设计

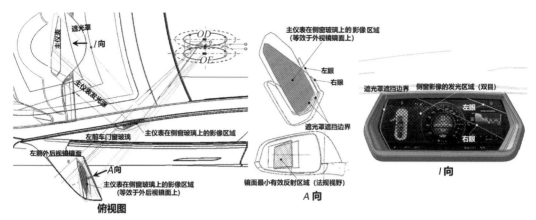

图3-102 主仪表（作为光源）对外后视野的眩目分析

3.3.3 乘坐舒适性

乘用车已经成为人们生活空间的一部分，乘坐舒适性越来越受到关注和重视。而在乘用车设计中，乘坐的舒适性是通过多专业、多学科、采用系统工程方法综合平衡获得的让驾乘人员感到舒适的性能。其范围非常广，包括为乘员提供舒适的驾乘空间和条件、良好的平顺性、较低的车内噪声和隔振环境（NVH）、良好的车内热环境（智能化空调系统）、适宜的空气质量以及良好的视听场景等。本小节重点论述整车驾乘空间和座椅设计、车内空调风口布置有关的乘坐舒适性分析与评价。而有关NVH的论述详见本书第4章相关内容。

1. 驾乘人员纵向空间

（1）驾驶舱纵向空间

图3-103所示为SAE定义的乘用车驾驶舱纵向空间尺寸。通过同类车型对标分析以及

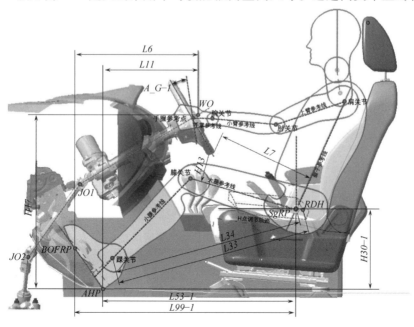

图3-103 乘用车驾驶舱纵向空间尺寸

结合相关主观评价经验,并结合驾驶员坐姿高度等参数,确定所开发车型驾驶舱纵向空间尺寸的目标值,其一般推荐范围可参考表3-61。

表3-61 乘用车驾驶舱纵向空间尺寸　　　　　　　　　　　（单位：mm）

代码	名称	推荐范围	代码	名称	推荐范围
L53-1	AHP与SgRP间距	[719, 910] SgRP舒适线	L11	AHP与WO的X向距离	[345, 590] 式（3-29）
L99-1	BOFRP与SgRP间距	[865, 972] SgRP舒适线	L6	BOFRP与WO的X向距离	[345, 590]
L34	驾驶员有效腿部空间	[1008, 1088] SgRP舒适线	L7	转向盘与躯干线距离	[330, 390]
L33	驾驶员最大腿部空间	[1070, 1189] SgRP舒适线	H13	转向盘与大腿线距离	[70, 85]
H30-1	驾驶员坐姿高度	[127, 405] （表3-44）	H17	AHP与WO高差	[530, 838] 式（3-30）

（2）乘员纵向空间

图3-104所示为SAE定义的乘用车乘员纵向空间尺寸。通过同类车型对标分析以及结合相关主观评价经验,并结合整车长、轴距L101、L113、L114、L50等参数及乘员坐姿高度、座椅靠背厚度、轴荷分配等因素,确定乘员舱纵向空间尺寸的目标值。其一般推荐范围可参考表3-62。

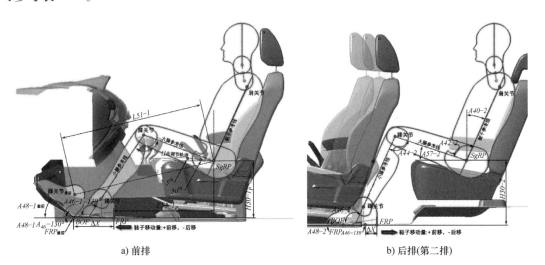

a) 前排　　　　　　　　　　　b) 后排(第二排)

图3-104 乘用车乘员纵向空间尺寸

表3-62 乘用车乘员纵向空间尺寸　　　　　　　　　　　（单位：mm）

代码	名称	推荐范围	代码	名称	推荐范围
L3	前后排最小间隔空间	≥650	L48	膝部最小间隙	≥50
L53	FRP到SgRP距离	[500, 650]	L58	小腿最小间隙	≥-5
L51	有效腿部空间	前排[1010, 1100] 后排≥860	H30	成员坐姿高度	[127, 405] 表3-44

SAE J1100 规定，当乘员"鞋模型"处于踝关节角 $A46=130°$ 状态时，若"鞋模型"之前还存在空余空间，那么，以"鞋模型"处于最前位置时的踝关节中心到 $SgRP$ 的距离为腿部空间 $L51$，如图 3-104a 所示；若当踝关节角 $A46=130°$ 无法放置"鞋模型"时，向后移动一定量才能放置，以最小量后移状态的人体模型踝关节中心来定义腿部空间 $L51$，如图 3-104b 所示。

2. 驾乘人员横向空间

图 3-105 所示为 SAE 定义的乘用车乘员横向空间尺寸，包括臀部空间、肘部空间和肩部空间。在设计数据测量或实车测量中，按 SAE J1100 的定义，注意各个尺寸评测的区域。通过同类车型对标分析以及结合相关主观评价经验，并结合整车宽、前后轮距等参数，确定所开发车型的乘员舱横向空间尺寸的目标值。一般而言，对于前排、第二排横向空间，臀部 $W5$、肘部 $W31$、肩部 $W3$ 或 $W14$ 尺寸占整车宽的 80%～85%，同时也与整车内外造型设计，如水切高度 $H25$、$H26$（图 3-105）、侧窗玻璃型面与倾斜角、车门护板或 B 柱护板的造型型面等因素有密切关系。而对于中大型乘用车，其第三排座椅通常受后轮鼓包的影响，空间相对都比较小，并且乘用车第三排多为两人，因此，第三排臀部横向空间一般在 860～1100mm，肘部和肩部空间一般为 1200～1450mm。

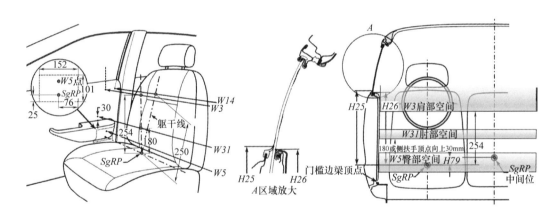

图 3-105 乘用车乘员横向空间尺寸

3. 驾乘人员头部空间

乘用车驾乘人员的头部空间，受到整车高度 $H101$、驾乘人员坐姿 $SgRP$ 离地高度 $H5$、车顶（或含天窗厚度）等因素的直接影响。在整车高度尺寸规划分析以及车型造型设计中，需要结合车型定义、整车高度、平台决定的地板离地高度、驾乘坐姿状态、整车造型体态决定要素之一的整车顶部（车顶）造型特征线、天窗等车顶零部件选型与布置等进行综合平衡分析，并通过同类车型对标分析以及结合相关主观评价经验，确定驾乘人员的头部空间目标要求，并在详细的型面设计和结构设计中加以核定与确认，确保目标的达成。

图 3-106 所示为 SAE 定义的乘用车头部空间尺寸。其一般推荐范围可参考表 3-63。

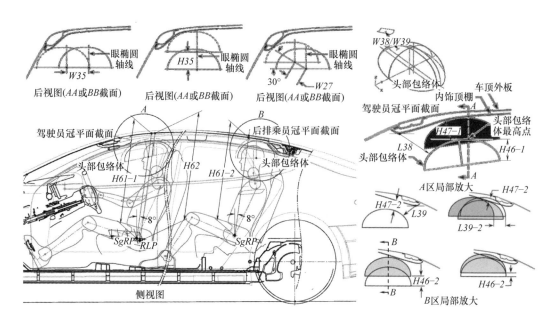

图 3-106 乘用车驾驶员及乘员头部空间尺寸

表 3-63 乘用车头部空间尺寸 （单位：mm）

代码	名称	推荐范围	代码	名称	推荐范围
H61-1	前排头部高度	≥890+102	H61-2	后排头部高度	≥825+102
H62	前排头部最大高度	≥910+102	L39	头部到后方顶棚间隙	≥40
L38	头部到前方顶棚的间隙	≥80	H46-2	后排头部垂直间隙（侧视）	≥20
H46-1	前排头部垂直间隙（侧视）	≥50	H47-2	后排头部最小高度间隙	≥10
H47-1	前排头部最小高度间隙	≥50	H35-2	后排头部垂直间隙（后视）	≥20
H35-1	前排头部垂直间隙（后视）	≥50	W27-2	后排头部对角间隙	≥10
W27-1	前排头部对角间隙	≥40	W35-2	后排头部侧面间隙	≥20
W35-1	前排头部侧面间隙	≥50			

4. 座椅乘坐舒适性尺寸布置分析

乘用车座椅从使用的角度看可以分为：工作座椅、休息座椅和多功能座椅。驾驶员座椅属于工作座椅，需要兼顾舒适性和操作效率。乘员座椅属于休息用椅，以舒适性作为设计的重点。一些乘用车，尤其是 MPV 车型会设置多功能座椅，结合具体的功能需求和定义来设定相关要求和重点。无论哪种座椅，设计均应符合人的生理特性，使驾乘者的体重得到合理分布，大腿近似水平状态，两脚自然着地，上臂不负担身体的重量，肌肉放松，使人舒适。

从人机工程学角度出发，乘用车座椅应符合一些基本要求：①提供舒适而稳定的驾乘坐姿，以适应人体舒适坐姿的生理特性，并能够适应不同体型和身材使用者的需要（可参阅本章 3.3.1 节有关驾乘坐姿的论述），如驾驶员座椅通常都是多向调节的，坐垫近似水平且高度可调，腿部支撑的坐垫角度可调节，靠背前后和角度可调节，腰椎支撑可调节（支撑 4~5 节腰椎）以及头枕的上下可调节等；②减轻对驾乘人员身体的机械振动和冲击载荷，以满足振动舒适性评价标准要求（可参阅本书第 4 章有关 NVH 的论述）；③保证驾乘人员视野良好（可参阅本章 3.3.2 节有关视野分析的论述）；④给驾乘人员提供一个相对各种操纵机构的合适位置,能安全有效地完成各种操作动作(可参阅本章 3.3.4 有关操作舒适性的论述);⑤为驾乘人员提供一定的安全保障(可参阅本书第 4 章有关安全性的论述)。

如图 3-107 所示,乘用车座椅的尺寸包括坐垫高度、宽度、坐深及靠背尺寸、头枕尺寸等。

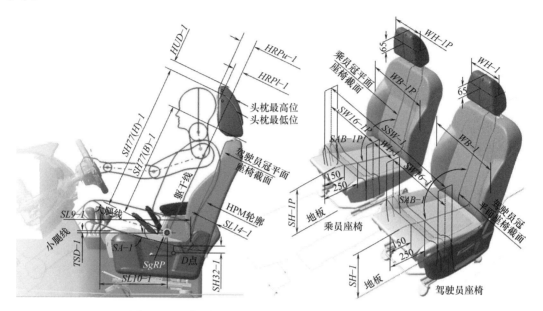

图 3-107 乘用车驾驶员及乘员座椅尺寸(以前排为例)

座椅尺寸是否合适,直接影响驾乘人员坐姿的舒适稳定和操纵位置的合适,同时座椅外观型面与尺寸也是当代乘用车内造型美学设计的一个重要体现载体。车型设计早期,座椅详细工程结构未确定之前,控制和管理座椅尺寸的合理性与造型设计的融合匹配就更为重要了。

1) 坐垫高度 SH,指地板到坐垫面的垂直距离。驾驶员座椅坐垫高度 $SH-1$ 一般取人体腓骨高或略低于小腿高 10mm 左右,使下肢着力于整个脚掌,并利于两脚前后移动,通常 $SH-1=380\sim400$mm。而乘员座椅坐垫高度 $SH-1P$ 应使乘坐者大腿近似水平,小腿自然垂直,脚掌平放在地板上,既不能因坐垫过高使大腿肌肉受压,也不能因坐垫过低而增加背部肌肉负荷。通常参照第 5 百分位人体的小腿加足高来设定,$SH-1P=380\sim450$mm。

2) 坐垫宽度 $SW16$,指距坐垫最前端 $150\sim250$mm 区域坐垫表面左右的最大宽度。在车内横向空间允许的条件下,以宽一些为好,以方便驾乘人员调整或转换姿势,通常以第 95 百分位女性臀部宽度来设计,一般 $SW16=400\sim450$mm。对于有扶手的座椅,$EW16$ 应不小于 500mm。对于长条座椅,坐垫总宽 SSW 应满足设定乘坐人数要求。反之,根据长条座椅坐垫总宽 SSW 核定可以乘坐人数,见表 3-64。通常标准是 400mm/人,ADR 标准是 410mm/人。

表 3-64 座椅坐垫总宽与乘员数的关系

坐垫宽度 SSW/mm	乘员数 DSP	乘员数核定方法
$330\sim699$	1	① 单人座,SSW 最低 330mm
$700\sim1049$	2	② $350\text{mm}\leqslant SSW\leqslant 1399\text{mm}$ 时,$DSP=SSW/350$,向下取整数
$1050\sim1799$	3	③ $SSW\geqslant 1400$mm 时,$DSP=SSW/450$,向下取整数

3) 坐垫坐深 $SL9$，指坐垫前后的距离，应满足三个条件：臀部得到充分支撑；腰部得到靠背的支撑；坐垫前缘与小腿之间有适当的间隔，使大腿肌肉不受挤压，小腿可以自由活动。坐深 $SL9$ 也不宜过深。对于驾驶员座椅还应考虑腿部的操作舒适性，坐深一般相当于臀部和大腿全长的 3/4，以坐垫前缘与小腿间隙 50mm 左右为宜，$SL9-1=380\sim430$mm，且前缘不得有棱角。乘员座椅的坐深以第 5 百分位人体进行设定，一般 $SL9-1P=400\sim430$mm。

4) 坐垫倾角 SA，指坐垫上表面与水平面的夹角，坐垫面应前高后低、略微倾斜。通常驾驶员座椅 $SA-1=5°\pm2°$，以防止驾驶员受到颠簸时臀部被向前抛而坐不稳。而乘员座椅坐垫后倾角更大一些，$SA-1P$ 可取 $14°\sim24°$，防止乘员长时间坐着时臀部向前滑动，并方便背部靠向靠背，有利于肌肉放松，提高舒适性。

5) 靠背倾角 SAB，指靠背与坐垫面之间的夹角。为保持脊柱正常自然形态、增加舒适感，$SAB=115°$ 最适宜。通常，驾驶员座椅 $SAB-1=95°\sim105°$，乘员座椅 $SAB-1P=105°\sim110°$。

6) 靠背高度 $SH77$，指沿躯干线方向，座椅参考点 $SgRP$ 到靠背最上端的距离。通常，具有固定头枕的座椅靠背总高度：前排 $SH77(H)-1\geqslant800$mm，后排 $SH77(H)-2\geqslant750$mm。具有活动头枕的座椅靠背总高度：头枕最低位置时，前排 $SH77(H)-1\geqslant750$mm，后排 $SH77(H)-2\geqslant700$mm；头枕最高位置时，前排 $SH77(H)-1\geqslant800$mm，后排 $SH77(H)-2\geqslant750$mm。驾驶员座椅靠背也不宜过高，以免妨碍驾驶员转身环顾观察。不含头枕的靠背高度，考虑第 50 百分位人群，$SH77(B)\geqslant490$mm，EEC R35 则要求不小于 525mm。

7) 头枕前突量 HRP，指头枕前端面到躯干线的最大垂直距离。当躯干角 $A40=24°$ 时，驾驶座椅头枕前突量 $HRPl-1$（头枕处于最低位置）或 $HRPu-1$（头枕处于最高位置）的范围为 $45\sim60$mm；而乘员座椅头枕前突量 $HRPl-2$ 或 $HRPu-2$ 的范围一般为 $30\sim45$mm。并且通常随着躯干角 $A40$ 的增加，头枕前突量相应适当减小。

座椅其他尺寸可参考表 3-65 的推荐范围，在实际车型开发中进行座椅表面造型设计时，应结合造型美学要求、同类车型对标分析以及结合相关主观评价经验，确定和选择相关尺寸的目标值，并加以管控。

表 3-65 乘用车座椅尺寸

代码	名称	推荐范围	代码	名称	推荐范围
$SH-1$	驾驶座坐垫高度/mm	[380, 400]	$SH-1P$	乘员座坐垫高度/mm	[380, 400]
$SW16$	坐垫宽度/mm	[400, 450]	SSW	坐垫总宽度/mm	见表 3-64
$SL9-1$	驾驶座椅坐深/mm	[380, 430]	$SL9-1P$	乘员座坐深/mm	[400, 480]
$SA-1$	驾驶座椅坐垫倾角/(°)	5±2	$SA-1P$	乘员座坐垫倾角/(°)	[14, 24]
$SAB-1$	驾驶座椅靠背倾角/(°)	[95, 105]	$SAB-1P$	乘员座靠背倾角/(°)	[105, 110]
$SH77(H)$	靠背高度（含头枕）/mm	≥800	$SH77(B)$	靠背高度（不含头枕）/mm	≥490 或 525
WB	靠背宽度（独立座椅）/mm	[480, 500]	$WB-2$	靠背宽度（长条座椅）/mm	400/人
WH	头枕宽度（独立座椅）/mm	≥170	WH	头枕宽度（长条座椅）/mm	≥254
$SL10$	坐垫前缘到 $SgRP$ 距离/mm	≤370	$SH32$	臀部支持深度/mm	40
TSD	坐垫前端与 $SgRP$ 高差/mm	5，最大 30	HUD	活动头枕调节量/mm	[40, 100]
$HRPl/u-1$	驾驶座头枕前突量/mm	[45, 60]	$HRPl/u-2$	乘员座头枕前突量/mm	[30, 45]

5. 空调出风口布置分析

乘用车空调系统是提供良好的车内热环境的必要装备。为了获得良好车内热环境舒适性，驾乘者需要在关键目标处感受足够的气流速度，以达到降温的目的，但不应感觉不舒服。根据有关研究，足够的冷却所需的最小气流为 1.0m/s，人们能感知到的最小气流为 0.5m/s，1.0m/s 发生在 11°集中气流锥的边缘。这一研究结果将用来定义这些气流速度和目标位置。其最佳做法是确定从给定的身体部分位置到出口中心线的角度，从而给出出风口的最大能力，并给出需要 CFD 的区域，以确保前期造型设计及布置方案能够执行。

如图 3-108 所示，以驾驶员为例，确定出风口到身体各部位的目标点分别为：采用眼椭圆定位中心为面部参考点 A；$B1$、$B2$ 点为胸部参考点，在 $SgRP—A$ 点连线上，$+Z$ 向距 $SgRP$ 点 325mm、Y 向左右分别为 75mm 的两个点；C 点为腿部参考，在 $SgRP—A$ 点连线上，$+Z$ 向距 $SgRP$ 点 125mm 的点。

图 3-108　乘用车空调出风口布置分析

空调出风口分为两种类型：一是上体出风口 U（或称吹面风口），吹及使用者的面部和胸部，但它不需要到达胃部。通常内侧出口是首选的上体出风口，但也允许使用外侧出口作为上体出风；二是全覆盖风口 T，这个出风口可以吹及腿部参考点 C，它还可以为头部提供二次冷却，以减轻太阳热负荷。

（1）出风口遮挡分析与评价

图 3-109 所示为某车型上部出风口到面部参考点 A 被转向盘遮挡的状态，转向盘处于设计位置。某风口遮挡率 BLK 为其被遮挡区域的面积与风口总面积之比。

表 3-66 所列为空调出风口遮挡评价等级，按不同的风口类型和不同目标位置点分别获得不同的评价等级。在产品开发中，可参考表 3-67 列出的不同评价等级采取相应的应对措施。

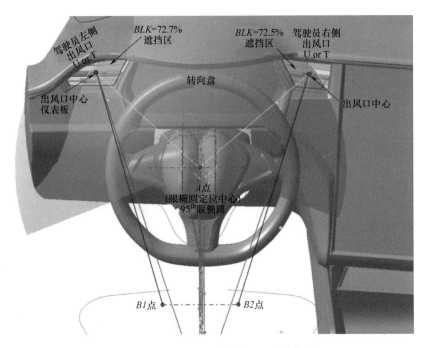

图3-109 某车型的上部出风口遮挡分析

表3-66 乘用车空调出风口遮挡评价等级

目标位置	风口类型	遮挡率 BLK 评价等级及规则		
		G	Y	R
A 点	上体出风口 U	$BLK \leqslant 10\%$	$10\% < BLK \leqslant 30\%$	$BLK > 30\%$
	全覆盖风口 T	$BLK \leqslant 25\%$	$25\% < BLK \leqslant 50\%$	$BLK > 50\%$
B1 点	上体出风口 U	$BLK \leqslant 20\%$	$20\% < BLK \leqslant 40\%$	$BLK > 40\%$
B2 点	全覆盖风口 T	$BLK \leqslant 25\%$	$25\% < BLK \leqslant 50\%$	$BLK > 50\%$
C 点	全覆盖风口 T	$BLK \leqslant 20\%$	$20\% < BLK \leqslant 40\%$	$BLK > 40\%$

表3-67 遮挡评价等级对应的应对措施

评价等级	应对措施或行动建议
G	优,不需要改进
Y	①执行 CFD 以确定气流是否足够,并避开关键区域;②咨询出口供应商,以确定设计是否可以弥补不良位置;③修改出口位置、SgRP 位置和/或转向盘直径等
R	修改出口位置、SgRP 位置和/或转向盘直径等

(2)出风口布置方向分析与评价

如图3-110所示,以某车型驾驶员侧风口为例,分析出风口的布置方向。图中 $AA-1$ 为上体出风口 U 中心到 A 点的连线与该出风口主方向在侧视图中的夹角;$AB-1$ 为上体出风口 U 中心到 $B1$ 或 $B2$ 点的连线与该出风口主方向在侧视图中的夹角;角度 $AA-1$ 和 $AB-1$ 中的较大值为角度 UA。图中 $AA-2$ 为全覆盖风口 T 中心到 A 点的连线与该出风口主方向在侧视图中的夹角;$AB-2$ 为全覆盖风口 T 中心到 $B1$ 或 $B2$ 点的连线与该出风口主方向在侧视图中的夹角;$AC-2$ 为全覆盖风口 T 中心到 C 点的连线与该出风口主方向在侧视图中的夹角；角度 $AA-1$、$AB-1$ 和 $AC-2$ 中的最大值为角度 TA。$AS-1$ 为上体出风口 U 中心到 A 点的连线与该出风口主方向在俯视图中的夹角；$AS-2$ 为全覆盖风口 T 中心到 A 点的连线与该出风口主方向在俯视图中的夹角。以上各角度均可视为 1m/s 的空气从相应风口到达目标点所需的角度。

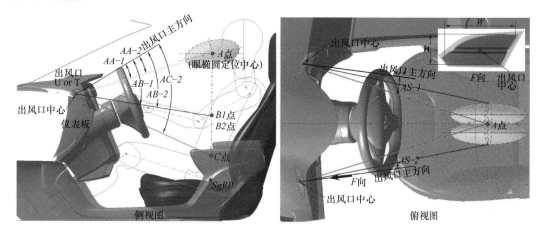

图 3-110 出风口布置方向分析

通过对上述角度的评价结果，首先对出风口的位置、方向或形状等进行调整，以获得符合要求的出风口布置及相应的造型型面和特征。出风口布置方向的评价与风口的类型、风口的形状有关，相关评价等级见表 3-68。在产品开发中，可参考表 3-69 列出的不同评价等级采取相应的应对措施。

表 3-68 乘用车空调出风口布置方向评价等级

风口类型	风口形状	出风方向评价等级及规则/(°)		
		G	Y	R
筒形风口水平轴水平叶片	$0.6 \leq R \leq 1.67$	$UA \& UT \leq 30$ $AS-1 \& AS-2 \leq 25$	$30 < UA \& UT \leq 50$ $25 < AS-1 \& AS-2 \leq 40$	$UA \& UT > 50$ $AS-1 \& AS-2 > 40$
	$0.4 \leq R < 0.6$, $1.67 < R \leq 2.5$	$UA \& UT \leq 23$ $AS-1 \& AS-2 \leq 18$	$23 < UA \& UT \leq 35$ $18 < AS-1 \& AS-2 \leq 30$	$UA \& UT > 35$ $AS-1 \& AS-2 > 30$
筒形风口水平轴竖直叶片	$0.6 \leq R \leq 1.67$	$UA \& UT \leq 25$ $AS-1 \& AS-2 \leq 35$	$25 < UA \& UT \leq 40$ $35 < AS-1 \& AS-2 \leq 50$	$UA \& UT > 40$ $AS-1 \& AS-2 > 50$
	$0.4 \leq R < 0.6$, $1.67 < R \leq 2.5$	$UA \& UT \leq 18$ $AS-1 \& AS-2 \leq 25$	$18 < UA \& UT \leq 30$ $25 < AS-1 \& AS-2 \leq 35$	$UA \& UT > 30$ $AS-1 \& AS-2 > 35$
筒形风口竖直轴竖直叶片	$0.6 \leq R \leq 1.67$	$UA \& UT \leq 25$ $AS-1 \& AS-2 \leq 30$	$25 < UA \& UT \leq 40$ $30 < AS-1 \& AS-2 \leq 50$	$UA \& UT > 40$ $AS-1 \& AS-2 > 50$
	$0.4 \leq R < 0.6$, $1.67 < R \leq 2.5$	$UA \& UT \leq 18$ $AS-1 \& AS-2 \leq 23$	$18 < UA \& UT \leq 30$ $23 < AS-1 \& AS-2 \leq 35$	$UA \& UT > 30$ $AS-1 \& AS-2 > 35$
筒形风口竖直轴水平叶片	$0.6 \leq R \leq 1.67$	$UA \& UT \leq 35$ $AS-1 \& AS-2 \leq 25$	$35 < UA \& UT \leq 50$ $25 < AS-1 \& AS-2 \leq 40$	$UA \& UT > 50$ $AS-1 \& AS-2 > 40$
	$0.4 \leq R < 0.6$, $1.67 < R \leq 2.5$	$UA \& UT \leq 25$ $AS-1 \& AS-2 \leq 18$	$25 < UA \& UT \leq 35$ $18 < AS-1 \& AS-2 \leq 30$	$UA \& UT > 35$ $AS-1 \& AS-2 > 30$

(续)

风口类型	风口形状	出风方向评价等级及规则/(°)		
		G	Y	R
双级叶片风口双向调节水平叶片	$0.6 \leq R \leq 1.67$	$UA \& UT \leq 35$ $AS-1 \& AS-2 \leq 25$	$35 < UA \& UT \leq 50$ $25 < AS-1 \& AS-2 \leq 40$	$UA \& UT > 50$ $AS-1 \& AS-2 > 40$
双级叶片风口单向调节水平叶片	$0.6 \leq R \leq 1.67$	$UA \& UT \leq 50$ $AS-1 \& AS-2 \leq 25$	$50 < UA \& UT \leq 60$ $25 < AS-1 \& AS-2 \leq 40$	$UA \& UT > 60$ $AS-1 \& AS-2 > 40$
双级叶片风口水平叶片	$0.4 \leq R < 0.6$, $1.67 < R \leq 2.5$	$UA \& UT \leq 25$ $AS-1 \& AS-2 \leq 18$	$25 < UA \& UT \leq 35$ $18 < AS-1 \& AS-2 \leq 30$	$UA \& UT > 35$ $AS-1 \& AS-2 > 30$
双级叶片风口竖直叶片	$0.6 \leq R \leq 1.67$	$UA \& UT \leq 25$ $AS-1 \& AS-2 \leq 35$	$25 < UA \& UT \leq 40$ $35 < AS-1 \& AS-2 \leq 50$	$UA \& UT > 40$ $AS-1 \& AS-2 > 50$
	$0.4 \leq R < 0.6$, $1.67 < R \leq 2.5$	$UA \& UT \leq 18$ $AS-1 \& AS-2 \leq 25$	$18 < UA \& UT \leq 30$ $25 < AS-1 \& AS-2 \leq 35$	$UA \& UT > 30$ $AS-1 \& AS-2 > 35$
其他	—	—	$0.30 \leq R < 0.4$ $4.0 > R > 2.5$	$R < 0.30$ $R > 4.0$

注：风口形状高宽比 $R = H/W$，H、W 分别为出风口高度和宽度，见图3-110。

表3-69 布置方向评价等级对应的应对措施

评价等级	应对措施或行动建议
G	优，不需要改进
Y	①调整出风口相对位置和方向；②执行CFD分析，以确定适当流速的空气能否吹及乘员的相关部位；③咨询出风供应商，确定设计是否可以修改以达到目标；④根据降低的VTS舒适度要求，这是可以接受的
R	重新设计系统以提高气流速度

3.3.4 操作舒适性

乘用车的操作主要有手操作和脚操作两大类。其中脚操作主要通过脚的推力和脚踝、脚趾的压力，相关操作装置较少，主要是加速踏板、制动踏板和离合踏板等。相关操作装置的布置分析详见本章3.2.4节。本小节主要论述乘用车手操作部分舒适性布置分析和上下车方便性的分析。

1. 驾驶员手伸及界面及操纵钮件的布置分析

根据人机工程学的要求，驾驶舱内一切手操纵钮件、杆件、开关等各种操纵装置应布置在驾驶员手伸及范围内。驾驶员以正常姿势坐在座椅上，系上安全带、右脚支撑于加速踏板踵点 AHP 上，一只手握住转向盘时，另一只手所能伸及的最大空间曲面，称为驾驶员手伸及界面。该曲面的形状及位置如图3-111a所示，确定驾驶员手伸及界面范围的内部尺寸 $H30-1$、$H17$、$L53-1$，如图3-111b所示。

利用多元统计分析理论，SAE J287—2007标准给出了综合因子 G 计算式，见式（3-53）。

$$G = 0.00327H30-1 + 0.00285H17 - 3.21 \quad (3-53)$$

并按式（3-54）计算手伸及界面前后方向的基准平面 HR 到驾驶员踵点 AHP 的距离 d，确定该基准面的位置。

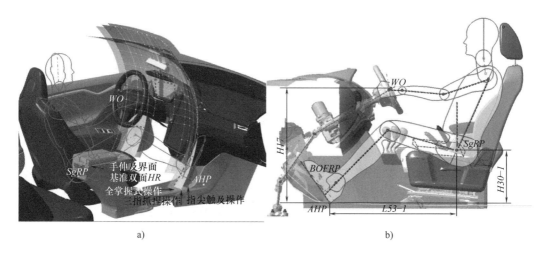

图 3-111 驾驶员手伸及界面及确定其范围的内部尺寸

$$d = 786 - 99G \tag{3-54}$$

如果 $d - L53 - 1 < 0$，基准平面 HR 位于 AHP 之后 HR 处；如果 $d - L53 - 1 > 0$，则基准平面 HR 位于 SgRP 上。

然后根据综合因子 G、驾驶员男女比例（50∶50、75∶25、90∶10）和安全带约束系统类型（类型 1：仅系腰带，允许上半身自由运动，躯干伸展不受影响；类型 2：同时系腰带和肩带，只允许受限制的躯干伸展），参考 SAE J287—2007 标准中的表 1～表 42 确定三指抓握式操作的手伸及界面。以此为基础沿 X 轴向车前方移动 50mm，获得指尖触及操作的手伸及界面；向车后方移动 50mm，即是全掌握式操作的手伸及界面。

SAE 建议采用驾驶员男女比例 50∶50 来确定所有 A 类车辆的驾驶员手伸及界面；采用 2 型安全带约束系统的车辆，使用受约束的可触及范围（SAE J287—2007 标准表 1～表 21）来确定驾驶员手伸及界面；采用 1 型安全带约束系统的车辆，使用受约束的可触及范围（SAE J287—2007 标准表 22～表 42）来确定驾驶员手伸及界面；对于在驾驶室不使用的控制装置，上半身一定程度的倾斜是可以接受的，那么采用不受约束的手伸及界面（SAE J287—2007 标准表 22～表 42）来确定这些控制装置的最大可伸及范围。

2. 换档、驻车制动操控装置布置分析

随着汽车智能电气化发展，换档、驻车制动操纵装置越来越多采用旋钮或按钮电子开关型式。因此，可采用上述驾驶员手伸及界面进行布置分析和评估。

对于传统的换档、驻车制动操纵手柄的布置，如图 3-112 所示，其布置位置的人机工程学评价通常采用 EO（Ergsphere Origin，常用来表达驾驶员手操纵的参考中心，类似肩部参考点）点为中心的驾驶员手操纵的球状范围。换档操纵手柄使用频度很高，充分考虑其操作，从 EO 点到空档时的操作点 SLP（变速杆手柄前端中央）的适当距离一般推荐 595～640mm，允许范围为 550～670mm。驻车制动操纵手柄的布置，考虑操作距离与和座椅的间隙等从 EO 点到操作点 PBP（手柄按钮前端后方 50mm 的位置）的适当距离一般推荐 595～640mm，允许范围为 550～670mm。并且操作点 SLP 或 PBP 均不高于 SgRP 之上 200mm。

EO 点坐标值按式（3-55）计算。

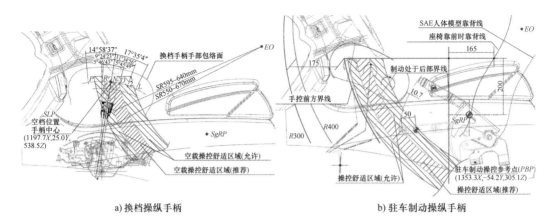

a) 换档操纵手柄　　　　　　　　　b) 驻车制动操纵手柄

图 3-112　换档、驻车制动操纵手柄布置

$$\begin{cases} X_{EO} = L8 - 0.8917 H30 + 1208 \\ Y_{EO} = W8 \pm 135 \\ Z_{EO} = H8 - 0.9818 X_{EO} + 1574 \end{cases} \quad (3\text{-}55)$$

式中　（$L8$，$W8$，$H8$）——驾驶员 AHP 的三维坐标值，单位为 mm；

$H30$——驾驶员坐姿高度（$H30$-1），单位为 mm。

部分企业用另一种方法确定驻车制动操纵手柄操作点 PBP 的布置区域，如图 3-112b 所示：①手控前方边界（驾驶员三指抓捏式手伸及界面的内侧 Y 向 400mm 的曲线，沿 X 轴向车后平移 175mm）；②上边界线（驾驶员 $SgRP$ 沿 Z 轴向上 200mm 的水平线）；③制动状态的后部界线（以驾驶员前移到第 5 百分位 H 点位置时的 HDM 人体模型靠背线与上边界线的交点为基准，沿 $-X$ 向距离 165mm 的竖直线），三条曲线围成的区域（侧视图）；④再以距 $SgRP$ 的 Y 向 400mm 的 ZX 平面（相对 $SgRP$ 靠车内）为基准平面，左右各偏移 200mm 的两个平行平面为左右边界平面构成的空间区域。

3. 车门护板操控件布置与评价

如图 3-113 所示，确定前车门护板操控件布置舒适区域范围的方法与步骤如下：

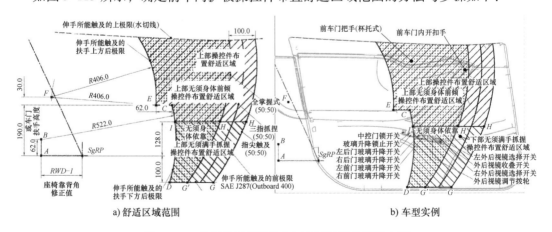

a) 舒适区域范围　　　　　　　　　b) 车型实例

图 3-113　前门护板操控件布置舒适区域范围及实例

1）侧视图中，A 点在 $SgRP$ 后方与之等高。A 到 $SgRP$ 的距离 $RWD-1$ 按表 3-70 来确定。

表 3-70 A 到 $SgRP$ 的距离 $RWD-1$

座椅靠背角/(°)	20	21	22	23	24	25	26	27	28
$RWD-1$/mm	142	146	148	150	154	156	159	163	166

2）由点 A 向上画出一条 62.0mm 的垂线段，垂线段的终点为 B。

3）以 B 为圆心，画出一条半径为 522.0mm 的圆弧，与扶手高度线相交于 C，与 $SgRP$ 正下方 100.0mm 水平线相交于 D。若扶手高度未知，则将 C 标记在 $SgRP$ 正上方 190.0mm 高度处。在圆弧上标出 $SgRP$ 正上方 128.0mm 水平线上的一点 I。这条圆弧（从 C 到 D）即是驾驶员或乘员伸手所能触及的扶手下方的后极限边界。

4）由 C 开始向后画出一条长度为 62.0mm 的水平线段，到达 E。

5）以 E 为圆心，画一条半径为 406.0mm 的圆弧，与扶手高度上方 30.0mm 或 $SgRP$ 上方 220.0mm 水平线相交于 F。

6）以 F 为圆心，画出一条半径为 406.0mm 的圆弧，向上到达前门玻璃上方透明区域的边缘线（DLO）位置。这就确定了驾驶员或乘员伸手所能触及的扶手上方的后极限边界。

7）利用 SAE J287 确定的手伸及界面在冠平面外侧 400mm 指尖触及线为驾驶员或乘员伸手所能触及的前极限边界。此曲线和手伸及界面在冠平面外侧 400mm 全掌握式伸及线分别与 $SgRP$ 正上方 128.0mm 水平线分别相交于 H 和 H'；与 $SgRP$ 正下方 100.0mm 水平线相交于 G 和 G'，GG' 为无须满手抓握便能触及的下极限。

得到如图 3-113a 所示的舒适区域范围，其中 $DGHI$ 区域为"扶手下部无须满手抓握操控件布置舒适区域"，$DG'H'I$ 为"扶手下部无须身体依靠且无须满手抓握操控件布置舒适区域"，$ECIH$ 往上区域为"扶手上部操控件布置舒适区域"，$ECIH'$ 往上区域为"扶手上部无须身体倾斜操控件布置舒适区域"。图 3-113b 为某车型前车门护板操控件布置示意图，与图 3-113a 所示的舒适区域重叠在一起，并结合各操纵件的操作方式、位置和上述各细分舒适区域，甄别判断前车门护板上各个操控件的布置是否合理。

如图 3-114 所示，确定后车门护板操控件布置舒适区域范围的方法与步骤如下：

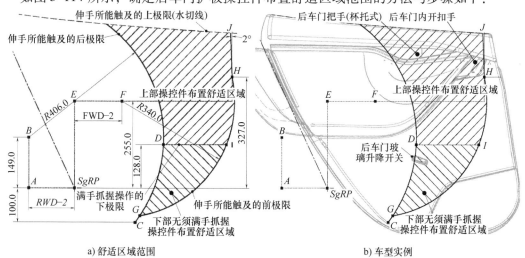

图 3-114 后门护板操控件布置舒适区域范围及实例

1）侧视图中，A 点在 $SgRP$ 后方与之等高。A 到 $SgRP$ 的距离 $RWD-2$ 按表 3-71 来确定。

表 3-71 A 到 $SgRP$ 的距离 $RWD-2$

座椅靠背角/(°)	20	21	22	23	24	25	26	27	28
$RWD-2$/mm	122	126	128	131	135	137	140	144	147

2）由点 A 向上画出一条 149.0mm 的垂线段，垂线段的终点为 B。

3）以 B 为圆心，画出一条半径为 406.0mm 的圆弧，以后门玻璃上方透明区域的边缘线（DLO）为边界，同时标记 $SgRP$ 正下方 100.0mm 水平线上的点 C 和 $SgRP$ 正上方 128.0mm 水平线上的点 D。这条圆弧就是乘员伸手所能触及的后极限。

4）在 $SgRP$ 正上方 255.0mm 位置标记点 E。

5）F 位于 E 的正前方，EF 的长 $FWD-2$ 按表 3-72 来确定。

表 3-72 EF 的长 $FWD-2$

座椅靠背角/(°)	20	21	22	23	24	25	26	27	28
$FWD-2$/mm	175	169	164	157	149	144	139	131	126

6）以 F 为圆心，画出一条半径为 340.0mm 的圆弧，该圆弧与曲线 CD 相较于 G，与 $SgRP$ 正上方 327.0mm 的水平线相交于 H，并标记出 $SgRP$ 正上方 128.0mm 水平线上的点 I。G 确定了无须满手抓握即可向下触及的下极限。

7）画一条连接 D、I 的线。这条线确定了满手抓握向下可触及的下极限。

8）由 H 点开始，画一条偏离垂直方向 2°的直线，与玻璃上方透明区边缘线（DLO）相交于 J。曲线 $GIHJ$ 就确定了乘员伸手所能触及的前极限。

得到如图 3-114a 所示的舒适区域范围，其中 DIG 区域为"下部无须满手抓握操控件布置舒适区域"，$DIHJ$ 为"扶手上部操控件布置舒适区域"。图 3-114b 为某车型后车门护板操控件布置示意图，与图 3-114a 所示的舒适区域重叠在一起，并结合各操控件的操作方式、位置和上述各细分舒适区域，甄别判断后车门护板上各个操控件的布置是否合理。

4. 上下车方便性分析

驾驶员和乘客应能方便、快捷、舒适地进出车辆，不需要采取诸如过度地弯腰、转身、扭转、伸长身体、让身体倾斜，或身体碰到车身之类的尴尬姿势或极费力的动作。整车设计师和工程师应注意与之有关的如下汽车特征和车型尺寸：

（1）车门门洞尺寸大小

如图 3-115 所示，以前后排乘员位置 $SgRP$ 为基准来确定车门门洞的开口位置和大小。参考表 3-73，并通过同类车型对标分析以及结合相关主观评价经验，确定和选择相关尺寸的目标值，并加以管控。

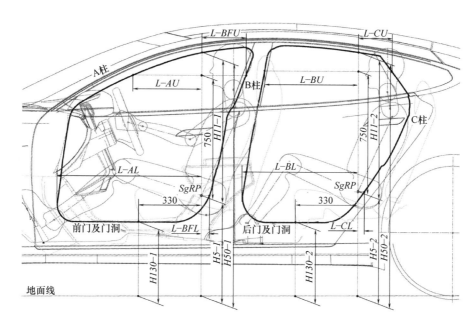

图 3-115　上下车方便性控制值：车门门洞位置和大小（侧视图）

表 3-73　车门门洞尺寸大小推荐范围　　　　　　　　　　（单位：mm）

代码	名称	推荐范围	代码	名称	推荐范围
$H11-1$	前门洞顶部高度	≥775	$H11-2$	后门洞顶部高度	≥750
$L-AU$	前门顶部前开口（A柱）	≥350	$L-BU$	后门顶部前开口（B柱）	≥380
$L-AL$	前门下部前开口（A柱）	≥650	$L-BL$	后门下部前开口（B柱）	≥550
$L-BFU$	前门顶部后开口（B柱）	≥80	$L-CU$	后门顶部后开口（C柱）	≥80
$L-BFL$	前门下部后开口（B柱）	≥50	$L-CL$	后门下部后开口（C柱）	≥50
$H5-1$	前排 $SgRP$ 离地高度	600~750	$H5-2$	后排 $SgRP$ 离地高度	600~750
$H130-1$	前门门槛离地高度	尽可能小	$H130-2$	后门门槛离地高度	尽可能小
$H50-1$	前门门洞顶部离地高度	尽可能大	$H50-2$	后门门洞顶部离地高度	尽可能大

（2）座椅 $SgRP$ 位置横截面和脚移动空间

图 3-116 所示为通过 $SgRP$ 且与车辆 X 轴垂直的平面内的横截面。图中尺寸对改善上下车方便性非常重要。在车型设计的早期就应考虑这些尺寸的大小。

$SgRP$ 到门槛外边缘的横向距离 $W-sr$ 应尽可能小，也意味着座椅坐垫外缘到门槛外边缘的横向距离 $W-sc$ 也应足够小，以方便驾乘人员上下车时脚着地。通常尺寸 $W-sr$ 在 420~480mm 范围内。宽度尺寸 $W-so$（车门下部横向重叠宽度），即门槛外边缘到车门内饰板底部下缘（如地图袋下端向车内凸起部分）的横向距离，它也尽可能小。该尺寸越小，在上下车时用脚踏的空间就越大。当在车库或另一辆车停靠很近等，车门因周边空间限制无法完全打开的情况下，这一点尤为重要。

$SgRP$ 离地高度 $H5$ 应满足驾乘人员方便自如地坐上座椅，通常，$H5$ 应比大多数人的臀部低 50mm 左右，为 600~750mm。门槛顶端到地面的距离 $H130$ 以及门槛顶端到车内地毯的距离 $H-s$（门槛台阶高）应该尽量小，以减小上下车时抬脚的高度。通常，前门门槛台

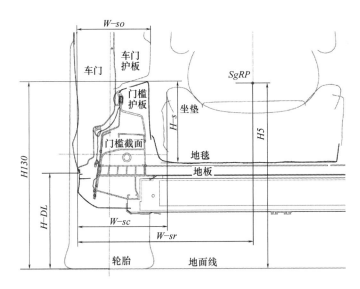

图 3-116 上下车方便性控制值：门槛横截面尺寸（后视图）

阶高度 $H-s$ 应低于 110mm，后门门槛则应低于 130mm。这些尺寸依赖于车门下缘高度尺寸 $H-DL$（满载状态下）。$H-DL$ 应高于车边路肩石高度，以便车门开启摆过路肩石不会碰到。

（3）车门打开角度和车门铰链轴线布置

车门开启角度不宜过小，也不宜过大。一方面，车门为最大开启角度时，应确保有足够的上下车进出空间，如图 3-117 所示的脚部进出间隙（车门开启后，座椅坐垫到立柱饰板或车门框密封条或车门饰板的最小间隙）$L18$ 和 $L19$。通常，$L18$ 和 $L19$ 应不小于 400mm。

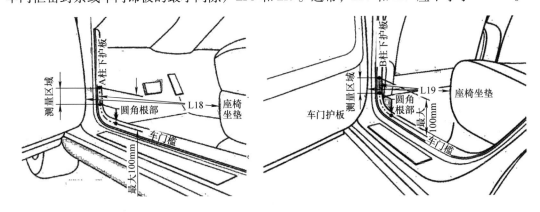

图 3-117 上下车方便性控制值：车门开启后脚部间隙

另一方面，车门开启角度应方便上车后关门能够得着车门把手。如图 3-118 所示，车门开启为最大角度时，应确保车门把手在第 5 百分位人群上部躯体不受限制时可伸及的最大范围以内；车门为一级开度时，应确保车门把手在第 5 百分位人群上部躯体受限制（如系上安全带）时可伸及的最大范围以内。通常，前门最大开启角度为 65°~70°，后门为 70°~80°。

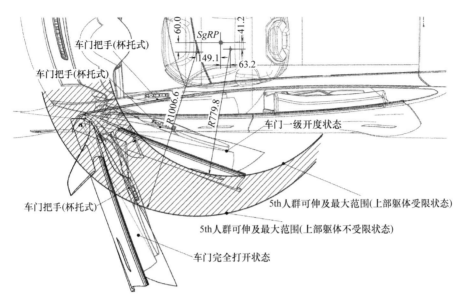

图 3-118　上下车方便性控制值：车门开启角度及关门可伸及的最大范围

车门开启后与车身之间的空间大小与车门铰链轴线的位置和方向有直接关系。铰链轴线顶部一般稍微向车内和车前倾斜，以改善驾乘人员头部及肩部与开启后车门上前角的空间距离，同时也可降低关门的难度，车门自重辅助车门关闭。

（4）转向盘的布置

转向盘的布置对驾驶员的上下车进出也有直接的影响，如图 3-32 中的尺寸 $H13$（转向盘与大腿线距离）和 $L7$（转向盘与躯干线距离），至少应达到表 3-23 中的推荐范围。转向盘轮缘下部与座椅坐垫的距离 $H74$ 应不小于 150mm。另外，在车辆熄火停车或驾驶员打开车门时，转向盘自动向前向上移动，以及驾驶座椅自动后移等功能控制，都可以降低上下车的难度，提高方便带来的舒适性。

（5）门把手

1）车门外把手高度，第 5 百分位小个子女性人群无须将手抬高超过肩时就能握住把手；并且第 95 百分位大个子男性人群无须弯腰就能握住把手，即门把手高度不低于第 95 百分位男性站姿手腕高。

2）车外门把手的纵向位置，应设置在离车门后边缘越近越好。

3）车门内把手位置，当驾乘人员进入车内并坐到座椅上关上车门时，无须过度倾斜身体将手伸长。车内关门把手、车内开门把手都应布置在：最小可触及空间的前方；最大可触及空间的后方（见图 3-113 和图 3-114）；不低于车门扶手高度；不高于坐姿肩高。

4）把手手柄，手柄表面间隙应确保第 95 百分位男性手掌的 4 个手指可以伸入车门把手手柄（或拉环）和门外把手。此外，还可考虑动态戴手套开门的需要，以及考虑防止手上戒指或长指甲划伤车内饰，可预留额外的车门把手空间。

（6）脚踏板

中大型 SUV 车型门槛离地高度 $H130$ 比较大，其上下车方便性可通过提供脚踏板来改善，尤其是中小个子人群将获益良多。当然也许身材较高的人会认为脚踏板在上下车时碍手碍脚。如图 3-119 所示，脚踏板的横截面中，尺寸 $W-T$（脚踏板伸出门槛外缘宽度）至少 50~55mm，提供下车时足够放脚的空间，但同时应注意对整车宽度的影响及平衡。尺寸 $H-T$（脚踏板和门槛下部之间的间隙）应足够大以适应大多数鞋尖的高度，$H-T$ 一般不小于 50mm。踏板面宽度 $W-P$ 应能支撑一只鞋的宽度，一般为 125~150mm；尺寸 $H-P$ 为脚踏板离地高度，从上下车方便性角度看，$H-P$ 应不超过 450mm，但其高度也取决于整车各种载荷下的地面姿态以及整车通过性的要求。另外，脚踏板 X 向的长度应能保证支撑驾乘人员在不同乘坐参考点 $SgRP$ 中向前放脚的位置。

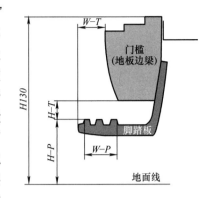

图 3-119　上下车方便性控制值：脚踏板横截面尺寸

（7）无直达门的座位的进出

由于小型车（如双门轿跑车）后排座位和大型 SUV 车型的第三排座位没有直达座椅的车门，需要穿过或爬过小的空间才能到达座椅，或需要前排乘客移动身体后再复位。这对多数乘客来说都是一个挑战。提高这类型座位的上下车方便性也十分重要。

一方面确保必要的充足的进出空间尺寸。如图 3-120 所示，当前排座椅处于最前和最大前倾状态时，伸腿空间尺寸 $Lt \geqslant 325$mm；身体进出空间尺寸 $Lb \geqslant 500$mm；后排 $SgRP$ 到前排门框后下角纵向距离 $Lr \leqslant 330$mm；前排门框顶部到后排地毯高度 $Hh \geqslant 1035$mm；前排门框底部到后排地毯的高度差 $Hs \leqslant 130$mm。

另一方面，在合适的位置（如在第二排座位 B 柱高处）布置扶手或门把手和在第三排 C 柱设置必要的进出辅助设施，对第三排座的乘客离开座椅非常有帮助，在复

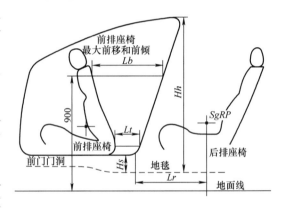

图 3-120　上下车方便性控制值：无直达门的座位进出空间尺寸

位及起坐、站立和爬动过程中重心转移时，扶手或把手也能起到很重要的支撑作用。

（8）轮胎和门槛板

采用宽胎是当前设计的一个潮流，可以提高车辆的稳定性并改善整车的外观感知。另外，轮胎向外布置，让轮胎外侧表面与挡泥板外侧平齐可以减小轮胎和挡泥板空气动力学阻力。车轮过度向外布置又可能导致另一个人们关注的车身表面污染的水管理问题（可参阅本章 3.2.6 节的相关内容）。车辆高速行驶时，车轮卷起灰尘或小石子，并将它们甩到车身上，导致车身下部的漆面受到飞溅打磨损害和腐蚀，还使得门槛变脏。解决此问题的一个有效方式就是加宽门槛板。然而加宽的门槛板使驾乘人员上下车时需要跨过更大的宽度，加大上下车难度。并且腿和较宽的、脏的门槛接触会弄脏裤腿，粗糙的门槛表面或门槛上的碎片还可能会造成女士长袜抽丝。这种设计潮流会在提高乘员舒适性和降低乘客上下车的抱怨之间产生矛盾。因此需要综合平衡解决人机工程学要求和外观风格之间的"冲突"，以达到某种平衡或融合。

(9) 座椅和枕垫的位置和材料

为了降低上下车的难度,座椅应尽可能向外布置。坐垫和靠背上的枕垫不宜过高,因为乘员需要避开抬高的枕垫才能坐上座椅。座椅材料的表面摩擦系数以及乘员衣服都对乘员上下车方便性有影响,比如皮质表面的座椅可以帮助乘员更舒适、快捷地上下车。

5. 前舱盖、后舱盖(或后背门)**布置及人机分析**

如图 3-121 所示,前舱盖、后舱盖(或后背门)开启布置需要满足:①小个子人群能够伸手触及把手(或拉环)或电动开关等;②大个子人群能够站立其下不碰头。

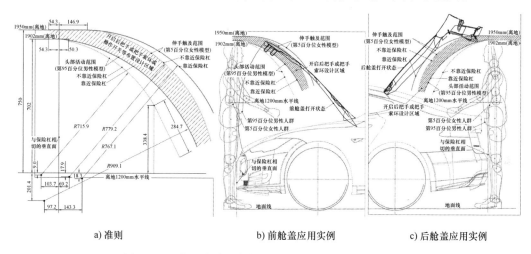

a) 准则　　　　　b) 前舱盖应用实例　　　　　c) 后舱盖应用实例

图 3-121　前后舱盖开启触及范围及头部通道准则及实例

图 3-121a 所示为前后舱盖开启触及范围及头部间隙通道准则:曲线体现的是两种情况下的第 5 百分位女性的触及能力和第 95 百分位男性的头部高度:靠在保险杠上,或未靠在保险杠上。触及范围及头部间隙曲线专为从前面、后面或侧面进入前舱或后舱而设计。在应用此准则时,注意根据车辆情况,水平向前触及能力将随着用户选择攀上、踏入、爬入车辆等方式的不同而不同。有些情况可能要求触及范围限制或不允许头部和胸部进入入口。并确保前舱盖或后舱盖后背门系统的开启高度尽可能满足如图 3-121 所示的第 95 百分位男性头部通道准则。图 3-121b、c 所示为某车型前舱盖和后舱盖开启状态与布置准则的对比评价。

3.3.5　整车人机工程的未来发展

在乘用车产品设计中,首先要衡量开发概念与技术、成本等要素的关系,进行各种属性目标的设定。而整车人机工程设计,尤其是舒适性设计时,经常出现比较模糊的概念,如比原来的产品"容易使用""不容易疲劳"或是"舒适"等。

虽然不断尝试利用人机物理模型或客观测量的方法,将主观概念定量化,但有很多研究课题亟待解决。即便形成定量化技术,但由于人在物理上、生理上和心理上的允许极限范围非常宽广,同样给设计带来困难。如何诠释人体差异并进行分组,是产品战略的关键。系统化地积累各种人体特征,建立和完善整车人机工程基础数据库和大数据化,通过大规模的数据、人机工程的多样化数据充分理解消费者的特点和需求,并形成与汽车运动行为有关的人体特征数据,再进行计算机处理,势必成为今后设计评价方法的主流。网络技术进步、5G

技术的广泛应用等，也将推动和加速这一发展趋势的形成。

随着社会经济的发展，老年人人口比例不断增加。社会老龄化必然引起未来交通环境的变化，如老年驾驶员增多，身心机能尤其是与汽车驾驶有关的身心机能随着年龄增长的变化。发展应对老龄化的关键技术和分析方法，是整车人机工程发展的另一个趋势。比如，对于像最优操纵高度或最适温度的特性，以最优区域为中心两侧均有允许范围，但老年人的允许范围肯定会比年轻人要窄。因此，在未来设计中也需要确认与各类设计要素有关的老年人特性并采用应对措施。再如，为了能够站在老年人的角度设计汽车，基于老年人身体机能的仿真技术应运而生：基于图像处理及光学滤波器的视觉仿真技术，选择修正光谱特性或进行强化轮廓的图像处理获得老年人能够轻松看清的图像；老年人肌肉骨骼系统的仿真；老年驾驶员的驾驶功能再评价和再训练技术等。

汽车技术和计算机技术、通信技术之间的关联性不断深入，可为驾驶员提供更高级的服务。智能交通技术的发展使汽车智能化程度越来越高，人机界面更加复杂，人机系统功能分配、人机系统特性协调的方法和内容都将发生变化。人们更加需要关注有用性和可用性两个方面。虚拟现实技术将会作为一种工具得到更广泛的应用。许多更复杂的人机界面可用专门的虚拟环境技术来加以检验。这种评价方法的精度也在逐渐提高。

整车人机工程设计作为汽车设计的重要部分，其研究对于提高我国汽车自主开发能力也非常重要。

参 考 文 献

[1] 徐春珺，杨东，闫麒化．工业4.0核心之德国精益管理实践［M］．北京：机械工业出版社，2016．

[2] 赵福全，刘宗巍，李赞．汽车产品平台化模块化开发模式与实施策略［J］．汽车技术，2017（6）：2-4．

[3] 刘华，吴珩晓，张亚萍，等．浅析汽车平台演进与模块化战略［J］．上海汽车，2014（12）：31-40．

[4] 田静．汽车平台及发展趋势简析［J］．科技和产业，2013（10）：166-169，190．

[5] 黄明君，王萌．丰田TNGA，一场关于未来的蝶变［N］．华西都市报A17车视界，2017-04-26．

[6] 模块化之路：关于自主品牌模块化实践的问题和思考［Z］．德拓管理咨询．2015-12-17．

[7] 中华人民共和国工业和信息化部．新能源汽车生产企业及产品准入管理规定［Z］．中华人民共和国工业和信息化部令第39号，2017．

[8] Society of Automotive Engineers Inc．(R) Motor Vehicle Dimensions：SAE J1100—2009 ［S］．Warrendale：Society of Automotive Engineers Inc，2009．

[9] B. 海兴，M. 埃尔斯．汽车底盘手册［M］．孙鹏，译．北京：机械工业出版社，2012．

[10] 洪永福，等．汽车总体设计［M］．北京：机械工业出版社，2015．

[11] 陈清泉，孙逢春，祝嘉光．现代电动汽车技术［M］．北京：北京理工大学出版社，2002．

[12] 耶尔森·赖姆帕尔．汽车悬架［M］．李旭东，译．北京：机械工业出版社，2013．

[13] 刘维信．汽车设计［M］．北京：清华大学出版社，2001．

[14] 王望予．汽车设计［M］．北京：机械工业出版社，2009．

[15] 曹渡．汽车静态感知质量设计与评价［M］．北京：机械工业出版社，2019．

[16] Society of Automotive Engineers Inc．(R) Positioning the H-Point Design Tool—Seating Reference Point and Seat Track Length：SAE J4004—2008 ［S］．Warrendale：Society of Automotive Engineers Inc，2009．

[17] 《国际机动车认证制度研究》编委会．国际机动车认证制度研究［M］．北京：机械工业出版社，2016．

[18] JOLESEN J, SPRUSS I, KUTHADA T, et al. Advances in Modelling A – Pillar Water Overflow: SAE Technical Paper [C]. Warrendale: Society of Automotive Engineers Inc, 2015.

[19] 张峻, 杨福生, 李善云. 汽车动力、底盘系统保安防灾分析: 第十三届河南省汽车工程科技学术研讨会论文集 [C]. 郑州: 河南省汽车工程学会, 2016.

[20] 白冰, 韩静, 王国军. 汽车管线保安防灾的设计要点: 第十届河南省汽车工程科学技术研讨会论文集 [C]. 郑州: 河南省汽车工程学会, 2013.

[21] VIVEK D B. 汽车设计中的人机工程学 [M]. 李慧彬, 刘亚茹, 等译. 北京: 机械工业出版社, 2018.

[22] Society of Automotive Engineers Inc. (R) Motor Vehicle Orivers' Eye Locations: SAE J941—2008 [S]. Warrendale: Society of Automotive Engineers Inc, 2009.

[23] 中华人民共和国工业和信息化部. 汽车驾驶员前方视野要求及测量方法: GB 11562—2014 [S]. 北京: 中国标准出版社, 2015.

第 4 章 整车NVH和碰撞安全性能结构集成

随着人们生活水平不断提高,顾客对于车辆的性能和品质要求越来越高。整车NVH性能和整车安全性能作为整车性能中的重要属性,分别对应着用户的乘坐舒适性和安全性,属于顾客强感知和强关注的车辆性能指标。整车NVH性能和整车安全性能与整车结构集成设计密切相关。本章从整车结构集成的角度,分别介绍了这两个性能的目标设定与分解、结构集成设计、虚拟验证以及典型的性能集成案例分析,并对传统燃油车和新能源车的结构设计差异性进行了比较。

4.1 整车 NVH 性能

整车NVH(Noise Vibration Harshness)泛指与整车相关的振动和噪声及其舒适性的性能,是与人体听觉、触觉和视觉相关的研究范畴,也是人体可以直接体验和感受到的性能。因此,整车NVH性能不仅是最重要的性能之一,也是最复杂、涉及系统最多的性能之一。整车NVH性能几乎涵盖了整车所有的结构系统,如车身、底盘、内外饰、动力总成、动力系统、电子电器等。在涉及如此多的系统中,如何设定合理的目标,如何进行结构集成,将直接决定整车的NVH性能水平。

4.1.1 整车 NVH 性能开发目标设定与管理

1. 整车 NVH 性能目标设定及原则

NVH性能目标是整车NVH性能开发的重要内容之一,NVH目标按照层级可分为整车级、系统级和部件级三个层级。整车级NVH性能目标主要依据竞争市场、行业法规、目标人群等因素设定。整车NVH性能目标设定完成后,需要将这些目标分解到系统级和部件级。从整车结构集成的角度,整车NVH性能目标分解需要遵循一定的规律和原则,主要包括:

(1)平台化原则

平台化开发技术已成为整车企业开发的主要手段,在进行整车NVH性能目标分解时,要兼顾系统、部件平台化和差异化的要求。例如,依据平台化的要求,后副车架有刚性连接和柔性连接两种形式,两种连接对车身侧安装点的刚度要求不同。采用柔性连接,为保证衬套10~15dB的隔振要求,车身侧安装点的刚度要求较高;采用刚性连接,安装部位的刚度要求相对降低。因此,在进行路噪目标分解时,需要综合考虑两种结构对车身局部刚度的要求。

(2)通用化原则

通用化技术也是整车开发中降低成本、缩短周期、提高设计效率的重要手段之一。在进行整车NVH性能目标分解时,要考虑系统、部件的通用化问题。例如,为了提高侧窗玻璃的隔声量，前门多采用声学夹层玻璃，在选择声学夹层玻璃的厚度（通常在 4～5mm）时，要考虑到前后门呢槽断面尺寸的通用性，这就限制了前门声学夹层玻璃厚度的取值范围，否则会导致后门玻璃过重的问题。如果前后门呢槽断面尺寸不同，则会引起运输、存储等额外成本，同时也会产生装配线上工人错装等问题。因此，在进行风噪目标分解时，要考虑前后呢槽断面尺寸的通用化问题。

（3）性能均衡原则

汽车的系统、部件是有多种性能属性的，在进行 NVH 目标分解时，要兼顾其他性能属性，保证系统、部件性能的均衡性。例如，车门密封条的压缩受力变形（Compression Load Deflection，CLD）值与关门力、关门声品质、风噪、异响等性能有关，CLD 的通常取值在 4～10N/100mm，如果 CLD 取值较大，不利于关门力，但是有利于关门声品质、风噪和异响性能。因此，在进行关门声品质、风噪声、异响等 NVH 性能分解时，还必须考虑到关门力的性能。

（4）轻量化原则

轻量化设计已经成为整车开发的主流设计方法，尤其是在新能源车成为发展趋势，重量对续驶里程有重要的影响作用下，整车轻量化设计就显得非常重要。因此，NVH 在进行目标分解时，必须遵循轻量化的原则。例如，为了提高底盘与车身安装部位的隔振率，一方面可以通过加强车身侧结构来实现，另一方面可以通过降低衬套刚度来实现。采用前者会增加车身重量，采用后者则不会增加车身重量，但需要综合平衡操控、耐久等性能。因此，在对路噪声目标进行分解时，需要考虑轻量化原则。

（5）问题简化原则

影响整车 NVH 每项性能的因素是非常多的，如果可以减少其中一项或多项影响因素，将非常有利于 NVH 问题的控制。例如，冷却风扇是引起转向盘抖动最重要的部件。对于单风扇，产生抖动的原因：冷却风扇动不平衡量、冷却风扇转速频率与转向盘频率耦合；对于双风扇，引起抖动的原因：除了上述原因外，还得考虑两个风扇的拍频引起的转向盘抖动问题，尤其是在对转向系统避频设计时，允许的转向系统的频率范围非常小，采用双风扇方案则增加了转向盘怠速抖动的风险。因此，在对 NVH 性能目标分解时，要尽量选择影响因素少的方案。

（6）低成本原则

各国车企的竞争越来越激烈，除了技术实力的竞争外，成本竞争也是一项重要的内容，从某种程度上说，一款车的成本管控直接决定了车辆的销量和市场认可度。因此，在对整车 NVH 性能目标分解时，也必须遵循低成本的原则。例如，前围钣金和内隔声垫是阻隔发动机噪声的重要手段，可通过增加前围钣金隔声量或内吸声垫隔声量提高对发动机的隔声水平。采用三明治结构是提高前围钣金隔声量的主要手段，增加重层厚度是提高内吸声垫隔声量的手段。前者方案的成本远大于后者的成本。因此，在对发动机噪声目标分解时，必须考虑低成本的原则。

2. 整车频率规划

整车频率规划是指在整车开发前期对关键的系统、部件指定特定的频率值或频率范围，以避免系统间因频率耦合共振导致车内产生严重的振动噪声问题的方法。整车频率规划是整车NVH性能目标设定的一项重要内容。合理、有效的频率规划是整车NVH性能最基本的保证。依据整车频率规划的特点，将频率规划的系统、部件分为三类：激励源项、关键避频项和频率规划项。

激励源项是指发动机、冷却风扇、鼓风机、轮胎等产生激励载荷的部件，由于这些部件产生激励的频率修改难度较大，因此，把激励源的频率看作是固定项，是整车频率规划的基础。激励源项根据其影响范围的不同，又可分为整体型和局部型。例如，发动机和轮胎属于整体型，是规划项中都需要避开的。而鼓风机旋转的阶次频率属于局部型，只要仪表板周边的部件避开即可。

关键避频项可分为声腔类和结构类两种，主要包括车内声腔模态频率、轮胎声腔模态频率、轮胎结构模态频率等。这些模态频率虽然不是激励源项，但是车型造型结构或轮胎型号一旦选定，这些模态频率就确定了，修改的难度也比较大，也是作为固定项要求与其他相关的部件频率避开的。

频率规划项是指与激励源项和关键避频项相关的系统或部件，该系统和部件的设计是为了避免共振引起的振动和噪声问题，并需要依据一定的避频原则，指定合理的频率值或频率范围。根据频率规划项的特点，通常频率规划项包括车身系统及附件、底盘系统、动力及附件系统等。

频率规划的目的就是避频，减少相关系统、部件频率的耦合共振，以减少车内的振动和噪声问题。这里的"相关部件"是指在实车中容易产生共振的部件。在制定频率规划表时，只有具备丰富的实际工程经验，才能制定出合理有效的频率规划表。因此，对整车进行频率规划时，要合理地选择频率规划项，太多、太少都难以达到频率规划的目的。如果频率规划项选择太少，则失去了频率规划表的指导意义；如果频率规划项选择过多，则会导致频率规划表变得非常复杂，也不利于指导系统、部件的结构设计。

整车频率规划通常采用一个表格的形式示意说明，表的列项是所要规划的系统部件，行项是指频率规划范围。通过整车模态频率可以将存在频率耦合风险的部件频率规避开。表4-1是传统燃油车整车频率规划表，表中包含常见的激励源项、关键避频项和频率规划项。对于电动车，频率规划表与传统燃油车形式相同，只是与动力总成相关的项换成电动车的即可。由于纯电动车的动力总成刚体模态相对较高，在发生低频抖动问题时，可以不用考虑这些模态。

表4-1 传统燃油车整车频率规划表

项目		系统/部件频率	频率规划范围/Hz		
			5	100	200
激励源项	整体型	发动机怠速二阶频率			
		一阶轮胎不平衡频率			
	局部型	冷却风扇高低档位频率			
		鼓风机高转速频率			
关键避频项	声腔类	车内一阶声腔模态频率			
		轮胎一阶声腔模态频率			
	结构类	轮胎结构模态频率			

（续）

项目	系统/部件频率		频率规划范围/Hz		
			5	100	200
频率规划项	车身	TB 车身一阶弯曲/扭转/横摆模态			
		车身大板模态			
		前/后风窗玻璃模态			
	车身附件	座椅一阶左右/前后模态			
		转向系统垂向/左右模态			
		前/后门模态			
		背门模态			
		发动机舱盖模态			
		天窗模态			
		内/后视镜模态			
		仪表板模态			
	底盘	前/后悬架 Hop 模态			
		前/后悬架 Tramp 模态			
		前副车架刚体模态（柔性连接）			
		后副车架刚体模态（柔性连接）			
	动力及动力系统	动力总成刚体模态频率（6个）			
		排气系统模态频率			
		驱动轴模态			
		传动系扭振模态			
		后桥 pith 模态			

3. 动力总成目标设定及分解

动力总成是整车 NVH 的重要激励源，动力总成不仅可引起整车的振动问题，也可引起车内噪声问题。两类 NVH 问题传递到车内的路径是不同的，图 4-1 所示为典型的前置前驱的动力总成振动和噪声传递路径，图中未包括动力总成经过空气传递噪声的路径，空气传递噪声的相关内容见 4.1.3 节说明。在对动力总成 NVH 性能进行控制时，不仅要从动力总成本身产生的激励进行控制，也要对传递路径进行控制。这就是动力总成的目标设定与分解的问题。动力系统的目标分解就是动力系统相关系统、部件的结构集成和匹配的过程。

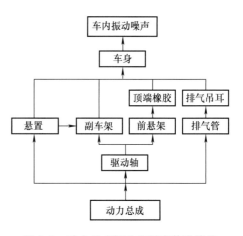

图 4-1 动力总成振动和噪声传递路径

根据动力总成在车内产生 NVH 问题的频率特点，可分为两类。

（1）低频振动问题

低频振动主要是指动力总成引起的整车或局部的抖动问题，抖动的频率范围在 5~30Hz。由于低频振动的频率与人体器官的频率相近，因此，低频振动问题是人们最为关注的问题之一。低频振动评价的工况包括怠速工况、低速冲击工况、起动工况、起步工况、加速工况等。评价的部位是转向盘、座椅导轨及变速杆等,评价的参数是加速度或速度。在上述工况下,这些部位的加速度或速度指标就是整车 VTS 的指标。当整车完成目标设定时,就需要将这些指标分解到系统和部件级。

根据 NVH 问题的"源 – 路径 – 响应"的控制原理,结合图 4-1 所示动力总成激励力的传递路径。为了满足车内 VTS 目标值,必须协同制定激励源和传递路径的目标值。对于激励源的目标设定,就是控制动力总成输入到车身的激励力,可以通过评价悬置输入到车身的激励力来控制。如果发动机产生的激励力过大,为满足 VTS 目标值,就必须降低传递路径的敏感性,如此势必会增加车身、悬架、排气等结构优化的成本。因此,必须对源和路径进行均衡设计,这就是结构集成设计的意义所在。

传递路径的分解目标可分为两类。一类是频率规划目标,主要是从频率的角度对各系统部件进行结构集成设计,避免系统、部件间频率耦合产生共振。主要考虑的模态有总成刚体模态、悬架的 Hop 和 Tramp 模态、座椅模态、排气系统模态等,在结构集成设计时,必须将这些部件的模态分配到合理的频段范围内,避免频率耦合产生共振,详见表 4-1。

另一类分解的目标是激励力的传递灵敏度,主要包括车身与部件连接部位的隔振率、动刚度(Input Point Inertance,IPI)、振动传递函数(Vibration Transfer Function,VTF)等。隔振率用来评价衬套等柔性连接件的载荷衰减大小。隔振率通常设定目标是 15~20dB 范围内。隔振率也是一个集成目标,需要进一步分解。隔振率与橡胶衬套和连接衬套的结构刚度有关,可通过协调优化衬套刚度和衬套连接件结构进行目标分解。例如,为了提高柔性连接后副车架衬套隔振率,一方面可降低衬套刚度,另一方面可提高车身结构刚度和副车架刚度。但是,副车架衬套刚度与整车操控性、疲劳耐久性能有关,另外,也与成本、工艺、平台化设计有关。因此,在进行集成设计时,必须综合考虑这些因素,才能分解出合理的目标值。动力总成引起的低频振动的分解指标见表 4-2。

表 4-2 动力总成引起的低频振动的分解指标

指标类型			评价指标	细分指标
VTS			速度、加速度、振动剂量(VDV)	转向盘、座椅导轨的速度或加速度
分解指标 STS	源		悬置输入力	车身侧激励力
	传递路径	隔振率		副车架、悬置、悬架、排气吊挂等安装点
		VTF		副车架、悬置、悬架、排气吊挂等安装点到转向盘、座椅导轨
		IPI		副车架、悬置、悬架、排气吊挂等安装点

(2)结构噪声问题

结构噪声是指怠速或加速工况下,动力总成产生的激励力频率、车身钣金件频率以及车内声腔模态耦合共振在车内产生的轰鸣声,频率范围在 25~120Hz。结构噪声的测试工况为怠速或加速工况,评价的部位为主驾、副驾、后排座椅的内耳声压级和语音清晰度,这些部位的声压级和语音清晰度即为整车的 VTS。当完成整车 VTS 目标值时,需要将整车指标分解到系统、部件级,这些指标分解的过程也就是结构集成设计的过程。

对于车内结构噪声的目标分解,分为源和传递路径两类。对源和路径分解的方法与低频振动的方法大体相同。与低频振动问题不同的是,结构噪声的频率规划范围和部件是不同的。对关键的系统、部件设定频率要避开发动机二阶频率和车身声腔模态频率,典型的避频系统包括车身的大板件(如顶板、地板、前围、侧围板等)、前后车门外板、后背门、副车架模态、传动轴模态等,详见表4-1。另外,结构噪声需要分解的是噪声传递函数(Noise Transfer Function,NTF),目的是评价关键安装点激励力对车内噪声灵敏度大小。动力总成引起的结构噪声分解指标见表4-3。

表4-3 动力总成引起的结构噪声分解指标

指标类型		评价指标	细分指标
VTS		声压级	主驾内耳、副驾外耳及后排内耳
分解指标 STS	源	悬置输入力	车身侧激励力
	传递路径	隔振率	副车架、悬置、悬架、排气吊挂等安装点
		NTF	副车架、悬置、悬架、排气吊挂等安装点到主副驾内耳、后排内耳
		IPI	副车架、悬置、悬架、排气吊挂等安装点

4. 路噪声目标设定与分解

随着发动机的控制和制造水平的提高,发动机噪声已经有明显的改善,路噪已成为整车的主要噪声之一。尤其是纯电动车,没有了发动机噪声的掩盖,依据遮蔽效应路噪就成为最关注的噪声之一。不同于发动机噪声,目标分解需综合考虑源和传递路径,路噪目标分解主要考虑的是传递路径。常见的前置前驱结构的路噪传递路径如图4-2所示,图中前悬架采用麦弗逊结构,后悬架采用多连杆结构,前后副车架都采用柔性连接。

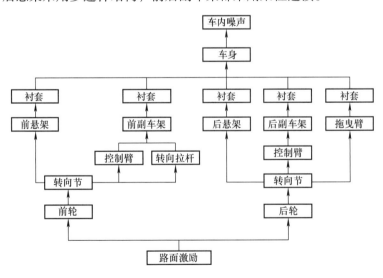

图4-2 路噪传递路径示意

不同的路面产生的激励力是不同的,在车内产生的噪声大小也是不同的。因此,路面类型对路噪声起着决定性作用。依据中国路面的特点,通常将光滑的沥青路面、水泥路面和破损沥青路面等作为路噪目标设定的路面。车辆在这些路面上行驶的车内噪声,将作为设定车内的 VTS 目标值的依据。另外,在仿真分析时,通常把这些路面的谱扫描下来作为路噪的激励力,由于路面是固定的,就可以认为路噪的激励力是固定的。依据 NVH 的"源-路径-

响应"的控制原理，需要将VTS目标值分解到路噪的相关子系统中，这就是在结构集成时所要综合考虑的问题，路噪目标分解的过程，就是底盘系统部件之间、底盘与车身之间结构集成和匹配的过程。

路噪的目标分解也分为两类。一类是模态频率规划。频率规划的目的是对轮胎的模态、底盘结构件模态以及车身钣金件模态进行频率规划。由于轮胎的结构模型与型号有关，一旦轮胎型号确定下来，轮胎的模态就固定下来了，不同轮胎品牌之间的结构模态变化不大。因此，仅需要对底盘和车身结构进行避频设计。这是从系统、部件频率的角度对这些部件进行结构集成设计。

另一类分解的目标是传递敏感性。传递敏感性主要从两个方面进行目标分解，一方面是衬套的隔振，主要是衬套刚度与车身结构、底盘结构刚度的集成设计，例如图4-2中，副车架与车身衬套连接、拖曳臂与车身连接等，为了保证衬套位置处的隔振率，必须协调设计套刚度、安装点部位的车身结构刚度、副车架刚度；另一方面是传递函数，主要是NTF控制参数，就是常见的衬套连接位置点到车内驾乘人员内耳侧的声压。对路噪目标的分解实际就是对车身钣金结构件之间进行集成设计，具体分解指标见表4-4。

表4-4 路噪的结构噪声分解指标

指标类型		评价指标	细分指标
VTS		声压级	主驾内耳、副驾外耳及后排内耳
分解指标 STS	源	—	—
	传递路径	隔振率	前后副车架、前后悬架、拖曳臂、转向拉杆等安装点
		NTF	前后副车架、前后悬架、拖曳臂、转向拉杆等安装点到主副驾内耳、后排内耳
		IPI	前后副车架、前后悬架、拖曳臂、转向拉杆等安装点

5. 风噪、胎噪和动力总成空气传递噪声的目标设定与分解

风噪、胎噪和动力总成空气传递噪声共同的特点就是以空气传递为主要路径，噪声的频率比较高。这类噪声对车内声品质有重要影响，尤其是纯电动车的风噪和胎噪已成为影响车内声品质的主要噪声源。三种噪声的评价工况是不同的，风噪和胎噪的评价工况是高速巡驶，而发动机噪声评价工况是怠速和加速工况。但是，三种噪声评价的部位和评价参数是相同的，评价的部位是车内主、副驾及后排乘坐人员内耳的声压和语音清晰度，车内这些部位的声压和语音清晰度就是整车的VTS目标。

由于这三种噪声源传递到车内以空气传递为主，主要的传递路径如图4-3所示。从图中可以看出，三种声源的传递路径以声学包、密封条、泄漏等为主，由此看出，三种噪声的传递路径大体相同，但是每条路径对三种噪声源的传递贡献是不同的。根据传递路径对三种噪声源的不同贡献，将整车制定的不同工况下的VTS目标值分解到各个内饰系统、部件的过程，便是声学包结构集成设计的过程。声学包结构集成设计的过程是一个非常复杂的过程。在进行目标分解时，必须综合考虑三种噪声源水平，结合声学包材料的吸隔声性能，并兼顾声学包材料的轻量化、成本、工艺等性能，才能对声学包进行合理的设计。

（1）发动机空气传递噪声目标分解

从图4-3可知，空气传递也是发动机噪声传递到车内的重要途径。发动机噪声传递到车

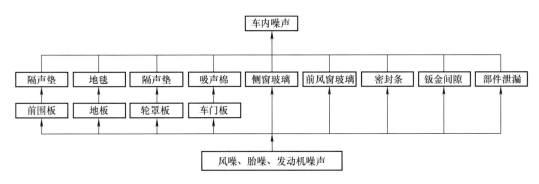

图 4-3 风噪、胎噪和发动机噪声传递路径示意

内的主要传递路径包括：钣金（前围板、前地板、前门板等）、声学包材料（前围内外吸声垫、车门吸声棉等）、玻璃（前风窗玻璃、侧窗玻璃）以及泄漏（前围过孔、密封条间隙等）等。对发动机噪声目标分解时，需要从源和传递路径两个方面进行考虑。

发动机噪声目标值主要是通过台架试验验证的，通常采用测试台架试验的 1m 声压级作为发动机噪声目标值。在整车开发早期阶段，必须首先完成发动机的台架试验，获取发动机的噪声水平，以便对整车声学包进行设计。如果是纯电动车，也可采用同样的方法设定目标值。

当完成发动机噪声水平测试后，结合车内的 VTS 值，利用 SEA（统计能量分析）仿真分析方法，可计算前围、地毯等部位声学内饰的传递损失和插入损失，再利用 SEA 零部件仿真分析方法，定义材料的吸隔声参数。如果发动机噪声偏大，为了满足车内 VTS 值，就必须增加材料的吸隔声性能，势必增加材料的重量和成本，为了避免声学内饰材料成本和重量的增加，就必须在开发的早期对发动机噪声进行优化，这正是结构集成设计的关键意义所在。针对空气传递噪声问题的分解指标见表 4-5。

表 4-5 动力总成引起的空气噪声分解指标

指标类型		评价指标	细分指标
VTS		声压级	主驾内耳、副驾外耳及后排内耳
分解指标 STS	源	声压级	发动机台架试验 1m 声压级
	传递路径	气密性	白车身气密性、整车气密性
		隔声量	前围隔声量、前地板隔声量、侧门隔声量
		ATF	发动机到车内噪声传递函数

（2）胎噪的目标设定及分解

轮胎噪声主要是通过空气传递到车内的。从图 4-3 可知，轮胎噪声传递到车内的主要路径包括：钣金件（轮罩板、地板、车门板等）、声学包材料（轮罩板隔声垫、地毯、门板内吸声垫等）。对轮胎噪声进行目标分解时，需要从源和路径两个方面进行考虑。

轮胎噪声的目标值是通过试验室转毂台架试验验证的。通过在试验室模拟实际轴荷下的状态，测试轮胎两侧及前后四个方向的声压值作为轮胎的目标值。在整车开发的早期阶段，也就是轮胎选型阶段就必须完成轮胎的转毂台架测试，以便对传递路径上的声学包材料进行合理的设计。

轮胎的噪声源和车内的 VTS 值确定下来，就可对胎噪的传递路径的声学内饰材料进行目标分解及材料设计。与发动机噪声的分解方法相同，利用 SEA 仿真分析法，确定轮罩板、后地板传递损失和后地毯插入损失，再利用 SEA 零部件分析方法，计算材料吸隔声系数。此时，依据结构集成设计，综合考虑材料吸隔声性能以及轮胎噪声。如果关键区域的材料、厚度、覆盖面积都不能满足车内噪声的目标，就必须采用噪声更低的轮胎。通过结构的集成设计，可以在早期实现成本、重量、性能的平衡。针对轮胎噪声，需要分解的指标见表 4-6。

表 4-6　胎噪分解指标

指标类型		评价指标	细分指标
VTS		声压级	主驾内耳、副驾外耳及后排内耳
分解指标 STS	源	声压级	轮胎转毂台架试验，轮胎两侧及前后声压
	传递路径	气密性	白车身气密性、整车气密性
		隔声量	轮罩隔声量、后地板隔声量、侧门隔声量
		ATF	轮胎前后左右四个点到车内噪声传递函数

（3）风噪的目标设定及分解

风噪主要是通过空气传递到车内的。由图 4-3 可知，风噪传递到车内的路径主要包括侧窗玻璃、前风窗玻璃、前门板以及密封条泄漏等。对风噪进行目标分解时，也可从源和传递路径两个方面进行考虑。

风噪的源可认为是整车关键区域的造型，如后视镜、A 柱、前风窗玻璃等。对风噪的源进行目标分解难度是非常大的。在造型阶段，可以利用整车外流场分析，对影响风噪的一些关键部位进行定性的判断，无法实现量化的目标。随着计算机计算能力的提升，可对整车外流场载荷进行波数谱分解，通过 SEA 仿真模型计算车内的噪声。当计算的车内风噪不能满足 VTS 要求时，一方面可通过优化整车关键区域的造型，降低噪声源的声压级；另一方面，可以优化侧窗的隔声性能，以及整车声学包的吸隔声性能。这就需要在整车结构集成设计时，对整车外造型、声学包、侧窗玻璃等设计进行综合考虑。往往外造型优化受到很多条件的限制，在外造型优化不能满足车内 VTS 目标要求时，就必须对整车声学包及侧窗玻璃等进行性能提升。针对整车风噪，需要分解的指标见表 4-7。

表 4-7　风噪分解指标

指标类型		评价指标	细分指标
VTS		声压级	主驾内耳、副驾外耳及后排内耳
分解指标 STS	源	声压级	后视镜、A 柱、前风窗区域的声压级
	传递路径	气密性	白车身气密性、整车气密性
		隔声量	侧窗玻璃、车门板、前风窗玻璃等

4.1.2　路况 NVH 性能分析及验证

1. 路况 NVH 性能概述

路况 NVH 主要是指由于路面引起的相关整车 NVH 问题。根据整车 NVH 表现可分为路面振动 NVH 问题和路面噪声 NVH 问题。路面 NVH 问题越来越受到主机厂的关注，一方面是新能源车，尤其是纯电动车，没有了发动机这个激励源，凹凸的路面就成为整车主要的激励源。另一方面，在中国汽车生态评价（C-ECAP）中（详见第9章），把路面噪声的评价工况作为一项重要的评价内容，说明整车路面噪声问题对消费者的重要性。

从结构集成的角度分析，路况 NVH 的分析主要是用于车身系统和底盘系统、车身系统与内饰结构的集成设计。在前期通常采用仿真分析的手段进行分析和控制，由于路况 NVH 涉及车身系统、底盘系统和内饰声学包等部件，因此，前期采用的仿真分析方法包括多体动力学分析法、有限元法和统计能量法。采用多体动力学分析法主要用来分析路况 NVH 振动问题，采用有限元分析法主要用来分析路噪低频噪声问题，采用统计能量法主要是用来分析轮胎噪声的问题。

2. 路况振动仿真分析

由于路况振动问题频率较低（<20Hz），通常采用多体动力学模型进行计算，计算多体系统动力学所研究的多体系统，根据系统部件的力学特性可分为：多刚体系统、柔性多体系统和刚柔混合多体系统。多刚体系统是指可以忽略系统中物体的弹性变形而将其当作刚体处理的系统；柔性多体系统是指系统在运动过程中出现物体的大范围运动与物体的弹性变形的耦合，从而将物体当作柔性体处理的系统。如果柔性系统有部分物体当作刚体处理，那么系统就是刚柔混合多体系统。整车路况 NVH 的振动问题多采用刚柔混合多体系统模型。

由于车身的整车模态低频频率范围在 25~30Hz，可以将整车简化为刚体模型。因此，多体动力学模型可以计算 1~20Hz 的振动问题。路面引起的 NVH 问题最为典型的就是转向盘摆振的问题。转向盘摆振可分为自激型摆振和强迫型摆振两种。利用转向盘摆振分析，可以对轮胎结构、悬架系统和转向系统进行结构集成设计。下面以强迫型摆振为例说明上述结构的集成设计，图 4-4 所示是转向盘摆振仿真分析模型。

图 4-4 转向盘摆振的仿真分析模型

强迫型摆振是指车辆在高速行驶时，由于轮胎、轮辋、制动盘等高速旋转部件动平衡超差造成的周期性激励频率与底盘系统固有频率耦合共振而产生的摆振。利用仿真分析可以对车轮旋转件的不平衡量进行分析，并且对影响转向盘摆振的相关部件进行结构集成设计。图 4-5 所示是转向盘摆振仿真计算结果，从图中可以看出，在频率 15.5Hz 中转向盘出现了摆振现象。

对于强迫型转向盘摆振，影响摆振的主要因素包括间隙、摩擦力、刚度、惯量、阻尼以及硬点布置位置等，具体的指标见表 4-8。通过仿真分析可实现对表中的参数设计，进而实现系统部件结构的集成设计。

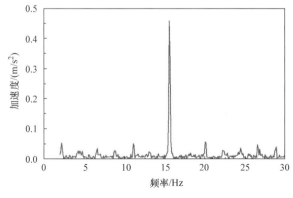

图 4-5 转向盘摆振仿真计算结果

表 4-8　影响转向盘摆振的主要参数

系统		主要参数	系统		主要参数
转向系统	转向盘	转动惯量	悬架系统	下摆臂前点	Y 向刚度
					Y 向阻尼
	转向轴	转动惯量			X 向刚度
		扭转刚度			X 向阻尼
		扭转阻尼		下摆臂后点	Y 向刚度
		间隙			Y 向阻尼
	转向拉杆	刚度			X 向刚度
		阻尼			X 向阻尼
		间隙		减振器	弹簧刚度
		X 向硬点位置			减振器阻尼
	转向器	摩擦力		车轮	重量
					不平衡量
					垂向刚度
		间隙			垂向阻尼
					侧向刚度
					侧向阻尼

3. 路况中低频噪声仿真分析

路面激励在车内产生的噪声频率范围在 30~300Hz。中低频路噪可分为鼓噪、轰鸣声和轰轰声等。路噪的主观评价表现为车内明显的压耳感，尤其是鼓噪对车内乘员压耳感影响更明显。路噪问题已经成为影响车内舒适性的重要问题之一。

上述三种路噪问题的产生机理、频率范围、参与的部件以及主观感受是不同的。鼓噪的频率范围在 30~50Hz 内，是由于路面的激励频率与轮胎胎面的旋转模态、背门模态、顶棚模态等耦合产生的噪声。轰鸣声的频率范围在 50~100Hz 内，是由于路面激励与轮胎结构模态、车内一阶或二阶声腔模态、车身板件模态耦合产生的噪声。轰轰声的频率范围是 120~200Hz，是指路面激励与轮胎结构模态、悬架减振器模态、车身板件模态以及车内声腔模态耦合产生的噪声，也包括轮胎的声腔模态、悬架杆件模态、车内声腔模态以及车身板件模态耦合产生的噪声。

针对低频路噪问题，通常采用的仿真分析方法为有限元法。由于路噪中的低频噪声与轮胎、悬架、副车架、车身结构以及相互连接的衬套等结构有关，因此，对路况中低频噪声的仿真分析可实现对这些结构的集成设计。

在整车路噪仿真分析中，仿真分析模型必须包含车身结构、副车架、悬架以及轮胎等结构，但是轮胎结构模型的难度较大。因此，对路噪仿真分析通常有两种方法：包含轮胎和不包含轮胎，如图 4-6 所示。

a)　　　　　　　　　　　　b)

图 4-6　路噪仿真分析模型

图 4-6a 所示仿真模型中包含轮胎，轮胎模型通常采用轮胎模态的方法建模，由于不同型号的轮胎有不同的模型参数，因此，每种型号的轮胎都需要进行参数识别，会耗费较长的时间周期和较多的试验资源。这种方法通常应用在开发周期比较充足的项目中。目前多采用图 4-6b 所示的不带轮胎的模型进行路噪仿真计算，模型路面载荷通常采用试验逆矩阵法获取。图 4-7 所示是某款车以 60km/h 在粗糙路面上行驶时驾驶员耳侧路噪仿真分析结果。

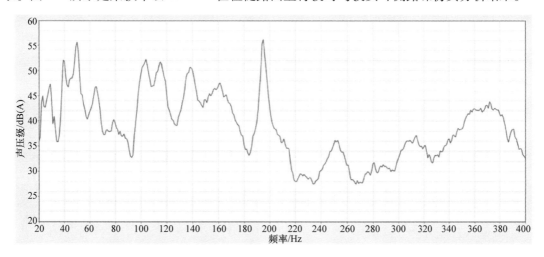

图 4-7 路噪仿真分析结果

从图 4-7 可以看出，在频段 40~60Hz、100~160Hz、180~200Hz 等出现了明显的峰值。对于 40~60Hz 的路噪问题，需要对车身结构、底盘隔振以及轮胎结构进行结构集成设计。在开发前期进行频率规划设计，轮胎结构模态为关键避频项，车身结构为频率规划项，需要将车身板件的模态避开轮胎的关键结构模态。在 100~160Hz 频段的路噪问题，需要对车身结构、减振器模态以及轮胎模态进行结构集成设计。在这个频段内，车身板件的结构模态分布较多，采用频率规划的手段是不可行的，需通过计算底盘与车身安装点到车内的 NTF，并结合 PCA 分析确定影响较大的板件，并对板件进行结构设计。对于 180~200Hz 这个频段，主要是轮胎声腔模态引起的车内噪声，在前期需要对轮胎声腔、悬架杆件以及车身板件等进行集成设计，采用的分析方法与 100~160Hz 频段的分析方法相同。

4. 路况高频噪声仿真分析

高频路噪主要指的是轮胎噪声，简称胎噪，频率范围在 500~2000Hz。胎噪的噪声源是轮胎，胎噪是指车辆在行驶过程中，轮胎花纹开闭变形、轮胎与地面摩擦以及轮胎本体等产生的噪声。胎噪的主要产生部位是轮胎的花纹，车辆在行驶过程中会产生泵气噪声和气柱噪声。从整车结构集成的角度，本节仿真分析不对轮胎花纹系统进行仿真分析，主要从传递路径的角度进行仿真分析。

由于轮胎噪声是高频噪声，通常采用统计能量的方法进行仿真计算。统计能量仿真分析法不同于有限元仿真分析法。有限元法是用有限单元将结构离散化，根据力学方程或声学波动方程，得到联立代数方程，通过求解代数方程得到弹性体或声传播域的振动或声学特性。统计能量分析就是将一个结构系统或声腔划分为若干子系统，依据系统间能量流入、流出和损耗之间的平衡建立的方程。

对轮胎噪声仿真分析，需要采用整车的 SEA 模型，如图 4-8 所示。整车 SEA 模型包括车身结构子系统、车内声腔子系统和车外声腔子系统等。不同于有限元分析法，利用 SEA 法分析需要完成大量的材料测试和声载荷测试作为模型的输入。材料测试可分为两种：BIOT 参数测试和插入损失测试。BIOT 参数测试主要是测试发泡类和纤维类材料的流阻、孔隙率、结构因子、热特征长度、黏性特征长度五个参数。插入损失测试就是测试不同厚度平板件的材料插入损失。这两种材料测试方法也对应不同的 SEA 分析法，即材料参数法和插入损失法。这些材料数据是 SEA 分析的基本输入条件。声载荷测试，需要在带转毂的半消声室内测试轮胎噪声，如图 4-9 所示。为减少发动机对测试结果的影响，测试工况为毂带车，传声器布置在车身外表面，每个子系统布置传声器的数量不少于 3 个。

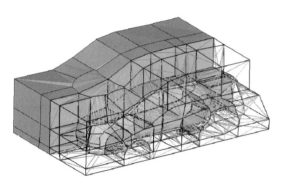

图 4-8　轮胎噪声 SEA 仿真分析模型

图 4-9　轮胎噪声声载荷测试

将材料测试数据和声载荷测试数据输入 SEA 模型，并完成对模型的调校，使得仿真分析的结果与试验结果在 85% 频率段以上，误差小于 3dB，说明模型精度满足分析的要求，可以利用调校好的模型进行分析。

当 SEA 模型调校好后，可以进行轮胎噪声的仿真分析计算，由于测试的是毂带车工况，计算得到的噪声仅是轮胎噪声对车内的影响，如图 4-10 所示。图中是后排乘客耳侧的声压级曲线，可以看出，峰值频段为 1000Hz，该频段正好是轮胎泵气噪声和气柱噪声的主要问题频段。根据轮胎噪声传递路径的特点，轮罩外隔声垫具有吸声作用，内隔声垫具有隔声作用。为了降低车内 1000Hz 的声压级，一方面可以对轮胎花纹及轮胎材料进行优化，另一方

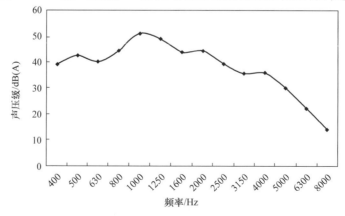

图 4-10　车内轮胎噪声的仿真分析结果

面，需要对轮罩内外吸声垫进行优化分析，或者修改外吸声垫材料，将单组分吸声棉改为双组分吸声棉，或将内隔声垫 EVA 的面密度增大，以及增加 PU 的厚度等措施。

对轮胎进行分析，实际就是对轮胎和轮罩外吸声垫、轮罩内吸声垫、地毯等声学包件的结构集成分析。如果采用静音轮胎，轮胎噪声小，可采用吸隔声性能较低的声学包件，可以从厚度、重量、材料、成本等进行优化分析。相反，如果轮胎噪声偏大，为了降低车内的声压级水平，必须增加声学包件的吸隔声量性能。图 4-11 所示是某两个品牌的不同轮胎近场声压对比，从结果可以看出两个轮胎在整个频段上声压级差别很大。

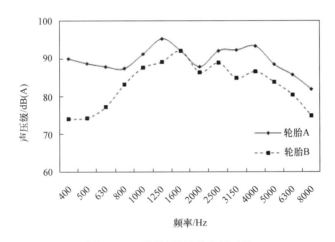

图 4-11 不同轮胎近场声压对比

因此，在对轮胎及轮罩板吸隔声垫结构集成设计时，必须综合考虑轮胎型号和轮罩板隔声垫性能。如果采用图 4-11 中的轮胎 A，为降低车内轮胎噪声，就必须提高轮罩板的吸隔声性能，如采用 EVA + PU 发泡隔声较好的材料，这样轮胎的成本会降低，但是声学包材料的成本和重量会增加。相反，如果采用轮胎 B，则声学包吸隔声性能要求会降低，重量和成本也会降低，但是轮胎的成本会提高。

4.1.3 发动机 NVH 性能分析及验证

1. 发动机 NVH 性能概述

发动机是车内最重要的激励源之一，发动机的激励频率覆盖几赫兹到上千赫兹，不仅可引起整车低频振动问题，也可引起整车车内噪声问题。其中，噪声问题又可分为结构传递噪声和空气传递噪声。结构传递噪声主要是指发动机振动经过悬置传递到车身，激励车身板件辐射到车内的噪声。

空气传递噪声就是通常所说的发动机噪声，包括燃烧噪声和机械噪声。空气传递噪声是指燃烧和机械运动联合作用引起的发动机表面辐射噪声。这些噪声主要通过发动机缸体表面辐射传递到车内。对于汽油机来说，机械噪声是空气传递噪声的主要成分，而对于柴油机而言，燃烧噪声则是空气传递噪声的主要成分。发动机噪声的大小取决于发动机的转速和载荷。

从结构集成的角度分析，对于不同的传递路径考虑结构集成的系统是不同的。从上面的分析看出：发动机引起的车内振动和发动结构传递噪声的传递路径是相同的，主要考虑发动机悬置与车身结构的集成设计，在前期可通过有限元分析法进行结构集成分析。而对于发动机的空气传递噪声，主要考虑前围钣金、前围内外隔声垫、前围过孔隔声、前围板密封、前风窗玻璃等结构的集成设计，主要通过统计能量分析法进行分析。

2. 发动机激励结构传递的仿真分析

发动机激励结构传递仿真分析，包括发动机激励引起的车内振动问题和车内噪声问题的分析。根据发动机结构传递激励的特点，需要分析的工况为怠速工况和加速工况。对于怠速工况和加速工况，发动机传递到车内的振动、噪声的传递路径是相同的。因此，在进行结构集成设计时，必须综合考虑这两种工况的影响。

对于发动机引起的车内振动问题，除了与发动机激励源有关外，还与悬置隔振、排气吊挂隔振，以及悬置、排气在车身的安装部位到转向盘、座椅导轨和变速杆的振动传递特性有关。对于发动机引起的结构噪声问题，除了发动机激励源之外，还与悬置安装点动刚度、悬置安装点到车内驾驶员耳侧的噪声传递特性有关。

目前，对发动机结构传递的振动噪声仿真分析，多采用有限元分析法，采用的模型为整车模型，模型施加的是发动机载荷。发动机的载荷获取可分为两类：一类是缸压载荷法，主要通过仿真分析或试验测试获得发动机缸压，将缸压作为发动机激励源载荷的一种分析方法；另一类是试验测试法，试验测试法又分为多种方法，例如直接测试法、悬置刚度法、OPAX法、逆矩阵法等，常用的方法是逆矩阵法。

图4-12所示是某款车采用逆矩阵法对加速工况噪声仿真分析结果，图中显示了驾驶员耳侧的二阶和四阶声压级随发动机转速的大小分布。由于二阶是整车声压的主要贡献阶次，在前期结构集成设计时，需要对车内驾驶员二阶峰值进行分析。图中2610r/min存在一个明显的峰值，可能会引起车内加速轰鸣声问题。通过对2610r/min对应的87Hz问题进行传递路径分析，发现"发动机—发动机后悬置—副车架—车身"是最主要的传递路径。一方面提高副车架安装点刚度，降低悬置橡胶刚度，这样可以提高悬置隔振率，降低发动机对副车架的激励力。另一方面，可以对车身结构进行优化，通过对车内声腔节点及车身进行工作变形（ODS）分析（图4-13），可发现贡献量较大的部位。从分析结果可看出，87Hz问题的贡献部位主要集中在车身顶棚前部、前风窗和后风窗等，需要对这些板件及连接结构进行优化。例如，对顶棚横梁和对衣帽架横梁进行加强设计，可以明显降低此处的节点贡献，减少

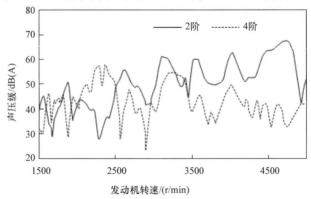

图4-12 发动机加速工况噪声仿真分析

低频轰鸣声问题。因此，在对涉及这个转速段的问题进行结构集成设计时，必须对重量、成本、性能多方面综合考虑。也就是在保证性能的前提条件下，尽可能使重量、成本等满足性价比的要求。

a) 发动机2610r/min节点贡献分析

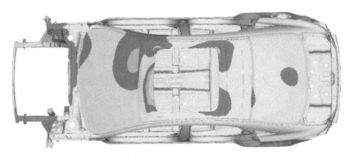

b) 发动机2610r/min ODS分析结果

图 4-13　发动机转速 2610r/min 峰值分析

3. 发动机激励空气传递的仿真分析

发动机空气传递噪声是指发动机缸体表面辐射的噪声，通过车身钣金、内外饰吸隔声垫、声学包材料等传递到车内的噪声。对发动机噪声，主要通过 SEA 法进行分析和预测，模型采用 SEA 分析模型，与轮胎噪声分析模型相同，参见图 4-8。分析的工况通常为发动机转速为 3000r/min 工况，在转毂消声试验室，采用车带毂的方式进行测试，传声器布置方式与轮胎噪声布置方式相同，参见图 4-9。

图 4-14 所示是某款车在发动机转速 3000r/min 下的车内噪声仿真分析结果，通过与车内实际测试的值做比较，满足 400~8000Hz 频段内 80% 的仿真与实际声压级误差控制在 ±3dB 之内。发动机噪声由于在 800Hz 以下还是存在结构声，而 SEA 空气声模型无法模拟结构声，所以在 400~630Hz 范围内仿真值会低于测试值。但是，仿真分析值可满足声学包分析优化的精度要求，可利用仿真分析结果对声学包进行优化分析。

对车内发动机噪声进行预测，主要是对发动机噪声以及前围内隔声垫、前围外隔声垫以及侧窗玻璃、前风窗玻璃等吸隔声材料进行结构集成分析。为了满足车内的噪声水平要求，如果发动机噪声比较大，就必须采用吸隔声性能好的材料；如果发动机噪声比较小，就可以采用吸声性能低的材料。例如，对于前围外吸声垫，常见的材料有半固化毡和轻质泡棉，相同厚度的轻质泡棉吸声性能要好于半固化毡的吸声性能。如果发动机噪声小，则可采用半固化毡材料，这样可以降低材料成本。同样，对于前围内隔声垫，常见的材料有 EVA + PU 发

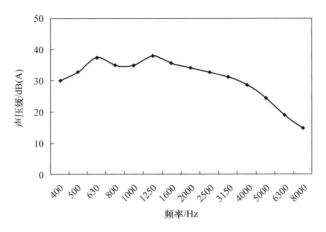

图 4-14 某款车在发动机转速 3000r/min 下的车内噪声

泡和双密度毡，如果发动机噪声小，则可以采用双密度毡材料，这样可以降低材料重量。

图 4-15 所示是某五款发动机的声压级对比，从结果可以看出，五款发动机声压相差比较大，如果保证车内声压满足设计目标，在进行结构集成设计时，不同的发动机就得采用不同的声学包方案。对于噪声比较大的发动机，为了降低车内的噪声水平，对发动机采用声学包材料进行包裹，减少发动机的辐射水平。这既需要对性能与成本、重量的平衡，还需要性能与性能之间的平衡，如车内噪声水平与发动机舱热害的问题。

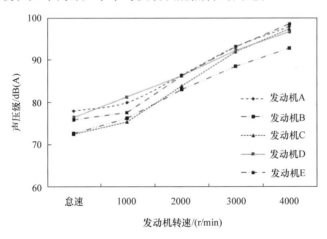

图 4-15 五款发动机的声压级对比

4.1.4 风噪声 NVH 性能分析及验证

1. 风噪声 NVH 性能概述

风噪声是一种空气动力噪声，属于宽频噪声，它是汽车在高速行驶时，汽车与空气相对运动而产生的噪声。风噪声的频率范围为 500 ~ 2000Hz，属于中高频噪声，是在人体敏感的频率范围内，对人体乘坐的舒适性有重要影响。

根据 NVH 问题的"源 - 路径 - 响应"分析原理，整车外造型是风噪声的重要噪声源。如后视镜、A 柱以及整车外造型的孔洞等。根据风噪声产生的物理机理，风噪声可分为脉动噪声、气吸噪声、风振噪声和空腔噪声等。从结构集成的角度分析，风噪声控制的要素包括整车外造型、整车密封和整车声学包等。整车密封系统是重要的传递路径，尽管整车造型是风噪声的激励源，但是根据这三个要素对车内风噪声影响的大小，首先要控制的是整车密封性，其次是整车外造型和整车声学包。如果整车密封性不好，再好的外造型和声学包也无法满足车内风噪声的要求。从仿真分析的角度看，可以控制的因素就是整车外造型和声学包。尽管整车密封性问题无法通过仿真分析手段进行分析优化，但是，气密性问题可以通过DMU检查的方式进行分析和评判。

2. 风噪声外造型的仿真分析

整车外造型是车内风噪声的噪声源，可通过仿真分析计算获取外造型产生噪声大小的情况。目前，计算外流场风噪的商业软件非常多，有的采用传统的方法，以 N-S 方程为基础，采用 Lighthill - Curle 相似分析和 FWH 等分析法，如软件 CCM+、Fluent 等。有的采用了 LBM（Lattice Boltzmann Method）方法，如软件 PowerFlow 等。另外，PowerFlow 由于强大的图形优化功能和高效的计算分析功能，被越来越多的主机厂所应用。

对整车外流场分析，首先要创建数字化风洞分析模型（图 4-16），风洞模型大小为 116m×55m×40m，并对车身模型进行精细化处理，主要包括如下三个部分：

1）1mm 区域，精确捕捉关键区域流动分离及高频涡流结构，主要包括 A 柱、后视镜和侧窗玻璃区域。

2）2mm 区域，该区域覆盖 1mm 区域，目的是精确捕捉分离区（后视镜、A 柱、雨刮等）的涡流结构以及格栅后流量分配情况。

3）4mm 区域，该区域覆盖 1mm 和 2mm 区域，目的与 2mm 区域相同，精确捕捉分离区的涡流结构以及格栅后流量分配情况。

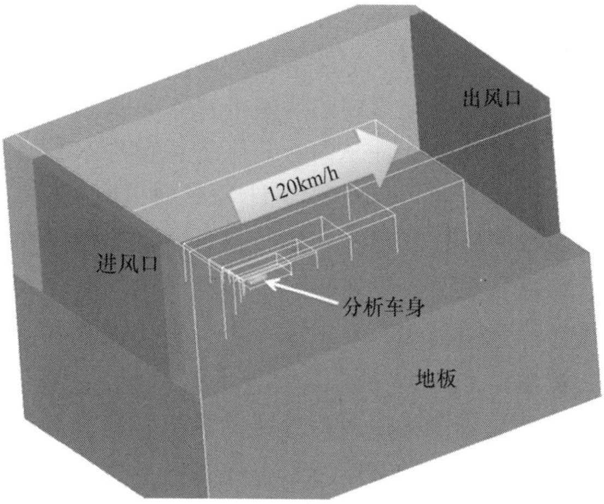

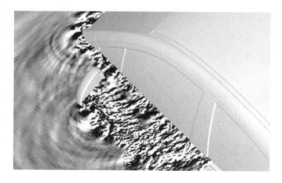

图 4-16　数字化风洞分析模型

对于外流场的风噪仿真计算，主要关注的区域包括 A 柱、后视镜、后视镜底座、B 柱和 C 柱与侧窗玻璃搭接等区域，这些区域是产生风噪声的重要区域。图 4-17 所示是整车外流场声波和湍流波仿真分析计算结果。从图中可以看出，A 柱和后视镜是产生声波和湍流波的重要区域。为保证车内风噪处于良好水平，必须对 A 柱和后视镜造型进行优化，使得两者造型特征更符合低风噪设计特征。例如，前风窗玻璃与 A 柱的高度、前门门框密封条与侧窗玻璃的高度以及后视镜底座与侧窗玻璃的高度偏大，那么将产生较大的脉动噪声，如图 4-18 所示。从图中可以看出，这两个区域对侧窗区域的风噪有重要影响。

图 4-17　外流场的声波和湍流波仿真分析结果

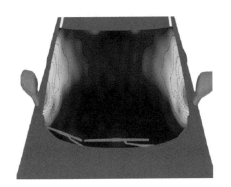 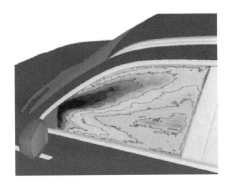

图 4-18 关键区域的造型特征对风噪的影响分析（$f=1000Hz$）

3. 车内风噪声的仿真分析

根据 NVH 分析问题的 "源 – 传递路径 – 响应" 分析原理，对于车内的风噪声，除泄漏传递路径外，声学包也是车内风噪声的一个重要传递路径。外流场产生的声波是通过透射传递到车内的。如果整车外流场造型设计不好，外流场将会产生较大的声波激励源。需要通过提升关键区域的声学包件吸隔声性能，才能降低车内的风噪声水平。这需要利用 SEA 仿真分析法分析和优化车内的风噪声水平。从结构集成的角度分析，整车外造型与声学内饰必须协同设计，才能保证车内有较好的风噪声水平。

在利用 SEA 仿真分析法计算车内风噪声时，需要首先计算外流场风噪声载荷。然后通过波数谱分解，将风噪载荷分解为声致载荷和流致载荷。声致载荷是通过透射传递到车内的，而流致载荷是通过辐射传递到车内的。如果考虑整车外造型与声学包协同设计，需要通过计算声致载荷进行车内风噪声计算。目前，商业软件 VA – one 可以对外流场风噪声载荷进行分解。图 4-19 所示是某款车外流场风噪声载荷分解结果。

将外流场风噪声载荷分解的声致载荷施加到 SEA 模型上，就可以仿真计算车内风噪声，并通过能量传递及贡献分析，对车内风噪声进行优化分析。图 4-20 所示是某款车以 120km/h 匀速行驶时车内风噪声的计算结果。通过优化顶棚吸声棉、A 柱吸声棉、座椅开孔率等，降低车内风噪声水平。

一方面可以通过提高车内声学包吸声性能降低车内风噪声，另一方面也可以从隔声角度改善车内风噪声水平。侧窗玻璃是风噪声传递到车内的重要传递路径，玻璃的厚度一般在 3.5 ~ 4mm 之间，玻璃的吻合频率通常在 3000 ~ 3500Hz 之间，该吻合频率会明显降低玻璃的隔声量。如图 4-20 所示，在频段 3150 ~ 4000Hz 出现的峰值与玻璃的吻合频率相关。为了降低侧窗玻璃吻合频率对车内风噪声的影响，可以采用声学夹层玻璃，将吻合频率提高到 10kHz 以上，提高了关注频段的隔声量，降低了车内风噪声水平。不过，采用声学玻璃会使每款车成本增加约 400 元。

4.1.5 异响 NVH 性能分析及验证

1. 整车异响 NVH 性能概述

随着整车噪声控制技术的不断提升，车内的发动机噪声、路噪、风噪声等噪声都有了明显的降低。由于掩蔽效应，车内异响问题就越来越凸显出来了。因此，异响问题越来越受到消费者的关注，也是目前上市车型被投诉的热点问题之一。

第4章 整车NVH和碰撞安全性能结构集成

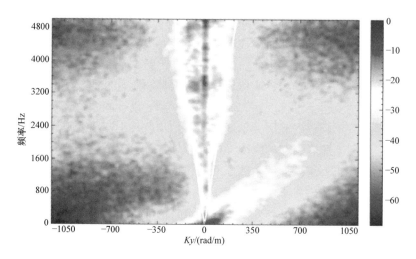

a) Ky向波数谱与声致、流致载荷分布

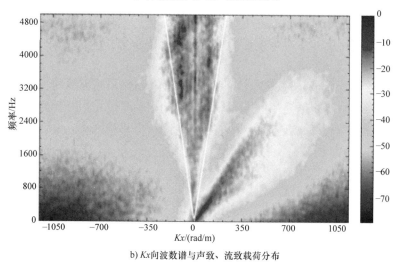

b) Kx向波数谱与声致、流致载荷分布

图 4-19 某款车侧窗玻璃外流场风噪声载荷分解结果

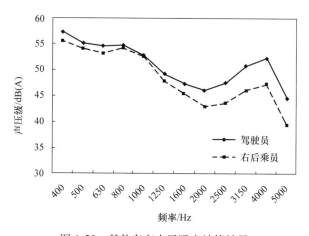

图 4-20 某款车车内风噪声计算结果

异响（Buzz、Squeak and Rattle，BSR）是指在外力作用下，两个及两个以上的部件表面产生了摩擦或者撞击而产生的声音，或者单个板件发出的颤振声。异响的本质是一种低频振动引起高频噪声的问题。异响产生的原理非常复杂，是一种非线性非常强的物理现象。

整车异响分为三类：敲击异响、摩擦异响和颤振异响。常见的异响是敲击异响和摩擦异响。异响产生的原因主要包括设计问题和制造装配问题。设计问题主要包括设计件刚度不足引起的变形、连接方式不合理引起的变形、连接部位不合理引起的变形、卡扣或卡接结构不合理引起的变形、材料不兼容引起的摩擦异响、相邻部件模态规划不合理引起的共振等；制造装配问题引起的异响主要包括焊接精度引起的错位或变形、装配精度引起的零部件间隙过小、螺栓未打到位引起的压紧力不足等。

从结构集成的角度分析，一方面要考虑相邻部件的间隙，另一方面要考虑相邻部件的材料，此外还要考虑相邻部件的模态频率或安装刚度。相对其他性能，异响的结构集成难度是非常大的，因为相邻部件产生异响的机理是非常复杂的。

目前，异响仿真分析可分为直接法和间接法。直接法就是仿真分析采用异响的路谱载荷，通过分析两部件的相对位移，直接判断两部件是否产生异响。间接法就是利用NVH分析的模态、刚度、动刚度、传递函数等参数间接判断是否发生异响的分析法。

2. 直接法异响仿真分析

直接法异响仿真分析是在时域上进行的仿真分析。根据异响问题的类型，直接法异响分析可分为敲击异响分析和摩擦异响分析。敲击异响分析和摩擦异响分析分别是计算两个部件接触面的轴向和法向相对位移的大小，进而判断是否发生异响风险。异响仿真分析通常采用NVH仿真分析模型，对局部卡扣、卡接位置进行细化处理。其中，卡扣不能用刚性单元模拟，需要输入实际测试的刚度值。

与间接法仿真分析不同的是，直接法仿真分析需要输入更多的边界信息条件，包括载荷条件和异响评判条件。对于载荷条件，敲击异响和摩擦异响分析都需要输入典型异响路面的路谱信号。典型路面包括搓板路、角钢路、比利时路和卵石路等。对于异响评判条件，敲击异响分析需要输入部件间的DTS信息，摩擦异响分析需要输入两个部件间材料兼容性试验的脉冲率。脉冲率与两种材料的温度、湿度、压力和相对速度有关，因此脉冲率是一个范围。

目前，常用的直接法异响仿真分析的商业软件是Altair公司的SNRD仿真分析模块，利用该分析模块可以计算异响的发生部位，通过模态贡献量分析找到贡献较大的结构模态，通过对结构模态的优化，降低接触部位的异响风险。图4-21a所示是仪表板敲

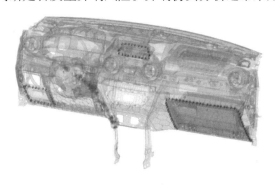

a) 敲击异响仿真分析模型

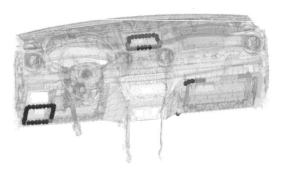

b) 敲击异响仿真分析结果

图4-21 敲击异响仿真分析

击异响分析模型，图中确定了潜在的异响部位，主要包括杂物箱与仪表板本体、检修口与仪表板本体、外接显示屏与仪表板本体的连接部位。图4-21b所示是通过分析获得的敲击异响风险部位，从图中可以看出，杂物箱左上点产生敲击异响的风险较大，结合模态贡献量分析，通过对杂物箱支架结构优化分析，可降低杂物箱左上点敲击异响的风险。

从结构集成的角度，车身与内饰的敲击异响分析就是底盘对路面的敏感性与车身部件间隙、共振等的集成设计。如果底盘的轮胎、衬套等柔性连接部件能有效衰减低频激励，就可以降低车身与内饰之间，以及内饰与内饰之间的严格间隙要求。摩擦异响与敲击异响分析方法大致相同，只是问题的评价原理不同，这里不再赘述。

3. 间接法异响仿真分析

间接法异响仿真分析就是利用NVH的刚度、模态、传递函数等参数进行异响问题评价的方法。用这些参数分析异响与NVH仿真分析方法相同，只是其中一些参数的评价部位和评价方法有区别。

（1）刚度分析

利用刚度分析法评判异响的主要分析对象是白车身和车门结构。通过大量试验研究发现，车身相关的异响问题与白车身弯曲刚度相关性较小，与扭转刚度相关性较大。因此，利用车身刚度评价异响问题，多采用扭转刚度计算工况。例如侧门密封条与漆面的异响、侧门门锁异响、背门整体拍击异响等。

利用扭转刚度工况评价和分析异响问题，主要是用扭转工况下的门洞变形量来评价的。评价的部位包括前门门洞变形、后门门洞变形、天窗门洞变形和背门门洞变形等，如图4-22所示，主要是评估这些部位的密封条与车身漆面的摩擦异响的风险。

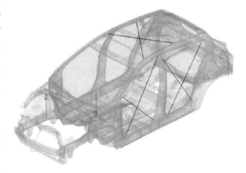

图4-22 扭转工况下的门洞变形量分析示意

另外，可利用侧门刚度分析，对侧门异响风险进行评估。例如：对侧门的角刚度分析，可用来评估门框密封条与车身漆面的异响；对侧门腰线刚度分析，可用来评估玻璃升降器上升和下降引起的异响风险；对玻璃升降器安装点刚度进行分析，可用来评估玻璃升降器升降过程中的异响风险；对门锁安装点分析，可用来评估门锁异响的风险，如图4-23所示，其中门锁部位约束Y向平动自由度，两个铰链释放Z向转动自由度等。这些部位的分析方法与车门刚度分析和评价方法都相同，这里不再赘述。

从结构集成的角度分析，对车身扭转刚度分析是考虑车身结构刚度与车门密封条材料兼容性设计、密封条CLD值、车门与车身间隙精度等结构集成设计。对车门刚度的分析，主要是考虑车门结构刚度与玻璃升降器、门锁等系统与周边间隙及公差的结构设计。

（2）模态分析

模态分析也是异响分析的重要内容之一，分析的

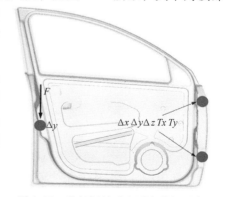

图4-23 前门门锁垂向刚度分析示意

目标是获取分析对象的模态频率,避免与激励源或周边零部件发生共振产生的异响。对于异响分析,模态分析主要关注的部件集中在仪表板、天窗和车门相关的附件,主要包括仪表板整体、副仪表板、外接显示屏、副驾安全气囊、杂物箱、天窗、车门内饰板等,通常要求这些附件的模态频率大于45Hz,且保证相邻部件的模态频率相差3Hz以上。

如果这些附件的模态频率与发动机点火频率或典型的路面激励频率耦合,则会产生共振问题,如果这些部件发生共振,振动幅值变大,会与周边产生敲击或摩擦异响。尤其是前门内饰的扶手部位,由于结构设计或布置原因,扶手区域的内饰板与车门内板连接刚度比较弱,导致扶手部位的局部模态频率非常低,很容易与路面激励发生共振而产生异响问题。

图4-24所示是某款车车门内饰扶手局部模态示意,该部位的局部模态频率为34Hz,频率偏低,而且变形较大的区域在扶手按键区域,如果按键区的间隙偏大,按键则会引起"哒哒"的敲击异响问题。

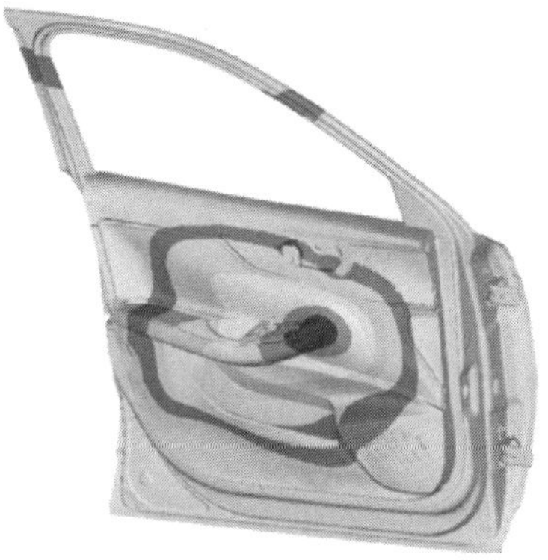

从结构集成的角度分析,模态分析主要是用来匹配附件之间的模态频率,避免出现相邻部件频率耦合的情况,对容易修改频率且花费成本较低的附件进行优化,实现结构集成的性价比最优化设计。

(3) 振动传递函数分析

振动传递函数分析主要是分析路面激励对内饰附件卡扣、卡接部位振动敏感性大小的情况。分析的方法是在车身的前后减振器安装点激励,分析各卡扣、卡接点的振动响应情况。主要分析的部位包括仪表板、车内饰、衣帽架等内饰件的卡扣、卡接部位。

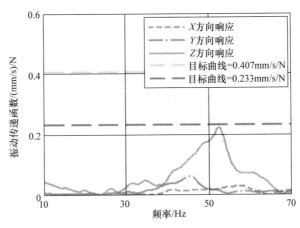

图4-24 车门内饰扶手部位局部模态

图4-25所示是某款车前左减振器安装点到车门卡接点振动传递函数分析结果,从图中可以看出,在频率52Hz时存在明显的峰值,接近目标值。通过对车门模态分析看出,52Hz是车门的内饰板整体模态,由于这阶模态在该区域变形较大,需要重新布置卡扣位置,或者对卡扣布置区域进行结构优化。

图4-25 前左减振器安装点到车门卡接点振动传递函数

从结构集成的角度分析,振动传递函数分析就是对激励源和传递路径的匹配。由于路面激励的不确定性,在对振动传递函数进行分析时,可以利用数据统计设定一个合理的分析目标，避免设定的目标过严或过松，保证结构集成的合理性。

4.1.6 纯电动车与燃油车差异性分析

随着国家对环保的要求越来越高，电动车已经成为汽车发展的趋势。电动车与燃油车的动力源存在差异，因此从 NVH 性能控制角度分析，整车的控制方法和策略是不同的，同样，整车的结构集成设计方法也是不同的。

1. 激励源的差异性

传统燃油车的动力来自高温点燃的燃料在极短的时间内爆炸释放出能量，这些能量推动活塞杆产生往复运动，通过曲柄连杆机构，将直线往复运动变成驱动车辆行驶的动力。在发动机燃烧的过程中，振动和噪声是不可避免的。传统燃油车的主要激励包括：爆发压力、惯性力和燃烧压力。爆发压力和惯性力引起的阶次激励频率较低，激励幅值大，而燃烧压力产生的噪声频率高。因此，传统发动机频带宽、幅值比较高。

但是，电机驱动车辆原理就相对简单，电动车的电动机由电池中的电能驱动，电动车定子线圈通过电力或永久磁铁产生一个磁场，在转子上通过线圈以及交变电流产生一个旋转磁场，这两个磁场相互作用产生切向力，推动转子产生旋转运动，并通过传动结构带动汽车行驶。电机的定子、转子自身和其交互作用产生的径向电磁激振力主要作用在定子结构，为单频和中高频特征。定子和转子交互作用的切向力作用到转子，产生驱动转矩和转矩波动，可以与传动系部件耦合，通过悬置、传动轴传递单频中高频噪声。因此，纯电动车电机噪声为单频、中高频，幅值小，但由于单频特征的噪声很难被掩蔽，在 NVH 设计时，纯电动车更应关注中高频的单频噪声问题。图 4-26 所示是纯电动车与燃油车加速工况的对比分析结果。

2. 车身及开闭件结构的差异性

纯电动车与燃油车的结构差异性主要由两方面引起：部件差异引起的车身结构差异性和性能要求不同引起的结构差异性。

纯电动车相对传统燃油车，通常在地板下部增加了一个电池包，电池包约 300kg。一方面受到电池包布置的影响，电动车地板的加强筋和加强梁布置受到限制，地板面比较平，会影响整车路噪，尤其是对鼓噪问题影响较大。图 4-27 所示是传统燃油车和纯电动车前地板结构对比分析，从图中可以看出，纯电动车相比燃油车前地板后部比较平，是产生路噪的重要部位。另外，传统燃油车动力系统，如排气系统、进气系统等都在车身有安装点，为了减少发动机的振动传递到车身上，需要提高车身安装点的刚度和隔振率，往往需要对这些部位进行加强设计。由于纯电动车没有这些动力系统，不需要对车身进行针对性的加强设计。

由于纯电动车与燃油车的激励源不同，因此，对各系统部件的频率要求也不同，各系统部件的频率不同，则系统部件的结构就存在差异。传统燃油车的激励频率相对较低，很容易与车身结构、开闭件模态发生耦合，产生振动或噪声问题。因此，在对这些结构进行设计时，必须考虑与这些频率相差至少 3Hz。例如四缸发动机怠速转速为 750r/min，二阶、四阶频率为 25Hz 和 50Hz，车身的结构都要避开这些频率，如车身开闭件、车身顶棚、前风窗玻璃、前围板等，如果发动机怠速二阶或四阶点火频率与这些部件发生耦合，则会在车内产生轰鸣声问题。但是，纯电动车的激励频率较高，与车身结构和开闭件不存在耦合风险。因此，纯电动车的车身结构设计将不会受到动力源避频的影响，可以利用这个特点对车身结构进行轻量化设计。

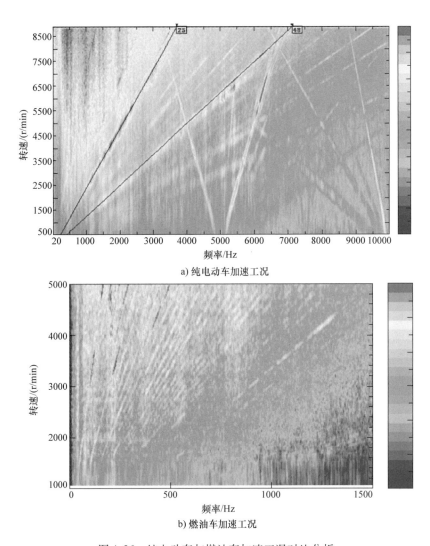

图 4-26 纯电动车与燃油车加速工况对比分析

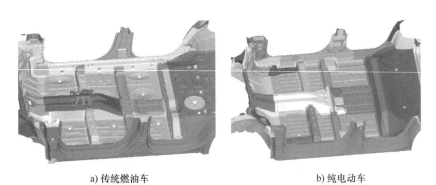

图 4-27 传统燃油车与纯电动车前地板结构对比

3. 声学内饰结构的差异性

声包主要功能是阻隔车外中高频噪声，根据上述传统燃油车和纯电动车动力源差异性分析，传统燃油车的频率成分为宽频，幅值较大；而纯电动车的频率成分为单频，幅值小，为中高频噪声。基于传统燃油车和纯电动车噪声源特点，两种车型的声学包材料也有差异，主要表现在前围内隔声垫、地毯和轮罩板等部位。

对于前围内隔声垫，其主要是用来阻隔动力总成噪声的，常见的材料包括 EVA + PU 发泡、双密度毡、EVA + 双组分吸声棉等。其中，EVA + PU 发泡是以隔声为主的材料组合，适合传统燃油车；双密度毡是以吸声为主的材料组合，适合纯电动车或者发动机噪声较低的燃油车；EVA + 双组分吸声棉是隔吸声都较好的材料组合，适合发动机噪声较大或者车内噪声要求较高的燃油车。

对于地毯和轮罩板，其主要是用来阻隔轮胎噪声的，也有阻隔车底风噪声的作用。由于遮蔽效应的作用，纯电动车由于没有发动机噪声，车内风噪声和胎噪更加凸显。因此，为了降低车内的噪声水平，必须提高地板和轮罩板区域的吸隔声能力。常见的地毯材料有毯面 + EVA + 纺毡、毯面 + EVA + PU 发泡、毯面 + PU 发泡等。常见的轮罩板内隔声垫包括 EVA + PU 发泡、EVA + 双组分吸声棉、EVA + 纺毡、双密度毡，或者直接采用纺毡材料。地毯的主要作用是隔声。轮罩板材料的选择与前围内隔声垫相同，如果轮胎噪声较低，可采用双密度毡或废纺毡材料，如果轮胎噪声偏大，可采用 EVA + PU 发泡或 EVA + 纺毡，如果要求车内轮胎噪声更低，可采用 EVA + 双组分吸声棉材料。

4. 底盘结构的差异性

对于传统燃油车和纯电动车，底盘的结构型式没有明显差异性，但底盘和传动结构件的性能要求是有一定区别的。在进行结构集成设计时，必须考虑到两种车型的差异性。

对于轮胎系统，由于纯电动车的整车重量要比燃油车重量大，轮胎的胎压也比燃油车的胎压要高，燃油车轮胎的胎压通常在 $2.2 \sim 2.5 \text{bar}$（$1\text{bar} = 10^5 \text{Pa}$），纯电动车的轮胎胎压在 $2.5 \sim 2.7 \text{bar}$，这样会降低轮胎隔离路面激励的能力，提高车内的路噪水平。另外，基于纯电动车重量要比传统燃油车大的原因，纯电动车底盘件的衬套刚度通常要比燃油车的大，这也会降低衬套的隔振率，提高车内的路噪水平。在对电动车结构集成设计时，为了降低车内路噪，必须对底盘、车身结构进行协同设计。图 4-28 所示是同平台的燃油车和纯电动车以 40km/h 在粗糙路面上行驶时路噪对比结果。从测试结果可以看出，纯电动车比燃油车在低频段噪声大 6dB。因此，在对纯电动车和传统燃油车结构集成设计时，要考虑到重量引起的性能差异。

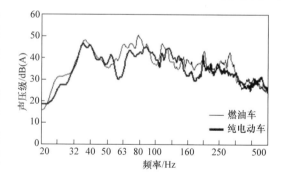

图 4-28　同平台燃油车和纯电动车路噪对比

对于前副车架，传统燃油车与电动车的设计要求也是不同的。传统燃油车的后悬置通常布置在前副车架上，是发动机激励力传递到车身的重要路径。燃油车的副车架必须满足模态和隔振的要求。如果前副车架柔接，可整体上降低发动机传递到车身的激励。副车架刚体模态频率一般在 50~80Hz，很容易引起车内轰鸣声问题，需要提高后副车架的隔振率，或者在前副车架增加动力吸振器，同时需要对车身结构进行分析和优化。对刚接副车架，通常要求一阶弹性弯曲模态频率大于 160Hz，避免在发动机低转速区引起车内轰鸣声问题。但是，对于纯电动车，通常只对副车架的后悬置安装点有隔振要求，没有模态频率的要求。

因此，在对传统燃油车和纯电动车结构集成设计时，必须考虑结构布置的差异性和各部件性能要求的差异性，这样才能保证两者设计的合理性。

4.2 整车安全性能

随着中国汽车保有量的快速增加，道路交通事故发生率也不断上升，带来了巨大的人员伤亡和财产损失。以 2018 年为例，全国道路交通事故死亡人数 63194 人，受伤人数 258532 人，直接财产损失达 13.8 亿元。交通事故的发生，除了有驾驶员自身操作不当的原因，也有道路基础设施及车辆安全性设计等方面的客观因素。通过提高汽车的安全性能可以有效地减少因交通事故造成的人员伤亡和财产损失。

整车安全性能是指汽车在行驶中避免或减轻事故，保障自车乘员和其他道路使用者生命安全的性能。整车安全性能按其起作用的阶段可分为主动安全性能、被动安全性能、事故后安全性能。主动安全性能是指通过各种感知技术和驾驶辅助技术，在事故未发生时采取应对措施，避免事故的发生或降低事故的严重程度。主动安全性能不仅与车辆先进驾驶辅助系统（Advanced Driving Assistance System，ADAS）的性能相关，也受到车辆的制动性、操纵稳定性等性能的影响。被动安全性能是碰撞事故无法避免时，通过车身结构耐撞性设计和约束系统设计，实现对车内乘员的保护。这一保护的概念现在已进一步延伸到对于车外行人、骑行者等弱势道路使用者和对方车辆乘员的保护。对于新能源汽车，除了要考虑在碰撞过程中对车内乘员的保护之外，还需要对车辆高压系统进行防护，防止高压泄漏、短路、电池起火等次生风险。事故后安全性能是指减轻事故后果的性能，包括事故后自动断油以及发动机熄火、自动开启危险警告灯、紧急救援呼救、伤员易脱困性等。新能源汽车事故后尤其需要考虑由于高压部件的高压泄漏给救援人员带来的风险。

整车安全性能开发的目的是降低道路交通事故率及人员伤亡率，因此其整个开发生命周期的起点是基于实际的道路交通事故数据，相关政府管理机构、行业协会、第三方评价机构、主机厂等依此制定相应的安全法规和开发标准。主机厂在新车开发时，需要根据安全法规与标准进行性能开发目标的设定，如图 4-29 所示。性能开发目标的设定往往是性能、重量、成本、工艺、顾客需求等多方面平衡的结果。整车级别的安全性能目标需要进一步分解成为相关子系统和零部件的技术要求，提供给供应商作为开发要求和目标。整车安全性能开发主要包括主动安全性能开发、被动安全结构耐撞性开发、约束系统集成分析、行人安全开发。在产品设计开发过程中，通过同步运用 CAE 仿真分析，对产品安全性能进行虚拟验证及优化，可以极大降低开发成本，提高开发效率。在产品开发后期，通过小批量生产的样车进行各碰撞工况的车身结构验证以及通过台车试验进行约束系统参数匹配，进行安全性能的优化。在性能开发目标达成以后，开始进行正式的新车生产。安全法规与标准的制定者需要对满足性能目标要求的车辆在实际交通事故中的安全性能进行回溯性评估，并依此对安全法规及标准进行持续的修改与完善。

4.2.1 整车安全开发目标设定

在新车型开发初期，需要根据新车目标市场、客户人群、产品定位、标杆车和竞品车对

第4章 整车NVH和碰撞安全性能结构集成

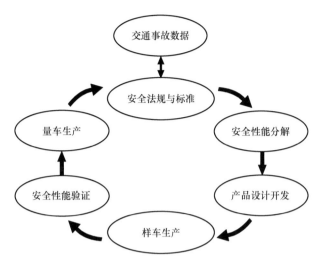

图 4-29 整车安全性能开发流程

标等方面确定整车安全性能的开发目标,并制定相对应的整车技术规范。一般来说,根据开发目标达成的成本和开发难易程度,整车安全开发目标可以分为满足安全法规和国家标准要求、第三方评测机构规则、企业自定义工况三个层次。

1. 基于法规和标准的开发目标设定

各个国家和地区根据当地道路交通事故数据,选取具有代表性的交通事故形态,设定可在试验室复现的测试工况,形成相应的汽车安全法规和标准。汽车安全法规和标准中比较有代表性的是由美国高速公路安全管理局（NHTSA）制定的联邦机动车安全法规（FMVSS）和欧洲经济委员会（ECE）、欧洲经济共同体（EEC）制定的汽车安全法规。其他如加拿大、日本、澳大利亚等国家和地区的汽车安全法规基本上是参照美国和欧洲的汽车安全法规进行适应性修改后制定的。在针对不同市场的新车开发时,该国家和地区的安全法规和标准是整车安全性能开发的最低门槛,必须强制性满足。

中国的汽车安全标准是由国家质量监督检验检疫总局和国家标准化管理委员会发布的,主要参照欧洲 ECE 和 EEC 法规制定,并做了适应性修改。强制性的安全标准包括汽车正面碰撞、侧面碰撞、后碰撞、顶部抗压以及子系统等相关的安全标准,见表4-9。在强制性的安全标准以外,还制定了推荐性的安全标准,如行人保护、侧面柱碰等。

表 4-9 中国汽车碰撞安全法规

试验工况	标准编号	标准名称
行人保护	GB/T 24550—2009	汽车对行人的碰撞保护
正面碰撞	GB 11551—2014	汽车正面碰撞的乘员保护
	GB/T 20913—2007	乘用车正面偏置碰撞的乘员保护
侧面碰撞	GB 20071—2006	汽车侧面碰撞的乘员保护
	GB/T 37337—2019	汽车侧面柱碰撞的乘员保护
后碰撞	GB 20072—2006	乘用车后碰撞燃油系统安全要求
顶部抗压	GB 26134—2010	乘用车顶部抗压强度

2. 基于第三方评测机构规则的开发目标设定

除了强制性的安全法规和标准之外,新车评价规程（New Car Assessment Programme,

NCAP）是更受消费者关注的汽车安全测试项目。在世界范围内，较为著名的 NCAP 测试项目有美国公路安全保险协会（IIHS）的新车安全测试、美国高速公路安全管理局（NHTSA）的 USNCAP 测试以及欧洲的 EuroNCAP 测试。NCAP 测试的目的是帮助消费者在购买汽车前更好地了解不同汽车品牌的安全性能，测试结果在网站上直接发布，为消费者购车提供决策依据。NCAP 测试结果不是简单地以"合格"或"不合格"来评估车辆安全性能，而是以直观的星级评分体系来区分车辆的安全水平。这使得不同品牌车辆之间形成相互竞争关系，引导汽车厂家将汽车安全性能作为竞争力与卖点不断提升。各国 NCAP 也根据交通事故数据及安全技术发展不断推出新的测试项目，例如 EuroNCAP 推出行人安全测试及自动紧急制动系统（Automatic Emergency Brake，AEB）测试以进一步降低交通事故伤亡率。研究表明，配备低速紧急自动制动功能的车辆与未配备该功能的车辆相比，追尾事故减少了 38%。

2006 年，中国汽车技术研究中心建立了中国新车评价规程 C-NCAP，这是中国第一个第三方机构做出的汽车安全的体系化评价规程。现在施行的 2018 版 C-NCAP 从乘员保护、行人保护、主动安全三个维度评价整车安全性能。安全星级共划分 6 个等级，分别为 5 星+、5 星、4 星、3 星、2 星、1 星。从 2022 年起，C-NCAP 将实施 2021 版规则。相对于 2018 版规则，新规则引入了考察碰撞兼容性的移动渐变式可变形壁障（Moving Progressive Deformable Barrier，MPDB）工况以取代原有的偏置可变形壁障（Offset Deformable Barrier，ODB）工况；使用了更具生物逼真度的先进行人腿型撞击器（Advanced Pedestrian Legform Impactor，APLI）以取代原有的行人柔性腿；主动安全的比重及测试项目都大大增加。这些规则的制定参考了中国交通事故形态的变化及新技术的应用成熟度，将更好地提升车辆的安全性能。2018 年，由中国汽车工程研究院、中保研汽车技术研究院参照美国的 IIHS 测试标准推出了 2017 版中国保险汽车安全指数（China Insurance Automotive Safety Index，C-IASI），为消费者提供了一套新的安全评价体系标准。保险安全指数从四个维度评价整车的安全性能，分别为耐撞性与维修经济性、车内乘员安全、车外行人安全、车辆辅助安全。评价等级则分为 G（优秀）、A（良好）、M（一般）、P（较差）。2021 年，中国保险汽车安全指数升级为 2020 版。相比于 2017 版，2020 版在耐撞性与维修经济性指数方面，增加了保险杠静态试验工况、前后保险杠全宽动态试验工况；在车内乘员安全指数方面，新增乘员侧正面 25% 偏置碰撞作为选做项；在车外行人安全指数方面，增加了上腿型测试；在车辆辅助安全指数方面，新增了 AEB 车对行人与骑行者等测试项目。

3. 基于企业自定义工况的开发目标设定

一些侧重安全性能的汽车品牌，如沃尔沃汽车等，还制定了高于法规和 NCAP 标准的企业自定义安全性能开发目标。沃尔沃汽车交通事故调查小组从 1970 年开始调查在瑞典发生的涉及沃尔沃汽车的交通事故，到现在为止已经收集了超过 4.5 万起的交通事故。沃尔沃汽车公司通过对这些事故数据的研究，建立起企业内部的安全性能工况。这些工况往往超前于国家标准及 NCAP 标准。例如，沃尔沃早在 1993 年就已经开始根据交通事故数据对于正面小重叠量工况（小偏置）进行了针对性开发设计。2012 年，IIHS 正式引入 25% 重叠率的小偏置碰撞工况；2018 年，中国保险汽车安全指数将这一工况加入到其测试体系中。

目前，中国一些主机厂也开始在安全性能开发时逐步加入企业自定义的开发目标工况。例如长城汽车在 WEY P8 电动车开发时加入了基于美标 FMVSS 301 和 FMVSS 305 的 80km/h 偏置追尾工况。许多主机厂在主动安全性能开发时，除了 C-NCAP 的标准场景外，也加入了企业自定义的测试场景，这些企业自定义场景往往是根据中国道路交通事故特征而制定的。

4.2.2 整车安全开发目标分解

一旦确定新车型开发目标以后，需要将开发目标进行进一步分解。以某款新车开发为例：整车安全开发目标定义为主销车型满足 C-NCAP 2018 版 5 星要求。为达到这一要求，需要根据 2018 版 C-NCAP 规则将开发目标分解到各测试工况。整车安全的指标分解可以根据竞品车或技术标杆车制定，见表 4-10。在整车安全开发目标确定及各工况指标分解完成以后，需要将开发目标进一步分解到车身结构（结构耐撞性）、约束系统（乘员保护性能）、行人保护系统（保险杠、防撞梁、前机舱等设计）、主动安全系统等各子系统性能指标。这些子系统指标将提供给车身、内外饰、底盘、智能化等相关专业部门用于指导相关子系统和部件的设计。同时，开发车型的主、被动安全相关配置，如安全气囊个数、安全带类型、ADAS 传感器等也需要根据开发目标确定。

表 4-10 某开发车型整车安全性能指标设定

指标项	分指标项	目标值
C-NCAP 五星（2018 版）	完全正面碰撞试验	≥18（满分 20 分）
	正面 40% 偏置碰撞试验	≥17（满分 20 分）
	侧面碰撞试验	≥19（满分 20 分）
	鞭打试验	≥4.2（满分 5 分）
	加分项	5（满分 5 分）
	行人保护	≥10.5（满分 15 分）
	主动安全	≥12（满分 15 分）

1. 结构耐撞性目标设定与分解

结构耐撞性是指车身结构在碰撞过程中的变形特性，是车辆被动安全性能的基础。车身结构的设计需要遵循两点原则：①通过坚固的乘员舱结构及碰撞能量传递路径的合理规划，减小乘员舱的变形量，保证碰撞过程中车内乘员有足够的生存空间；②通过车身结构的合理变形吸收碰撞能量，降低乘员所受的冲击载荷。要满足这两点设计原则，需要通过车身各部位材料等级的合理选用、关键碰撞传力路径的合理规划、关键结构断面的合理设计等达成。对应于不同的碰撞工况，如正面碰撞、侧面碰撞、后面碰撞等需要设定相应的结构耐撞性指标，并通过前期 CAE 仿真优化和后期碰撞试验优化达成。

在车辆发生正面碰撞时，车身前端通过吸能盒、防撞梁、前纵梁、侧翼梁等吸能构件的变形来吸收碰撞能量并使车身产生一个相应的减速度。车身前端的变形需要尽量限制在前围板之前的发动机舱区域以保证较小的乘员舱变形。在前碰撞中，乘员舱结构的完整性要求可以通过乘员舱前部结构的侵入量指标来定义，如图 4-30 所示。从指标上要求 A 柱无明显弯折变形，车门变形较小且能比较容易打开，门槛梁完整无变形，地板足部区域变形侵入较小，转向机构、制动踏板、加速踏板、仪表板结构等侵入较小。表 4-11 列出了 IIHS 正面 40% 偏置碰撞中一些关键结构部位的侵入量指标作为参考。

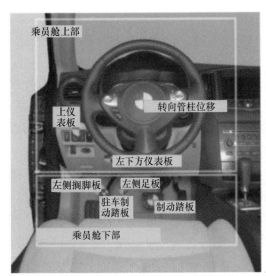
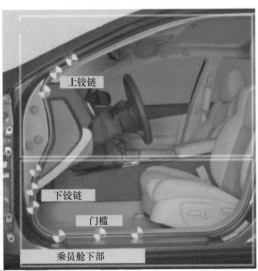

图 4-30　乘员舱侵入量测量点

表 4-11　正面偏置碰撞结构侵入量指标

测量点	X 方向侵入量
驾驶员左搁脚处	<150mm
驾驶员右搁脚处	<150mm
制动踏板	<150mm
A 柱铰链	<50mm
仪表板	<50mm

在正面碰撞过程中,车身由于前部结构的变形吸收碰撞能量,使碰撞速度逐步降低。如果没有约束系统,如安全气囊、安全带等,由于车身减速度引起的乘员与车身内部结构的二次碰撞将对乘员造成损伤。车身减速度和乘员损伤程度密切相关,通过前期车身的合理设计获得期望减速度波形,能使约束系统对乘员起到最大程度的保护。通过建立碰撞减速度波形评价指标,可以在没有约束系统性能参数的前提下,预测假人的损伤情况,从而为车身结构耐撞性的设计优化提供定量评估指标。对于碰撞减速度波形的评估有多种不同的方法,比较常用的有有效加速度(Effective Acceleration,EA)、车辆脉冲指数(Vehicle Pulse Index,VPI)、乘员载荷准则(Occupant Load Criteria,OLC)等指标。这里以 OLC 指标为例,对减速度评估指标稍做解释。

OLC 定义为在给定车辆某减速度波形下,假人在碰撞过程中受到理想的等效减速度。OLC 的计算如图 4-31 所示,车辆在碰撞过程中,由于受到减速度作用,其速度由初始碰撞速度逐渐下降,直到速度归零后反弹。在 $O \sim t_1$ 过程中,由于安全带的间隙及松弛量,假人相对于车辆自由向前移动 65mm。当安全带预紧后,假人受到安全带、安全气囊的作用减速继续向前移动 235mm,直到假人和车辆的相对运动趋势为零。在 $t_1 \sim t_2$ 过程中,假人受到的等效减速度定义为 OLC。OLC 由车辆减速度决定,与乘员头胸部损伤值有较大的相关性。在正面碰撞中,为取得较好的乘员保护效果,需要尽量降低 OLC 值。2021 版 C - NCAP 正面偏置碰 MPDB 工况采用 OLC 指标评价碰撞兼容性,MPDB 台车受撞击后若 OLC 值小于 $25g$ 则不罚分;大于 $40g$ 则罚最高分。在正面碰撞中,为获得较低的 OLC 值,需要对前机舱的结构和布置进行合理设计以获得稳定可靠的前端变形模式及足够的动态压溃空间。

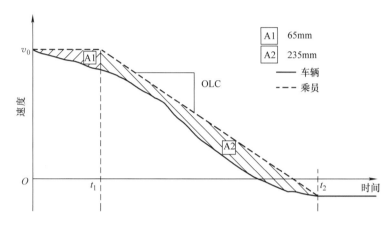

图 4-31 减速度 OLC 指标

典型的侧面碰撞可分为侧面障碍台车碰撞和侧面柱碰,如图 4-32 所示。在不同的法规中,障碍台车的重量、障碍壁形式和假人类型会有所不同。在侧面碰撞中,由于空间有限,可用于吸能的结构部件较少。为保护乘员,需要加大车身侧面结构的强度及设计有效的碰撞传力路径。在设计中要求门槛梁和上边梁具有足够的强度,B 柱具有合理的刚度分布。同时通过在车门中增加防撞杆降低车门的侵入量。在侧碰中一般使用侧围上关键点的侵入量和侵入速度作为结构耐撞性指标。侧围上测量点的位置一般对应于假人头、胸、腹、骨盆等部位,如图 4-33 所示。

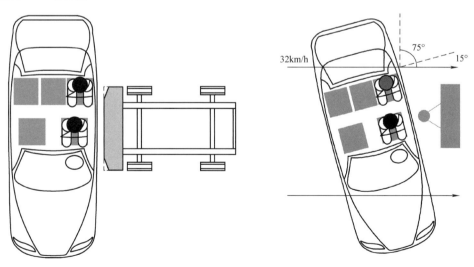

图 4-32 侧面碰撞工况

2. 乘员保护目标设定与分解

2018 版 C-NCAP 五星要求乘员保护模块得分率超过 85%，在车辆结构设计满足结构耐撞性指标后，乘员保护的性能主要取决于约束系统配置以及约束系统性能匹配及优化。各碰撞工况下乘员保护目标的设定可以根据约束系统配置同时参考竞品车型试验得分制定。以 64km/h 正面偏置碰撞为例，假人得分目标分解见表 4-12。

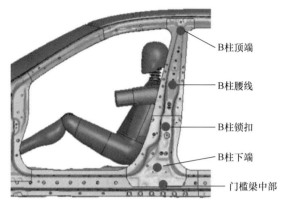

图 4-33 侧面碰撞结构指标测量点

表 4-12 64km/h 正面偏置碰撞假人得分分解

假人位置	前排				后排	
假人部位	头颈部	胸部	大腿	小腿	头颈部	胸部
满分	4	4	4	4	2	2
目标得分	4	3	4	3	1.5	1.5

在正面偏置碰撞中，前排假人的头颈部和大腿得分一般都能得满分，主要的失分部位在于胸部和小腿。胸部压缩量超标是造成胸部失分的主要原因，提高胸部得分需要配置带有预张紧及限力功能的三点式安全带、压溃式转向管柱等。假人小腿失分主要取决于仪表板下护板的刚度、脚垫的设计等。后排假人的失分部位主要在于颈部和胸部，通过配置带有预张紧及限力功能的三点式安全带，可以有效提高这些部位的得分。

3. 行人保护目标设定与分解

行人保护于 2002 年首次成为 Euro-NCAP 测试工况，于 2018 年被纳入 C-NCAP 评价体系。2018 版 C-NCAP 五星要求行人保护模块得分率超过 65%。行人保护主要考察车辆前端结构对于碰撞事故中行人头部及下肢的保护性能，包括风窗玻璃、发动机舱盖、前保险杠等区域。行人保护性能受到车辆前端的造型和布置的制约，需合理平衡造型、布置和行人保护性能。表 4-13 列出了行人保护性能得分分解。

表 4-13 行人保护性能得分分解

项目	头型	腿型	总分
满分	12	3	15
目标得分	7	3	10

对于头部碰撞来说，在前期造型时需尽可能缩小头部碰撞区域，同时优化发动机舱盖断面、空气室断面、铰链连接点等关键零部件的结构设计。头锤在发动机舱盖上的得分同时也取决于发动机舱盖内板与发动机舱刚性物体的垂直距离，发动机舱盖上不同撞击点的得分规划对应于不同的空间要求。在开发初期，可以根据造型、发动机舱布置初步评估行人头锤得分，如图 4-34 所示。

行人腿锤保护主要取决于车辆前部造型及结构，包括前保险杠蒙皮造型及结构，格栅造型、前防撞梁吸能泡沫厚度等。通过合理布置及局部刚度优化，改变上、下腿型弯曲模式可优化腿部得分。

第4章 整车NVH和碰撞安全性能结构集成

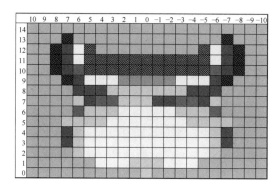

头部损伤准则(HIC)得分	得分
$HIC_{15} < 650$	1
$650 \leqslant HIC_{15} < 1000$	0.75
$1000 \leqslant HIC_{15} < 1350$	0.5
$1350 \leqslant HIC_{15} < 1700$	0.25
$1700 \leqslant HIC_{15}$	0.0

图 4-34 行人头锤撞击得分评估图

4. 主动安全目标设定分解

2018 年 C-NCAP 首次引入主动安全板块,由 AEB(自动紧急制动)对车、AEB 行人和电子稳定系统(Electric Stability Control,ESC)功能三大板块组成。根据 2018 版 C-NCAP 规则,C-NCAP 五星要求主动安全最低得分率在 2020 年须高于 55%。根据此规则,对主动安全目标设定见表 4-14。

表 4-14 主动安全保护性能得分分解

项目	ESC	AEB 对车	AEB 行人	总分
满分	4	8	3	15
目标得分	4	6	2	12

AEB 对车功能需要由毫米波雷达作为传感器实现对前车的感知,AEB 行人功能需要由摄像头作为传感器感知行人目标。因此要达到主动安全目标,需要配置至少一个前向毫米波雷达和一个前置摄像头,如图 4-35 所示。

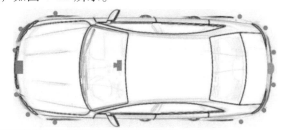

图例	名称
▪	前视单目摄像头
▪	77GHz毫米波雷达
▪	倒车后视摄像头
•	超声波雷达

图 4-35 ADAS 传感器布置图

4.2.3 整车安全结构集成设计

1. 造型设计和总布置空间

在新车型开发初期需要对整车的造型和总布置进行定义和设计,包括车辆造型、整车基本尺寸参数、动力总成布置方案、人机工程布置方案等。这些造型与设计参数将直接影响碰撞安全性能的达成。因此在前期设计阶段,需要对影响碰撞安全性能的造型、关键整车和子系统的尺寸和布置进行约束,使之满足碰撞性能设计指标要求,避免后期开发时遇到重大困难。

行人保护性能受车辆前端造型和结构布置影响较大,在造型前期,应尽可能优化行人碰撞试验中头部碰撞区域和腿部碰撞区域的造型。通过造型优化缩小行人头部碰撞区域并使刚度较大的结构布置在碰撞区域外。这些造型优化包括翼子板和发动机舱盖特征线和分缝线优化、雨刮盖板造型优化、前照灯特征线和分缝线优化等。如图 4-36a 所示,侧面基准线(虚线)划分在翼子板上,导致头碰区域扩大至 A 柱下端、前照灯等刚度较高的区域,造成头碰得分较低。如图 4-36b 所示,侧面基准线(虚线)划分在发动机舱盖上,头碰区域缩小并避开了前照灯等刚度较高的区域,头碰得分较好。

行人碰撞测试中的腿碰区域由发动机舱盖前缘、保险杠区域和下支撑区域组成。腿碰区域的造型优化主要包括保险杠区域平整化设计、前保险杠角点优化等,以缩小碰撞区域。在 2021 版 C-NCAP 中引入了 APLI 腿型撞击器,对大腿损伤保护进行考察。为应对这一变化,可对发动机舱盖前部采用软鼻子造型,以弱化大腿撞击区域,保护大腿,如图 4-37 所示。

a) 头碰区域包括前照灯　　　　　　b) 头碰区域排除前照灯

图 4-36　翼子板、发动机舱盖特征线对头碰区域影响

图 4-37　前保险杠软鼻子结构

在50km/h正面碰撞中，需要获得尽量低的加速度指标OLC值。要满足这个要求，需要车辆前端结构有足够的溃缩和吸能空间，可以通过静态压溃空间这一指标来衡量。静态压溃空间L由两部分组成，L_1为动力总成与前保险杠外沿的最小距离，L_2为动力总成与前围板的最小距离，$L = L_1 + L_2$，如图4-38所示。静态压溃空间受到整车长度、前悬、轴距等尺寸和动力总成选型的限制。

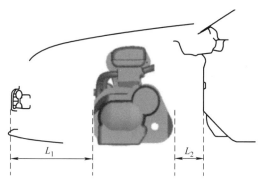

图4-38 静态压溃空间

在碰撞过程中，约束系统，如安全带、安全气囊和座椅、仪表板、车门内饰板等，应能将乘员充分约束，防止乘员和车辆内部结构之间发生二次碰撞而导致伤害。乘员与车辆内部结构之间的相对位置对于乘员保护效果影响较大。进行人机工程布置时，对一些关键参数设置需要考虑乘员保护效果，这些关键参数包括风窗玻璃倾角（WA）、胸部与转向盘中心的距离（CS）、膝盖离仪表板距离（KD）、转向盘倾角（SCA）、头部与风窗玻璃距离（HW）、头部与车顶距离（HZ）、头部与侧窗玻璃距离（HS）、肘部与门内饰距离（AD）、臀部与门内饰距离（HD）等，如图4-39所示。这些参数的设置可以参考技术标杆车的参数来制定。

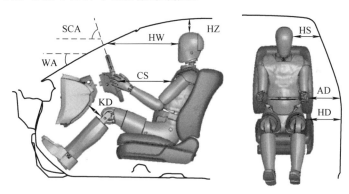

图4-39 人机工程布置

2. 传力路径设计

传力路径是指在碰撞过程中，碰撞力在车身结构中从碰撞侧向非碰撞侧逐步传递的路径。在车身结构设计时，针对不同的碰撞工况需要设计对应的传递路径，一般可分为正面碰撞传力路径、侧面碰撞传力路径和追尾碰撞传力路径。正面碰撞传力路径可分为上、中、下三层，如图4-40所示。正面碰撞上层传力路径是由发动机舱侧翼梁、A柱上边梁进行分散传递。中层传递路径主要是由前防撞梁、吸能盒、前纵梁、A柱下铰链、门槛梁、前纵梁延伸梁、中央通道等传递分散。在某些车型上也设计了下层传递路径，一般通过全框式副车架吸收碰撞能量，并将能量传递到前纵梁延伸梁、门槛梁等结构部件。在正面碰撞传力路径设计上，以发动机舱前围板为界限，发动机舱前围板前端传力路径上的结构件设计为可溃缩的，以吸收碰撞能量。

侧面碰撞的传力路径包括 B 柱、车门横梁、门槛梁、A 柱上边梁、车顶横梁、地板横梁等。在侧面碰撞中能用来吸收能量的变形空间较小，允许 B 柱、车门横梁、门槛梁等进行可控变形，但一般要求地板横梁和车顶横梁不能变形以保证乘员生存空间。

追尾碰撞的传力路径包括后防撞梁、后吸能盒、后纵梁、门槛梁等结构。其设计原则是通过后防撞梁、后吸能盒（低速碰）、后纵梁（高速碰）等结构的变形来吸收撞击动能并降低车辆被追尾后向前的冲击加速度。追尾碰撞中燃油车的油箱及管路系统和新能源车的电池包需要受到保护，避免被撞击和挤压。

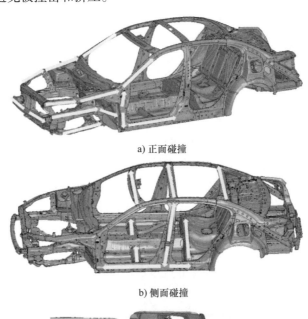

a) 正面碰撞

b) 侧面碰撞

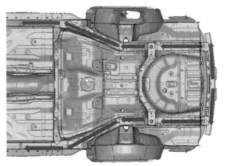

c) 追尾碰撞

图 4-40 碰撞传力路径设计

3. 关键结构断面尺寸设计

在车身机构设计前期，需要根据各碰撞工况，对关键传力路径上的结构件断面进行载荷校核，分析关键结构断面的设计是否能够满足设计承载能力的要求。这些关键结构件主要包括前防撞梁、吸能盒、前纵梁、立柱、门槛梁、后纵梁、后防撞梁等。断面尺寸设计受多种因素影响，包括碰撞安全、结构耐久、轻量化等。以前防撞梁为例，由于不同的生产工艺，防撞梁的断面形状及尺寸有较大差别，如图 4-41 所示。根据对标竞品车辆对一些关键结构的断面尺寸建立对标数据库，可以提高车身开发效率、提高碰撞安全性能及降低车身重量。

断面数据库应包含主断面形状、尺寸、位置、属性（面积和惯性矩）、内外板与加强板的位置关系、材料等级、板材厚度等参数。

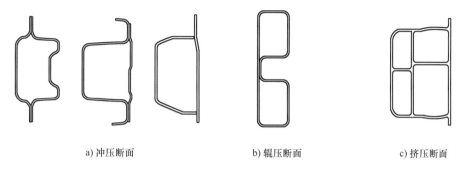

a) 冲压断面　　　　b) 辊压断面　　　　c) 挤压断面

图 4-41　前防撞梁断面设计

在车身数据工程化分析阶段，需要根据 CAE 碰撞仿真结果，对变形不合理和承载不达标的结构件进行断面优化提升。通过断面力和断面弯矩的分析和优化，可以合理优化车身关键件，如前防撞梁、前纵梁、A 柱等的变形模式和抗弯强度，实现在碰撞中对于乘员的保护。在断面设计中，同时也应考虑材料等级的影响，如热成型钢材料屈服极限高，其截面尺寸相比高强度钢可适当减小。

对于行人保护性能，需要对一些影响头碰得分的结构，如空气室主断面等，进行分析。通过降低空气室与风窗玻璃下沿搭接处的结构刚度提高头碰得分，如图 4-42b 所示的空气室断面对于行人头碰的保护要优于图 4-42a 所示的空气室断面。

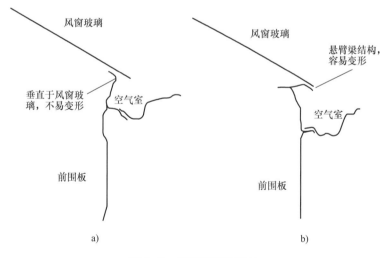

图 4-42　空气室断面设计

4. 约束系统尺寸和参数设计

狭义的乘员约束系统主要指安全气囊和安全带。在车辆开发设计的前期，需要对安全气囊进行选型，包括气袋形状、尺寸、拉带位置的初步选定。后期约束系统匹配和优化要根据 CAE 仿真和台架试验对泄气孔开口、拉带长度等进行优化。对安全带的设计主要考虑安全带导向环的安装位置、安全带卡扣安装位置、安全带预紧时间和限力等级的选取及优化。

安全气囊模块按安装位置和作用不同，可分为驾驶员正面气囊（Driver Airbag，DAB）、前排乘员正面气囊（Passenger Airbag，PAB）、座椅侧气囊（Side Airbag，SAB）、侧面气帘（Curtain Airbag，CAB）、膝部气囊（Knee Airbag，KAB）等。以驾驶员正面气囊设计为例，其尺寸设计准则是汽车正面碰撞过程中，当车内乘员胸部向前移动 127mm 时，气囊必须完全张开且乘员头部恰好与气囊接触。以此准则，在设计初期当驾驶员 R 点位置确立以后，可以初步确定气囊展开时的厚度 d，从而反向计算气囊的体积、气袋直径及拉带长度，如图 4-43 所示。

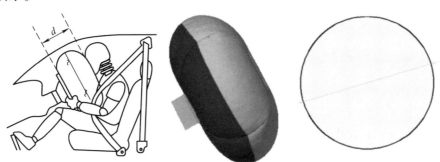

图 4-43 驾驶员正面气囊设计

侧气帘的作用是在侧面碰撞中，对乘员的头部起到保护作用，以免撞击到 A 柱、B 柱、C 柱等刚性区域，也可以防止在翻滚事故中，头部越出车窗受到地面撞击。因此，侧气帘设计时，要求尽可能覆盖从 A 柱到 C 柱区域，同时在侧气帘展开时，应覆盖车窗区域，如图 4-44 所示。

在现代车辆上最常见的安全带形式为三点式，如图 4-45 所示。安全带布置设计时，需要综合考虑佩戴舒适性和安全性能问题。汽车安全带固定点与乘员的相对位置直接影响佩戴舒适性和碰撞安全保护性能。若上固定点位置布置不当，在碰撞时肩带容易从肩部滑移到颈部，从而对颈部造成伤害。若下固定点位置布置不当，容易使腹带从骨盆向上滑移，乘员产生下潜现象，造成腹部损害。三点式安全带需要根据 GB 14166—2013，进行有效固定点区域及关键尺寸的校核。

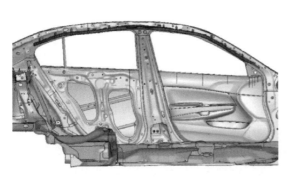

图 4-44 侧气帘覆盖区域设计

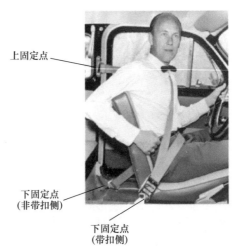

图 4-45 三点式安全带及固定方式

4.2.4 整车安全结构集成设计虚拟验证

碰撞安全 CAE 仿真技术起始于 20 世纪 80 年代，初期由于受到计算资源的限制，整车碰撞模型的尺寸较小，一般在 2 万~3 万单元，只能模拟一些关键结构的变形，仿真精度有限，仿真结果只能起到辅助参考作用。随着计算机硬件性能及并行计算能力的逐步提升，整车模型可以模拟越来越多的细节，整车模型的尺寸也可以达到 1000 万网格单元左右，模型的精度越来越高，整车 CAE 碰撞仿真甚至可以代替部分试验工况，进行虚拟验证和虚拟优化。CAE 仿真技术在车型开发全过程的应用，可以大大减少样车数量及碰撞试验次数，对各种设计方案进行虚拟验证和优化，大幅度降低开发成本，缩短研发周期。整车安全领域的 CAE 仿真主要包括结构耐撞性仿真、乘员约束系统仿真、行人保护仿真及主动安全仿真等。在被动安全 CAE 仿真中，经常用到的软件包括 LS – DYNA、PAMCRASH、RADIOSS、MADYMO 等。

1. 整车结构耐撞性仿真分析

整车结构耐撞性仿真分析即通过建立整车有限元模型，模拟车辆在不同工况下，如正面碰撞、侧面碰撞下的结构变形及车辆加速度等力学响应，进而对车身的结构设计合理性进行分析，通过分析结果对汽车结构设计进行相应的优化。整车有限元模型的建模包括对白车身、动力总成、前后悬架、车轮、内外饰、座椅等几何模型进行有限元网格划分，并赋予各部件厚度和材料，组合后形成用于整车碰撞的模型，如图 4-46 所示。

图 4-46 LS – DYNA 整车碰撞仿真模型

在建立整车模型时，需要遵循一定的建模规范。这些建模规范包括网格划分及网格质量控制、连接件建模、各子系统组合、部件命名规则、节点及单元编号规则等。在整车建模时，需要定义相应的输出，包括加速度信号、截面力、接触力等物理参数。

结构碰撞的仿真精度很大程度取决于车身材料模型的精度。车身材料模型一般通过材料试验获得并在有限元软件中根据相应的材料模型设置参数。以 LS – DYNA 为例，一般车身钣金件材料模型采用 MAT_PIECEWISE_LINEAR_PLASTICITY 材料，通过材料拉伸试验确定各应变率下的应力应变曲线，应变率应涵盖 0.001/s（准静态）~1000/s（高速应变率）区间。在碰撞仿真中，材料失效的精确模拟（断裂、破坏等）对于仿真结果的精度越来越重要。准确预测各种材料在碰撞过程中的失效行为是当前 CAE 仿真技术面临的挑战。LS – DYNA 中的 GISSMO 失效模型采用非线性方式计算损伤积累，考虑材料的应力状态对断裂失效应变临界值的影响，适用于预测金属材料在不同应力状态下的断裂行为。GISSMO 材料模型的参数设置需要不同三轴度下的失稳失效曲线，因此需要增加对应于不同三轴度下的材料试验以获得这些参数。

2. 乘员保护仿真分析

在整车设计开发中，需要对各碰撞工况下的约束系统参数进行匹配及优化。这些参数包括安全气囊点火时间、安全气囊泄气孔开口大小、拉带长度、安全带点火时间、安全带限力等级等。约束系统匹配优化涉及大量的参数研究，借助计算机仿真可以大大减少台车试验数量，节省优化时间。约束系统仿真可采用基于多刚体动力学的 MADYMO 软件或基于有限元理论的 LS – DYNA 软件，如图 4-47 所示。MADYMO 软件建模简单，计算效率高，并包括丰富的碰撞假人模型库，可快速进行大量的参数优化。MADYMO 软件的不足是零部件的接触刚度特性由力 – 侵入量来定义，需要通过试验数据对标确定，在车辆开发前期没有试验数据的情况下比较难精确定义。随着汽车开发对仿真精度要求的提升，越来越多的主机厂采用 LS – DYNA 软件进行约束系统仿真。LS – DYNA 模型是基于材料特性建模的，能精确预估部件变形特性，可在设计前期就较为准确预估乘员损伤得分。然而 LS – DYNA 计算效率相对较低，需要大规模并行计算资源。

a) MADYMO 仿真模型　　　　　　b) LS-DYNA 仿真模型

图 4-47　约束系统仿真

在约束系统仿真中，通常采用子系统模型建模的方式以降低模型复杂度和缩短计算时间。子系统模型中一般需要包括白车身、仪表板、转向盘、转向管柱、中通道、座椅、安全带、安全气囊、脚垫等部件模型。对于这些模型，特别是约束系统部件，都需要从材料参数到零部件模型进行精准建模和对标。通过在白车身加载加速度曲线来模拟乘员受到的载荷，加速度曲线一般从整车碰撞试验或仿真中得到。

3. 行人保护仿真分析

在车辆行人保护性能开发过程中，CAE 仿真模拟是最为重要的技术手段。2018 版 C – NCAP 增加了行人头部保护工况和下肢保护工况。头部保护评价规则中要求车企提供头部碰撞区域内各撞击点的 HIC 值，测评机构随机抽样 8 个碰撞点进行试验验证，通过试验结果计算修正系数最终计算出车辆行人头部保护的评价得分，当这一修正系数在 0.75 ~ 1.25 之间时，企业提供的头部损伤值才能被采用。由于头部碰撞区域内撞击点的个数可以多达 200 个，如果对于每一个点都进行试验摸底将带来巨大的成本。通过 CAE 仿真技术预估这些测量点的头碰得分，可以大大降低研发成本，但同时也给仿真精度带来了巨大挑战。

在行人碰撞中，涉及大量的非金属部件，如保险杠塑料蒙皮、吸能泡沫、流水槽通风饰板、风窗玻璃等，这些非金属部件的结构变形及失效的精确预测是仿真精度提升的关键因素。

风窗玻璃是由上下两层玻璃和中间PVB薄膜层构成的，行人头部撞击时，玻璃层断裂但PVB层依然承载，同时上下两层玻璃碎片牢固地粘接在PVB层薄膜上，有一定的吸能缓冲效果。在有限元软件LS-DYNA中，采用将风窗玻璃作为整体单层壳单元零件的建模方法。该方法采用通过INTEGRATION_SHELL关键字对夹层玻璃进行分层定义来模拟夹层玻璃的玻璃层和PVB层，风窗玻璃采用MAT_LAMINATED_GLASS材料本构模型。该方法可以准确地还原头碰试验HIC的加速度伤害曲线和夹层玻璃的蜘蛛网状裂纹形态，如图4-48所示。

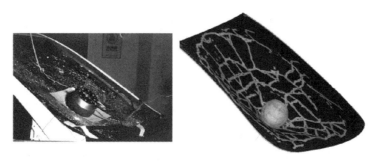

图4-48 头锤撞击试验和仿真对比

4. 主动安全仿真分析

在主动安全性能开发中，通过仿真可以在项目前期对主动安全系统进行硬件选型，判断传感器参数及执行机构参数等能否满足性能开发目标。这些传感器参数包括雷达和摄像头的探测距离、探测角度、分辨精度、安装位置等。通过仿真可以计算车辆、行人等目标出现在传感器探测范围内的时刻以及持续时间、算法识别目标物的时长、系统执行的延迟时间等，从而验证供应商方案的可靠性。在项目开发中后期，通过仿真可以优化主动安全系统的执行策略，结合台架测试等HIL测试，实现功能验证与车辆动力学验证。

主动安全仿真常用软件包括CarSim、CarMaker、PreScan、VTD等，这些软件在车辆动力学建模、传感器模拟、交通场景搭建、天气场景模型、图像渲染等方面各有侧重。主动安全仿真要素包括：主动安全场景建立，如C-NCAP、C-IASI、I-VISTA等法规场景；车辆动力学建模及对标，通过轮胎、悬架、转向、制动等台架试验获取车辆子系统参数，包括操纵稳定性、制动性等并在此基础上建立车辆动力学模型；仿真环境的建立，包括道路基础设施、天气、行人、车辆、传感器等元素的构建。主动安全仿真模型的建立及验证是通过搭建车辆动力学模型与场景进行联合仿真，并通过实车试验验证主动安全系统仿真模型的精度。

以PreScan为例，PreScan由天欧汽车研发，后被西门子收购。PreScan是以物理模型为基础的汽车ADAS和自动驾驶仿真软件，支持基于摄像头、毫米波雷达、激光雷达等多种ADAS和自动驾驶的开发和测试，如图4-49所示。PreScan是一种开放型软件平台，可以利用PreScan搭建交通环境及交通元素，如车辆、行人等，通过调用Simulink作为相关控制算法决策并将控制指令发给CarSim中的车辆动力学模型从而实现联合仿真。

图 4-49 PreScan AEB 功能仿真

4.2.5 纯电动车与燃油车碰撞结构设计差异

纯电动车动力源和驱动装置相对于燃油车有了根本性的改变，同时保护对象也需要增加纯电动车特有的高压系统。纯电动车与传统燃油车在整车安全的差异性上主要体现在整车整备质量、总布置方式、结构耐撞性指标等方面。

1. 整备质量差异

纯电动车虽然没有了笨重的发动机，但增加了电驱总成及动力、电池包。动力电池包质量一般占整车整备质量的 20%，相比同尺寸燃油车，电动车整备质量可增加 300kg 以上。在相似轴距下，纯电动车的整备质量远远超过燃油车的整备质量，动力电池包质量能达到 400~500kg。而且电动车续驶里程的提升，必然带来电池包重量的进一步提升。整车质量的提高增加了碰撞过程中的动能，相应结构的吸能效率需要提高。

电池包一般布置在车身中后部，电动车的质心位置相对燃油车的质心位置靠后。对于燃油车来说，在前碰撞中当发动机舱内的动力总成撞到障碍壁时速度迅速下降为零，整车动能也迅速下降。电动车前机舱动力总成质量相对较小，大质量的高压电池包和车身在整个碰撞过程中速度和减速度基本保持一致，动力总成受到撞击后剩余动能依然较高，因此前端结构需要更有效地吸能。

2. 总布置方式差异

纯电动车电驱动力总成的纵向尺寸要小于燃油车，对于前驱布置的电动车，相对于同尺寸级别的燃油车，前机舱溃缩空间可以增加 200~300mm。溃缩空间的增加有利于降低碰撞减速度和减少对于乘员舱的侵入量。

新一代高里程纯电动车较多采用将电池包布置在车身地板下面，如图 4-50 所示。从碰撞安全角度出发，这种布置方式

图 4-50 捷豹 I-Pace 电池包布置

可以使电池包在前碰撞和后碰撞中远离溃缩变形区域。但由于电池包布置距离门槛梁较近，在侧面碰撞尤其是侧面柱碰中，过大的侵入量容易使电池包受到挤压损伤，需要对电池包及下车体进行对应的安全性设计。

对于传统燃油车，作为前碰撞中传力路径的一部分，前纵梁继续向后延伸到地板。对于纯电动车，由于电池包占用了地板空间，前纵梁无法向后延伸到地板。前碰撞传力路径改为通过门槛梁或紧邻门槛梁的地板纵梁，如图 4-51 所示。

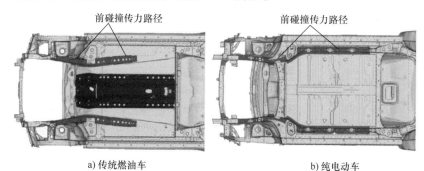

a）传统燃油车　　　　　　　　b）纯电动车

图 4-51　前碰撞传力路径

3. 结构耐撞性指标

相较于传统燃油车，电动车除了要在碰撞事故中保护乘员外还需要对动力电池包和高压部件实现保护。因此，电动车的结构耐撞性指标也需要额外考虑对于动力电池包和高压部件的保护要求。对于电动车来说，除了要满足燃油车的结构耐撞性指标外，还需要满足以下结构耐撞性要求：

1）碰撞过程中动力电池包不出现较大变形，内部电池模组不受挤压。
2）碰撞过程中高压电路不被剪切，高压电路和高压器件不发生短路。
3）碰撞过程后，电池包内不发生冷却液泄漏。

对于电池包布置在车身底部的形式，在侧面碰撞中，由于电池包与门槛梁距离较小，容易在侧面移动壁障碰撞及侧面刚性柱碰中受到挤压，因此需要对门槛梁和地板进行加固，减少侵入量，如图 4-52 所示。

a）贯通式地板横梁　　　　　　　　b）门槛梁加强

图 4-52　侧柱碰电池包防护结构

纯电动车相对于燃油车的这些差异给纯电动车碰撞安全性设计带来了新的挑战。为满足纯电动车碰撞安全要求，局部车身结构需要得到加强，电池包需要得到额外的保护，这些都会带来重量的增加。对于纯电动车来说，轻量化设计对于续驶里程来说至关重要。轻量化与安全性能在车身结构设计中需要得到较好的平衡。可以预计新材料，如铝合金、镁合金、碳纤维等，将会在纯电动车身上得到更多的应用，同时对于电池单体本身的安全性能提升也将是未来的一个巨大挑战。

参 考 文 献

[1] 庞剑. 汽车车身噪声与振动控制 [M]. 北京：机械工业出版社，2015.

[2] TRAPP M, CHEN F. Automotive Buzz Squeak and Rattle Mechanisms Analysis Evaluation and Prevention [M]. Amsterdam：Elseiver，2012.

[3] MEDEIROS E B, GUIMARAES G P. The Use of Experimental Transfer Path Analysis in a Road Vehicle Prototype Having Independent Sources [C]. //SAE Paper. Detroit：2008.

[4] 王志亮，刘波，马莎莎，等. 基于弯曲刚度和扭转刚度的白车身优化分析 [J]. 机械科学与技术，2008（8）：1021-1024.

[5] 姚德源，王其政，统计能量分析原理及其引用 [M]. 北京：北京理工大学出版社，1997.

[6] 公安部交通科学管理研究所. 中华人民共和国道路交通事故统计年报 [A]. 2019.

[7] FLDESL B, KEALL M, BOS N, et al. Effectiveness of Low Speed Autonomous Emergency Braking in Real-World Rear-End Crashes [J]. Accident Analysis and Prevention, 2015（81）：24-29.

[8] PLANATH I, NORIN H, NLSSONL S. Severe Frontal Collisions with Partial Overlap-Significance, Test Methods and Car Design [C]. //SAE Technical Report. Detroit：1993.

[9] Insurance Institute for Highway Safety. Guidelines for rating structural performance：Version III [Z], 2017.

[10] 董永坤，王春湘，杨明. 基于 Prescan 软件的行人检测仿真 [J]. 交通信息与安全，2013（5）：136-139.

第5章 整车可靠性和耐久性结构集成

本章重点介绍汽车可靠性及耐久性的结构集成方法。首先,从全生命周期角度概述汽车可靠性工作的活动,说明了质量、可靠性、耐久性的关系和特点,重点介绍产品开发阶段可靠性集成的内容。面向工程应用,给出了汽车索赔率可靠性目标的设定及分解方法。采用理论和案例结合的方式,介绍可靠性试验中三种最常见的试验规划方法。随后,从整车集成的角度介绍整车结构耐久性的开发,着重介绍汽车主要耐久性的失效与整车性能的关系,概述汽车耐久性开发的体系和流程,并且从整车性能的需求角度,具体介绍汽车结构耐久性的开发。

5.1 汽车产品的全生命周期

5.1.1 汽车产品的全生命周期简介

汽车产品全生命周期包括市场战略策划、产品开发、产品使用与维护、回收处置四个阶段,如图 5-1 所示。下面介绍汽车产品全生命周期各阶段内容。

可靠性和耐久性应当贯穿汽车产品的整个生命周期,是生态设计中产品生命周期优化的重要内容。从汽车产品性能与结构之间的关联关系(表 1-1)可以看出,可靠性和耐久性几乎跟所有的结构业务领域都有密切的关联关系。因此,可靠性和耐久性的结构集成需要在汽

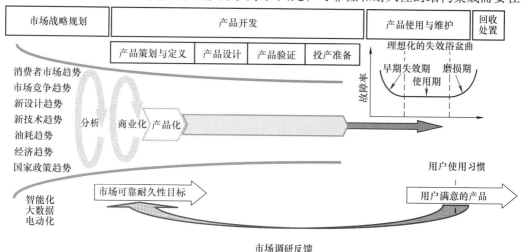

图 5-1 汽车产品全生命周期内的可靠性活动节点

车产品全生命周期内进行考虑。图 5-1 所示为一个典型汽车产品在生命周期内开展可靠性活动的主要节点。

1. 产品策划阶段

产品策划包括确定客户需求、分析业务趋势和市场竞争趋势，并制定产品规格。在此阶段开始时，应建立一个跨职能团队，代表组织内的不同业务领域，包括营销、财务、研究、设计、试验、制造、服务和其他业务。有时，供应商代表和顾问也被招募进来参与一些规划工作。在此阶段，团队将承担多项任务，包括分析业务趋势、了解客户期望、竞争分析和市场预测，确定产品功能、性能，制定产品规划建议书，设定时间节点，以便完成设计、验证和生产等任务。

2. 设计和开发阶段

此阶段需要制定有关可靠性、性能、功能、经济性、人体工学和合法性的详细产品规格。产品规格必须满足产品策划阶段确定的要求，确保产品满足客户期望，遵守政府法规，并在市场中建立强大的竞争优势地位。

下一步是进行概念设计。概念设计的出发点是设计一个功能结构，确定能量流和信息流的交互作用，以及物理相互作用，明确界定产品中子系统的功能。功能框图适用于此阶段工作。总体结构确定后，开始确定如何实现每个子系统的功能。

概念设计是一个基本阶段，此阶段得益于先进的设计技术，如创新方法（TRIZ）和公理设计，并能产生技术创新。概念设计主要决定可靠性、鲁棒性（也称稳健性）、成本和其他竞争潜力。

概念设计之后是详细的设计。此步骤从制定详细的设计规范开始，以确保满足子系统要求。然后设计物理细节，以完成产品结构中每个子系统的功能。详细信息可能包括物理联系、电气连接、额定参数和功能参数。此步骤中还选择了材料和组件。值得注意的是，设计和开发本质上是一个迭代任务，实施有效的可靠性计划将减少迭代重复次数。

接下来是验证和确认阶段。此阶段包括两个主要步骤：设计验证（DV）和过程确认（PV）。设计完成后，将构建少量用于 DV 测试的原型车，以证明该设计达到了产品规格中规定的功能、环境、可靠性、法规和其他要求。

在 DV 测试之前，必须制订测试计划，规定测试条件、样本大小、验收标准、测试操作程序和其他因素。测试条件应反映产品在现场使用时将遇到的实际情况。测试样本数量应该确保充足，以便确认设计改进效果在统计意义上有效。如果发生功能不一致或故障，则必须确定潜在设计更改的根本原因。重新设计必须经过 DV 测试，直到完全满足所有验收标准。

DV 测试的同时可以启动生产流程规划，以便在验证设计后开始试生产。流程规划涉及确定制造产品的方法。特别是，选择制造产品、模具流程、流程检查点和控制计划、机器、工具以及其他要求所需的步骤。计算机模拟有助于创建稳定且高效的生产过程。

下一步是 PV 测试，其目的是验证生产过程的能力。生产工艺不允许将固有可靠性降低到不可接受的水平，并且确保能够以最小的变化生产符合所有规格的产品。此时，生产过程已设定完毕，并开始准备全负荷生产。因此，测试样品代表客户将在市场上看到的产品。换句话说，样品和最终产品没有区别，因为两者都使用相同的材料、零部件、生产工艺以及过程监控和测量技术。由于需要评估过程变化，样本尺寸可能大于 DV 测试的样本。测试条件和验收标准与 DV 测试的条件和验收标准相同。

3. 生产阶段

一旦设计得到确认,生产过程得到批准,就可以开始大批量生产。此阶段包括一系列相互关联的活动,如物料搬运、零件生产、装配以及质量控制和管理。最终产品接受最终测试,然后发货给客户。

4. 使用与维护阶段

产品将销售给客户,并在使用过程中实现产品的内在价值。此阶段包括营销广告、销售服务、技术支持、现场监控和持续改进。

5. 回收处置阶段

这是产品生命周期中的终端阶段。当产品无法继续使用或不具有成本效益时,产品将被丢弃、报废或回收。制造商必须提供技术支持,以处理、拆卸和回收产品,尽量减少相关成本和对环境的不利影响。

5.1.2 汽车产品的质量、可靠性和耐久性

1. 产品质量

根据美国质量协会的定义,产品质量是产品在生命周期内一组特征和特性满足客户特定需求的能力。针对汽车产品特征和特性,不同企业有不同的分类,本书采用以下三个维度描述汽车产品质量特征:

1)静态感知质量:视觉、听觉、触觉、嗅觉、感受等。
2)动态感知质量:动力性、经济性、操控性、耐久性、安全性、NVH 等。
3)可靠性:失效率、可靠度、平均故障间隔、保养、维修等。

感知质量的结构集成将会在第 7 章详细阐述,这里不做过多介绍,本章主要阐述可靠性和耐久性的结构集成。可靠性和耐久性都是汽车产品质量的重要组成部分,但它们被用于描述产品不同的特性,下面分别进行阐述。

2. 产品可靠性

可靠性在我们的日常生活中具有广泛的意义。从技术层面上讲,可靠性定义为产品在规定条件下,在规定时间段内,完成预期功能而不出现故障的概率。该定义包含三个重要因素:预期功能、规定时间段和规定条件。可靠性使用概率来衡量满足客户需求的能力,例如,平均故障间隔里程、平均首次故障里程、故障率等。

可靠性已形成一门成熟的学科,这是一门研究产品故障的发生和发展的规律,进而采取有效预防和控制措施使缺陷或故障不再发生或者尽可能少发生的工程学科。当这门学科应用到产品策划、设计、制造、流程规范及客户使用等汽车开发过程中,可靠性是指在产品生命周期某一时间内和指定环境下无故障执行产品预期指定功能、满足客户需求的能力。当以避免故障作为产品开发导向时,可靠性是指避免失效形式出现的能力。

3. 产品耐久性

一个产品能够长时间保持其自身原有的功能、性能、完整性和品质的能力称为它的耐久性(或耐久性能)。如果只考虑保持产品的基本功能和完整性,忽略产品品质的要求和接受产品性能的衰减,产品的耐久性可以用产品在达到不能使用状态之前的工作期限来表达。

一个汽车产品从它出厂开始到它不能再使用为止的时间周期被称为这个汽车产品的使用周期或者使用寿命。从用户的角度来说,用户希望汽车产品的使用寿命越长越好。然而汽车

的生产企业需要兼顾产品的经济性和耐久性。汽车产品的设计通常以一个有限的产品寿命为目标。这个作为产品设计目标的寿命称作产品的设计寿命。

从产品设计的角度来说，汽车的耐久性定义为汽车在其设计寿命内，在正常使用的情况下，维持其应有的功能、性能、完整性和品质的能力。

可靠性和耐久性开发是产品开发两大项工作。可靠性工作主要包括失效率、可靠度、平均故障间隔、保养、维修等评价和预测。耐久性工作包含产品零部件的疲劳、刚度、强度、变形、磨损、腐蚀等评价和预测。

5.2 汽车产品的可靠性开发

5.2.1 可靠性工程概述

可靠性工程是确保产品以规定方式可靠地运行的学科。换句话说，可靠性工程的作用是避免出现故障。事实上，故障是不可避免的，产品迟早会失效。可靠性工程是通过采取结构化和可行的方法来实现的，这些方法最大限度地提高可靠性并最大限度地减少故障的影响。

一般来说，要实现这一目标，需要三个步骤。第一步是在设计和开发阶段赋予产品最大的可靠性，也称为产品固有可靠性。第二步是尽量减少生产过程的变化，以确保生产工艺不会显著降低固有可靠性。第三步是产品投入使用后，应采取适当的维护保养措施，以减轻性能的下降并延长产品使用寿命。这三个步骤可采用多种可靠性技术，例如可靠性计划、可靠性规范、可靠性分配、预测、稳健性设计、故障模式及影响分析（FMEA）、故障树分析（FTA）、加速寿命试验、老化试验、可靠性验证试验、压力筛选和保修分析。为了发挥可靠性技术赋予产品固有可靠性的最大潜力，必须综合应用多种可靠性技术，开发并实施适当和足够的可靠性程序。特别是，此类程序应包括指定可靠性要求、自定义和有工作顺序的可靠性技术、协调实现以及记录结果等任务。

5.2.2 可靠性工程与产品开发集成

汽车制造厂商总是千方百计想获得竞争优势，从这个角度来看，需要在产品实现过程中将时间和成本最小化。另一方面，客户一旦购买了产品，就期望产品能够可靠地工作，且只需很少的维护费用。这种矛盾冲突促使汽车制造厂商将可靠性计划集成到产品生命周期中。可靠性计划由一系列可靠性任务组成，这些任务按一定顺序进行，以实现可靠性目标和达到客户满意度。

可靠性任务需要根据特定产品的需求进行定制，并在整个产品生命周期中实施。

在产品实现过程中，可靠性任务尤其重要，因为它们可以为产品增加价值。需要特别强调的是，可靠性技术旨在将可靠性纳入产品中，并减少与过程相关的成本和时间。全面的可靠性计划即使在产品进入使用维护阶段后也能为产品生命周期增添价值。

可靠性任务的作用在产品生命周期的每个阶段都很重要。在产品策划阶段，组建一个多学科的可靠性团队，以开发适用于该产品的可靠性程序，设置可靠性目标，将客户期望转化为工程要求，以及从可靠性角度构建和评估产品建议。只要有可能，就应该将可靠性任务纳入产品（项目）计划活动中。在此阶段做出的可靠性决策对产品生命周期的各个阶段都具有巨大影响。例如，设定可靠性目标会对成本、上市时间和竞争力产生重大影响。过高的可靠性目标将导致无法承受的设计和开发成本，并延长产品实现过程，从而损害产品竞争力。相反，过低的可靠性目标必然会因为失去客户而损害产品竞争力。

可靠性任务在设计和开发阶段起着特别重要的作用。可靠性活动通常在此阶段为产品增加的价值要高于其他任何阶段。此阶段中可靠性任务的目的是设计产品的可靠性，同时找出潜在的故障模式。这可以通过将产品可靠性目标分配给整车、子系统或组件，并通过实施可靠性设计技术（例如：稳健性设计、FMEA 和 FTA）来确保实现可靠性目标。这些主动的可靠性任务旨在第一次就设计出正确的产品。这样做会打破设计—测试—修复的循环这一曾经典型的开发模式。显然，可靠性计划可以缩短设计和开发周期并节省相关成本。

可靠性任务是 DV 和 PV 的重要因素。在 DV 阶段，实施可靠性验证试验以证明设计满足可靠性要求。在 PV 步骤中，试验用于证明生产过程的能力，该生产过程必须能够制造出达到规定可靠性目标的最终产品。经济上和统计学上的试验样本量和试验时间的确定，对几乎所有汽车制造厂商都是一个挑战，可靠性技术具有做出最佳权衡判断的能力。

生产阶段的可靠性任务旨在确保该过程能够制造出一致性好且可靠的产品。为了保持生产过程的稳定，实施过程控制计划和图表，以监控过程并在出现异常时立即识别它们。有时，在生产阶段需要使用被动的可靠性方法。例如，验收抽样可以确定接收或拒绝特定生产批次产品。产品在运送给客户之前要进行环境应力筛选试验，以排除有缺陷的零件。

回收处置阶段涉及的可靠性任务包括保修数据的收集和分析、故障趋势的识别和预测、客户反馈分析以及保修零件的故障分析。通常在此阶段启动六西格玛改进项目，以确定重大故障模式的原因，并提出遏制措施和永久性纠正措施。

5.2.3 可靠性目标定义及分解

汽车产品可靠性统计中，索赔率是一个被普遍使用的指标。索赔率的定义为单车每公里索赔频次。通常，索赔率规定的时间使用月（Month In Service，MIS），例如 12MIS 指使用 12 个月内的故障率，通常用千分率（‰）表示。索赔金额也非常重要，如果产品在索赔期限内的索赔金额过大，不仅会影响该产品的口碑，还会影响汽车制造商的业绩。所以，产品可靠性指标体系的设计应考虑这两方面的要求。

1. 汽车产品可靠性指标定义

汽车产品的可靠性指标一般设定如下：
1）12MIS 索赔频次（千车年度索赔频次）= 索赔率 × 1000 × 年度用户使用平均里程数。
2）12MIS 索赔金额（千车年度索赔金额）= 12MIS 索赔频次 × 单次索赔的平均金额。
值得注意的是，商用汽车通常还需要考虑维修时间和停工频次。

2. 可靠性索赔目标定义

一般来说，有两种设定产品可靠性索赔目标的方法。

（1）赶上或超过竞争对手

这种方法适用于公司产品还没能达到市场领头产品的可靠性水平，跟竞争对手还有一定差距。公司目标是赶上或超过竞争对手可靠性水平，从而进一步提高市场占有率。由于汽车产品更新换代时，一般 80% 以上的零部件仍然会沿用上一代产品的设计，因而通过对上一代产品的索赔数据分析及新设计部分的索赔估计，可以预测新一代产品的索赔情况。结合公司索赔期望和竞争对手信息，从而设定合理的索赔目标。这里的合理有三个方面的内容：

1）有实现的可能性。也就是说，通过对上一代产品索赔情况的分析和新设计部分索赔的估计，这个目标是可以达到的。更重要的是，有详细的改进项目支持计划去实现这个目标。

2）通过实现新产品的索赔目标，会进一步接近或超过竞争对手。

3）如果实现新产品的索赔目标，用户会体验到产品的进步。通过统计发现，如果某产品的索赔率降低在 20% 以下，用户一般不会体会到产品的可靠性有任何提高。也就是说，新一代产品起码要比上一代产品的索赔率降低 20% 以上。

（2）市场用户调研

用户对产品的满意程度，特别是对产品索赔期的满意程度是跟索赔率成反比的。显然，如果索赔率低，产品的可靠性好，用户就会更加满意。如果能通过市场问卷调查发现索赔率低到什么程度，用户会愿意再次购买这个产品和愿意推荐给自己的亲戚朋友，这个索赔率就是产品需要追求的目标。

3. 可靠性目标的分解

汽车产品可靠性目标确定以后，需要将整车可靠性目标分解到系统和零部件。按照设计情况和应用情况，将汽车零部件分为四类：①相同设计、相同应用；②相同设计、新应用；③新设计、相同应用；④新设计、新应用。根据不同的设计及应用情况有不同的可靠性目标分解方法，见表 5-1。

表 5-1 零件可靠性目标分解

分类		应用情况（使用条件、外部载荷、应力、电压等）	
		相同应用	新应用
设计情况	相同设计	1）目标按比例分解 2）质量改进计划 3）低风险	1）目标按比例分解 2）可靠性验证 3）中风险
	新设计	1）目标按经验分解 2）可靠性验证 3）中风险	1）目标按经验分解 2）针对性可靠性验证 3）高风险

汽车新产品的设计，很大一部分（大约 80%）会继承上一代产品，因此，继承零件可靠性目标的分解就可以以上一代产品的索赔率 MIS 数据为基准数据。继承零件可靠性目标的具体分解方法可以参考历史数据中各零件索赔率的比例关系，然后根据比例关系分解到系统的目标值。

按照比例分解方法，可以将整车可靠性索赔目标分解到系统。尽管也可以分解到子系统或零件层面，但工程上通常的做法是，整车层面需要给出历史数据和推荐的目标值，子系统和零件的目标由系统内部协调，确保系统的目标能够实现即可。整车层面需要设定单个零件 MIS 值的上限，目的是防止某一单个零件的 MIS 值过高，引起用户的强烈抱怨。可靠性目标比例分解法示例见表 5-2。

表 5-2 可靠性目标比例分解法示例

系统	MIS 历史数据	比例关系（%）	目标值
底盘	30	15	22.5
车身	42	21	31.5
驱动系统	50	25	37.5
传动系统	18	9	13.5
电子电气装置	56	28	42
其他	4	2	3
总计	200	100	150

对于新设计的零件，由于没有历史数据可供参考，如果不特别说明，进行可靠性目标分解时，很容易将这部分零件忽略。新设计的零件通常会由于系统间的连接关系、相互作用、数据传递、能量交互等引发故障，一般被列为中风险或高风险。为此，工程上一般采用索赔预测的方法对新设计零件的可靠性索赔目标进行分解。可靠性目标预测示例见表 5-3。

表 5-3 可靠性目标预测示例

可靠性目标预测		设计部门	××部
		12MIS 目标	100
		12MIS 当前值	150
改进项目（继承零件）			
零件号	零件名称	故障模式	计划实施时间	12MIS 预测
×××1234	车窗控制按键	按键失效	×年×月	8
×××2234	压力传感器	压力不稳	×年×月	10
改进项目 12MIS 合计				18
继承部分 12MIS 合计				132
新设计零件				
零件号	零件名称	调整原因		12MIS 预测
×××3234	发电机	改进固定结构，防止出现振动损坏		9
×××4234	线束	采用高质量供应商线束		11
×××5234	温度计	增加温度显示		-6
新设计影响合计				14
12MIS 合计				118
目标与估计差值				18

通过上面的步骤，可以确定系统的可靠性目标，经过预测可以确定新设计零部件的可靠性目标。但是由于所有的数据都是预测估算的，并不能 100% 确定所有项目都能达到预期效果。为了确保整车可靠性目标的实现，一般应设置目标的 15%~25% 余量。

5.2.4 可靠性试验开发

在实际工作中，可靠性试验经常被描述成一定寿命下达到的最低可靠性试验，此外，还需要一个证明可靠性要求的置信水平。

假设有 n 个样件，如果这些样件完全相同，那么它们应该表现出相同的可靠性。对于每一个样件可靠性 $R_1(t)$，$R_2(t)$，$R_3(t)$，…，$R_n(t)$，有 $R_i(t) = R(t)$。下面介绍几种常见的可靠性统计试验。

(1) 二项分布成败试验 (Test To Bogey, TTB)

理论方法：二项分布和成功运行定理 (Success Run Theorem)。

试验要求：所有的样件达到寿命 t，没有发生失效。

如果 t 是要求的寿命，并且 $R(t)$ 是样件的可靠度，那么所有 n 只样件在时间 t 时仍未失效的概率等于 $R(t)^n$。换句话说，到时间 t 至少出现一个失效的概率是 $1-R(t)^n$。

$$R(t)^n = 1 - C \tag{5-1}$$

式中　C——置信水平；

$R(t)$——可靠度；

n——样件数量。

样件最少数量 $n = \ln(1-C)/\ln(R(t))$，如：$R90C70 = 12$，$R95C70 = 24$。这里 $R90$ 表示可靠度 $R = 0.9$，$C70$ 表示置信水平 $C = 0.7$，$R90C70$ 表示可靠度为 0.9 同时置信水平为 0.7 时的样件最少数量，下文概念与此相同。

(2) 威布尔分布成败试验 (Test To Extended Bogey, TTEB)

理论方法：威布尔分布和成功运行定理。

试验要求：所有的样件达到寿命 t 的两倍，没有发生失效。

假设寿命服从两参数威布尔分布，t 是要求的寿命，并且 $R(t)$ 是样件的可靠度。联合威布尔分布和成功运行定理，推导出试验寿命达到 $2t$ 时，可靠度与置信水平的关系。

$$\begin{cases} R_1 = (1-C)^{1/n_1} = \text{EXP}\left[-\left(\dfrac{T_{\text{time}}}{\theta}\right)^\beta\right] \\ R_2 = (1-C)^{1/n_2} = \text{EXP}\left[-\left(\dfrac{T_{\text{bogey}}}{\theta}\right)^\beta\right] \end{cases} \tag{5-2}$$

$$\frac{T_{\text{time}}}{T_{\text{bogey}}} = \left(\frac{\ln(1-C)}{n_1 \ln R}\right)^{1/\beta} \tag{5-3}$$

式中　T_{time}——实际试验时间；

T_{bogey}——标准试验时间；

β——威布尔分布形状参数；

θ——威布尔分布尺寸参数。

当实际试验时间是标准试验时间的两倍时，即 $T_{\text{bogey}} = 2T_{\text{time}} = 2t$，则：

$$R(t)^{n \cdot 2^\beta} = 1 - C \tag{5-4}$$

式中　C——置信水平；

$R(t)$——可靠度；

β——威布尔分布形状参数。

威布尔分布形状参数 β 经验值见表 5-4。

表 5-4　威布尔分布形状参数经验值

类型	威布尔分布形状参数 β
机械产品	1.5~3.2
电子电气产品	1.0

综上，两倍寿命通过试验样件最少数量 $n = \ln(1-C)/[(\ln R) \cdot 2^\beta]$，如：$R90C70 = 5$，$R95C70 = 9$。

(3) 失效试验 (Test To Failure, TTF)

理论方法：威布尔分布。

试验要求：超过设计寿命，直至样件发生失效。

假设样件寿命服从威布尔分布，记录所有失效数据，通过极大似然法进行参数估计，得到威布尔分布形状参数 β 和尺寸参数 θ。通过威布尔分析和图形分析法，进行可靠性对比验证和分析。

威布尔分布可靠度如下：

$$R(t) = \text{EXP}\left[-\left(\frac{T_{\text{time}}}{\theta}\right)^{\beta}\right] \qquad (5-5)$$

式中　β——形状参数；

θ——尺寸参数。

常用的可靠性试验方法见表 5-5。

表 5-5　常用可靠性试验方法

序号	方法	优点	缺点	理论	样件数量
1	二项分布成败试验	试验计划简单	样件数量大	二项分布和成功运行定理	$R90C70 = 12$ $R95C70 = 24$
2	威布尔分布成败试验	更少的样件数量	假设失效分布	威布尔分布和成功运行定理	$R90C70 = 5$ $R95C70 = 9$ （假设 $\beta = 1.5$）
3	失效试验	1）少量的样件数量 2）获得失效模式和失效分布	失效前的试验时间长	威布尔分布	$R90C70 = 4$ $R95C70 = 6$

5.3　汽车结构的耐久性

考察汽车产品的耐久性主要是要考察汽车在正常使用中有哪些耐久性的失效问题。针对整车集成而言，需要了解这些耐久性的失效对哪些整车性能有影响，换句话说，就是了解哪些整车性能会受到结构耐久性失效的影响，或者哪些具体的结构耐久性对这些整车性能有影响，从而可以从结构耐久性的设计上保障或改进整车性能。

5.3.1　汽车耐久性的失效与整车性能

在汽车的正常使用中，无论动态行驶中的使用还是静止状态下的使用，任何汽车原有的功能、性能、品质和完整性的丧失都被称为汽车耐久性的失效。

汽车耐久性的失效使汽车丧失或者部分丧失汽车原有的功能、性能、完整性和品质。这里所指的汽车功能、性能、完整性和品质是第1章里所述的任何整车性能。换句话说，在汽车正常使用的过程中，第1章里所述的整车性能中的某个性能或者某个性能中的一部分丧失就是汽车耐久性的失效。

由此可见，虽然耐久性是一个独立的汽车整车性能，但是汽车的耐久性本质上是汽车保持其他整车性能长期不变的性能，汽车耐久性的失效实际上是其他某个或某几个整车性能的降低或恶化。这一点充分体现了汽车耐久性与其他整车性能的关联性，体现了整车集成的意义。

常见的汽车耐久性的失效有以下几种类型。

1. 结构或零件的过度变形

结构或零件的变形是指结构或零件在外力作用下改变原来形状的现象。汽车在它的使用过程中会受到各种载荷的作用，结构和零部件将因受力而发生变形。结构或零件变形过大会改变零件或系统的原始状态，从而影响一些整车性能。

（1）结构或零件的过度变形导致功能失效、影响行车安全

首先，运动零部件的大变形会直接影响零部件之间的相互连接和相互运动，影响系统的功能，导致故障。例如，图5-2所示是一个下控制臂产生大变形的例子，图5-3所示是一个稳定杆连接杆在连接处产生大变形的例子。这些变形导致车辆行驶控制功能和性能的丧失，影响行车安全。

图5-2　下控制臂变形　　　　　图5-3　稳定杆连接杆变形

对整车、系统、零部件提供基本支持或支承的结构或零部件的大变形会影响相关系统或零部件的功能和性能。例如，在扭曲路面上行驶，或者在高低差别较大的路上停放，汽车整车会发生扭转变形。车身扭转过大将导致门框变形，影响整车的封闭性能和车门的开关性能。车身的整体扭转也常会导致车身上某些部位因变形过大而产生裂纹，使车身的扭转刚度降低。另外，车轴、驱动轴、传动轴等安装支架的大变形会影响这些功能零部件的功能，影响汽车的驾驶性能。

（2）结构或零件的过度变形影响客户感知质量

有一些汽车结构的变形并不影响汽车的功能，但是会影响汽车的质量和顾客的满意度。汽车的外表面上任何的变形甚至微小的凹陷都会降低顾客的满意度。顾客能看到的变形还有车门、前机舱盖、后行李舱盖相对车身的缝隙。

例如，图5-4所示的后背门受自身重力、门的开启和关闭力的作用，使得后背门铰链在车身上的安装点处产生过大的永久变形，导致后背门下沉，影响后背门的关闭质量。后背门关闭后与车身的缝隙不均匀，也极大地影响了用户感观。图5-5所示是一个车轮罩外板受外力作用产生压痕变形的情形，它严重影响用户的感观和感受。车门在使用时也同样存在各种倚靠、下压等情况，导致车门下沉和外表面变形。

图5-4 后背门下沉和门的上、下缝隙

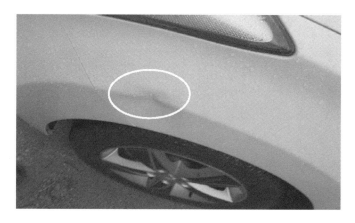

图5-5 车轮罩外板变形

顾客能感知到的变形部位还有转向盘的固定、放脚的地板、加速踏板、制动踏板、开门把手等。

2. 零件的断裂

零件断裂是指结构或零件的材料在外力作用下发生分离的现象。材料的分离包括断裂和裂纹（非完全的断裂）。

按照引起结构（或零件）开裂的不同力学原因，结构（或零件）开裂可以分为过载荷破坏和疲劳破坏。过载荷即过度的载荷。过载荷破坏是车辆结构在偶然发生的（如误用）或短暂的大载荷或冲击载荷下产生的破坏。疲劳破坏则是车辆结构在长期交变载荷下损伤积累产生的破坏。

零件断裂是汽车结构耐久性的重大失效。结构（或零件）开裂可能导致结构（或零件）的功能丧失或衰退、车辆性能和质量的衰退，会影响整车的基本性能，甚至危及车辆和人员的安全。

（1）零件断裂导致汽车功能和安全丧失

在汽车的行驶过程中，零部件发生断裂的事故时有发生。图5-6所示是一个转向拉杆铰链断裂的例子。图5-7所示是一个下控制臂断裂的情况。图5-8所示是车辆在行驶过程中转向节断裂的例子。图5-9所示是车辆发生故障后拖车时拖钩结构断裂破坏的例子。

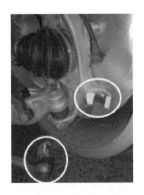
图 5-6　转向拉杆铰链断裂

图 5-7　下控制臂断裂

图 5-8　转向节断裂

图 5-9　拖钩结构断裂破坏

汽车零件断裂是最危险的汽车失效，特别是汽车底盘零部件的断裂，可能导致汽车失控，危及乘员的安全。

(2) 零件裂纹导致整体刚度衰减、异响、密封性降低

汽车零件发生断裂，造成汽车的整体或者部分功能失效，驾驶员是能够发现或注意到的。除断裂外，汽车零件也常常会产生裂纹，裂纹的大小没有达到使零件完全断裂的程度，没有显著地影响汽车的整体功能，用户往往不知晓或无感觉，但是它们会局部或部分影响汽车的某些功能和品质。

例如，图 5-10 所示是车辆行驶中在备胎盆上产生的裂纹，它破坏了车辆的密封性，会造成车辆外部尘土、污水和噪声进入车内。在很多情况下，金属零部件在它们相互连接的焊点或焊缝处发生破坏。图 5-11 所示是一个车身上钣金件在焊点处沿焊点边缘产生裂纹的例子。图 5-12 所示是一个车身上钣金件在焊点处开裂，然后裂纹扩展到整个钣金件的例子。这些汽车零件的裂纹被汽车内饰或其他零部件所遮挡或者位于不被人们所注意的地方。这些汽车零件上的裂纹虽然没有直接影响汽车的行驶功能，但它们会降低汽车车体结构的刚度，引发其他汽车功能的衰减，也常常引发异响。有时裂纹发生在

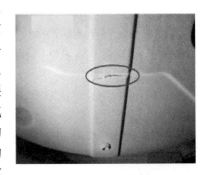
图 5-10　备胎盆裂纹

汽车裸露的外部零件（如保险杠、车的门框等）上，或者在前机舱里，打开机舱盖能够看见。这些都会影响用户对该产品的满意度。

图 5-11　车身焊点破坏

图 5-12　衣帽架钣金裂纹和焊点破坏

3. 零件的屈曲

结构（或零件）屈曲是指一些受到压力作用的零件在压力载荷达到一定的数值后突然改变原来平衡状态的现象。结构屈曲也称结构失稳。

汽车结构中有一些承受压力载荷的结构，如曲柄连杆、悬架中的控制臂、二力杆控制臂、转向拉杆、踏板、车辆举升时的门槛梁、车顶棚、车门外板、发动机舱盖上板、行李舱盖上板、翼子板、后轮罩外板等，有可能发生屈曲变形。

结构屈曲也是一种结构变形，是在压力载荷条件下的一种特殊变形。因此，这种结构失效对整车性能的影响与常规情况下结构变形的情况类似。结构（或零件）的失稳可能造成车辆安全隐患或外表面受损，影响用户感知质量。

（1）零件屈曲影响汽车的功能和安全

上面所提到的受压杆类零件在发生屈曲后都会严重地影响它们本身和系统的功能，影响车辆的行驶安全。图 5-13 所示是一个前控制臂发生屈曲的例子。在该案例中，车辆的操控受到了严重影响。

图 5-13　前控制臂屈曲

（2）外表面部件的屈曲影响用户感知质量

汽车外表面的大型零部件在受到横向的压力后，有可能发生薄壳的瞬间翻转屈曲。图 5-14 所示是一个汽车外表面受压力发生屈曲变形的例子。这样的变形会影响用户的感观和感受。

4. 零件的磨损

任何两个相互接触且相对运动的物体都会产生摩擦而造成物体表面的材料损伤和损失。汽车上有一些零部件的工作状态就是摩擦状态，例如轮胎、汽车制动片。这些零部件的摩擦属于正常工作。摩擦力是它们实现功能的驱动力。磨损也是它们工作时的正常损耗。它们的寿命低于整车的设计寿命，使用中需要定期更换。另一些零部件在工作时存在着摩擦或者可能发生摩擦，例如发动机的缸体与活塞、传动轴的轴承、传动轴万向节的轴承、传动齿轮等。这些零部件的摩擦会影响系统的功能、降低性能。

图 5-14　汽车外表面受压力发生屈曲

5. 零件的腐蚀

腐蚀是指材料（金属和非金属材料）在自然环境中或者特定条件下与其周边的介质（水、空气、酸、碱、盐、溶剂等）发生化学或者电化学作用而引起的损耗和破坏。经常可以见到汽车上金属零部件生锈。这是金属材料在大气环境中与水发生的氧化反应。金属零部件的腐蚀会大大降低它们和整个结构的力学性能与寿命。

6. 老化

塑料、橡胶、纤维、胶黏剂和涂料等材料在使用过程中，在光、热、水、化学与生物侵蚀等内外因素的综合作用下，产生降解，表现为性能逐渐下降，从而部分或全部丧失其使用价值，这种现象就是老化。

汽车的轮胎和大量的密封件都是由橡胶材料制成的。这些橡胶件在长期的风吹日晒的使用中会发生老化，出现龟裂、硬化，性能大大衰退，从而导致整车性能的下降。当橡胶密封材料老化后，车辆振动和噪声会增加，整车的刚度和固有频率也会受到影响，出现所谓高里程 NVH 和耐久问题，影响用户对车辆的满意度和汽车的品牌声誉。汽车内饰件的老化也会影响用户对车辆的感受。

5.3.2　汽车结构的耐久性与量化指标

在上述的六种汽车耐久性的失效问题中，结构的变形、断裂和屈曲属于结构的耐久性问题。描述结构耐久性的量化力学指标有结构的刚度、变形量、强度、疲劳寿命、稳定性。

1. 结构的刚度

金属结构具有一定抵抗外部载荷、阻止自身变形的能力。在金属材料的弹性范围内，载荷与结构响应的比值定义为结构的刚度。结构的刚度是一个衡量结构抵抗变形能力的物理量。刚度值越大代表这个结构抵抗变形的能力越强。根据不同系统的功能和性能的需求，相应结构的整体或局部有不同的刚度要求。汽车设计通常会要求相应的结构刚度高于性能所需的数值。

2. 结构的变形量

刚度是结构抵抗变形能力的一个度量，是一个代表结构本身特性的物理量，是结构变形的内在因素。汽车在使用中产生的外力载荷是结构变形的外在因素。外因通过内因而起作用，结构的最终变形量取决于外力的大小和结构的刚度。汽车在使用中产生的外力载荷和结构变形是不可避免的。结构变形量的允许值通常根据汽车在使用中具体载荷和结构的具体功能而决定。汽车设计通常会要求结构的变形量小于允许值。

3. 结构的强度

结构的强度是结构抵抗破坏的能力。金属结构有两种强度破坏（或失效）的形式：一种是结构发生永久变形，另一种是结构发生断裂（或裂纹）。

汽车结构的强度破坏是汽车结构在较大载荷下产生的破坏，也常常称为过载荷破坏，即过度的载荷造成的破坏。这些过度的载荷可以是在行驶过程中或静态使用中产生的，或者是车辆在误用和滥用时产生的。它们一般都是偶然发生的和短暂的。所谓较大的载荷都是相对于直接承受载荷的零部件结构而言。对于车辆行驶时所产生的对车体的冲击载荷可以在几万牛，车体上直接承受载荷的零部件也相对较强。车门下压产生的向下的载荷在几百到上千牛，直接承受载荷的车身局部结构和车门零部件相对弱一些。这些载荷对相应零部件的作用，导致结构的局部高应力和变形。当承受载荷的零部件结构上的应力超过了材料的屈服极限后，结构就会发生永久性的塑性变形，当零部件结构上的应力超过材料的断裂极限后，结构就会发生断裂。

例如，汽车在行驶过程中通过路坑或减速路障时，车轮、悬架和悬架在车身上的安装结构会产生较大的冲击载荷；汽车在静态使用时，车门下压、车门过开（over open，过度开门）、发动机舱盖过开、行李舱盖过开、维修时举升车辆或架起车辆、拖车时，相关的结构都会产生局部的较大载荷。

汽车结构的强度关系到汽车使用的安全、功能和感知质量。针对过载破坏，常用的汽车结构强度设计标准是最大结构应力低于材料的抗拉强度，或者塑性应变低于一定的数值以及最大变形低于一定的数值。

4. 结构的疲劳寿命

结构在过载情况下的强度破坏是由一次较大幅值的载荷引起的破坏。另一类汽车零件的破坏是多次幅值稍小的循环载荷引起的断裂或裂纹。多次循环载荷引起的破坏称为疲劳破坏。循环载荷就是幅值有高有低、不断重复的载荷。载荷总的幅值水平比静载荷破坏时的载荷水平低。疲劳破坏是由无数小的结构损伤累积而成的。汽车长期在道路上行驶之后造成的破坏属于疲劳破坏。

汽车在道路上行驶对车体所产生的载荷是交变载荷；车门关闭对车门和车身相接触的零部件所产生的载荷是重复性的交变载荷；制动对踏板机构和地板上的安装区域所产生的载荷是重复性的交变载荷；等等。汽车设计通常要求结构或零部件的疲劳寿命大于产品耐久性的目标里程或操作次数。

5. 结构的稳定性

结构（或零件）受到压力失稳的条件是用结构（或零件）失稳时所受的临界压力来表达的。汽车设计要求结构（或零件）的失稳临界压力高于结构（或零件）所受的载荷。

图 5-15、图 5-16 和图 5-17 所示是几类可能发生屈曲的力学结构。一类是受轴向压力的杆状零件，如图 5-15 所示。汽车的例子有存在轴向分力为压力的发动机的连杆和悬架的控制臂。一类是平面内受压力的薄板类的结构（或零件），如图 5-16 所示。汽车的例子有车辆举升时的门槛梁。另一类是横向受压力的拱形薄板，如图 5-17 所示，所发生的屈曲被称为瞬间翻转屈曲。汽车的例子有车门外板、发动机舱盖外板、车顶棚等。

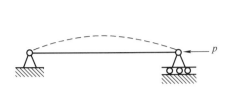
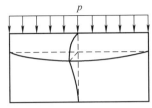
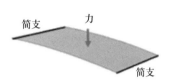

图 5-15　受轴向压力的杆件　　图 5-16　平面内受压力的薄板　　图 5-17　瞬间翻转屈曲

汽车零部件受压力发生变形，有两种不同的类型。一种是屈曲变形，一种是塑性变形。两种变形的性质不同。受压力载荷的零部件在结构的应力高于材料的屈服极限时，材料发生塑性变形。一般情况下，塑性变形的受力面积较小，屈曲变形的受力面积较大。对于压力载荷，两种情况都需要考察。哪一种破坏先发生取决于具体的结构，在设计受压力的零部件时，要尽量避免结构（或零件）失稳临界压力过低。

相对应，对汽车的大型外表面部件有两种不同的结构抗凹（压）试验。一种是使用一个直径为 100mm 有圆角的圆柱体，在一些点的表面及法向方向上施加压力，如图 5-18 所示。另一种是使用一个更小的、直径为 25.4mm 的半球挤压零件表面，如图 5-19 所示。

这两种汽车大型外表面部件的结构抗凹（压）试验很类似。但是它们所模拟的物理现象不同。圆柱挤压模仿手掌压、倚靠及洗刷车辆时的压力，其接触面积相对较大，薄板可能发生屈曲，结构有整体平衡状态的变化，其变形属于失稳变形，如图 5-14 所示。半球挤压模仿手指压、石子打击汽车表面等情况，其接触面积相对较小，薄板可能发生很小面积的局部永久（塑性）变形，如图 5-20 所示。有的汽车公司称前者为油壶变形（oil canning），称后者为凹陷、凹痕、压痕（dent）。

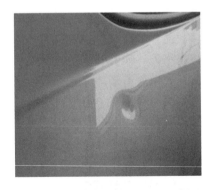

图 5-18　表面的抗凹试验装置 1　　图 5-19　表面的抗凹试验装置 2　　图 5-20　车身外表发生凹陷变形的例子

5.4　汽车产品的结构耐久性开发

汽车产品的结构耐久性开发是整个产品开发中的一个重要部分，同所有整车性能的开发一样，包括了客户的需求、目标的设定、目标的分解（从整车到系统再到零部件的分解），以及对零部件、系统、整车的设计和验证。

5.4.1 汽车产品耐久性设计的总目标

如前所述，一个产品具有良好的耐久性、能够长时间保证其使用功能是用户的期待。用户通常希望一个产品能够保证其使用功能的时间越长越好。这是用户对产品耐久性的需求（Voice of Customer，VOC）。但是汽车企业需要考虑产品的成本和经济性。鉴于汽车耐久性和成本平衡的综合考虑，从整车集成的角度出发，一个产品的耐久性在设计时通常会设定在一个合理的目标上，即产品的设计寿命目标。

汽车的耐久性的设计目标（或设计寿命）通常用要求汽车达到的最低使用年限和最低等效的用户行驶里程来定义。比如，大多数汽车生产企业根据用户使用情况的统计数据和需求，设定汽车产品的耐久性目标为出厂的汽车能够有效地使用至少10年和行驶至少16万公里用户等效里程或者使用至少10年和行驶24万公里用户等效里程。

作为具体的产品，汽车产品耐久性的设计目标是由汽车生产企业自行决定的。因为各个企业的考虑不一样，所以各企业的汽车产品耐久性的总目标不会完全一样。目前，比较普遍的一种汽车耐久性的总要求为：汽车产品必须满足最低10年功能有效的使用寿命和24万公里等效用户使用里程的综合耐久的目标。

有的汽车企业更加注重汽车的安全，除了以上对整车的一般使用年限和使用总里程的目标外，对与安全相关的汽车零部件或系统有更高的要求。这些企业的汽车产品耐久性的总要求为：汽车产品必须满足最低10年功能有效的使用寿命和24万公里等效用户使用里程的综合耐久的目标；正常磨损的零件除外，安全相关的零部件或系统必须满足最低15年功能有效的使用寿命和30万公里等效用户使用里程的综合耐久的目标。安全相关的零部件或系统由汽车企业自行定义。通常，安全相关的零部件或系统包括大部分汽车底盘的零部件。有的企业要求发动机和变速器结构和系统必须满足最低30万公里等效用户使用里程的目标。

也有的汽车企业在规定产品耐久性的总要求时考虑用户的使用率。比较普遍的一种包含用户使用率的产品耐久性的总要求为：对90%的用户，汽车产品必须满足最低10年功能有效的使用寿命和24万公里等效用户使用里程的综合耐久的目标；对安全相关的零部件或系统，要求达到对99%的用户，汽车产品满足最低10年功能有效的使用寿命和24万公里等效用户使用里程的综合耐久的目标。对这种情况，根据试验可靠性有关样本数的理论，如果采用单样本的试验验证，安全相关的零部件或系统的试验里程要求会相应提高。

需要说明，汽车结构的耐久性是指汽车在正常使用情况下保持其原有的功能、性能、品质和完整性，不包含在汽车碰撞时的结构性能。汽车碰撞属于非正常使用情况。汽车在碰撞发生时应该具有的性能是汽车的安全性所考虑的内容。

5.4.2 汽车产品耐久性目标的分解

汽车的耐久性涉及多个方面，包括汽车上的所有系统和零部件。汽车耐久性目标分解的基本原则是根据工程分析和设计的需要，尽可能地分解到所有耐久性的问题可以较好地描述、分析、设计和验证的程度。

汽车耐久性目标的分解有多种方式。

1. 按照耐久失效的力学性质分解

汽车的耐久性按照相关失效问题的物理性质分为结构的耐久性、零件的磨损、零件的腐蚀、材料老化。与结构相关的耐久性问题有结构（或零件）的变形、结构（或零件）的开裂、结构（或零件）的失稳。

2. 按照汽车使用的工况分解

汽车产品耐久性的总要求意味着，在用户使用一辆汽车的过程（10年和24万公里等效用户使用里程）中，除消耗性质的零部件（如轮胎、制动摩擦片、催化器、减振器等）外，汽车的整车、所有的系统、子系统和零部件的功能和性能都要基本保持产品设计的状态。在10年和24万公里等效里程的用户使用过程中，一辆汽车会经历许多不同的使用情况。汽车产品耐久性的总要求还必须分解到对应于每一种用户使用情况下的汽车耐久性的要求。汽车的设计者需要了解所有汽车正常使用的情况，针对汽车正常使用的工况和对结构的要求设计汽车的结构，以保证汽车结构在各种使用情况下都不发生失效。

一辆汽车从出厂、运输到用户、用户使用直至它不能再使用为止有各种各样的使用情况，每一种汽车的使用情况都有相应的结构耐久要求。主要的使用情况有以下几类：汽车在静态使用时的情况、汽车在运输时的情况、汽车在行驶时的情况和汽车在维修时的情况。

（1）汽车在静态使用时的结构耐久要求

汽车的主要用途是行驶。人们通常会自然地想到汽车在行驶状态下的使用工况。然而汽车在静止状况下也有很多使用工况。汽车的车门、发动机舱盖、三厢车的行李舱盖、两厢车的后背门一般通称为汽车的开闭件。汽车的开闭件都是在汽车静止的状况下才使用。

在用户使用汽车的开闭件时，经常存在着所谓"滥用"的情况，包括汽车的车门、发动机舱盖、行李舱盖、后背门的过度打开（简称"过开"）或猛烈关闭（简称"猛关"）。这些使用工况经常会造成开闭件和车身安装点区域的损害，严重的会造成局部的变形和裂纹。设计这些工况下相关的零部件不仅要考虑整个开闭件和车身安装区域的刚度，确保变形量小于允许值，还要考虑相关零部件的强度，确保它们不发生破坏。

此外还经常存在"倚靠"车门的情况，有车门关闭时的向内倚靠，也有车门打开时的向下或向前倚靠。行李舱盖和后背门也都会存在用户倚靠的使用情况。发动机舱盖和行李舱盖还会存在"坐靠"的使用情况。汽车前部的翼子板、后部的侧围板都会存在"倚靠"的使用情况。除"倚靠"的情况外，在一些特殊情况下，用户需要推车。在用户推车的情况下，这些部件同样会受到外力作用。但是这些外力与"倚靠"的外力不同。在这些使用工况下，有可能造成相关部件发生较大的变形，有时这些变形在外力移除后不能回复原状，产生永久变形或者屈曲（失稳）。

考虑汽车在寒冷地带使用时，汽车的顶盖可能会因积雪和结冰而承受重力载荷，顶盖的设计也要求考虑它的刚度，确保它在上述的载荷下不会发生永久变形或屈曲（失稳）。

汽车开闭件的外板、翼子板、侧围外板、顶盖组成了汽车的主要外表面，通常被称为汽车的外覆盖件。因为汽车的外表面质量直接影响用户的感观，所以汽车覆盖件的耐久性也是汽车耐久性的一个重要方面。在进行汽车覆盖件的设计时，不仅要考虑上述特殊使用情况下的载荷，还要考虑覆盖件作为汽车外表面的质量，要求它们具有抗凹性，即在表面受到手指压力（简称指压）之类的点状载荷而不发生表面凹陷。

（2）汽车在运输时的结构耐久要求

在一辆汽车的整个生命周期中要从生产地被运输到销售地。通常，短途运输是用大型拖车运载。如果是进口或者出口，则需要海运。汽车在平时也有可能需要用车载运输到修理厂维修。这些需求要求在汽车设计时，要考虑在汽车运输的固定安装点上所受的载荷，设计汽车的结构以保证汽车不会破坏。

（3）汽车在行驶时的结构耐久要求

汽车是一个运载工具。它最重要、最基本的使用功能是能够在各种路面上载人载物并行驶。汽车的驱动系统担负驱动汽车行驶的功能。汽车的结构则担负着承载汽车的所有重量（包括乘员和物品的附加重量）和承受汽车行驶过程中来自汽车内部（发动机）和外部（路面）复杂载荷的功能。由此，对汽车结构耐久性的基本要求是保证汽车能够承受这些载荷而不发生失效。

（4）汽车在维修时的结构耐久要求

在一辆汽车的整个生命周期中可能会发生各种故障。汽车在发生故障时需被拖引到拖车上或者修理厂。汽车设计也要考虑汽车上的拖钩和拖钩在车上的安装点上所受的拖引载荷以保证汽车不会破坏。汽车在被托起维修时，车身的支撑处也不允许发生不可接受的破坏。

3. 按照实体结构分解

为了达成整车耐久性的目标，汽车上的所有系统和零部件的耐久性都必须达到或者超过整车耐久性对系统和零部件所要求的水平。所以，汽车耐久性的总目标需要逐级地分解到系统和零部件上。

从工程设计的角度，多数汽车企业拥有自己的设计标准，包括整车的技术标准（VTS或VDS）、系统的技术标准（STS或SDS）和零部件的技术标准（CTS或CDS）。汽车结构的设计需要细化到每一个零部件。原则上，每个零部件也都需要满足整车结构耐久的要求。但是从汽车结构耐久性开发的角度，汽车整车结构的分解可以与设计的技术标准不一样，以结构的耐久性可以得到表现、评估、分析和验证为出发点，一般考虑三个方面的因素：结构的可拆分性、载荷的分解、验证方法的限制。

（1）结构的可拆分性

为了确保达到整车耐久性的目标要求，汽车上的所有系统和零部件的结构都需要分别进行耐久性的分析和验证。在多数情况下，整车的结构应分解到不可破坏拆卸的程度。例如，白车身是车身钣金零部件通过焊接的方式连接在一起的一个整体系统结构，是不能继续拆卸的车身结构。所以，白车身结构通常是车身系统分解的最终结构。对于底盘系统，可以拆解和组装的最终零部件是控制臂、转向节、稳定杆、副车架、扭力梁等。

（2）载荷的分解

结构可拆分是结构分解的一个自然的考虑，但不是最根本的条件。汽车结构耐久性的表现在很大程度上与汽车使用时的载荷相关。在汽车结构耐久性的设计和分析时，结构所承受的或者结构预期所承受的载荷是结构耐久设计与分析的依据和必要的输入条件。所以，结构的载荷常常是结构分解的重要依据。从结构耐久性分析的角度，结构的分解通常所考虑的因素是载荷的分解程度，或者说载荷分解可以达到的程度。这一点与载荷的类型有很大的关系。对于汽车行驶时来自道路的载荷，汽车上所有的系统和零部件都会受到影响。然而目前整车道路载荷分解的手段和能力仍然有限，通过刚体动力学方法进行的整车道路载荷分解通常只分解到悬架零部件的连接点和车身的连接点。所以，目前车身结构的疲劳分析以车身结构为单位，悬架结构的疲劳分析以各个悬架零部件的结构为单位。对于非道路载荷，例如汽车在静态使用时的载荷、汽车在运输过程中产生的载荷、汽车在维修时产生的载荷等，它们通常是局部载荷，相对容易直接获得或合理假设。非道路载荷对整车结构的影响都是局部的，所以，相应结构耐久性的分析也只需要考虑局部相关的系统和零部件。

（3）验证方法的限制

性能验证是整车结构集成中的主要一环。对物理验证来说，获取载荷、边界条件、试验装置和试验条件方面都有实际的限制，结构的分解必须根据可获得的实际信息、条件和体现具体结构耐久性的程度进行。

综上所述，整车结构耐久性的目标设定和分解可以粗略地描述成图 5-21。更多的系统和零部件的结构耐久目标和分析可以按图示的思路继续细化分解。

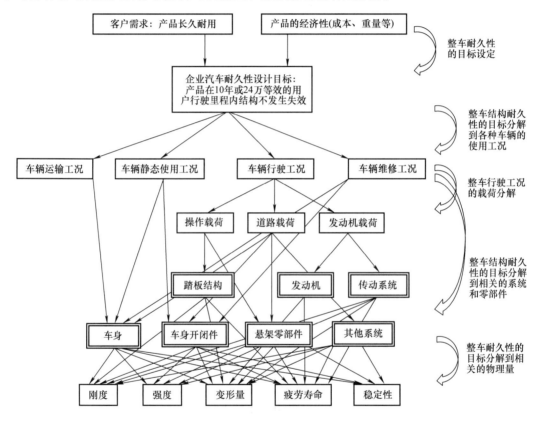

图 5-21　整车结构耐久性的目标和分解

5.4.3　汽车产品结构耐久性的开发体系和流程

1. 汽车产品结构耐久性的开发体系

汽车产品的结构耐久性开发需要多方面的输入，有设计要求的输入，有验证方法和规则的输入。这些输入都是由汽车产品耐久性的总目标分解产生的，是将用户的需求（VOC）转换成用于产品设计的技术要求和用于产品验证的技术标准。这些产品设计的技术要求和产品验证的技术标准是产品结构耐久性开发的输入和条件。在技术要求中，一部分技术要求（如结构刚度）来自结构分解过程中的产品对标和产品整车性能（如 NVH、车辆动力学性能）的要求，在产品开发的早期决定。另一部分技术要求（如强度、变形量、疲劳寿命、稳定性要求等）和试验验证的技术标准来自企业的技术知识体系，独立于产品的开发流程，并不属于产品的开发流程，不限于某个具体的产品，而是适用于所有产品。

对于一个汽车企业来说，不考虑具体的产品，汽车耐久性的技术要求和标准、汽车耐久性的开发流程、汽车耐久性的试验验证体系和虚拟验证体系构成汽车产品耐久性的开发体系，如图 5-22 所示。图中的上半部分是来自企业的技术知识体系的设计要求、技术标准和试验标准，用于指导具体的设计；下半部分是产品开发的流程，主要是用于管控产品的开发进程。

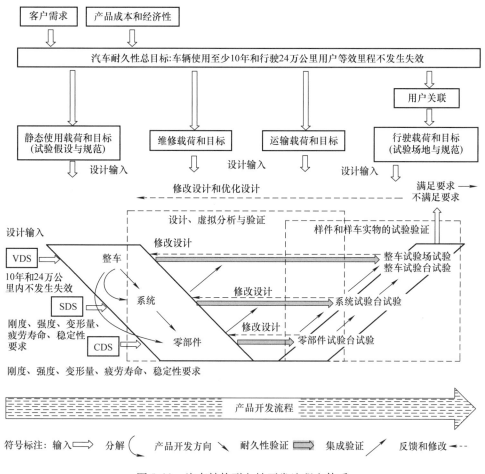

图 5-22　汽车结构耐久性开发流程和体系

2. 企业汽车耐久性的技术标准

在汽车产品开发中的系统分解很大程度上取决于企业的各类汽车整车、系统、零部件的设计要求（或技术标准）。这些企业的设计要求（或技术标准）是各企业针对整车、系统、零部件所有属性的需求而制定的设计要求（或技术标准），是企业设计整车、系统、零部件的基础，也是产品开发中系统可以分解的基础。它们是各企业长期积累的汽车产品的知识库，它们本身也在随着新的需求、新的设计、新技术的发展在不断更新和发展。它们是产品开发过程中的一部分输入来源。结构耐久的设计要求（或技术标准）是其中一部分。

汽车耐久性的总目标是一个汽车企业开发汽车产品耐久性的总体目标，通常是一个汽车企业汽车产品耐久性的整车设计技术标准（VTS 或 VDS）。对于企业生产的某一类车型（如轿车、SUV）或所有乘用车，汽车产品耐久性的总目标（VTS 或 VDS）都是统一的设计标准，设计寿命的年限和里程对所有同类的车型都一样，不因为某一款车而不同。

系统和零部件的设计标准（STS 或 SDS 和 CTS 或 CDS）通常定性地规定系统和零部件耐久的要求，如不发生失效、变形量不超过允许值等。结构设计工程师、耐久分析工程师（通常是 CAE 工程师）和耐久试验工程师需要根据各自专业积累的技术标准、技术数据库或对标车的技术数据制定具体的、定量的结构耐久要求，并且根据这些具体的和定量的结构耐久要求评估结构的设计。通常，这些具体的和定量的结构耐久要求是结构的刚度、强度、变形量、疲劳寿命和稳定性条件等。

3. 汽车产品结构耐久性的开发流程

汽车产品的耐久性开发是整车产品开发中的一个方面，与产品以及产品的其他性能同步开发。作为汽车结构的性能之一，汽车结构耐久性的开发流程是整车开发流程中一个次一级的子流程，经历整车、系统、零部件的目标分解，结构设计，同级结构和集成结构的虚拟验证，物理样件和样车的试验验证，验证结果反馈和设计修改，直至所有零部件、系统和整车结构满足结构耐久的要求。

与整车产品的开发流程一样，整车结构耐久性的开发流程同样可以用"V"字形的过程体现，从整车的结构耐久性、系统的结构耐久性和零部件的结构耐久性分别制定设计目标，从零部件开始设计，并进行零部件结构耐久性的验证，之后进一步集成到系统的设计和系统结构耐久性的验证，最终到整车和整车结构耐久性的验证。图 5-22 的下半部分显示了一个汽车结构耐久性开发流程。

汽车结构耐久性的开发中有两个方面的内容：分解设计和设计的验证。

分解设计是"V"字形开发流程中左边的部分，包含了三个方面的含义。一是物理实体意义上的结构分解。结构的设计显然都需要从零部件开始。二是许多的结构耐久设计要求需要具体到系统和零部件。三是许多结构耐久设计的验证可以在系统和零部件的层级上进行。

设计的验证是设计的重要一环，是"V"字形开发流程中右边的部分。多数的结构设计都需要在各自的层级或者更高的层级（结构集成）上进行设计验证。设计的验证包括虚拟验证和物理样件试验验证。虚拟验证（即 CAE）不需要物理样件，所以开始较早，几乎可以伴随着零部件和系统设计的整个过程，图 5-22 中左边的虚线方框是虚拟验证的粗略范围。物理试验验证依赖样件的制造，样车的制造依赖所有样件和系统，所以物理试验验证通常开始稍晚，是"V"字形开发流程中最右边的部分，大约是图 5-22 中右边的虚线方框部分。虚拟验证和物理试验会有一些重合。

4. 载荷分解

结构的耐久性在很大程度上取决于它们所受到的使用载荷。结构耐久性的分析和验证均需要使用载荷的输入。所以，在产品开发的过程中，载荷分解是针对耐久性系统分解的重要工作，处于产品开发的前期（"V"字的左臂）。

在汽车的使用工况中，很多使用工况对结构产生的载荷是相对简单和局部的，容易直接获得，例如踏板使用、车门开与关、车门下压、车门倚靠、车辆举升、拖车等，而车辆在道路上行驶时所产生的载荷相对复杂。道路载荷对整车的各系统和结构都有影响，道路载荷的分解是结构耐久性问题中系统分解的一项重要工作。通常使用多体动力学方法将道路载荷分解到悬架各个零部件的连接点和悬架与车身的连接点上，如图 5-23 和图 5-24 所示。

5. 企业汽车耐久性的试验体系和规范

物理试验验证是产品开发中的重要一环，处于产品开发的后期（"V"字的右臂）。

大部分汽车耐久性的设计要求都有相应的试验验证。汽车产品耐久性的物理试验从零部件的耐久性试验开始，逐步升级到系统的耐久性试验，最终进行整车的耐久性试验。

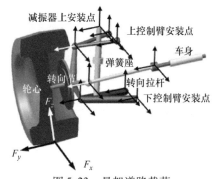

图 5-23　悬架道路载荷

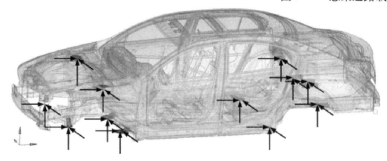

图 5-24　车身道路载荷

通常每一个耐久性的试验都是为了验证一个或多个整车、系统、零部件的耐久性是否满足设计要求。如果验证结果满足设计要求，设计则被通过。如果验证结果不满足设计要求，设计者需要修改设计，重新验证，直到结果满足设计要求，如图 5-22 中向左的横向虚线所指的修改设计。

6. 同步工程和结构集成

汽车结构的耐久性开发在产品开发过程中不是一个孤立的开发过程，而是与其他整车属性共同开发的过程。在汽车产品耐久性的开发过程中，需要与汽车结构的 NVH 性能、汽车碰撞安全性能、车辆动力学、重量、成本、制造可行性等其他整车性能同步评估和分析，即所谓的同步工程。如果某一个整车属性不满足设计的要求，即使其他整车属性都已满足设计的要求，设计者也需要修改设计，直到设计满足所有属性的要求。在所有属性都满足要求的情况下，仍然可以进行设计的优化，使产品在重量和成本上达到最优。

5.4.4　汽车产品的耐久性试验与用户关联

在汽车耐久性试验中，所有的试验都必须满足产品耐久性的总目标和分解的目标，或者为这些目标服务。每一个涉及车辆使用假设的试验都必须与产品耐久性目标下的用户使用的情况相关联。例如，整车的综合耐久性试验能够与用户在 10 年和 20 万公里等效用户使用里程中的使用情况相对应。这个试验与设计目标之间的对应称为用户关联。用户关联是设计目标与试验之间的桥梁，是规划试验的基础。

1. 综合耐久性试验

汽车的样车和用于试验的成品车需要在专门的汽车试验场的路面上行驶试验，检验汽车结构的耐久性。图 5-25 是一个汽车的综合耐久性试验场的俯视图。

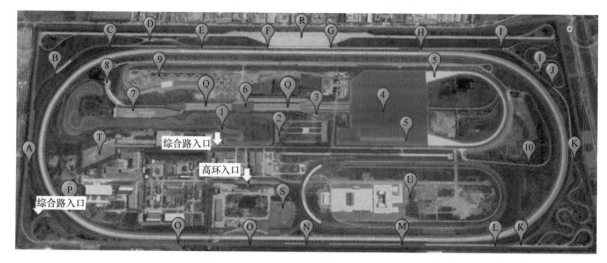

图 5-25 一个汽车综合耐久性试验场的俯视图

2. 车门关闭疲劳试验

按照汽车的设计寿命要求,开闭件必须满足必要的开启和关闭次数的要求。例如,假定车辆每天使用 6 次,每次开车出行开、关车门各 2 次。按 10 年的汽车设计寿命计算,车门需要开、关各 $10 \times 365 \times 6 \times 2$ 次 $= 43800$ 次。所以,汽车设计要求车门开、关的使用寿命大于 50000 次。也有企业假定车辆每天使用 10 次,10 年间车门需要开、关各 $10 \times 365 \times 10 \times 2$ 次 $= 73000$ 次,汽车设计要求车门开、关的使用寿命大于 80000 次。

针对各种汽车使用情况的试验以及试验规范是根据用户关联开发出来的,是所有车型设计最终的验证手段,也成为产品设计时必须满足的具体设计要求或者设计目标。

3. 用户关联

耐久性试验在汽车工业中至关重要。耐久性为部件、系统或整车在其预定的使用条件和维护水平下,保持预期寿命功能的能力。汽车产品的耐久性试验与用户关联,将汽车试验场或实验室台架与用户用途目标道路关联起来,复现用户道路上的载荷输入,用较短的时间就可以达到在用户道路上数年的损伤情况,且失效模式损伤规律与用户道路上的情况一致,从而达到加速试验的目的。在车辆耐久性开发中,用户载荷分析是与预期使用寿命和预期使用条件进行关联的,其目的是:

1)计算量化用户载荷。
2)定义用户使用目标。
3)定义汽车试验场(PG)和实验室验证载荷,同时制定总成、系统及整车验证规范。耐久性载荷和可靠性目标包括用户载荷目标、PG 目标和 B10 目标。

图 5-26 所示为用户关联载荷/强度干涉示意,其中用户使用载荷分布包含路况和环境,同时也包括用户的操作习惯;试验场载荷分布包括试验场强化路面的左右路面高度及序列引起的载荷误差,另外还包括驾驶员对车辆的操作误差;零部件的强度分布包括零部件机构材料特性误差、加工工艺误差和装配误差。为了满足用户的使用要求,试验场的载荷应大于用户使用的载荷,零部件设计时的设计强度应大于试验场的载荷输入。但是从轻量化角度考

虑，试验载荷和设计强度不能大很多，这样它们之间就存在重叠的部分，正是耐久性载荷分析的关键所在。以用户载荷的第95%分位点为载荷目标设计试验场工况，使得试验场试验载荷幅值的数学期望与载荷目标，即用户载荷的第95%分位点重合。在从试验场提取载荷谱时满足可靠性水平 $R50C70$。以用户载荷的第95%分位点，或者以试验场载荷的中位秩对应的数值为零部件的设计载荷进行机械零部件结构疲劳强度设计，同时也是有限元CAE计算的载荷输入，考虑零部件机构材料特性误差、加工工艺误差和装配误差，合理地进行零部件强度设计，使其在进行台架试验时，只有10%的零部件产生失效，从而使得零部件具有$R90$的可靠性水平，即具有B10的使用寿命。

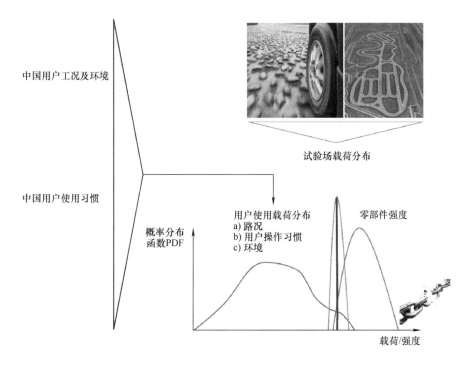

图 5-26　用户关联载荷/强度干涉示意

载荷环境因素忽略腐蚀、磨损及误用或者冲击载荷，通过参数描述或者谱合成近似力描述环境的影响；几何结构因素忽略裂纹、划痕及夹杂物，用名义图样作为近似结构；载荷输入包括时间序列和频谱输入，强度输入包括几何结构和材料特性，另外还包含不确定的载荷环境因素、几何结构因素及材料特性因素；数字化计算包括有限元和多体动力学计算；局部应力应变计算；利用经验模型进行疲劳计算；另外还包括材料的不确定因素。经上述分析计算，最后进行寿命预估。

图 5-27 为产品可靠耐久性开发系统工程图，以市场（VOC）为导向的开发为汽车可靠耐久性的正向开发。汽车产品的耐久性试验包括整车结构承载系统、动力总成、传动系统、制动、转向等耐久性试验。其中，整车结构承载系统的耐久性试验主要在汽车试验场完成，动力总成与传动系统的耐久性试验主要在实验室台架上完成。

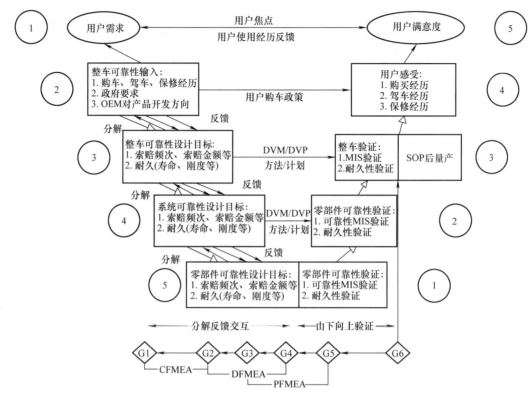

图 5-27 产品可靠耐久性开发系统工程图
DVM—设计验证方法 DVP—设计验证计划 CFMEA—概念阶段
DFMEA—设计阶段 PFMEA—生产装配阶段

5.5 整车性能导向的结构耐久性开发

如前面所述,汽车结构的耐久性是保持其原有的功能、性能、品质和完整性的能力。这些汽车的功能、性能、品质多数是指其他的整车属性,例如车辆动力学性能、驾驶安全性能、NVH 性能、车辆品质和客户感知等。也就是说,汽车耐久性不仅只是为了汽车自身不发生破坏,维持车辆的完整性,更是为了维护车辆的其他整车属性的性能。很多汽车结构耐久性的设计要求实际上是由其他整车性能的需求而制定的。

从前面的介绍可知,汽车耐久性失效主要影响的几种整车性能是相关系统或零部件的功能和性能、驾驶安全性能、NVH 性能、车辆品质、客户感知和车辆的使用寿命。

本节将着重从整车性能(包括结构耐久性和其他整车性能)需求的角度,具体介绍这些整车性能的需求与相关的汽车结构耐久性的开发。

5.5.1 结构的刚度与整车性能

刚度是结构维持其构架、自身形状、抵抗变形的能力,是汽车结构保障许多汽车功能和性能的基本结构要素,是汽车结构设计首要考虑的设计要素。根据汽车功能和性能的需要,汽车结构的刚度有整体结构的刚度、局部区域结构的刚度和局部点的刚度。汽车结构的各种刚度要求在很大程度上粗略地决定一辆车的整体结构、区域结构和很多点的结构。

（1）整体结构的刚度

汽车整体结构的刚度是度量支撑汽车整体结构力学特性的物理量。车身的弯曲刚度和车身的扭转刚度是汽车整车的两个整体结构的刚度，是整体结构的根基。

（2）局部区域结构的刚度

汽车局部区域结构的刚度是度量汽车区域结构力学特性的物理量。针对一些汽车的功能和性能，汽车结构有许多局部区域结构刚度的要求。例如，车身的前端刚度、尾部刚度、地板刚度、车门刚度、发动机舱盖刚度、行李舱盖刚度等。

汽车局部区域结构刚度的设计是为了保障汽车系统或者区域结构的功能和性能。例如：汽车车身的前端担负着支撑动力总成系统的任务，需要具有足够的结构刚度；车身的地板横梁支撑着座椅和所有乘员的重量，地板还承受乘员脚踏的力，车身的地板需要具有足够的结构刚度；发动机舱盖的形态和位置（特别是发动机舱盖和翼子板之间的间隙）对用户的感知质量有很大的影响，在各种载荷的情况下在各个方向上都不允许产生过大的变形和振动，发动机舱盖需要具有足够的结构刚度；车门结构也有类似的刚度要求；等等。

（3）局部点的刚度

汽车局部点的刚度是度量汽车结构上一些重要的点和点周围的局部区域结构力学特性的物理量。具有局部点刚度要求的结构点通常是一些安装重要系统、连接重要的零部件或用户对其有直接感受的结构点，例如，发动机的安装点、悬架在车身上的安装点、车门把手等。

下面具体介绍一些整车结构上的结构刚度以及与其相关联的整车性能。

1. 车身刚度与车身架构

（1）车身弯曲刚度、扭转刚度与车身架构

车身结构有两个整体结构的刚度。一个是车身的弯曲刚度，另一个是车身的扭转刚度。

车身弯曲刚度的定义是在车身的中部施加向下的力，测量车身门槛梁上最大的向下的线位移，计算力和位移的比值，这个比值即为车身的弯曲刚度。车身弯曲刚度的计算模型如图 5-28 所示。

车身扭转刚度的定义是在左、右前减振器座安装孔中心 Z 方向施加大小相等、方向相反的力，产生车身的扭转力矩。测量加载点处的 Z 方向位移，计算车身结构的转角，力矩与转角的比值即为车身的扭转刚度。车身扭转刚度的计算模型如图 5-29 所示。

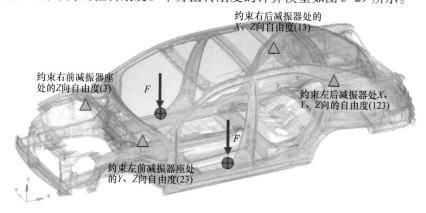

图 5-28 车身弯曲刚度的计算模型

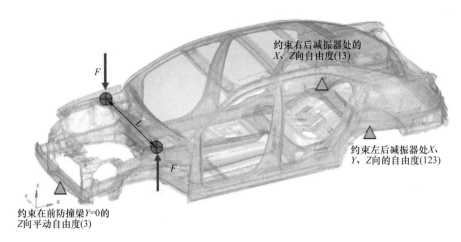

图 5-29　车身扭转刚度的计算模型

车身的弯曲刚度和扭转刚度是衡量车身结构抵抗车身整体变形能力的力学量，是衡量车身整体性能的一个基本参数。

车身结构具有足够的刚度是许多汽车功能和性能的基本保障。只有车身具有足够的结构刚度才能使车身架构在各种使用情况下保持它原有的形状，使车身的变形足够小，不影响各种功能。例如，汽车在一个车轮开上路沿时车身发生扭转，车身的刚度要保证车身的变形足够小，不影响车门的开关和密封功能。车身结构刚度的要求也是为了保证汽车结构的耐久性。例如，为了防止风窗玻璃在车身的剧烈扭转时因承受过大的扭转载荷而导致玻璃破裂，要求车身结构的扭转刚度足够大。

车身的弯曲刚度和扭转刚度主要由白车身的主体架构和零部件的连接决定。所以，车身的弯曲刚度和扭转刚度的设计要求在很大程度决定车身的整体架构设计。

一般来说，车身的弯曲刚度和扭转刚度越高越好，但是刚度的提高常常会导致重量和成本的增加。所以，汽车的车身结构设计需要有合理的车身刚度目标和优化的结构设计。

白车身结构的设计是在造型和总布置限定的空间内，决定车身的结构布局、材料分布、尺寸和截面设计、零部件连接，构成车身的弯曲刚度和扭转刚度要求。

(2) 静刚度、固有频率和轻量化

结构的刚度是根据结构的静态载荷和静态变形定义和计算的，也称静刚度。结构的振动固有频率是结构振动的固有特性，与结构静刚度的平方根成正比，与结构质量的平方根成反比。所以，车身的刚度直接影响车身的振动固有频率和振动特性，与整车的 NVH 性能有非常重要的关系。

2. 区域局部和系统刚度与整车性能

(1) 前、后端结构的刚度

车身的前端和后端结构类似悬臂梁的结构。因为它们需要承载一定的重量，特别是发动机等一些重量较大的系统安装在车身前端，所以车身的前端和后端结构必须具有足够的刚度，以便承载这些系统的重量，控制结构的变形，增强结构的强度，同时也降低结构振动的可能性。车身前端和后端结构刚度的定义和测量分别如图 5-30 和图 5-31 所示。

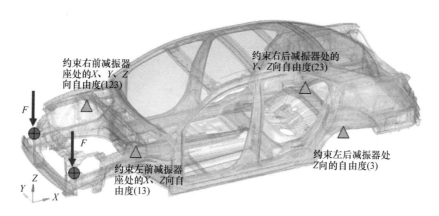

图 5-30　车身前端弯曲刚度加载工况

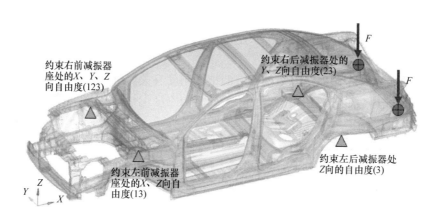

图 5-31　车身后端弯曲刚度加载工况

（2）洞口变形量

车身结构的刚度不仅有车身整体刚度的要求，还要考虑车身上一些重要区域的局部刚度，例如车门门洞、后背门开口、前后窗开口区域环形结构的刚度。考虑车门门洞和后背门开口区域环形结构的刚度是为了保证在车身发生变形时，这些区域的变形不会阻碍车门和后背门的开启和关闭。此外，上面提到前风窗玻璃对涂装车身扭转刚度有较大的贡献，但是考虑到玻璃的强度有限，所以车身结构设计时通常限定玻璃对车身扭转刚度的贡献不超过30%，要求前窗开口区域具有足够的刚度。这类车身开口区域的刚度通常采用开口对角线的变形量来衡量，如图 5-32 所示。在上面所述车身弯曲和扭转的工况下加载前后开口对角线的变形量差值（长度差）就是其对应工况下的洞口变形量。计算的模型和边界条件均如同车身弯曲和扭转刚度计算时的模型和边界条件。车身刚度和洞口变形量都应该满足设计时所设定的目标值。

（3）车门结构的刚度与整车性能

车门是人员进出汽车的功能系统，它能够开启和关闭。无论在开启或关闭时、在静态使用（如人员倚靠车门或下压车门）或动态使用（汽车行驶）时，车门必须牢固地固定在车身上。车门上通常安装着玻璃、玻璃升降滑轨、玻璃升降器、扬声器等装置，同时车门在汽

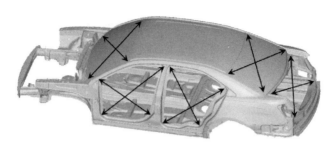

图 5-32　车身开口区域的开口对角线

车侧向碰撞发生时有保护人员的作用，车门上的侧向防撞梁有结构强度的要求，所以车门具有一定的重量。车门在车身上的安装点（铰链和门锁安装点）不仅要承受车门自身的重量，还要承担人员倚靠或下压的力以及车辆运动时的动态力。车门与车体之间的缝隙会影响客户的感知质量，车门与车体之间的密封会影响车辆行驶时车内的噪声水平。客户在触摸车门时，车门表面的变形甚至"软"或"硬"的感觉也影响客户的感知质量。汽车行驶时，车门的振动或者车门内部的小型功能装置（例如，扬声器、锁扣按柱）的振动都会影响车辆的 NVH 性能。

这些整车性能都与车门系统和车门区域的结构刚度有关。汽车结构的设计要求车门系统和车身的相关区域具有足够的结构刚度。相关的结构刚度包括车身一侧的结构刚度和车门的结构刚度。

1）车身一侧的结构刚度。车身一侧的结构刚度一般包括车门铰链安装点、车门锁扣撞击点、车门限位器安装点处的刚度。评估车门铰链和门锁安装点刚度的分析模型分别如图 5-33 和图 5-34 所示。

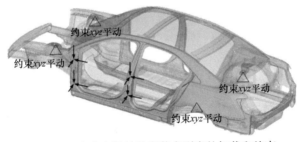

图 5-33　车身车门铰链安装点刚度的加载和约束

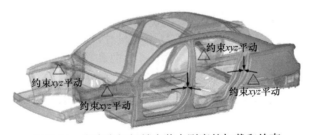

图 5-34　车身车门门锁安装点刚度的加载和约束

2）车门结构的刚度。车门结构的刚度包括侧门腰线刚度、侧门扭转刚度、侧门窗框刚度、侧门后视镜安装点刚度和侧门玻璃导轨安装点刚度等。分析模型分别如图 5-35 ~ 图 5-41 所示。

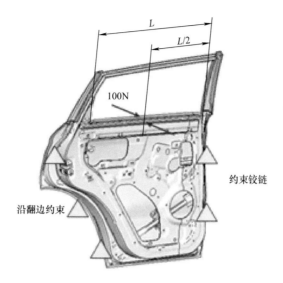

图 5-35 侧门腰线刚度分析模型

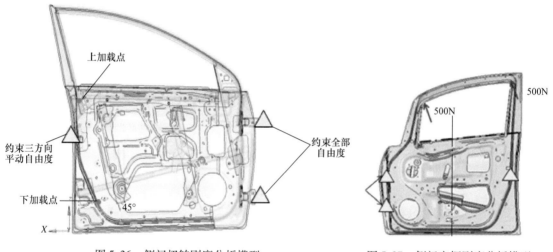

图 5-36 侧门扭转刚度分析模型　　　　图 5-37 侧门窗框刚度分析模型

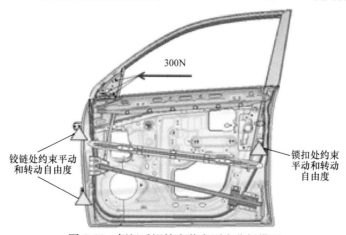

图 5-38 侧门后视镜安装点刚度分析模型

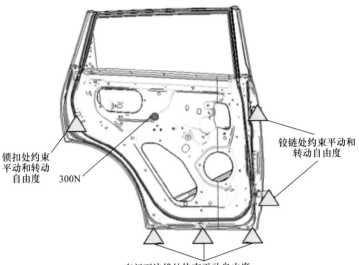

图 5-39 侧门玻璃导轨安装点刚度分析模型

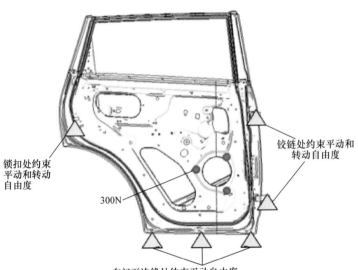

图 5-40 侧门扬声器安装点刚度分析模型

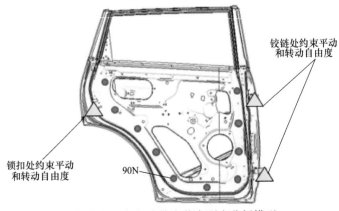

图 5-41 侧门内饰安装点刚度分析模型

(4) 发动机舱盖结构的刚度与整车性能

发动机舱内安装着许多重要的汽车功能系统，经常需要开启发动机舱盖进行维护和维修。发动机舱盖由铰链和锁扣与车身连接。

发动机舱盖必须有牢固的固定安装。发动机舱盖安装点、发动机舱盖锁安装点和发动机舱盖的各种结构刚度影响发动机舱盖整体的性能。发动机舱盖结构的刚度、发动机舱盖与车体之间的缝隙、发动机舱盖表面的质量对客户的感知质量有很大的影响，尤其在客户选车和买车时，对客户的初步印象有最直接的影响。发动机舱盖区域的结构刚度包括车身一侧关键点区域的结构刚度和发动机舱盖系统的结构刚度。

1) 车身上发动机舱盖连接点的刚度。在发动机舱盖开启时，铰链支撑发动机舱盖，车身在铰链安装点处需要有足够的刚度。发动机舱盖关闭时，会与锁和限位块接触。汽车在行驶时，发动机舱盖会受到气流的载荷，使车身在铰链安装点、锁和限位块处受力。车身在这些区域需要有足够的结构刚度。车身在发动机舱盖锁安装点、限位块安装点和铰链安装点刚度分析模型分别如图 5-42 ~ 图 5-44 所示。如果发动机舱盖具有气弹簧/撑杆，则气弹簧/撑杆两端的固定安装点也需要有相应的刚度要求。

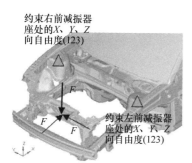 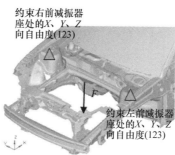 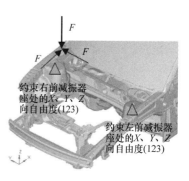

图 5-42 发动机舱盖锁安装点　　图 5-43 发动机舱盖限位块安装点　　图 5-44 发动机舱盖铰链安装点

2) 发动机舱盖系统的结构刚度。发动机舱盖系统的刚度有发动机舱盖的扭转刚度、角点刚度、锁安装点的刚度、侧向刚度和边梁刚度，分别如图 5-45 ~ 图 5-49 所示。

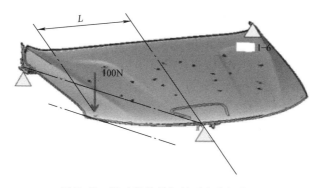

图 5-45 发动机舱盖扭转刚度分析模型

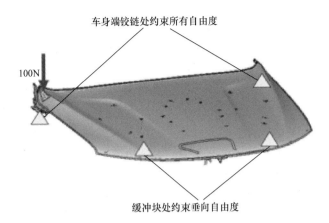

图 5-46　发动机舱盖角点刚度分析模型

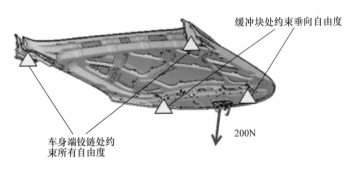

图 5-47　发动机舱盖锁安装点刚度分析模型

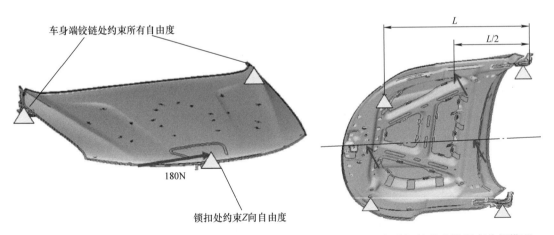

图 5-48　发动机舱盖侧向刚度分析模型　　图 5-49　发动机舱盖边梁刚度分析模型

发动机舱盖的侧向刚度、铰链安装点和锁安装点的刚度通常对发动机舱盖与车体之间的缝隙有最直接的影响。

结构振动的固有频率与结构的静刚度直接相关。通常，发动机舱盖侧向刚度较低，发动机舱盖的侧向振动频率也较低。一般发动机舱盖一阶整体模态振型是侧向横摆，在 20Hz 左右，此频率与耐久路面激励传递到车身的频率接近，若发动机舱盖的固有频率太低，不能有效地避开路面激励频率，容易导致发动机舱盖疲劳开裂等问题。发动机舱盖的侧向模态与发动机舱盖本体的侧向刚度、铰链的侧向刚度及连接处的刚度相关。对于发动机舱盖本体来说，控制发动机舱盖侧向刚度是控制其侧向模态的有效手段。

(5) 后背门结构刚度与整车性能

SUV 和厢型车使用后背门进出物品。后背门通过铰链和锁扣与车身连接，与发动机舱盖类似。与发动机舱盖不同之处是后背门有玻璃，重量较大，铰链安装在车身 D 柱的上框，那里的车身结构相对较弱。整个区域容易发生振动。车身的扭转对该区域结构和功能也有较大影响。后背门与车体之间的缝隙会影响客户的感知质量。客户触摸或倚靠后背门时，后背门的结构刚度也会影响客户的感知质量。

为了保证相关的整车性能，后背门系统和相关区域的结构必须具有足够的结构刚度。相关的结构刚度包括后背门的安装点、后背门锁扣在车身上的安装点区域的刚度和后背门系统的结构刚度。

1) 车身上后背门连接点的刚度。车身一侧与后背门直接相关的点有后背门铰链固定点、后背门锁扣撞击点、后背门限位块的安装点、后背门气弹簧/撑杆固定点。图 5-50 ~ 图 5-52 所示分别是铰链固定点、锁扣撞击点和后背门限位块安装点刚度分析模型。

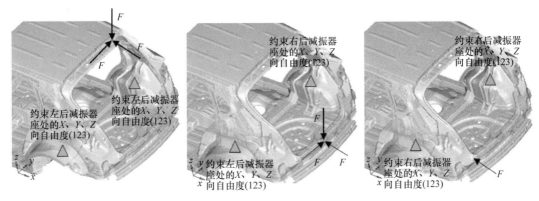

图 5-50　后背门铰链的固定点　　图 5-51　后背门锁扣撞击点　　图 5-52　后背门限位块的安装点

2) 后背门结构的刚度。后背门结构的刚度包括后背门的侧向刚度、后背门的弯曲刚度和后背门扭转刚度。图 5-53 ~ 图 5-55 是相关的刚度分析模型。

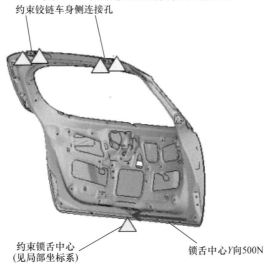

图 5-53　后背门侧向刚度分析模型

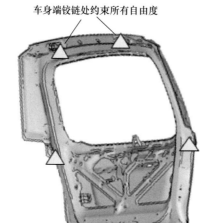

图 5-54 后背门弯曲刚度分析模型

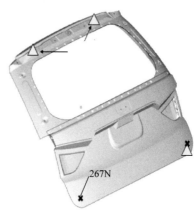

图 5-55 后背门扭转刚度分析模型

后背门的缝隙和后背门的振动与后背门的刚度、后背门在车身安装点的刚度和车身的扭转刚度有很大关系。

（6）行李舱盖结构刚度与整车性能

行李舱盖区域的结构刚度类似发动机舱盖。牢固的固定安装、与车体之间的缝隙、表面的质量和振动控制都要求行李舱盖的铰链安装点、锁扣安装点和行李舱盖结构本身具有足够的刚度。

行李舱盖结构的刚度包括行李舱盖侧向刚度、行李舱盖扭转刚度、行李舱盖扇形刚度、行李舱盖角点刚度，图 5-56～图 5-59 所示分别是这些刚度的分析模型。

图 5-56 行李舱盖侧向刚度分析模型

图 5-57 行李舱盖扭转刚度分析模型

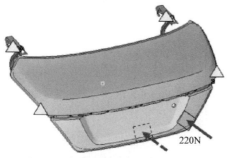

图 5-58 行李舱盖扇形刚度分析模型

图 5-59 行李舱盖角点刚度分析模型

3. 结构点刚度与整车性能

汽车结构上有许多系统、功能装置或零部件的安装点或连接点。除了上面已经提到的发动机舱盖铰链安装点、发动机舱盖锁安装点、发动机舱盖的限位块安装点、车门铰链安装点、车门锁扣撞击点、车门限位器安装点、后背门铰链固定点、后背门锁扣撞击点外，还有车身与悬架的连接点、悬架零件的连接点、发动机的悬置安装点、座椅的安装点、蓄电池安装点、加速踏板安装点、制动踏板安装点、变速杆安装点、驻车制动机构安装点、油箱安装点、传动轴安装点、消声器安装点、洗涤液壶安装点、后视镜安装点、扬声器安装点、车灯安装点、顶棚扶手支架安装点、翼子板安装点、天窗安装点、行李架安装点、副仪表板安装点、转向管柱安装点、加油口盖安装点、发动机舱盖气弹簧或撑杆固定点、后背门气弹簧或撑杆固定点，以及雨刮器安装点等。汽车上的功能系统或装置绝大部分都安装在车身上。车身的结构需要为大大小小的各种功能系统提供安装的位置和坚固的基础。车身结构在这些系统安装点处的局部区域都有针对相应使用载荷的结构刚度设计要求。

一些重要的系统安装点或连接点的刚度如下：

（1）车身上悬架安装点的刚度

车身与悬架的连接是汽车结构中的重要连接。车身和车身上的所有负荷（包括安装在车身上的系统、人员和载物的重量）由这些连接承受。来自路面的载荷也通过这些连接传递到车身。车身结构在这些连接点的区域需要具有足够的刚度和强度。车身连接点的刚度同时对于车辆的操纵稳定性和 NVH 也有重要的影响。通常 NVH 会计算每一个连接点的动刚度。在每一个点的每一个自由度上，动刚度是一个随频率变化的函数。图 5-60 所示为车身与悬架的连接点。

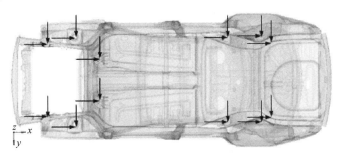

图 5-60　车身底部仰视图：与悬架的连接点

（2）车身上座椅安装点的刚度

汽车的主要功能是承载人员。汽车的座椅承担着这个任务。对于座椅和相关车身的基本要求是稳固、安全。座椅安装点要求具有足够的刚度。座椅安装点刚度主要涉及车身下地板和座椅横梁结构。座椅安装点刚度的定义和测量如图 5-61 所示。

（3）踏板安装点的刚度

制动踏板和加速踏板结构的刚度可能影响车辆加速和制动的功能，在使用时"软"或"硬"的感觉还会影响用户的感知质量，因此有一定的设计要求。制动踏板和加速踏板结构的总体刚度包括了踏板本身和在车身上安装点区域的结构刚度，如图 5-62 所示。

（4）更多安装点的刚度

还有更多的系统或装置的安装点具有局部的刚度要求。图 5-63 所示是一个车身结构点

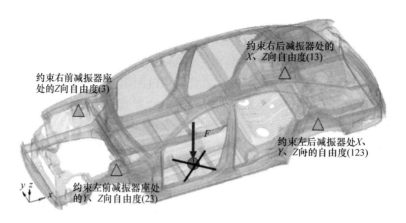

图 5-61 座椅安装点刚度加载工况

刚度的计算模型。它显示了车身结构上有点结构刚度要求的点的位置和方向。

汽车上系统安装点区域的结构刚度要求是为了确保零部件在安装点处的结构在使用载荷作用下的变形足够小,以满足以下几种整车性能的需求:

1) 车身和悬架连接点的刚度满足车辆动力学性能和整车 NVH 性能的需求。

2) 固定被安装系统或零部件的位置,为系统的正常功能提供保障,同时为降低这些系统或零部件本身的

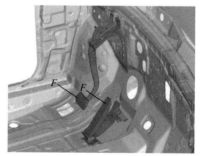

图 5-62 踏板安装点刚度加载工况

变形和减少它们的振动提供帮助。例如,传动轴安装点的刚度对保证传动轴的正确位置和防止振动非常重要。刚度不足会导致安装点区域和支架变形并发生振动,影响传动轴的功能和性能。

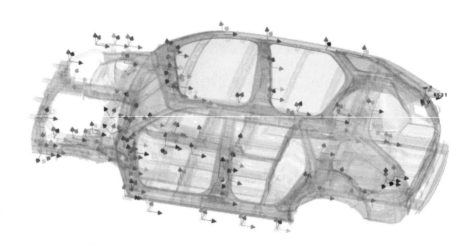

图 5-63 车身结构点刚度的计算模型

3) 减少安装基座零部件的变形,提高用户感知质量。例如,制动手柄安装点刚度直接

影响用户使用时的手感。刚度低会使用户感觉结构"软"，感知质量差。

4. 悬架零部件的刚度与整车性能

悬架是控制车辆运动、保障车辆动力学性能的关键系统，同时又要承受巨大的路面冲击载荷。悬架的零部件需要承受载荷和传递运动。要保证悬架系统准确、有效地控制车辆运动，同时又要给驾驶者良好的操作感觉，悬架的零部件应具有足够的刚度。

典型的悬架系统包括转向节、控制臂、前副车架、稳定杆、扭力梁等。所有悬架零部件结构刚度的测量和要求都是针对零部件上力和运动传递点的方向上的刚度，通常是在悬架零部件安装点或连接点的主要载荷和运动方向上的刚度。

前转向节结构的刚度包括前转向节在上控制臂连接点、下控制臂连接点、减振器下安装点、转向拉杆连接点、制动卡钳上安装点、制动卡钳下安装点处的结构刚度。

上控制臂和下控制臂的刚度都是指控制臂在球铰连接点处的结构刚度。

前副车架的刚度是指前副车架在下摆臂前后连接点、转向机连接点、稳定杆连接点、动力悬置连接点处的刚度。

后转向节的刚度是后转向节在弹簧托臂连接点、前上控制臂连接点、后上控制臂连接点、前束控制臂连接点、前下控制臂连接点、制动卡钳上安装孔、制动卡钳下安装孔处的结构刚度。

扭力梁的刚度包括整体刚度和连接点刚度。整体刚度，如扭转刚度、侧倾刚度，反映扭力梁抑制扭转、侧倾的能力。连接点刚度，如弹簧盘、减振器下点等，反映单个连接位置的刚度。

图 5-64～图 5-72 所示分别为前转向节、前上控制臂、前下控制臂、前副车架、稳定杆、后转向节、扭力梁、二力杆控制臂和后副车架的刚度分析模型。它们显示了不同悬架零部件结构刚度定义和测试的位置和方向。

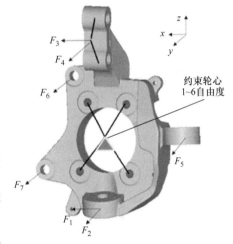

图 5-64 前转向节刚度分析模型

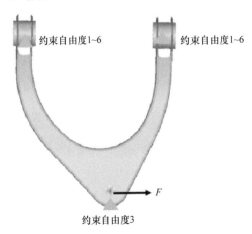

图 5-65 前上控制臂刚度分析模型

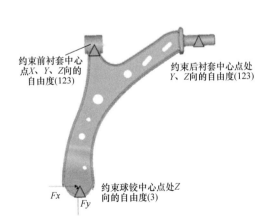

图 5-66 前下控制臂刚度分析模型

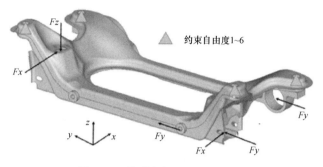

图 5-67　前副车架刚度分析模型

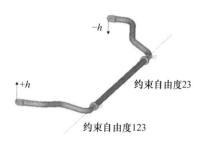

图 5-68　稳定杆刚度分析模型

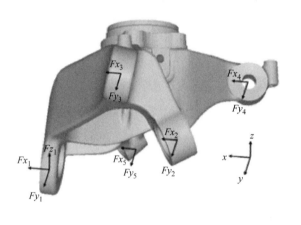

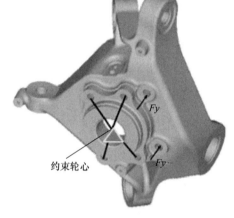

图 5-69　后转向节刚度分析模型

图 5-70　扭力梁刚度分析模型

图 5-71　二力杆控制臂刚度分析模型

第5章　整车可靠性和耐久性结构集成

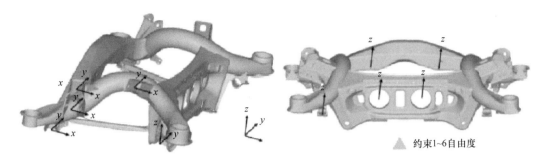

图 5-72　后副车架刚度分析模型

悬架零部件的结构刚度是悬架功能和整车动力学性能的基本保障，其刚度的设计目标值一般由车辆动力学性能决定，刚度目标值往往高于结构耐久性的需求。

5.5.2　结构的强度与整车性能

汽车在使用中会经历各种载荷，其中有很多幅值相对较大的短暂载荷会使结构中的应力响应超过结构材料的破坏极限，使结构发生永久变形或断裂，破坏结构的完整性和影响一些汽车的功能。所以，汽车结构的设计有相应的强度要求。这些造成结构强度破坏的短暂的大载荷称为强度载荷或工况。

汽车上的不同系统担负着不同的功能，不同的汽车使用工况对不同部位的结构影响也不一样。下面针对一些主要的汽车使用工况，介绍相应强度载荷影响的汽车结构耐久性的设计要求。

1. 悬架零部件强度与整车性能

汽车在行驶过程中经历的短暂大载荷是汽车整车经历的一个主要强度载荷。这样的载荷一般是来自汽车行驶中过坑（图 5-73）或过坎（图 5-74）时产生的短暂向上冲击力，如图 5-75 所示。悬架系统需要承受其中大部分的载荷。

悬架系统经历的另一种强度载荷来自车辆紧靠路沿时试图转向产生的对悬架系统的横向载荷，如图 5-76 所示。

图 5-73　车辆过坑模拟仿真

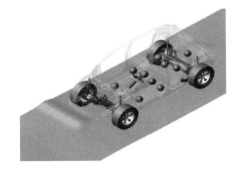

图 5-74　车辆过坎模拟仿真

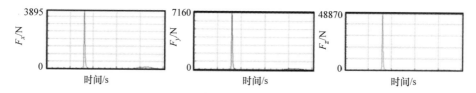

图 5-75　车辆在 40km/h 过坎时前减振器座所受到的载荷

这些汽车使用的工况通常属于车辆的极限使用工况或滥用工况，对悬架零部件可能造成的破坏是导致零部件产生过大的永久变形或断裂，直接影响车辆的操纵功能和行驶安全。所以，悬架结构在道路载荷下的强度要求是悬架结构设计的重要内容。

悬架的结构强度要求包含所有的悬架零部件。通常，悬架零部件的结构强度要求是结构应力低于抗拉强度，变形或者塑性变形、应变或者塑性应变小于允许值。

图 5-76　车辆紧靠路沿时旋转向模拟仿真

2. 车身结构强度与整车性能

汽车悬架承受的载荷主要来自路面和车辆的操纵。车身则具有更多的使用功能，结构的强度载荷则不只限于道路载荷。按照在各种使用情况下的载荷，车身的强度要求有以下几种典型的情况：

（1）车身结构的强度（道路载荷）与整车性能

在上述车辆道路使用的极限工况中产生的载荷同样也传递到悬架在车身的连接点上，如图 5-77 所示。传递到车身的载荷通过载荷分解计算获得。受强度载荷影响的主要是白车身上的零部件。可能产生的结构破坏是塑性变形或开裂，取决于产生结构破坏的位置，对整车性能的影响不同。如果车上的减振器座发生过大的塑性变形，可能影响减振器的功能。如果减振器座发生开裂，可能影响车辆行驶的安全。车体上产生裂纹或者焊点断裂一般会影响车身的结构刚度，车辆行驶时可能会产生异响，影响车辆的 NVH 性能。

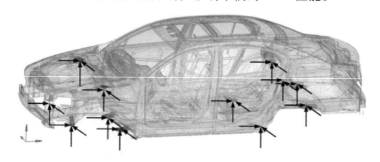

图 5-77　一个整备车身强度载荷

一般来说，由于悬架系统的隔离作用，道路载荷对车身结构的破坏以疲劳损伤为主，强度破坏的程度有限，比较多地集中于悬架在车身的连接点区域，以减振器座最多。车身结构的强度设计更多地从车辆安全和初始设计考虑。各企业的设计策略（如保守程度）不同，车身结构的设计载荷制定有所不同,车身结构的强度设计标准也不同。比较多的企业要求结构应力低于抗拉强度,变形或者塑性变形、应变或者塑性应变小于允许值。

(2) 举升点结构的强度(举升载荷)

汽车在维修的过程中需要被举升。根据举升的装置和条件不同,举升点可能不一样。使用千斤顶时举升是很小的区域,如图 5-78 所示。此时,举升力集中在门槛梁上面积极小的一个点上,举升点的结构局部可能会产生塑性变形,影响车辆举升的功能和性能以及用户的感知质量。

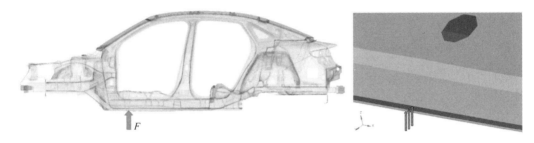

图 5-78　千斤顶举升点强度加载

为了保障车辆举升的基本功能,设计要求通常是结构应力低于抗拉强度,变形或者塑性变形、应变或者塑性应变小于允许值。

如果举升装置与门槛梁的接触面积稍大时,例如举升机,门槛梁可能发生屈曲,同样影响车辆举升的功能和性能以及用户的感知质量。

(3) 拖钩安装点结构的强度(拖车载荷)

在汽车出现故障时,需要利用拖钩固定绳索把问题车辆拖至维修点。如果车辆是出口或者进口,需要采用海运方式运输。在海运过程中,车辆需要利用拖钩的形式固定。汽车拖钩一般包括前拖钩和后拖钩。一般拖钩通过螺纹拧紧的形式固定在车身前后防撞梁上面,如图 5-79所示。所以,拖钩的设计需要同时考虑路上运输和海上运输的工况。

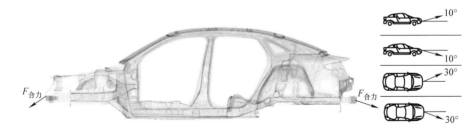

图 5-79　汽车拖钩的使用工况

拖钩安装点结构的破坏一般是安装点处的车身零件局部断裂,拖钩被拉出,汽车拖钩的拖引功能失效。

为了保证汽车拖钩拖引的正常功能,一般设计要求拖钩安装点处的车身结构不发生断裂。

(4) 踏板安装点结构的强度

用户在使用加速踏板和制动踏板时可能用力过猛或侧偏(图 5-80,也被称为误操作)。

这种情况下，踏板或踏板安装的车身结构有可能发生塑性变形、屈曲或裂纹，从而影响踏板的功能和行车的安全。

为了保证踏板的功能和行车的安全，一般设计要求踏板安装的车身结构不发生断裂，并且结构的塑性变形在允许的范围内。

（5）车门过开、发动机舱盖过开、行李舱盖过开

车门过开、发动机舱盖过开、行李舱盖过开是指开门、开发动机舱盖、开行李舱盖时过度用力使它们开启的程度超过了设计限定的最大位置，

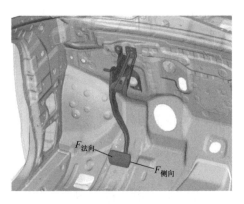

图 5-80　制动踏板误操作强度分析

如图 5-81 所示。在这种载荷的作用下，铰链两端的车身和开闭件的连接区域可能产生塑性变形或裂纹，导致开闭件的位置变化，影响它们的功能和性能。车门铰链处的裂纹或变形是用户开门后可以看见的，它也会影响用户的感知质量。同样，发动机舱盖铰链处的裂纹和行李舱盖铰链处的裂纹在它们开启后也都可视，都会影响用户的感知质量。

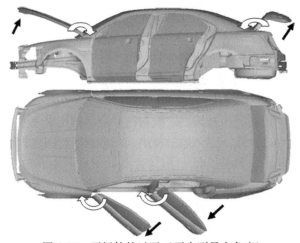

图 5-81　开闭件的过开（开启到最大角度）

为了保证正常的开门、开发动机舱盖、开行李舱盖的功能和性能，一般设计要求车门、发动机舱盖、行李舱盖铰链安装处的零部件结构不发生断裂，并且结构的塑性变形在允许的范围内。

（6）车门猛关、发动机舱盖猛关、行李舱盖猛关

车门猛关、发动机舱盖猛关、行李舱盖猛关是指用户关门、关发动机舱盖、关行李舱盖时过度用力关闭，如图 5-82 所示。在这种情况下，车身和开闭件上锁和限位器的安装区域会产生较大的冲击载荷，结构可能发生塑性变形或裂纹，影响开闭件的功能和质量。如果由于猛关在锁扣和限位器的安装点产生裂纹，在开闭件开启后用户可以看见，则会影响用户的感知质量。

为了保证车门、发动机舱盖、行李舱盖关闭的正常功能和性能，一般设计要求车门、发动机舱盖、行李舱盖锁扣和限位器安装点处的零部件结构不发生断裂，并且结构的塑性变形

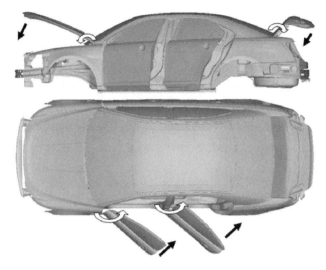

图 5-82　开闭件的猛关

在允许的范围内。

(7) 车门下垂强度

车门下垂影响车门开启、关闭、缝隙和密封等车辆的功能和性能。

通常，测量的方法是将车门开启一定角度，模拟人靠压在车门上面，使整个车门系统受到一个垂向门开启方向的载荷，此载荷通过一个力臂传递到侧门与车身连接处的铰链及限位器上，铰链及铰链安装点和限位器承受一个很大的载荷，如图 5-83 所示。

为了保证车门开启、关闭、缝隙和密封等车辆的功能和性能，设计的要求是在此工况下车门系统及铰链连接区域的塑性变形在允许的范围内，铰链连接处的零部件结构不发生断裂。

(8) 发动机舱盖下拉强度

如果发动机舱盖配备气弹簧支撑杆（图 5-84），在发动机舱盖开启后，向下拉发动机舱盖会对气弹簧支撑杆的安装点处产生相对较大的载荷和局部的结构应力，容易导致零件局部开裂。这种破坏会影响发动机舱盖气弹簧支撑杆的功能，同时，因为发动机舱盖开启后，用户可以看到零件上的裂纹，会影响对车辆的感知质量。

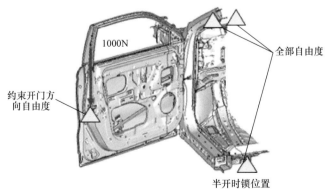

图 5-83　车门下垂的分析模型

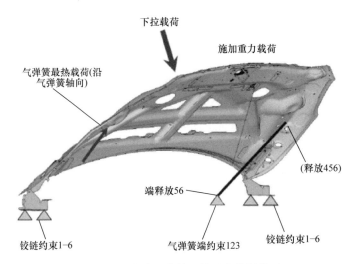

图 5-84　发动机舱盖下拉强度分析模型

设计的要求是在发动机舱盖开启到气弹簧支撑杆的工作角度后施加一个下向的力,气弹簧支撑杆在发动机舱盖的连接处不允许发生开裂。

(9) 外覆盖件的变形与车辆表面质量

大型的车身外表面覆盖部件包括车门外板、发动机舱盖外板、行李舱盖外板、背门外板、顶棚、翼子板、外轮罩板,如图 5-85 所示。这些大型板壳类部件经常会被使用者按压或者硬物磕碰,它们的抗压痕性能会影响车辆的表面质量和用户对车辆的感知质量。一般汽车企业的检验方法是使用直径为 25mm 的刚性半球 (图 5-19),在这些车身外表面覆盖件上的多点施加压力。要求表面的塑性变形小于允许量。

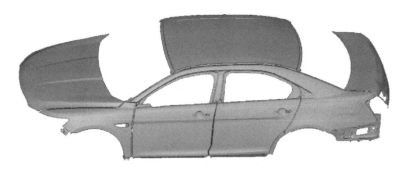

图 5-85　一般需要考虑抗压痕的汽车部件

5.5.3　结构的疲劳寿命与整车性能

汽车是一种长期使用的交通工具。长期重复性使用所导致的结构疲劳的累积损伤是汽车结构的常见破坏。汽车设计的基本要求是汽车结构的疲劳寿命大于汽车耐久性的总目标年限(通常是 10 年)和等效用户里程(通常是 24 万公里),以保证相关的汽车功能、性能、质量和完整性。

车辆的疲劳工况有以下几种典型情况。

第5章 整车可靠性和耐久性结构集成

1. 整车道路行驶的疲劳寿命

车辆在道路上行驶时，路面对车辆产生的载荷是随时间随机变化的。图 5-86 所示是车辆在道路上行驶的 CAE 仿真示意，图 5-87 所示是一个轮心的三向道路载荷的记录。

图 5-86　车辆在道路上行驶的 CAE 仿真示意

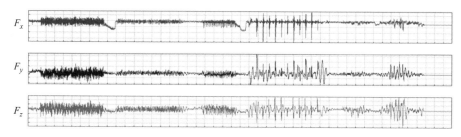

图 5-87　一个轮心的三向道路载荷

车辆在道路上行驶的耐久性是通过在汽车试验场上进行的整车综合耐久试验进行评估的。评估的零部件是汽车上的所有零部件结构。通常，车身上的所有零部件的疲劳寿命要求至少大于100%的试验时间和里程，即在完成整车综合耐久试验以前，所有零部件都不发生疲劳破坏（如裂纹）。根据企业的产品耐久性总目标的规定，涉及安全的零部件（绝大多数是底盘零部件）的疲劳寿命可能要求大于120%的试验时间和里程或更高。

如果整车上的零部件不满足上述疲劳耐久性的设计要求，在道路行驶中发生钣金零部件开裂、焊点断裂或焊缝开裂，根据发生破坏的零件和系统在整车上的位置不同，其疲劳破坏可能影响整车结构的完整性、相关零部件或系统的功能和性能、行驶的安全性、降低结构的刚度和强度、产生异响等。

在整车结构的虚拟验证中，一般根据道路载荷的分解，将整车结构分解成车身和悬架零部件。

（1）车身结构疲劳寿命（道路载荷）

图 5-88 所示是车身结构疲劳分析的系统和载荷输入示意。车身为整备车身，载荷是悬架在车身连接点上的来自整个综合耐久试验中的道路载荷。验证的标准是车身上的所有零部件的疲劳寿命要求至少大于100%的道路载荷里程。

（2）悬架零部件疲劳寿命（道路载荷）

作为整车的一部分，悬架系统的所有零部件也必须满足整车综合耐久试验的检验要求。

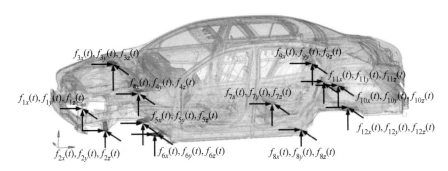

图 5-88　一个整备车身和连接点上所受的力载荷

悬架系统通常分解到零部件级别。载荷是各零部件连接点上的来自整个综合耐久试验中的道路载荷。验证的标准是所有悬架零部件的疲劳寿命要求至少大于 100% 的道路载荷里程或更高。

2. 踏板结构的疲劳寿命

加速踏板和制动踏板是车辆驾驶过程中反复使用的机构。踏板结构的疲劳寿命要求是指踏板在正常使用时（与强度分析中的滥用工况不同），反复受力情况下的踏板结构和踏板在车身安装点处的结构的疲劳寿命，如图 5-89 所示，针对使用载荷涉及的踏板和车身零部件。踏板结构的疲劳破坏是零部件结构开裂，会影响系统的功能和行车安全。

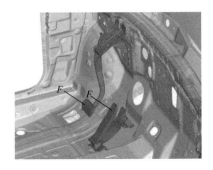

图 5-89　汽车踏板（施加不同幅值的力，重复所要求的次数）

3. 车门、发动机舱盖、行李舱盖的关闭疲劳寿命

车门、发动机舱盖、行李舱盖的关闭是车辆使用和维修所需要的基本操作。为了确保它们能够关紧，人们通常会使用较大的力来操作，常常称为猛关。基于用户关联分析，汽车的设计都要求车门、发动机舱盖、行李舱盖猛关一定的次数后，结构不能发生开裂，也就是有一定关闭次数的设计要求。例如，用户关联分析部分提到，车门设计要求车门开、关至少 50000 次或 80000 次不发生损坏。在车门、发动机舱盖、行李舱盖的关闭疲劳试验中，通常按照试验规范，施加规定的力或速度，重复规定的次数，如图 5-90 所示。

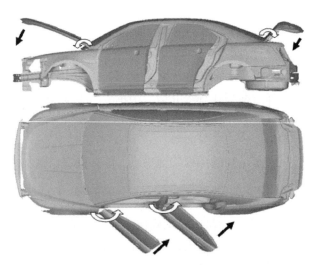

图 5-90　车门、发动机舱盖、行李舱盖的关闭疲劳寿命

5.5.4 结构的稳定性与整车性能

汽车上受到压力载荷的零部件在一定的结构和载荷条件下可能发生结构的失稳（屈曲），影响车辆的整车性能，是相关零部件设计时必须与强度同时考虑的结构耐久性之一。

汽车结构上有三类零部件在受压时可能发生屈曲。一类是杆状零件（通常是不规则的形状），一类是受平面内压力的平板件，另一类是受横向压力的板壳件。

1. 杆状零件的稳定性与行驶安全

汽车上可能发生屈曲的杆状零件有发动机的连杆、控制臂和踏板。图5-91~图5-94所示分别为后悬上控制臂、前悬下控制臂、后悬前束控制臂和踏板。这些零件都具有关键的功能，一旦发生屈曲会影响它们的功能和行车安全。所以，零件设计既要求它们有足够的强度，又要求它们有足够高的失稳临界压力。

图5-91 后悬上控制臂

图5-92 前悬下控制臂

图5-93 后悬前束控制臂

图5-94 踏板

2. 举升点结构的稳定性与举升的功能

如前所述，在车辆举升中，如果举升装置与车身门槛梁的接触面积较小，门槛梁局部的强度较低，容易发生塑性变形。如果举升装置与车身门槛梁的接触面积较大（图5-95），门槛梁局部的强度增高，但仍可能失稳，产生结构屈曲。门槛梁局部结构的屈曲会影响车辆举升的能力，也会影响用户对车辆的感知质量。所以，零件设计既要求它们有足够的强度，又要求它们有足够高的失稳临界压力。

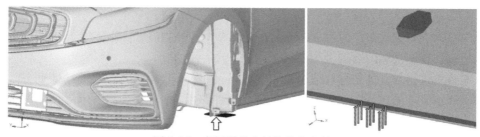

图5-95 车辆举升点结构的稳定性

3. 外覆盖件的抗凹性与车辆表面质量

大型的车身外表面覆盖件包括车门外板、发动机舱盖外板、行李舱盖外板、背门外板、顶棚、翼子板、外轮罩板，如图 5-96 所示。这些大型板壳类部件的抗凹性主要影响车辆的表面质量和用户对车辆的感知质量，特别是车门和发动机舱盖，因为它们经常会被使用者按压。一般的检验方法是使用直径为 100mm 的刚性圆柱（图 5-18）在这些车身外表面覆盖件上的多点（图 5-96）按压，加载到一定的标准（例如 200N）内不发生屈曲。

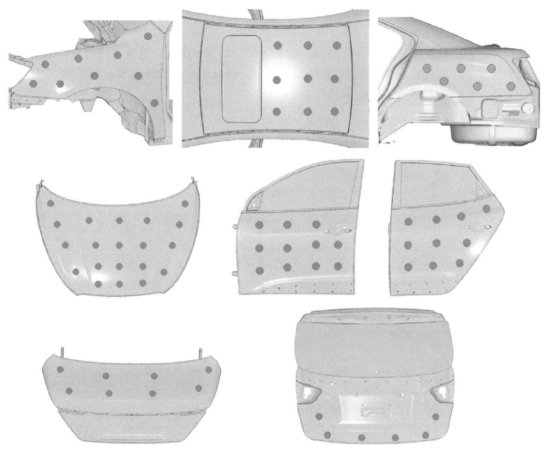

图 5-96　一般需要考虑屈曲抗凹性的汽车部件

5.6　汽车结构的性能集成

汽车结构有多种耐久性的要求，以满足多种整车性能的需求。许多整车上的结构也需要同时满足多种整车性能的要求。

汽车整车结构的主体是车身结构和底盘结构。它们不仅担负着各自的功能任务（载人、载物、承载各类功能系统和装置、控制车辆、缓冲路面冲击），还需要承受使用时的载荷、抵抗结构破坏（变形和断裂）、避免车辆振动、保护车内乘员。汽车的结构耐久性、碰撞安全性能和 NVH 性能在很大程度上由整车的结构决定，是与结构直接相关的三种基本整车属性。整车结构需要同时满足这三种性能的需求。整车结构的设计在考虑整车的造型、总布置、结构的功能需求后,需要重点按照结构耐久性、碰撞安全性能和NVH性能的需求进行。

悬架零部件是车辆操控的主要功能零部件,它们的结构刚度和车身的刚度对车辆动力学性能都影响很大。由于车辆动力学性能对用户的感知质量非常重要,车辆动力学性能往往主导着车辆的悬架设计。一些重要的悬架参数(如悬架行程、弹簧刚度)直接影响路面对车辆的载荷,影响整个悬架和车身的载荷。悬架零部件在路面载荷下的变形、强度和疲劳耐久性都直接影响车辆的安全。

在整车性能的结构集成设计中,不同的整车性能有时相辅相成,有时又存在矛盾,相互冲突,需要相互兼顾和整体优化。一般来说,结构耐久、碰撞安全和NVH性能有各自的性能特点,有一些对各自性能起关键作用的部位和区域。所以,对于整车的不同区域和部位,三种整车性能的要求有不同的重要度或优先程度,在不同的设计阶段,发挥不同的设计主导作用。

5.6.1　结构耐久性、NVH性能、碰撞安全性能的结构集成

1. 结构耐久性、NVH性能、碰撞安全性能对车身结构设计的导向

车身结构的设计是一个由整体布局到局部细节设计的过程。在这个设计过程中,结构耐久性、NVH性能、碰撞安全性能分别对车身结构的设计起了不同的导向作用。

如前所述,车身的弯曲刚度和固有频率、扭转刚度和固有频率是衡量车身整体结构性能的主要指标。车身的主要框架决定了车身的弯曲刚度和固有频率、扭转刚度和固有频率。所以,车身的弯曲刚度和固有频率、扭转刚度和固有频率的设计要求可以用于粗略地决定一个车身的整体架构,如图5-97所示。

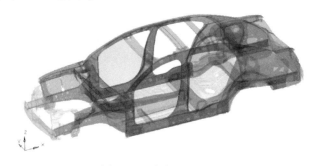

图5-97　车身整车架构

在设计车身架构的过程中,汽车碰撞安全的需求是车身设计必须满足的要求,所以,碰撞安全的要求常常主导车身几大区域的结构设计。例如,前碰撞安全的要求决定车身前端的主要架构,侧碰撞安全的要求决定车身侧边的主要结构,后碰撞安全的要求决定车身后端的主要结构,如图5-98~图5-100所示。因此,车身弯曲扭转的刚度和固有频率、碰撞安全的要求决定了一个车身的整体架构。

车身上各种系统的连接点或安装点的局部刚度要求决定相关车身局部结构的设计。例如,图5-101中两个加深的零件是发动机悬置安装点处的加强件,用于增强发动机安装点区域结构的刚度和强度。这两个加强件安装在前纵梁的内侧。也有很多局部的加强件设计安装在结构腔体的内部,如图5-102所示后副车架安装点处的加强件。

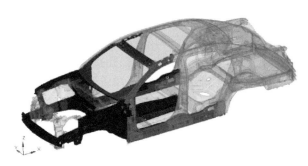

图 5-98　车身前端主结构

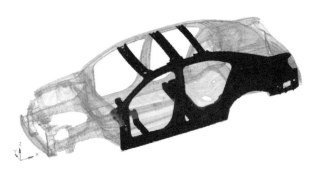

图 5-99　车身侧边架构

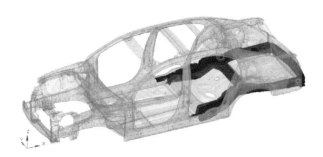

图 5-100　车身后端主结构

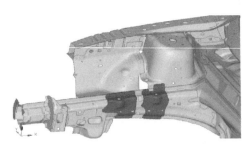　　　　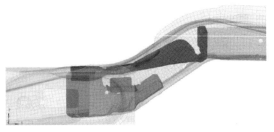

图 5-101　发动机悬置安装点加强件　　　图 5-102　后副车架安装点处的加强件

结构强度和疲劳寿命由结构的应力决定，而产生应力的结构通常是非常局部性的点，与载荷、结构和零部件的几何特性密切相关。结构和零部件的几何特性是指结构的布局、零部件的表面形态、开孔、截面、尺寸、尺寸的过渡、连接方式等。一般来说，结构或零件的几何突变容易引起高应力，如结构或零件截面和尺寸的突变、开孔（特别是方孔）、焊点。结构或零件上受力变形较大的部位容易引起高应力，如载荷传递路径上的系统或零部件的连接点（如悬架和车身的连接点、焊点）、扭转变形的交汇点（如扭力梁）。结构上的高应力通常是面积很小的点或区域。图 5-103 所示是准静态工况下车身的应力云图。所以，通常结构强度和疲劳寿命的要求是在结构的整体和局部架构确定了以后，决定零部件以及连接的细节设计。

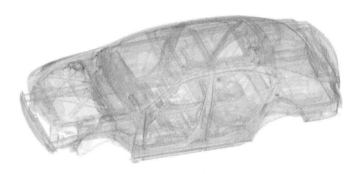

图 5-103　准静态工况下车身的应力云图

因此，结构耐久性、NVH 性能、碰撞安全性能对车身结构设计的影响可以归纳为它们在不同的设计阶段对车身结构的整体架构布局、局部构造和零部件的细节设计中发挥着不同的设计导向作用。

2. 结构耐久性与 NVH 性能的关联性

在很多方面，结构耐久性与 NVH 性能是紧密相关的。首先，结构振动的固有频率与结构的刚度（静刚度）成平方根的正比性（非直接正比）关系，即固有频率随刚度增加而增加。结构发生共振时，结构位移和结构应力都会增加。所以，结构共振对 NVH 性能和结构耐久性都有害。通常，来自道路的载荷属于低频载荷，激振频率低于 30Hz。所以，提高所有系统的结构刚度和振动固有频率可以有效地避免结构发生共振，同时降低结构的位移和应力，保障整车 NVH 性能和结构耐久性。

从反面来说，结构耐久性的失效也伤害 NVH 的性能。结构开裂或焊点、焊缝开裂会造成结构的刚度和固有频率降低，导致结构耐久性和 NVH 性能衰减以及产生异响。结构的静态和动态（振动）的变形过大也常常导致不该接触的相邻零件发生接触，产生异响。

3. 结构耐久性、NVH 性能与碰撞安全性能的冲突与平衡

在一些方面，结构耐久性和 NVH 性能的要求与碰撞安全性能的要求存在着冲突。

一个例子是车身前端纵梁的结构设计。由于汽车的前端支撑着发动机等很多重要的汽车系统，汽车的前端结构必须有足够的刚度和强度，以安全地支撑这些系统的重量和抵抗结构的振动。考虑结构耐久性和 NVH 性能，希望车辆的前纵梁刚度大，而考虑碰撞安全性能，则希望车辆前端具有能量吸收区，有意识地在前纵梁上设计开槽或开孔，使前纵梁在车辆前端碰撞发生时在这些结构"弱"点处发生折弯，用结构的变形吸收碰撞能量，保护驾驶员，如图 5-104 和图 5-105 所示。以此，结构耐久性、NVH 性能与碰撞安全性能在前纵梁的设计上存在冲突，应兼顾和平衡多方的性能要求。

图 5-104　车身前端碰撞吸能区

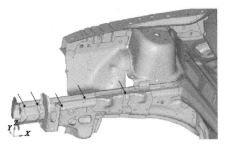

图 5-105　车身前纵梁结构弱化点

另一个例子是汽车碰撞安全中的行人保护。在进行汽车的设计时，考虑在车辆撞到行人时，行人的头部或肢体撞到发动机舱盖，此时若发动机舱盖的刚度小（"软"），行人所受到的伤害就小。然而，考虑 NVH 性能和结构耐久性能则希望发动机舱盖刚度大，如图 5-106 所示。所以，发动机舱盖的设计需要兼顾和平衡 NVH 性能、结构耐久性和碰撞安全（行人保护）性能。

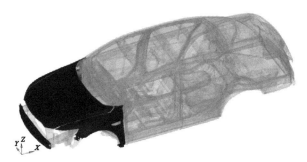

图 5-106　车身前端有关行人保护的部件

5.6.2　悬架设计与整车性能

1. 车辆动力学性能和整车结构耐久

汽车的主要使用功能是行驶。在汽车的行驶过程中，悬架的功能是支撑整车、乘坐人员和车载物品的重量，保证车辆平顺地行驶和平稳地转向，缓解由不平路面传给车身和乘客的冲击，改善人员的乘坐感受。悬架的结构和参数不仅决定车辆动力学性能（平顺性和转向性），还决定悬架各个零部件所承受的载荷和传递到车身的载荷（参见图 5-23 和图 5-24）。一些车辆动力学性能的设计改变会影响车辆的道路载荷，从而影响车辆的结构耐久性。通常情况下，车辆动力学性能直接影响车辆的驾驶质量和用户的满意度，所以，车辆动力学性能要求往往优先于耐久性要求，悬架的设计经常为车辆动力学性能而变化，结构耐久性的设计需要不断跟踪悬架设计的变化，考察悬架结构的变化对结构的载荷和耐久性的影响，适时做出必要的设计修改。

悬架零部件的结构刚度对于车辆动力学性能影响很大，同时也影响整车的 NVH 性能。所以，在通常情况下，悬架零部件的结构刚度由车辆动力学性能决定。

2. 悬架的结构耐久性设计与车辆行驶安全

悬架零部件的结构必须足够坚固，能够承受整车、乘员和物品的重量和来自路面的冲击载荷，不发生影响悬架功能的变形，不发生断裂或裂纹。所以，悬架零部件的设计要求结构有足够刚度、强度、稳定性和疲劳寿命。

由于悬架的结构承受来自路面的主要冲击载荷，并且底盘系统（包括车轮、悬架、转向、制动）对于整车行驶的安全至关重要，所以，悬架零部件强度要求的等级高于疲劳寿命要求。

悬架零部件的强度是保障人员和车辆安全的结构耐久要求。强度设计的载荷来自极限工况和滥用工况。作用在悬架零部件各连接点上的载荷来自载荷分解。对于典型的极限工况，通常设计要求结构的应力小于屈服极限，或者结构的塑性应变和残余变形必须小于允许值。对于滥用工况，设计要求结构塑性应变和残余变形必须小于允许值。

悬架零部件的设计需考虑整车强度失效链逻辑，即控制在极限载荷作用下，零部件发生变形、屈曲或断裂的先后顺序。对于用户遇到恶劣使用工况，如果发生失效，首先要让用户知道车辆有损坏，如车轮爆胎、轮辋变形，或者下摆臂发生屈曲，转向拉杆弯曲等，用户很快就能察觉到车辆的异常，提醒用户去修车，及时进行零件更换。如果损坏发生在副车架或者车身上，用户有察觉不到的可能而未及时进行维修，带着危险继续使用，很容易造成灾难性后果。其次，失效应发生在易更换和成本低的零件上，如下摆臂、转向拉杆等，从而保护成本相对昂贵的副车架、转向机。再次，悬架零部件由不同的材质制造，如球墨铸铁、锻铝、铸铝、钢板等，这些材质失效特性存在差别，如铸铝或铸铁件，材质延伸率较低，过载变形后容易脆断，而钢板延伸率很高，过载后通常产生大变形，但直接断裂的概率较低。因此，脆性材质零件强度等级要求高于塑性材质零件。最后，需要考虑零件失效后的后果严重程度，如球铰或者转向节断裂，则车辆直接失控，极易发生事故，而轮辋变形、稳定杆断裂不会造成这种后果。基于以上失效逻辑，一般情况下强度要求：球铰和铸件＞锻件＞钣金件，副车架、转向节＞控制臂＞车轮。

转向节是连接车轮与悬架的核心部件，若其发生断裂，则意味着车轮飞出，车辆失去控制，因此其强度等级是底盘零部件中要求最高的，强度设计指标也比底盘其他零部件严苛。比如在某一载荷条件下，下摆臂要求应力不超过拉伸强度，但对于转向节则要求应力不超过屈服极限。按这一要求，转向节通常设计有足够的疲劳余量，若其发生失效，一般情况下是由过载引起，很少是由疲劳失效引起的。换句话说，转向节的强度要求高于疲劳寿命要求。

参 考 文 献

[1] BERTSCHE B. 汽车与机械工程中的可靠性［M］. 蓝晓理，金春华，汪邦军，译. 北京：机械工业出版社，2014.

第 6 章
整车尺寸结构集成设计与验证

整车尺寸结构集成设计与验证是汽车产品开发结构集成设计中不可或缺的一部分。整车尺寸集成的意义在于，一方面需要通过尺寸设计定义支持整车造型要求，同时满足客户对感知质量的需求；另一方面通过尺寸验证，约束整车生产各环节尺寸控制，确保整车尺寸目标达成。本章将详细阐述整车尺寸结构集成设计与验证的工作思路和方法，重新认识尺寸集成在整车结构和性能开发中的作用和意义。其内容主要基于产品开发流程，说明整车尺寸目标的定义、目标的分解、目标的设计实现、目标的实物验证以及目标的最终达成等几个方面系统形成一个闭环开发思路。通过开发逻辑、方法论、规范和实例等详细介绍基于整车结构集成的尺寸集成系统开发理念，打破传统的对尺寸工程的散点印象，确保产品设计在工艺制造可实现的前提下，满足各项目标要求。为了让广大读者深入理解整车尺寸结构集成设计与验证内容，本章将理论和方法与实际案例相结合，方便读者从整车尺寸开发全流程的角度来理解和思考。

注：本章部分图片来源于欧美国家行业内资料，有的是基于真实尺寸工作的开展，目的是更真实和直观地对所述内容进行讲解，但其中所采用的符号和标注方式与中国国家标准存在差异。

6.1 整车尺寸结构集成及目标设定与评价

尺寸集成作为一项系统工程，其相关活动是围绕客户之声（VOC）开展的。这里的客户包含外部客户与内部客户。外部客户是潜在的购车消费者，他们中的大部分人往往会对交付新车的制造工艺水平进行主观评价，而制造工艺水平最直接有效的评价主要来自于对整车内外可见的零部件或系统之间装配的缝隙均匀度与规整性的定性感受，将这些直观感受工程量化来满足客户需求是尺寸结构集成目标之一。内部客户来自于汽车研发部门内部的产品开发、整车集成以及制造工程等相关部门。尺寸结构集成需要全流程考虑不同零部件与系统在设计、制造与装配过程中成本与质量的平衡、可靠与精致的平衡、稳定与波动的平衡，以实现装配精度的一致性和重复性目标。

尺寸的结构集成作为整车结构集成的一部分，需要遵循整车开发的"V"字形逻辑，如图 6-1 所示。尺寸集成包含尺寸设计与尺寸验证。尺寸设计自上而下从目标定义到目标分解，尺寸验证自下而上从目标的实物验证到样车试制及试生产。

整车尺寸集成开发一级工作流程如图 6-2 所示，尺寸集成开发流程是基于整车开发流程的，目的是确保整车尺寸集成工作有准则可循、项目进程可控、项目质量有保证。尺寸集成开发一级流程包含二级流程工作具体内容和二级流程起始节点。

尺寸集成开发工作开始于项目策略意图阶段，结束于最终状态报告阶段。参与部门有与

第6章 整车尺寸结构集成设计与验证

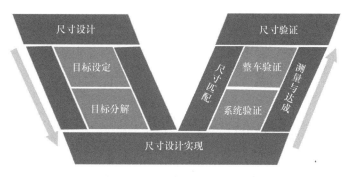

图 6-1 尺寸集成 "V" 字形逻辑

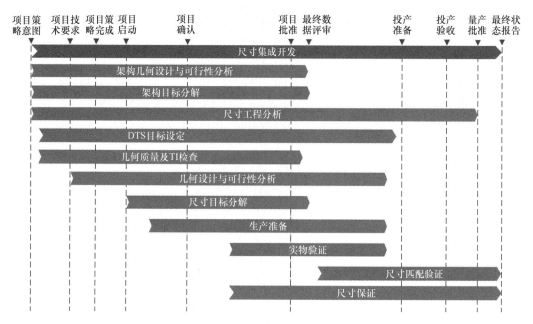

图 6-2 尺寸集成开发流程示意

造型相关的造型部门、造型品质管理部；与工程相关的整车属性、车身、内外饰、总布置；与制造相关的工艺技术部门及工厂。流程输入有架构相关信息、项目需求、通用性内容、属性目标、系统决策、造型模型、制造需求等。流程输出包括底盘尺寸技术规范和整车尺寸技术规范；尺寸相关的可行性问题和感知质量问题总结报告；尺寸设计检查报告；GD&T（Global Dimensioning and Tolerancing，全球尺寸和公差的规定）图样、功能尺寸图样、测点文件以及测量规划等。尺寸集成开发工作流程因不同企业开发逻辑不同而略有差异，这里只是举例示意，不做二级流程详细展开描述。二级流程工作大部分内容，后面章节会详细讲述。

6.1.1 整车内外观尺寸目标设定

与客户感知相关的整车尺寸目标称为尺寸技术规范（Dimension Technical Specification，DTS），即整车的不同外观零部件配合区域之间可测量的间隙、面差、对齐度、圆角等的设计值与公差要求。对客户来说，汽车主机厂的制造工艺水平主要从三个方面进行评价：特征线锐利度、外观漆面水平和 DTS 水平。特征线锐利度和外观漆面水平主要体现的是冲压和涂装的单项指标，而 DTS 水平是冲压、焊接、涂装、总装和供应商等各方面综合控制能力的体现，是汽车制造工艺以点代面、由面及里的直观性体现。DTS 目标的设定涉及造型设计、感知质量、产品开发、整车集成、质量、制造工程等多个部门，需要各部门从各自专业角度出发经过多轮校核与反复讨论达成一致。最终形成的 DTS 文件是整车尺寸感知质量评价的重要标准，可作为商品车 Audit 评价参考规范以及尺寸内外观几何质量的最终验收标准，将直接决定新车型是否可以进入量产并向客户销售。

1. DTS 文件的表达

不同主机厂的 DTS 文件形式略有差别，但主要内容必须包括主视图和断面视图两部分，如图 6-3 所示。具体做法是在整车外观或内饰投影视图上以断面符号标识出不同的 DTS 断面，一般每组配合关系均需要至少一个 DTS 断面来表达，当相同的配合关系中出现对接方向的改变或配合名义值的改变时，需要新增 DTS 断面符号及相应的 DTS 断面视图。断面视图是每组配合关系的 DTS 详细表达，一般需涵盖间隙、面差名义值和公差值及平行度或对称度要求、主 R 角名义值要求、对齐度要求、工艺圆角要求等，其中间隙、面差、平行度、对称度和主 R 角一般在主断面视图中展示，对齐度和工艺圆角一般在产品轴测图或三视图的局部放大视图中展示。

一般情况下，DTS 断面视图需要通过连线与主视图中对应的断面符号相连，同时，DTS 断面视图应在主视图周围排布均匀、整齐，主视图与对应的断面视图在同一页中，如图 6-3 所示。也有一些主机厂的 DTS 文件中主视图与断面视图是分页展示的，主视图集中在文件的

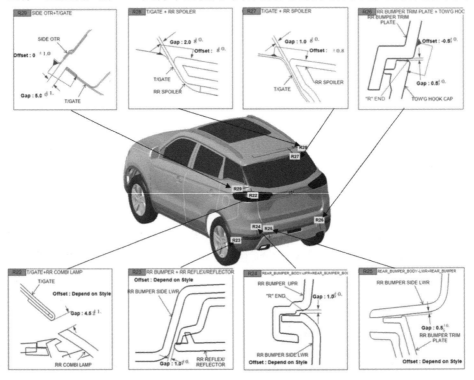

图 6-3 整车外饰 DTS 表达案例（软件截图）

前几页，而断面视图在其后展示，在电子文档中主视图与断面视图以超链接相联系。两种方式各有优缺点，前者便于在现场快速查找打印文档，后者方便在工程设计阶段的讨论与展示。通常情况下在成熟的主机厂中，后者用于工程设计阶段 DTS 未锁定时的设计文件，前者用于在数据冻结后发往工厂的生产文件。

2. DTS 的对标设计

由于客户对 DTS 的感知属于主观评价范畴，为了获得量化的客户感知数据，最好的方式是选择同级别畅销车型作为标杆，参考标杆车的实际测量值并结合自身车型结构特点与制造工艺能力综合设定 DTS 目标，避免目标设定过低带来的客户抱怨或目标设定过高带来的成本失控。DTS 对标设计流程如图 6-4 所示。

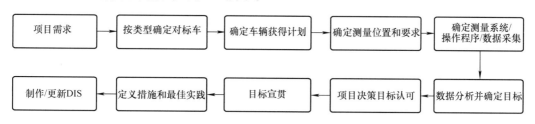

图 6-4　DTS 对标设计流程

标杆车的选择需要从感知质量整体考虑，而不仅仅只考虑 DTS 相关的间隙面差水平，这是因为静态感知质量是视、听、触、嗅多维度的综合感受，各维度之间会彼此相互影响。例如，产品造型的特征会极大影响外观间隙面差的视觉效果，相同的测量值下，零件边缘 R 角的大小会影响间隙大小的主观感受。如图 6-5a 中 R 角较大，视觉间隙较大；图 6-5b 中 R 角较小，相比视觉间隙较小。再比如，外观黑漆部分对间隙的敏感度要低于色彩漆部分（通常以白色作为评价色），那么黑漆部分的间隙公差值可比车身色彩漆部分略大。因此在与标杆车对标时，要综合考虑造型特征、结构关系、材质、色彩等因素，而不是一味地比较测量数值的大小。

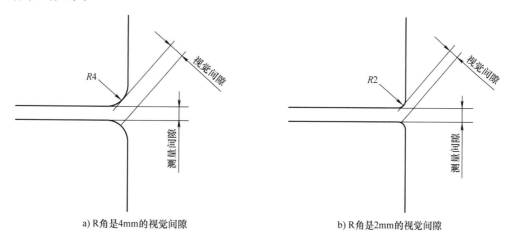

a) R 角是 4mm 的视觉间隙　　　　　　b) R 角是 2mm 的视觉间隙

图 6-5　R 角对视觉间隙的影响

3. DTS 的设计方法

DTS 名义值应通过主观评价、对标和校核计算得到。其中，校核计算近年来越来越受到重视，这是因为在奥迪、雷克萨斯等公司的带动下，各大主机厂对尺寸精致感的要求越来越高，轿车 DTS 间隙名义值越来越小。以四门主缝为例，近年上市的车型翼子板与前门及后门与侧围的间隙名义值已经从过去的 4mm 为主优化到 3.5mm，部分车型甚至压缩到 3～3.5mm 范围内。在间隙名义值不断压缩的情况下，对功能性和可靠性的要求也相应提高，DTS 在设计时就需要进行充分的可靠性校核，以免发生极端情况下零部件干涉或引起其他性能异常等问题。通常，DTS 的名义值校核要遵循：

$$N = A + B + C + D + E + F + \cdots \tag{6-1}$$

式中　N——DTS 名义值；

　　　A——装配零部件的公差累积，考虑各个零部件的公差累积计算值；

　　　B——零部件结构或工艺限制，如拔模角度、内部安全空间等；

　　　C——零部件的功能或性能要求，如门的运动校核要求、水切等的唇边长度要求等；

　　　D——零部件的热胀冷缩误差，通常在塑料件上考虑；

　　　E——特殊要求，如零部件重力影响等；

　　　F——装配的安全空间要求等。

在内饰区域，DTS 名义值的设计更加敏感，一方面是由于内饰零部件的间隙名义值更小，另一方面，内饰零部件的匹配需要考虑 NVH 异响问题。在汽车的仪表板（IP）区域某些材料的零部件之间，DTS 精致感与异响是互相矛盾的，往往需要经过仔细的校核验证与反复的结构设计优化，才能得到平衡的结果，这方面可参考本书第 4 章相关的内容。

DTS 的公差与名义值设定过程相同，也由主观评价、对标及校核综合设定。主观评价即按照名义值加公差上下限得到的最大与最小极限状态，结合虚拟现实手段进行评价。公差的校核即计算式（6-1）中的子项 A 的过程。在初版 DTS 设计过程中，通常需要采用一维尺寸链计算进行快速的可行性校核，随着产品结构不断完善、定位策略不断固化以及与供应商针对零部件公差的不断确认，三维的仿真偏差分析也应同步开展并在过程中对 DTS 公差目标进行适当的修正。

一维尺寸链校核应按照基础公差和与供应商约定的零部件验收标准，按照均方根方法进行。均方根方法是统计公差分析的一种常用算法，该方法的依据是批量生产的零件尺寸公差符合正态分布。该方法在尺寸链计算和统计学中较常见，后文中有详细描述。

4. DTS 的开发流程

DTS 的设计开发工作贯穿整个产品开发过程，是与造型、总布置、产品开发、制造工程等部门不断讨论、校核与优化的过程。其中，尺寸部门通过 DTS 与产品和造型部门进行沟通和讨论，但一般情况下 DTS 并不直接用于指导造型 CAS 面的详细设计，这是因为由于测量方法的不同，尺寸部门要求的 DTS 值不一定能够被造型工程师完全理解。因此，最佳的方式是 DTS 目标通过三维数据主断面间接输出给造型工程师，而三维数据主断面在正式输出前则由尺寸工程师详细审核并得到工程部门认可，也称为"握手"。在一个完整的产品开发周期内，各个部门的输出物需严格遵循相应的时间和质量要求，如图 6-6 所示。

DTS 的每个版本随产品开发的迭代轮次不断细化，作用也不尽相同。在不同阶段需要同其他部门就公差、断面形式、产品结构和工装方案等进行讨论并优化。经过目标设计、虚拟验证、实物验证后确定最终的 DTS 文件。DTS 版本与定义内容见表 6-1。

第6章 整车尺寸结构集成设计与验证

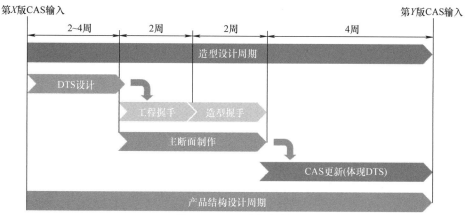

图 6-6 DTS 开发流程

表 6-1 DTS 版本与定义内容

序号	DTS 版本	开发节点	DTS 定义内容	DTS 参与讨论部门	备注
1	DTS Pre Draft	DSM.0	DSM0 CAS 输入,可用对标车或基础车参考,示意分缝关系,定义初版 DTS	尺寸内部	初始输出
2	DTS Draft	DSM.2	对已知分缝进行 DTS 定义,SE 提供示意断面	车身及外饰、内饰及附件、总布置、VQM、DQ、PQ、ME 尺寸	主版本,DTS 初版发布
3	DTS Concept	DTS.3	DTS 更新,完善细节,示意断面应同 DTS 定义目标一致	车身及外饰、内饰及附件、总布置、VQM、DQ、PQ、ME 尺寸	小版本更新,细节完善
4	DTS V0	DSM.5	依据冻结 CAS 详细定义 DTS,SE 提供与 DTS 定义值基本相符的设计断面(需要体现正确的 R 角、可视 B 面、拔模角等信息)	车身及外饰、内饰及附件、总布置、VQM、DQ、PQ、ME 尺寸	主版本,间隙和 R 角名义值完成确认,输入给造型 CAS 冻结
5	DTS V1	AA1	经过了尺寸链分析和讨论,更新 DTS 要求,SE 提供与 DTS 定义值准确相符的断面,输出给 A 面冻结	车身及外饰、内饰及附件、DQ、PQ、ME 尺寸	主版本,输入给造型 A 面冻结。跟进 A 面检查,完成 DTS 会签
6	DTS V2	AA2	造型设计局部变更,或量产车经评审确认,个别公差微调优化	车身及外饰、内饰及附件、DQ、PQ、ME 尺寸	造型设变或公差微调

5. DTS 的测量规范

为避免尺寸部门人员与造型、工程、制造等部门沟通时出现不一致,需要制定 DTS 的测量规范以统一标准。DTS 的测量规范需充分考虑主观视觉感受与实物测量的实际情况,遵循准确、快速和方便的原则制定,同时尽量将相同的结构关系进行归纳,减少测量分类。在此基础上,对于特殊结构关系的测量方式必须由尺寸工程相关人员评审后确定。

(1)间隙测量的原则与方式

间隙检查默认使用两个零件的实际特征,不使用虚拟要素。特殊情况以 DTS 文件中标注为准。间隙测量方式示例见表 6-2。

表 6-2　间隙测量方式示例

类型	设计测量方式	实车测量方式	示意图
间隙两侧为一侧圆角一侧负角	两个圆角特征之间的最短距离（点到点）	以间隙能通过的最大圆柱直径作为测量值	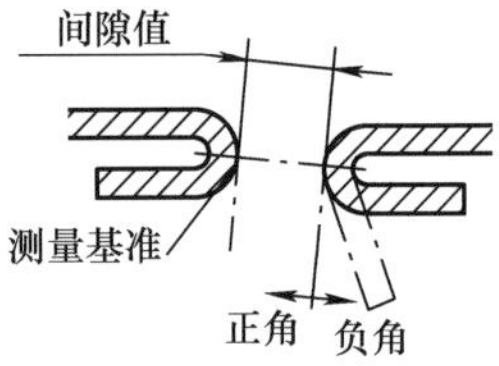
间隙两侧为一侧斜面（夹角≥90°）圆角一侧负角	以斜面立面为基准到另一侧最短距离（点到线）	平行于斜面测量另一侧的切点距离	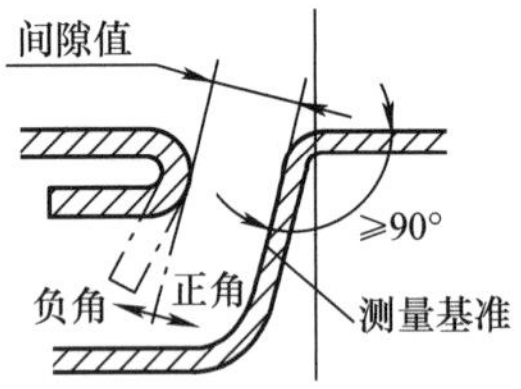
间隙一侧为圆角相接面（无直线段）	以圆角相接点为基准到另一侧特征的最短距离（点到点或点到线）	负角时测量方法同设计，正角时无法测量，目视评价，断面中标识内部最小间隙用于风险评估	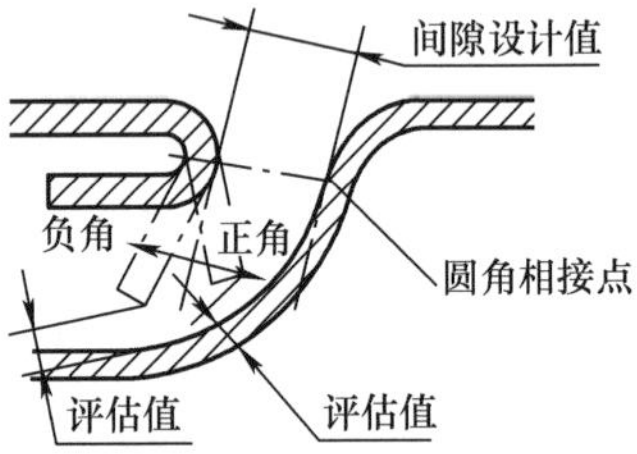

（2）面差测量的原则与方式

面差定义为点到面的距离，点为圆角末端的特征点或圆角的最高点，面为基准面的曲率延伸面。面差测量需标注检查基准面，避免出现正负错误。面差测量方式示例见表6-3。

表 6-3　面差测量方式示例

类型	设计测量方式	实车测量方式	示意图
相邻两个面一侧为平面（曲率≥500）另一侧为弧面（曲率<500）	以基准面做曲率延伸，测量另一侧圆角根部到延伸面的最短距离（点到线）	以基准面为基准使用高差仪，支点在圆角根部10mm范围内，测量另一侧圆角根部5mm范围内的面	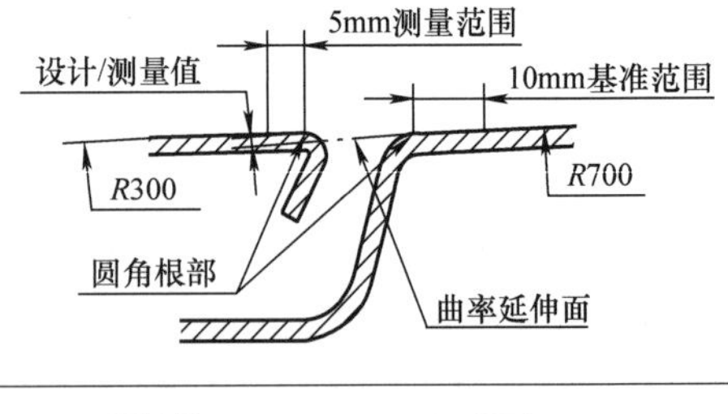
相邻两个面均为弧面（曲率<500）	以基准面做切线延伸（直线延伸），在同一断面下测量另一侧圆角根部到延伸线的最短距离	以基准面为基准使用高差仪，支点在圆角根部10mm范围内，测量另一侧圆角根部5mm范围内的面	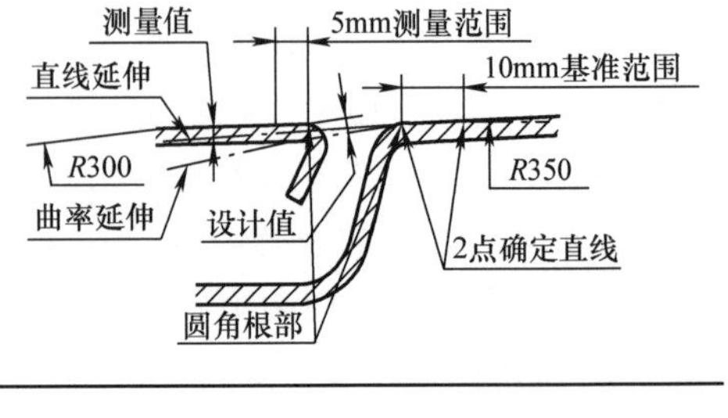

6.1.2 整车内外观尺寸目标的评价方法

整车内外观尺寸公差目标最终需要直接面对客户,因此其设定必须经过主观评价才能最终确定。整车内外观尺寸公差目标评价主要分为虚拟评价与实物评价两类,根据方法的不同又可分为基于数据的渲染模型评价、虚拟现实评价、局部模型评价、实车模型评价等。

(1) 基于数据的渲染模型评价

目的是评价目标区域的设计公差极限状态是否满足客户要求或引起客户抱怨。通常,设计名义值也需要经过渲染模型评价,一般与感知质量主观评价同时进行,具体方法参见第7章,本节只描述与公差相关的主观评价。具体做法是将造型数据按照公差上下极限重新调整,配合专业软件的实景渲染,在屏幕端由相关人员进行主观评价。图 6-7a 所示是 IP 和门护板间隙公差上偏差极限效果,图 6-7b 所示是 IP 和门护板间隙公差下偏差极限效果,通过同等比例的公差极限状态对比进行主观评价,确认定义的合理性。评价范围包括间隙公差极限、面差公差极限、极限平行度、极限对称度、配合区域老鼠洞等。该方法能够考虑光线和视角的影响,但是无景深效果,较难锁定评价者的视觉高度,某些情况下会放大局部缺陷的视觉比例,对主观评价有一定的误导性。

a) IP和门护板间隙公差上偏差极限效果　　b) IP和门护板间隙公差下偏差极限效果

图 6-7　渲染模型示意图

(2) 虚拟现实评价

针对关键或争议区域仅通过计算机端的渲染评价不足以支持决策,通常会组织相关人员进行虚拟现实评价。该方法与渲染模型评价的区别是通过虚拟现实的景深将渲染模型的比例锁定,使评价者处于真实比例的环境中,对争议点进行更合理的决策。虚拟现实评价支持个人通过 VR(虚拟现实)设备开展,如图 6-8 所示,也支持多人在 VR 评审室联合评审。VR评审由于是 1∶1 真实比例,对模型质量和渲染分辨率要求较高,受硬件资源和场地限制,一般在项目关键节点决策时使用。

(3) 局部模型评价

虚拟现实评价可以满足大部分的视觉评价要求,但是在某些情况下仍需实物辅助评审决策。例如大部分客户对面差的评价不仅是视觉,还会通过手指触摸的形式感受平顺性,这是因为零件的弧度与倒角大小都会影响客户对平顺的感受,尤其是零件工艺分模线对触觉的

图 6-8　VR 评审真实比例示意

影响,更需要实物模型辅助评审。对于局部模型评价,可根据名义值状态及工艺特征(如分模线)加工快速样件,相邻零件设计可调节机构,方便调整不同公差状态,同时为了尽量贴近实车状态,需配合喷漆或贴膜等模拟表面色彩纹理。受成本和加工周期影响,局部模型通常仅用于关键区域的评审。图 6-9 所示是水切与门和侧围匹配区域快速成型件模型,水切 R 角初始设计值是 2.3mm,从感知质量角度以及造型可视间隙角度评估,需要将该 R 角减小到 0.5mm。从图中可以看出当间隙不变,R 角由 2.3mm 减小到 0.5mm 后,视觉间隙大大减少,精致感提升明显。

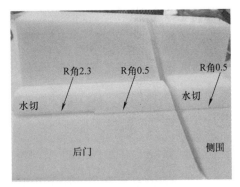

图 6-9　快速样件模型

(4)实车模型评价

造型部门会随设计成熟度制作多轮样车用于造型评审,尺寸部门可通过 DTS 文件将设计名义值体现在实车模型上,用于整车外观综合评审。一方面,由于造型评审会有市场、研发、质量、生产、领导层等多方参与,尺寸部门可在模型评价过程中收集 DTS 相关问题。另一方面,尺寸部门可通过实车评审模型组织 DTS 名义值评审及会签。此外,在实车模型上也可以针对特殊断面验证间隙面差的测量方式并根据验证结果对设计值进行修正。

以上是 DTS 尺寸目标几种常用的主观评审方式,无论采用哪种方式,都需要遵守以下评审原则:

1)从客户角度进行评价。

2)DTS 是工程设计与工艺能力的体现,不能代入造型相关的评价。

3)DTS 的公差可以理解为客户抱怨度的阈值,即超出公差会引起抱怨,评价时避免引导式评审,而要由评价者主动发现。

4)为了使主观评价结果收敛,针对争议点可根据目标用户多数人的意见进行最终决策。

6.1.3 整车功能集成尺寸目标设定

整车功能集成相关的尺寸目标需要从保证整车属性目标达成的角度考虑，这类目标有一部分是由尺寸工程师根据其他属性模块的功能要求转化为尺寸精度目标而设定的，还有一部分是由其他专业部门通过 CAE 模型分析后直接得出的。针对这类目标尺寸，工程师只需进行校核以确认可行性并对风险提出优化建议即可。例如影响玻璃升降力与异响的功能尺寸目标需由尺寸工程师设定并校核，而影响直线行驶与回正功能的四轮定位参数目标则由底盘悬架工程师给出，尺寸工程师只需校核符合性。功能类的整车尺寸目标会对产品结构、材料性能、工艺方案提出相关要求，而针对不同的功能，尺寸目标设定的依据、方法及评价维度不同。下面举两个例子进行说明。

案例1：排气热害功能尺寸目标的设定

从感知质量考虑，排气尾管与后保险杠之间的间隙目标定义越小越精致，然而由于排气尾管在车辆使用过程中有一定的热量释放，为避免后保险杠局部变形，从热害角度考虑该间隙则越大越安全。某车型排气尾管与保险杠间隙定义为16mm，理论状态下可满足设计要求，但经过尺寸校核发现，排气尾管到后保险杠尺寸链路径较长，实际制造公差可达到8mm，在最小间隙12mm时通过热害仿真分析发现，外侧排气管对应的保险杠边缘最高温度可达150℃，如图 6-10 所示，严重超出设计定义。虽然出现极限公差的概

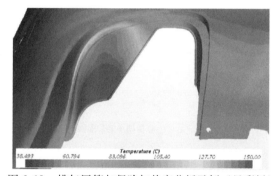

图6-10 排气尾管与保险杠热害分析示例（见彩插）

率较小，但热害风险是影响车辆安全的重大事项，必须确保万无一失，因此必须进行优化。

针对该问题解决措施有以下几条：①增大排气尾管和保险杠之间的理论间隙；②保险杠增加耐高温保护层；③排气尾管增加装饰罩；④优化气流回流路径等。其中，②、③、④措施需要额外增加一定的单车成本，而结合造型风格与感知质量评价，措施①可解决该问题，最终该功能尺寸目标设定为（20±4）mm。

案例2：四轮定位参数目标的校核

四轮定位参数是保证车辆稳定直线行驶、自动回正、轮胎正常磨损等的重要参数指标，主要包括主销内倾角、主销后倾角、前轮外倾角、后轮外倾角、前轮前束角和后轮前束角，如图 6-11 所示。这几个角度的理论值与允许偏差范围通常是由底盘工程师对标结合悬架结构通过车辆动力学仿真分析计算得到，然后交由尺寸工程师从装配制造角度进行校核，尺寸工程师在目标校核过程中需要对零部件公差进行调整以满足功能目标，如果零部件公差无法满足要求，则需与底盘与属性工程师讨论适当调整四轮定位参数公差目标。

以麦弗逊式悬架的主销内倾角为例，尺寸工程师需根据整车装配流程确认前悬架零部件装配关系并根据 GD&T 图样明确相应的零部件定位策略与公差。如图 6-12a 所示，涉及的零部件为发动机舱总成、前副车架、左右悬架，零部件需分解到有对应 GD&T 图样与实际测量的级别，公差参考图 6-12b 所示的图样要求。然后搭建三维尺寸链仿真模型，通过仿真的主销内倾角计算结果评判是否满足设计目标。

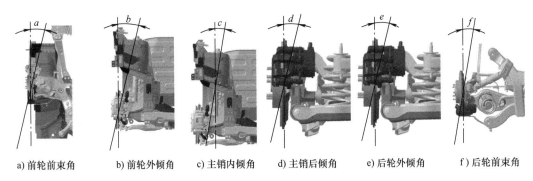

a) 前轮前束角　　b) 前轮外倾角　　c) 主销内倾角　　d) 主销后倾角　　e) 后轮外倾角　　f) 后轮前束角

图 6-11　四轮定位参数示意

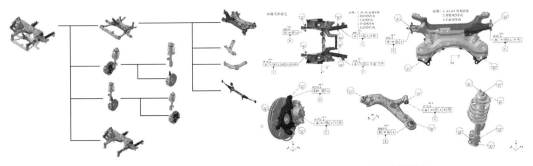

a) 前副车架装配流程图　　　　　　b) 前副车架零部件定位策略

图 6-12　底盘前副车架零部件装配关系和定位信息示意

对于不满足目标的验证结果，需要结合工程能力对零部件公差进行优化调整并输出相关图样要求，表 6-4 所列为某车型四轮定位参数分析结果。

表 6-4　四轮定位参数分析结果示意

类别	3D 分析结果 ($+/-3\sigma$)	2D 计算值	底盘目标值	与设计值比较	
				小于设计值 OK	大于设计值 NOK
主销后倾角	±0.20°	±0.16°	±0.5°	OK	
主销内倾角	±0.14°	±0.16°	±0.5°	OK	
前轮外倾角	±0.45°	±0.41°	±0.5°	OK	
前轮前束角	±0.64°	±0.13°	±0.17°		NOK
后轮外倾角	±0.37°	±0.48°	±0.5°	OK	
后轮前束角	±0.60°	±0.15°	±0.17°		NOK

6.2　基于结构集成的尺寸目标分解

整车的尺寸目标定义完成后需要通过系统的方法对目标进行分解，使尺寸公差目标落实到相应的子系统和零部件上，交付给供应商与制造部门并以此为标准对实物进行测量与控制。尺寸目标分解的核心工作是公差的尺寸链计算,为了保证尺寸链的计算与实际制造过程一致,以及公差的分解能得到供应商与制造部门的落实,需要统一定位系统同时输出标准的GD&T图样与功能尺寸文件,这些活动构成了本节的主要内容。

6.2.1 整车结构集成的定位系统设计与案例

汽车行业涉及加工与测量通常会提到两个概念:定位系统和基准系统。其中,定位系统是指将零部件在空间中精确固定并保持稳定的要素集合,根据使用条件的不同,这些要素集合可在模具、夹具、检具等机械装置上体现。而基准系统是建立参考坐标系所选取的要素集合,在汽车行业由于普遍采用全局坐标系,二者一般是统一的。这样可以有效排除基准系统与定位系统不一致导致的加工与测量误差,因此,几十年来汽车公司都各自形成了相应的标准规范并加以实践应用。这种在全局坐标系下二者相统一的系统称为定位参考点系统(Reference Points System,RPS),它最早由德国大众公司系统归纳提出,规定了每个车型从开发、制造、检测直至批量装车各个环节必须遵循同一套定位系统的要求。

1. RPS 的意义

RPS 是为了减少加工与测量误差,具体体现在以下三个方面。

1)保证制造过程中加工基准具有统一性,避免由制造工序带来多余尺寸链环。

如图 6-13 所示,孔 B、C 是配合件上定位销对应的定位孔,B、C 之间距离的公差越小越好。如图 6-13a 所示,如果加工孔 B 和孔 C 采用统一的基准孔 A,A、B 之间距离偏差是 ±0.1mm,A、C 之间距离的偏差是 ±0.1 mm,那么 B、C 之间距离的偏差是 0.1mm + 0.1mm = 0.2mm。如图 6-13b 所示,如果加工孔 B 和孔 C 分别采用不同的定位基准,以孔 A 为基准加工孔 B 和孔 D,以孔 D 为基准加工孔 C,A、B 之间距离偏差是 ±0.1mm,A、D 之间距离偏差是 ±0.1mm,C、D 之间距离偏差是 ±0.1mm,那么 B、C 之间距离的偏差 0.1mm + 0.1mm + 0.1mm = 0.3mm。此案例说明了加工基准不统一会带来多余的尺寸链环,从而降低加工精度。

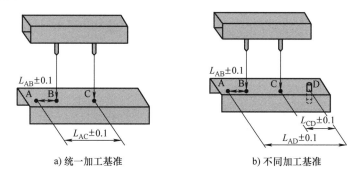

图 6-13 基准统一性说明图

2)在制造和装配过程中要尽可能保证加工基准具有继承性,避免由于累积工序带来多余尺寸链环。

如图 6-14 所示,当计算两个件组装后两个功能孔之间的公差时,如果采用 AB 件继承基准,即 A 件 XY 孔和 B 件 X 槽作为总成基准时,尺寸链环(图 6-14a)为三环:①A 件功能孔冲压公差;②AB 件装配公差;③B 件功能孔冲压公差。如果不采用继承基准,需要新开总成新 XY 基准和总成新 Y 基准（图 6-14b），那么尺寸链环为四环：①A 件功能孔冲压公差；②新定位孔冲压公差；③AB 件装配公差；④B 件功能孔冲压公差。对比两种情况可知，RPS 基准如果不继承沿用，尺寸链环会增多，尺寸精度难以保证。

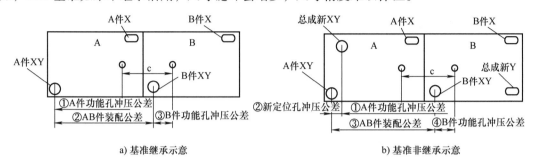

图 6-14 基准继承性示意

3）保证产品基准系统在测量过程中的测量状态与制造过程中的生产状态一致，使测量数据能够直接指导产品的更改。

例如后背门在整车装配过程中有其自身的装配基准，该装配基准为后背门在装具上的定位基准，如图 6-15a 所示。同时，后背门在包边过程中也有内板或外板定位基准，如图 6-15b 所示。后背门测量时需要选择装配基准，因为该基准测量数据直接反映后背门状态与装配状态的关系。例如：如果后背门与侧围左右间隙不均匀，可以通过基于装配基准的测量报告判断是后背门本身的 Y 向间隙包边不均匀导致的还是 Y 向居中装配有问题，根据评判结果可以直接进行整改；如果后背门测量基准改为内板定位基准，如图 6-15b 所示，实际包边过程会导致装配基准 Y6 超差。但是由于装配基准采用 Y 向对中，是允许这里超差的，无须整改。所以这样的报告无法直接反映问题的原因，对于装配问题整改不直观。当然有些主机厂也会规划这类测量，目的是分析包边工序相关的问题。

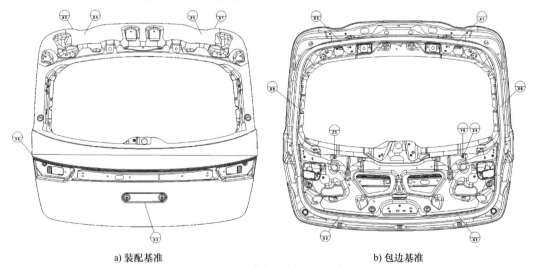

图 6-15 后背门不同基准示意

2. RPS 的设计原则

在汽车正向开发过程中，RPS 的设计应由尺寸工程师随着项目周期和工程数据的迭代，统筹考虑功能需求、机械结构、工装夹具、紧固方式、热力变形等因素，从概念方案到详细结构逐步细化。各国主机厂在多年的实践经验中，形成了以下几项 RPS 设计的基本原则。

（1）六点定位（3-2-1）原则与多点定位情形

对一般工件而言，其空间位置的不确定性可按直角坐标系分为六个独立的自由度：沿 X、Y、Z 轴的平动和绕 X、Y、Z 轴的转动。六点定位原则即将工件的六个空间自由度都进行控制。常用的六点定位原则为一面两销制、两面一销制和三面制三种 3-2-1 类型，主要区别为第二基准和第三基准采用的要素类型不同。通常情况下建议优先选择孔要素，其次选择面要素，再次是边线要素。因此，一面两销制为优先选择方案，这是因为从制造工艺角度，孔的制造精度要高于面和边线的精度，同时配合销径的导向方便零件预定位和取放件操作。

1）一面两销制。（图 6-16）通过不在同一直线上的定位基准 Z1、Z2、Z3 限制工件三个自由度（沿 Z 轴的平动，绕 X、Y 轴的转动），通过主定位销 X1、Y1 限制两个自由度（沿 X 轴的平动、沿 Y 轴的平动），通过次定位销 Y2 限制一个自由度（绕 Z 轴的转动）。

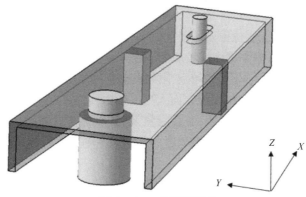

图 6-16　一面两销定位

理论上一面两销制的主定位孔是圆孔，次定位孔应当为腰形孔。但是以下两种情况允许采用双圆孔定位：

a. 零件定位孔加工精度较高，主次定位孔相对位置度偏差可被孔销间隙容错。

b. 零件刚度较小，厚度较薄的大型薄板件。

2）两面一销制（图 6-17）。与一面两销制自由度控制相同，区别是次定位销变为定位面。

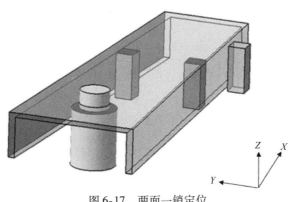

图 6-17　两面一销定位

3) 三面制。(图6-18) 通过不在同一直线上的定位基准 Z1、Z2、Z3 限制工件三个自由度（沿 Z 轴的平动，绕 X、Y 轴的转动），通过定位基准 Y1、Y2 限制两个自由度（沿 Y 轴的平动、绕 Z 轴的转动），通过定位基准 X1 限制剩下的一个自由度（沿 X 轴的平动）。

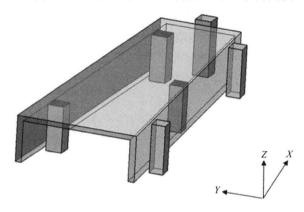

图 6-18　三面定位

4) 多点定位情形。六点定位原则一般针对刚性较强的零件，目的是使零件定位的同时避免对其过约束，但是在某些零件刚性较弱的情况下，六个点无法完全限制零件的局部自由度。因此，针对这些零件需要采用更多的点限制其柔性和重力变形。目前汽车车身大多是冲压钣金件，一般采用 $N-2-1$ 定位系统，而大型复杂内外饰零部件可能会用到 $N-N-N$ 定位系统。需要注意的是，在这些情形下，测量基准系统仍然遵循 $3-2-1$ 原则，因此 $N-2-1$ 或 $N-N-N$ 定位系统的 RPS 点应区分并标识主辅基准以便于指导测量。

（2）稳定性原则

RPS 作为零部件在制造和测量过程中的定位和基准系统，应该尽量排除夹具、检具、装具等自身精度的偏差对制造和测量结果产生影响。通常情况下，夹具、检具、装具的制造公差比零部件的高一个数量级，但是不合理的定位点布置有可能会将这些公差放大。如图 6-19 所示，夹具支撑点 Z_2 距离支撑点 Z_1 较近，而零件被测端距离 Z_1 较远，当支撑点 Z_2 出现偏差 ΔZ_1 时，零件被测端点的偏差 ΔZ_2 远大于夹具偏差 ΔZ_1，如果将 Z_2 位置调正到 Z'_2，则可以有效避免该问题。

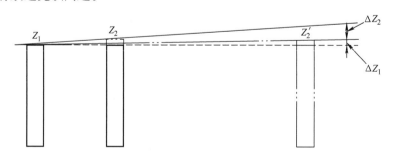

图 6-19　不合理定位杠杆效应示意

为消除杠杆效应，对 RPS 提出的设计要求称为稳定性原则。稳定性原则的基本要求是在 $3-2-1$ 定位系统下任意方向的定位点连线之间的距离应尽量大于零件该方向长度的2/3，同时，主基准面方向的定位点连线之间的面积应尽量大于零件该方向面积的 2/3，如图 6-20 所示。

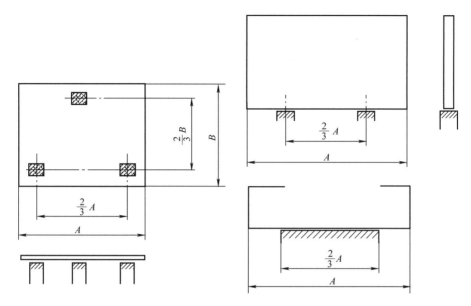

图 6-20　定位稳定性示意

此外还要考虑定位点所在的局部区域应尽量满足结构稳定与工艺稳定要求，即结构刚度较大不易变形的区域以及零部件制造工序稳定的区域。如图 6-21a 所示，Z3 和 Z7 设计在后地板板面边缘，强度弱，移动到箭头所指的位置，结构相对稳定；图 6-21b 中，Y 向定位最初选择在零件侧面，但是由于零件侧面有回弹等冲压变形，稳定性没有优化后在底面的孔销配合定位效果好。

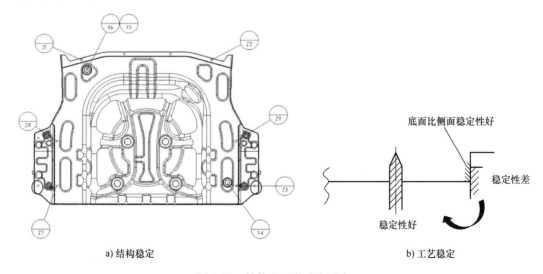

a) 结构稳定　　　　　　　　　　　　　b) 工艺稳定

图 6-21　结构和工艺稳定示意

对于白车身系统，最佳的定位位置应该留给定位焊或铆接点，工装夹具的 RPS 点应选择次佳位置。如图 6-22a 所示，Y3 设计位置选择在型面上，定位稳定。然而由于 Y3 所在位置布置有焊点，所以 Y3 需如图 6-22b 箭头所示选择在次佳位置。

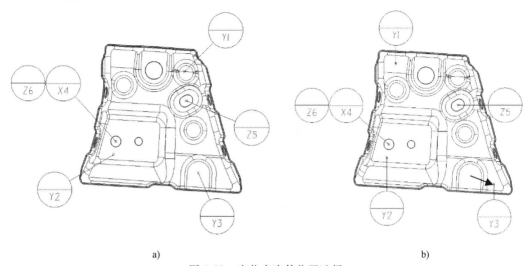

图 6-22 定位点次佳位置选择

（3）功能优先原则

RPS 是为了更精确稳定地将零部件制造出来并组装在一起，以满足系统的功能需求，因此，定位点的选择应优先考虑保证功能实现的尺寸链环最短。理论情况下，直接选择功能孔作为 RPS 点是尺寸链最短的路径，对于小型零件以及一序装配零部件可参考采用，但是考虑到工装夹具对孔径的磨损，中大型尤其是多序装配的零部件，一般在功能孔附近区域另开专门的定位孔，并与功能孔同序加工。定位面可直接选择在功能面上或与功能面同序加工的平面上。如图 6-23a 所示，Y1 原本选择在距离定位孔远点的面上，基于功能优先原则，将其优化到与 Z5 同序的功能面上，如图 6-23b 所示。

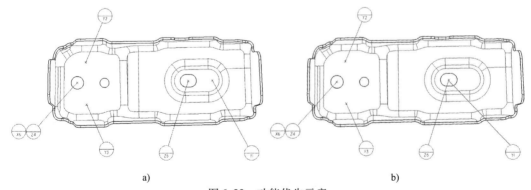

图 6-23 功能优先示意

（4）坐标平行原则

坐标平行原则是指零部件 RPS 的任意单点控制方向应尽量与全局坐标轴平行，以方便零部件几何尺寸的测量与控制。遵循坐标平行原则的优点在于，车身制造与检测对象在整车坐标系和零部件坐标系的某一坐标方向的偏差只会导致夹具上的对象在该坐标方向的平移，而不会产生旋转，从而在制造与检测过程中不会引起其他坐标方向本不存在的偏差，使检测与调试得以正确进行。

图 6-24 所示为两种不同的定位系统。将合格的零件放到两种定位系统中，似乎看不出有什么不同。当零件出现了制造误差，两个零件在 X 方向上存在偏差，它们比合格的零件短。将这两个零件分别放到两种定位系统中测量。可以看出，倾斜放置会导致测量结果不正确，这里出现了 Z 方向的测量偏差。其实 Z 方向是正确的。同时看出，测量得到的 X 方向的偏差值也是不正确的。

倾斜放置测量会导致一些严重的后果：

1）尺寸合格的零件会被错误地当成不合格品。
2）模具根据错误的测量结果在 X、Z 方向上进行修改，其实 Z 方向并没有错误偏差。
3）工装被不正确地调整了。
4）上述做法导致后来生产的产品都是不合格品。

因此，为了获得准确的结果，定位点的控制方向应是平行于坐标轴的。图 6-25 所示是一些零部件 RPS 设计优化过程中的实例。

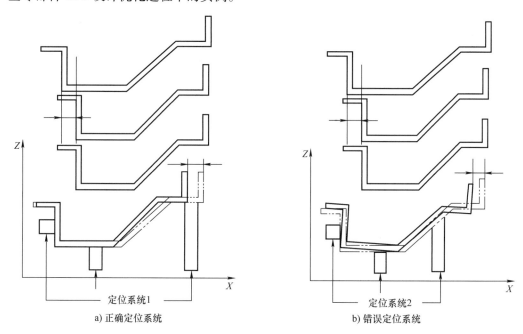

图 6-24 定位系统对比

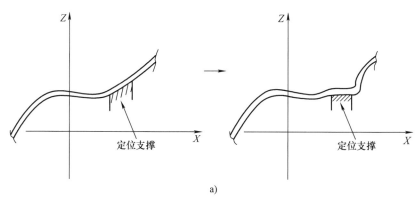

图 6-25 定位系统优化案例

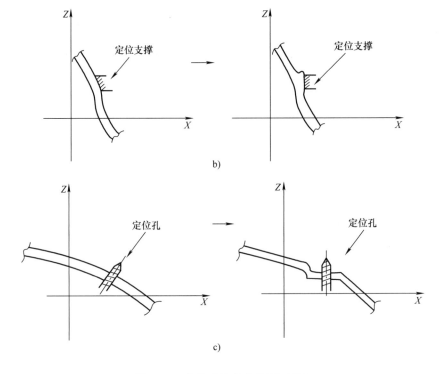

图 6-25 定位系统优化案例（续）

不过在有些零件上是找不到与坐标轴平行的平面做 RPS 点的。这时，在不影响功能的基础上应设计出平行于坐标轴的平面作为 RPS 点，同时在设计过程中应考虑到工艺可行性。如果在某些产品上没有与坐标轴平行的定位点且因功能要求无法设计特征结构，则需要考虑用与坐标轴夹角较小的平面（一般要求小于 15°）或曲率较大的曲面（一般要求曲率大于 500），如图 6-26 所示，具体的定位需要同产品设计、工艺制造人员进行全面商讨后方可确定。

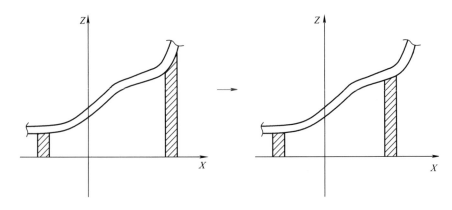

图 6-26 不与坐标轴平行定位点选择

（5）统一和继承性原则

RPS 的主旨在于通过避免基准转换来保证制造工艺过程的精确性和可靠性。统一性原则要求从产品设计阶段到实物验证阶段直到批量生产，相同零部件或总成的 RPS 在设计、加工、测量和装配上的使用保持一致。继承性原则要求从单件到分总成、白车身到整车，相同 RPS 点的使用贯穿始终。当然，不是所有的 RPS 点都会一直使用下去，否则在总成上就会有很多重复的点。从零件到总成，基准点越来越少，但是尽量保持某几个主基准点可以一直继承。

具体体现在：

1）在工程设计初期应尽早开展 RPS 的设计，以保障后续基准使用的一致。

2）RPS 点的选择不仅要考虑单件制造的要求，还要考虑后续组装（焊接、铆接或装配）和测量的要求。其中，组装过程直接影响尺寸链环的长度，需要优先考虑。

3）组装后的总成应尽可能采用零件原有 RPS 中的部分基准点作为总成的基准点，因此单件的 RPS 设计完之后仍有可能会根据总成 RPS 的需要调整位置。

图 6-27a 所示是两个零件装配基准，图 6-27b 所示是装配好的零件继承了两个零件各一个基准，然而继承后发现由于两个基准孔距离较近，没有超过零件整体宽度的 2/3，所以需要进行定位基准 XY 的位置优化，如图 6-27c 所示。

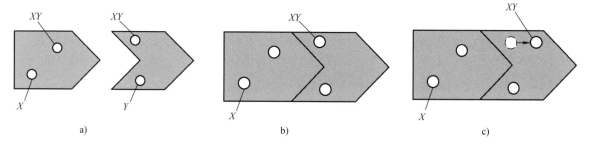

图 6-27 基准继承性和调优示意

只有把统一性和继承性原则贯彻到每一个零部件基准点的选择和每一道工序的实施过程中，才能充分发挥 RPS 在整车制造质量控制系统中的价值。

（6）可行性原则

RPS 的定位点在检具、夹具和装具上应易于实现，方便制造、操作和检测。某些零部件由于尺寸限制或由于功能和强度要求导致结构较复杂，使得 RPS 定位点的最佳位置不便于后续夹具、检具、装具的制造和操作，在产品结构无法优化的前提下，根据

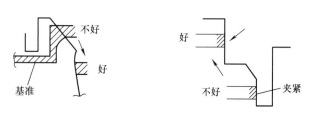

图 6-28 定位可行性案例

实际情况可适当调整位置。如图 6-28 所示，指示"不好"的基准位置，上下件或者夹紧不方便，优化后指示"好"的位置，操作可行、方便。

此外，为了方便模具、夹具、检具的制造标准化，定位孔设计应规范化和系列化。实际设计过程中应从规范文件中选择标准孔径，规范文件应该根据行业和企业规范统一制定，见表 6-5。

表 6-5 基准标准孔径

圆孔/mm	φ8	φ10	φ12	φ16	φ20
长孔/(宽/mm × 长/mm)	8×12	10×14	12×18	16×20	—

以上 RPS 设计的 6 项原则在实际应用过程中往往会出现多个原则同时出现的情况，尤其是第 2、3、6 项在同一个零件上有可能会相互矛盾。一般情况下建议按照稳定性 > 功能性 > 可行性的优先级进行选择。另外，RPS 设计前，需对现有的工艺和制造能力进行前期调研并充分了解现有工艺水平，在此基础上进行 RPS 设计才可能有一定提升。

6.2.2 整车尺寸目标的分解与虚拟验证

要确保整车尺寸目标能够达成，需要根据产品结构、生产工艺和制造能力将整车目标逐级分解到白车身、分总成和零部件上，过程中除了考虑整车目标外，还需要对过程要求、环境要求、工艺要求、工装和制造要求等进行全面分析，并形成图样以对供应商和制造过程进行控制。

1. 几何公差的表达与规范

几何公差是为了保证零部件的功能，用国际标准语言定义某个特征要素应满足的尺寸、形状和位置条件。根据国际标准，几何公差通常用公差框格的形式来表达，如图 6-29 所示，其中第一格用于表示公差类型，第二格用于表示公差值及附加符号，第三～五格用于表示基准系统，当基准系统合并为一格时表示全局基准系统，在整车结构集成设计中较为常用。

图 6-29 几何公差标准表达

公差类型通常分为尺寸公差、形状公差和位置公差三大类。其中，尺寸公差用于表示两两特征要素之间的距离或角度；形状公差用于表示特征要素自身的几何状态，无参考基准；位置公差用于表示特征要素相对于其他基准要素的方向与位置状态；还有一类公差既可以表示特征要素自身的几何状态，又可以用于表示相对于其他要素的方向与位置状态，即轮廓度公差。图 6-30 所示是与整车尺寸结构集成设计密切相关的常用公差类型，需要牢记。

每一种公差类型都有相应的公差带，公差带是特征要素允许变动的区域，它体现了对被测要素的设计要求，也是制造和检验的依据。不同的公差类型一般具有不同形状的公差带，其中有些类型只有唯一形状的公差带，而有些类型根据不同的设计要求具有多种形状的公差带。公差带的宽度或直径一般用 IT 表示。

平面度用于控制平面自身的平整度，其公差带是以理论平面为中心，上下 IT/2 距离的两平行平面之间的区域，公差带宽度为 IT，在整车尺寸结构集成设计中通常用于预定义基准点要素所在的平面。检测方式为以目标平面的垂直方向为坐标系，以被测要素的最大值减去最小值。具体示意如图 6-31 所示。

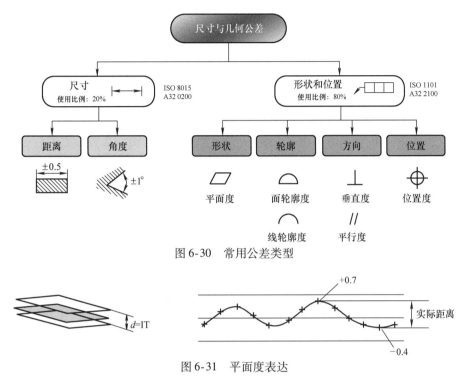

图 6-30 常用公差类型

图 6-31 平面度表达

轮廓度根据特征要素的类型分为线轮廓度和面轮廓度两类。在整车结构集成设计中较多使用的是面轮廓度，其公差带是以理论轮廓为中心，上下距离为 IT/2 的两平行曲面之间的区域，公差带宽度为 IT，公差带沿着真实轮廓三维均匀分布，应用到全长、宽、高整个表面上，如图 6-32 所示。面轮廓度当作为形状公差时用于控制目标特征要素表面相对于其真实轮廓的几何偏差，当作为位置公差时用于控制目标特征要素相对于基准体系的方向和位置偏差。平面度是面轮廓度的一种特例。

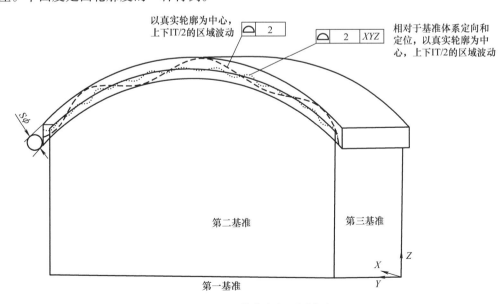

图 6-32 面轮廓度的不同表达

面轮廓度是几何公差中应用范围最广的控制方式之一，常用来独立或复合控制零部件的尺寸、形状、位置和方向。当功能需求对目标特征要素的位置要求不高，但对轮廓形状和/或方向的要求比较高时，需要使用复合轮廓度，以降低相对位置加工的难度或者说提高目标对象自身轮廓加工的精度。以图6-33为例，这种两行或三行合并标注形式的公差是面轮廓度复合公差，公差框格中第一行用于定位，表示1.0mm的公差带以理论轮廓为中心固定；第二行用于定向，表示0.6mm的公差带可在1.0mm公差带中上下平移；第三行用于控制自身形状，表示0.2mm的公差带可在0.6mm公差带中平动及转动。这种形式的好处是如果仅用1.0mm的公差带控制，则目标对象表面的平面度要求过低，降低了匹配要求；而如果仅用0.2mm的公差带控制，则目标对象表面相对于基准A的距离要求过高，增加了制造难度。

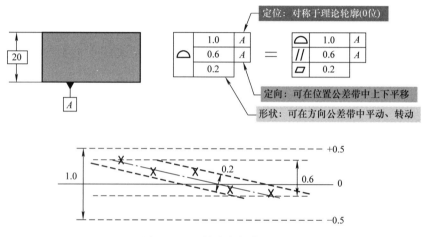

图6-33　面轮廓度复合公差

垂直度用于控制表面、轴心线或中平面与基准的垂直误差，其公差带有两种形式：以理论平面为中心上下距离为IT/2的两个平行平面或以理论位置为中心半径为IT/2的一个圆柱。当目标对象是平面特征时为第一种，当目标对象是孔轴类特征时为第二种，在整车尺寸结构集成设计中通常用于预定义基准孔特征。图6-34所示为垂直度公差带示例。

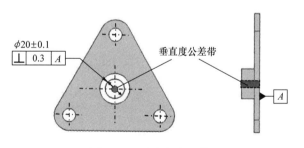

图6-34　垂直度公差带

平行度用于控制表面、轴心线或中平面与基准的平行误差，与垂直度类似，其公差带也有两种形式：两个平行平面或一个圆柱。平行度与垂直度均为倾斜度的特殊形式，但是由于倾斜度的公差带可被面轮廓度和位置度完全替代，因此在整车尺寸结构集成设计中较少使用。图6-35所示为平行度公差带示例。

位置度用于定义一个目标对象在基准系统中的位置，其公差带为以理论平面为中心上下距离为IT/2的两个平行平面或以理论位置为中心半径为IT/2的一个圆柱。位置度与面轮廓度一样是整车尺寸结构集成中应用范围最广的控制方式之一，当测量特征转化为具体的点要素时甚至可以替代面轮廓度。

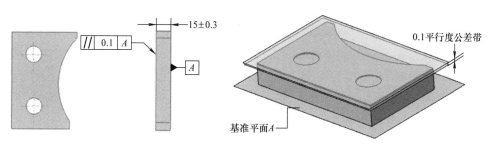

图 6-35 平行度公差带

位置度同样存在复合形式,但与复合轮廓度不同的是,复合位置度一般用于一组孔的标注,其公差框格中第一行用于控制孔组的总体位置,第二行用于控制各孔之间的相对位置,当有第三行且不带基准时仅用于控制轴线的角度形状。图 6-36 所示为位置度公差带和位置度复合公差带示例。

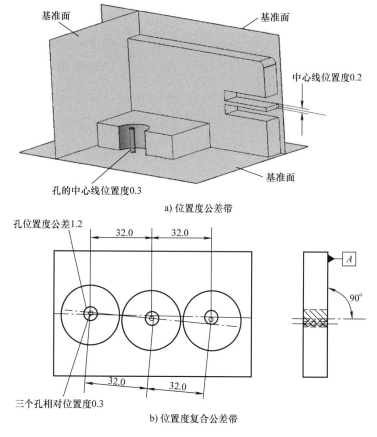

a) 位置度公差带

b) 位置度复合公差带

图 6-36 两种位置度公差带

当位置度公差值后面标注 M 时表示最大实体原则,即公差值为变量,可根据孔或轴特征的尺寸偏差给予公差值补偿。具体原则为公差框格中的数值表示在零件的最大实体尺寸时的位置度公差,当实测值非最大实体尺寸时,其与最大实体的差值将补偿到位置度公差上,如图 6-37 所示。该原则是针对孔轴类配合要求制定的,也与通止测量的方法相匹配,在以往的传统检具测量时应用较广泛,但是该原则对位置度要求有一定程度的放松,在现代三坐标数值测量的情况下已经很少使用。

几何公差的其他特殊要求,如偏移公差带、延伸公差带等可查阅相关资料,在此不赘述。

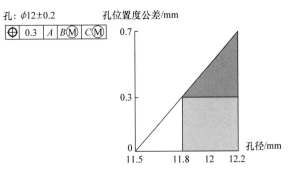

图 6-37 最大实体原则

2. 基于整车结构集成的公差设计

整车尺寸目标分解到总成、系统和零部件时,可以转化为不同的功能需求,这里的功能专指满足零部件与其环境件的某项需求的尺寸属性。与尺寸相关的整车功能需求见表 6-6,需要在零部件尺寸设计的过程中用到。

表 6-6 与尺寸相关的整车功能需求案例

归属分类	功能类别	与尺寸设计相关的案例
制造与工艺	可制造性	工艺孔与工艺过孔设计
	装配性	装配结构设计
	密封性	开闭件与车身密封性
	其他	……
感知质量与精致工艺	视觉美观	外观间隙、面差
	触觉舒适	零件分模线外露
	操作力	四门开闭力
	其他	……
其他整车属性	运动功能	玻璃升降顺畅性
	NVH 性能	内饰匹配件异响
	整车行驶性能	四轮定位保证
	其他	……
其他	安全法规	整车外凸圆角
	其他	……

零部件尺寸公差设计时需要按照以下三个步骤开展:

1)环境件接口分析。为保证环境件功能需求而在目标零件上定义的特征和要素称为环境接口,如图 6-38 所示,为了保证外开启把手的装配性,门外板上对应的安装面与装配孔区域就是外开启把手的环境接口。

详细的分析过程:首先明确环境件的构成,其次分析目标对象与环境件之间的关系,最后在目标对象上确定每一个环境件的接口。以车门外板为例说明,车门外板是目标对象,那么和其相关的环境件为侧围外板、门内板、门把手、车窗密封条、防护条等;其中,侧围外板与车门的关系为空间对齐关系,其余零部件均为装配关系;最后,在车门外板上定义相关零部件的接口要素,如图 6-39 所示。

2)环境件功能分析。确定每一个环境件需求的功能并对应在相关的接口要素上。继续

第6章 整车尺寸结构集成设计与验证

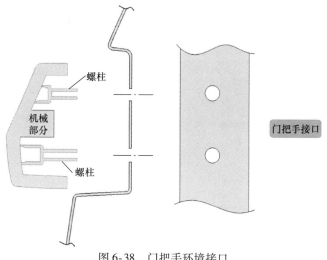

图 6-38 门把手环境接口

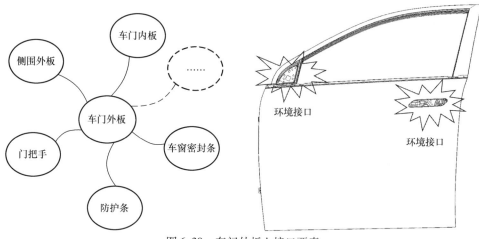

图 6-39 车门外板上接口要素

以门外开启把手为例,对照表 6-7 中的功能类别,环境件(门外开启把手)的机械部分以及螺柱的通过性是装配性功能要求,对应要素为门外板的装配孔和通过孔;间隙、面差需要在合格范围内是视觉美观性功能要求,对应要素为门外板与外开启把手的间隙匹配区域;保证密封条的均匀有效支撑是密封性功能要求,对应要素为门外板上外开启把手的安装底面,如图 6-40 所示。

表 6-7 门把手功能分析

功能类别	功能因素	接口因素
装配性	保证螺柱 1 的通过性	门外板的通过孔
	保证螺柱 2 的通过性	门外板的通过孔
视觉美观性	保证间隙	门外板与外开启把手的间隙匹配区域
	保证面差	门外板与外开启把手的面差匹配区域
密封性	保证对密封条的支撑	门外板上外开启把手的安装底面

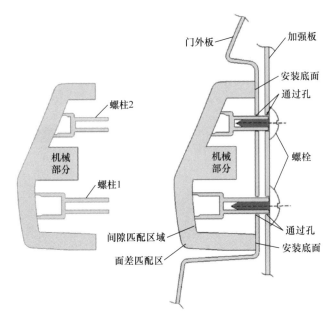

图 6-40 门把手功能分析

然后，要进一步将功能类别转换成对目标对象和环境件的具体要求，以上面例子中视觉美观性为例进行说明。为保证视觉美观性，表 6-8 中门外板的外观面与冲压特征面形成的棱线①应保证与外开启把手的间隙和间隙均匀性；门外板的外观面②要保证与外开启把手的面差和面差均匀性。

表 6-8 目标对象具体要求

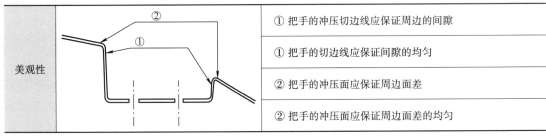	① 把手的冲压切边线应保证周边的间隙
美观性	① 把手的切边线应保证间隙的均匀
	② 把手的冲压面应保证周边面差
	② 把手的冲压面应保证周边面差的均匀

为了保证功能的达成，需要为目标对象的相关接口要素定义公差类型和公差值。其中，公差类型在功能分析时已经基本确定，如图 6-41 所示。而公差值根据目标对象的不同也有不同的设计方式，这是因为虽然理论上所有 DTS 目标公差的分解都需要自上而下，即由整车分解到零部件，然而这种方式随着装配层级的深入会不断产生树状分叉，到零部件级别时不易与制造能力匹配，会极大地增加调优的工作量。因此，通常我们会为零件的工艺级别（冲压、注塑、挤出、压铸、机械加工等）定义基础公差，然后采用自下而上的尺寸链累积方式计算，最终结果与 DTS 目标进行对比以验证其可达成性。一般来说，针对冲压、压铸（非机械加工）类零部件可直接采用基础公差作为最终公差；针对注塑、机械加工类零部件可采用基础公差作为初始公差，以经过整车目标验证后的修正值作为最终公差；针对装配总成需要以经过整车目标分解和单件基础公差累积平衡后的修正值作为最终公差。当然以上情

况不是绝对的，公差值的设计必须围绕整车目标的达成，在此基础上综合考虑能力、成本和周期因素。

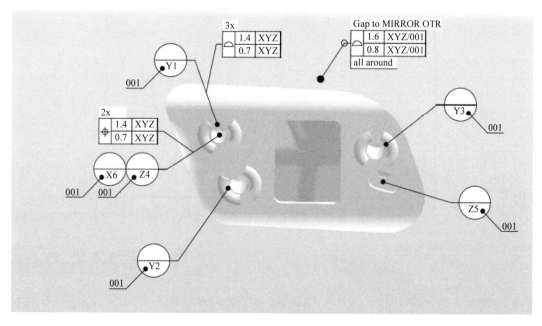

图 6-41　门把手环境接口公差设计

功能尺寸公差设计主要有两类：一类是涉及多个零部件的功能距离公差，如后背门对应的白车身上的开口尺寸公差；另一类是涉及单一零部件的功能尺寸公差，这类功能尺寸公差需在装配件所对应的装配区域建立局部坐标系，依据该局部坐标系进行公差定义。本章节所列举的车门外板上对应门把手区域公差就是该类功能尺寸公差。第一类功能尺寸公差设计主要针对同一个零部件装配在不同的零部件或总成上，为满足整车尺寸目标需要对匹配区域相关开口尺寸公差提出要求。这类功能尺寸公差控制相对困难，因为需要对车身多道工序进行排查管控。第二类功能尺寸公差设计目的是不在主基准体系下评价尺寸公差，而是从功能和装配角度对装配区域提出精准的控制要求，控制更直接，尺寸链环长度缩短；它能够通过增加某些局部基准下的尺寸公差要求，让本来较难实现的尺寸目标变得容易实现。这类功能尺寸公差容易控制，只需要控制一个工序或者工位即可，所以局部基准下公差也可以缩小。下面举例说明。

三角窗上 A 柱小盖板和 A 柱三角板 Y 向间隙如图 6-42 所示的尺寸极限偏差目标要求 ±0.8mm，如果不建立功能尺寸，如图 6-43 所示，尺寸链计算结果超差严重，在合格率为 79.5% 前提下累积计算出的公差是 1.18mm。如图 6-44 所示建立功能尺寸，尺寸链累积计算结果在合格率为 93% 的前提下，公差符合目标要求。

3. 尺寸链计算及公差优化

尺寸链计算可用于整车尺寸目标的验证、白车身功能尺寸公差验证、分总成公差的验证以及特殊功能尺寸分析。尺寸链计算工作流程如图 6-45 所示，包括输入准备、尺寸链累积计算及公差优化三个步骤。

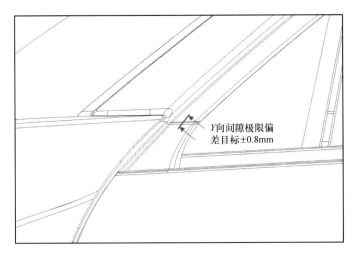

图 6-42　A 柱小盖板和 A 柱三角板间隙公差目标

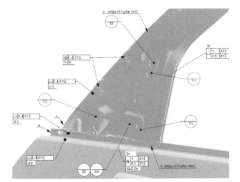

				计算结果/mm		目标极限偏差/mm		合格率
				+	1.18	+	0.8	79.48%
				-	1.18	-	0.8	
NO.	尺寸链环名	类型	公差说明	极限偏差/mm		δ系数	分布	
1	A 柱小盖板	P	A 柱小盖板间隙面线轮廓度（匹配区域）	+	0.5	8	N	
				-	0.5			
2	A 柱三角板	P	A 柱小盖板 Y 向定位面公差	+	0.5	8	N	
				-	0.5			
3	车门	S	A 柱三角板 Y 向定位面公差（车门主基准下）	+	0.7	6	N	
				-	0.7			
4	车门	S	车门窗框亮条 Y 向定位孔位置度（车门主基准下）	+	0.7	6	N	
				-	0.7			
5	车门窗框亮条	P	车门窗框亮条 Y 向间隙线轮廓度（匹配区域）	+	0.5	8	N	
				-	0.5			

图 6-43　基于门基准的图样和尺寸链计算

				计算结果/mm		目标极限偏差/mm		合格率
				+	0.82	+	0.8	93.27%
				-	0.82	-	0.8	
NO.	尺寸链环名	类型	公差说明	极限偏差/mm		δ系数	分布	
1	A 柱小盖板	P	A 柱小盖板间隙面线轮廓度（匹配区域）	+	0.5	8	N	
				-	0.5			
2	A 柱三角板	P	A 柱小盖板 Y 向定位面公差	+	0.5	8	N	
				-	0.5			
3	车门	S	车门窗框亮条 Y 向定位孔位置度（A 柱三角板定位局部基准下）	+	0.5	6	N	
				-	0.5			
4	车门窗框亮条	P	车门窗框亮条 Y 向间隙线轮廓度（匹配区域）	+	0.5	8	N	
				-	0.5			

图 6-44　基于局部基准的图样和尺寸链计算

（1）输入准备

基于整车工程数据并结合工艺流程、路线及工艺方案，对整车生产详细了解是尺寸链累积计算的前提和基础。了解工艺流程主要是明确白车身焊接顺序和总装件的装配顺序，明确尺寸链的层级关系；了解整车工艺路线目的是确认白车身和总装件的供货级别，明确尺寸链

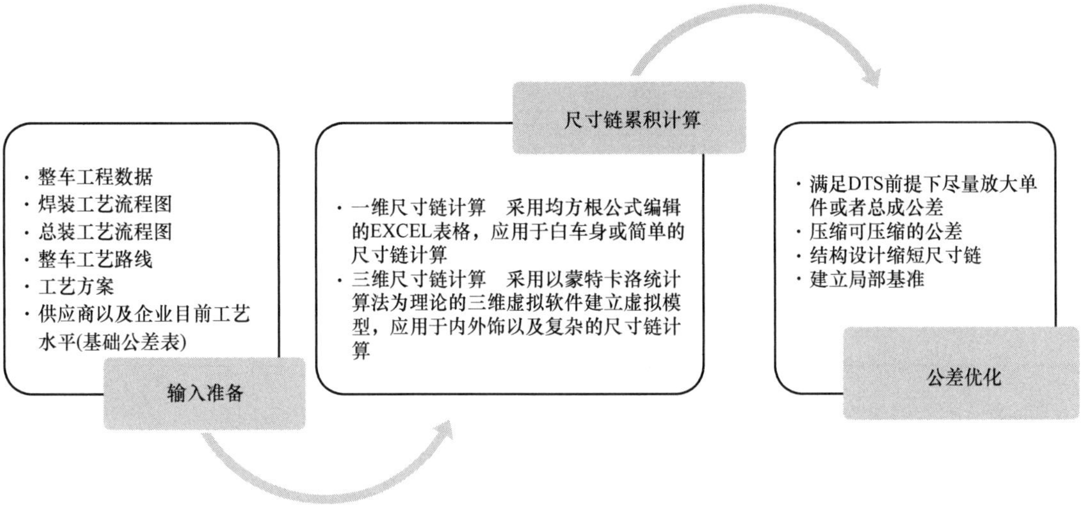

第6章 整车尺寸结构集成设计与验证

图 6-45 尺寸链计算工作流程

起始点；了解工艺方案主要是明确开闭件的工装方案以及上件顺序，为尺寸链模型搭建做准备。6.2.1节讲到尺寸链计算实际是自下而上累积计算，当尺寸链层级关系以及长度确定后，需要给单件或者分总成输入基础公差。基础公差是各企业根据自身的工艺水平和供应商水平而制定的。基础公差分钣金件基础公差和内外饰件基础公差。主要内容都是规定定位孔、定位面的位置度及形状公差，各种类型工艺孔的公差以及一些特殊零件公差。对于基础公差，不同企业之间都会略有差异。示例见表6-9。

表 6-9 基础公差示例

序号	特征	公差标注		适用范围/标记方式
		位置公差	尺寸公差/mm	
1	主基准孔（圆孔）	⊕ φ0 XYZ	+0.15/0	
2	副基准孔（圆孔）	⊕ 0 XYZ	+0.15/0	
3	主基准孔（方孔/长方孔）	⊕ 0 XYZ	+0.15/0	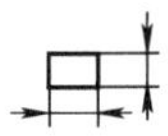
4	副基准孔（长圆孔/方孔/长方孔/异型孔）	⊕ 0 XYZ	+0.15/0	定位方向： 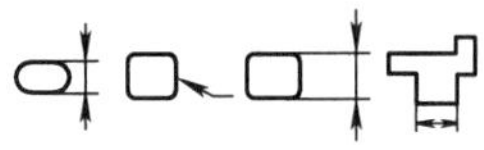
		⊕ 2.0 XYZ	采用未注公差	非定位方向： 

(续)

序号	特征	公差标注		适用范围/标记方式
		位置公差	尺寸公差/mm	
5	基准面	⌀ 0.2	—	小零件，采用整个面做基准面时
		⌀ 0.6	—	基准面超过3个面的情况下，两基准面间距小于500mm时
		⌀ 1.0	—	基准面超过3个面的情况下，两基准面间距大于500mm时

(2) 尺寸链累积计算

尺寸链计算有两类方法。第一类是按照方和根法（Root Sum Square，RSS）进行的一维尺寸链计算，方和根法是统计公差分析的一种常用算法，该方法的依据是批量生产的零件尺寸公差符合正态分布且无相关性。计算公式如下：

$$T_0 = \sqrt{\sum_{i=1}^{N} T_i^2} \tag{6-2}$$

式中 T_0——累积公差带宽；

T_i——各环公差带宽；

N——尺寸链环的数量。

下面以前后门缝间隙公差的计算来举例说明。调整线的装配顺序为先装后门再装前门，前门的 X 方向定位靠与后门的定位塞块保证，那么尺寸链共有三环，分别为前门包边极限偏差 ±0.7mm，后门包边极限偏差 ±0.7mm，定位塞块极限偏差 ±0.1mm，根据一维尺寸链公式计算如下：

$$T_0 = \sqrt{1.4^2 + 1.4^2 + 0.2^2} \text{mm} = 1.98 \text{mm}$$

即前后门间隙极限偏差计算结果是 ±0.99mm，可以满足尺寸极限偏差目标 ±1.0mm。

为了方便计算，各个主机厂通常会将方和根计算公式与尺寸链分析过程封装成计算表格。图 6-46 所示是一维尺寸链累积计算表格的一种形式，尺寸工程师在下部的图框区域将尺寸链环分析清楚之后，只需要在表格中对应的区域输入计算目标和尺寸链环公差等信息，就可以自动计算出累积公差和判定结果，大大简化了工程师的日常工作。由于一维尺寸链计算无法考虑零部件旋转等复杂因素，一般适用于尺寸目标的快速校核，在数据尚未成熟的方案和概要设计阶段使用频次较高。

第二类尺寸链累积计算方法是以蒙特卡洛法为基础的概率仿真方式，依托汽车行业普遍应用的三维尺寸虚拟软件 3DCS 或 VSA 搭建尺寸链累积模型实现。3DCS 和 VSA 软件都是基于蒙特卡洛算法开发的，蒙特卡洛算法也称统计模拟方法，是 20 世纪 40 年代中期由于科学技术的发展和电子计算机的发明，而提出的以概率统计理论为指导的一种非常重要的数值计算方法。其原理是先根据蒙特卡洛方法得到概率分布直方图，近似求解概率分布曲线，然后依据统计学公式求出 σ 值。σ 是一个统计学符号，在数理统计中表示标准差，是用来表示任意一组数据或者过程输出结果的离散程度指标，是一种评估产品和生产过程特性波动大小的参数，σ 水平越高，过程满足质量要求的能力就越强；反之，σ 水平越低，过程满足质量

1-D Statistic Variation Analysis

Project 项目	Region 区域	Issue No 缺陷编号	Part A 基准件A	Part B 对手件B	Type 类型	Issue Code 问题代码	Re.Issue 关联缺陷	Restrict Target 特殊收严目标	Purpose 目的	Dir 方向	GEO Owner 尺寸工程师	Calc Date 计算时间
EX11	SD	001	前门外板	A5	G	EX11-SD-001		NO	Final Demand	X	xxx	2018-7-31

VA Summary

DU Capability 零件能力系数				VA Capability 目标能力系数				Nom. B P. 漆前名义	VA Result 计算结果	Paint Layer 层	Paint Thickn. 漆面厚度	Therm. Shrink 热力变形	Dyn. Variation 振动位移	VA. All 总体结果	Dual Nominal	Dual Tolerance 对称公差	Target Tolerance	Judge 判定
6	S	Cpk	1	6	S	Cpk	1		+ 0.99	0	+ 0.15	+	+	+ 0.99	0.0	+ 0.99	+ 1.00	OK
									- 0.99		+ 0.10	+	-	- 0.99		- 0.99	- 1.00	

Statistic Analysis Result

STD(σ)	0.33	Mean Shift	0.00
6STD	1.99	P.I.T.	99.7%
8STD	2.65	P.O.T.	0.3%
10STD	3.32	Cp	1.01
12STD	3.98	Cpk	1.01

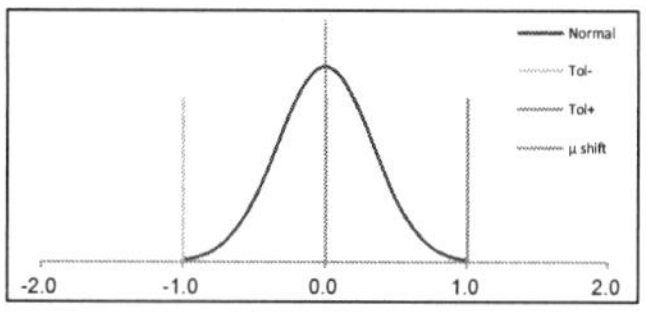

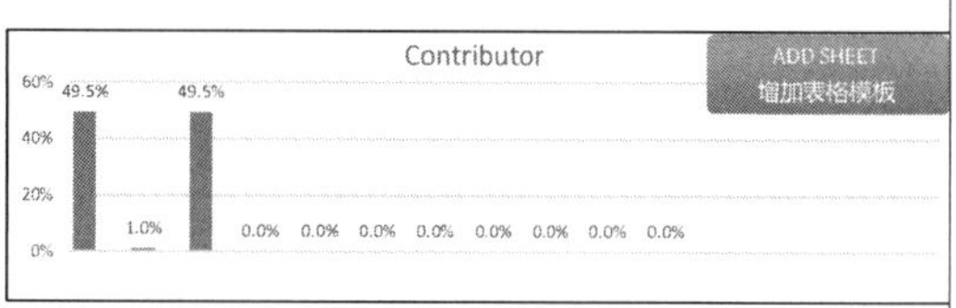

Static Variation Analysis

No	Chain Name 尺寸链环名称	Type 类型	Drawing No 图纸编号	Detail of Chain 公差说明	Responsible 责任部门	Comment 备注	Angle(°) 角度(°)	Tol. 公差		Distr. 分布
1	前门外板	S	8888445119	前门间隙匹配处线轮廓度公差	ME GEO/尺寸			+	0.70	G
								-	0.70	
2	间隙块工装	T	8889154204	工装定位块误差	ME GEO/尺寸			+	0.10	G
								-	0.10	
3	后门外板	S	8888154204	后门间隙匹配处线轮廓度公差	ME GEO/尺寸			+	0.70	G
								-	0.70	

Stack-up Chain and Drawing

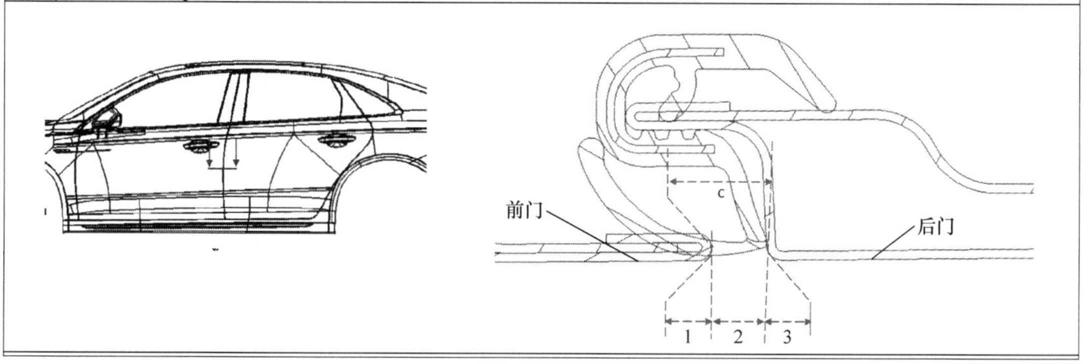

图 6-46　一维尺寸链计算表格示例

要求的能力就越低，其计算公式如下：

$$\sigma = \sqrt{\frac{1}{N}\sum_{i=1}^{N}(x_i - \mu)^2} \tag{6-3}$$

式中　x_i——测量结果；

μ——测量的平均值；

N——值的数量。

由于尺寸链计算是概率统计的结果，最终的计算值是一条正态分布曲线，计算结果是在曲线上根据接受的置信概率区间划定的范围，见表 6-10，因此，当目标场景所允许的超差概率不同时，计算结果也不相同。通常情况下针对功能性的尺寸校核，希望超差概率尽量低，一般接受的范围在 0.1% 以下。针对 DTS 外观类计算，超差概率可稍高，一般可接受的范围在 0.3% ~3% 。具体的超差概率选择应根据企业实际情况和相应的规范标准选取。某些情况下也可以分档设定计算结果的接受范围，例如将超差概率超过 3% 的偏差定义为不可接受，将超差概率在 0.3% ~3% 范围内的偏差定义为有条件接受，将超差概率低于 0.3% 的偏差定义为可接受，这样针对有条件接受区间可根据实际情况结合敏感度、产品、工艺、成本等综合考虑。

表 6-10 σ 水平与超差概率和概率置信区间的关系

σ水平	超差概率	置信区间	使用范围	图形解释
4σ	4.4%	95.6%	一般目标	8σ:99.9925% 6σ:99.73% 4.4σ:97% 4σ:95.6%
4.4σ	3%	97%	外观目标（判定接受）	
6σ	0.3%	99.7%	外观目标（接受）	
8σ	0.0075%	99.9925%	功能性目标	

以统计学原理为基础的模型搭建是尺寸链计算的关键环节和重点工作，尺寸链计算结果的差异主要是体现在模型的差异上。白车身模型主要基于焊接装配流程图和单件以及分总成的 RPS 点进行模型搭建，内外饰模型主要是根据总装工艺以及总装件的 RPS 点进行模型搭建，通常在搭建内外饰模型时，会把白车身当黑匣子来处理。下面以 3DCS 软件计算举例说明。

1）创建装配：首先在被装配零件上建立 RPS 点，然后将这些点复制到对应的装配件上，最后创建装配，装配的搭建需要完全依据真实制造状态，如图 6-47 所示。

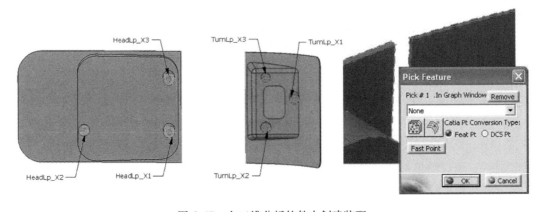

图 6-47 在三维分析软件中创建装配

2）建立测点：搭建尺寸链模型的目的是验证设计与工艺能否达成尺寸目标，需要将白车身目标测点以及 DTS 测点创建在对应的零部件上，测点的位置和矢量方向需要按照 GD&T 图样设定。

3）公差输入：测点完成后需要依据 GD&T 图样设置公差值以及公差分布形式，零部件的公差分布类型一般为正态分布，工装和孔销配合类公差的分布类型一般为平均分布，零部件的公差分布水平需要按照企业对供应商的尺寸控制标准设定，其决定了正态分布曲线的收敛程度，一般情况下按照 6σ 设置，如图 6-48 所示。

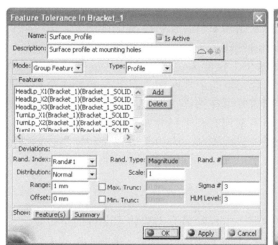
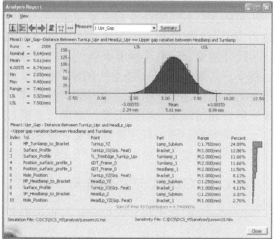

图 6-48 公差输入与计算结果

4）仿真计算：模型搭建好后，根据蒙特卡洛方法进行统计分析计算，一般情况下要求虚拟装配 5000 次或更多，仿真计算结果按照目标公差的置信区间要求进行选取，如图 6-48 所示。

（3）公差优化

公差优化的目的一方面是通过优化结构设计以及单件或总成公差使尺寸链计算结果满足目标公差要求，另一方面是在满足目标公差要求的前提下尽量放大单件或总成公差，避免公差计算结果过剩导致成本浪费。对于不满足目标公差要求的 DTS 点需从尺寸链环长度和构成尺寸链环的零部件公差大小两个方面进行调整优化。尺寸链环的长度由产品结构、定位系统和装配工艺等决定，往往与设计强相关。设计阶段缩短尺寸链环是尺寸优化的重点方向，一般可通过定位系统调整、结构设计优化或增加工装等方式达成尺寸链环优化的目的。下面以发动机舱盖与日行灯 Y 向间隙公差为例进行说明。如图 6-49 所示，日行灯 Y 向基准定位在前端框架上，由于前端框架是注塑件且尺寸较大，其 Y 向偏差相对于前端框架基准可达到 ±0.7mm。而临近的散热器横梁是铝合金件，采用机加工钻孔，其定位孔相对于基准的极限偏差可控制在 ±0.2mm 以内，同时发动机舱盖 Y 向定位与散热器横梁相关联，因此更改该定位销结构，使其关联到散热器横梁总成上，有效缩短尺寸链，使整体精度得到较大的提升。

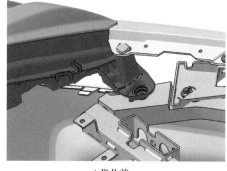
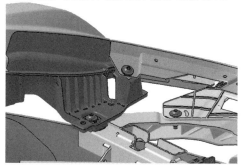

a) 优化前　　　　　　　　　　　　　　b) 优化后

图 6-49 日行灯定位优化

零部件公差需要在成本目标内尽量压缩到最小,以降低实车 DTS 目标匹配的难度。零部件公差通常由材料、工艺和制造能力等决定,因为各个主机厂的工艺水平以及供应商水平是一定的,公差压缩往往与成本强相关,所以公差压缩要结合在研车型市场定位、生产线新旧、供应商水平等多方面因素综合考虑,该部分内容在第 9 章有案例描述。

尺寸链累积计算会涉及个别的 DTS 公差目标在工程能力范围内无法达成的情况,需要后期生产匹配实现。针对这些 DTS,需要制定一套完整的尺寸匹配方案。尺寸设计要基于匹配方案,配合进行一系列尺寸前期控制工作。如需要可在图样上增加可调整要求、对零件公差一致性提出要求、增加工装、增加可调螺母等一系列有利于尺寸匹配的设计。

三维虚拟验证是基于工程数据,依据产品设计装配工艺、定位系统以及初定的公差进行虚拟建模,模拟实际装配过程,结果相对准确,是尺寸链校核常用且有效的手段。

6.2.3　GD&T 产品图样与 3DPMI

经过以上的整车尺寸目标分解及虚拟验证过程,工程师最终需要将零部件的定位及尺寸公差要求转化为工程输出,提供给下游部门指导零件加工及最终验收。这里所指的工程输出有两种形式,均采用 GD&T 标准。第一种形式为 GD&T 产品图样,第二种形式为三维标注(3 Dimensional Product and Manufacturing Information,3DPMI),两种方法仅仅是输出形式和载体不同,所包含信息基本一致。两类输出物应包含但不限于如下信息:发布状态、发布日期、版本号、零件号、图样类型、图样名称、包含所有零件名称、零部件图、相关技术要求、未注公差以及引用标准等。定位基准标注依据 6.2.1 节介绍的 RPS 标注,公差范围(功能孔、工序孔、功能面、工序面、匹配面等)、公差要求和描述依据 6.2.2 节中的描述,公差值依据本节标注方法。示例如图 6-50 所示。

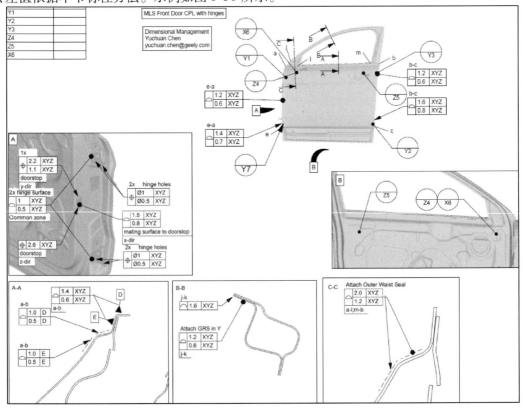

图 6-50　GD&T 产品图样示例

常用的 3DPMI 标注是基于 CATIA 软件里 GSD 模块完成的，所有标注内容都存储在图形集中。3DPMI 标注示例如图 6-51 所示。全三维基于特征的表述方法（Model Based Definition，MBD）技术也称为三维标注技术，是三维模型取代 GD&T 产品图样成为加工制造的唯一数据源的核心技术。所以，尺寸设计也需要用 MBD 技术逐渐取代 GD&T 产品图样标注，真正让三维标准模型贯穿全流程的使用。3DPMI 标注优势：首先，可以减少设计部门和生产执行部门之间的交流沟通成本，最大程度地提高产品研发、生产效率，缩短研发周期，为企业创造更大的价值；其次，由于是全参数标注，有利于参数的全流程沿用，节约时间，减少全程参数误差；再者，图样信息可以直接随着数据有效保存，为后期其他车型的开发提供参考，也为未来基于大数据的尺寸全流程智能管理提供基础数据保证。

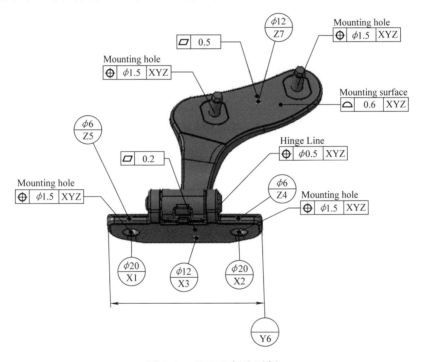

图 6-51 3DPMI 标注示例

6.3 同步工程校核与结构集成尺寸优化

尺寸同步工程分析与校核工作是整车开发的"V"字形逻辑图自上而下的最后一步，是存在于尺寸设计和最终实现尺寸设计意图之间的一项重要工作。这里提到的尺寸工程是狭义的尺寸工程，主要是与尺寸设计检查优化相关的工作，分为尺寸设计检查、工装设计与优化、装配稳健性设计等。

6.3.1 尺寸设计检查

产品上体现的尺寸设计理念包含 RPS、GD&T、过孔配合、通用技术要求、特殊公差要求、标注规范等相关信息，这些信息的完整性及合理性检查是尺寸同步工程的基础工作。检查内容大致分为三类。

1. RPS 符合性检查

检查定位信息和定位策略是否符合 RPS 定义、RPS 位置排布是否满足要求、定位方向是否满足坐标平行原则等。

2. 定位设计规范检查

定位设计规范检查内容示例见表 6-11。

表 6-11 定位设计规范检查内容示例

检查内容	检查标准
孔销配合	孔大于销单边 0.1mm
定位有效性	长度大于 100mm 的零件，定位销有效长度≥3mm
通过性	双层孔相对位置单边避让距离>2mm
非定位避让	非定位方向避让满足单边避让≥2.0mm
干涉避让	装配件与周边固定结构或特征避让距离>3mm
R 角干涉避让	拐角区域干涉避让距离>3mm

3. 3DPMI/GD&T 图样审核

3DPMI/GD&T 图样审核内容示例见表 6-12。

表 6-12 3DPMI/GD&T 图样审核内容示例

审核内容	审核标准
3DPMI 标注	无漏标
基准及公差	无缺失
指示位置	无误
3DPMI 与 GD&T 图样一致性	所有项一致
公差表达	无误
通用公差	无缺失

尺寸设计检查随数据更新持续进行，从项目开始到数据冻结持续进行。因为产品会集成多专业相关信息，所以尺寸优化是基于不影响功能、不影响其他相关要求的前提下进行的，需要与多专业讨论确认。所有检查出的问题需以问题报告形式输入给产品工程师，进行对应尺寸标注整改，数据更新后需复审直至问题关闭。

6.3.2 尺寸目标修正与结构优化设计

整车开发过程中，整车尺寸目标有可能基于行业对标适当调整修正，这种修正一般是针对 DTS 关键区域。与此同时，结构优化也需多车型对标，持续优化尺寸设计。在不增加成本的前提下达到缩小 DTS 公差、提升整车感知质量的目标。下面举几个实际案例进行说明。

案例一：发动机舱盖与前保险杠总成配合的间隙是关键区域之一，尤其是朝天缝，即间隙方向为 X 方向，间隙和公差的优化对感知质量提升是非常明显的。某车型 DTS 定义为（4±2）mm，对标优化目标是（3±1）mm。传统设计中，发动机舱盖与前保险杠总成的间隙公差尺寸链较长，具体链环及链环公差如图 6-52 所示。累积极限偏差尺寸链计算结果为

±1.55mm。传统设计尺寸链是通过车身传递,优化方案是将发动机舱盖和前保险杠建立关联关系,通过设置局部基准功能尺寸,缩短尺寸链环,进而减小间隙公差。设计增加前保险杠滑块,滑块安装基准是发动机舱盖,缩短尺寸链为三环。极限偏差由原来的±1.55mm优化到±0.94mm,达成目标。

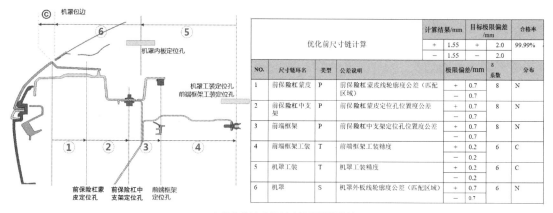

图6-52 发动机舱盖与前保总成间隙尺寸链环及公差计算

案例二:A柱饰板与门窗饰条Y向间隙极限偏差原来基于局部基准进行尺寸链计算结果是±0.8mm,该情况下感知质量差,需要将极限偏差由原来的±0.8mm压缩到±0.5mm。通过产品结构和尺寸链分析,需将饰板与窗框饰条建立直接关联关系,基于局部基准增加相关公差要求,尺寸链环由原来的4环压缩为2环,具体链环及链环极限偏差如图6-53所示。优化后尺寸链累积极限偏差减小为±0.53mm,基本达到目标要求。

案例三:日行灯与前保险杠匹配区域是主观评价的关键区域。传统装配结构是各自通过与车身匹配实现配合关系,尺寸链环及各环公差如图6-54所示,极限偏差累积结果±1.74mm,对标优化目标为±1.2mm。正常情况下通过压缩零部件公差,可以达到优化目标,但是考虑前保险杠受形状及材料影响,整体刚度较小,且受热变形影响大,为确保车辆实际使用过程中振动及热变形不会对该处间隙产生影响,需增加局部卡接支架。经过详细结构和尺寸链分析,一方面增加的支架形成的互卡结构建立了前保险杠和日行灯的关联关系,极限偏差结果优化到±0.96mm,另一方面由于该结构在X方向距离视觉间隙较近,有利于保证间隙在车辆使用状态时的一致性。

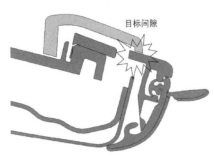

优化前尺寸链计算				计算结果/mm		目标极限偏差/mm		合格率
				+	0.82	+	0.8	93.27%
				−	0.82	−	0.8	
NO.	尺寸链环名	类型	公差说明	极限偏差/mm		δ系数		分布
1	A柱小盖板	P	A柱小盖板间隙面线轮廓度（匹配区域）	+	0.5	8		N
				−	0.5			
2	A柱三角板	P	A柱小盖板Y向定位面公差	+	0.5	8		N
				−	0.5			
3	车门	S	车门窗框亮条Y向定位孔位置度（A柱三角板定位局部基准下）	+	0.5	6		N
				−	0.5			
4	车门窗框亮条	P	车门窗框亮条Y向间隙线轮廓度（匹配区域）	+	0.5	8		N
				−	0.5			

a) 优化前尺寸链环及累积计算结果

优化后尺寸链计算				计算结果/mm		目标极限偏差/mm		合格率
				+	0.53	+	0.5	99.53%
				−	0.53	−	0.5	
NO.	尺寸链环名	类型	公差说明	极限偏差/mm		δ系数		分布
1	A柱小盖板	P	A柱小盖板间隙面线轮廓度（匹配区域）	+	0.5	8		N
				−	0.5			
2	车门窗框亮条	P	车门窗框亮条Y向间隙线轮廓度（匹配区域）	+	0.5	8		N
				−	0.5			

b) 优化后尺寸链环及累积计算结果

图 6-53　A柱饰板与门窗饰条间隙尺寸链环及公差计算

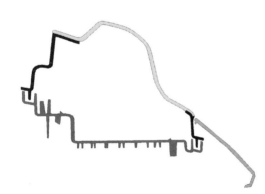

优化前尺寸链计算				计算结果/mm		目标极限偏差/mm		合格率
				+	1.74	+	1.2	96.13%
				−	1.74	−	1.2	
NO.	尺寸链环名	类型	公差说明	极限偏差/mm		δ系数		分布
1	日行灯	P	日行灯间隙匹配处线轮廓度	+	0.8	8		N
				−	0.8			
2	翼子板	S	日行灯X向定位孔位置度	+	0.7	6		N
				−	0.7			
3	翼子板塞块	T	翼子板塞块X向厚度公差	+	0.2			C
				−	0.2			
4	翼子板支架工装	T	前端框架工装X向基准孔位置度	+	0.1			C
				−	0.1			
5	前端框架工装	T	前端框架工装精度	+	0.2	6		N
				−	0.2			
6	前端框架	P	前保险杠中支架定位销位置度公差	+	0.7	8		N
				−	0.7			
7	前保险杠中支架	P	前保险杠蒙皮定位孔位置度公差	+	0.5	8		N
				−	0.5			
8	前保险杠蒙皮	P	前保险杠间隙匹配处线轮廓度	+	0.7	8		N
				−	0.7			

a) 优化前结构和尺寸链计算

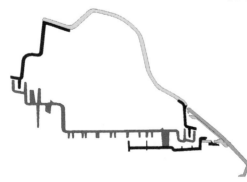

优化后尺寸链计算				计算结果/mm		目标极限偏差/mm		合格率
				+	0.96	+	1.2	99.98%
				−	0.96	−	1.2	
NO.	尺寸链环名	类型	公差说明	极限偏差/mm		δ系数		分布
1	日行灯	P	日行灯间隙匹配处线轮廓度	+	0.8	8		N
				−	0.8			
2	日行灯支架	P	日行灯X向定位孔位置度	+	0.5	8		N
				−	0.5			
3	前保险杠中支架	P	翼子板塞块X向厚度公差	+	0.5	8		N
				−	0.5			
4	前保险杠	P	前端框架工装X向基准孔位置度	+	0.7	8		N
				−	0.7			

b) 优化后结构和尺寸链计算

图 6-54　日行灯与前保险杠间隙尺寸链环及公差计算

6.3.3 尺寸稳健性结构设计与优化

尺寸稳健性设计是指虽然零件遵从了 6.2.1 节里所有定位原则，但由于零件本身的尺寸或者定位策略等问题，仍存在定位不稳定的风险。针对这样的设计，需要从尺寸设计控制角度，对产品结构或者定位方案等方面进行合理优化，最终达到尺寸设计稳定的要求，易于生产控制。稳健性设计需要考虑不增加成本、设计可行、生产操作方便，有些还要考虑售后维修便捷等因素。这部分设计没有标准可循，更多是通过对标以及历史问题规避等进行局部优化，以达到设计稳健性的目的。下面举两个实际案例加以说明。

1. 球头销结构优化案例

后尾灯如果采用普通螺栓装配，一般会有安装点设置在后保险杠下方。尾灯拆卸时就需要先拆后保险杠，甚至有些车型拆卸后保险杠必须先拆轮眉，这会给维修带来很大的麻烦，维修成本会大大提高。为了保证后尾灯拆装便捷性，产品设计会在尾灯上布置 1 个或 2 个球头销，并配合固定胶套使用。但有些球头销在实车装配中存在拉拔力不足、易松动等问题，会造成尾灯相关的 DTS 超差，同时会给装调带来很多困难。通过对该类球头销和固定胶套进行结构剖切（图 6-55），分析发现这种配合结构固定胶套与球头销的卡接量（球头颈部收缩量）较小，若增大卡接量会造成尾灯装配困难。因此，这种结构的球头销紧固力一般不足。

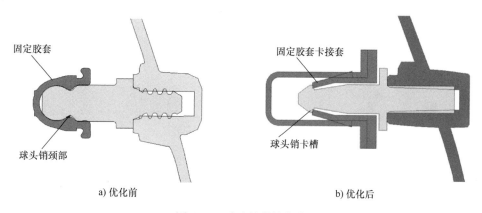

图 6-55 球头销结构优化

通过对标分析优化球头销截面如图 6-55b 所示。优化后的球头销端部增加导向结构和固定胶套卡接套，球头销安装好后靠卡槽卡住固定胶套卡接套进行紧固，紧固效果好。该结构可以根据实际需要变化球头销与固定胶套孔径方向配合间隙来增加控制方向：如固定胶套是圆形且与球头销末端紧密配合，可以定位后尾灯与球头销垂直的两个方向；如固定胶套截面是长圆形且在短径方向上与球头销末端紧密配合，则可以只定位后尾灯的固定胶套短径方向。

2. 后轮眉优化设计案例

某车型后轮眉宽度在 90mm 左右，产品设计开发时布置了单排卡扣。尺寸检查分析认为目前设计存在装配稳健性风险。对标市面上的畅销车型，轮眉宽度在 70mm 以下的基本采用单排卡扣；轮眉宽度在 70mm 以上的都布置双排卡扣或者设计轮眉骨架，有些配合 3M 胶用以增加强度，如图 6-56 所示。

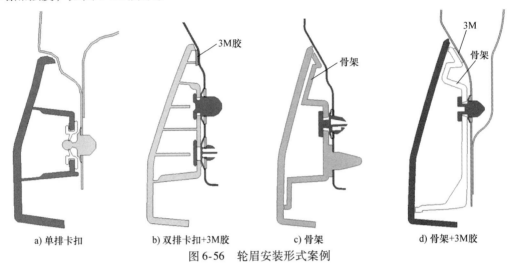

a) 单排卡扣　　　b) 双排卡扣+3M胶　　　c) 骨架　　　d) 骨架+3M胶

图 6-56　轮眉安装形式案例

考虑成本因素，初步解决方案是在间隙匹配区域增加 3M 胶，该方案有利于保证匹配间隙的均匀性。然而如图 6-57 所示，由于该轮眉除装配在车身上，还有一部分装配在后保险杠上，当后保险杠需要售后维修时，需要先拆除轮眉，这会导致 3M 胶失效，增加返修成本。结合整车结构和装配流程，最终采用增加轮眉骨架以及局部布置双排卡扣改进设计，实车装配验证效果稳健，优化结构合理。

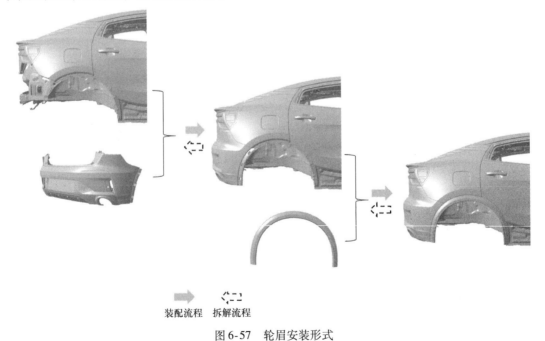

装配流程　　拆解流程

图 6-57　轮眉安装形式

6.3.4　尺寸稳健性的工装设计标准

夹具、检具及装具等工装设计水平对整车尺寸目标达成至关重要，工装设计既要遵从工艺图样要求，又要考虑现场操作便捷性。夹具定位销尺寸设计要遵从企业标准，支撑压紧设计合理，避免零件过压变形或者因为存在间隙导致定位不稳定。工装设计还有一个很重要的理念是定位销需两向可调，定位面单向可调，以适应工装标定以及不同批次零件的工装微调。此外，工装结构强度需要符合设计标准，以保证定位稳定。这里列举与尺寸控制相关的夹具设计要求：

1）所有设计必须在整车坐标系下，夹具的调整方向原则上与车身坐标方向一致，夹具的定位压紧点包含但不限于图样 RPS 点以及主要控制点（Main Control Point，MCP）定位信息，上下工序夹具的定位要符合 6.2.1 节讲到的定位继承原则，以减少由于定位基准转换产生的精度偏差。

2）所有定位单元原则上需同时配备压紧面及对应的支撑面，尽量避免采用空压方式；对有可能变形的部位及对装配、总成拼合尺寸精度要求较高的型面可采用过定位形式，以增强定位稳定性。夹具应有完善的装配和测量定位基准，且保证该基准在日常生产中得到有效防护，便于夹具的制造、装配、测量以及后期维修等。

3）夹具设计过程中要充分考虑焊钳的操作空间，保证焊钳不与夹具的任何机构干涉，焊钳本体安全间隙要保证 20mm 以上，部分狭小位置不小于 10mm（单侧），电极帽安全间隙不小于 5mm，避免操作磕碰或者不当操作导致焊接变形带来的零件尺寸变形。

4）设计夹具结构时，应充分考虑保证基板及夹具中立柱、连接板以及支撑压紧块的尺寸和材料。整套夹具需有足够的强度和刚度，力臂长度尽可能短。对于过长的力臂，必须使用限位块保证定位块与压块之间的位置偏差。定位销材质较硬，表面一般需要镀铬处理。确保使用过程中不变形、少磨损。

5）夹紧点处的夹紧力要求 445 ×（1 ± 10%）N。对于厚板（单件厚度大于 2.5mm）、两层板（总厚度大于 4.0mm）、三层板以及高强板的特殊场合，夹紧力应为上述普通情况下的夹紧力的 2 ~ 4 倍。夹紧力的大小应能够克服工件上的局部变形，能够克服重力和惯性应力，能够克服焊接过程中工件变形，能够克服焊接过程中热应力引起的约束应力，能够克服夹紧机构本身的支反力作用，保证工件的可靠夹紧。如果存在运动定位块和多级夹紧的场合，要求定位部分的力矩至少大于压紧部分力矩的 2 倍。夹紧力方向需垂直于定位/支撑面，使工件不易产生滑移；夹紧力作用点一般位于定位/支撑面之上，或几个支撑所组成的定位面内，应使夹紧力作用在零件刚度较大的部位。

6）工装夹具基准块、支撑面、垫块、夹紧块、挡块均为可调，调整量至少为 3mm；带台阶定位销可三个方向调整，不带台阶定位销与基准块可两个方向调整。基准销固定方法为 H7/g6 配合，原则上尽量使用螺纹销。定位面形状极限偏差为 ± 0.15mm。定位销位置极限偏差为 ± 0.10 mm。为了方便装配、检测，基板面上夹具基准孔的直径为 ϕ10H7，相对位置极限偏差为 ± 0.02mm。设计出两组基准孔，每组 2 个，直径为 ϕ10H7，每个基准孔应配有相应的测量标定值。夹紧器应垂直夹紧在车身零件上，垂直夹紧角度应控制在 5°以内。夹紧时，夹紧臂的横向摆动在 0.5mm 以内。当夹紧角度超过 5°，横向摆动超过 0.5mm 时，应设夹紧器的限位机构。

装具和检具设计要求与夹具相似，但是精度要求略有差别，一般情况下，对于尺寸精度的要求，检具 > 装具 = 夹具。

6.4 结构集成的尺寸验证

整车结构集成的尺寸匹配与验证是整车开发的"V"字形逻辑图自下而上的第一步。这部分工作大致分为三部分：零部件尺寸匹配验证、工装尺寸物理验证、整车级尺寸物理验证。零部件尺寸匹配验证主要包括白车身零件的尺寸匹配验证和内外饰零件尺寸匹配验证；工装尺寸物理验证主要包括夹具、检具以及装具的物理验证；整车级尺寸物理验证范围较广，可以分为开闭件装配稳定性以及下沉相关的验证、前后盖气撑杆相关的验证、油漆变形相关的验证、灯具装配稳定性验证以及密封条顶出验证等。

6.4.1 零部件尺寸匹配验证

零部件尺寸匹配验证主要通过匹配样架实现，其中白车身零件的尺寸匹配验证基于零件匹配样架（Part Coordinate Fixture，PCF）进行，内外饰零件的尺寸匹配验证基于功能模块检具（CUBING）进行。

1. PCF 的白车身零部件匹配

PCF 是根据车身 RPS 开发的一套定位和夹紧系统，是多套测量支架的结合体，主要用于白车身零部件的匹配。PCF 兼具夹具、检具功能，可以进行匹配分析及零部件检测，通过匹配分析找出影响白车身尺寸质量波动的因素，如设计、零件、夹具、工艺等，最终量化为零部件的模具整改量、夹具调整量、工艺优化等措施，可有效缩短尺寸匹配周期、提高白车身精度。

基于 PCF 的白车身匹配实际是给尺寸匹配分析开辟了除生产线外的另一条路径，对于新建工厂，PCF 活动可先于生产线建设与调试开展，对于导入车型，可不受生产线场地、时间以及现场资源的限制进行独立匹配。

PCF 匹配活动是跨部门的多方协同工作，需要车身工程、尺寸工程、制造工程、供应商品质质量工程师（SQE）、工厂等部门参与，匹配流程如图 6-58 所示。

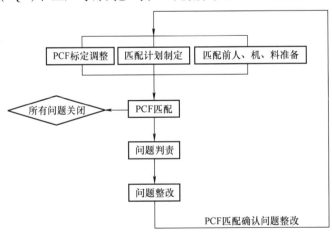

图 6-58　PCF 匹配流程

PCF 入厂标定要按照检具验收标准对其进行符合性检查，具体要求参见 6.3.4 节的内容。匹配计划制定需组织相关部门结合生产计划进行讨论确认。匹配前准备工作包括匹配所需零件以及零件问题点更改履历表，确定测量资源和工具满足匹配要求。匹配分为装配可靠性确认、贴合分析、钻孔铆接、外观检查、测量分析。其中，装配可靠性确认需检查零件的安装可靠性、装配到位顺序的可靠性等。贴合分析首先检查零件和定位支撑、压头的贴合，间隙小于 0.2mm。压紧前后都需要测量，测量时翻板等活动机构不能移动，对于干涉零件要进行返修后重新装配。钻孔铆接需根据操作工艺卡的焊点位置，保持垂直于零件表面进行钻孔，首先铆接定位焊点，然后铆接其余焊点。外观检查主要是观察铆接后的零件打开夹紧机构后与 PCF 的间距，同时确认铆接以及转运过程是否产生磕碰，造成验证外观缺陷。测量分析需对铆接好的分总成采用三坐标进行测量，根据测量报告结合匹配过程的测量数据进行对比分析，分析配合件相互定位与匹配关系，找到问题的根本原因。最后，根据 PCF 测量报告召开专题会议，评判问题归属，确定整改时间，下达修模或工艺更改指令。

2. CUBING 的内外饰零部件匹配

基于 CUBING 的内外饰零部件尺寸匹配活动又称为 TPC（Trim Part Coordination），主要用于整车内外 DTS 目标的匹配与达成。CUBING 是由整车内外 A 面为基准加工的标准工程主模型和匹配零部件的标准安装仿形模块组成，如图 6-59 所示。匹配时由被测的内外饰件与标准配合件仿形块进行匹配，通过 DTS 测量值反映被测零部件的尺寸问题。如果测量值超差，根据测量结果量化指导零件向中值修正，确保实车 DTS 在公差范围内。CUBING 上开发的所有内外饰件仿形块都是活动单元，在主模型上可以安装、拆卸，确保配合件可以相互匹配。改款车型可开发局部匹配样架。

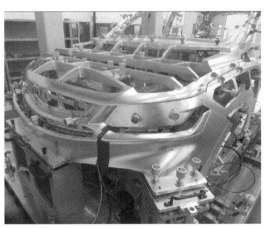

图 6-59　CUBING 示意图

一般车型 CUBING 匹配需验证至少三轮，确保一轮匹配、一轮整改、一轮验证，实际情况下根据零部件的整改周期可进行多轮交叉匹配，某些重点零部件甚至可匹配 10 轮以上。CUBING 匹配一般从硬质模具量产件开始持续到量产前的品质培育完成，在量产稳定后也可作为供应商批次入厂检测的工具。具体零部件 CUBING 匹配流程如图 6-60 所示。

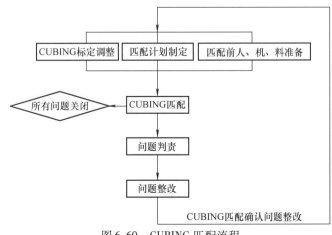

图 6-60　CUBING 匹配流程

3. 零部件尺寸匹配验证内容

零部件尺寸匹配验证可针对定位合理性、结构设计、零部件刚性、公差验证等方面进行。

（1）定位合理性验证

车身单件、总成、开闭件以及内外饰件需基于匹配样架或生产线工装进行重复性和再现性验证分析，找到杠杆效应、扭曲效应等区域，制定合理的方案，更改产品或工艺。

重复性是将零件重复装配到匹配样架或现场工装上，重复 5~8 次装配，对测点（测点布置要覆盖 X、Y、Z 三个方向，同时覆盖距离定位点较远区域）进行数据统计，所有测点的多次测量散差需在要求范围内（基于匹配样架 5 次测量散差需在 0.3mm 以内，基于夹具的 5 次测量散差要求在 0.5mm 以内），否则，重复性不合格，需根据实际情况整改定位设计。下面以某车型后地板纵梁加强板在 PCF 上进行定位重复性验证为例说明。

原有定位设计受焊接夹具空间及操作影响只能布置 3 点定位，如图 6-61a 所示，在匹配样架上重复性验证无法通过。对 Y2 位置调整后重新验证，重复性结果满足要求。传统的零件定位稳定性分析是以经验判断为主，某些情况下会存在误差，尺寸工程要求分析以测量和数据为准，避免主观偏差。

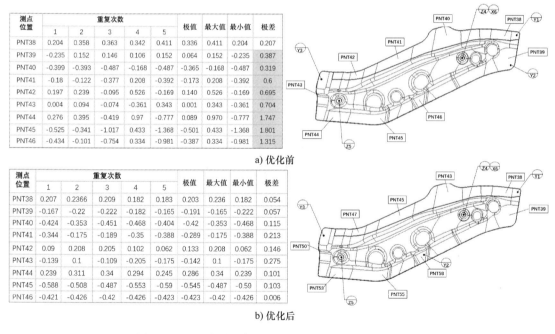

图 6-61 后地板纵梁加强板基于匹配样架的重复性验证

再现性与重复性验证的操作方法类似，区别是再现性验证加入了人的影响，由至少 2 名操作者将零部件装配到同一匹配样架上，重复 5~8 次装配，对测点进行数据统计，所有测点的多次测量散差需在要求范围内，散差评判标准和重复性一致。

（2）结构设计验证

虽然定位满足尺寸设计定位原则，但是基于实际生产仍然存在无法装配或者定位不稳定等问题。这些问题需要在匹配验证阶段识别出来，制订整改方案，优化尺寸设计。

举例说明，门槛内板与座椅横梁搭接是尺寸设计的典型结构，某些车型的门槛内板与座椅横梁采用图 6-62a 所示对接形式连接，实际焊接匹配过程中由于零件尺寸偏差，导致座椅横梁与门槛内板产生干涉，焊接后会导致零件产生内应力。如果将此处的对接结构更改为滑动搭接形式，如图 6-62b 所示，优化后的结构可以很好地吸收公差，有利于尺寸控制。

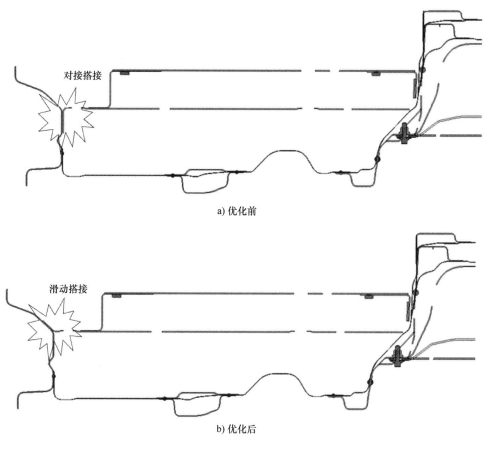

图 6-62 尺寸结构设计优化

（3）零部件刚性验证

某些零部件由于功能、材料、结构或成型工艺导致刚性设计偏弱，在负重或特殊工况下也会产生变形，影响外观感知。需要通过尺寸验证识别出问题，通过设计变更或者优化工艺等手段解决。下面举例说明。某车型前保险杠支架初始设计如图 6-63a 所示，由于考虑行人保护要求，支架 Z 向整体偏高、四脚料宽和料厚不足、刚性弱，前保险杠 X 方向波动大，DTS 目标难以保证。优化后，降低高度、增加支架四脚料宽和料厚，结果如图 6-63b 所示。优化前后测量数据对比如图 6-63c 所示，优化后 X 方向波动较小，支架刚性改善。当然，优化后的数据还需要进行 CAE 仿真分析，以确保符合行人保护要求。

（4）公差验证

有时，零部件的尺寸精度已经符合设计公差要求，但是由于实物偏差接近上下极限偏差，而导致两个零部件在匹配过程中仍然会出现间隙、干涉或者外观 DTS 超差等问题，如图 6-64 所示。这种情况下需要通过进一步测量与匹配确定零件在公差范围内的进一步优化，

a) 优化前支架结构

b) 优化后支架结构

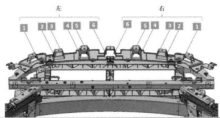

		左侧						右侧					
优化前	测点	1	2	3	4	5	6	6	5	4	3	2	1
	装保险杠前(X向)	3.917	2.159	0.608	0.394	0.645	6.197	6.108	0.584	0.443	5.953	1.646	4.349
	装保险杠后(X向)	4.076	1.794	1.382	0.122	0.31	5.76	5.76	0.347	-0.05	4.915	1.217	3.519
	极差	-0.159	0.365	-0.774	0.272	0.335	0.437	0.348	0.237	0.493	1.038	0.429	0.83
	符合情况	OK	NOK	OK	OK	OK	OK	OK	OK	OK	OK	NOK	NOK
优化后	测点	1	2	3	4	5	6	6	5	4	3	2	1
	装保险杠前(X向)	3.826	2.264	1.724	0.827	1.358	2.674	4.336	1.234	1.432	3.078	2.341	1.894
	装保险杠后(X向)	4.115	1.883	1.467	0.964	1.562	2.484	3.965	1.024	1.701	3.247	2.103	1.657
	极差	-0.289	0.381	0.257	-0.137	-0.204	0.190	0.371	0.210	-0.269	-0.169	0.238	0.237
	符合情况	OK	OK	OK	OK	OK	OK	OK	OK	OK	OK	OK	OK

c) 优化前后测量数据对比

图 6-63 零件刚性优化

匹配过程中需根据配合件的成型工艺、整改成本和周期综合考虑，然后经过一定批次的零件验证确定最终的修偏值，其中涉及模具的整改应尽可能一次性指导供应商优化到位。另外，有些零部件的超差对于白车身和整车功能目标和外观目标无影响，经过批量验证后可进行偏差认可而无须整改。

a) 理论状态　　　　　b) 上件回弹(间隙)　　　　　c) 下件回弹(干涉)

图 6-64 零件回弹影响

6.4.2 工装的物理验证

虽然在工程阶段尺寸工程师已经基于经验对标和仿真分析设计了完整的定位策略,但是由于材料和结构的差异性仍然无法百分之百确保定位方案的稳定和有效,因此在实物阶段仍然需要用量化的手段进行验证。针对工装的物理验证一般需要在试制与试生产初期,通过测量与统计的方式对夹具和活动装具等制造装备进行相关验证,一般包括基本检查、工装的重复性验证、工序重复性验证等内容。

1. 基本检查

基本检查是所有工装类物理验证的基础,一般包括以下步骤:

1)符合性检查:除一般设计符合性确认外,还需确认相关测量报告,确保测量标定结果满足精度要求。

2)调整性检查:确认定位支撑面与定位销在定位方向可调,调节垫片数量足够。

3)活动单元检查:主要是翻转定位销以及翻转支撑有效性检查,同时对活动单元需做未装件稳定性检查。

4)干涉检查:主要是工装自身的结构单元之间的干涉检查,以及工装与零部件的干涉状态检查。

5)压紧有效性检查:检查支撑与压头压紧力,不能过压导致零件变形,也不能空压或压力过小导致定位不稳。

6)人机操作性检查:操作者操作便利性检查,包括所有压紧单元、活动单元的操作便利性,以及上件及后续操作空间可达性检查。

2. 工装的重复性验证

工装的重复性是由对单一零部件的重复性测量统计得到,与零部件在检具或匹配样架上进行的重复性验证类似,区别在于一个是对象不同,另外一个是受场地和资源影响,工装的重复性验证除三坐标打点测量外还可以接受划线、钻孔等方式。工装类重复性判定标准一般为:散差≤0.3mm 可接受;散差>0.3mm 不可接受。

需要注意的是,重复性验证过程中需要排除一些过程因素带来的重复性偏差,包括以下几点:

1)任何操作需要专业操作人员完成。

2)每次的操作规范要一致,包括压头压紧顺序和螺栓拧紧力矩。

3)重复性验证需要全程跟踪,及时剔除不合规操作引起的数据波动,以免误导结论。

4)开闭件活动工装不允许到车内操作,避免因为操作者位置或者姿势动作不同对结果的影响。

重复性验证结果超差,一般会从工装结构强度、定位设计合理性、定位结构稳定性、工装与零件避让间隙、夹紧顺序以及夹紧力等方面进行优化,下面以某车型门的装具优化为例说明。

某车型后门工装在车身上原始定位策略如图 6-65a 所示,X 方向的锁紧是靠门洞锁扣位置的支撑块实现,由于该支撑在斜面上,锁紧过程会导致装具逆时针略微转动,对 Z6 贴合产生影响,造成整个工装定位不稳定,重复性验证结果不通过。一般情况下,前门工装会在下部设计两个 Z 向定位,可以避免上述旋转,然而后门底部 X 向较短,无法布置两个 Z 向定位点。基于以上分析，优化工装定位方案如图 6-65b 所示，取消原来的 X5 定位面，借用门槛内板的内饰安装方孔作为 X 和 Y 向定位（即 X5 和 Y8），具体孔销结构如图 6-66 所示。优化后整体定位方案通过实物稳定性验证，尺寸精度可控。

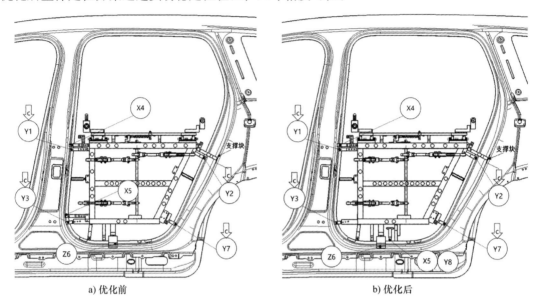

a) 优化前　　　　　　　　　　　　b) 优化后

图 6-65　后门工装方案优化对比

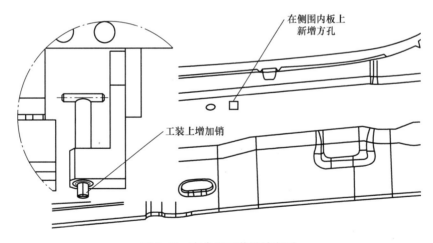

图 6-66　车身和工装设计变更

3. 工序重复性验证

工序重复性验证综合了零件、工装、操作、工艺参数等多种影响因素，针对焊接、铆接、装配等工序前后的尺寸对比验证，由于工序重复性验证针对同一工位内的所有零部件，因此某些时候可以替代针对单一零部件的工装重复性验证。工序重复性验证结果的改善会从零件定位、结构、工装、操作等几个方面进行综合考虑。

（1）案例一：发动机舱盖的铰链工装验证

1）准备一套发动机舱盖总成和一套完整铰链，确认尺寸在合格范围内；标定好要验证的铰链装配工装；确认三坐标测量资源、多能操作者、尺寸工程师可以开展验证工作。

2）装配铰链至发动机舱盖上未打紧螺栓，测量铰链周围以及铰链远端的机舱盖上的工序测点。

3）打紧螺栓，测量步骤2）中相同的测点。

4）重复步骤2）和3）5次。

5）统计5次测量数据的打紧前后散差值并确认重复性结果，散差超过0.3mm即为不合格。

测量结果统计如图6-67所示，可以看出有5个测点已经超出要求，铰链工装的工序重复性验证未通过。

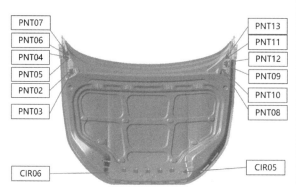

	Sample1-2	Sample3-4	Sample5-6	Sample7-8	Sample9-10
CIR05	+0.04	+0.03	+0.01	+0.02	+0.01
CIR05	+0.00	+0.00	+0.01	+0.01	+0.01
CIR05	+0.01	+0.01	+0.01	+0.02	+0.00
CIR06	+0.04	+0.02	+0.01	+0.03	+0.00
CIR06	+0.02	+0.01	+0.00	+0.01	+0.01
CIR06	+0.01	+0.00	+0.00	+0.01	+0.01
PNT10	+0.03	+0.05	+0.07	+0.06	+0.03
PNT11	+0.84	+0.52	+0.50	+0.51	+0.53
PNT12	+0.06	+0.02	+0.02	+0.00	+0.03
PNT13	+0.00	+0.00	+0.02	+0.01	+0.01
PNT02	+0.46	+0.31	+0.32	+0.29	+0.29
PNT03	+0.06	+0.02	+0.12	+0.05	+0.22
PNT04	+0.44	+0.25	+0.27	+0.24	+0.22
PNT05	+0.04	+0.00	+0.09	+0.04	+0.21
PNT06	+0.05	+0.02	+0.08	+0.05	+0.18
PNT07	+0.07	+0.03	+0.09	+0.07	+0.17
PNT08	+1.18	+0.85	+0.63	+0.71	+0.85
PNT09	+1.03	+0.70	+0.56	+0.62	+0.70

图6-67 发动机舱盖铰链装具工序重复性测量结果

通过综合影响因素的收集和逐一排查，锁定两个主要的影响因素。一个因素是铰链定位销为活动台阶销，其直径与工装上销孔的配合尺寸不合理，孔销浮动量达到0.5mm，导致定位失效，如图6-68所示。

另一个影响因素是铰链的定位方案不稳定，铰链是超六自由度活动结构件，原设计采用一个辅助定位Ya定位Y方向，如图6-69a所示，经验证发现该辅助定位不稳定。

针对以上影响因素，制定整改措施：优化台阶销直径到13.35mm；如图6-69b所示将该Ya辅助定位取消，同时增加一个Z向的辅助定位Za，确保铰链在装具上定位有效。经过以上整改，重新进行验证，统计结果如图6-70所示，工序重复性验证通过。

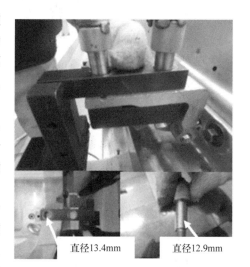

图6-68 铰链定位销与销孔的配合

（2）案例二：后背门铰链定位优化

一般情况下，非自定位结构的后背门铰链需要一套工装来装配以保证精度，铰链在工装上的定位如图6-71所示，两个焊接螺柱作为XY方向的定位，螺柱所在的安装面为Z向定

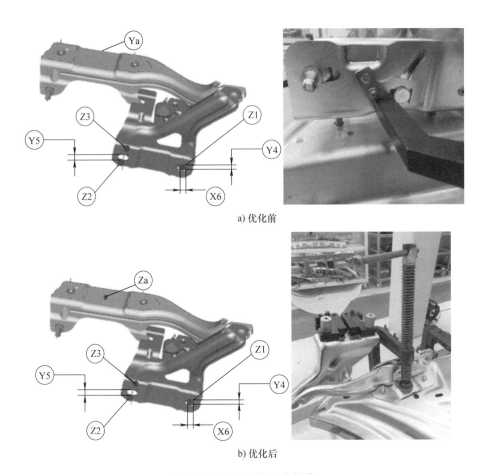

a) 优化前

b) 优化后

图 6-69 铰链定位方案优化

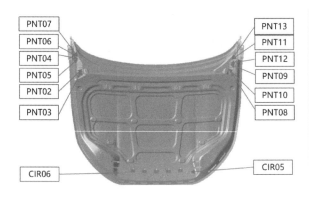

	Sample1-2	Sample3-4	Sample5-6	Sample7-8	Sample9-10
CIR05	+0.04	+0.00	+0.00	+0.12	+0.01
CIR05	+0.00	+0.01	+0.01	+0.11	+0.01
CIR05	+0.01	+0.00	+0.01	+0.16	+0.00
CIR06	+0.04	+0.01	+0.01	+0.21	+0.00
CIR06	+0.00	+0.02	+0.00	+0.18	+0.01
CIR06	+0.01	+0.00	+0.00	+0.12	+0.01
PNT10	+0.02	+0.05	+0.09	+0.16	+0.18
PNT11	+0.23	+0.22	+0.19	+0.20	+0.23
PNT12	+0.12	+0.00	+0.16	+0.00	+0.18
PNT13	+0.00	+0.00	+0.12	+0.01	+0.13
PNT02	+0.13	+0.21	+0.22	+0.29	+0.19
PNT03	+0.01	+0.02	+0.04	+0.05	+0.12
PNT04	+0.02	+0.06	+0.04	+0.05	+0.12
PNT05	+0.01	+0.01	+0.01	+0.24	+0.11
PNT06	+0.00	+0.00	+0.00	+0.14	+0.19
PNT07	+0.07	+0.03	+0.09	+0.17	+0.16
PNT08	+0.19	+0.24	+0.23	+0.22	+0.16
PNT09	+0.26	+0.31	+0.19	+0.12	+0.18

图 6-70 发动机舱盖铰链装具优化后工序重复性测量结果

位面。由于铰链总成多了一个绕 Y 轴的转动自由度，需在阳铰链侧增加辅助基准以限制转动，初始方案选取铰链上与后背门贴合的面作为 X 方向的辅助基准。为保证零件上件与操作方便，铰链工装的执行机构采用滑轨形式，在预定位铰链总成后由气缸推动铰链及定位工装与后背门贴合，然后打紧后背门侧的螺母。在实际验证过程中发现，由于 $X7$ 和 $X8$ 在工装上没有设计预定位结构，需要靠贴合到位才能生效，而在铰链推紧过程中会出现只有一边贴合即卡死的情况，即出现贴合面不能完全贴紧的"V"形间隙，这时强行打紧螺栓会带来内应力，造成结构的不稳定。为消除"V"形间隙需要在工装上增加预定位结构，使阳铰链侧在整个滑动过程中始终保持在正确的位置。解决方案是在阳铰链棱边上增加 Z7 和 Z8 两个辅助基准，同时取消 X7 和 X8 两个辅助基准。方案优化后经过验证有效地消除了"V"形间隙和内应力，保证了装配后的稳定性。

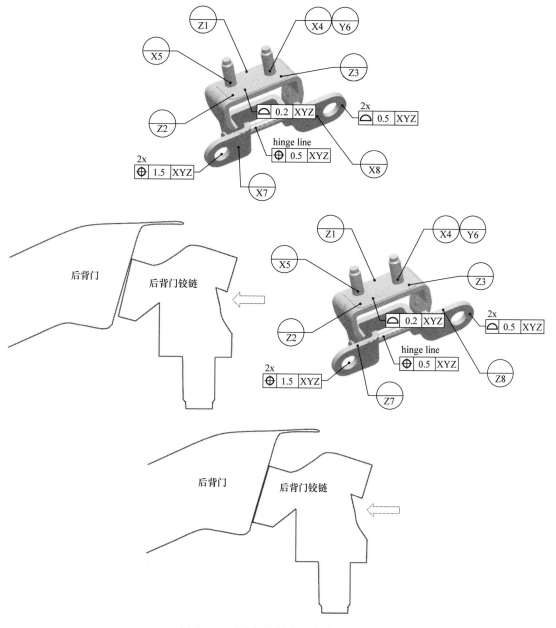

图 6-71　后背门铰链装配稳健性优化

6.4.3 尺寸波动的工艺验证

在产品工程设计阶段会开展相关的同步工程工作以分析制造可行性及确定相关的制造工艺，然而在实际生产过程中某些工艺会对尺寸产生一定影响。这类的工艺验证就是在样车试制过程中逐工序地针对尺寸波动问题进行识别和分析，通过优化工艺消除尺寸波动的影响。常见的影响因素有定位焊点布置及焊接顺序、焊接参数、涂装工艺参数、总装装配打紧顺序和装配力矩对尺寸的影响等。

具体的验证方法是对比同一工艺的不同方案，通过尺寸测量和统计分析，固化其中一种对尺寸影响最小的方案。在验证过程中，其他尺寸影响因素必须一致，确保测量结果变化是由所验证的工艺引起的。下面举例说明。

左右座椅横梁下电池包安装孔 X 向偏差不稳定，左侧 X 方向波动极值为 1.22mm，右侧波动极值达到 1.44mm，如图 6-72 所示，这种波动会导致总装部分电池包无法安装。综合测量数据与电池包安装支架断面结构分析，该支架有三个焊点，其中两个两层焊点定位可靠，但是另一个三层焊点在下一工序焊接，而该支架 Z 向有一定高度差，定位压紧工装撤除后 X 方向会存在轻微摆动导致产生较大波动。基于以上分析，对产品结构和工艺进行优化，优化方案如图 6-73 所示，增大安装支架三层焊点所在面及增加一个两层定位焊点。优化后重新测量验证，电池安装包安装孔 X 方向波动基本在 0.5mm 范围内，尺寸超差问题得到有效解决。

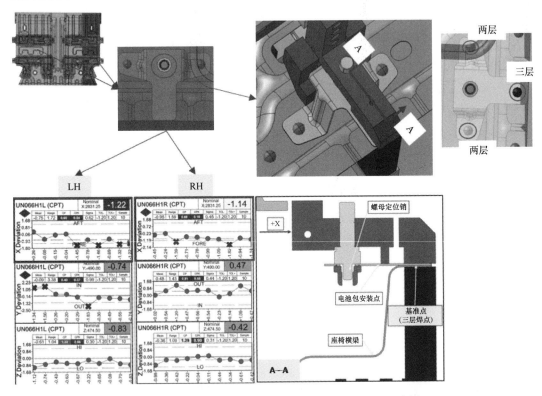

图 6-72　电池安装包支架 X 方向偏差及结构分析（见彩插）

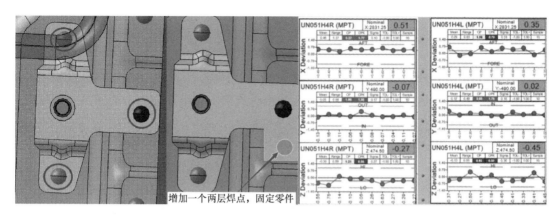

图 6-73　电池安装包支架结构和工艺优化及测量结果（见彩插）

6.4.4　整车级尺寸物理验证

整车级尺寸物理验证是尺寸品质培育的重要内容，主要考虑除工装和过程工艺之外的因素对整车尺寸，尤其是外观间隙或面差的影响。一般情况下需要从产品特性、涂装、自重和转运等角度进行分析和验证。整改方式包括优化设计、工艺和工装等根本性措施，针对某些无法整改或者整改成本高的因素，可根据验证结果做量化设计补偿反向抵消影响。整车级尺寸物理验证按照类型主要分为以下几种：

1. 产品特性类验证

产品特性类验证主要针对密封条和气动撑杆类非刚性零部件。一方面，在设计数据中密封条和气动撑杆的设计状态与实物状态不一致，另一方面，仿真分析与实际情况容易存在偏差，因此，需要做实物物理验证。

以后背门密封条顶出验证为例，后背门区域密封条安装后周圈面差会因为密封条压缩力而变化，工程设计时一般会通过CAE分析设计车门预弯量来补偿，如图6-74所示。然而实际装车后效果往往与CAE分析结果略有差异，为保证高品质的面差对齐效果以及合适的关门力，需要对预弯量进行物理验证。如果实物验证顶出量仍然超差，则需要修改预弯量或者优化密封条截面形状、载荷车载信息终端系统以及材料等，优化过程尤其是密封条载荷调节往往会持续多轮以确保得到最优结果。

测点	UPV2 位移/mm	UPV2 Δ/mm	目标
P1	0.96	—	—
P3	1.06	0.1	
P5	1.24	0.18	
P7	1.00	0.24	
P9	0.68	0.32	$\Delta < 0.26$mm
P11	0.57	0.11	
P13	0.66	0.09	
P15	0.46	0.20	

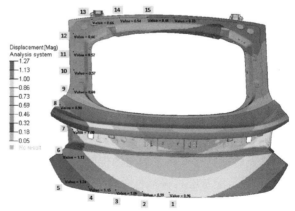

图 6-74　后背门载荷对间隙面差影响（见彩插）

2. 涂装相关整车级物理验证

涂装相关整车级物理验证主要针对涂装电泳浸入浸出过程、烘烤温度、装具辅具影响等几个方面，例如：

1）前后保险杠涂装变形验证：前后保险杠由于整体刚度偏小，涂装过程的烘烤会导致局部变形，一般需要通过调整涂装工艺参数和优化局部支架结构强度来消除热应变或抵消变形。

2）装具辅具的验证：四门两盖在涂装过程中需要辅具定位支撑，装具辅具需要与车身一起参与清洗、电泳、喷涂等整个涂装过程，过程中车身连带辅具会有俯冲、翻转浸入等受力动作，可能导致开闭件尺寸超差变形。该验证量化实际变形量，从工装结构、支撑位置等方面做针对性整改。

3）涂装凝胶验证：四门两盖在包边时需涂包边胶以及隔振胶等，在后续转运过程中有可能产生内外板窜动，隔振胶受热膨胀也会使外板产生一定的顶起变形。通过涂装凝胶试验量化变形量，从转运过程、涂胶量和设计补偿等方面进行整改优化。

3. 自重相关整车级物理验证

自重相关整车级物理验证主要针对零件自重影响进行验证，例如：

1）四门配重验证：门总成在焊装调整完毕后在总装装配所有附件后会有一定量的下沉，通过配重试验量化下沉量，由焊装调整线做反向补偿，以保证最终间隙面差和对齐。

2）前后风窗玻璃自重验证：前后风窗玻璃由于自身重量大，在装配完成后到胶完全固化之前会有一定量的向下滑动，通过验证识别滑动量是否超出要求，并通过增加限位块、定位销或增强胶带等进行整改。

4. 其他整车级物理验证

除此之外，还要考虑环境因素所引起的变形，较为典型的是考虑夏季高温工况下的扰流板热应变验证。首先，扰流板供应商会进行自由状态热应变试验，然后，将扰流板安装到整车上随车进行热应变验证，目的是确保扰流板在热变形状态下不会影响后背门的正常开启。

整车级物理验证的过程也是基于测量与数据统计开展的，过程中需要保证涉及的人、机、料、法、环等因素的一致，确保每次验证能够得到单一或尽量少的因素变化。对于最终的整改措施，有些问题需要整改单一因素，有些问题则是由几个因素共同作用导致，需针对具体情况进行具体分析和优化改进。很多物理验证需要两三轮甚至更多轮的验证才能把影响尺寸的因素全部识别出来并整改到位。

整车级尺寸物理验证首先需要做好验证清单和验证计划。清单见表6-13，内容包括但不限于验证方法、所需物料、场地、设备、所需时间以及配合人员数量等。验证计划也需要充分考虑以上内容，安排验证车辆和预留验证时间。验证过程需要严格遵守操作规范，验证过程产生任何异常问题需及时处理，以免影响物理验证结论。

下面以保险杠涂装辅具物理验证为例进行详细说明。

1）准备工作：电泳验证前需要准备未喷涂保险杠、涂装工装治具、三坐标测量资源、调整线多能工2名、尺寸工程师1名。

2）验证过程：将未喷涂的保险杠安装到CUBING上，测量其与周围标准模块的间隙面差，基于装配基准将保险杠总成安装到工装治具上，进入涂装线进行涂装；涂装完成后，再次使用CUBING测量其与周围匹配标准模块的间隙面差。

表 6-13　整车级尺寸物理验证清单和计划示例

验证内容	验证目的	验证方法	资源需求			开展阶段	负责人	是否已完成	验证结果
			物料	设备	时间				
车门铰链装配重复性	确认铰链打紧稳定性	1）确认铰链装配夹具和总成件状态良好 2）装配铰链至车门上，并在铰链周围用划针划线做出标识 3）重复步骤2）四次 4）观察测量标识的极限位置变化情况，确认夹具稳定性	车门一套	划针、钢直尺	0.5天	VP1	—	是	未通过
车门装配样架重复性	确认样架装配重复性	1）确认车门铰链装配操作符合性，同时检查侧围铰链打紧面的钢板间隙，确保样架符合性 2）操作工将车门正确装配到车身上，尺寸工程师测量并记录车门在车身上的相关尺寸，之后拆下车门 3）重复步骤2）四次 4）对比5次测量数据的散差并确认重复性结果	焊装白车身一台，前后车门一套	间隙面差尺一把、吸平块	2天	VP1	—	是	通过
油漆前后车门变形	研究四门两盖电泳过程变形对尺寸影响	1）在功能状态下测量车门的间隙面差和止口，完成后用夹具装配铰链 2）在白车身上装配好车门，吸平车门后再次测量车门的间隙面差和止口 3）油漆完成，再次吸平车门后再次测量车门的间隙面差和止口 4）拆除车门并拆掉铰链后，再次在功能状态下测量车门的间隙面差和止口 5）对比车门油漆前后和车身侧面油漆前后的变化量	焊装白车身一台，前后车门一套	间隙面差尺一把、吸平块	一周	VP1	—	进行中	

表 6-14　前保险杠总成涂装后 CUBING 匹配测量数据示例

图片	测量位置	测量编号	类别	DTS	涂装工装优化前		涂装工装优化后	
					LH	RH	LH	RH
面差测量值： 正值（+）代表高出 负值（-）代表低进	翼子板与前保险杠	1	GAP	0/+0.3	0	0	0	0
			FLUSH	0±0.25	-0.30	-0.12	-0.25	-0.19
		2	GAP	0±0.3	0.26	0.50	0.30	0.28
			FLUSH	0±0.25	-0.20	0.15	-0.15	0.19
	日行灯与前保险杠（日行灯）	3	GAP	2.0±0.75	3.00	1.00	3.15	1.15
			FLUSH	-0.5±1	2.00	1.00	-1.80	-2.00
		4	GAP	2.0±0.75	2.00	2.00	2.25	2.55
			FLUSH	-0.5±1	-1.50	-0.75	-1.50	-1.25
		5	GAP	2.0±0.75	2.30	3.20	2.85	2.55
			FLUSH	-0.5±1	-1.00	-1.00	-0.55	-1.00
	发盖与前保险杠（发盖）	6	GAP	3.2±0.75	3.50	2.80	1.85	4.00
			FLUSH	-0.8±0.75	1.20	0.60	1.55	1.45
		7	GAP	3.2±0.75	4.50	4.70	3.15	3.70
			FLUSH	-0.8±0.75	1.80	1.80	-1.00	-1.00
		8	GAP	3.2±0.75	2.80	2.90	2.80	2.90
			FLUSH	-0.8±0.75	-1.00	-1.20	-1.00	-1.20

3）保险杠总成涂装后在 CUBING 上的测量数据见表 6-14 "涂装工装优化前" 一列，保险杠总成变形严重，测量的 8 个间隙面差点合格点数是 3 个，合格率仅为 37.5%。分析涂装工装治具发现，目前的工装对于整个保险杠的支撑面积比例和整体强度不足。制定整改措施，优化涂装工装结构和强度，整改前后对比见表 6-15。保险杠总成整改后再次进行涂装验证，在 CUBING 上匹配测量结果见表 6-14，在测量的 8 个点中只有 2 个点不合格，合格率优化到 75%，整改效果明显。

表 6-15　前保险杠总成涂装工装的优化方案

区域	翼子板区域	日行灯区域	格栅及前盖区域
优化前			
优化后			

(续)

区域	翼子板区域	日行灯区域	格栅及前盖区域
优化描述	1）翼子板区域做平板仿形支撑，与产品零贴 2）支撑长度达到零件长度的3/4，宽度达到保险杠蒙皮翻边宽度的1/2 3）支撑块壁厚≥5mm	1）日行灯区域做圆柱钢筋仿形支撑，与产品B面避让3mm 2）整段支撑，治具两端避让零件10mm以上 3）仿形块圆柱直径≥10mm	1）前格栅区域及下唇区域做圆柱仿形支撑，与产品B面避让3mm 2）Z向整段钢筋支撑，治具两端避让零件10mm以上 3）仿形块圆柱直径≥10mm

6.5 尺寸目标测量与达成

整车尺寸匹配与监控是"V"字形开发逻辑图右半部分的重要环节，目的是确保从零部件、分总成直到整车的尺寸能够逐步达成。其中，测量是保证目标达成的基础，一切分析、判定与整改都必须依据测量数据。目前，汽车行业的测量方式有很多种，常用的如接触式测量中的双悬臂三坐标测量、龙门三坐标测量、关节臂测量等，非接触式测量有激光扫描、蓝光拍照、激光跟踪仪等，还有传统的量规、间隙尺、高差尺等。同时实物的测量需要工具的配合，为了确保获得准确有效的测量数据，需要检具、测量支架、PCF和CUBING的支持。依据测量数据，开展相关的验收活动，确保零部件、工装和工具等在前期设计与标准要求范围内。在此基础上开展试制与试生产活动，通过流程、方法与工具使每一轮零件的尺寸匹配关系逐步达到最佳状态，在正式批量生产前使整车尺寸目标达到要求并转入量产监控。

6.5.1 零部件尺寸测量与验收

零部件的尺寸测量与验收是整车尺寸目标保证的前提和基础，其工作的开展是依据尺寸工程图样、测点文件与验收规范执行的。其中，尺寸工程图样即GD&T产品图样，包括了测量基准、测量特征与公差要求等信息。为了保证测量结果的一致性，需要将测量特征转化为可测量的点，并以测点文件的形式输出。验收规范是零部件抽样检测的标准和依据，是参考统计学规则按照企业的标准规范制定的。

汽车行业的测量方式种类繁多，其中针对零部件的主要是检具量规测量和三坐标测量两种方式。其中，检具配合量规的方式由于其操作便利和专业要求低，一般用于零件整改阶段的快速测量以及日常的例行常规测量。而三坐标测量由于精度高、一致性好，一般配合测量支架用于零部件的批次验收。同时，越来越多的主机厂在日常测量中开始使用三坐标，这是因为三坐标的测量数据由配套的软件或企业数据库管理，数据复用性好、可留存性强，便于数据分析以及历史问题追溯，可以有效地提升零部件质量和企业的运行效率。此外，内外饰零部件在入厂时也可以使用主机厂的专用CUBING进行测量验收。

测点文件是根据GD&T图样以及功能尺寸文件编制的用于指导零部件测量的文件，包括测量基准、测点坐标、测点公差以及测点类型。其中，测量基准和测点公差均来自于GD&T图样，而测点坐标则根据GD&T图样中的公差标注在零件被测特征上选取，如孔、螺柱、螺母等，面特征需要根据功能要求、面积大小及表面形状等综合选取为点特征。测点类型主要包括以下三类：

1）全尺寸测量点（Fully measured Point，FPT）：体现所有工程尺寸要求的测点，通常使用三坐标密集采点或扫描测量仪、拍照测量仪等进行全尺寸扫描测量。

2）常规测量点（Measurement Point，MPT）：根据 GD&T 图样的尺寸要求制定的用来监控产品和工艺的常规测量点，是用于零部件验收的测量点。

3）过程能力测量点（Capability Point，CPT）：根据产品和工艺特性，在常规测量点中分析识别出的关键过程能力测量点，一般用于过程能力分析及统计过程控制（SPC）。

图 6-75 所示是测点文件的基本式样示例。

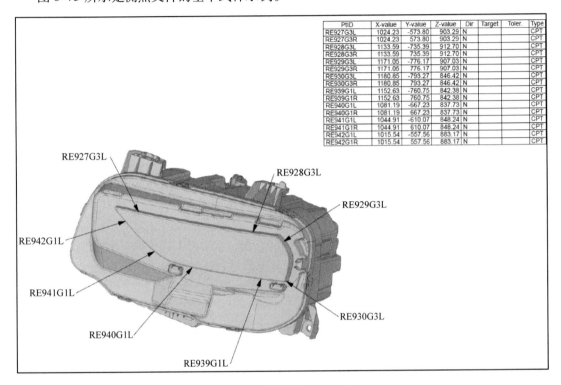

图 6-75　零件测点文件示例

在项目阶段，零部件的验收仅依据 GD&T 图样上设定的公差值是不够的，因为公差是对单个零件的尺寸要求，以单个零件的测点数量所统计的是测点合格率，其无法反映批次的状态。对于批次零件的验收，企业必须依据汽车行业通用的质量技术文件 TS16949 中的要求开展。在执行生产件批准程序（PPAP）工程验收的过程中，应参照 SPC 技术文件所表述的 6 西格玛统计学规则判定批量化生产一致性情况。以下是 SPC 中 6 西格玛的基本概念和应用公式。

均值 $\bar{x}$：一组测量值的平均值。

$$\bar{x} = \frac{x_1 + x_2 + L + x_n}{n} \tag{6-4}$$

式中　n——测量值个数。

极差 R：一个子组、样本或总体中最大与最小值之差。

$$R = X(最大) - X(最小) \tag{6-5}$$

设备能力 Cm：不考虑中心偏移量的情况下，衡量生产设备的加工能力是否能够获得预期的产品特性参数。

$$Cm = \frac{USL - LSL}{6s} \tag{6-6}$$

式中　USL——上极限偏差；
　　　LSL——下极限偏差；
　　　s——设备瞬时标准差。

设备能力指数 Cmk：考虑中心偏移量的情况下，评价设备在较短时间内通过生产加工，获得满足规定公差要求的产品特性参数的能力。

$$Cmk = \min\left(\frac{USL - \bar{x}}{3s}, \frac{\bar{x} - LSL}{3s}\right) \tag{6-7}$$

式中　USL——上极限偏差；
　　　LSL——下极限偏差；
　　　s——设备瞬时标准差；
　　　$\bar{x}$——平均值。

过程能力 Cp：不考虑中心偏移量的情况下，用来衡量生产过程是否有能力获得预期的产品特性参数，该生产过程包括人、机、料、法、环各种因素造成的所有变差在内的整个过程。

$$Cp = \frac{USL - LSL}{6s} \tag{6-8}$$

式中　USL——上极限偏差；
　　　LSL——下极限偏差；
　　　s——过程总体标准方差。

过程能力指数 Cpk：考虑可能存在的中心偏移量的情况下，评价某一过程通过生产加工，获得满足规定公差要求的产品特性参数的能力，该过程包括人、机、料、法、环各种因素造成的所有变差在内的整个过程。

$$Cpk = \min\left(\frac{USL - \bar{x}}{3s}, \frac{\bar{x} - LSL}{3s}\right) \tag{6-9}$$

式中　s——过程总体标准方差。

偏离中心值 ε 如图 6-76 所示，$\varepsilon = \bar{x} - M$。

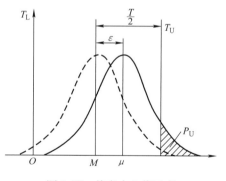

图 6-76　偏离中心值示意

批次验收规范应根据企业的实际情况制定，同时需要通过供应商管理部门对供应商进行培训和宣贯。验收规范中应对零件的测量类型、抽检数量、过程能力要求等分阶段进行明确说明。表 6-16 所列为项目不同阶段的验收指标参考。

在正式量产前零部件状态趋于稳定后，应根据尺寸调试的结果，采用统计软件对测点进行矩阵相关性分析，优化测点主要针对过程能力测点（CPT）进行。通过关联性分析，将相同区域、相同变化趋势的 CPT 点剔除，该工作持续进行直到零件 CPT 测点最少，可代表性地反映零件尺寸质量。接着针对 CPT 测点要考虑在测量期间进行的中值调整，中值调整都是基于后续制造环节进行的,前提是白车身和整车合格率稳定,未出现尺寸类问题。之后的持续现生产阶段,功能和工序特性已建立关联,需按照规定的频次和 SPC 要求监控 CPT 测点,当出现问题时调研跟踪相应的 FPT 和 MPT 测点。

表 6-16 外协件接收指标

项目阶段	调试送样数量(件)	全尺寸测量件数	关键点测量件数	能力指数及合格率	
				过程能力	关键点合格率
阶段 1	3	1	10	$Cm \geq 1.0$	85%
阶段 2	3	1	10	$Cm \geq 1.67$	90%
阶段 3	3	1	10	$Cm \geq 2.0$	95%
阶段 4	3	1	30	$Cmk \geq 1.33$	100%
阶段 5	3	1	30	$Cmk \geq 1.67$	100%
爬坡	—	根据需求	5/周	$Cmk \geq 1.67$	100%
批量	—	根据需求	5/周	$Cpk \geq 1.33$	100%

6.5.2 白车身尺寸测量与匹配

白车身尺寸及关键自制总成的测量与匹配工作是从样车试制开始至正式量产尺寸稳定结束。测量的目的是发现问题和日常监控,通常使用三坐标和测量支架进行测量。白车身的测量针对两类测量点:一类是基于白车身基准的全局测点,这类测量点通常是工序点和结构类功能点;另一类是基于局部基准下的局部测点,这类测量点通常是外观和功能尺寸相关的测点,测点的具体归类应根据前期定义的白车身公差要求进行。

白车身测量需要提前编制好白车身测量计划,试制与试生产阶段的测量计划需要结合生产和匹配计划进行,便于问题识别后进行整改验证。测量计划的制订需要考虑以下几个方面:

1)根据测量抽样比例及预估的验证分析数量确定用于尺寸测量及分析的用车总数。

2)根据生产计划中车的详细用途选择合适的测量用白车身,通常测量用白车身需要有相应尺寸要求的车,比如用于 Audit 评审的车。

3)测量计划的制订需考虑测量资源的可用性,因为如三坐标等专用设备在试制与试生产阶段使用频率较高,需要充分考虑与整个生产过程的匹配。除基本测量外还要预留至少 20% 容量用于满足现生产问题进行调研时测量需求。

举例说明,验证第一轮需要一台份白车身测量报告和三台份关键分总成测量报告,结合 PCF 匹配分析进行整改,整改后测量三台份白车身跟踪问题整改情况,如果问题未关闭则还需要再进行一轮三台份关键分总成测量和验证完的三台份白车身测量,可见这个测量任务是非常繁重的。

当白车身尺寸稳定后一般会每天测量一台份进行日常监控,测量结果需要上传到数据库系统进行分析和监控。对于数据分析,大部分主机厂目前已实现报表数字化与统计分析,从零部件到分总成和白车身,都有相应的电子测量报告及可视化系统。

白车身的尺寸匹配活动是基于前期零部件定位验证、设计验证、工艺验证和工装验证满足要求后,解决零部件的公差匹配问题,同时评判过程中白车身问题的责任归属以及依据匹配结果给出解决方案。尺寸匹配的目标是提升白车身的尺寸合格率和解决总装反馈的车身尺寸问题，确保整车 DTS 的达成。一般情况下，白车身的尺寸匹配活动在相应的工装夹具上开展，但某些复杂的白车身匹配问题由于受场地、时间和资源的限制以及多因素耦合的影响，需要结合 PCF 进行，如图 6-77 所示，基于 PCF 进行的白车身匹配问题仍需要在量产工装检具上验证。

图 6-77　白车身尺寸匹配

下面以前机舱的尺寸匹配为例进行说明。某车型机舱左右前纵梁总成与前围板总成焊接时上件困难，具体位置如图 6-78 所示。为避免与自动化工位调试冲突，将机舱相关零件放到 PCF 上快速匹配，如图 6-79 所示，配合测量工具快速排除焊接变形以及操作不当等因素。再次进行上件装配后发现，在装配的过程中零件之间出现干涉，如图 6-80 所示。两个匹配总成的测量报告如图 6-81 所示，虽然测点都在 ±1.0mm 偏差范围内，但是可以发现上面的前围板总成匹配区域测量结果趋于下极限偏差，下面的机舱纵梁总成在匹配区域测量结果趋于上极限偏差，二者匹配时偏差叠加产生超差干涉。由于纵梁是热成型钢板，修模成本较高，所以修改前围板向正偏差偏移，修改后匹配

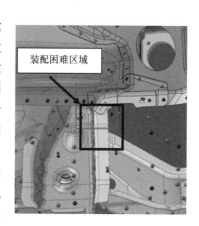

图 6-78　机舱焊接匹配困难区域

效果良好。该匹配问题较隐蔽，设计数据检查以及实车匹配问题分析较复杂。在 PCF 上匹配分析时，便于快速测量，且可以排除夹具与焊接变形影响，能快速锁定问题真因，是白车身尺寸提升以及解决现场问题的有效工具。

图 6-79 机舱基于 PCF 匹配

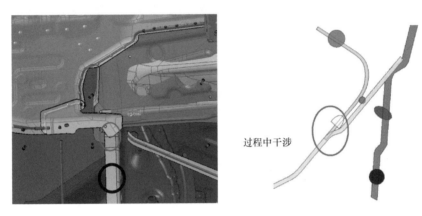

图 6-80 PCF 匹配出的动态干涉问题

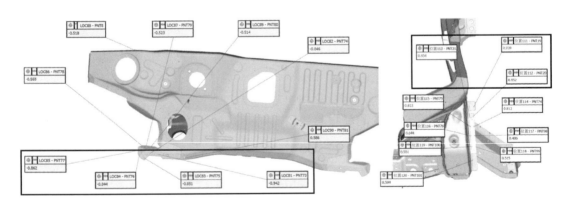

图 6-81 前围板总成和机舱纵梁总成测量报告

6.5.3 整车尺寸测量与匹配

整车尺寸的测量与匹配活动是从样车试制开始至正式量产尺寸稳定结束,主要针对内外观 DTS 相关的内外饰零部件与白车身的匹配,其次针对与整车功能相关的电器底盘动力总成件与白车身的匹配,目的是整车 DTS 目标的达成和相关功能的尺寸保证。

整车 DTS 的测量需要依据 DTS 测量文件，测量文件根据测量工具的不同也有不同的形式，常用的测量工具包括专用间隙面差尺、通止规、高差仪以及激光间隙面差仪等。其中，激光间隙面差仪准确度高，测量一致性好，数据管理方便，如图 6-82 所示，且可以实施机器人在线自动测量方案，便于与企业的质量管理系统打通，是推荐的 DTS 测量方式。无论采用哪种测量方式，详细的测量规范可以参考本章 6.1.1 节中的内容。

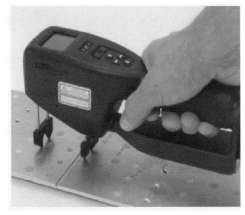

图 6-82 激光间隙面差仪

整车尺寸目标的匹配是基于下线车辆的外观或功能缺陷开展的活动，需要以测量数据为依据从产品结构、材料、零部件尺寸、白车身尺寸、装配工艺、操作等方面进行分析，找出缺陷产生的原因，指导结构优化、模具改进、工装调整、工艺参数优化、产品设计技术规范等的更改。与白车身匹配活动类似，在零部件、总成和整车相关验证工作完善，以及零部件与工装验收满足要求的前提下，整车尺寸的匹配活动主要是解决公差范围内的匹配问题和验证过程中无法发现而在实车上出现的问题。

举例说明，某车型右侧门板与下饰板间隙目标定义为（1.0±1.0）mm，实车下线检测发现该间隙普遍超差，不满足设计定义且外观视觉感受差，如图 6-83 所示。分析发现，门板局部基准下的设计极限偏差为 ±0.6mm，下饰板间隙面设计极限偏差为 ±0.8mm，根据尺寸链计算满足目标定义。实际零件测量时发现门板对应间隙面在局部基准下为负偏差，基本范围在 -0.4mm ~ -0.6mm，而下饰板间隙面基本为正偏差，范围在 0.5mm ~ 0.7mm，见表 6-17。选取零件在 CUBING 上匹配发现问题与实车情况一致，该问题设计满足定义、零部件

组号	1#DTS		2#DTS		3#DTS		4#DTS		5#DTS	
位置	左侧	右侧	左侧	右侧	左侧	右侧	左侧	右侧	左侧	右侧
1	1.55	2.35	1.43	2.25	1.76	2.40	1.89	2.00	1.64	1.98
2	1.64	2.15	1.34	2.14	1.87	2.31	1.90	1.98	1.68	2.01
3	1.62	2.22	1.42	2.00	1.67	2.21	1.86	2.20	1.78	2.11
4	1.58	2.23	1.48	2.03	1.69	2.19	1.93	2.15	1.75	2.13
5	1.59	2.30	1.50	1.93	1.74	2.15	1.88	2.04	1.72	2.10
6	1.63	2.19	1.32	2.11	1.75	2.20	1.83	2.09	1.68	1.95
7	1.59	2.03	1.25	2.16	1.71	2.19	1.79	2.11	1.69	2.12
8	1.64	2.09	1.34	1.99	1.85	2.31	1.90	1.95	1.71	2.04
9	1.59	2.15	1.49	2.00	1.77	2.30	1.86	2.18	1.79	2.09
10	1.60	2.12	1.53	2.18	1.80	2.09	1.82	2.15	1.73	2.10

图 6-83 门板与下饰板间隙缺陷

满足公差要求、装配操作正确，因此属于公差匹配问题，即出现公差带极端偏移且收敛的小概率事件。由于两个零件的散差极小，因此制定的解决措施为二者均向理论值偏移，零件整改后重新上 CUBING 匹配，问题解决，实车装车缺陷消除。

表 6-17　车门外板与下饰板批次测量结果　　　　　　　　　　　　（单位：mm）

组号	组 1		组 2		组 3		组 4		组 5	
测点	车门外板	车门下饰板	车门外板	车门下饰板	车门外板	车门下饰板	车门外板	车门下饰板	车门外板	车门下饰板
1	+0.58	-0.77	+0.59	-0.72	+0.55	-0.75	+0.38	-0.79	+0.52	-0.76
2	+0.60	-0.69	+0.56	-0.68	+0.57	-0.71	+0.56	-0.76	+0.58	-0.73
3	+0.59	-0.78	+0.50	-0.71	+0.48	-0.76	+0.55	-0.79	+0.54	-0.70
4	+0.57	-0.79	+0.56	-0.78	+0.54	-0.57	+0.58	-0.76	+0.57	-0.63
5	+0.59	-0.64	+0.34	-0.79	+0.58	-0.78	+0.49	-0.79	+0.55	-0.57
6	+0.45	-0.69	+0.53	-0.49	+0.57	-0.78	+0.54	-0.66	+0.54	-0.76
7	+0.57	-0.80	+0.43	-0.80	+0.56	-0.75	+0.55	-0.79	+0.56	-0.76
8	+0.59	-0.68	+0.36	-0.71	+0.46	-0.71	+0.54	-0.76	+0.57	-0.79
9	+0.48	-0.77	+0.59	-0.78	+0.57	-0.68	+0.45	-0.77	+0.50	-0.70
10	+0.55	-0.75	+0.58	-0.71	+0.59	-0.79	+0.58	-0.78	+0.58	-0.68

另一类问题是在验证过程中无法发现的问题，比如某车型 B 柱饰板的定位销设计为十字销，在 CUBING 验证与匹配过程中没有暴露问题。然而，实车装配过程中 B 柱饰板需要盲装，工人无法保证十字销每次都准确插入钣金定位孔中，为保证工作效率强行装配，十字销经常会被钣金孔边缘切削或折断进而失去 X 方向的定位作用，试生产阶段实车批量出现前后 B 柱饰板的间隙不均匀等问题，如图 6-84 所示。

图 6-84　前后 B 柱饰板间隙测量

为解决以上问题，重新优化 B 柱饰板定位结构如图 6-85 所示，取消十字销的 X 方向定位，在 B 柱饰板边缘增加 X 方向定位筋进行定位，同时对应钣金切边作为 X 向定位。对操作者重新进行作业培训，确保前装饰板 X 方向定位筋与钣金切边贴合后再打紧。经过以上优化和规范装配操作后，实车验证尺寸问题得到有效解决。

由以上的例子可以发现，整车 DTS 相关的匹配分析所使用的最重要的工具是 CUBING，其既可以支撑阶段性的零部件尺寸匹配与验收活动，也可以用于偶发的生产现场整车外观缺陷问题的分析，具体的分析匹配方法与零部件匹配类似，具体内容可参考本章 6.4.1 节中的介绍。CUBING 匹配是尺寸提升和现场尺寸问题处理的有效手段，但为节约高昂的匹配样架

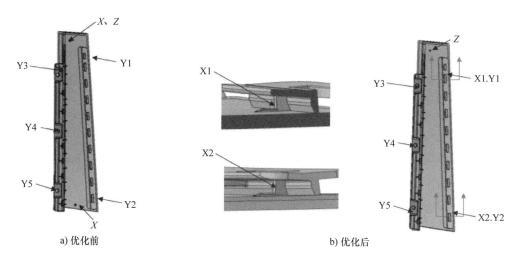

图6-85　B柱饰板定位策略优化

开发成本，未来CUBING将向模块化、柔性化和虚拟化方向发展。

　　整车尺寸目标的评价标准是DTS合格率与感知质量评价。其中，DTS合格率是项目的客观尺寸验收标准，而感知质量评价是站在客户角度进行的主观评价，但在主观评价正确的前提下，应以感知质量评价的结果作为最终验收标准，而不仅仅是以数字的合格作为标准。

参 考 文 献

[1] 曹渡，刘永清. 汽车尺寸工程技术 [M]. 北京：机械工业出版社，2017.

[2] 刘在金. 公差配合与测量技术 [M]. 北京：中国人民大学出版社，2011.

[3] 高艳俊，冯波，丁华. 基于3DCS模拟及Meisterbock匹配的轿车机舱尺寸过程控制：中国汽车工程学会年会论文集 [C]. 北京：机械工业出版社，2015.

[4] MULLER R. Precision Assembly Technologies and Systems：Tolerance Management for Assembly – not a Matter of Product Size [M]. Berlin：Springer – Verlag，2012.

[5] 王廷强. GD&T基础及应用 [M]. 北京：机械工业出版社，2013.

[6] 胡敏. 车身尺寸工程和大数据平台构建 [R]. 上海：2015全国首届汽车几何质量设计与验证技术高峰论坛，2015.

第 7 章
整车静态感知质量结构集成设计与评价

"感知质量"（Perceived Quality，PQ）出自于 1982 年瑞典著名服务市场营销学专家克·格鲁诺斯提出的"顾客感知服务质量模型"，以满足顾客的实际感受作为评估的依据，即实际感受满足了顾客期望，那么顾客感知质量就是上乘的，反之，顾客期望未能实现，即使实际质量以客观的标准衡量是不错的，顾客感知质量仍然是不好的。汽车感知质量是指用户根据自身对产品的需求与应用目的，对市场上产品的各类信息进行综合分析，对产品或服务做出的非全面、主观及抽象的评价。近 10 年来，随着中国自主汽车品牌为改变用户对国产车"廉价、低端"的固有印象，汽车感知质量概念在自主品牌中应用越来越广泛，中国各主机厂形成了各具特色的感知质量评价体系及相应的评价方法、项目管控方式等，同时在陆续上市的新车型上不断得到验证。本章从汽车感知质量概念出发介绍感知质量在汽车行业中的运用及整车开发过程中具体的评价方法等。

7.1 静态感知质量设计开发概况及核心方法的运用

7.1.1 整车静态感知质量设计开发概况

欧美和日韩车企对汽车感知质量的评价也称为商品性评价，已有 30 年左右的发展历史。应用方式除了企业单独建立感知质量团队外，还发展出了借助第三方评价的方式。中国品牌汽车感知质量的概念和评价方法最初是在 2007 年由曹渡先生在安徽芜湖召开的汽车品质研讨会上提出的，并首先在奇瑞汽车公司推行和实施，之后逐渐被中国其他自主品牌车企所认知，中国一汽、东风汽车、上海汽车、吉利汽车、长安汽车、长城汽车、北京汽车、广州汽车以及造车新势力蔚来汽车、理想汽车、小鹏汽车等主机厂都相继成立了各自的感知质量团队。随着生活水平的迅速提高，中国消费者对汽车性能和感知质量提出了更高的要求，即从基本需求上升到了尊重需求阶段，汽车已经从传统的交通工具演变为代表自身地位、彰显独特个性的象征。因此，汽车产品开发要顺应时代发展，紧跟消费者需求，不断地提升产品的愉悦性，提高自身的竞争力。只有在第一时间就吸引住用户，产品的其他功能才有机会被用户进一步了解，所以好的感知质量对提升产品的竞争力和吸引力将起到至关重要的作用。

中国汽车感知质量的整体研究还处于初级阶段，其研究方向包括静态感知质量和动态感知质量。静态感知质量是指车辆静止状态下的感知质量，它更多关注的是整车外观品质、细节精致感、人机舒适性设计以及操作便利性等。好的静态感知质量设计给用户以高颜值、豪华、精致及舒适等感受，能持续提升用户对品牌的忠诚度。动态感知质量则关注车辆的各种性能在使用过程中给用户带来的舒适性/愉悦性，如驾驶性、变速性能、制动性能、转向性能、操纵稳定性、驾乘舒适性及 NVH 性能等。

7.1.2 整车静态感知质量评价要素

汽车静态感知质量是用户通过视觉、听觉、触觉、嗅觉、功能使用等感知手段对汽车产品外观、属性、功能等进行评价而感知到的质量，这个过程是短暂的，如图7-1所示。用户在接触汽车的过程中，敏感度最高、最先起作用的是视觉感知，结合用户的心理感受在前10min的接触中起决定性作用，但是视觉感知会随着时间的推移而迅速衰减，在用户购买产品后第10个月时基本上不再起作用。相反地，触觉和听觉感知在用户接触产品的短时间内敏感度很低，在用户长期的使用过程中逐渐增强，并取代视觉和嗅觉感知。

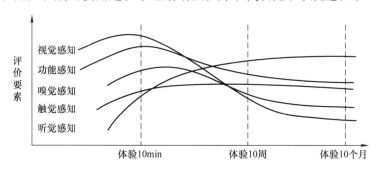

图7-1 顾客感知与敏感度的关系

前文提到用户对汽车的认知过程是从视觉、触觉、听觉、嗅觉、功能使用五个感知手段对整车产生第一印象，静态感知质量评价要素分为视觉感知评价要素、触觉感知评价要素、听觉感知评价要素、嗅觉感知评价要素和功能感知评价要素，各评价要素及具体评价内容见表7-1。一款感知质量表现优秀的汽车产品，在用户看到它的第一眼就会给用户以高档次、高质量的主观体验，从而促使用户做出购买决定。

表7-1 静态感知评价要素及评价内容

视觉感知	触觉感知	听觉感知	嗅觉感知	功能感知
造型评估	表面识别性	杂声	空调性能	储物方便性
匹配评估	凸起、毛刺	异响	密封性	操作方便性
功能识认评估	表面软硬度	舒适声音	气压因素	装配科技感
灯光氛围评估	操作力	噪声	甲醛、苯、氨	人机舒适性
色彩纹理评估	反馈时间	音响音质	气味性	布置合理性
—	平顺性			

1. 视觉感知评价要素

视觉感知即造型感知，绝大多数用户被汽车吸引是从视觉感知开始的，无论在路上还是在网络、电视、平面广告中看到的画面，都是用户对产品的第一印象。这也是汽车发展过程中独特的造型能够风靡一时的原因。视觉感知可以细化到整体外观和内饰、内外饰材质与效果、颜色搭配、软触或纹理的质感等多方面，比如相同区域内的设计采用不同材质或材质本身做工品质的差异性，给用户的第一印象是不同的，直接影响用户对该车型整体第一印象的评价。如图7-2所示，某两台车型仪表板右侧区域均采用装饰板设计，图7-2a所示仪表板装饰板纹理清晰精致美观，精致感较好，图 7-2b 所示仪表板装饰板纹理粗糙老旧，缺乏美观性及精致感，会给用户直接带来整车缺乏细节品质的印象。

a) 仪表板装饰板纹理清晰精致美观　　　　b) 仪表板装饰板纹理粗糙老旧

图 7-2　仪表板装饰板视觉感知对比（见彩插）

2. 触觉感知评价要素

当用户看过产品之后，可能会进一步近距离地接触产品，希望能够获得更多的信息。用户去展厅参观实车，在没有进入驾驶过程前，通过乘坐或触摸实车的各个部位，如仪表板、座椅、转向盘、变速机构、各种功能按键等，重点是对车辆静止状态下的材质、触感、做工、触控反馈等进行触觉感知，同一区域不同触觉感受会给用户带来不同的体验效果，从而影响用户对该车型品质感的评价。图 7-3 所示为用户在体验两款不同车型转向盘触感，图 7-3a 中，转向盘采用皮质包覆且手握区域增加了透气网孔，缝纫线软硬适中，整体手握舒适性较好，图 7-3b 中驾驶员在操作转向盘时手部易接触多功能按键区域，不但存在硌手现象同时存在误操作多功能按键风险，从而容易引起客户抱怨。

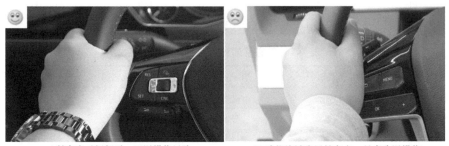

a) 转向盘手握舒适，无误操作风险　　　　b) 功能按键靠近转向盘，易产生误操作

图 7-3　转向盘操作触觉感知对比

3. 听觉感知评价要素

听觉感知评价是指汽车在未启动状态下，用户对正常触碰车内外相关功能件或装饰件所产生的声音进行感知评价，评价内容有各功能按键、旋钮操作音质和零件交接区域按压异响等。一台车的好坏，在开启与关上车门的那一刻，用户评价已经确定了一半。音频及音长的释放为用户带来的沉闷或悦耳的感受，不仅可以判定该车型感知质量的优劣，同时反映一辆车的 NVH 性能，更能从中透露出一款车在设计和制造中的用心程度。一辆汽车设计制造的精湛与否，车内噪声控制是很直观的一种体现，如果车内乘员被嘈杂的声音所笼罩，这台车就难以谈及舒适品质。如图 7-4a 所示，某品牌车型前部出风口在调节过程中，音质悦耳清

脆,给用户带来较好的听觉感受,图7-4b所示某品牌车型同样采用圆形出风口设计,但是调节过程中音质沉闷,摩擦音质明显,直接影响用户听觉感知,从而影响用户对该车型品质感的评价。

a) 出风口调节音质清脆　　　　　　　　b) 出风口调节有摩擦音质

图7-4　出风口调节听觉感知对比

4. 嗅觉感知评价要素

嗅觉感知评价是指用户对车内气味进行的主观评价。随着科技知识的不断普及和健康意识的日益增强,人们对汽车车内的空气质量、车内气味也有了越来越高的要求。人们闻到刺激性气味之后将直接形成嗅觉记忆,而嗅觉记忆一旦形成,人们往往会对此气味印象深刻,并很难通过意识将其移除。因此,车内气味逐渐成为人们衡量汽车舒适性的重要指标之一,其好坏严重影响着汽车品质。如图7-5a所示,某车型打开车门时,会有比较明显的来自座椅及地毯所挥发的刺激性气味,严重影响用户嗅觉感知及对该车型的汽车品质评价,图7-5b所示某车型座椅蒙皮及地毯几乎无明显的刺激性气味,而且车内配备负离子空气净化装置及香氛装置,其作用是保持车内空气洁净,起到一定净化空气的作用,营造更为舒适的车内氛围,提升整车质感及豪华感。

a) 某车型座椅刺激性气味明显　　　　　　b) 某车型座椅无明显刺激性气味

图7-5　车内嗅觉感知对比

5. 功能感知评价要素

功能感知评价是指用户对整车存储空间和车载配置等的操作舒适性及便利性的感知评价。其中包括乘降方便性、储物多样性及空间大小实用性、常用功能按键及功能配置布置是否合理且便于操作、整车清洁及维修方便性、整车照明效果、空调及娱乐系统操作等。高品质车型往往重视带给用户功能上的良好体验。如图7-6a所示,某车型杂物箱、副仪表板下部储物区域、扶手底部均布置照明灯,提升用户夜间存取物品方便性,功能性较好,用户关爱度高,图7-6b所示某车型杂物箱、副仪表板下部储物区域、门板扶手底部均未布置照明灯，用户在夜间存取物品时缺乏方便性，容易导致用户对该车型功能感知体验一般的印象。

a) 常见储物区域均布置照明灯，用户关爱度高

b) 储物区域均未布置照明灯，缺乏照明功能

图 7-6　储物区域照明功能感知对比

7.1.3　整车静态感知质量评价维度介绍

由于消费者对于汽车使用期望的提高，迫使汽车制造企业必须改变传统的设计开发思路，开始转向满足用户更改需求的设计模式。为了系统地判断消费者的不同心理感受，君迪（J. D. Power and Associ–ates）公司开发出 APEAL 调研方法来评价消费者的感官体验。该调研是衡量对顾客最有吸引力的产品属性和特征，如友好性、美感、工艺、设计和谐、性能独特等。静态感知质量评价维度的确定，要与消费者的关注点相契合，反映消费者高度关注的部位、结构形式、操作方式等，可用简明易懂的检查清单来体现所有的评价内容。基于 APEAL 调研内容及用户高度关注点，结合目前主流车型在市场上的表现，从消费者的视角重新对评价内容进行了分类。静态感知质量评价维度可以分为 11 个维度，如图 7-7 所示（外部、内部、乘降性、座椅性能及乘坐舒适性、驾驶员位置操作、视野性、娱乐和温控系统、照明效果、安全性能、维修便利性、储物空间），以下详细介绍各评价维度的评价内容。

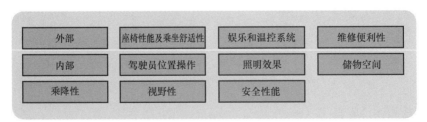

图 7-7　静态感知质量的 11 个评价维度

1. 外部评价

外部评价着重关注：整车姿态、各部位比例、轮毂和轮胎的比例是否协调；前脸、侧面及尾部风格的协调一致性；轮廓线条是否优美流畅；造型面的饱满和光顺的感觉、造型分块的视觉效果；外观所有间隙是否适中，过渡是否均匀，面差配合是否协调；颜色是否符合大众审美，是否符合主流趋势，是否符合客户群体的喜好；色彩搭配是否适应造型风格，有无

杂乱、刺眼、色差等情况;整体是否结实有力,能够给人以安全感;钣金的厚实程度,A、B、C柱粗壮结实的程度。工艺方面主要关注是否存在缩印、飞边、毛刺、尖角、分模线外露、紧固件外露,漆面外观缺陷等现象,装配质量主要关注表面刚度,指压是否变形,是否存在安装明显晃动、异响等现象。

在评价过程中,汽车设计人员可以将车身前、侧、后部进一步划分为以下十四个区域进行详细评价,以便关注局部的细节:外部整体效果、发动机舱盖/翼子板区域、前保险杠区域、前风窗玻璃区域、尾门/行李舱盖区域、后保险杠区域、前三角窗/饰板区域、车门区域、后三角窗及门槛区域、顶盖区域、加油口盖/充电口盖区域、车轮区域、前后车灯区域、钥匙。下面分别介绍十四个区域的评价要点。

(1) 外部整体效果

外部整体效果主要评价车身前、侧、后部给用户带来的第一印象视觉冲击力及品质感,包括车身分块的简洁性、搭配协调性;玻璃颜色的高档感及降噪性;外开把手、门外饰板的高档感;侧围亮条与侧围的贴合质量,是否有明显的配合缺陷;车身焊接止口是否外露明显以及各分块匹配间隙面差是否均匀一致等。

(2) 发动机舱盖/翼子板区域

1) 主要关注此区域内的整体分块是否简洁,区域内零部件的色差情况,以及区域内各部分的匹配方式是否存在内部结构看穿等情况。图7-8a所示为某车型发动机舱盖与翼子板的帽檐形式匹配,有效遮挡了可视间隙,视觉效果较好。图7-8b所示的发动机舱盖与翼子板采用上下匹配形式,导致视觉间隙大、内部结构容易被看穿的现象,进而影响视觉效果。

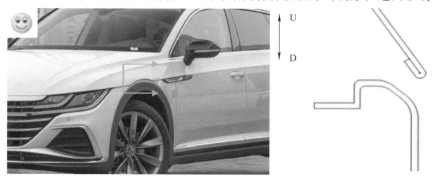

a) 帽檐形式匹配,遮挡可视间隙

b) 上下匹配形式,视觉间隙大

图7-8 发动机舱盖与翼子板匹配形式对比

2）观察发动机舱盖与翼子板的表面指压变形程度，以及发动机舱盖开启及关闭中的晃动、异响情况，打开发动机舱盖后观察发动机舱布置的整体视觉效果是否整洁、美观等。

3）观察发动机舱内各类安装结构的遮蔽性、规整性、内部各部件颜色搭配合理性等。

（3）前保险杠区域

1）主要关注前保险杠、前格栅、前照灯及雾灯区域的整体造型特征、分缝位置以及装饰件的视觉效果，评价各零部件匹配间隙、面差是否均匀，是否存在看穿等现象。还需关注前 LOGO（标志）与前置摄像头搭配形式是否精致美观等，如图 7-9a 所示某车型前置摄像头与前 LOGO 集成设计，提升了细节设计感及精致感。图 7-9b 所示车型前置摄像头比例偏大且形态过于生硬，导致视觉效果欠佳，缺乏细节品质感。

a）摄像头精致美观　　　　　　　　　　b）摄像头形态生硬

图 7-9　前置摄像头精致感对比

2）评价保险杠无特征大面区域的表面刚度、安装牢固性和按压异响情况。

3）评价该区域的生产保证能力、零部件自身精度的保证能力。

（4）前风窗玻璃区域

1）关注玻璃表面及边缘是否有制造缺陷、玻璃黑边宽度及美观性，VIN 码精致感及布置位置是否便于查看，玻璃周边分缝的遮蔽效果、均匀性以及缺陷情况，玻璃视觉效果、玻璃厚度及颜色。

2）评价前风窗玻璃与顶棚匹配效果、与 A 柱匹配间隙及面差的均匀度。

3）评价前雨刮布置规整性，雨刮盖板内部是否平整，与周边部件匹配间隙是否均匀，是否存在看穿现象等。如图 7-10a 所示，某车型前雨刮完全遮蔽所带来的视觉感受较好，图 7-10b 所示车型前雨刮外露过于明显，影响视觉效果。

a）前雨刮遮蔽性较好　　　　　　　　　　b）前雨刮外露明显

图 7-10　前雨刮布置效果对比

(5) 前三角窗/饰板区域

主要评价区域分块的合理性、工艺精度的保证能力，三角窗与侧围配合的缺陷情况，前三角窗与车门特征匹配效果、圆角过渡效果等。

(6) 车门区域

1) 评价前门与翼子板匹配间隙、面差的视觉效果，前/后门表面喷涂质量、表面刚度、开启关闭过程中的各种晃动及异响情况，前/后门外露焊点的美观性、包边涂胶的视觉效果、外露特征的美观性。

2) 评价外开把手形态比例、与车门匹配效果及操作顺畅性、前后/上下晃动情况，玻璃上升/下降平顺情况、（左右侧）速度合理性、杂声程度（密封条摩擦异响、升降机构异响），前/后门各类密封条工艺品质、气孔隐藏程度、表面喷涂质量、接角过渡的平顺性和整齐性等。如图 7-11a 所示某车型外开把手与车门匹配间隙小且均匀，视觉效果较好，图 7-11b 所示车型外开把手与车门匹配间隙大，严重影响整体视觉感受。

a) 把手与车门匹配间隙小　　　　　　b) 把手与车门匹配间隙大

图 7-11　外开把手与车门匹配效果对比

3) 评价外后视镜的特征及分缝合理性；转动臂与底座特征对应的协调性、圆角过渡效果；镜片旋转后与壳体特征配合的协调性，外露特征是否美观；底座与钣金或密封条配合的视觉效果；受力后的晃动情况，前后折叠时的振颤异响情况，折叠及打开时的回位效果；外后视镜与车门玻璃的空隙形状是否符合流体力学要求等。

(7) 后三角窗及门槛区域

主要评价三角窗/饰板与侧围配合质量、与车门特征匹配效果、圆角过渡效果，门槛区域分缝合理性、配合间隙效果、与车身的贴合质量，门槛踏板的刚度、踩踏变形程度等。

(8) 顶盖区域

顶盖区域主要评价顶盖钣金与周边件匹配效果及缺陷情况，天窗与周边件分缝的视觉效果，行李架分缝结构的合理性、配合间隙的视觉效果、与车身的贴合性、固定点牢固性，天线形态的视觉效果及精致感等。如图 7-12a 所示某车型顶棚天线形态设计精致美观，图 7-12b 所示顶棚天线形态普通、缺乏细节设计感，易给用户带来后加装的错觉。

(9) 加油口/充电口盖区域

主要评价此区域的分缝合理性、型面棱线贯穿情况、工艺可行性，视觉间隙效果、圆角与侧围匹配效果、漆面成像度、光泽度、色差程度，开启、关闭时受力晃动情况及异响情况等。

a) 天线形态美观、精致　　　　　　　b) 天线形态普通、缺乏设计感

图 7-12　顶棚天线形态设计对比

（10）车轮区域

主要评价车轮线条比例协调性、美观性及精致感，轮毂区域是否存在翘起扭曲现象，轮毂安装是否牢固，是否存在松动现象等。

（11）前后车灯区域

重点关注前照灯、前后雾灯、转向灯、日行灯整体比例线条的呼应性，内部纹理的精致度、前照灯与周边零件及零件自身的匹配间隙、面差是否合理均匀，前照灯内部遮蔽效果是否良好，是否存在内部看穿现象，前照灯的表面刚度是否良好，有无按压变形现象，零件自身的做工质量是否存在明显的缩印、飞边、毛刺、分型线外露现象等。如图 7-13a 所示某车型前照灯灯罩表面处理精致，视觉效果较好，图 7-13b 所示某车型前照灯灯罩分型线外露明显且在高可见区域，影响品质感。由于灯光照明效果作为单独的评价维度，所以在外部评价中针对前照灯的评价更多是从外观品质出发，下文照明效果评价中会针对灯光评价进行详细介绍。

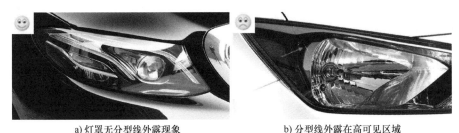

a) 灯罩无分型线外露现象　　　　　　b) 分型线外露在高可见区域

图 7-13　前照灯灯罩分型线处理效果对比（见彩插）

（12）尾门/行李舱盖区域

1）主要评价尾门/行李舱盖、扰流板、尾门饰条左右两侧对称位置的视觉效果是否一致，评价尾门开启及关闭时、按压受力时的晃动程度、异响情况等。

2）评价尾门开启时的开口形状、平整程度、尺寸大小、装卸货物的方便性，以及尾门内板钣金及侧围外露区域有无褶皱、焊渣等视觉缺陷。

（13）后保险杠区域

主要评价后保险杠底部遮蔽性、布置规整美观性，同时评价后雾灯区域及排气口周边配合情况及美观性等。

（14）钥匙

主要评价钥匙整体造型及大小比例与车型风格是否相符，钥匙配重是否较轻、缺乏档次感,整体设计精致度,材料运用是否具有档次感,钥匙字符是否清晰、美观、易读,钥匙自身匹配间隙面差均匀度,是否存在刮手现象,锁车按键是否具有盲操作、便于提升操作便利性等。如图 7-14a 所示宝马数字钥匙设计新颖,兼顾视觉冲击力及科技感,图 7-14b 所示某车型钥匙形态普通,配置较轻,容易给用户带来廉价感。

a) 宝马数字钥匙科技感较强　　　　　b) 钥匙样式普通,缺乏设计感

图 7-14　汽车钥匙品质感对比

2. 内部评价

内部评价着重关注内饰整体给用户带来的第一印象和直观感受,是否给人以豪华大气、富有科技感的感觉;是否具有独特的设计风格,内饰造型是否优美匀称、层次分明、风格协调一致;线条的运用及走势是否优美、流畅、舒展;材质的运用是否凸显了整车档次感及豪华感;零件的做工品质是否细腻精致,各区域零部件配合搭接是否和谐、均匀;内饰色差搭配是否符合大众审美、主流趋势、客户群体的喜好等。如图 7-15 所示,2021 款奔驰 S 级整车内饰造型设计、材质及色彩的搭配运用充分体现了奢华与高贵。

图 7-15　2021 款奔驰 S 级内饰效果（见彩插）

除内部整体印象评价外,还可以将车内部区域进一步划分为十四个部分进行详细评价,以便关注局部的细节:仪表板区域,转向盘区域,转向柱护罩及出风口区域,中控面板、杂物箱及各类开关,副仪表板区域,A 柱上下饰板,前/后门护板区域,尾门/行李舱盖装饰件,立柱系统,顶饰和天窗区域,前/后排座椅,地毯,行李舱系统等。下面分别介绍十四个部分的评价要点。

（1）仪表板区域

1）仪表板区域主要评价仪表板整体与周边搭配协调性、呼应性,仪表板本体的层次感、分块简洁程度,仪表板空间的利用程度,仪表板圆角的均匀统一程度等。如图 7-16a 所示奔驰 E 级仪表板及门板造型设计及匹配形式营造出的环抱效果明显,视觉效果较好。图 7-16b 所示某车型仪表板与门板缺乏呼应感,视觉效果冲击力一般。

2）评价仪表板上部和转向盘区域的工艺精致性、饰条与周边件配合的美观性,各类系统和零部件的配合效果、间隙面差的均匀美观性、是否有暴露缺陷的风险等情况,色彩搭配

a) 仪表板环抱感设计，视觉冲击力强　　　　b) 仪表板缺乏环抱感设计，缺乏视觉冲击

图 7-16　仪表板环抱感设计对比

的协调性、材质用料的考究程度、色差情况、装饰件品质、皮纹层次、整体高档感。

3）评价仪表板整体光泽的均匀柔和程度、上本体表面的软质程度、表面软触面积和高档感，仪表板整体刚度，侧除霜风口叶片工艺的精致性，从前排乘员视角评价发动机舱盖后端和雨刮器是否可见，正常坐姿时前除霜格栅叶片是否外露，细节部位色彩协调性，储物空间的实用性、多样性、操作方便性等。

（2）转向盘区域

1）转向盘区域主要评价转向盘整体的形态比例、直径大小及材质包覆效果、缝线的缝纫效果，DAB 面罩的视觉效果以及各部件的匹配间隙、面差是否均匀等。如图 7-17a 所示某车型转向盘包覆效果平整，DAB 面罩造型设计及材质搭配效果体现出较好的品质感，图 7-17b 所示某车型转向盘包覆不平整，存在明显的褶皱现象，DAB 面罩表面撕裂线外露明显，材质的运用给用户带来强烈的塑料感，影响整车品质。

a) 转向盘包覆效果好，品质感高　　　　b) 转向盘包覆褶皱，DAB 塑料感强

图 7-17　转向盘视觉品质感对比

2）评价转向盘多功能按键区域布置合理性，装饰亮条与本体的匹配面差是否均匀，操作时是否存在硌手现象，多功能按键操作档位感及方便性，按键字符标识清晰度、易识别程度等。

（3）转向柱护罩及出风口区域

1）转向柱护罩及出风口区域主要评价转向柱护罩防尘盖板/防尘罩与周围零件的面差、间隙的视觉效果以及内部结构遮挡效果，是否存在结构外露现象。

2）评价转向护罩与组合开关的匹配外观质量、配接效果和分缝线隐藏效果。

3）评价出风口形态是否精致美观，侧部出风口、中央出风口及后排出风口形态是否一致呼应，出风口内部连杆、叶片转轴的隐藏情况；出风口叶片与壳体间隙小而均匀的程度；叶片厚度、长度、刚度是否合适；出风口操作力大小、阻尼的手感、各风口操作力的一致程度、拨轮限位清晰度、到位提示和限位机构功能、旋钮的刚度和美观程度等。

(4) 中控面板、杂物箱及各类开关评价

1) 评价空调、音响开关功能定义、形状和尺寸是否合适；空调、音响调节显示状态、操作方式、开关位置、开关按键与旋钮操作力的舒适程度；空调、音响开关操作便利程度；点火开关操作力与操作行程的合适程度，点火开关避让特征；危险报警开关位置、开关形状、尺寸的舒适性和开关操作力；仪表板左侧开关组操作便利性。

2) 评价加油口、发动机舱盖、行李舱开启按键位置，操作舒适性和便利性；杂物箱区域开启后的内部平整度和精致程度，操作声音悦耳程度；杂物箱刚度、开口尺寸与形状对物品存取的便利程度；杂物箱开启和关闭过程的异响和松动情况，关闭到位时的反馈情况，开启方式的方便性；杂物箱解锁操作力大小合适程度、操作行程合适程度；阻尼感的清晰度等。

(5) 副仪表板区域

1) 副仪表板区域主要评价本体与变速面板的配接效果。

2) 评价副仪表板的整体刚度，中控扶手软质区域的触感、扶手装饰性、稳定性、支撑效果，扶手箱盖金属铰链外露部分的视觉效果，扶手箱盖锁止机构的精致性，扶手的可调节性、开关操作力、开启过程中与周边零部件的干涉情况，扶手箱的附加功能情况，扶手开启关闭时的到位提示和限位机构的清晰感。

3) 评价变速面板饰条品质高档感，变速杆/手球的美观性、耐脏程度；驻车制动手柄的抓握舒适感；杯托的操作手感，是否具备夹持能力，储物多样性、装饰品质；杯托布置位置合理性、操作方便性，杯托宽度和深度的实用性、取物便利性；储物盒的操作手感；电源充电功能的方便性。

(6) A柱上下饰板

1) A柱上下饰板主要评价安全气囊盖板标识美观性、阅读便利性，密封条和立柱饰板型面的贴合程度。

2) 评价A柱与顶棚和前风窗玻璃配合区的精致性，A柱扬声器罩的精致性，A柱按压刚度、保持型面稳定的能力，A柱与前风窗玻璃间隙的均匀性，A柱边缘与玻璃黑边的均匀性，A柱饰板与仪表板配合间隙的均匀性或弱化效果，A柱与顶棚配合间隙的均匀性，A柱下饰板的安装牢固程度，A柱下饰板与地毯的配合间隙的均匀性，A柱下饰板与门槛的配合形式、分块及型面设计隐藏性或弱化间隙的效果，分型线控制的精细程度。

(7) 前/后门护板区域

1) 前/后门护板区域主要评价整体搭配的协调性和装饰性、整体分块合理性，色彩搭配协调性、材料高档感，整体刚度。

2) 评价不同内饰系统之间的色差程度，装饰件的工艺精致程度，皮纹和环境的协调性、层次清晰程度、立体感、高档感、光泽度，上饰板表面处理方式、软触面积合适程度、触感舒适度；零部件分块实现程度，门护板关闭状态下遮蔽钣金的程度、遮蔽制造缺陷的能力；各零部件搭接关系的合理性，分模线的外露情况。

3) 评价门护板本体与内扣手盖、饰条、中饰板、扶手、开关面板搭接配合的合理性；

门护板上下本体搭接配合的形式、型面模拟软质处理的程度；门护板上本体前后端与钣金、仪表板、水切、B柱饰板的配合效果，间隙、面差的弱化程度；前/后门护板的耐脏性、耐刮擦性。

4）评价开关面板、本体、门把手、扶手之间的间隙处理情况；评价内扣手开启及回位时的异响情况、最大开启角度；评价内扣手与手部的贴合情况；评价内扣手、锁止按钮隐藏于面板内部的情况，静止及旋转时的外露情况；评价内扣手盒与门饰板、手柄盒的间隙/面差的均匀性；内扣手位置的使用方便性、操作空间大小、操作力大小、操作行程大小；门把手/门拉手刚度、门拉手的宽度、门拉手与手掌的贴合情况、门拉手储物实用性和方便性；乘员正常坐姿状态下门拉手位置的可触及性。

5）评价车窗升降开关周边间隙的视觉效果；按键形状、尺寸、材料的操作舒适感；开关位置的可触及性；地图袋厚实程度、操作舒适性、分模线隐藏情况、刚度、储物多样性、储物空间大小、使用方便性；扬声器罩网孔排列的有序性，外观规整性、品质感；门护板扶手/中饰板的肘部触感舒适性，周边件配合间隙的视觉效果。

6）评价三角块/门框装饰板的稳定性、与周边件间隙和面差的视觉效果，反射片与周边件间隙和面差的视觉效果。

(8) 尾门/行李舱盖装饰件

尾门/行李舱盖装饰件主要评价尾门饰板系统内的色差情况；尾门上饰板与左右侧饰板的配合间隙、视觉平顺均匀性，尾门维修口盖和周边件间隙的均匀性；尾门装饰板的覆盖范围、自身刚度，尾门下饰板与左右侧饰板搭接配合的容差能力，尾门饰板与钣金的间隙均匀性；塑料件分型线控制的精细度，外露缺陷情况，轿车行李舱盖装饰件的覆盖范围、自身刚度；行李舱盖装饰件与钣金间隙的均匀性。

(9) 立柱系统

立柱系统主要评价不同内饰系统之间的色差情况、用材高档感、耐刮擦性、分型线控制精细度、外露缺陷情况；密封条和立柱饰板型面贴合情况，唇边展开的视觉效果；立柱 Y 向刚度；立柱上下本体间隙/面差控制的均匀性，与顶棚的配合效果，立柱下饰板与地毯的配合效果；前后门槛与地毯、A/B/C柱的配合效果，间隙、面差的均匀性；前后门槛的 Z 向刚度；前后门槛饰板的 Y 向平坦度，B柱下端平顺性；安全带滑板与B柱上饰板的晃动情况。

(10) 顶饰和天窗区域

1）顶饰和天窗区域主要评价顶棚与内饰系统之间颜色搭配的协调性、用料高档感；顶灯与顶棚搭接的配合效果；后排乘客区顶灯布置美观性、照明功能性。

2）评价与立柱饰板配合区域的刚度、缝隙情况；天窗和周边匹配的视觉效果；遮阳板表面材质的处理效果、高档感、耐脏性；遮阳板调节过程中的异响情况、功能多样化情况、位置和尺寸的操作方便性、操作力的舒适程度、在任意角度的锁止能力、操作过程中与头部的干涉情况、安装点螺钉是否有外露的情况。

3）评价内后视镜罩壳材质的高档感，内后视镜调节过程中的异响情况、调节操纵力的大小和锁止能力；眼镜盒开启和关闭操作手感的舒适度、开启及关闭过程中的异响情况，眼镜盒内部空间大小、与周边件配合缝隙的均匀性、储物方便性、内部表面处理工艺。

4）评价顶棚拉手耐脏性、操作舒适感、安装螺钉外露情况、转轴可见程度、顶棚拉手本体做工的精致美观性。

(11) 前排座椅

1) 前排座椅区域主要评价前排座椅的档次感、色彩搭配协调性、用料高档感；面料或塑料件是否有色差；表面光泽度、表面材质触摸舒适感、座椅表面的折痕/褶皱情况、面套起皱情况、面料缝线或纹理扭曲情况、面套包覆下的零部件外露情况；表面缝线挺直程度、缝线和外形的契合程度、排列整齐度、靠背和坐垫的缝线对齐度；多块面料拼合处面套鼓包情况；乘坐后整体刚度情况、乘坐后的型面恢复能力；头枕位置、形状、软硬的舒适性；靠背形状、软硬的舒适性和贴服性，以及腰部支撑感；坐垫形状、尺寸、软硬的舒适性和支撑感；座椅的整体包裹感；乘坐时面料间的摩擦异响情况。

2) 评价座椅存储区域的多样性；座椅的各类开关、按键等操作时的稳定感，调节高度、角度、翻折等功能操作时的声音品质、异响情况；头枕解锁操作空间大小、解锁操作力大小、调节操作力大小、档位清晰感；座椅调节手柄的位置、尺寸、形状的合适度，操作空间、手柄操纵力大小，手柄/按键与周边件的间隙和面差的视觉效果；头枕晃动量大小、晃动异响情况；上下调节功能的效果；前排安全带卷收顺畅性；安全带高调器解锁方便性、解锁操作力大小、调节操作力大小、调节操作声音舒适性；副驾驶侧锁扣与B柱之间的距离；前排座椅安全带锁扣在使用时的便利性；靠背角度调节及坐垫滑轨前后调节的档位清晰度和顺畅感。

(12) 后排座椅

1) 后排座椅还要评价分体式靠背或坐垫之间的断差情况、缝隙均匀性。

2) 评价儿童座椅固定点标识或塑料件与座椅配合的美观性，靠背与坐垫配合的遮蔽效果，第二排座椅放倒后的平整度、放倒后储物空间的大小，后排座椅多功能翻折能力，后排头枕位置、形状、硬度的舒适性，头枕晃动量和异响情况，肘部触感舒适度（软/硬、高度、宽度）。

(13) 地毯

评价地毯表面踩上去的舒适感，地毯与地板的贴合效果，地毯与副仪表板、前门槛、前座椅下横梁等的配合效果，后地毯与车身的贴合效果，后地毯与B柱、后门槛等的配合效果，地毯与后坐垫配合的美观性等。

(14) 行李舱系统

行李舱系统主要评价不同内饰系统色差的视觉效果、用材高档感；密封条和行李舱各零件型面的贴合效果；后行李舱门槛型面的尖锐程度、平坦程度、防滑筋布置、耐刮蹭性能、与行李舱饰板的配合效果；行李舱饰板刚度、衣帽架刚度、备胎盖板刚度、后行李舱门槛刚度；行李舱储物空间的实用性、多样性；备胎盖板下部储物多样性；灭火器、千斤顶、三角警示器拿取方便性及规整度；备胎盖板限位功能、间隙/面差均匀性；行李舱侧饰板和周边件的匹配效果；行李舱锁扣对物品搬运的影响；衣帽架和周边件的匹配效果，分型线控制精细度。

3. 乘降性评价

乘降性评价着重关注前后排上下车时头部、腿部、躯干的通过性是否良好，有无磕碰头部、腿部、躯干现象，同时关注乘客上下车时外把手及内开拉手尺寸、布置高度、操作力度舒适性及便利性等，具体评价内容如下。

1）评价车门外拉手的离地高度、操作方向便利性；车门外拉手解锁时的操作力、操作行程；将手插入外开拉手，评价手部操作空间感等。如图 7-18a 所示某车型外拉手操作空间充足，车门开启操作力适中，图 7-18b 所示某车型外拉手操作空间不足，开启车门时存在磕手现象。

a) 外拉手操作空间充足　　　　　b) 外拉手操作空间不足，磕碰手部

图 7-18　外拉手操作空间对比

2）通过上下车体验，评价座椅乘坐位置离地高度和与门槛的 Y 向距离、前后车门门框顶部到座椅的高度、横向位置对头部的影响、驾驶员和副驾驶员座椅与转向盘/仪表板的相对位置以及对脚部、膝部、腿部动作的影响。

3）在驾驶员位置打开车门，评价车门内开拉手尺寸及位置是否合适、车门内开拉手操作力和车门开启角度是否合适；在驾驶员位置进行上下车操作，评价上下车时立柱是否有脚部避让空间、裙边是否会刮蹭裤管。

4）第二、三排乘降性与第一排的关注点类似。

4. 座椅性能及乘坐舒适性评价

消费者往往将汽车的舒适性作为重要的购买考虑因素，座椅的软硬程度很好地体现了汽车的舒适性。静态感知质量评价需着重关注座椅调节时的操作便利性及调节音质，前后排座椅坐垫的软硬舒适度，座椅靠背的支撑、包覆效果，头枕的角度及调节拆卸方便性等。以下详细介绍座椅性能及乘坐舒适性评价要点。

1）以完全放松的姿态坐在前排座椅上，评价座椅整体柔软度是否适中、是否舒适，坐垫尺寸是否适中，座椅靠背及肩部支撑包覆是否舒适，头枕软硬度及角度是否舒适等。如图 7-19a 所示座椅头枕角度适中，成员头部与头枕贴合度较好，图 7-19b 所示某车型座椅头枕角度前倾，乘员头部与头枕贴合区域小，头部及颈部悬空面积较大，影响乘坐舒适性。

 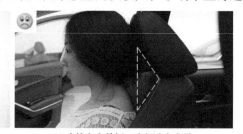

a) 头枕角度适中，头部贴合度好　　　　　b) 头枕角度前倾，头部贴合度差

图 7-19　座椅头枕角度对舒适性的影响

2）以完全放松的姿态坐在后排座椅上，评价坐垫角度是否合理，腿部支撑是否舒适，靠背角度是否舒适，侧围软包区域面积是否覆盖 C 柱下饰板，乘员肘部是否优先接触软质区域。

3）调节头枕各方向位置，评价调节方便性及调节操作力的大小、档位清晰感；在驾驶员位置上下、前后调节座椅和靠背，评价调节手柄位置是否合适，手部操作空间和操作力是否合适，同时需关注调节音质大小及调节过程中是否存在坐垫与副仪表板产生摩擦噪声的现象等。

4）在驾驶员位置拉取安全带，评价座椅相对安全带的距离是否合适，安全带拉出力大小；插入安全带，评价安全带锁扣位置是否方便插入；在自然驾驶坐姿状态，评价安全带预紧力是否合适；解锁驾驶员安全带，评价解锁的操作空间是否充足、解锁的操作力是否过大；自然放回安全带，评价安全带是否卷收顺畅等。

5）对安全带高调器进行解锁调节操作，评价解锁方式是否方便、解锁力大小是否合适、噪声是否较大等现象。

6）以完全放松的姿态坐于后排座椅上，调节头枕各方向位置，评价调节方便性及调节操作力的大小、档位清晰感；在后排位置上下、前后调节座椅和靠背，评价手部操作空间和操作力。

7）后排中央扶手开启型窝手部操作空间是否充足，若采用拉带形式拉带是否存在松弛及刮手现象等。

8）后排座椅安全带锁扣布置是否平整，是否存在硌臀现象，影响乘坐舒适性。

9）副驾驶位置及后排乘员脚部空间是否充足，是否存在较大台阶及鼓包现象，影响乘员脚部舒适性等。

5. 驾驶员位置操作评价

作为汽车驾驶过程中的次级任务，内饰部件操作是否便捷严重影响行车安全。在车辆静止状态下，乘员在操作车内各类开关及按键过程中如果存在布置位置距离过远操作不便利或操作力大、噪声大、划手、硌手等现象，都在一定程度上影响客户对于该车型的感知评价。以下详细介绍基于驾驶员位置操作静态感知质量评价所关注的评价要点。

1）在驾驶员位置进行上电/点火/熄火/关闭操作，评价点火锁位置的合适度、按压角度，是否存在被转向盘遮挡等现象，钥匙插入顺畅性，插入角度、旋转角度对操作空间、操作力、操作行程、手部和腕部动作的影响，以及开关档位清晰度。

2）在驾驶员位置按照正常驾驶姿态操作转向盘，评价转向盘的粗细、大小，手部型窝是否舒适，缝线是否刮手等现象；操作多功能按键，评价按键位置的可触及性以及操作力和操作空间。

3）调整转向立柱调节手柄，评价解锁操作力大小；评价转向盘多向调节的数量；上下前后调节转向盘，评价转向盘调节力大小；按压扬声器开关，评价扬声器开关的操作力；转向盘在直线行驶角度下，评价组合开关标识的易识别性，是否被转向盘遮挡得过于严重。

4）以正常驾驶姿态踩加速踏板，评价踏板的脚部空间是否充足，与周围部件有无干涉；正常切换加速踏板与制动踏板，评价两者的切换是否舒适，是否存在由于距离和落差过大引起的切换不方便；对踏板进行完全松开和完全踩下操作，评价操作轨迹对脚部、踝部、腿部舒适性的影响，踩下过程中是否有异响。

5）脚部正常放置在歇脚板上，评价歇脚板的角度、宽度是否合适；在驾驶员位置进行所有档位的换档操作，评价变速杆前后、左右、高低位置对驾驶员操作的影响；评价变速杆的尺寸、形状、表面处理对驾驶员握持舒适性的影响，全部操作轨迹对驾驶员腕部、臂部、肩部、上肢的影响；评价变速杆、驾驶员臂部活动范围与仪表板、副仪表板、转向盘、驻车制动手柄、中央扶手箱的位置舒适度。

6）进行驻车制动操作，评价操作空间是否充足，操作力大小是否合适，操作过程中是否与其他部件干涉，操作过程中是否有卡滞、生涩、异响等问题；进行驻车制动解锁操作，评价解锁操作力是否合适。

7）评价危险报警开关紧急操作的方便性、布置位置是否便于第一时间观察识别到、尺寸合理性及提示音质警示效果等。

8）分别在车辆所有乘坐位置对空调进行开启、关闭、风向调节、风速调节、制冷/加热调节操作，评价空调操作的方便性，所有出风口调节拨片或旋钮操作力、操作行程、操作空间、触感、档位感、阻尼感是否均匀一致，调节过程中手部是否与其他部件存在干涉现象等。

9）在驾驶员位置正常操作仪表板左侧功能开关，评价转向盘是否遮挡视线、操作空间是否充足、操作力是否合适等。

10）评价扶手箱开启机构尺寸是否适中，是否具有开启型窝等。

11）评价副仪表板区域充电操作方便性及舒适性。

12）评价顶棚区域遮阳板开启方式舒适性，遮阳板向外拉出操作力度，遮阳板拉出与头部干涉情况，关闭遮阳板时撞击顶棚是否产生较大噪声，遮阳板化妆镜盖开启型窝是否充足，滑动操作是否卡滞，阻尼效果是否良好等。

13）评价内后视镜调节时手部是否与顶棚干涉，内后视镜调节阻尼大小是否适中，位置保持力是否良好等。

14）评价顶棚控制面板灯光开启/关闭操作反馈是否良好，天窗调节按键是否有操作型窝，操作力度是否适中等。

6. 视野性评价

汽车驾驶员视野在汽车设计开发中至关重要，除了需满足法规上对汽车驾驶视野的要求以外，非法规要求项的汽车驾驶视野对提升汽车的行驶安全性、乘坐舒适性及操作便利性有重要作用。充分的驾驶视野不仅能保证驾驶员能够合理地操纵汽车，更是对汽车乘坐人员的安全保障。以下详细介绍静态感知质量视野性评价的重点关注项。

（1）前方上视野

在驾驶员位置观察，评价前风窗玻璃上沿、玻璃黑边、内饰顶棚前端、内后视镜、内后视镜底座黑边对前方上视野的影响。

（2）前方下视野

在驾驶员位置观察，评价前风窗玻璃下沿、仪表板、转向盘、前雨刮对前方下视野的影响，发动机舱盖最高点对视野的影响，发动机舱盖下部雨刮盖板是否可见，前雨刮布置是否平整、是否外露较多影响驾驶员视野等。

（3）前方水平视野

在驾驶员位置观察，评价直视前方的视野，评价雨刮器刮刷面积、位置、形状对前方视野的影响，雨刮器刮刷的残余面积对前方视野的影响，喷洗器的喷射面积、喷射时机、喷射柱形状及喷射量对前方视野的影响。

(4) 前视野反光

在驾驶员位置观察,评价内饰反光部件在前风窗玻璃上的投影对前视野、侧方视野的影响。

(5) 侧方视野

外后视镜镜片形状、大小及通过外后视镜获得的后视野范围,外后视镜位置观察的方便性。A柱相对于驾驶员的位置、A柱倾角、A柱宽度对侧方视野的影响。

(6) 后方视野

内后视镜视野范围、后风窗玻璃尺寸、第二排/第三排座椅靠背及头枕对内后视镜视野的影响,后雨刮布置是否平整、是否影响后方视野等。

(7) 天窗视野

评价天窗开阔性,视野是否充足,遮阳帘的透光性等。

(8) 第二排视野

评价C柱三角窗开阔性,视野是否充足。

(9) 其他视野

分别在驾驶员位置与副驾驶位置打开遮阳板,评价遮阳板的遮光效用;将遮阳板放下后分别置于前方、侧方,评价遮阳板尺寸、形状对驾驶员前方视野、侧方视野的影响及其对驾驶员的压迫感;在驾驶员位置以正常驾驶姿态观察仪表,评价仪表位置、高度、角度以及反光性对观察效果的影响,仪表形状、尺寸对观察方便性的影响,转向盘造成的驾驶员对仪表的视野盲区,仪表板中央显示屏的布置位置、角度对驾驶员读取屏幕显示信息的影响等。

7. 娱乐和温控系统评价

随着科技发展,汽车也变得越来越成熟。很多的汽车企业为了能够提高用户的体验感,会对中控台进行改进,而改进的结果就是中控的屏幕尺寸在不断地增大,屏幕越大这辆车就显得越高档,并且所包含的功能也就越多。很多豪华的车型都使用了大屏幕。使用大屏幕能够带来更多的科技感与未来感,不管是在功能还是在观赏方面都可以带给乘坐者非常好的体验。以下详细介绍静态感知质量娱乐和温控系统评价所重点关注的评价项。

(1) 布局位置评价

主要评价组合仪表及中控屏布局位置是否合理,可视性及操作性是否方便,是否有倾向驾驶员,屏幕是否与其他部位存在反光无法看清显示屏信息的现象。

(2) 动画效果评价

主要评价组合仪表及中控屏动画效果的视觉冲击力,开机动画时长及流畅性,屏幕之间动画效果是否呼应协调,界面切换及功能演示动画效果是否清晰易懂等。

(3) 界面效果评价

主要评价组合仪表及中控屏图标及字体大小、比例协调性,与整车图标一致性;画面质感(立体感、科技感、协调美观性);子菜单条目清晰度、与主页风格一致性;各界面色彩差异性及搭配的视觉效果等。

(4) 操作及应用评价

主要评价组合仪表及中控屏常用按键操作舒适性、触感反馈、界面相应反馈速度;操作行为逻辑习惯是否正确,内置App适配性(深度、操作逻辑及内容显示与主界面一致性);图标可操作性(位置移动、增减、合成文件夹、点击示意小图标进入、App开关流畅性及时间反馈）；摄像头及各影像显示效果（360°全息影像、倒车影像等）；系统深度操作及车辆功能深度设置警示性；语音交互的识别速度、音质、语义识别、界面大小及美观度、交流个性化设置、重复唤醒逻辑等，快捷操作的方便性，常用功能快捷键（导航、主界面、收音机等）设置合理性；操作层级是否复杂，操作逻辑关系是否正确等。

（5）手机互联评价

主要评价通过手机蓝牙、USB、App进行车机互联时的操作方便性及灵敏度，蓝牙电话及蓝牙音乐的音质效果，CarLife（百度车联网解决方案）及其他效果体验是否良好，通过手机远程操控起停、空调、车门开启等的操作距离及反应速度等。

8. 照明效果评价

上文提到在外部评价维度中，前后车灯感知质量评价只针对外观品质、前照灯内部装饰、纹理、色彩搭配等进行评价，以下介绍整车内外部灯光的照明效果评价所重点关注的评价项。

1）前后车灯常亮状态是否存在漏光现象，光照是否均匀，有无光斑，夜间行驶亮度是否合适，是否有明显的家族基因及辨识度，照射范围及距离，明暗截止线是否清晰、是否存在相互干扰情况，是否存在刺眼、炫目等现象。

2）日间行车灯及转向灯点亮效果是否良好，是否存在明显颗粒感及漏光现象。

3）迎宾灯灯光渐显渐隐变换效果、外拉手/外后视镜迎宾灯投射效果，照地图案是否精致美观，是否有品牌LOGO等。

4）内饰氛围灯布置形式，色彩种类是否丰富，切换颜色是否方便，光照均匀度、清晰度、色调和谐度等。

5）整车各处按键背光灯的颜色、亮度、柔和度，是否均匀一致，是否存在漏光现象，背光灯形态与整体风格是否呼应等。

6）顶棚阅读灯、杂物箱照明灯、行李舱照明灯、化妆镜灯、脚部照明灯等布置位置及角度是否合理，是否存在刺眼、炫目、漏光等现象。

7）USB、12V电源、无线充电等是否有背光灯及指示灯提示等。

8）整车是否具备灯光亮点，如图7-20a所示劳斯莱斯的星空顶、图7-20b所示宝马系列的天使之翼氛围灯、图7-20c所示奔驰系列门板扬声器内部增加背部灯光的音乐随动功能、图7-20d所示奔驰系列一键启动呼吸灯等，都是通过灯光亮点来提升整车氛围及凸显整车的豪华品质。

9. 安全性能评价

区别于常规主动安全及被动安全评价，静态感知质量评价对于整车安全性，主要从以下几方面来进行评价：

1）发动机舱内管路、线路布置应符合保安防灾要求；管路线路自身包裹防护性；机舱内不应有尖锐、锋利、影响操作安全的隐患存在；确认保险盒上的卡扣完好卡住。

2）USB及12V电源布置角度是否适中，如果饮品溢出，会不会落到电压器插座线束连接器上，烟灰缸周围有没有可能被误使用的小储物盒。

3）安全气囊标识位置是否高可见，辨识度是否良好，儿童锁标识是否清晰、操作方便性是否良好，内部逃生机构布置位置是否合理，开启机构尺寸是否满足操作空间，倒车影像成像距离与实际是否相符，画面启动是否迅速、清晰度是否良好，SOS（车载自助救援系

第7章 整车静态感知质量结构集成设计与评价

a) 劳斯莱斯星空顶

b) 宝马天使之翼毯灯

c) 扬声器内部灯光，音乐随动

d) 一键启动呼吸灯

图 7-20 汽车灯光亮点案例（见彩插）

统）布置位置是否合理，字符提示是否明显，有无误操作风险，前后门板是否布置反光片或警示灯提示等。

4）雷达识别障碍物是否准确可靠，报警是否及时，报警距离标定是否合理，安全提示功能是否合理且及时，是否有必要的提示音和仪表提示信息，且能被驾乘人员清晰感知理解（安全带提醒、车门未关闭、车内人员反锁等），扬声器操作方便性、音色响度等是否合适，三角警示牌布置位置是否便于拿取等。

5）是否配备灭火器、反光背心、急救包等安全防护物品，布置位置是否合理、便于操作。

6）电动汽车充电操作时是否存在积水漏电风险等。

7）座椅套安装、拆换时，是否存在尖锐、锋利、影响操作安全的隐患。

10. 维修便利性评价

1）评价冷却液、制动液、洗涤液、转向液与机油液面的字符提升性及常规检查、加注的方便性。

2）评价熔丝检查与更换的方便性，蓄电池电量检查、正负极操作使用方便性以及蓄电池更换方便性。

3）评价空气滤芯、空调滤芯、机油滤清器更换的方便性。

4）评价前后拖车钩盖开启标识及开启方便性。

5）评价备胎及随车工具拿取方便性，雨刮更换及备胎更换操作便利性。

11. 储物空间评价

如今的汽车逐渐成为人们日常的出行工具，不过大多数车主购车之后总有一个共同的问题，那就是车内储物空间不够用，想放的东西放不下。于是储物空间逐渐成为用户重要关注点，各大汽车厂商在研发设计车型时也会重点考虑整车的储物多样性及储物空间的大小，以满足人们日常

375

出行用车时的储物需求。整车储物空间静态感知质量评价则重点关注以下方面。

（1）门板储物区域

分别将横置 A4 纸、常用矿泉水瓶放进门板地图袋，评价储物能力及拿取物品的方便性。

（2）仪表板储物区域

评价杂物箱储物空间，将常用物品，如汽车说明手册、雨伞、保险单、手机盒等放置在杂物箱内，评价储物能力及储物多样性，仪表板左侧储物盒、卡片夹储物实用性等。

（3）副仪表板储物区域

评价副仪表板上储物空间的大小、数量。在驾驶员位置评价前排杯托位置，手机、硬币、卡片、票据等存放位置、空间以及拿取操作方便性。评价中央扶手箱的储物空间、空间多样性、实用性是否良好；副仪表板下部储物区域的开口大小，物品存放、拿取时的方便性等。

（4）顶棚储物空间

遮阳板是否具有票据夹，眼镜存储盒的空间是否合适，能否满足存放近视镜及太阳镜的需求。

（5）座椅储物空间

座椅靠背地图袋储物空间是否充足，侧护板或座椅靠背侧部是否配备手机存放区域，座椅底部是否有收纳盒等。

（6）行李舱储物空间

分别将第二/第三排座椅折叠、打开，评价行李舱空间尺寸、地毯平整度以及行李舱内部储物多样性，如挂钩、网兜等。

针对储物空间评价，除以上介绍各区域储物多样性及储物能力评价外，还需要关注各储物区域是否布置胶垫，在进行清洁时方便性是否良好。

以上各评价维度的评价内容应整理成相应的检查清单（评价表），以便于评分和计算结果。同时应注意，针对不同的评价对象，可能评价项目并不完全适用，应在评价表中加以区分。建议每个评价维度形成一个检查清单。

不同关注点对于整体感知质量的贡献不同，一般来说，整体影响大，细节影响小。因此，应在评价表中设计关注度权重，以便于计算分值和贡献度，同时能够体现出问题的更改对整车静态感知质量分数的影响，从而为技术方案的决策提供支持。图 7-21 所示为静态感知质量各维度评价表中外部感知评价维度部分展示示例。

7.1.4 整车静态感知质量目标建立及管控流程

1. 静态感知质量目标建立工作流程及方法

当前主机厂在整车开发过程中针对静态感知质量设计技术路径，尤其是设计开发前期对造型和数据冻结开模之前的静态感知质量评审没有系统的方法，通常只能在实车装车后评价，发现问题再做大量设计整改，造成人力资源、开发费用及时间的浪费，而且往往由于受到时间和费用等约束，最终还是达不到造型预期或令顾客满意的工艺效果。因此，主机厂急需建立一套完善的静态感知质量目标设定流程、对造型和数据的评审流程、正确的设计技术路径、客观的评价方法，应用于产品开发全过程，在整车产品开发全过程予以监控和及时纠正感知质量风险问题，才能大大减少装车之后的设计变更，得到最佳预期的造型效果，进而

第7章 整车静态感知质量结构集成设计与评价

一、外部感知								评价人员1		
评价项目		评价内容 共66项	操作指导	竞品车型			权重	××××		
				1	2	3				
外部总分		项数						竞品车型1	竞品车型2	竞品车型3
1.1 外部整体		外部整体					20%			
		1	第一印象、视觉冲击(整体)	正前、后、左、右方5m位置,前后左右各45°位置观察				10			
		2	第一印象豪华、档次感品质感、整体造型风格呼应性、底部凸出物	正前、后、左、右方5m位置,前后左右各45°位置观察				10			
		3	整体色彩搭配协调感	正前、后、左、右方5m位置,前后左右各45°位置观察				10			
1.2 车身前部	前部整体		前部总分				25%			
	前格栅、前下格栅、前保险杠(前雷达、拖车盖盖板、摄像头等)		总分					10			
		4	比例、线条、呼应性	前1m位置、左右45°位置观察				10			

图7-21 静态感知质量评价表部分展示示例

批量生产实车。

对于主机厂而言,每一款全新开发的车型或是改款换代车型,均要在项目设计阶段确定其静态感知质量目标,明确整车开发任务。目标的来源通常有两种渠道:内部和外部。

内部目标来源的主要依据是总结历史车型在市场上的客户反馈,以及评价后的静态感知质量得分情况,本着持续改进的思路不断提升产品的静态感知质量目标。

外部目标则是以拟开发车型的市场定位、目标人群、核心竞争车型等信息为依据,在项目初期开展静态感知质量评估和调研,充分研究市场和客户的预期,并充分分析竞争对手的静态感知质量水平,然后提出针对项目合理的静态感知质量目标。较低的目标没有市场竞争力,较高的目标可能会提升车辆成本,导致售价提高或利润降低等不利的后果。因此,目标的确定是调研—分析—验证—确定的过程,且可能根据项目开发的实际情况而发生微调,最终在造型设计冻结时间同步锁定最终的静态感知质量目标。

图7-22描述了产品静态感知质量目标设定的工作流程。各主机厂首先建立符合自己的评价标准,感知质量小组与项目组确定竞品车型(核心竞品、高端竞品、品质标杆),评价人员按照各评价维度评价表(详见7.1.3节)同时对竞品车型进行评价打分,依据市场部输入的产品竞争策略(产品特征目录)中重点一级特征及二级特征目标定义,结合竞品车各维度分值,对在研车型多维度评价目标分值进行设定,各部门同意后由感知质量最高领导签字后下发,感知质量小组负责跟踪目标完成情况。这种方法适合全新车型静态感知质量目标的设定。在全新产品设计初期,所有信息均从市场调研而来,当调研信息向产品目标分解时,可能出现不合适的情况。因此,在项目开发的不同阶段均应监控目标设定的合理性,经常回顾目标设定的理由,并结合当年开发的状态进行反复评估,直到确认项目的最终静态感知质量目标。

从实际开发的经验来看,静态感知质量目标分为硬质模型静态感知质量目标、色彩材质实物模型静态感知质量目标、数据静态感知质量目标和实车静态感知质量目标。这种目标设定的方法与开发流程所处的阶段密切相关。

在进行改款和开发升级车型时,目标的确定会相对简单和准确。由于原车型经过一段时

图 7-22 静态感知质量目标设定工作流程

间的市场检验,已经积累了足够且准确的信息用于指导改款车型,因此在项目立项初期便可对目标进行准确定位,图 7-22 所示过程也就可以简化了。

(1) 建立评价标准

当前各主机厂常用的静态感知质量评价打分标准为 10 分制,评分定义及评估说明见表 7-2。如果某些评价项在评价主体上没有体现(如某些车型无三排座椅评价),则不进行评价且不参与总分的计算,对整体分数没有影响。为提高评价结果的准确性,可以将分值单位细化到 0.5 分,评价人员在对车辆进行评分时,需使用相同的评价姿态,如图 7-23 所示,评价时应遵循图示要求。基于 10 分制评分标准,对上文提到的各评价维度及评价内容进行详细评分,最终形成检查清单。

表 7-2 静态感知质量打分标准 10 分制评估说明

分数	1	2	3	4	5	6	7	8	9	10
评分定义	无法容忍	不被允许	严重缺陷	缺陷	有问题	接受界限	合理	好	非常好	完美
评估说明	影响感知质量的干扰因素严重,用户抱怨强烈,不堪忍受,影响用户购买意愿	影响感知质量的干扰因素明显,用户抱怨较大,要求售后质量改进	影响感知质量的干扰因素明显,易引起用户抱怨	影响感知质量的干扰因素较小,或出现在关键区域(A 区),用户有抱怨,但整体上可接受	影响感知质量的干扰因素较小,或出现在关键区域(B 区),用户整体上可接受	仅存在极小影响感知质量的干扰因素,或出现在非关键区域(C 区)	没有影响感知质量的干扰因素	没有影响感知质量的干扰因素,且存在设计亮点,做工品质满意度较高	没有影响感知质量的干扰因素,细节设计较好,做工品质档次较高	没有影响感知质量的干扰因素,设计零缺陷,完美无瑕

图 7-23 评价人员的站立范围、观察角度示意

(2) 选定竞品车

当今世界汽车市场竞争异常激烈,整车产品生命周期缩短和新车上市时间加快促使新车研发节奏加快。为了更加了解竞争对手的技术发展路线和趋势,提高自身产品竞争力,目前中国各大主机厂都建立了相当规模的竞品分析团队和竞品分析业务,通过质量、材质、工艺、设计、性能等多方面对标分析,持续提升产品竞争力。

不同的车型会面向不同的消费群体,因此在设定感知质量目标前应明确自身产品定位,从而确认适用于在研车型的竞品车型。通常竞品车型不止一个,而是需要多个车型,即核心竞品车型、高端竞品车型、品质标杆车型等。

(3) 评价竞品车

竞品车型确定后,需组建评价团队进行竞品车评价。评价团队应包括各专业设计工程师、感知质量小组或引入第三方感知评价机构共同参与评价。评价过程中团队成员需使用相同的评价标准,采用相同的评价表,根据评价表中的各评价维度及评价内容同时开展评价打分工作。竞品车应干净整洁,评价场地应开阔、空间充足,便于评价人员从各角度观察评价车辆,便于评价人员进行上下车操作等。

在每个评价人员打完分数后,将打分分值录入评价表,计算每一个评价项的平均得分,然后根据权重计算 1~11 各评价维度的分值统计,最后根据各个评价维度分值统计各维度所占权重,计算整车评价分值。计算公式:整车分值 = $n\sum i = 11$(各维度分值统计 × 权重百分比)/100%。某竞品车型各维度分值统计及整车分值示例见表 7-3。

表 7-3 某竞品车型各维度分值统计及整车分值示例

序号	1	2	3	4	5	6	7	8	9	10	11	整车分值
整体维度	外部	内部	乘降性	座椅性能	驾驶员位置	视野性	娱乐和温控	照明效果	安全性能	维修便利性	储物空间	
权重百分比	15%	15%	8%	8%	8%	8%	13%	10%	5%	5%	5%	100%
分值统计	7.07	6.83	6.61	6.83	6.57	7.07	6.78	6.05	6.82	6.43	6.65	6.73

(4) 导入市场竞争策略

在产品开发前期,市场部门会根据所面向的市场制定整车商品性竞争力策略定义(LACU,L——Leader,优于核心竞品;A——Among Leader,产品性能领先,较核心竞品处于超前水平;C——Competitive,产品具有一定的竞争力,市场平均水平;U——Uncompetitive,产品不具有竞争力,其定义详见本书第 2 章)。产品竞争策略包含了一级特征目录及重点二级特征目录,同时特征目录中包含了静态及动态两方面。这时需要将市场竞争策略中一级特征目录及二级特征目录中的竞争策略转化为静态感知质量 11 个评价维度的竞争策略。如表 7-4 所列,某车型产品竞争策略一级特征目录中造型的竞争策略为 L 即领先竞品车型,通过拆分至二级特征中外观造型、内饰造型,竞争策略均为 L,因此可转化为静态感知质量 11 个评价维度中外部及内部维度的竞争策略均为 L,依此类推,得到其他各维度的产品竞争策略。

表 7-4　某车型产品竞争策略

序号	一级特征	U	C	A	L	重点二级特征（二级总87项）	竞品车	细节要求
1	造型					外观造型	竞品车1	整体造型在细分市场车型中具备高辨识度，着重体现创新，运动风格
2					x	外观感知价值	竞品车1	外观品质应与VV7相当，开闭件操作品质感受优于VV7
3						内饰造型		整体造型在细分市场车型中具备高辨识度，着重体现创新，简约
4						内饰感知价值		最终表现应相比VV7具备优势
5	里程与充电					官方里程	—	整体达到发售时期同级别定位纯电车型前三水准
6				x		不同用途及环境下的里程		整体达到发售时期同级别定位纯电车型前三水准
7						官方充电时间（快充和慢充）		
8	舒适					氛围/迎宾	竞品车1	融入智能识别、主动交互等元素
9				x		空间（感）		—
10						乘坐舒适性		—
11						进出便利性		—
12	安全			x		自动驾驶或半自动驾驶时的安全感	竞品车1	—
13						安全配置清单		—

上文提到，通过市场部提供的产品竞争策略，通过一级特征目录及二级特征目录的策略目标，转化为静态感知质量11个维度的产品竞争策略，再结合竞品车型各维度的评价打分，可以进行在研车型各维度目标分值的预估。如图7-24所示，某在研车型开发前期，选择了2款竞品车型，评价小组同时对这2款车型进行了评价打分工作，通过计算得到各维度分值。同时将产品竞争策略导入，转化为11个评价维度的产品竞争策略。如外部维度，竞品车型分值分别为8.0分及7.0分，而产品竞争策略为L（领先竞品），所以在研车型外部维度理论目标分值可设定为8.5分。依此类推，进行各维度目标分值设定。最终通过上文提到的计算公式，得到在研车型目标总分，各部门商讨同意后由感知质量最高领导签字后下发，感知质量小组负责跟踪目标完成情况。

2. 整车静态感知质量目标管控流程

静态感知质量目标的控制要贯穿整车开发的全过程，从造型设计到生产，每个阶段都要进行阶段性目标管控检查，以保证能够实现最终产品的静态感知质量目标。按整车开发中控制对象的形态不同，将过程管控分为静态感知质量设计和静态感知质量实车管控两个环节。

设计开发过程中，应控制影响静态感知质量的各种因素，包括管控造型设计、主断面设计、零部件及系统工程设计等环节。从产品开发的实际工作情况来看，整车的静态感知质量问题很多是由零部件或系统设计不合理造成的，需要在设计初期予以检查并纠正。最需要注意的是，设计中较难发现的零部件之间、系统之间匹配产生的感知质量问题。这类问题不仅

第7章 整车静态感知质量结构集成设计与评价

序号	评价维度	特征目录目标①	权重②	xx车型 分值	xx车型 分值	在研车型 理论目标分③
1	外部	L	10	8.5	7.0	8.0
2	内部	L	10	8.0	7.5	8.0
3	乘降性	C	5	7.5	6.5	7.0
4	座椅性能和乘坐舒适性	L	10	7.5	6.5	7.0
5	驾驶操作位置	A	5	7.0	6.0	6.5
6	视野性	A	10	8.0	7.0	7.5
7	娱乐和温控系统	L	10	6.5	7.5	7.0
8	照明效果	C	10	7.5	8.0	8.0
9	安全性能	A	10	7.0	7.5	7.0
10	维修便利性	C	10	7.5	7.5	7.5
11	储物空间	U	10	8.0	6.5	7.5
	整车加权分值			7.6	7.1	7.3

整车分 $=\sum_{k=1}^{11}$ (理论值 × 权重)/100

① 源于特征目标

L=绝对领导，竞品组合的100%~110%
A=处于上游，竞品组合的80%~100%
C=有竞争力，竞品组合的50%~80%
U=入门水平，竞品组合低于50%

② 权重

10=用户关注度-重点关注
5=用户关注度-一般关注
2=用户关注度-较少关注
1=用户关注度-关注度极低

③ 源于标杆车评审

图7-24 某在研车型静态感知质量目标分值设定图示

频频发生，而且较严重，纠正难度也更大，因为对于不同的零部件和系统，牵一发而动全身，如果在设计初期不加以管控，一旦零部件制造好并完成装配，发现问题再改动，其周期和成本通常都不能令人接受，往往只能实现部分改善，而不能彻底根除问题。但在设计阶段管控静态感知质量对工程师的技术水平和整车开发的经验要求很高，工程师还应了解行业中、市场上的APEAL动向，以及已开发整车产品的感知质量问题，才能在设计阶段发现和较好地规避静态感知质量问题，并提出能够提升静态感知质量的设计方案。

整车静态感知质量管控流程如图7-25所示。在进行各阶段管控和评审的过程中，应在各相关专业选择有经验的工程师，组建静态感知质量项目管控或评审团队，对造型、主断面和工程数据进行联合评审，使用评价表、过往项目问题清单等工具进行集体评审。应注意，团队成员的选择须谨慎，为保持客观和公正，应选择与项目开发无关的工程师参与评审；同时，团队成员应保持相对固定，以便于统一评价标准和评价方法。出于对设计方案保密的考虑，此阶段的参与人员应为具有工程开发权限的工程师，以避免泄密。

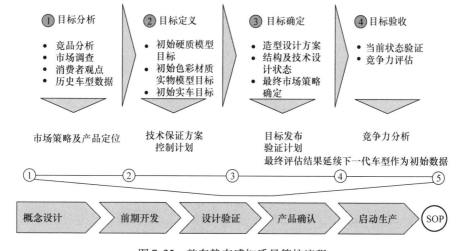

图7-25 整车静态感知质量管控流程

（1）造型设计阶段静态感知质量评审和控制

造型是消费者第一印象的决定因素，它对静态感知质量的影响是决定性的。因此，从造型效果图的制作开始，就要进行静态感知质量的评审工作。如图7-26所示，在造型设计阶段，按照以下流程进行评审：造型效果图 – CAS面/油泥模型 – A面/硬质模型 – TG2数据 – 样车等。在每一个阶段完成前进行静态感知质量评审，发现可能或已经存在的静态感知质量问题，与各专业工程师沟通解决方案，在造型阶段消除影响静态感知质量的造型特征和结构，然后才能冻结设计或数据，保证此阶段满足当前的静态感知质量要求。

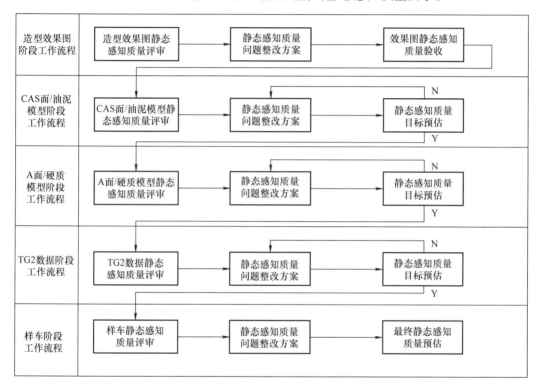

图7-26 造型设计阶段感知质量管控流程

（2）主断面设计阶段静态感知质量评审和控制

造型阶段感知质量评审的另一个方法或手段就是对工程部门输入的主断面（也称为布置级断面）结合CAS数据进行感知质量评审。通常，主机厂进行主断面设计的过程与造型设计过程同步，一般要设计3、4版主断面数据，在最后造型数据冻结的同时，主断面也同时冻结。但前期的主断面设计较为粗糙，对于静态感知质量的评审来说意义不大。如图7-27所示，主断面的评审可从第二版或第三版开始，保证有两轮以上的主断面评审，确认各零部件的搭接匹配关系，确认总布置方案满足静态感知质量的要求等，并将问题传递给各工程师进行修改，最终冻结过程版本和最终主断面设计方案。

图7-27 主断面设计阶段静态感知质量管控流程

（3）工程设计数据静态感知质量评审和控制

一般主机厂将零部件的工程设计分为初版工程数据、再版工程数据、终版工程数据三个阶段。静态感知质量的评审和控制要在三个阶段之前进行，如图7-28所示。评审范围包括虚拟设计数据、设计图样等，必要时也包括系统失效模式分析（DFMEA）、零部件试验验证计划（DVP）等设计文件的评审。设计数据要从零部件本身的感知质量及其与周边零部件的匹配效果两个角度进行评审。在每次数据冻结前都应进行评审，查出问题后给出解决方案。

图7-28　工程设计阶段静态感知质量管控流程

（4）实车阶段的静态感知质量管控流程

设计数据冻结之后，主机厂一般会进行几轮试装车和试生产，从手工装配到生产导入，一般分为 EP（Engineering Prototype Car）车阶段、PPV（Product and Process Validation）车阶段、PP（Pre–Pilot）车阶段、P（Pilot）车阶段，共四个阶段。每一个阶段装车完成后，应选取装配工艺良好的一台试装车，按照评价表进行整车静态感知质量评价，如图7-29所示。由于静态感知质量目标无法分解到试生产的每个阶段，需要对此阶段的评价结果进行预估。预估方式为对不达标的评价项给出解决方案，预估改进后能够达到的分数，然后重新进行计算和分析，保证产品的最终状态能够满足目标要求。随着试制车的状态不断接近量产车，其问题数量应逐渐减少，分数逐渐升高直到达成目标。

在实车阶段对静态感知质量进行评价和管控的团队成员应包括设计工程师团队的成员和部分质量工程师。建议双方采用相同标准，同时开展评价工作，这样便于设计团队统一整改设计问题。

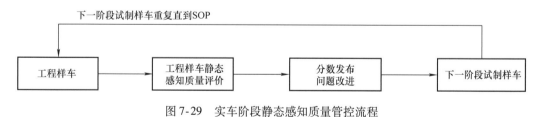

图7-29　实车阶段静态感知质量管控流程

7.2　整车静态感知质量结构集成设计评价

7.2.1　造型阶段静态感知质量结构集成评价

1. 断面数据结构集成评价

前文提到造型阶段感知质量评审的另一个方法或手段，就是对工程部门输入的主断面

（也称为布置级断面）结合 CAS 数据进行感知质量评审，确认各零部件的搭接匹配关系，确认总布置方案满足静态感知质量的要求，并将问题传递给相关工程师进行修改，最终冻结过程版本和最终主断面设计方案。本书第 3 章已详细介绍了关于主断面的结构集成设计要求及涉及结构匹配间隙、面差、人机校核、视野校核等具体建议参考值，所以以下部分只介绍静态感知质量对于断面数据评价的重要关注点。

（1）外部评价

1）外部匹配间隙、面差、零件配合方式问题排查。根据工程输入主断面结合 CAS 数据对外部数据典型断面进行评价，如图 7-30 所示，对各位置匹配形式及匹配间隙、面差进行评价，同时与竞品车型进行逐一对比验证，验证各部件间匹配间隙、面差、配合方式是否合理等，在断面数据阶段规避匹配不良、配合方式不佳等问题，达到或赶超竞品的质量。

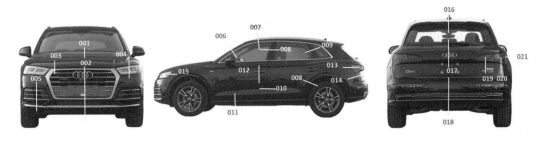

图 7-30　车型外部典型断面位置图示

2）外部人机问题排查。根据主断面及 CAS 数据进行车辆前部接近角、离去角、前后牌照板安装高度及角度等问题进行排查，在主断面阶段进行问题规避（此部分详见第 3 章相关人机工程内容）。

（2）内部评价

与上文提到外部评价方法相同，逐一评价内部典型断面，如图 7-31 所示，对各零部件匹配间隙、面差、匹配关系等进行评价，验证各部件间匹配形式及间隙、面差是否合理。本书第 3 章已详细介绍了关于主断面设计要求及各区域匹配形式、间隙、面差的设计参考值，同时需要结合竞品车的对标分析，比对相同区域结构的匹配形式、匹配间隙、面差来优化各部件匹配形式，并校核重点区域的匹配间隙及面差最优效果。

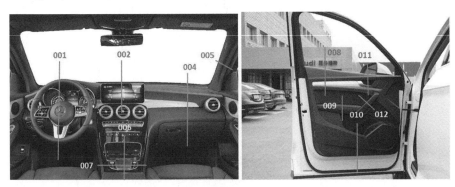

图 7-31　车型内部典型断面位置图示

(3) 乘降性评价

结合 CAS 及人体模型数据对乘员脚部、腿部、膝盖、头部空间等进行逐一检查，确保乘员在前后排正常坐姿状态下拥有足够的乘坐空间及较好的乘降性空间。

(4) 座椅及乘坐舒适性评价

结合 CAS 及人体模型数据对前后排座椅角度、座椅压缩量、座椅与副板区域间隙、座椅与门板立柱区域间隙、门板扶手宽度及高度等进行逐一检查，确保乘员在前后排正常坐姿下拥有良好的乘坐舒适性。

(5) 驾驶员位置操作性评价

驾驶员位置操作性主要根据典型断面及 CAS 数据对乘员在正常坐姿状态下操作仪表板区域功能按键的人机舒适性、转向盘及组合开关操作性、转向盘人机位置、副仪表板扶手箱高度人机舒适性、变速系统及水杯架区域操作便利性及舒适性问题进行排查。

(6) 视野性评价

通过主断面结合 CAS 数据对驾驶员中心视野校核、前雨刮布置视野校核、组合仪表、中控屏幕视野校核、内后视镜视野校核、遮阳板开启后对视线的影响等进行排查，在断面数据阶段规避影响驾驶人员视野的问题。

(7) 维修便利性评价

通过主断面结合 CAS 数据对拖车钩布置形式、机油加注口布置形式、清洗液加注口布置形式、维修工具布置位置、备胎拿取等维修相关项进行校核及预判，在前期断面阶段规避影响维修便利性的问题。

(8) 储物空间评价

通过主断面结合 CAS 数据对整车储物空间数量进行评价，对杂物箱、左侧储物盒、扶手箱、地图袋、行李舱等区域进行空间及拿取方便性评价及预判，在前期断面阶段识别出潜在影响储物空间及物品存取便利性的问题。

2. CAS 数据结构集成评价介绍

在汽车研发过程中，CAS 在汽车造型工程 A 面发布之前，用于初步展示汽车内、外部造型的数字模型，主要是在造型可研阶段进行法规、工程结构、生产制造、售后维修、保险服务等的可行性校核以及小比例油泥模型的制作等。

从汽车造型的整个设计流程来看，CAS 在其中起着承上启下的作用，是设计从前期向中期转变的重要中间过程，CAS 的质量很大程度上影响着造型的开发时间和品质。所以，CAS 阶段静态感知质量评价尤为关键，该阶段工程对整车造型细节、分块、搭接关系、工艺或装配可行性等提出优化建议方案，在不影响整体造型风格或意图的前提下，共同协商解决工程可行性等问题，以及跟踪问题整改。

CAS 阶段静态感知质量评价通常结合油泥模型进行，在这个过程中要确保专业输入的 CAS 数据与当前油泥模型状态一致，但通常情况下模型状态会先于当前 CAS 数据版本，所以当进行 CAS 评价时如果与模型状态不符，要以模型状态为准。CAS 阶段前期往往数据所体现的内容较少、型面较为粗糙，所以该阶段对于未体现部分及整体型面的评价要求较低或不做具体评价工作。以下介绍 CAS 阶段静态感知质量重点评价方法及重要关注评价点。

(1) 外 CAS 评价

1) 整体造型姿态，造型风格评价。前文提到过 CAS 数据质量很大程度上影响着造型的开发时间和品质，往往重大造型风格的改变、造型姿态的改变集中在 CAS 阶段。为避免开发过程中期因造型问题发生设计变更或重新进行造型设计甚至推翻整体造型而带来时间及成本的浪费，需要造型和工程双方专家介入评价并提供造型更改方案效果图，决策是否对整体造型姿态进行大的优化整改。

2）整车分缝线走势评价。CAS 阶段已初步体现车身发动机舱盖分缝线、前后车门分缝线、翼子板与前保险杠分缝线、侧围与后保险杠分缝线、后背门分缝线等。该阶段需要重点关注整车分缝线位置是否合理、走势是否顺畅美观，并在车身前部、侧部、后部整体观察是否具有一定的连续性及呼应感等。如图 7-32a 所示，车身后部观察某车型后背门分缝线走势顺畅简洁，视觉效果较好，图 7-32b 所示某车型 CAS 阶段，由于车身后部造型结构导致后背门分缝线扭曲，视觉效果过于杂乱，影响美观性及整车品质。

a) 后背门分缝线走势顺畅　　　　　　　　b) 后背门分缝线走势扭曲

图 7-32　后背门分缝线走势视觉效果对比

3）车身造型特征线走势评价。结合 CAS 数据及现场模型观察，进行整车车身造型特征线评价，重点关注造型棱线特征是否清晰、走势是否顺畅、R 角过渡是否均匀一致、造型线走势与整车姿态是否协调，从侧部观察车身前部、侧部、后部造型线走势是否呼应，外装饰件边界走势是否顺畅、与周边造型线条是否存在连续性及呼应感、是否存在多余造型线导致视觉杂乱等。如图 7-33a 所示，某车型侧部贯穿装饰条在分段位置边界走势不连续，视觉上存在明显段差，影响美观性。图 7-33b 所示某车型侧部同样采用贯穿装饰条设计，分段位置走势连续且匹配间隙较小，视觉效果连贯，整体性较好，提升了车身侧部视觉冲击力及品质感。

4）外饰件形态及匹配状态评价。CAS 阶段已初步体现部分车身外饰件，如前格栅、摄像头、侧旗标、装饰条等，除评价已体现的外饰件整体造型形态是否美观精致外，还需重点关注该装饰件与周边的匹配关系，分件方式是否合理，是否对后期装车匹配增加难度、影响装配质量，布置位置是否影响视觉效果等。

（2）内 CAS 评价

1）整体造型比例、风格评价。结合油泥模型及 CAS 数据进行整车内饰的整体造型风格评价，如整体造型是否给人冲击感、科技感、豪华感，内部造型风格与整车外部造型是否相呼应，组合仪表及中控大屏与仪表板匹配方式是否协调，是否与仪表板整体设计风格相呼应，门板与仪表板匹配呼应感是否良好，前后门板造型风格是否呼应等。

2）人机工程评价。CAS 阶段需通过人机工程结合 CAS 数据及人体模型对乘降性、视野性、操作方便性、乘坐空间等进行再次校核。乘降性方面需对乘员腿部空间、脚部空间、立

a) 某车型侧部贯穿装饰条走势不连续，影响视觉效果

b) 某车型侧部贯穿装饰条走势连续且匹配效果较好

图 7-33　车身侧部贯穿装饰条边界走势及匹配效果对比

柱底部脚部避让、副驾驶脚部空间是否充足、是否平整等方面进行测量验证。视野性方面需对 A 柱视野、后三角窗视野、内后视镜视野等方面进行验证。操作方便性方面需要对驾驶员位置转向盘操作、玻璃升降器布置位置及操作空间、仪表板中部空调控制按键区域操作、副仪表板水杯架及功能按键操作、杂物箱位置操作等进行操作舒适性及便利性校核。乘坐空间方面需进行前后排乘员头部空间、乘坐空间舒适性验证。相关内容在本书第 3 章已详细介绍。人机工程测量校核是遵循相关设计规范，只要在规定或推荐的范围内就判定合格。而感知质量评价也需要对以上内容进行进一步校核，站在特定的客户群体角度，充分考虑客户在上下车、乘坐、操作和使用过程中的方便性和舒适性。

3）储物空间预估评价。在 CAS 及模型阶段需对储物区域数量、储物空间大小及实用性进行感知质量评价。通常，数据阶段无法完全体现储物空间的数量及种类，需提前预估储物区域不足、缺乏储物多样性、储物空间尺寸不足等风险。如门板地图袋开口及深度是否能够置放常规水瓶，水杯架直径及深度是否足够、座椅靠背地图袋开口尺寸是否足够、仪表板及副仪表是否设有卡槽或硬币盒、行李舱开口尺寸是否足够、后排座椅放倒后行李舱地毯是否平整等。为避免后期产生设计变更或缺乏储物多样性的设计，所以在 CAS 阶段对储物空间进行全面评价至关重要。

4）照明灯数量预估评价

由于 CAS 阶段无法进行灯光效果评价，所以在此阶段要充分考虑整车照明布置位置及数量是否合理。充分的照明不仅可以营造整车灯光氛围，同时也能提升用户夜间拿取物品的方便性，从而体现用户关爱度。所以，在 CAS 阶段需通过数据及灯光效果图重点关注照明灯布置位置及数量，避免因为后期工程限制无法增加照明灯或因为增加照明灯而导致造型变更带来的重复工作。整车内部各区域照明灯布置建议见表 7-5。

表 7-5　整车内部各区域照明灯布置建议

仪表板区域	副仪表板区域	门护板区域	座椅区域	其他区域
杂物箱照明灯	副板底部储物区域照明灯	内开手柄照明灯	后排脚部照明灯	前后排顶棚照明灯
主副驾脚部照明灯	扶手箱内部照明灯	地图袋照明灯（氛围灯）	氛围灯	遮阳板照明灯
氛围灯	氛围灯	门板照地灯	—	行李舱照明灯
—	USB 背光	门板警示灯或反光片	—	—

由于模型及 CAS 数据在开发过程中不断优化设计，所以在此阶段针对每版数据或过程数据需要对上一轮所提出的问题进行验证，并进行问题整改跟踪，同时需要结合新版 CAS 进行新一轮的评价，提出当前版本数据存在的新问题。依此循环，保证问题整改同时避免新问题的遗漏，在这个评价、验证、再评价、再验证……过程中确保 CAS 面不断完善，最终满足造型和工程的要求。

3. A 面数据结构集成评价

评价工程 A 面数据时要对前期 CAS、模型及断面问题进行验证，确认是否存在未更改问题，避免重复提出，然后再基于静态感知质量结构集成对 A 面进行外部、内部（包括 DTS）、乘降性、座椅性能、驾驶员位置操作性、视野性、安全性、维修便利性、储物空间等维度进行系统性评价。评价内容虽然与前述类似，但会更加细致，关注更多细节，确保 A 面满足造型和结构要求的同时提升美观性及精致感。

（1）外 A 面评价

1）造型姿态、造型细节评价。A 面阶段是整个汽车开发过程中非常重要的一个环节，起到了承上启下的作用。CAS 阶段将整体造型基本锁定，A 面阶段则是将锁定的整体造型更加细节地体现出来，所以 A 面阶段需要对整体造型姿态、造型风格细节方面进行评价，如整体造型姿态、造型风格的细节处理是否精细，各部件的造型及风格是否精致美观，是否提升整体的细节品质感，以及型面的细节处理等。

2）分缝线细节评价。A 面阶段需要在 CAS 阶段已确定整车分缝线位置及走势的基础上，对其进行细节的评价。该阶段应重点关注分缝线细节走势是否顺畅，分缝间隙是否符合 DTS 要求，分缝翻边圆角大小是否合理、是否一致，分缝间的面差是否符合要求等。

3）造型特征线与型面细节评价。通过 CAS 阶段对整车造型特征线走势及整体型面协调性等进行评价。A 面阶段应重点关注整车造型线是否精致美观的细节处理，造型线的渐消处理是否合理，是否存在扭曲、缩痕等现象。

4）外饰件匹配方式细节评价。A 面阶段将对车身外饰件匹配细节进行评价。该阶段着重评价车身外饰件匹配间隙、面差、圆角过渡是否均匀，与周边件分缝是否简洁合理，是否有老鼠洞、喇叭口、切边、易看穿等缺陷。

（2）内 A 面评价

1）造型姿态、匹配细节评价。在对内饰零部件进行造型评价时，可按照先整体后细节的评价顺序，遵循视觉上的美观与协调的评价标准进行评价：评价部件的尺寸比例是否合理，评价部件的造型形态是否美观、精致以及是否与整体或者整车的设计风格相符，评价整车一致性（如对出风口处的调节拨钮、旋钮形态一致性与防滑纹理的一致性进行判断与评价），评价部件的型面是否存在扭曲、凹陷及凸出等现象，评价部件的轮廓线条的走势是否顺畅、无扭曲、无缩痕，评价部件的轮廓线条是否与周边件存在较好的呼应性，评价部件的特征线条的走势是否顺畅、无扭曲，评价部件的特征线条的走势是否有连续性以及是否与周边件有呼应性。

2）自身匹配评价。首先对评价部件自身进行拆解，按照所拆解出的各个部分的匹配情况进行评价。可评价内容如下：匹配间隙是否合理，匹配面差是否合理、匹配圆角是否合理，是否存在较大漏洞，三角洞以及看穿的情况，是否存在较大台阶面，较大"V"字口及"八"字口的情况，是否存在自身转轴等紧固件外露情况。

3）与周边件的匹配评价。确认所评价部分与哪几个周边件进行匹配后，进行逐步评价。可评价内容如下：匹配间隙是否合理（包括DTS评价），匹配面差是否合理，匹配圆角是否合理，是否存在较大漏洞、三角洞以及看穿的情况，是否存在较大台阶面，较大"V"字口及"八"字口等问题。

4）造型一致性评价。

a. 字符一致性评价。结合A面数据，对整车字符标识准确性、字符大小比例、字符形态一致性进行全面评价。为避免物理按键与组合仪表、中控屏幕按键字符存在差异性，该阶段需结合HMI（人机界面）效果图，进行统一评价，确保字符形态一致、呼应。

b. 按键、旋钮纹理一致性评价。对空调控制面板按键、旋钮，副仪表板区域功能按键、仪表板左侧区域功能按键，玻璃升降器区域按键等进行纹理精致感及一致性评价，确保整车按键及旋钮纹理设计精致美观且风格一致。如图7-34所示，某车型整车内部按键及旋钮纹理精致且风格一致，提升了整车品质感及呼应感。

图7-34　某车型整车按键及旋钮纹理形态一致、做工精致（见彩插）

c. 按键指示灯造型形态一致性评价。对整车物理按键指示灯造型形态进行一致性评价，确保整车按键指示灯造型形态精致美观且一致呼应。如图7-35a所示，某车型按键指示灯轮廓边界采用圆角设计，形态美观且整车各处按键指示灯形态一致，品质感较高，图7-35b所示某车型按键指示灯比例偏小且轮廓形态生硬，缺乏细节设计感。

a) 按键指示灯形态美观精致　　　　　　b) 按键指示灯比例偏小、轮廓生硬

图 7-35　按键指示灯形态对比

5) 品牌元素的设计评价。

当前越来越多的主机厂开始注重品牌元素设计，成熟主机厂的品牌不仅体现在造型风格上，在很多细节，如整车装饰亮条形态、防滑胶垫纹理、扬声器网孔形态等也会增加品牌元素的设计。将品牌元素融入整车造型设计当中，增加了整车造型风格的呼应性。如图 7-36 所示，某车型门板扶手轮廓形态、扬声器网孔、组合仪表背景、玻璃升降器按键字符、出风口调节滚轮纹理、储物盒胶垫等多处设计融入造型"G"（代表该车型品牌）的元素，通过细节设计提升品牌意识。

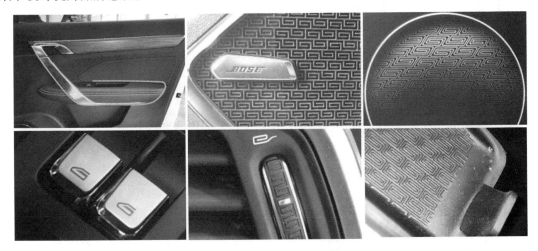

图 7-36　某车型整车多处纹理设计融入"G"元素

(3) 乘降性评价

A 面阶段车门分缝已基本锁定，可以结合 3D 数据进行乘降性评价，尤其要检查人机工程定义乘降性对特定客户群体是否最为合适，通过数据进行静态评审，确认门洞高度、门洞宽度、地毯到门槛高度等是否适应客户群体。

(4) 座椅性能及乘坐舒适性评价

座椅性能及乘坐舒适性是结合 A 面及人体模型数据，按照从前排到后排、从整体到拆卸件的评价顺序，以用户在前后排正常坐姿下拥有良好的乘坐舒适性为基准来进行评价的。如：座椅靠背侧部与 B 柱安全间隙是否适中；座椅侧部与门护板下端安全间隙是否适中；

座椅按键与门槛侧部安全间隙是否适中；座椅与副仪表板安全间隙是否适中；前排座椅 Z 向压缩量是否适中；前排座椅后倾角的法向平面与头枕最高点相切时，H 点到该平面的距离是否适中；由头枕顶端沿平行于躯干基准线方向向下 65mm 处，以座椅中心面为对称面，头枕的外形宽度是否舒适；由 H 点沿平行于躯干基准线向上 635mm 处，以座椅中心面为对称面，头枕的外形宽度是否舒适。

（5）驾驶员操作位置评价

A 面阶段可以对可操作件的操作方便性进行数据上的静态评价，如操作机构大小是否适中，操作机构布置位置是否合理，是否带有盲操作提升识别度等。

（6）视野性评价

视野性评价是通过主断面与 A 面数据相结合的方式进行的，在评价视野性时可分为前排用户视野与后排用户视野两个方面。可能影响到前排用户视野的部件由外到内可分为发动机舱盖、前雨刮、后雨刮、风窗黑边布置宽度、A 柱形态、开启后的遮阳板、内后视镜底座形态等；可能影响到后排用户视野的部件可分为 C 柱形态、后三角窗的尺寸及黑边布置尺寸等。

（7）维修便利性评价

结合断面对 A 面所体现的有关整车维修便利性项目进行评价及预判，如拖车钩盖开启形式是否明确，杂物箱、扶手箱、水杯架、地图袋是否布置防滑胶垫方便清洁等。

（8）储物空间评价

A 面阶段储物空间评价主要是在 CAS 阶段预估评价的基础上对整车储物多样性以及储物空间内部细节进行评价，如储物空间大小是否适中，储物是否多样，储物空间内部是否平整，储物是否稳固，是否存在储物空间拓展，拿取是否便利等。

7.2.2 工程数据阶段静态感知质量结构集成评价

工程设计是一个对整车进行细化设计的过程，各个总成分发到相关部门分别进行设计开发。通常在工程数据阶段造型已不再进行变动，所以在工程数据阶段感知质量重点关注的是结构匹配、各部件安装点、卡接点布置是否合理、是否存在影响装配质量的风险。同时，工程数据已体现车身钣金二次面状态，所以还需要对整车二次面是否平整进行细致的评估。

1. 结构匹配评价

工程数据阶段结构匹配评价方面的关注项主要包括各部件比例协调性、线形呼应性、间隙、面差、看穿、圆角等。以下通过一些常见的对比案例简单介绍工程数据阶段结构匹配常见的评价问题点。

（1）比例不协调

如图 7-37a 所示，某车型锁止凸包比例过大，不但影响内部储物空间，还造成视觉比例不协调、影响美观性，图 7-37b 所示车型采用相同的锁止结构，但是凸包较为平缓，形态比例适中，视觉效果较好。

（2）线形不呼应

如图 7-38a 所示，某车型杂物箱盖板边界线形走势不随形，视觉效果不等宽，图 7-38b 所示同样结构的杂物箱盖板，边界线形走势呼应，视觉效果等宽，美观性更好。

a）杂物箱内部凸包比例过大　　　　　　b）杂物箱内部凸包比例适中

图 7-37　杂物箱内部凸包形态比例对比

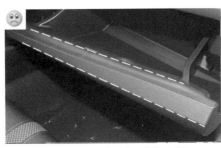 

a）杂物箱盖板边界线形走势不呼应　　　　b）杂物箱盖板边界线形走势呼应

图 7-38　杂物箱盖板边界线形走势对比

（3）分缝位置明显

如图 7-39a 所示，某车型组合仪表及中控屏幕分缝位置在高可见区域，分缝位置过于明显，严重影响视觉效果，图 7-39b 所示组合仪表及中控屏幕同样是倾向驾驶员方向设计，但采用曲面屏规避了明显的视觉分缝，不仅提升了视觉效果，同时提升了整车品质感。

a）组合仪表与中控屏幕分缝明显　　　　　b）组合仪表与中控屏幕无分缝

图 7-39　组合仪表及中控屏幕分缝处理对比

（4）间隙过大

如图 7-40a 所示，某车型组合开关与转向柱间隙较大，内部结构看穿，严重影响品质感，图 7-40b 所示组合开关与转向柱间隙较小且均匀，视觉效果较好。

（5）可视台阶面

如图 7-41a 所示，某车型遮阳板基座与顶棚匹配效果不佳，台阶面外露明显，视觉效果突兀。图 7-41b 所示遮阳板基座与顶棚匹配无明显台阶外露，提升了视觉品质。

第7章 整车静态感知质量结构集成设计与评价

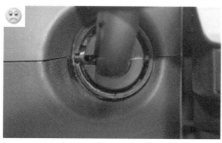 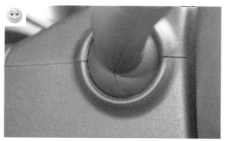

a) 组合开关与转向柱匹配间隙大　　　b) 组合开关与转向柱匹配间隙小

图 7-40　组合开关与转向柱匹配间隙对比

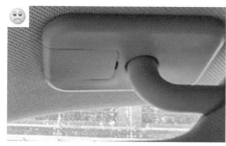 

a) 遮阳板基座可视台阶面大　　　b) 遮阳板基座与顶棚匹配面差小

图 7-41　遮阳板基座与顶棚匹配效果对比

（6）匹配老鼠洞

如图 7-42a 所示，某车型门板上部软包区域与三角饰板匹配效果不佳，老鼠洞外露明显，严重影响视觉效果及整车品质感，图 7-42b 所示某车型门板扶手区域匹配出现明显老鼠洞，影响美观性及品质感。

a) 某车型门板图示区域匹配效果不佳，老鼠洞外露明显

 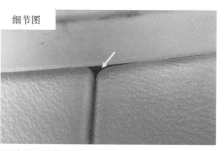

b) 某车型门板扶手区域匹配出现明显老鼠洞

图 7-42　匹配不良导致出现老鼠洞案例

(7) 结构件外露

如图 7-43a 所示，某车型杂物箱盖板阻尼器及部分结构外露，视觉上不规整，图 7-43b 所示杂物箱盖板阻尼器未外露，视觉效果更好。

a) 杂物箱侧部机构外露明显　　　　　　b) 杂物箱侧部无结构外露

图 7-43　杂物箱侧部阻尼器布置对比

(8) 圆角匹配不一致

如图 7-44a 所示，相邻两个零件的过渡圆角大小不一致，会影响匹配效果，而图 7-44b 所示相邻部件匹配过渡均匀、圆角大小一致，视觉协调性更好。

a) 相邻部件圆角大小不一致　　　　　　b) 相邻部件圆角大小一致

图 7-44　局部细节圆角大小一致性对比

2. 型面质量评价

工程数据阶段需要重点关注内外部型面尤其二次面的型面质量，其重点关注项主要包括型面美观性和光顺性、分型线布置尽可能不在可视区、尽可能避免焊点外露、型面符合性等。以下通过一些常见的对比案例简单介绍工程数据阶段型面质量常见的评价问题点。

(1) 型面整洁性

如图 7-45a 所示，某车型打开车门后观察，B 柱上钣金型面层次较多且不规整，影响视觉效果，图 7-45b 所示相同位置钣金型面顺畅、平整且布置品牌 LOGO，视觉品质感较高。

如图 7-46a 所示，某车型打开车门观察，门内钣金型面不规整，缺乏品质感，图 7-46b 所示相同位置钣金型面平整，视觉效果较好。

(2) 型面扭曲现象

如图 7-47a 所示，某车型翼子板边界型面走势扭曲，导致与 A 柱匹配视觉间隙较大且不均匀，影响美观性，图 7-47b 所示翼子板与 A 柱匹配位置型面走势顺畅，视觉间隙均匀，美观性较好。

a) B柱上钣金型面层次杂乱不规整　　　　b) B柱上钣金型面平整且布置LOGO

图 7-45　侧围钣金型面规整度对比

a) 车门内钣金底部型面不规整　　　　b) 车门内钣金底部型面平整

图 7-46　车门内钣金规整度对比

a) 翼子板与A柱型面走势扭曲　　　　b) 翼子板与A柱型面走势顺畅

图 7-47　翼子板与 A 柱匹配位置型面走势对比

（3）型面大面积呆面

如图 7-48a 所示，某车型座椅靠背未设计储物袋，不仅影响储物多样性，同时导致座椅靠背产生大面积呆面，影响美观性及品质感。图 7-48b 所示车型座椅靠背区域细节设计美观且搭配装饰条点缀，精致感较好。

a) 座椅靠背大面积呆面　　　　b) 座椅靠背美观精致

图 7-48　座椅靠背型面设计对比

3. 安装点布置评价

结构数据阶段各分件及二次面已体现，在这个阶段需要重点关注各分件安装点及卡接点布置位置是否合理，避免后期样件装配时存在翘起、卡接不牢固的风险，同时还需要关注二次面，如发动机舱内部、行李舱门洞、后背门打开后侧部钣金等区域安装点的布置是否规整等。如图7-49a所示，某车型打开发动机舱盖观察，内部安装点布置较多且排布杂乱，严重影响视觉效果，图7-49b所示车型除采用发动机装饰罩进行内部遮挡外，安装点的布置也比较规整，整体视觉感受更好，品质感更高。

a) 发动机舱内部安装点排布杂乱

b) 发动机舱内部安装点排布规整

图 7-49　发动机舱内部安装点排布效果对比

4. 操作舒适性评价

上文提到在 CAS 及 A 面阶段需进行操作舒适性评价，结构数据阶段操作舒适性评价与其区别在于需要重点关注整车内外部所有操作部件及操作区域的操作空间大小是否合理，以及型面的圆角状态，提前规避所有可能因未设计圆角或圆角较小所导致的硌手、刮手现象。

5. 储物空间评价

在 CAS 及 A 面阶段已经针对整车储物多样性进行了评价，随着结构数据的发放，在此阶段可以针对各储物区域进行储物空间评价，如杂物箱内部尺寸、扶手箱内部尺寸、后排座椅放倒后行李舱地毯是否平整、行李舱空间尺寸等。如图 7-50a 所示，某车型后排座椅放倒后与行李舱地毯匹配不平整，不仅影响视觉效果，同时对储物空间也有一定的影响，图 7-50b 所示后排座椅放倒后，座椅靠背与行李舱地毯匹配平整，视觉规整且提升了储物空间。

a) 座椅靠背与地毯匹配不平整

b) 座椅靠背与地毯匹配平整

图 7-50　后排座椅放倒与行李舱地毯匹配效果对比

第7章 整车静态感知质量结构集成设计与评价

6. 维修便利性评价

结构数据阶段发动机舱及行李舱地毯底部随车工具盒已逐渐体现,在此阶段需关注发动机舱盖一级开启时手部操作空间是否充足,是否便于触摸到开启机构、机油加注口、洗涤液加注口,电池正负极布置位置是否便于操作、是否有相应的字符提示,行李舱内部维修工具的拿取是否方便等。

7.2.3 实车阶段静态感知质量结构集成评价

实车阶段是整车开发流程中重要的环节,是从虚拟设计到实物制造的枢纽转换,用以进行设计验证、数据阶段无法校核的验证及试验验证,进而根据验证结论进行设计迭代优化。

实车静态感知质量评价以当前样车整体状态为一级指标,在此之下,有4个二级指标,分别为外观品质、操作体验、舒适性体验,以及娱乐、温控和灯光,在每一个二级指标下还有3~5个三级指标,见表7-6。

表7-6 实车阶段静态感知质量评价内容

一级指标	二级指标	三级指标
样车整体状态	外观品质	产品色差评价
		工艺质量评价
		产品刚性评价
		材质评价
	操作体验	操作安全性评价
		操作力评价
		反馈声评价
		操作行程评价
		操作功能评价
	舒适性体验	乘坐性评价
		乘降性评价
		操作类评价
		空间类评价
	娱乐、温控和灯光	娱乐系统评价
		温控系统评价
		整车灯光评价

1. 外观品质

(1) 产品色差评价

该阶段需重点关注实车内外部色差问题,如加油口盖、充电口盖与车身是否存在明显色差,翼子板与车身是否存在明显色差,车身内部立柱及顶棚色差是否明显,行李舱地毯与后排座椅靠背色差是否明显等。如图7-51a所示,某车型实车阶段进行感知质量评价,打开车门观察,仪表板与门板及立柱饰板存在明显色差,严重影响视觉效果,影响品质感,图7-51b所示仪表板与门板、立柱饰板不存在色差问题,视觉效果较好。

a) 仪表板与门板、立柱饰板色差明显　　b) 仪表板与门板、立柱饰板色彩一致

图 7-51　仪表板、门板、立柱色差效果对比（见彩插）

(2) 工艺质量评价

该阶段需重点关注零件漆面光泽度是否均匀，成像度是否良好，是否存在橘皮、流挂、颗粒、喷涂不良等缺陷；零件表面是否存在锈蚀、开裂、缩痕、褶皱现象，边缘是否存在飞边、毛刺、分型线刮手等缺陷；包覆件表面是否平整，端头及拐角处理是否有褶皱；缝纫线样式、针脚是否一致，排布是否规整，间距是否均匀，凸出量是否合理等。如图 7-52a 所示，某车型扶手箱盖包覆质量较差，表面凹凸不平，缺乏品质，图 7-52b 所示扶手箱盖包覆平整，视觉效果较好。

a) 包覆件表面褶皱　　b) 包覆件表面平整

图 7-52　扶手箱盖包覆质量对比

(3) 产品刚性评价

评价实车外部钣金及外饰件产品刚度是否良好，零件自身是否存在翘起、扭曲，按压是否存在明显变形，是否存在安装不牢或明显晃动缺陷等。如图 7-53a 所示，某车型座椅侧护板强度较低，按压时产生明显变形，缺乏品质感，图 7-53b 所示车型座椅侧护板强度高，按压无明显变形，品质感较好。

(4) 材质评价

评价注塑材质是否具有档次感、精致感（如前照灯、仪表板等）；软质材质触感是否舒适，是否易打理，是否存在易起毛、结球现象（如顶棚、地毯、包覆件等），材质是否具有良好的耐刮擦性等。

2. 操作体验

(1) 操作安全性评价

评价用户经常接触区域是否有存在危害性的锐边或锐角，如车门开启尖角是否有剐蹭用

a) 座椅侧护板按压变形　　　　　b) 座椅侧护板按压无变形现象

图 7-53　座椅侧护板强度对比

户的风险，维修保养时机舱内螺栓、螺柱是否存在划伤用户的风险等。

（2）操作一致性评价

评价整车相同开关、按钮、旋钮等操作力大小是否适中，操作行程、阻尼感、反馈感、操作音质是否一致等。

（3）操作功能评价

评价整车功能是否存在失效现象，如杂物箱、天窗、尾门是否可以正常开启等。

3. 舒适性体验

（1）乘坐性评价

评价前后排座椅坐垫饱满度、靠背支撑感、整体包裹性是否舒适，头枕包裹性、软硬度是否舒适；扶手倾角是否合理，手肘、臀部接触区域是否为软质材料等。如图 7-54a 所示，某车型 C 柱下饰板无软包，后排乘员易触碰硬质区域，影响乘坐舒适性，图 7-54b 所示相同区域 C 柱下饰板采用软包包覆，不仅提升整车品质，同时提升了后排乘客的乘坐舒适性。

a) C柱下饰板硬质区域大　　　　　b) C柱下饰板软包包覆

图 7-54　后排乘坐舒适性对比

（2）乘降性评价

评价用户前后排上下车时，头部、躯干与门框及内饰等各部位是否存在明显干涉现象；用户上下车时，转向盘、转向柱、座椅侧护板是否存在硌腿现象等。如图 7-55a 所示，某车型座椅坐垫侧围 Z 向高度小且内部发泡强度弱，缺乏支撑性，乘员在下车时存在腿部磕碰侧护板现象，影响乘坐舒适性，图 7-55b 所示车型坐垫侧围 Z 向高度充足且内部发泡强度适中，整体包覆感及支撑性较好，提升了乘坐舒适性及乘降舒适性。

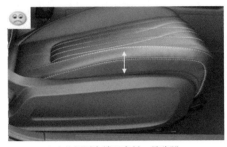 

a) 坐垫侧围支撑强度低，易硌腿　　　　　　b) 坐垫侧围支撑强度较高

图 7-55　座椅坐垫乘降舒适性对比

（3）操作类评价

重点评价车门内外把手、顶棚拉手、变速手柄、转向盘、组合开关，以及仪表板、副仪表板、门护板上各开关、旋钮、按键等操作时是否存在硌手、划手等现象。

（4）空间类评价

评价乘坐时头部空间是否充足、是否有压抑感，腿部空间是否充足，后排中间脚部通过空间是否充足，操作时手部空间是否充足（如开关操作空间、门把手把握空间等）。

4. 娱乐、温控和灯光

（1）娱乐系统评价

上文提到在 A 面阶段对组合仪表及中控屏幕 UI 界面进行效果图评价，实车阶段娱乐系统评价更多关注的是装机后白天及夜间整体的界面显示效果，各模块间视觉效果是否协调、一致，界面信息是否明显、易读，层级逻辑是否正确、易懂，屏幕是否存在反光现象，娱乐系统界面操作反馈是否顺畅、有无界面卡滞现象、是否符合常规操作逻辑，操作区域是否存在被遮挡现象等。

（2）温控系统评价

评价空调系统制冷、制热是否迅速，出风口风向调节范围是否合适，出风口关闭状态下密闭性是否良好，空调噪声是否存在刺耳现象，空调气味是否明显等。

（3）整车灯光评价

重点评价整车外部光源点亮效果，是否存在明显颗粒感或反光漏光现象，光源是否一致，亮度是否均匀，是否存在相互干扰现象，照射范围及距离是否合理，整车内部光源布置位置是否合理，氛围灯点亮效果是否具有环抱感、照射是否均匀、是否存在颗粒感及漏光现象，按键背光灯亮度及色彩是否一致，阅读灯光照亮度是否刺眼，光源开启、关闭时光亮反应速度是否一致等。如图 7-56a 所示，某车型车内氛围灯只贯穿仪表板，门板未布置氛围灯带，视觉效果缺少环抱感且氛围灯带发光亮暗不均，严重影响视觉效果及整车品质感，图 7-56b 所示仪表板及门板氛围灯环抱设计，且发光均匀、亮度适中，提升了整车灯光氛围。

第7章 整车静态感知质量结构集成设计与评价

a) 氛围灯亮暗不均，品质感差

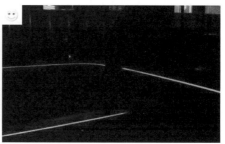
b) 氛围灯环抱设计且发光均匀

图 7-56　内饰氛围灯光照效果对比（见彩插）

7.3　精致工程结构集成设计案例分析

7.3.1　典型的造型结构集成案例分析

汽车外饰大致分为前保险杠、后保险杠、发动机舱盖、翼子板、侧围、侧门、顶盖和尾门几个部分，不同部分连接处不可避免地存在分缝。把汽车外饰比作艺术品，崇尚光泽度、表面质量、设计感、整体感的汽车外饰恰如瓷器，存在裂痕（分缝）的瓷器是不完美的。无分缝设计是人们对未来汽车的想象之一。分缝是当前技术条件下，造型对工程限制的妥协。因此，分缝的设计是面向感知质量的造型设计中的重要课题。此外，分缝的设计不仅需要满足情感要素需求，还需要满足间隙配合、装配工艺协调等一系列工程可行性要求，即设计过程中不仅需要考虑主观方面的要求，也要兼顾客观方面的要求。本节介绍的造型分缝结构集成案例展示了将不可避免的分缝转化为具有整体感、设计感的优秀设计。

（1）将分缝融入特征线

如图 7-57 所示，路虎揽胜系列发动机舱盖、翼子板分缝线与腰线的贯通设计是路虎侧面设计的品牌基因。这不仅仅是单纯的分缝设计，一个汽车品牌的成功依靠的往往不是其某一款车型，而是其整个车系，而一个车系的成功则注定脱离不了塑造品牌基因。从侧部观察，该车型发动机舱盖、翼子板分缝与侧部特征线条走势连续呼应，提升了整车美观性及视觉协调性。

图 7-57　路虎揽胜将发动机舱盖、翼子板分缝与侧部特征线融入设计

(2) 造型分缝合理隐藏在视野盲区

如图 7-58 所示，奥迪系列车型通过特殊的发动机舱盖、翼子板截面设计（图 7-59）与腰线截面配合，将发动机舱盖、翼子板分缝隐藏在了光影暗面，在视觉效果上，分缝线得到了完美的隐藏，提升了整车美观性及设计感。

图 7-58 奥迪系列发动机舱盖、翼子板分缝隐藏式设计

图 7-59 发动机舱盖、翼子板截面示意

(3) 将分缝推向边界设计

如图 7-60b 所示，新款奥迪 A8 将后车门分缝推到轮罩边界，相比于老款车型（图 7-60a）后门分缝过于明显，新款车型采用更复杂的工程结构和更高的工艺成本带来了更简洁的、更有整体性的侧面设计，外露的分缝长度减小了 2/3，分缝的后移同时扩大了后门洞、优化了上下车的人机性能。

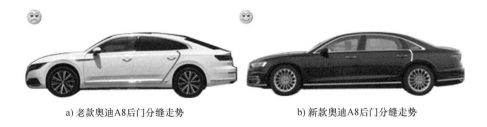

a) 老款奥迪A8后门分缝走势　　　　　　b) 新款奥迪A8后门分缝走势

图 7-60 新旧款奥迪 A8 后车门分缝走势对比

(4) 通过装饰件弱化分缝设计

还有一种设计是在不可避免的分缝边界增加装饰，将视觉重点从分缝本身转移到精心设计的装饰件上。如图 7-61a 所示，奔驰 E 级车身侧围底部通过贯穿式装饰亮条设计，不仅增加了车身侧部视觉冲击力，同时弱化了车门底部分缝。如图 7-61b 所示，宝马 6GT 很好地通过装饰件弱化侧围与翼子板分缝，提升了整车视觉效果。

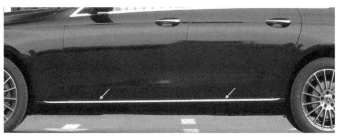

a) 奔驰E级车门与侧围利用装饰件边界弱化分缝

b) 宝马6GT通过装饰件弱化侧围与翼子板分缝

图 7-61　通过装饰件弱化分缝案例

7.3.2　典型的内外饰结构集成案例分析

1. 前置摄像头结构集成案例

如图 7-62a 所示，某车型前置摄像头与 LOGO 分离布置，而且摄像头形态生硬，视觉突兀，从而影响车辆前部的视觉效果，图 7-62b 所示大众车型系列巧妙地将前置摄像头与 LOGO 集成设计，且摄像头形态精致美观，隐蔽效果较好，提升了整车视觉效果及精致感。

a) 前置摄像头形态生硬，视觉突兀　　　　　　b) 前置摄像头与LOGO集成设计

图 7-62　前置摄像头形态及布置效果对比

2. 倒车雷达匹配效果案例

汽车上配备的倒车雷达就是在倒车的过程中遇到障碍物时发出警示声起到警示作用，但是从用户感知的角度出发，倒车雷达与后保险杠的匹配效果是影响正常视觉效果及品质感的。如图 7-63a 所示，某车型产品在设计过程中为确保雷达照射角度的情况下，并未考虑到雷达与后保险杠结合的视觉效果，从而导致匹配效果不佳，出现明显的阴阳面，型面扭曲，影响了前后保险杠的视觉效果。所以在保证雷达探头功能性的前提下，在设计过程中要充分考虑雷达与保险杠匹配的效果，在细节处体现产品的精致感与品质感，如图 7-63b 所示。

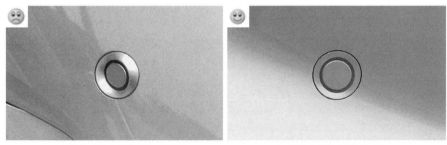

a) 雷达与保险杠匹配阴阳面明显　　　　　　b) 雷达与保险杠匹配平整

图 7-63　雷达与保险杠匹配效果对比

3. 贯穿式出风口视觉效果案例

贯穿式出风口是随着汽车行业的发展，设计师们所运用的比较新颖的创意，其优点是整体横向拉伸了仪表板的视觉效果，以及增加了仪表板的层次感。贯穿式设计中间连接部分一般采用假格栅处理，如果设计效果不佳，会给用户造成较粗糙以及塑料感较强的感觉，从而影响整车品质感。如图 7-64a 所示，某车型贯穿式出风口假格栅内部塑料饰板外露明显，易给用户带来塑料感及廉价感的视觉感知，图 7-64b 所示同样的贯穿式设计在内部结构进行了隐藏处理，出风口视觉效果深邃，提升了整车质感。

a) 仪表板贯穿式出风口假格栅外露明显

b) 仪表板贯穿式出风口视觉效果深邃

图 7-64　贯穿式出风口假格栅设计效果对比

7.3.3　典型的电气结构集成案例分析

1. 氛围灯结构集成案例

汽车氛围灯作为一种装饰汽车和烘托气氛的产品，逐渐从高档车型向中低档车型普及开来。氛围灯可以提高夜间行车的安全性，同时提高汽车的科技感，还可以舒缓驾驶员的疲劳感，使其在驾驶舱内更加放松，让车内生活更有仪式感，能够营造轻松愉悦的氛围。相对于传统的门护板加仪表板氛围灯贯穿式设计，豪华品牌劳斯莱斯及宝马系列将氛围灯与顶棚及天窗进行了结构集成式设计,灯光犹如星空中的星星一样闪亮而不耀眼,为乘客营造车内舒缓、愉悦的氛围。如图7-65a所示,劳斯莱斯将不同颜色光导与顶棚集成设计,开创了星空顶设计先河,彰显了整车豪华品质。图7-65b所示宝马X7将氛围灯与天窗集成设计,光照亮度均匀,可无级调色,提升了整车质感。

 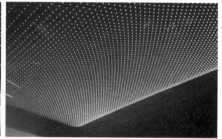

a) 劳斯莱斯星空顶效果图　　　　　　b) 宝马系列星空顶效果图

图 7-65　汽车内部星空顶氛围灯效果展示(见彩插)

2. 组合仪表结构集成案例

正当我们大谈虚拟液晶仪表成为智能化汽车的入口之一时,特斯拉 Model 3 却取消了组合仪表,如图 7-66a 所示。这一举措让市场哗然,其实从特斯拉的整个内饰布局来看,这个做法也并不足为奇。

具体而言,特斯拉将组合仪表与中控大屏进行了集成式设计,如图 7-66b 所示,中控大屏已经显示了绝大多数人机交互所需要的信息,包括里程管理、充电管理、故障提示、空调信息等。由于电动车相对于燃油车部件更加简单,机油温度、燃油温度、发动机转速等很多需要驾驶员关注(用于考虑发动机热机状态、变速操作等)的信息都不存在了。所以,特斯拉目前的液晶仪表本身就只显示了车速、瞬态导航提示、自动驾驶提示等少量行车必备信息,其他信息可以通过配置来选择显示,大多数人都用不上。

a) 特斯拉Model 3内饰风格　　　　　　b) 特斯拉Model 3中控大屏信息展示

图 7-66　特斯拉组合仪表与中控屏幕集成设计

虽然取消组合仪表让造型设计更具想象,但也伴随着相应的质疑声,取消组合仪表给驾驶过程中读取信息带来不便。或许取消组合仪表是未来电动汽车的一大设计趋势,但设计师也许会把车主想在行车过程中关注的信号通过其他途径传达给车主。如图7-67所示,通过 HUD(抬头显示)的投影显示更多的车辆行驶信息也是一种很好的尝试及发展趋势。

图 7-67　HUD 与组合仪表集成设计

7.3.4　典型的安全性结构集成案例分析

1. 可视化 A 柱集成案例

当人们驾驶车辆,进行转弯或者进入弯道前,视野都会被 A 柱部分遮挡,造成一个视野上的盲区,这种盲区非常影响驾驶安全。人们尝试过取消 A 柱的构想或将 A 柱做成镂空形式,但是因为绝大多数车辆是需要 A 柱的,毕竟 A 柱对车内的成员能起到有效保护作用,特别是在车辆发生翻滚或倾覆时,A 柱能够有效避免驾驶舱被挤压变形。面对这种困扰,大陆集团构思了一款透明 A 柱,通过摄像头捕捉画面实时成像在 A 柱上。这种创意在哪吒 U 上开始了正式量产应用,如图 7-68 所示。

图 7-68　哪吒 U 透明 A 柱效果示意

通过将 OLED(有机电激光显示)柔性屏与 A 柱集成式设计,搭配哪吒汽车 AR – View(增强现实)系统,实现 A 柱透明可视化。另外基于"眉心追踪算法"还能通过摄像头跟踪驾驶员双眼位置,对 A 柱显示屏的显示透视角度进行实时调整,完全解决了 A 柱视觉盲区问题,从而大大提升了驾驶安全性。

2. 电子儿童锁结构集成案例

在行车过程中,后排乘坐的儿童可能会误将车门打开,而造成一定的危险。儿童锁可有效地避免危险,当儿童锁闭合后,后排车门只能从外面打开,避免在车辆行驶过程中儿童无意中或误操作打开车门而造成的危险。常见的儿童锁开关有两种形式,一种是旋钮式,一种是拨动式,但是这两种形式都存在一定的抱怨。如图 7-69a 所示,旋钮式儿童锁操作方便性较差,需要将钥匙插入进行开启和关闭,影响操作便利性。如图 7-69b 所示,拨动式儿童锁虽然操作方便,但伴随着操作力大、操作时刮手等现象,而且儿童锁提示标贴或字符都在一定程度上影响了车门钣金的视觉效果。

无论旋钮式还是拨动式儿童锁,操作过程中,都需要乘员走到后排车门位置进行操作,为解决这种操作繁琐的问题,同时规避操作过程中因操作力大或刮手等现象而产生的抱怨,越来越多汽车厂商开始将儿童锁与主驾驶位置玻璃升降器面板进行集成设计(图 7-70),提

第7章 整车静态感知质量结构集成设计与评价

a) 旋钮式儿童锁操作便利性差

b) 拨动式儿童锁字符标贴影响视觉效果

图 7-69 传统儿童锁

升了操作舒适性及便利性。电动汽车在追求科技感的同时都在尽可能减少物理按键，往往将儿童锁集成在中控大屏中（图7-70b），驾驶员可以在屏幕中进行儿童锁的开启、关闭操作。这是一种更便于操作的设计方式，使得日常行车尤其后排搭乘儿童时，驾驶员能够更直接地进行儿童锁操作，提升了后排乘员的安全性。

a) 儿童锁与玻璃升降器面板集成设计

b) 儿童锁与中控大屏集成设计

图 7-70 电子儿童锁

7.3.5 典型的整车气味性感知质量优化案例分析

近年来随着汽车普及率的升高，汽车已不再是单纯的交通工具，而成为用户继家和办公场所之后的第三居所，车内环境的健康性和舒适性也越来越受到人们的重视。尤其是在国家标准 GB/T 27630—2011《乘用车内空气质量评价指南》发布后，车内环境品质已成为汽车行业内的竞争焦点，且成为影响消费者购买车辆的因素之一。汽车内部污染源包括以下两方面：挥发性有机化合物（Volatile Organic Compounds，VOC）含量、车内细颗粒物含量。

1. 挥发性有机化合物

按照世界卫生组织定义，广义的挥发性有机化合物主要为熔点低于室温而沸点在 50～260℃的挥发性有机化合物的总称。汽车行业中提到的 VOC 主要是指 GB/T 27630—2011 中规定的苯、甲苯、乙苯、二甲苯、苯乙烯、甲醛、乙醛、丙烯醛共八项挥发性有毒有害物质，见表 7-7。

车内 VOC 主要由汽车内饰零部件的非金属材料中所含的挥发性物质释放产生，包括塑料、橡胶、发泡、皮革、织物、毛毡、纤维、胶黏剂、油漆等材料。这些材料在生产加工过程中使用的有机溶剂、催化剂、添加剂等是车内 VOC 的主要来源。这些物质在汽车的使用过程中不断地释放到车内的空气中，造成车内空气污染，严重影响着驾乘人员的身体健康。

2. 细颗粒物

细颗粒物即 PM2.5（Particulate Matter 2.5），是指空气动力学当量直径≤2.5μm 的颗粒物。PM2.5 成分复杂，主要成分是元素碳、有机碳化合物、硫酸盐、硝酸盐、铵盐，其他常见成分也包括各种金属元素，既有钠、镁、钙、铝、铁等地壳含量丰富的元素，也有铅、锌、镉、铜等主要源自人类污染的重金属元素。PM2.5 粒径小、比表面积大、活性强、易附带有毒有害物质（重金属、微生物等），在大气中存留时间长，输送距离远，对空气质量有着严重的影响。PM2.5 由于其直径小的特性，可通过呼吸道进入人体的细支气管和肺部，严重危害驾乘人员身体健康。

表 7-7 挥发性有毒有害物质分类

分类	名称	危害性及气味特性
苯系物	苯	有毒，致癌，芳香气味
	甲苯	有毒，致畸形，刺激性，芳香气味
	乙苯	有毒，致畸形，刺激性，芳香气味
	二甲苯	低毒，刺激性，臭味
	苯乙烯	有毒，刺激性，芳香气味
醛酮类	甲醛	有毒，致畸形，致癌，强烈刺激性气味
	乙醛	有毒，致畸形，致癌，强烈刺激性气味
	丙烯醛	高毒性，恶臭感

在了解上述汽车污染源后，可以采取针对性的方案进行车内环境质量的治理。行业内主要依据"少带入、少生产、速排除、速净化、气味类优化设计"五项措施，从设计、生产、存放及售后各环节进行管控，具体措施如下：

1）研究现有整车、零部件、材料的 VOC 及气味性能，发现各零部件对整车 VOC 和气味性能的贡献度，重点管控零部件的原材料及配方，多开发和使用低 VOC、低气味性的绿色环保材料，例如：胶黏剂材料采用水性胶替代溶剂胶，喷涂材料采用水性漆替代溶剂漆，吸声材料采用双组分吸声棉替代废纺毡，备胎盖板本体采用 PHC 或 PP 玻璃纤维板材料替代木粉板等，从设计源头上减少有机污染物带入。

2）改善模具结构、优化生产工艺，如降低塑料件注塑温度，采用卡扣连接或摩擦焊接或超声波焊接代替胶黏剂黏结工艺（图 7-71），采用免喷涂材料或 IMD（膜内装饰技术）工艺代替喷漆工艺，采用水切工艺代替顶棚包边工艺等，从而达到减少 VOC 产生的目的。

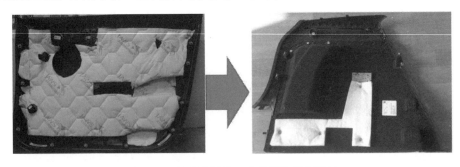

图 7-71 超声波焊接工艺代替胶黏剂黏结

3）对零部件的生产车间和仓库、样品包装及存放方式也应加强管控，通过采取相关措施加速 VOC 的散发。例如：保证生产车间的仓库通风良好；避免使用密封材料包装；避免零部件堆叠放置，加速空气流通；针对胶水使用量较大的软质包覆件，可在生产线末端增加烘烤和通风工艺，强制加速 VOC 和气味散发。

4) 在车内配置车载空气净化器（图 7-72），可实现快速净化车内 VOC、PM2.5，并在一定程度上减少车内气味，实现快速净化车内空气的目的。

图 7-72　车载空气净化器

5) 在部分内饰零部件材料中进行气味植入（添加香氛）或在车内设计气味发生器等（图 7-73），使整车能够持续散发好闻的气味，为用户创造清新、舒适的驾乘空间和感官体验，提升产品品质感，吸引消费者对车型的关注并刺激其购买欲望。

图 7-73　豪华品牌车型自带的香薰功能

7.4　整车静态感知质量设计未来发展趋势

7.4.1　电动汽车与燃油汽车静态感知质量评价差异性

随着未来汽车电动化、智能化、网联化、共享化的发展，静态感知质量设计目标及评审方向也应不断与发生变化。电动汽车静态感知质量评价依然需要从外部、内部、乘降性、座椅性能及乘坐舒适性、驾驶员位置操作、视野性、娱乐和温控系统、照明效果、安全性能、维修便利性、储物空间 11 个维度进行评价，区别在于各评价维度是否具有电动汽车元素，是否融入电动汽车设计语言，是否具有电动汽车所具有的智能化设计。也就是说，当我们看一台电动汽车外观时，是否有电动汽车的直观感受及视觉冲击力，当我们坐进一台电动汽车驾驶舱时，是否有电动汽车的未来感及智能体验。本节就电动汽车与燃油车静态感知质量评价明显差异区别进行简单的概述及说明。

电动汽车与传统燃油车相比，在外观设计、整车布局及驾驶习惯等方面有不同的设计方法，对于感知质量目标设定及评审，两者之间存在一定的差异，因此，在外观评价时更侧重该车型是否具备电动汽车的外观品质及电动元素设计。

1. 整车姿态

侧部观察电动汽车的比例姿态，相对于整车长度来讲，轴距所占比例更大，也就是前后悬长度会随之缩短，且部分汽车前后悬的长度差异更小。以特斯拉 Model S 为例，对比与其相同级别的捷豹 XF，如图 7-74 所示，两车型长度几乎相等，可以明显看出 Model S 的后悬比捷豹 XF 后悬短，前悬几乎相等，因此特斯拉 Model S 的轴距要更长一些，且前后悬长度基本一致。这主要由两方面因素导致：①电池在前后轮之间的布置形式，增大轴距可以提高续驶里程；②区别于传统燃油汽车所希望表现的机械、运动美感，电动汽车更接近电子产品的设计——简洁、平衡。电动汽车一般会倾向于使用尺寸更大的轮胎，否则会造成轮胎大小与轴距之间的比例在视觉上的不协调。

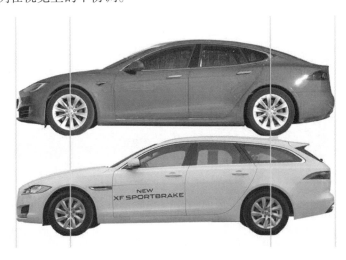

图 7-74　特斯拉 Model S（上）与捷豹 XF（下）轴距对比

很多电动汽车的 A 柱底端更靠前，A 柱的倾斜角更大，以起到弱化车头视觉效果的作用。甚至有些电动汽车会做成类似"单厢车"的形态，使车前风窗玻璃与车头在三维形态上更连续，即二者的倾斜角度更接近。在发动机舱的功能被取消的情况下，这样的造型特点可以明显区分开燃油汽车与电动汽车，而且这样的处理方式可以增大乘员舱的容积，且这种形态的车身可以获得更低的风阻系数。更重要的是，这种比例姿态能够弱化汽车前冲的方向感与运动感，向更接近产品设计的造型靠近。在这种设计理念的引导下，电动汽车出现了越来越多难以用传统分类方式进行划分的车型。如图 7-75 所示的奔驰电动概念车型和奥迪电动概念车型，像是轿车、MPV、SUV 的结合产物。许多电动概念车都表现了设计师对于电动汽车创新车型特点的探索。

2. 特征线与曲面处理

相比传统燃油汽车，电动汽车在型面处理上越来越多地使用干净、简洁的曲面。电动汽车的造型创新更多地通过"曲面结构"的创新来实现，由原来的"自由曲面"和"浮雕"

a) 奔驰电动概念车型　　　　　　　　b) 奥迪电动概念车型

图 7-75　电动车概念车型

式的形态变成强调结构感与逻辑感的曲面。这种设计趋势不仅受到极简主义的影响，同时更接近电子产品的造型语言，也更符合电动汽车的视觉需求。这种圆润、整洁、转折变化更少的曲面处理，还可以获得更低的空气阻力系数。而结构化的曲面造型在合适的导流结构设计下，可以获得更好的空气动力学性能。图 7-76a、b 所示分别为奔驰 Generation EQ Concept 及宝马 I8，它们的车身曲面变化较少，主要由简洁的、大面积的曲面组成，侧面除了高光线没有特征线，对比传统燃油车奔驰 GLE 及宝马 7 系（图 7-76c、d），可以明显看出电动汽车曲面处理的特征。

a) 奔驰Generation EQ Concept　　　　　　　　b) 宝马I8

c) 奔驰GLE　　　　　　　　d) 宝马7系

图 7-76　电动汽车与燃油汽车型面处理对比

电动汽车的另一个曲面处理趋势是通过曲面的"结构"来塑造造型特征，减弱曲面本身的变化，增加结构的变化。如图 7-77a 所示，宝马的片层设计，没有剧烈的曲面变化，也很少出现因曲面相交、挤出等方式形成的特征线，通过近似单曲面的片层穿插、折叠、弯曲来塑造造型特征。如图 7-77b 所示，日产 IMX Concept 的前轮包通过一个竖立的片层来表达，也是弱化曲面变化、增强结构感的一种造型探索。所以在进行电动汽车感知质量评价时，车身造型线的呼应性、线条走势将不再是重要关注点，取而代之的是整个型面的连续性及曲率带来的视觉冲击力。

3. 细节设计

（1）前格栅设计

格栅一直是汽车前脸上的重要造型特征，起到传承家族基因、体现品牌形象的作用。而

a) 宝马 I8 Coupe 后部片层式设计　　　　b) 日产IMX Concept 前部片层式设计

图 7-77　电动汽车局部特征曲面处理

与燃油车相比,电动汽车不再需要格栅,为了降低空气阻力系数,应去掉格栅或将其进行封闭式处理。如何顺应这个变化做出适合电动汽车的前脸造型,一直是电动汽车设计中的重要问题。目前,电动汽车前格栅区域设计主要有两种不同的设计趋势:①在三维形态上仍保留格栅的形式,但格栅内由原来通透的覆盖件变成封闭覆盖件,很多传统汽车企业在造型方面都会采用这样的处理方式,既能保证家族形象的传承,又能体现电动化的特点,如图 7-78 所示的奥迪及宝马;②直接采用无格栅设计,前脸彻底抛弃格栅的造型,这种处理在特斯拉等新兴的不需要考虑家族基因传承的电动汽车品牌中出现较多,如图 7-79 所示的特斯拉设计示例及小鹏 P7 设计示例。

a) 奥迪电动汽车封闭式前格栅效果图　　　　b) 宝马电动汽车封闭式前格栅效果图

图 7-78　电动汽车封闭式格栅设计示例

a) 特斯拉无格栅设计前脸　　　　b) 小鹏P7无格栅设计前脸

图 7-79　电动汽车无前格栅设计示例

(2) 轮辋设计

电动汽车的轮辋设计与特征线及曲面处理有着相似的趋势（图 7-80），不再使用复杂动感的自由曲面，而是采用更加扁平或更有逻辑感、结构感的曲面，几何化造型元素的运用更多，这也是更为电子产品化的造型。而且电动汽车的轮辋覆盖面积更大，甚至有些对制动盘散热要求不高的小型电动车会采用全封闭式的轮辋。空洞面积更小的轮辋会带来更低的风阻系数，虽然这种影响并不显著，但是会给人以低风阻的视觉暗示，这也很重要。

图 7-80　电动汽车轮辋造型示例

(3) 车灯设计

在车灯的设计上，电动汽车会更突出灯带的视觉效果，且灯内造型更为平面、几何元素应用得更多。相比于燃油汽车车灯内丰富的结构，电动汽车的车灯设计更为简洁，由原来体块状、矩阵式的发光体变为平面化的发光体（图 7-81）。还有一些车型会打破车灯的"边界"感，将前脸与车灯融为一体，或打破原有汽车的"脸"造型，打破车灯给人"眼睛"的视觉暗示。最近，很多概念车上出现了车灯暗时隐藏在车漆中、发亮时才会显现的车灯处理方式，如图 7-82 所示。

图 7-81　电动汽车车灯平面化效果示例

（4）LOGO 透光设计

上文提到电动汽车前照灯平面化设计趋势，同时贯穿式前后车灯也是电动汽车常见的表现形式，结合灯光的动态效果提升了开启、关闭车辆时的仪式感及科技感。越来越多电动汽车品牌开始注重 LOGO 与贯穿式前照灯的集成灯光效果，LOGO 采用透光设计，视觉上与贯穿式前照灯融为一体，使得

图 7-82　电动汽车隐藏式车灯效果示例

灯光效果更加具有连贯性，同时更能凸显品牌意识。如图 7-83 所示，岚图汽车采用 LOGO 透光式设计，提升了整车灯光的视觉冲击力。

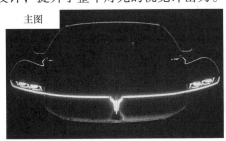

图 7-83　岚图汽车 LOGO 透光式设计（见彩插）

（5）参数化设计

与燃油车相比，电动汽车细节造型最重要的一个设计趋势就是参数化设计的应用，它是对某一元素进行有规律的阵列式排布并融入造型中，例如轮辋、格栅、车灯等细节部分都会融入参数化设计的元素。这种阵列式的排布可以给人带来强烈的"电动、科技"的视觉暗示。参数化设计给"渐变"提供了更具未来感的表达方式，在打破原有分型边界的造型中得到了很好的发挥，如图 7-84 所示，众多汽车厂商的电动汽车概念车型局部细节都增加了参数化细节设计。

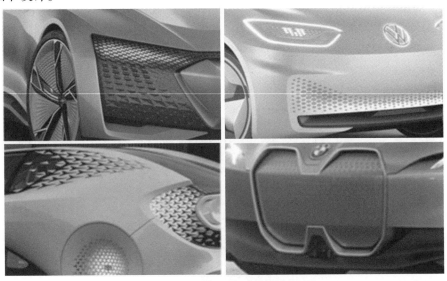

图 7-84　电动汽车上的参数化细节

4. 内饰造型风格设计

由于电动汽车动力及传动采用的是电传电控，相应的机械结构可以大大简化，给了造型设计师更大的发挥空间。现在的电动汽车内饰风格更侧重于满足消费者的形象思维、审美意识及情感需求，其内饰风格展现了人们对于未来生活的诉求，智能、交互、有机等一系列能够体现未来科技感的特征属性被引入内饰设计之中，构建出人们所期望的未来风格。通过对以下两款具有代表性的电动汽车内饰进行分析，归纳了"简约、前卫""豪华、科技"两种主要风格。如图7-85a所示，特斯拉Model 3以驾驶员为中心进行设计，内饰风格可用"一屏""一盘""一窗"来概括，大胆取消仪表盘，通过简单的转向盘及中控屏来凸显其简约、前卫的造型风格，全顶车窗增强了视觉冲击力和触觉感受。图7-85b所示理想ONE打造一体式环抱科技座舱，前排横向贯通的三联屏极具豪华感及科技感。

a) 特斯拉Model 3内饰简约、前卫　　b) 理想ONE内饰豪华、科技

图 7-85　特斯拉 Model 3 和理想 ONE 内饰风格对比

5. 座舱设计

传统汽车座舱功能开关都是以物理按键及机械按钮为主，整体信息显示简单、功能比较分散。近几年随着手机等电子设备的快速发展，电子信息技术开始向车内转移，产生了智能座舱概念。对于智能座舱，业内一直没有明确的定义，一般认为智能座舱就是通过各种智能化手段满足不同人在车内的不同需求。智能座舱相比现有座舱更加智能、人性，既能洞察到用户的需求，又能很好地满足用户的需求。随着未来电动汽车发展，智能座舱技术的进步、完善和普及，针对电动汽车智能座舱的静态感知质量评价必然也会随之产生。未来智能座舱的发展趋势在本章7.4.2节有相应的概述。

6. 色彩设计

在色彩上，传统汽车内饰配色以黑白灰居多，但就电动汽车内饰设计而言，在配色上可以选择更加通透、清新、明快的颜色进行搭配，同时在细节上通过色彩搭配体现电动元素。电动汽车往往选用蓝色元素（意为无污染排放物，保卫蓝天），不仅可以体现电动汽车绿色环保特点，还可以体现现代年轻群体的生活特征、青春与活力，以及崇尚健康、有朝气的生活态度。如图7-86a所示，奔驰 EQC 仪表板采用蓝色饰条搭配，增加自身电动元素，图7-86b所示宝马 I8 转向盘采用蓝色元素进行点缀，车型更具运动感同时体现了电动汽车身份。

7. 纹理设计

汽车内饰皮纹的种类从形式上可以分为荔枝纹、仿皮革纹理、规则几何纹理、金属拉丝纹理、磨砂纹以及可参数化设计的科技纹理等，从加工工艺上则可分为传统腐蚀纹理、激光

a) 奔驰EQC仪表板蓝色饰条搭配设计　　　　b) 宝马I8转向盘采用蓝色元素设计

图 7-86　电动汽车色彩设计案例展示（见彩插）

雕刻纹理及喷砂纹理。荔枝纹、仿皮革纹理大都以传统腐蚀工业制成，是现在大部分传统车型主纹理的形式。金属拉丝纹理主要应用于内饰局部装饰件上。如图 7-87 所示，科技纹理以激光雕刻而成，可支持参数化设计、数字化加工，纹理设计的自由度更高，表面纹理视觉及触感更加逼真，可以有效提升品质感，同时能够为电动汽车增添科技感。

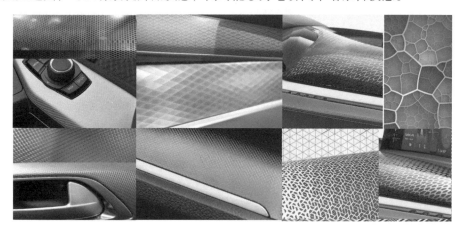

图 7-87　电动汽车科技纹理样式

7.4.2　目标群体关注的整车感知质量亮点发展趋势

1. 智能座舱未来发展趋势

近年来，汽车行业高速发展的驱动力已经由提供给客户技术和产品转变为不断提升客户需求，消费者对于汽车的认知也逐渐从"单一的交通工具"向"第三空间"转变，而座舱是实现空间塑造的核心载体。随着互联网和5G技术的快速发展，智能座舱逐渐被应用于汽车，如全液晶仪表、车联网、车载信息娱乐系统、高级驾驶辅助系统、语音识别、手势识别、HUD、增强现实（AR）、人工智能（AI）、全息影像、氛围灯、智能座椅等。以下简单概述未来智能座舱的发展趋势。

（1）智慧出行

丰田公司在世界各地的实验室中研究和测试机器人技术、材料科学技术、自动驾驶和替代燃料技术，丰田汽车总裁丰田章男在 CES 2020 的新闻发布会上公布了其"Woven City"计划，旨在打造一个基于氢燃料电池驱动的万物互联生态系统（图 7-88a）。"这将使研究人员、工程师和科学家有机会在现实环境中自由测试技术,例如自动驾驶、移动即服务、机器人技术、智能家居技术、人工智能等",丰田章男如是说。丰田的 e – Palette 电动巴士(图7-88b)、e – 4me 单座出行工具概念以及 e – Trans 共享概念车等都会是城市里新的出行空间。

a) 万物互联生态系统　　　　　　b) 丰田e-Palette电动巴士

图 7-88　万物互联生态系统及概念出行空间

丰田推出 e – Chargeair 概念车,可以实现非接触式充电,即通过特殊的电磁感应方式为车辆实现无线充电(图7-89)。同时,它也可以被拖挂于车辆后方,从而实现边行驶边充电。此外,e – Chargeair 还可以通过交流逆变器满足家庭的用电需求。e – Chargeair 需要特殊的充电桩为其补能,因为它采用了氢燃料电池技术。

通过与汽车制造商现代汽车合作,Uber Elevate 发布了其空中出租车概念的新版本车型。现代汽车执行副总裁兼负责人 Jaiwon

图 7-89　丰田 e – Chargeair 电磁感应充电概念图

Shin 说:"我们希望 Uber 能够重新思考城市社区的交通组成,我们相信未来陆空协同会为人们提供更多优质的体验。"通过陆空协同工作,打造智慧城市无缝连接的出行体验。

(2)万物互联,车家协同

随着互联网、5G 技术和云端的发展,车联网功能变得越来越丰富,三星的 SmartThings 系列家居平台可以与车内人工智能助手 Bixby 协同,用户通过语音可以实现对智能家居的控制。2019 年 8 月 9 日,华为在开发者大会上正式亮相 HUAWEI HiCar ,致力于提供 人 – 车 – 家全场景智慧互联解决方案。该解决方案的核心是 4S(Safety、Smart Connection、Seamless、Resource Sharing),分别是出行安全、无感连接、服务场景无缝流转、手机车机硬件资源共享互助。具体而言,车与手机、车与穿戴设备、车与智能家居,都可以融合在一起,让我们的生活场景在不同空间中无缝切换。可以通过手机远程控制车门、车窗、车灯、空调等,提供用车相关服务,包括加油、违章提醒、停车位拍照寻车等,以后在大型停车场再也不会有找不到车的尴尬了。华为智能家居 Hi Link 服务的演绎视频中显示,可以通过中控屏幕控制家里的智能设备,包括灯具、窗帘、门锁以及各种家用电器。

(3)个性化、情感化设计

荣威 Vision – I 概念车将 SUV 的高通过性与 MPV 的大空间融合,独创了 SPV 全新车型品类。SPV 即 Smart Proactive Vehicle,意指智能主动交互汽车,拥有多场景适应能力并强调车辆情感化属性,采用灵活多变的座椅布局形式,可实现不同场景模式的转换,真正让车从

"交通工具"转变为"移动空间"。为给用户带来 5G 时代整舱沉浸式交互体验,概念车首次尝试突破屏幕边界,打造出具备全舱交互能力的 SKY VISION 整舱智能交互系统,能实现将用户需要的内容呈现在任意需要的位置和材质上,做到全舱信息覆盖,让汽车成为未来出行服务的超级入口。

当乘客进入车内,汽车通过人脸识别和情绪交互来分析乘客的心境,当检测到乘客的心情明显低落时,车载机器人或全息管家会主动和乘客进行类人的交流,比如,聊天、播放有趣的内容等,当乘客累了,还会提供按摩服务。当监测到乘客心情较好时,汽车会主动给乘客提供游戏或舒适的音乐,同时通过调整座舱内灯光、温度、气味等方式来为乘客提供更好的乘坐环境。这为乘客带来了更为立体的情感智能化体验,如图 7-90 所示。

图 7-90 整舱智能交互概念图

(4)语音交互体验

语音可以解放人们的双手和双眼,降低驾驶场景的操作风险,提高安全度。但目前语音交互仍不够自然,会受诸多条件限制,例如需要在安静环境下,先唤醒然后发出指令,这些并不符合人们日常对话的习惯。但是智能座舱语音交互的体验正在逐渐优化,语音交互正在从机械的单轮对话进阶到更流畅的多轮对话,更趋向人类自然对话体验。语音交互也开始逐渐支持多种方言。智能体拥有情感判断和反馈智能,从传统的被动语音交互变为主动交互行为,更加便利。功能强大的车载语音交互已经正式进入了智能座舱"刚需"阶段,如图 7-91 所示。

(5)AR-HUD(增强现实抬头显示器)的广泛应用

图 7-91 更具情感化的语音交互体验

随着光学、AR、图像识别等技术不断突破,AR-HUD 以一种更加自然的图像处理方式呈现在驾驶员前方。AR-HUD 允许这些图像表示真实世界,并提供更多有用的信息,例如导航、威胁识别等。众多主机厂,如宝马、凯迪拉克等开始将 AR-HUD 引入量产车型中。将信息直接显示在真实道路上是 AR-HUD 的重要特点,实现这一特性需要通过前视摄像头对前方的道路情况进行解析建模,得到对象的位置、距离、大小,再把需要显示的信息精准地投影到对应的位置,让人眼、HUD 显示面、真实道路在一条视线上,才能达到足够沉浸的 AR 体验效果（图 7-92），而这还需要强大的运算能力。当前主流的 AR – HUD 产品基本上都包含了如下的信息功能：当前车速、ACC（自适应巡航）辅助、车距警告、变道提示、环境行人警告、车道偏离预警、前车预警，它们在导航信息的呈现方式上并不完全一样。AR – HUD 可以结合眼球跟踪，实时感知瞳孔和凝视位置，为驾驶员提供更准确的信息定位，同时为客户定制不同的体验要求。在亮度调节方面，AR – HUD 需要采用类似于光线自适应的技术，具备自动侦测环境亮度功能，实现自动调节 HUD 照明亮度以适应环境（白天、夜晚、阴天、晴天等）。比如宝马就利用了自感光系统，来调节环境亮度以适应驾驶员需求。林肯的 AR – HUD 应用了 DLP（数字光处理）技术，从而平衡了外部亮度。在驾驶娱乐方面，AR – HUD 将结合当前位置、地图和场景 AI 等为驾驶员提供路过景区、商场、餐厅等信息，实现车与道路环境的互联。同时为满足主驾和副驾的不同需求，就像中控大屏的设计一样，左侧提供道路导航信息。右侧显示音乐、视频、通话等信息。AR – HUD 将信息分开显示也将成为一种趋势。

图 7-92 AR – HUD 概念效果图

（6）车载智能机器人的广泛应用

车载智能机器人也被称为情感智能驾驶助手，正在以多种形态出现在汽车中，结合更有趣味性的形象，通过语音助手实现更多功能，如图 7-93a 所示蔚来汽车的语音助手 Nomi、图 7-93b 所示一汽奔腾 T 系列中搭载的 AI 全息智控等，都给用户带来了全新的交互体验。

a) 蔚来汽车语音助手 Nomi

b) 奔腾 T 系列 AI 全息智控

图 7-93 车载智能机器人

（7）车载健康系统的广泛应用

很多驾驶员会长时间驾车导致疲劳驾驶疾病，并产生严重的慢性病，可能造成非常危险的事故。2020年新冠疫情暴发，人们对于健康监测、体温监测更加重视，各大主机厂均在车内健康监测方面有诸多尝试。图7-94所示为车载健康系统实时监测车内乘客的健康状况。某品牌计划推出车内体温监测系统，对车主体温进行实时监测，长期记录用户的体温数据和体温变化，并在体温异常时提醒车主、实时调整出风口温度等。车内健康大数据会成为未来的趋势之一。

2. 汽车内饰智能表面发展趋势

汽车内饰正在往高档化、现代化发展，整体风格简洁，而且有设计感、豪华感、科技感等。智能表面技术是集功能性和装饰性为一体的表面处理工艺，在整个座舱内有着举足轻重的作用。智能表面可以减少多余的按钮和开关，暂时不使用的功能的显示也可以变暗或者消失，常用的功能会被明显展示，几乎任意一个表面都可以加载功能。这样，座舱的空间将被放大，可以作为储物间

7-94 车载健康系统监控成员体温异常情况（见彩插）

或者放置其他物品，车内的缝隙也呈现最小化趋势。智能桌面使得整体内饰风格无缝统一，提高了空间使用率。由于智能表面技术是将材料和传感器结合在一起，所以很容易隐藏，可以制造出适应复杂形状的隐形触控面板（图7-95），实现极佳的设计自由度，当其与驾驶舱结合时，则提供了更具科技感的体验。以下简单介绍智能表面在未来汽车设计中的应用。

图7-95 智能表面概念图

（1）智能中控

中控对于驾驶员来说是经常使用的区域，为了方便驾驶员更灵活和方便地操作，取消更多的实体按键，呈现出富有科技感的智能显示，同时搭配着3D触摸显示器的触觉反馈，跟真实按键的触感相同，如图7-96所示。

（2）智能车窗

车窗侧面的显示相对于中控来说简单一

图7-96 智能中控概念图

些，比如实现简单的空调控制操作、座椅的调整，或者只是简单的数字显示。如果在副驾驶的侧窗位置的智能表面显示上设计娱乐系统，就类似于副驾驶处增加了一个"智能手机"，

如图 7-97 所示。

图 7-97 智能车窗概念图

（3）智能转向盘

如图 7-98 所示，可通过智能表面集成汽车转向信号控制、汽车娱乐系统控制、汽车变速控制、转向盘上的检测系统等。

（4）其他智能设计

未来智能化设计将会展现在内饰的许多位置。如图 7-99a 所示，侧窗下的大面积区域可以直接做智能显示技术的展现板，呈现不一样的娱乐系统。图 7-99b 所示智能天窗主要集成了音影的显示技术，后排座舱的乘客可在天窗

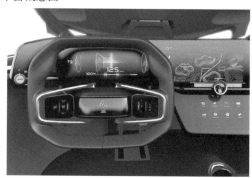

图 7-98 智能转向盘概念图

上进行娱乐交互。如果同时搭配氛围灯显示，就可以操纵座舱内的氛围。图 7-99c 所示安全带上加入了智能显示来调节松紧甚至座椅的温度。图 7-99d 所示具备内置传感器及照明效果的多功能织物可以应用于汽车座椅、顶棚等位置，还能实现实时监测乘员的体征信息并与车辆信息控制系统互联等。

a）门板智能表面概念图

b）智能天窗概念图

c）安全带表面调节座椅温度

d）织物材质表面触控游戏

图 7-99 其他智能表面概念设计（见彩插）

智能表面技术为静态表面提供了新的功能，它集成了数字仪表、信息娱乐系统、虚拟助理、云交互、智能情景语音、手势、触觉、HUD、无线充电等功能。使未来汽车内部的每一个表面都可以被激活并控制新功能，从而使汽车变得更加聪明和富有科技感。

参 考 文 献

［1］曹渡．汽车静态感知质量设计与评价［M］．北京：机械工业出版社，2018．

［2］王波．耿硕晨．电动汽车外饰造型设计发展趋势研究［J］．汽车工程学报，2019（4）：289－292．

［3］汽车黑科技，智能座舱发展新趋势［OL］．［2020－10－01］https：//m. sohu. com/a/370064852_777213．

［4］华一汽车科技．一文读懂汽车 AR－HUD 交互设计及用户体验趋势［OL］．［2020－10－01］http：//www. itas－hk. com/news/hyzx/1108. html．

［5］facecarX. 未来汽车智能表面趋势：透光表皮［OL］．［2020－10－01］https：//mp. weixin. qq. com/s/CGw4vKsdubrUHnhNCl6N2g．

第 8 章 整车轻量化开发结构集成设计

汽车轻量化是降低整车能耗的有效手段和方法,也是实现"节能减排"国家战略的重要措施之一。中国民族汽车品牌轻量化工作起步较晚,新车型开发重量目标制定和分解不尽合理,整车轻量化一般都是基于现有车型进行结构优化或轻质材料替换,结果轻量化技术应用受限,重量目标难以达成或成本增加。本章系统地说明新开发车型重量目标制定和分解的方法,通过实际案例来阐述整车轻量化正向开发的工作流程和技术路线,同时也介绍典型整车、系统或零部件轻量化结构集成设计技术。

8.1 整车轻量化概述

整车轻量化是在确保整车性能的前提下,采用最优的结构、最少的材料和最合适的工艺,实现预定设计目标的系统工程。无论传统燃油车,还是新能源汽车,都需要持续开展整车轻量化的开发与结构集成设计。

8.1.1 轻量化意义与工作内容

目前,轻量化是世界交通运输车辆总的发展趋势之一,以达到节能降耗和降低排放污染的目的。未来汽车不管选用何种动力驱动,都必须轻量化,尤以乘用车最为突出。行业普遍认为整车重量降低10%,油耗降低6%~8%。传统燃油车每减重100kg,百公里油耗将减少0.3~0.6L,同时0~100km/h加速性提升8%~10%。纯电动汽车每减重100kg,百公里电耗降低0.5~0.6kW·h(能耗降低约3.25%),电池的续驶里程可以增加5~6km,相当于增加了超过1kW·h的电,见表8-1。由此可见,整车的轻量化对提高整车性能、满足法规、实现国家节能减排降耗战略意义重大。

表8-1 基于某纯电动汽车计算轻量化对续驶里程和能耗的影响

整备质量/kg	NEDC续驶里程/km	里程提升百分比	能耗/(kW·h/100km)	能耗变化百分比
1710	171	-2.8%	16.16	3.3%
1610	177	基准	15.64	基准
1510	183	3.32%	15.14	-3.20%
1410	189	6.88%	14.64	-6.39%

整车轻量化的技术途径主要有两个方向,一个是结构优化设计,另一个是采用新型高强轻质材料(高强度钢、铝合金、镁合金、塑料复合材料等)和先进的成形工艺(液压成形、辊压成形、热成形等),如图8-1所示。

整车轻量化的工作内容主要如下:

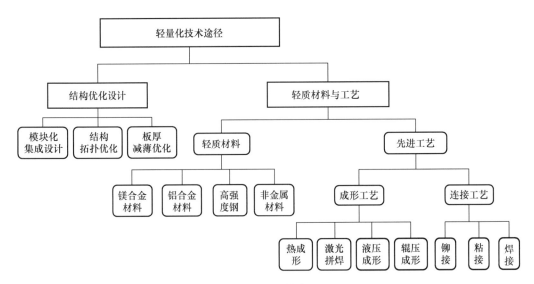

图 8-1 轻量化技术途径

1）轻质材料：采用新材料实现零部件或系统减重。

2）轻质结构：拓扑或仿生优化设计，其目的是在保持功能和性能的前提下设计最优结构，减轻产品的重量，即通过结构优化减少材料用量来实现。

3）功能整合：模块化设计，将多个零件或部件功能集成到一个整体单元中，从而达到节省材料、减轻重量的目的，例如塑料前端模块、高真空压铸铝合金轮毂包等。

4）工艺设计轻量化：采用先进成形工艺，例如微发泡、热冲压成形、激光拼焊等。

5）装配设计轻量化：采用自身定位、自身卡扣连接，减少连接件等，详见第 9 章介绍。

6）性能目标轻量化设计：在满足客户需要和可靠耐久质量的前提下，减小和剔除不必要的目标参数，根据不同材料特性制定合理的性能目标。例如纯电动车塑料后尾门的模态目标值可以比传统燃油车的钢质尾门低，这是因为电动车没有发动机振动激励源，较低模态性能目标的确定符合电动车的特点，并带来结构削弱和用材减少的轻量化。

8.1.2 轻量化开发技术现状和发展趋势

随着中国汽车产销量的逐年增加，汽车轻量化技术也在快速发展，在典型零部件的轻量化设计方法和集成设计技术等领域均有了长足进步，高强度钢应用技术基本达到国际先进水平，高性能铝合金应用已经开始起步，先进塑料复合材料应用的相关研究工作不断深入。在上述成果的推动下，中国整车轻量化水平有了大幅度提高。下面分别从整车轻量化的结构优化设计、高强轻质材料等方面进行阐述。

1. 结构优化设计

汽车工业发达国家的各大汽车制造商纷纷开展汽车车身结构优化研究，非常重视汽车结构轻量化设计开发工作，已经在汽车概念设计阶段就快速建立参数化的模型，进行多目标结构优化分析，输出优化后的车身架构和主要梁系断面，用以指导后续工程化详细设计，这样降低了整车开发的风险，缩短了研发周期。欧洲每年都举办国际汽车车身会议，进行车身轻量化先进设计与制造技术交流，已经积累了丰富的车身轻量化设计数据库资源，在汽车产品开发阶段对于不同级别的轿车已经形成了一套成熟的车身轻量化设计方法，并把轻量化设计纳入汽车的产品开发流程中去，所设计的轻量化车身能够很好地满足汽车的使用性能要求。

目前，中国国内汽车轻量化结构优化大多局限在零件板厚优化上，车身上有些部位的材料仍未充分发挥其承载、增加车身刚度的作用，车身结构轻量化仍然有较大空间。因车身结构复杂，以往多把车身分成几个部分分别进行轻量化分析优化，优化模型不是参数化的，优化过程中几何模型变化不会引起有限元模型的自动更新，很难实现车身级别的结构自动优化，限制了从车身结构上挖掘减重空间。

在新车型的研发过程中，中国国内主机厂多与国外的车身设计公司进行联合设计或通过委托设计共同进行白车身的开发，尚未掌握白车身开发和汽车轻量化设计的关键核心技术，所设计的白车身在轻量化指标、被动安全性、NVH性能等方面与国外同类车型相比尚存在较大的差距。

车身结构优化分析分为正向分析和逆向分析（包括局部结构拓扑优化分析）。正向分析是指根据造型数据，以及预定的车身功能结构，利用已有或者新构建的车身梁系断面，搭建车身结构的构架，进行拓扑优化，使之通过优化分析，满足目标性能要求。逆向分析是指利用已有的有限元模型，构建车身的参数化模型，进行拓扑优化，达到性能目标要求。或者根据参数化模型，通过改变参数，使其结构参数与开发的目标车身基本一致，得到用于优化的参数化模型，进行车身结构拓扑优化，满足性能目标要求。正向分析和逆向分析的主要区别在于车身参数化模型建立上：一个是直接搭建模型，但需要断面数据库支撑；另一个是利用有限元模型搭建参数化模型，其结构形式比较明确，在建模过程中可以随时补充断面数据库，还可以为今后搭建模型建立数据库。无论正向分析还是逆向分析，参数化模型在车身开发中是核心。

近年来，由于平台化思想在整车开发中的应用更加深入，对车身结构设计也提出了新的要求，车身结构平台化的概念呼之欲出。全参数化的车身结构基础模型正好与车身结构平台化思想契合，有利于实现车身的平台化开发。因此，全参数化模型既可以作为平台的基础模型，也可以作为平台衍生车型的基础模型，这对传统的整车开发和车身设计流程来说，将是一个巨大的挑战与改变。

传统燃油汽车车身结构重量占整车重量的1/3以上，有较大的减重空间，近年来针对车身结构轻量化设计方法的研究越来越多。通过轻量化设计，使相应的材料、最优的结构形状用在汽车结构合适的位置，使每部分材料都能发挥出其最大的作用，可提高材料利用率、降低车重、减少材料成本，实现节能、减排、降耗。

基于平台化开发思想，以及包括轻量化指标在内的多项性能指标引入，车身设计在工程化阶段和验证阶段进行优化、调整的空间越来越小，其难度也越来越大，造成整车开发的周期更长、成本更高，既不利于资源有效的利用，也不适于研发效率的提升，更不适于整车企业对市场节奏的把控。因此，新的设计开发工具和优化方法将更多应用于研发过程中，从而改变传统的开发流程。具体到车身设计领域，车身结构方案及结构优化的提出和验证在车身设计流程中的时间节点越来越提前，并且需要在概念设计阶段就完成。

随着高性能计算机技术的不断发展和数值计算方法的深入研究，结构分析和优化技术日趋成熟，并逐渐应用到汽车各个设计阶段。以有限元方法为主体的汽车结构分析和轻量化设计,避免了设计的盲目性,减少了设计成本,缩短了汽车结构的开发周期,减轻了汽车结构重量。以有限元法为基础的汽车结构分析和轻量化设计已成为一种面向汽车结构设计全过程的分析方法,汽车结构设计的过程也成为一种设计、分析和优化并行的过程,结构优化的思想被引入设计的各个阶段。

有限元方法作为一种分析手段,其主要功能是对给定结构设计方案进行精确评价和校核。传统的汽车结构设计过程为设计人员通过对标分析或类比设计提出零部件的结构设计方案,然后进行性能分析和校核,再根据分析结果、依靠经验和直觉提出改进设计方案,直到找到一个满意的设计方案。设计方案的优化局限在零件壁厚优化以及高强度轻质材料的替代上,没有对零部件的结构和断面形状、尺寸参数进行优化。结构上有些部位的材料仍未充分发挥其承载、增加刚度或吸收能量的作用,结构轻量化仍然有较大空间。而且,强度、刚度、振动和噪声(NVH)、结构安全性和耐久性都是相对独立的学科,在优化过程中分别针对单一目标进行结构轻量化优化分析,无法满足对汽车零部件多性能目标优化的需要,限制了在汽车结构上充分挖掘减重的潜力。这种设计过程不仅耗时费力而且容易出错,并且得到的结果仅仅是一个可行方案,而非最优方案。把有限元方法与优化方法相结合,成为汽车结构轻量化优化设计有效方法之一,并开始在汽车产品开发中得到广泛应用。

常见的汽车结构轻量化优化设计的基本思想是将优化设计理论与有限元方法相结合,构建以减重为目标的汽车结构轻量化优化设计模型,同时考虑一些结构性能方面的约束条件,基于优化设计算法进行迭代计算,直到找到最优解。这种单目标的优化有其局限性,不能同时很好满足对汽车零部件多性能目标的要求,有时甚至会出现使零部件在某一方面性能改善的同时导致其他方面性能恶化的问题。随着结构分析能力和手段的不断完善,以及现代优化设计理论的不断发展,汽车结构轻量化优化设计的研究范围已开始从单一准则减重优化发展到考虑结构强度、刚度、耐撞性、NVH 性能和耐久性优化在内的多学科多目标优化设计(MDO)。需要建立包含多个目标的优化设计目标函数,并合理分配各目标之间的权重,确定优化设计的约束条件和设计变量,并通过多目标优化设计算法的求解,得到同时满足多个性能目标要求的优化求解方案。常用的多目标优化设计算法主要有线性目标规划法、分层求解法、响应面法、模糊优化方法、遗传算法和神经网络方法等。

以多学科优化设计软件(例如 Isight)为平台,通过综合调用相关的结构性能计算软件(如 LS – DYNA、NASTRAN、ANSYS、Virtual lab、VA one、Ncode 和 Fatigue 等),可实现对汽车零部件结构进行多学科、多目标优化设计。这种多目标、多学科优化方法,不需要用户自己编程和优化建模,且能充分利用已建的结构强度、刚度、振动特性、被动安全性等现有模型和分析结果,是一种技术方法成熟、继承性和应用性好、深受企业欢迎和认可的多目标优化方法。

传统的结构参数化设计方法都是针对汽车相对简单、相对独立的零部件,先建立参数化模型,再对结构进行分析,并根据分析结果修改结构的形状和尺寸,参数化模型中的其他尺寸参数也会随着修改参数的变化而联动,从而大大减少结构修改和建模时间。而针对整个白车身,其结构复杂多变,且与整车及零部件的布置、人机工程的约束等各方面相互影响,因工艺条件的影响,其结构也各有不同。而且白车身是由大量的钣金件通过各种连接技术构成的一个复杂的整体,若对其进行参数化建模,以及参数驱动模型进行多目标优化一直以来都是难点。德国 SFE 公司和美国 DEP 公司分别推出了专用的结构参数化设计软件 SFE – Concept 和 DEP – Morpher。它们可以根据车身结构的三维 CAD 模型或详细有限元模型来提取参数，进而建立整个车身结构的参数化模型，并与不同的求解器实现无缝连接，对输出相应的数据文件进行结构性能的分析计算，根据分析结果和设计要求进行设计变量的修改。车身参数化模型会根据所修改的参数自动调整与之相互关联的参数，而不再需要人工修改这些参数，从而显著减少了结构修改和再建模时间，大大提高了优化设计的效率。这种车身结构参数化设计分析方法一般用于车身结构概念设计早期，对车身结构进行多目标和多学科优化设计。

将拓扑优化过程用工作流的形式建立迭代运算循环，在单个迭代运算循环中，可以调用各种求解器，以完成各学科的参数化结构分析。在每个循环结束后，利用数值方法分析计算结果，定义目标函数的求解准则，以获取设计空间内的最优方案。在多目标结构优化平台内，既可以完成单目标的优化，也可以完成多目标的优化，所以整个优化平台是柔性可扩展的，也为将来引入更多学科的优化奠定了基础。

2. 高强度钢

中国乘用车高强度钢的应用水平已经达到世界先进水平，属于并跑状态。根据 2009—2019 年欧洲车身会议（ECB）全钢车身用材数据的统计，高强度钢应用比例平均为 59%，最高为 77%。根据中国轻量化车身会议车身用材数据的统计，国产汽车车身的高强度钢应用比例平均为 62%，最高为 70.4%。因此，高强度钢在车身上的应用领域，中国处于先进水平，表明中国汽车主机厂在高强度钢应用水平方面大幅度提升，从材料生产到零件制造体系日臻完善。

中国目前的新开发车型中，车身选材仍以钢为主，因为相对铝合金、镁合金和塑料复合材料，高强度钢的性价比最高，这与中国自主品牌汽车的价位、品牌力是相辅相成的。只是由于其面对的消费群体、成本控制要求和企业技术积累、研发能力、供应体系的差异，不同汽车主机厂在选用汽车用钢种类、强度等级等方面略有不同。决定其高强度钢应用的关键因素是钢厂的产品系列、产品性能、价格以及质量稳定性。

随着中国高强度钢生产技术的不断发展，汽车用钢品种和强度级别等方面已经与发达国家基本相当。中国在具有高强塑积特征的第三代先进高强度钢研发和生产方面具有世界领先优势，这为中国汽车行业提高高强度钢应用比例提供了有力支撑。高强度钢领域"高强度钢极限冷弯""氢致延迟开裂""热冲压钢板涂层"等难点问题的逐步解决，将为高强度钢应用开辟更大空间。

与欧美相比，中国汽车用先进高强度钢的质量稳定性和一致性控制水平还有提升的空间，其品质及性能明显低于日本同等型号。而对于汽车用超高强度钢，由于零件设计－制造－应用技术及经验不足，导致其使用仍然落后于发达国家。例如抗拉强度 1700MPa 的辊压用马氏体超高强度钢还需要进口，导致该强度级别的 3D 辊弯工艺技术、装备技术问题还未解决，整个产业链还很脆弱，限制了应用。

3. 铝合金

根据 2009—2017 年欧洲车身会议（ECB）乘用车车身统计，铝合金应用比例平均为 21%。总体来看，铝合金在车身上的应用比例在增加，如图 8-2 所示。

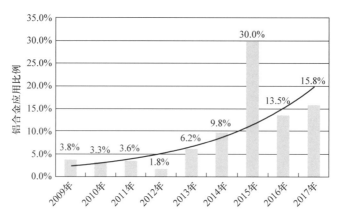

图 8-2 铝合金在车身上的应用比例

近年来，中国铝合金应用发展较快，除了在传统的动力系统、散热器、轮毂等领域的应用外，越来越多的变形铝合金应用在车身和底盘。例如铝合金前后碰撞横梁、铝合金前机盖、铝合金减振塔、铝合金控制臂、铝合金副车架、铝合金转向节、铝合金动力蓄电池箱体等零部件已经逐渐开始应用。

2015 年以来新上市的中国自主品牌车型中，出现了一批全铝车身的轻量化车型，主要分为两类。一类是以铝合金型材骨架和铝板为特征的全铝框架式车身，例如东风 E30/E30L、北汽新能源 Lite、奇瑞小蚂蚁 eQ1 等，如图 8-3 和图 8-4 所示。另一类是以冲压铝合金板材为主的全铝车身，例如蔚来 ES8 等，如图 8-5 所示。

图 8-3 奇瑞小蚂蚁 eQ1 全铝车身

图 8-4 北汽新能源 Lite 全铝车身

但中国自主品牌汽车主机厂在变形铝合金零件设计和分析方面能力不足，成形工艺技术、连接工艺技术和装备等不够成熟，铝合金材料性能稳定性差、成本高等因素，导致变形铝合金的应用受限，大部分企业对铝合金在车身和底盘系统中的应用持观望态度，需要行业破局。

从工业发达国家来看，铝合金的应用已经较为成熟，全铝车身主要应用在中高端车型上，其主要特点体现在：①5 系和 6 系铝合金在车身"四门两盖"的应用技术已经较为成熟，部分车型开始采用 7 系铝合金型材件和钣金件；②性能更加优秀的铝板材、铝锻坯、铝挤压型材和铸铝材料不断出现，为应用车身结构件和底盘铝合金化悬挂件提供了更多解决方案；③新的成形工艺技术不断出现并得到应用，如铝板热冲压技术（HFQ）等，其追求的目标是有效控制材料性能波动对零件加工质量的影响，精确控制零件制作精度，尤其是薄壁零件。

4. 镁合金

中国现有镁合金在汽车生产应用中面临的主要问题是产业链不健全，从产品设计、评价到材料生产、零件成形、连接等诸多领域的技术成熟度均有待进一步提高。镁合金件破损之后的防腐和原材料成本是决定应用的关键，影响到技术成果的转化效果。但也有一些镁合金零件，例如镁合金仪表板支架，开始应用在自主品牌汽车上，见表8-2。

图8-5 蔚来ES8全铝车身

表8-2 中国自主品牌镁合金仪表板支架应用情况表

序号	品牌	车型	年份	质量/kg	材料牌号
1	吉利	帝豪	2016	4.52	AM60B
2	荣威	550	2016	4.42	AM60B
3	奇瑞	G6	2009	4.25	AM60B
4	北汽新能源	C11CB	2018	6.0	AM50A
5	蔚来	ES8	2018	5.4	AM50A

在中高端品牌车型上，镁合金的应用更加广泛，除了在仪表板骨架、座椅骨架等方面的应用，最值得关注的应用是在汽车前端的应用，见表8-3。

表8-3 镁合金前端应用情况

序号	零件图片	车型	年份	质量/kg
1		林肯MKT	2010	4.03
2		特斯拉Model S	2012	6.49
3		蔚来ES8	2018	6.5
4		Range Rover	2012	7.1
5		保时捷Panamera G2	2010	3.5

总体而言，受到成本、耐蚀性和供应链等多方面因素的影响，汽车镁合金的应用进程均较为缓慢。

5. 非金属材料

应用先进工程塑料和纤维增强复合材料等非金属材料是实现汽车轻量化的重要技术手段之一。在过去的几年中，中国乘用车中非金属材料应用比例有了快速提升，已从2014年的8.5%增长到2018年的10.6%，但相比欧美国际一流主机厂，仍有较大差距。

汽车用工程塑料种类较多，按照使用量由高到低，排名前几位的分别为PP、PA、ABS、PC、PE、PVC、POM，主要应用于汽车的内外饰件、车身覆盖件、电子电气的接插件等零件中。从用量上来看，塑料及复合材料在汽车中的应用正在逐渐增多。例如，奇瑞eQ1、北汽新能源Lite都采用了全塑料外覆盖件的设计。越来越多车型采用塑料前端模块框架，新能源汽车动力电池包上箱盖大都采用SMC材料和工艺，塑料尾门也在蔚来ES8、东风风神AX4等车型上应用。此外，中国在工程塑料低密度、微发泡、薄壁化等方面的研究工作已经取得了重要进展，技术水平与国外基本相当。但对比国外，提升材料性能的稳定性和相关零件设计评价能力，仍然是亟待解决的问题。

欧美国家发展现状最大的特点是先进工程塑料的应用体系较为完善，材料品种丰富且性能稳定性好，工艺技术不断创新，为不同零件加工提供了解决方案，为汽车企业选好材、用好材提供了有力支撑。

纤维增强复合材料主要应用在汽车承载结构件上，往往是"以塑代钢"进行轻量化的设计应用。其中玻璃纤维增强复合材料应用最广，碳纤维增强复合材料的应用较少。目前，中国只有蔚来ES6和前途K50批量采用了碳纤维增强复合材料零部件。而玄武岩纤维增强复合材料、生物基可降解纤维增强复合材料还处于研发阶段，目前尚无成熟产品。

在欧美国家，塑料复合材料的研发和应用健全，设计和制造工艺技术不断成熟，应用的领域开始从传统零件向汽车板簧、传动轴等底盘零件延伸，宝马i3的推出，则让全球汽车界看到了碳纤维应用的前景。但宝马在i3之后推向市场的几款产品中，碳纤维的应用发生了明显变化，宝马新7系独创的"Carbon Core"技术使得"在合适部位使用碳纤维"成为一个新的技术研究和应用方向。

6. 轻量化技术难点

（1）结构优化技术难点

目前，白车身的有限元模型都没有实现全参数化，没有与CAD模型无缝联系。当设计方案和零部件结构改变后，只能重新对有限元模型进行网格划分、连接、约束和加载。无法实现白车身级别的参数化，也就无法实现拓扑优化的自动迭代计算。在原有CAD或CAE模型的基础上建立全参数化的有限元模型，存在两个难点：一是适当简化原车身零部件的结构，二是运用软件工具把零部件之间的连接关系清晰地实现参数化。

参数化模型是进行自动迭代优化计算的基础，有了模型还需要搭建拓扑优化计算平台。白车身参数化模型有成百上千个参数，不可能把所有的参数都设置为优化变量，只有通过敏感度分析挑选一些对白车身性能敏感度不大的设计变量作为优化变量，这样才能解决计算的规模和时间问题。其次，需要优化解算器把模型和计算器连接起来，形成一个自主优化计算的平台。采用iSight多目标优化软件发出指令改变参数的值，驱动全参数化模型进行更新，然后提交到Nastran有限元分析软件解算器中进行计算。将计算的结果反馈到优化器，在优化器里判断是否满足收敛的条件。若不满足，则再次改变优化变量的值，再次自动更新全参数化模型，再次计算。若满足，则自动循环迭代结束，并输出优化结果。上述过程中的难点在于定义优化变量和约束条件，并设置好输入输出问题和控制参数，否则无法成功搭建自动优化的平台。

在解决以上技术难点过程中，还可能出现一个问题：提出轻量化的方案后，疲劳性能、被动安全性能可能会下降，如何在实现白车身减重的同时，确保整车性能目标都满足设计要求，是整车轻量化结构优化的一大挑战。

（2）铝、镁合金材料应用难点

铝合金板材成形工艺的技术难点在于解决冲压工艺参数与铝板成形性能的匹配问题，针对铝板拉延和翻边易起皱开裂、回弹量大不易控制等特点，要重点考虑铝板的时效性、成形性、烘烤硬化性和翻边性能，提高铝合金零件的良品率和在车身外覆盖件上的应用比例。与钢板相比，用铝合金板材制造轿车发动机舱盖、行李舱盖、翼子板、车门等构件仍存在冲压成形性和抗凹陷性能差等缺点。为推动 6000 系铝合金板材在轿车车身构件上的广泛应用，必须解决两个关键问题：其一是提高成形性；其二是 T4 状态（固溶处理 + 自然时效）的合金在 160～180℃ 之间时效 30min，其屈服强度有显著提高（提高合金的抗凹陷性），达到产品要求。

不同材料的成形工艺特性会改变车身结构的加工成形方法和连接手段。因此，如何在结构设计中尊重材料的成形工艺特性，在获得满意使用性能的同时保障结构的成形工艺性和连接性能，是镁合金压铸件结构同步设计实施的技术难题和关键点。针对特定铸件几何特征，科学运用数值仿真、优化配置浇注系统资源和压射参数，实现充型流态的合理控制和排溢系统资源的有效配置，是获得高工艺成品率、高工艺收得率的大型复杂镁合金件压铸工艺及模具设计的第二个技术难点和关键点。镁合金热膨胀系数大、凝固缩孔疏松和热裂倾向大。如何有效调控型腔充型熔体温度分布、合理配置排溢浇口资源、获得理想的凝固和热应力分布，是获得高品质大型复杂压铸件的第三个技术难点和关键点。

结构合理、维护方便的模具是压铸生产得以顺利实施的工装保障。鉴于大型镁合金压铸模具制作成本高、周期长、缺乏制造质量控制经验，开发大型压铸模具并行设计制造规范和加工品质保障体系，实现模具制作全程质量监控，是突破大型压铸模具设计制造难题和规避风险的有效途径。

（3）纤维增强复合材料零件应用难点

长玻璃纤维 PP 零件结构集成设计及成型模拟难点首先在于根据零件的技术要求和结构形式，基于模流分析技术对其玻璃纤维排向及分布进行预测，然后根据长玻璃纤维排向及刚度要求进行结构优化。同时利用模流分析软件对浇注系统及冷却系统进行工艺优化，以实现复合材料零件翘曲最小化和成型周期最小化。

其次解决模流分析与结构 CAE 耦合问题，即先利用模流分析技术模拟注射成型过程，获得长玻璃纤维排向及分布，获得每个节点上的残余应力分布，然后将长玻璃纤维排向、分布和残余应力映射到结构 CAE 分析网格中，以解决材料的各向异性对结构 CAE 分析精准度的影响，实现零件强度、刚度、模态的精确模拟。

（4）整车轻量化结构集成技术难点

整车轻量化的问题在于如何在满足成本、进度及性能或质量目标的前提下，对车身参数化设计、超高强度钢热冲压成形技术应用、高强度钢冲压成形技术应用等课题的研究成果进行技术转移、消化吸收以及把技术成果与轻量化目标相结合，并进行零部件、系统和整车的性能评估。

整车轻量化结构集成的主要难点在于轻量化材料与工艺的合理选择、优化结构设计、工艺仿真与装配分析、模具设计与制造、零部件的性能评估与验证。轻量化整车的性能评估与验证包括：轻量化整车的碰撞安全性和NVH性能的模拟与验证；轻量化整车动力性、经济性的模拟与验证；轻量化整车操纵稳定性、平顺性、制动稳定性的验证与评估；轻量化整车耐久性的验证与评估。

轻量化结构集成应用中材料与传统材料性能的差异，导致成形与制造工艺需重新设计；零部件间连接工艺问题，以及新的连接方式需要进行连接强度的评估；新技术应用带来的装配工艺问题需要解决；轻量化零部件与原有零部件性能存在差异，需要重新建立轻量化零部件性能评估方法。

7. 轻量化技术发展趋势

汽车在技术和产品环节的发展趋势是"电动化、智能化、网联化和健康化"，在使用和销售环节的发展趋势是"共享化"和"新零售化"。随着新能源车和智能网联车的研发逐渐成熟，销售市场规模逐渐扩大，对轻量化技术的影响逐渐增加。

未来汽车轻量化技术发展的总体趋势是：轻量化的实现途径并没有发生变化，依然包含结构优化设计，高强度钢、铝合金、镁合金、工程塑料、复合材料及与其相关的各种成形工艺技术，但其发展将更加聚焦于优化设计和多材料混合应用，各种材料都有其用武之地。随着产品设计、成形技术和连接技术的更加成熟，将出现多种技术和多种技术路线并存的格局。值得一提的是，轻量化材料的选择和使用要注意符合未来生态设计的原则，这一点在本书第9章9.2.4节中有详细叙述。对于整车企业来说，在确定所采用的轻量化技术路线时，将更加注重综合考虑车辆的市场定位、用户需求、性能与成本、产品效益和供应链体系的能力等因素的综合平衡。

多材料的集成是轻量化材料应用的大趋势，多目标的结构优化是轻量化设计的主要手段，特别需要注重这两种技术的发展趋势，有利于我们提前做好技术研发，以应对未来汽车面临的诸多问题和挑战。

8.2 整车轻量化正向开发流程及技术路线

8.2.1 整车轻量化设计开发流程及影响因素

整车轻量化的开发是一个跨学科的复杂过程，在轻量化技术层面涉及结构优化、模块化、新材料、新工艺等多种技术手段，同时与安全性、NVH性能、动力性、经济性等整车性能息息相关，如图8-6所示。

先进的整车轻量化策略能提高整体效率并降低产品属性达成的难度，如整车重量前期定义轻，在发动机选型时即可选择小型、小排量发动机，有利于整车轻量化，从而形成良性循环，反之，则形成恶性循环。在一些主机厂，进行整车轻量化设计时，会通过动力经济性分析选择合适的发动机及制定合适的整车重量目标，同时基于所开发车型的油耗目标，审视油

第8章 整车轻量化开发结构集成设计

图8-6 轻量化与整车性能的关系

箱本体容积的减小，从而实现在行驶里程不变的情况下减小油箱本体及所携带燃油的重量，使整车重量朝着良性循环方向发展，如图8-7所示。

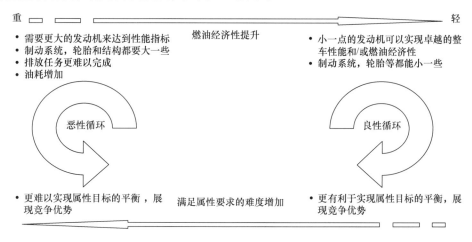

图8-7 轻量化的相关性

在整车开发过程中，整车轻量化贯穿于设计研发的各个阶段，总体思路为整车轻量化策略制定、整车–子系统–零部件重量目标确定、轻量化方案分析与实施、整车重量目标的达成与验收。图8-8所示为产品开发阶段轻量化的主要工作内容。在预研阶段侧重整车轻量化策略制定，在该过程中需要通过多维度综合评估整车轻量化水平，包括整车名义密度、整车轻量化系数等，以及整车性能与重量的关系，然后制定合理的整车重量目标。在方案阶段，首先开展基于成本–重量平衡的轻量化方案初选，在进行方案初选时，要求企业建立基于燃油车及电动车的成本–重量模型。初选形成整车轻量化技术方案包，随着车型的开发，基于数据开展性能–成本–重量平衡的详细分析，通过刚度、强度、模态等性能分析，在成本可接受的情况下，确定实施。在设计验证阶段，重点在于轻量化方案的细化论证实施，基于结构、性能、技术成熟度、供应商体系等综合评估，确定最终实施轻量化方案，同时对新技术类轻量化方案需进行重点关注。

目前影响整车轻量化目标的因素主要有国家法规要求、企业油耗要求、整车安全定义、

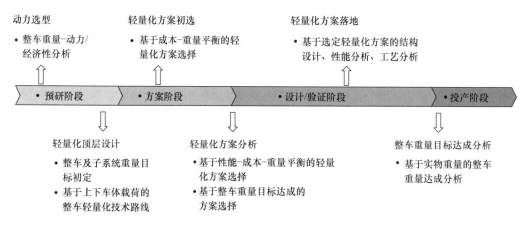

图 8-8 轻量化在产品开发阶段的工作内容

整车全生命周期评价（该部分中国尚处于起步阶段，详见第 9 章介绍），一般称之为条件轻量化，即包含了对轻量化结构的要求或条件。如不同国家有不同的碰撞安全法规要求，以及不同的碰撞安全星级定义，需要不同的整车轻量化结构。图 8-9 所示为应对中国保险安全指数中小偏置碰工况（详见第 4 章介绍），左侧增加吸能盒与连接件；不同的车型，如赛车、跑车为了追求速度，需要极致轻量化。

在梳理完影响整车轻量化的外在因素后，就进入系统轻量化阶段。主要是从系统的角度对零件、部件、模块进行分析并加以优化调整，使其适应整个系统，从而降低整个系统的重量。

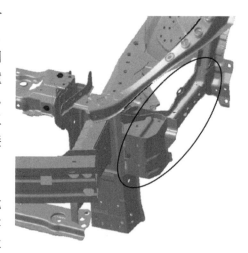

图 8-9 应对小偏置碰的结构设计

以转向系统设计为例，转向系统模态 f、转向管柱模态 f_1 和转向支撑模态 f_2 的关系可用式 (8-1) 表示。传统的设计方法主要是增加转向支撑的刚度来提升转向支撑模态 f_2，进而达成转向系统模态 f，导致转向支撑增重明显，而忽略了模态较高的转向管柱。

$$\frac{1}{f^2} = \frac{1}{f_1^2} + \frac{1}{f_2^2} \tag{8-1}$$

在进入具体轻量化方案分析阶段后，主要技术手段为材料轻量化和结构轻量化。材料轻量化的目的是尽可能使用最轻的材料生产出符合性能要求的零部件，如用一种密度较小的材料代替另一种材料，可以降低零部件重量，汽车上常用的是"以塑代钢"及"以铝代钢"。然而替代必须要考虑材料的特性以及与周边的连接，同时要考虑对后续生产工位及工艺的影响。单个总装部件的材料替换通常不需要考虑这些，主要是考虑材料更换后单件性能及后续环境适应性影响，如耐蚀性。而汽车车身件的材料替换需尤为注意，传统车身为由钢质钣金件进行焊接，如果采用"以塑代钢"方案通常只能由焊接件变为总装件，而采用"以铝代钢"方案（如图 8-10 所示铝质轮毂包替代钢质轮毂包），所替换零部件与周边的连接通常要由点焊变为铆接，往往会导致生产线的更改。通常的技术手段为采用同密度材料提升强度、减薄壁厚以实现轻量化，如汽车上常用 1500MPa 热成形钢代替 600MPa 冷成形钢，此种轻量化技术手段较容易实现。

a) 钢质轮毂包-钢质纵梁焊接　　　　　b) 铝质轮毂包-钢质纵梁铆接

图 8-10　"以铝代钢"导致连接方式的变化

结构轻量化是根据特定的性能目标，在同样满足性能的前提下，利用计算机 CAE 仿真分析手段对零部件形状、减重孔、搭接边进行优化，使其成为最轻结构。除了重量之外，对零部件的要求还有载荷、安装及布置空间、工艺制造技术等。这意味着结构轻量化与材料轻量化密切相关。在结构轻量化中，优化零部件结构以满足布置的同时，重点考虑载荷的要求。在开发过程中，除了各种成形及设计规范外，往往采用拓扑优化方法。

结构优化的实现很大程度上还取决于所选择的结构形式，例如零件是采用分体式还是整体式。在分体式结构中，结构优化是基于所选择的材料和制造工艺，对各个结构部件进行轻量化优化设计，然后确定装配顺序。采用分体式结构还是整体式结构与所选择的材料及制造工艺密切相关。如转向支撑总成，采用钢质材料一般为分体结构，主要通过优化单个零部件从而使总成重量最优，如图 8-11a 所示；如果采用镁合金材料，基于其工艺性特点，采用铸造工艺，主要通过优化壁厚及加强筋布置使系统重量最优，如图 8-11b 所示。

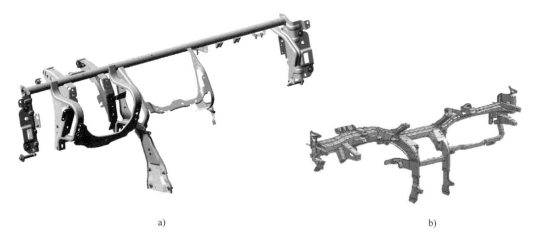

a)　　　　　　　　　　　　　　b)

图 8-11　钢质转向支撑

8.2.2 整车轻量化技术规划

在整车轻量化技术发展过程中,需要根据中国的油耗目标及对标国外先进汽车企业,同时结合中国的汽车轻量化水平现状,综合考虑材料、工艺与成本等因素,开展整车轻量化技术规划。主流整车车企均制定了整车轻量化总体目标,见表8-4。

表8-4 整车企业轻量化目标

车企	企业	2016—2020年整车轻量化目标
日系	丰田	主要车型减重100kg
	日产	相比2010年整车减重15%
	本田	整车减重5%~10%
	马自达	整车减重100kg
欧美	福特	轿车及货车减重110~340kg
	大众	MQB平台减重100kg
	通用	相比2010年减重15%
中国品牌	北汽	整车减重10%
	广汽	整车减重10%
	吉利	相比2013年整车减重13%
	长安	整车减重100kg

不同国家基于本国实际情况及产业链发展情况,制定了不同的轻量化技术路线规划。欧美车型在整车轻量化方面与日系车存在一定差距,但其制定的轻量化技术规划路线在新一代车型上进行了实施,效果明显。图8-12所示是美系车的轻量化技术路线规划。

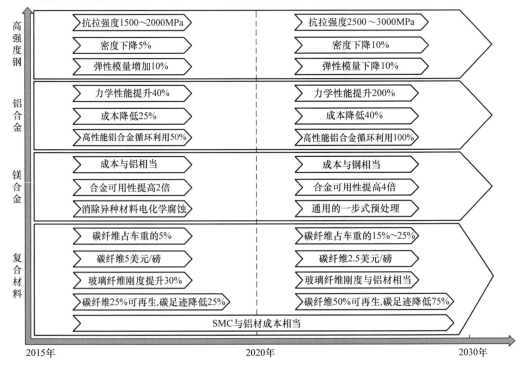

图8-12 美系车轻量化技术路线规划

日系车在整车轻量化方面一直处于领先地位，特别是在高强度钢冷冲压技术应用方面技术领先，其轻量化技术路线规划如图 8-13 所示。

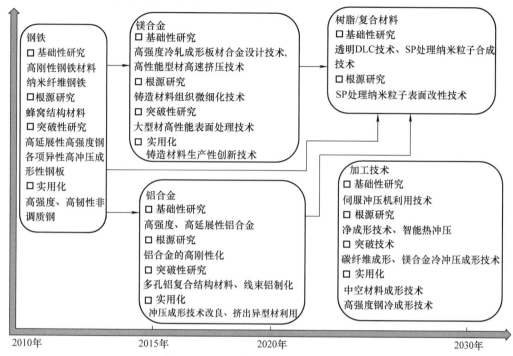

图 8-13　日系车轻量化技术路线规划

中国在轻量化技术方面起步较晚，随着自主车企产品设计水平的提高，急需开展轻量化技术的应用研究。一些车企也进行了轻量化技术规划。图 8-14 所示为某自主车企的轻量化

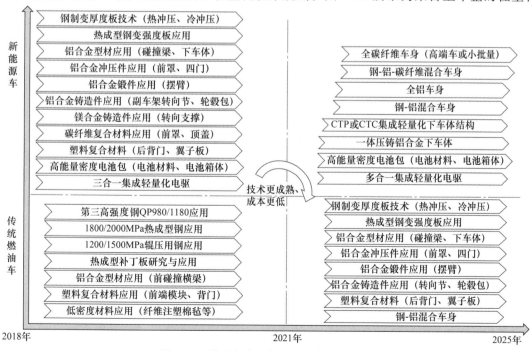

图 8-14　某自主车企轻量化技术路线规划

技术路线规划。该规划在乘用车方面以推动高强度钢和低密度塑料应用为主，铝镁合金及碳纤维复合材料等高成本轻量化技术优先在新能源汽车上实施，随着技术更成熟、成本更低，将实现在传统燃油车上的应用。

8.2.3 整车轻量化正向设计技术路线

在项目预研阶段，通过下一代车型动力性（加速、制动等）、燃油经济性指标，初步确定整车重量指标（参考8.3节），然后分析在新一代各种法规及关键配置变化等带来的重量增加，同时基于下一代可实施轻量化技术包（不同减重效果及成本变化）综合分析整车重量变化，初步计算需要实施的轻量化技术方案包 $W_5 \geqslant (W_0 + W_1 + W_2 + W_3 + W_4) - W_t$，见表8-5。

表8-5 轻量化技术方案包

序号	重量变化因素		重量/kg
1	基础车型重量		W_0
2	增加重量	车格尺寸增加	W_1
		碰撞安全增加	W_2
		NVH性能增加	W_3
		智能化等配置	W_4
3	整车重量目标		W_t
4	轻量化技术方案包		W_5

在整车重量目标及需要实施的轻量化方案减重指标确定后，对各专业进行重量目标分解，针对各专业轻量化方案开展可行性评估，需将整车分为上车身（upper-body）模块与下车身（under-body）模块。减轻上车身模块重量，可以带来悬架、制动甚至传动系统重量的进一步降低，产生二次轻量化效果。二次轻量化不仅会对总减重效果产生影响，而且会对减重价重比（即减重1kg成本变化多少元）产生影响。在评估过程中，对于同样的减重价重比方案，优先实施上车身模块技术方案。

由于在项目开发过程中，轻量化方案的实施需要重点考虑成本变化，通过整车轻量化系统研究，在新一代车型项目开发前期确定合适的整车轻量化目标，同时利用系统性方法、二次减重分析等手段，形成轻量化方案的减重价重比，这是方案最终是否实施的关键。基于建立整车减重方案数据库，对综合性能进行评价，通过最终减重价重比的计算及决策，以整包的形式推进轻量化方案。如基于整车动力性、经济性分析，需减重100kg，进行整车轻量化方案规划，其中结构优化减重 X kg，可带来成本降低 Y 元，剩余材料与工艺减重方案成本增加 Z 元，直接减重价重比为 $(Z-Y)/100$。同时考虑减重对性能的影响，在动力性不变的情况下可实现发动机排量降低，发动机排量的降低带来发动机的小型化，会同时实现发动机重量降低 A kg，成本降低 B 元，最终减重价重比为 $(Z-Y-B)/(100+A)$，即为减重的最优价重比，如图8-15所示。而在传统的项目开发过程中，仅考虑新材料新工艺减重带来的单件成本增加，往往导致轻量化方案难以实施。更多的案例可以参考第9章中的减重降本工作思路。

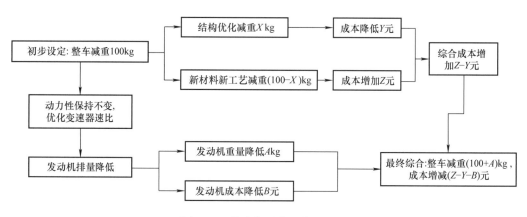

图 8-15 整车轻量化系统性分析

8.3 整车开发重量目标制定、评价及管控方法

整车轻量化设计开发首先应该做的就是制定整车重量目标，重量目标是否合理会直接影响到整车性能、成本、结构、材料、工艺制造能力等，甚至整车上市战略竞争力。而新车型设计开发轻量化重量目标管控与达成受到新技术应用风险、时间节点限制、技术储备不足或成本约束等诸多因素限制，往往很难达到预期的目标。因此，制定合理且有竞争力的轻量化重量目标，并通过正确的流程及管控方法确保目标的达成就显得十分重要了。

8.3.1 整车重量管控概述

纵观汽车重量的变化历史，曾因用户对汽车乘坐空间、安全性、功能舒适性的要求，汽车整体尺寸变大，配置持续增加等因素，汽车总体重量呈现上升趋势。近十年来，由于汽车对石油资源需求和石油资源短缺的矛盾日益突出，以及汽车排放对环境的影响，各国政府纷纷提高汽车燃油排放值标准，出台鼓励发展节能环保小排量汽车的政策，都清晰地表明整车重量降低是未来汽车发展的必然方向，如图 8-16 所示。

图 8-16 典型车型整车重量发展趋势

在新车型设计开发过程中，主机厂整车轻量化工作通常是在原有车型平台上先完成一版数据，再做"减法"和零部件减重，这不是正确的轻量化设计开发方法！应该在设计之初就明确整车重量和相关 VTS 各项性能指标，整个结构集成设计开发是针对特定目标重量开展的，这在本章 8.2 节中已有详细论述。重量目标的合理制定是重量管控最重要的环节，而一旦重量目标确立，就需要合理分解到各个责任专业并为其所接受，不同的重量目标对应着不同的产品设计技术方案，需要不断地与性能、成本、时间节点等因素博弈或平衡，最终才有可能达成目标。在产品设计开发过程中，整车重量管控是一个从始至终持续的过程，因为整车重量关系到动力性、燃油或能耗经济型、安全性、制动性、环保性等一系列整车性能，如果超重可能导致多项性能不能达到预期的指标。那么在保证汽车的结构强度和各项性能达标的前提下实现轻量化，提升产品竞争力，就需要对汽车设计开发全过程的整车重量做好管控。还要特别提出的是，主机厂整车重量管控还必须有持续开展的轻量化能力建设支持，要根据技术规划不断开展轻量化创新技术课题应用研究，积累足够的各种轻量化技术方案并形成轻量化创新技术数据库，并针对每一项轻量化创新技术或技术方案完成相应的技术可行性分析报告，即完成技术成熟度、设计开发能力、虚拟验证能力、供应商能力、成本管理和新技术应用风险评估等，作为技术储备。在根据下述多维度评价方法制定轻量化重量目标时，才有相应的技术方案支持，使重量目标得以实施或达成。

8.3.2 整车轻量化多维度重量目标制定、分解和评价体系

目前中国品牌主机厂对整车轻量化结构优化和零部件轻量化技术的研究比较多，而在合理制定整车和系统重量目标的方法上却显得不够清晰或合理。当前大多数主机厂通常的做法是根据销售策略对整车重量的要求，对标当前市场上同级别竞品车型重量指标（整备质量与名义密度），或是对标市场现有合资车重量平均水平，设定整车重量目标。这样可能会产生以下问题：①没有考虑销售策略各项指标定义，如配置、乘驾性等对轻量化目标达成的影响；②没有分析整车重量对该车 VTS 性能指标达成的影响；③没有开展多方案成本模型分析，考虑重量目标对成本的影响。最终可能导致整车重量目标不能达成或上市之后没有技术竞争力。本节内容综合各国汽车行业轻量化目标制定与评价方法，建立一套合理有效的整车轻量化多维度重量目标制定与评价体系或方法。

要制定合理且有竞争力的整车重量目标，应考虑以下几个问题：如何评价整车设定重量目标的轻量化水平，如何制定既符合成本或工艺现状要求又有竞争力的整车重量目标，整车重量目标制定与整车性能的关系，整车轻量化与成本或"重价比"的关系，传统燃油车与电动车轻量化及成本模型的差异，如何合理分解各个子系统重量目标，在产品开发过程中如何实施有效的重量目标管控。例如，当前行业普遍采用技术竞争策略定义（PALS）的计算方法来评价新车型各项技术特征的水平，其中包括整车轻量化水平的评价。其表达与计算公式在第 2 章中已有介绍。

新开发车型的整车重量首先应该遵从公司轻量化发展长期战略规划的要求，这在本章 8.2.2 节中已有详细论述，同时还需要符合该车型项目立项对重量目标的技术竞争策略定义。在此基础上经过初步对标先确定一个整车重量，就可以开始通过整车重量轻量化评价、子系统轻量化评价、重量与性能相关性评价三大方面的 12 个维度，对新开发车型初定重量进行竞争力多维度评估。不断综合平衡并调整优化重量之后，最终形成符合项目定位的新车

型开发重量目标,如图 8-17 所示。

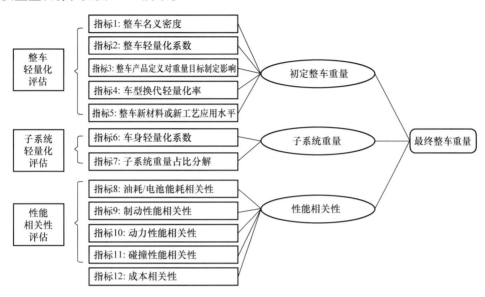

图 8-17 整车轻量化多维度重量目标制定与评价体系

下面按照图 8-17 所示顺序分别说明整车轻量化多维度重量目标制定与评价体系中整车重量目标的制定、评价和分解方法。注意到,其中每一个评价维度经过对标分析和统计,都可以按照第 2 章介绍的技术竞争策略定义(PALS)的方法,识别出新开发车型在该评价维度处于 L、A、C、U 中的哪个水平。经过 12 个维度的评测分别得到各个维度的轻量化水平级别之后,根据需要适当调整或修正各个维度的新车型开发参考重量目标,最终综合汇总并平衡各维度重量目标轻量化水平级别,就可以制定出合理的、可实施且有竞争力的新开发车型整车重量目标。反之,在重量目标确定之后,也可以利用 12 个维度评价已确定的整车重量目标是否合理,并做进一步优化。

1. 基于整车名义密度的评价

整车名义密度是整车重量与整车名义体积的比值,名义密度 = 整备质量/名义体积,表征单位体积的重量,即单位车辆空间使用了多少重量的材料。其中,名义体积是指汽车的轮廓体积,名义体积 = 长度×宽度×(高度 – 最小离地间隙),单位为 m^3。

下面通过一款商务车虚拟案例说明新开发车型在这个单一评价维度下参考重量目标的确定方法,即选取整车车格、主销配置、体积、动力相近的 10 款竞品车型进行对标,见表 8-6。

表 8-6 整车名义密度对标

车型名称	动力配置	长/mm	宽/mm	高/mm	轴距/mm	名义体积/m^3	名义密度/(kg/m^3)	整备质量/kg
新车型	1.5T + 7DCT	4860	1860	1700	2900	13.32214	A 水平: <128.13	A 水平: <1707
							C 水平: <136.14	C 水平: <1814
竞品 1	1.5T + 7DCT	4825	1825	1778	2800	13.48803	118.253	1595
竞品 2	1.5T + 6AT	4780	1860	1730	2810	13.28919	124.9	1660

（续）

车型名称	动力配置	长/mm	宽/mm	高/mm	轴距/mm	名义体积/m³	名义密度/(kg/m³)	整备质量/kg
竞品3	1.3T+6AT	4692	1794	1626	2796	11.86163	126.4581	1500
竞品4	1.5T+6DCT	4680	1810	1680	2785	12.32938	135.0433	1665
竞品5	1.5T	4706	1909	1664	2805	12.95621	127.3521	1650
竞品6	2.0T+6DCT	4854	1904	1740	2920	13.96671	133.0306	1858
竞品7	2.0T+6AT	5066	1923	1822	3000	15.36102	134.1057	2060
竞品8	2.2T+6AT	4845	1876	1768	2910	13.95182	136.8997	1910
竞品9	2.4L+CVT	4940	1845	1710	2900	13.46154	139.4343	1877
竞品10	2.4L+CVT	4845	1802	1697	2900	12.85321	145.878	1875

通过 PALS 竞争力评价方法（详见第 2 章 2.3.1 节）可以得出：该车型轻量化若要达到 A 水平，整备质量应在 1707kg 以下；若达到 C 水平，整备质量可以在 1814kg 以下。这个整车名义密度的评价维度或方法的优点是简单、直观、快捷，也是当前大多数主机厂进行重量目标制定或评价的传统方法。其不足之处是没有考虑到重量与能耗经济性以及动力总成的关系，尤其对于电动汽车而言，动力蓄电池重量在整车重量中占比非常大，这种评价方法显然不准确了。这也就引出了下面整车轻量化系数计算方法。

2. 基于整车轻量化系数的评价

为了系统评价乘用车产品的整车轻量化水平，指导企业设定合理的轻量化目标，评估自身产品的市场竞争力，2019 年中国汽车工程学会发布了"乘用车整车轻量化系数计算方法"。整车轻量化系数由名义密度、重量比功率和脚印油耗三部分参数构成。整车轻量化系数数值越小，表示轻量化水平越高。

对于燃油汽车的轻量化系数计算公式为

$$L_V = \frac{M}{V} \frac{M}{P} \frac{Q}{A} \tag{8-2}$$

式中 L_V——整车轻量化系数；

M——汽车的整备质量（kg）；

P——发动机最大功率（kW）；

V——名义体积（m³）；

Q——百公里综合燃油消耗量（L/100km）；

A——脚印面积（m²）：四轮的正投影面积（即轮距×轴距），在名义体积确定的前提下，A 越大说明乘员舱空间越大。

表 8-7 所列为待评价的 10 款虚拟同类型燃油汽车的主要参数，包括名义体积、脚印面积、名义密度、重量比功率和脚印油耗。再依据式（8-2）计算出各车型轻量化系数值以及车型轻量化水平排名。

值得注意的是，由于不同级别和类型的汽车产品定位存在差异，对于单一车型之间的对标评价，推荐在同类型（如轿车或运动型多用途汽车）、相近尺寸级别和产品定位的车型间进行。

表 8-7 燃油汽车整车轻量化系数对标及排名

车型	名义体积/m³	脚印面积/m²	名义密度/(kg/m³)	重量比功率/(kg/kW)	脚印油耗(L/100km)/m²	轻量化系数	轻量化排名
1	12.18	4.06	105.09	14.55	1.63	2.49	6
2	11.99	4.25	126.76	10.34	1.74	2.28	2
3	11.78	4.16	125.68	10.96	1.97	2.71	7
4	11.61	4.11	122.28	13.79	1.70	2.87	9
5	11.60	4.15	114.24	14.40	1.49	2.46	5
6	11.54	4.23	108.35	10.08	1.40	1.52	1
7	11.51	4.17	117.27	14.52	1.41	2.41	4
8	11.50	4.23	123.77	13.68	1.63	2.76	8
9	11.47	4.28	124.70	12.43	1.49	2.32	3
10	11.44	4.10	122.51	12.98	1.98	3.14	10

对于电动汽车的轻量化系数计算公式为

$$L_{ev} = \frac{M_{ev}}{V} \frac{M_{ev}}{P_{ev}} \frac{Y}{A} \tag{8-3}$$

式中 L_{ev}——整车轻量化系数；

P_{ev}——电机峰值功率，即驱动电机总功率之和（kW）；

Y——电能消耗量（kW·h/100km）。

表 8-8 所列为待评价的 10 款虚拟同类型电动汽车的主要参数，包括名义体积、脚印面积、名义密度、重量比功率和脚印电耗。再依据式（8-3）算出各车型轻量化系数值以及车型轻量化水平排名。

表 8-8 电动汽车整车轻量化系数对标及排名

车型	名义体积/m³	脚印面积/m²	名义密度/(kg/m³)	重量比功率/(kg/kW)	脚印电耗(kW·h/100km)/m²	轻量化系数	轻量化排名
1	7.45	2.97	138.18	18.73	4.88	1.26	2
2	7.62	3.10	133.29	33.83	4.29	1.93	7
3	6.80	2.84	148.57	40.40	5.07	3.04	9
4	7.23	3.07	125.78	45.50	4.24	2.43	8
5	8.10	3.17	156.26	30.26	2.90	1.37	4
6	8.38	3.17	116.94	32.67	4.09	1.56	5
7	8.12	3.22	116.35	94.50	4.49	4.94	10
8	7.77	3.10	126.07	32.67	3.89	1.60	6
9	8.68	3.43	142.89	22.55	4.02	1.30	3
10	9.60	3.60	101.00	27.71	3.87	1.08	1

利用式（8-3）计算电动汽车轻量化系数特别要注意由于电动汽车产品定位差异特点，在车格大小、名义密度、脚印面积和电能消耗量相当的情况下，驱动电机总功率大小差异可

能误导轻量化系数的可比性。例如，特斯拉更注重其加速和动力性，会选择较大的电机功率，高端车四驱选择双电机总功率甚至达到 500kW 以上，而中国品牌电动车电机总功率当前一般在 150～200kW，导致特斯拉的轻量化系数非常小，不能反映其实际轻量化水平。这时需要参考名义密度和其他维度进行轻量化水平综合评价。

3. 基于整车产品定义对重量目标制定影响的评价

在项目预研或新车型开发之初，公司或市场部门都会根据未来市场和购车客户群体的需求，在立项文件中对各项关重技术指标进行整车商品性竞争策略定义，通常采用第 2 章介绍的技术竞争策略定义（PALS）方法表述，其中包含整车重量指标。这个评价维度主要是用于评估初定的重量目标的合理性、实施或达成的可行性。重点是根据整车产品定义中对各项关重技术指标的权重，综合平衡或协调彼此之间的关系，从而确保重量目标的实施与达成。下面以一款虚拟商务车型整车商品性竞争力重点开发策略为例说明，见表 8-9。

整车商品性竞争策略定义对整车重量目标及性能指标的实施与达成存在极大影响，例如表 8-9 中若将舒适性定义为"L"，相应配置、成本、性能要求就会向舒适性倾斜。例如，该车型为提高舒适性相对竞品车新增另一侧自动滑门配置增重约 57kg、多向长滑动座椅增重约 97kg、轮胎规格增大增重约 12kg、油箱增大 7L 增重约 6kg，还有前后座椅多项自动调节等配置增重 8kg，对声学包件地毯、行李舱后地毯、后轮罩隔声垫、吸声棉块、翼子板隔

表 8-9 新开发车型商品性竞争策略定义

开发目标		评分	重点关注开发点
L	舒适性	排第二 仅次于竞品车型 2	前排座椅舒适性，二排座椅舒适性 内饰材质、隔声及噪声、驾驶舒适性
	安全性	排第一 优于竞品车型 1	主动安全、辅助驾驶配置应用 达到五星碰撞标准
A	空间	排第二 仅次于竞品车型 2	前后排头部、膝部、腿部空间 二、三排座椅完全放平，后排地板平整及行李舱空间 三排空间最小，与标准竞品车型 1 一致，消费者可接受
	信息娱乐	排第一 优于竞品车型 1	智能互联配置应用 智能辅助驾驶配置应用、信息互动配置应用
	安全性	排第二 仅次于竞品车型 2	主动安全、辅助驾驶配置应用 达到五星碰撞标准
	智能化	排第一 优于竞品车型 2	造型时尚、圆润、亲和力、年轻、进取感 拒绝面包车感、驾驶员感
	成本	排第一 优于竞品车型 3	边际利润大于 30% 委外管理费小于 5%
	整车重量	排第二 优于竞品车型 1	采用部分铝合金零部件和成形技术 保持综合成本不变
	便利性	排第二 优于竞品车型 3	后排滑门，上下车方便 2+2+2 座椅配置，方便第三排上下车
	通过性	排第一 优于竞品车型 2	与竞品车型 2 持平，方便老人上下车

(续)

开发目标		评分	重点关注开发点
C	感知品质	排第二 优于竞品车型 3	视觉感受上档次，漆面质量、缝隙及外饰品质感 内饰材质的视觉和触觉感、材质应用高档感
	经济性	排第二 优于竞品车型 1	省油 保养费用适中
	动力性	排第二 优于竞品车型 3	1.5T 够平时使用 省油基础上关注起步速度和爬坡能力
	操控性	排第二 优于竞品车型 3	正常行驶时车辆的操控性/稳定性 制动的反应速度/费力程度 转向系统的反应速度/费力程度

声垫、中通道隔声垫进行增厚及材料变更增重约 11kg。而安全性定义为"L"，更是在整车耐撞结构断面设计和气囊配置上增重约 45kg，还有空间舒适性提升都会大大增加整车重量。而在发动机排量一定的前提下，增重将导致相关的动力性、经济性、操控性等目标定位降低，整车重量轻量化目标需要根据技术方案反复平衡验算，不一定能达到表 8-9 中定义"A"的水平了。

4. 基于车型换代轻量化率的评价

以上整车名义密度和整车轻量化系数指标都是对标当年已上市车型的轻量化水平来参考制定整车重量目标的，可实际要开发的新车型往往需要三年左右的时间才能真正上市，若仅仅按照当时的轻量化水平制定重量目标，可能在几年之后已经失去了竞争力。

图 8-18 所示为选取乘用车市场上 2007—2014 年三厢轿车、运动型多用途汽车样本约 1000 个，按合资及进口品牌和自主品牌进行整车轻量化系数对比分析。可以看出，整车轻量化系数自 2007 年以来是逐年降低的，也就是说，各国车型的轻量化水平也越来越高。同时不难看出，当时中国自主品牌汽车与合资及进口汽车在整车轻量化水平上存在的差距。一般来说，日本车企的车型轻量化水平普遍都比较高，其次是韩国车企，说明它们早已在考虑汽车轻量化正向设计，不仅带来性能的提升，还能改善燃油经济性。

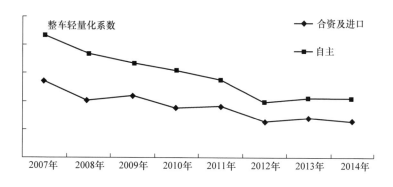

图 8-18 乘用车历年整车轻量化系数趋势统计

因此，对于新开发车型就应该综合考虑实际上市时的整车轻量化水平来制定其重量目标。这就需要主机厂统计或收集市场换代车型，尤其是竞品车型轻量化发展趋势，以此计算行业换代车型以及相关竞品车型的重量变化，在当前对标制定重量目标的基础上，按今后三年轻量化换代车型（斜率）趋势做修正调整，从而制定上市时仍有竞争力的重量目标。在当前轻量化数据库不够完整的情况下，一般采用在原有基础上再降低 1~2 个百分点。

5. 基于整车新材料或新工艺应用水平的评价

新材料或新工艺的应用很大程度上决定了该车型的整车重量或整车轻量化水平，也是本章 8.4 节重点阐述的内容。例如采用全铝车身技术方案相对传统钢质白车身减重可能达到 20%。该评价维度重要目的是根据主机厂轻量化规划要求，定义下一代车型的新材料和新技术应用整体轻量化技术方案。表 8-10 所列为某主机厂历代车型高强度钢和热成形钢使用情况，即在动力总成和整车尺寸没有大的变化情况下，整车重量持续降低的案例。

表 8-10　某主机厂历代车型开发轻量化变化案例

年款	2010—2013 款	2014—2018 款	2019 款
尺寸/[（长/mm）×（宽/mm）×（高/mm）×（轴距/mm）]	4810×1802×1570×2830	4810×1802×1570×2830	4845×1802×1697×2850
车身	高强度钢 50%，无热成形钢，B 柱使用抗拉强度 980MPa 的冷冲压钢	高强度钢 55%，A 柱和门槛采用热成形钢	高强度钢 65%，热成形门环，热成形钢 19%
整车质量	1780kg	1710kg	1680kg

该评价维度的另一个目的是对标竞品车型的新材料或新工艺轻量化应用水平，确保新一代车型开发在新材料、新工艺和新技术上处于领先地位。

6. 基于车身轻量化系数的评价

对于传统燃油汽车而言，车身占整车重量的 35%~40%，控制好车身的重量对降低整车重量至关重要。本评价维度是专门针对车身轻量化评价而设置的。在满足车身各项性能指标要求的前提下，例如车身模态和刚度，以及弯曲和扭转刚度等，通过结构设计优化尽可能实现车身轻量化。行业比较认可和被广泛应用的车身轻量化系数公式如下：

$$L = \frac{M}{K_{tc}A} \tag{8-4}$$

式中　L——轻量化系数；

M——不含四门两盖的白车身重量（kg）；

K_{tc}——车身扭转刚度 [kN·m/(°)]；

A——脚印面积（m²）。

从式（8-4）得知，轻量化系数 L 与白车身重量 M 成正比，与扭转刚度 K_{tc} 及脚印面积 A 成反比，系数数值越小表明车身轻量化水平越高。

每年一次的欧洲车身会议被行业公认为车身领先技术风向标，图 8-19 所示为自 2008 年以来，经欧洲车身会议统计的白车身历年平均轻量化系数变化趋势。

从图中统计数据可以看出，各国主机厂历年来都在致力于白车身减重工作，也取得了显

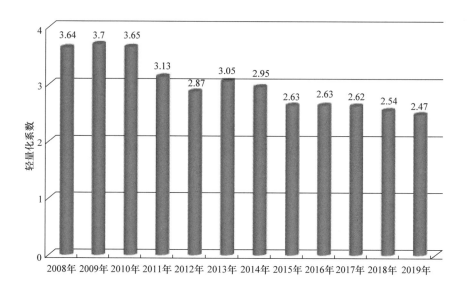

图 8-19　欧洲车身会议统计的历年白车身轻量化系数变化趋势

著的成绩，使得车身轻量化系数逐年下降。2015 年以来欧洲车身会议中统计的车身轻量化系数从中高端车型到中低端车型的合理范围为 2.0~3.5，如图 8-20 所示。

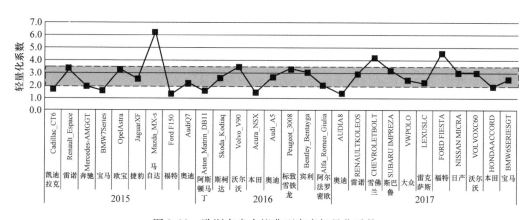

图 8-20　欧洲车身会议典型车身轻量化系数

而车身轻量化系数还将进一步缩小为 1.5~3.0，具有引领作用的多款电动汽车采用铝合金车身，或混合轻质复合材料轻量化车身的轻量化系数都趋于 1.5 或更小。

7. 子系统重量占比分解

整车重量基本确定之后，还必须合理分解并被各个专业领域所接受，才有可能实施达成。本维度是为制定或评价总重量分解到各个子系统比例的合理性，以及评价各个专业领域的轻量化水平而设置的。以市场占比较大的 A 级车为例，近年来汽车大数据统计各个专业重量分解比例范围见表 8-11，不过由于不同主机厂各专业 BOM 对系统和零部件划分略有不同，表中数据仅做参考。

表8-11 整车重量目标分解到各个专业领域占比统计

车型	车身	底盘	内外饰	动力总成	动力附件	电器	智能化	油液/其他
燃油车	30%~36%	18%~25%	12%~18%	11%~16%	4%~5%	5%~7%	1%~2%	3%~4%
电动车	22%~29%	17%~22%	13%~18%	24%~32%	2%~3%	5%~7%	1%~2%	0.4%~1%

整车重量分解需要各个主机厂积累自身车型，以及通过对标解析获得市场相关车型各专业领域重量分解统计大数据支持，还需要根据新开发车型商品性竞争力策略定义的侧重点，并基于自身轻量化设计开发能力水平综合平衡确定，才能使得各个专业领域分解的重量指标既能达成，又具有一定挑战性。例如，若将舒适性定义为"L"，则分配给内外饰的重量比例势必要适当增加。近年来，由于智能网联化的发展，智能化配置重量占比会适当增加，而随着电池能量密度不断优化提升，电动汽车动力总成（电池、电机和电控）的重量占比将会降低。另外，通过对自身已经开发上市车型的各个专业领域分解重量的统计，对标表8-11可以很容易地分辨出某个专业领域的总重量统计占比接近表中相应专业重量数值范围的上限还是下限，从而知晓该专业领域目前轻量化设计水平。一般来说，若某个专业领域重量占比处于表8-11统计下限值，对应的轻量化设计技术方案更具有挑战性，目标相对来说更难达成。

8. 基于油耗/电池能耗相关性的评价

汽车重量与汽车行驶能耗有直接的关系，本书9.2.1节中从成本角度已详细说明了汽车行驶过程中其重量对能耗的影响，也从整车结构集成优化设计高度详细阐述了各种节能减排技术方案、措施及方法，尤其是开展整车轻量化工作的特殊意义与对节能减排的贡献。整车重量目标首先应满足国家环保节能政策要求，如五阶段入门值油耗或工业和信息化部发布的《乘用车企业平均燃料消耗量与新能源汽车积分并行管理办法》等相关国家法规。表8-12所列为某车型不同重量及油耗与当时法规油耗对照检查情况。

表8-12 某车型不同重量及油耗与法规油耗对照

发动机	某型号					
变速器	某型号					
速比范围	2.99~20.3					
仿真质量/kg	1650+半载	1750+半载	1800+半载	1850+半载	1950+半载	2050+半载
WLTC（整备质量+175kg)/(L/100km)	8.58	8.78	8.87	8.98	9.18	9.38
五阶段入门值/(L/100km)	≤10.05	≤10.47	≤10.68	≤10.89	≤11.31	≤11.73

其次要与动力总成部门一道基于当前初定重量核算在各种速度和WLTC等各种工况下，其行驶能耗是否能满足整车开发VTS各项性能指标要求。下面以一款虚拟电动汽车为例，假设采用NEDC测试工况，轮胎滚动阻力、整车迎风面积、风阻系数、制动拖滞力、可用电量、电池充放电效率、低压负载消耗、系统最大功率、峰值功率或转矩等都已经确定，重量与性能目标达成的关系见表8-13。

表 8-13 某车型重量与电耗及续驶里程对应

项目	整备质量/kg	电耗/(kW·h/100km)	续驶里程/km
当前重量	1840	14.8	398
建议重量	1730	14.4	413
目标值		14.5	400

从表 8-13 中可知，初定的"当前重量"是不能满足电耗小于 14.5kW·h/100km 及续驶里程 400km 以上的性能指标要求的。可能需要将重量目标调整到 1730kg 以确保能耗和续驶里程性能目标的达成。另外，还需要对标竞品车型在相同工况之下的能耗和续驶里程，保证新开发车型在拟定的目标重量前提下，能耗或续驶里程具备一定竞争力。

9. 基于制动性能相关性的评价

整车重量对制动距离、制动力等性能也有很大影响，需要校核。表 8-14 所列为某车型在不同重量下的制动性能。

表 8-14 某车型在不同重量下的制动性能

指标项				目标值	基础重量 1600kg	重量 +100kg	重量 +200kg	重量 +300kg	重量 +400kg
制动踏板感	动态踏板感（空载，100kg/h）	0.3g	踏板力/N	26~46	38.1	40.2	42.3	44.3	46.4
			踏板行程/mm	30~45	36	36.8	37.3	38.8	39.5
		0.6g	踏板力/N	61~81	71.4	75.5	79.6	83.8	87.9
			踏板行程/mm	45~65	49	50.6	52.1	53.4	54.5
O 型试验	发动机脱开（100km/h）	空载	制动距离/m	<44	43.5	43.5	43.5	43.5	43.5
			踏板力（N）	<200	131.3	138.2	145.1	152	158.9
		满载	制动距离/m	<45	43.5	43.5	43.5	43.5	43.5
			踏板力/N	<200	154.6	161.6	218	282.4	346.8
应急制动	空助器失效（100km/h）	满载	MFDD/(m/s²)	>2.44	2.62	2.5	2.39	2.29	2.19

由表 8-14 可以看出，重量每增加 100kg，0.3g 减速度的踏板力会增加约 2N，0.6g 减速度的踏板力会增加约 4N；重量每增加 100kg，O 型试验空载状态下制动距离为 43.5m 时，踏板力增加约 7N；当重量增加 200kg 时，满载 O 型踏板力超过目标值；应急制动也不满足法规要求，需要变更制动系统设计或减小整车重量。同时，整车制动距离也需要进行是否满足 VTS 性能要求的相关测评。

10. 基于动力性能相关性的评价

整车技术竞争力 VTS 指标对动力性能都有明确的定义或要求，本维度的目的就是评估初定重量目标或不同配置下的整车重量是否满足 VTS 中定义的汽车加速性能目标。表 8-15 所列为某车型在不同重量下的动力性能。

表 8-15 某车型在不同重量下的动力性能

发动机	某型号					
变速器	某型号					
速比范围	某速比					
仿真质量/kg	整备质量+半载	加100+半载	加50+半载	加50+半载	加100+半载	加100+半载
最高车速/(km/h)	194	193	193	193	192	192
0~100km/h加速时间/s	11.42	12.33	12.52	12.89	13.67	14.38
最大爬坡度（%）	42	42	42	42	42	42
最大坡起能力（%）	38	36	35	34	32	30.5

从表 8-15 中可以看出，在初定整车重量满足动力性能要求的情况下，重量每增加 100kg，加速时间增加 0.6~0.9s，坡起能力下降约 2%，说明重量对整车相关动力性能影响很大，需要反复验证，确保整车动力性能目标达成，并具有竞争力。

11. 基于碰撞性能的相关评价

整车重量与整车碰撞性能或碰撞试验结果具有强相关性。行驶的汽车在发生碰撞过程中减速到停止就是完全吸收汽车在初始速度时具有的动能的过程，而动能与整车重量成正比，也就是说整备质量越轻的车，其在同样（速度）碰撞条件下的总体吸能要求越小。换句话说，就是其前舱吸能空间或吸能溃缩结构设计都可以适当减小，这在本章 8.5 节的典型案例中有详细说明。试验证明，汽车正面碰撞和侧面碰撞工况对整车重量的变化并不敏感，而对汽车偏置碰撞工况比较敏感。一般来说，整备质量增加 100kg 时，偏置碰性能侵入量就可能超标，需要通过结构优化来满足性能指标要求。而整备质量增加 200kg 时，就必须增加结构断面或提升部分车身结构件的材料强度；可能造成前纵梁增重 10kg，白车身结构增重 5kg 左右。电动车由于电池重量大幅度增加，整车行驶过程中动能增加，应特别注意碰撞结构集成设计，这在本书 4.2 节中有详细论述。另外，碰撞性能要求越高，结构断面相应增大和对材料要求也越高，整车重量会相应增加。

12. 基于成本相关性的评价

整车重量与成本的关系分析、重量和成本模型将在本书 9.2.2 节中进行详细的阐述。这里需要重点说明的是：

1）不同的重量目标对应着完全不同的轻量化技术方案，相应的成本当然也不一样。项目组需要详细评估不同重量目标对性能、续驶里程或电池电量等的影响，综合平衡其与成本之间的关系。

2）汽车轻量化在中国品牌汽车中低端汽车开发中实施的主要目的其实是降低整车成本，这不仅可以通过性能或结构优化实现，还可以通过合理的轻量化技术方案节约行驶能耗，减少原材料和加工成本或是减少电池电量等方法实现"成本对冲"降低整车总体综合成本。因此，需要对不同重量目标的轻量化多方案进行比较，综合平衡各个变量之间的关系，才能最终确定既有竞争力又能达到成本最优的重量目标和相应技术方案。

8.3.3 整车重量管控工作内容、现状、问题与解决方案

整车重量管控有专门的轻量化管控科室或团队，一般隶属于整车集成部门。在设计初期，即项目预研阶段或造型冻结、VTS 等性能目标发布，开始实施结构设计之前，就已经按照整车轻量化多维度重量目标制定与评价体系开展新车型重量目标制定工作，一般会制定不

同轻量化水平的 2 个或 3 个整车重量参考目标并分解到各个专业或系统级；各专业根据所分解的不同重量目标制定相应不同材料、结构和工艺的技术方案；通过虚拟验证和反复技术方案可行性评审，同步针对各个不同轻量化水平技术方案开展对应的性能和综合成本优劣势分析和比对。

设计变更冻结之前，持续开展多方案比对，综合平衡整车重量、性能和成本之间的关系，最终完成整车重量目标的确认，并确保该重量目标下相应各专业分解目标达成的技术方案可行性。尤其要注意造型或设计变更带来的重量变化，若有风险及时预警、更改或优化设计方案，最终发布重量目标书。此后，重量管控的核心工作就是：目标重量＝设计重量＝实物重量。

工装模具零部件生产出来之后，实物重量目标管控的工作内容主要是基于 BOM 核对与分析整车、系统重量目标，以及重点零部件目标重量达成情况。例如：车身设计重量与实物重量可以按经验值 5% 减薄率进行测算。组织重量目标未达成专业开展增重原因分析并提出相应减重方案。

在投产签署阶段，完成整车、系统及零部件重量实物签收和评价。进行签收结果与重量目标差异分析比对，出具分析报告。

中国汽车轻量化设计开发实施过程受到成本、节点、技术储备不足等各种因素制约，推动真正整车轻量化实施起来困难重重。其主要原因是没有一整套比较完整或系统的整车轻量化正向开发顶层设计技术路线或工作方法，而通常都是通过"逆向设计"或在原有车型上完成初步数据设计之后再找轻量化方案做"减法"，这样往往会导致新技术方案不能应用的风险和综合成本的增加，而不能得以实施。

当前整车重量目标达成与管控存在的主要问题如下：

1）规划不清。缺少换代新车型的轻量化 3~5 年平台规划；车型换代开发轻量化目标和重点工艺技术路线不明确；没有按照规划持续开展轻量化技术创新研发，就没足够的技术储备支持新车型开发达成轻量化重量目标的技术方案，也就是轻量化技术开发能力不足。这个问题已经在本章 8.2 中有详细阐述。

2）价值不清。一般项目组大多仅负责核算项目开发"整车材料成本"，而不是整车总体综合成本。例如，自制件的生产能耗、运输或仓储等成本一般由公司财务部门负责，当自制传统钣金后尾门改为轻量化塑料后尾门之后，尾门总成由自制转为委外之后，供应商报价自然包含生产能耗、仓储、运输、管理等费用，这些一般不在项目组内部材料成本预算之内，从而造成成本上升的假象。另外，对于整车重量减轻带来的行驶能耗降低、材料和加工费节约等缺少成本 – 重量评估模型综合计算分析，无法做出正确决策。

3）管控不力。重量目标设定阶段，缺少完善的多维度评价体系或方法，导致重量目标设定不严谨；车型开发过程中，重量管理主要以重量统计为主，实际工作中缺少对重量过程数据的管控和抽检，以及风险预防。目前，多数主机厂已经将重量管控提高到与节点、质量、成本同样的高度，并按照成本管控模式进行管控，这样才能真正实现整车轻量化预定目标。重量管控工作还不能忽视常规轻量化技术课题研究和储备，没有持续开展的轻量化创新技术研究和技术储备，就不可能在新车型开发时有成熟的轻量化技术方案支撑，确保高水平的整车轻量化目标达成。

8.4 轻量化材料与轻量化工艺

材料是轻量化产品开发的基础，工艺与材料密切相关。轻量化零部件采用了合适的轻量化材料后，必须选择最合适的成形工艺。本节介绍轻量化相关的常用材料和工艺。

8.4.1 轻量化材料

1. 铝合金

铝合金的密度为 $2.7g/cm^3$，是常用的汽车轻量化材料。目前，世界各国都在积极推进车身主要部位的铝材化，采用的铝材有铝板、挤压型材、铸造结构件等。从设计的自由度、成本、轻型化、安全性等方面考虑，制造小批量、多品种的汽车时，以铝挤压型材为主体的空间框架结构大有发展前途。这种铝空间框架结构换型容易，不需要大型冲压设备，可减少零部件数量，减少工时，缩短生产周期，例如奥迪 A8 ASF 全铝车身、本田讴歌 NSX 全铝车身、奇瑞新能源 eQ1 全铝车身等。

汽车用铝在日本已经制定了 JIS H4000 标准，从 1000 到 7000 进行了分类，用于汽车的铝合金，包括热处理型 6000 系列和非热处理型 5000 系列，其中 5×××系和 6×××系是汽车车身最常用的铝板牌号，见表 8-16。德国汽车车身用铝已经规范化，奥迪公司在 1995 年首先批量生产的奥迪 A8 轿车是使用铝质材料制造汽车车身的最具代表性的成功之作。铝挤压型材、铝真空压铸件及铝合金板是奥迪 A8 铝车身的三种基本元素。由于采用了轻金属铝，不但使本身重量减轻 40%，而且铝合金空间框架的设计使得车身的静态扭转刚度还提高了 40%。日本本田公司生产的顶级跑车 NSX，车身和部分底盘零件全部用铝合金制作，车体重量比用钢材制造时减轻了 140kg，整车减轻了 200kg，燃油消耗率降低了 13%。目前，全铝车身主要用于高档轿车和跑车，随着时间的推移及制造成本的不断下降，将会有更多车型应用铝合金材料。

表 8-16 汽车常用铝板力学性能

类别	牌号	屈服强度/MPa	抗拉强度/MPa	总伸长率（%）	拉伸应变硬化指数（n 值）	塑性应变比（r 值）
5×××	5182	125	265	28	0.33	0.8
	5052	90	190	26	0.26	0.66
	5754	90	212	22	0.34	—
6×××	6022	155	275	31	0.25	0.6
	6016	130	235	28	0.23	0.7
	6111	160	290	28	0.26	0.6

用于汽车覆盖件的深冲铝合金板材的重要技术指标：冲压前板材应具有抗时效稳定性，以保证良好的成形性；冲压后板材应具有烘烤硬化性，以使冲压成形后的零件在烤漆后具有高的抗凹性，保证零件的使用性能。由于各项性能是相互制约的，要达成这一指标，在技术上的实现难度很大。此外，汽车外覆盖件对铝合金板材的表面质量有着苛刻的要求，例如，冲压后表面无"漆刷外观"表现、表面与涂装工艺具有良好相容性等。目前世界上只有少

数大的铝业公司具有这种技术。美国铝业公司曾投资11亿美元，在德国建立汽车车身用铝合金板材生产线，为奥迪汽车配套铝合金车身板，其生产的6×××系汽车用变形铝合金板材作为该公司的一个亮点在世界范围内推广应用。目前，宝马、奥迪、福特、通用、雪铁龙、丰田、本田、欧宝、克莱斯勒等汽车均使用铝合金发动机舱盖来减轻重量，并降低对行人碰撞的伤害。

经过国家和地方的持续支持和投入，中国的汽车铝板得到长足发展，西南铝业、南南铝业、南山铝业、辽宁忠旺等已成为中国重要的汽车铝板加工企业。中国2002年"863计划"设立了"高精度深冲铝合金板材及相关技术开发"的研究项目，由西南铝业牵头承担，东北大学和中南大学等单位参加。同年，国家教育部也设立了"6×××系车身板铝合金的研究"项目。由此，中国开始了汽车车身用铝合金板材的研发工作。2008年，西南铝业承担了国家"863计划"设立的"高成形性铝合金汽车车身板制备工艺技术开发"项目。2009年，西南铝业承担了中国铝业公司的科技基金发展项目"高成形性6016、6181A铝合金汽车车身板开发"，目前已开发出一种6×××系铝合金车身板材料，初步建立起了汽车用6×××系铝合金板材的工业化生产技术体系，并在长安、奇瑞等汽车厂开展了材料的冲压成形试验，取得了初步成功。尽管中国汽车铝板发展迅速，得到各级政府和企业的高度重视，但发展时间短、基础薄弱，还需要进一步投入和深入开发。

中国汽车铝挤压型材开发历史较短，主要应用于内外饰系统、车身系统等，但随着技术更新以及节能减排要求的提出，减振系统、制动系统、转向控制系统等重要的汽车零部件也在逐步采用挤压铝材料。现阶段汽车用挤压铝材仍基本以车身、内外饰用铝合金装饰件为主，对于承载件、异形挤压件等的研究与产业化工作进展不大，铝材的冷挤压、温挤压研究技术也刚刚开始。

第一个全铝车身的运动型多用途车型是2012款的全新路虎揽胜，其全铝车身为288kg（不含门盖），比同尺寸的钢质车身减重39%（180kg），用了270个铝冲压件（74%）、14个铝压铸件（15%）以及9个铝型材件（6%），如图8-21所示。

图8-21　2012款全新路虎揽胜全铝车身

中国第一个全铝车身的运动型多用途车型是2018款的蔚来ES8，其全铝车身为335kg（不含门盖），铝材的使用率高达96.4%，并首次采用7系铝合金挤压型材。车身扭转刚度达 44140N·m/(°)，车身轻量化系数为 2.02。

铝合金除了应用在传统的动力系统外，目前主要是扩大在车身和底盘领域的应用。例如：车身的门盖系统采用铝板，前后碰撞横梁采用铝型材，轮毂包采用铝合金铸件，副车架采用铝铸件和铝型材混合设计，锻造铝合金控制臂，差压铸造铝合金转向节。

2. 镁合金

镁合金是可以用在汽车上最轻的金属，其密度为 $1.78g/cm^3$，由于其具有比强度和比弹性模量高，阻尼吸振降噪性能优越，铸造成形、机加工性能良好，易回收利用等优点，已逐渐在汽车上得到广泛的应用，包括发动机油底壳、气缸罩盖、变速器壳体、轮毂、座椅骨架、仪表板骨架等数十种零部件。但镁合金在车身上应用涉及结构集成设计、供应商少以及成本等问题，目前主要在汽车上的批量应用较少。常用镁合金牌号力学性能见表 8-17。

表 8-17 汽车常用镁合金牌号力学性能

性能指标	AZ91	AM50	AS41	AE42
抗拉强度 R_m/MPa	240	210	215	230
屈服强度 $R_{p0.2}$/MPa	160	125	140	145
伸长率 A（%）	3	10	6	10
弹性模量 E/GPa	45	45	45	45
布氏硬度 HBW	70	60	60	60

从 20 世纪 90 年代开始，欧美、日本、韩国的汽车商都逐渐开始把镁合金用于新车型上。已采用镁合金汽车零部件的著名汽车制造商有通用、奔驰、福特、丰田、奥迪、大众、克莱斯勒等。例如，德国宝马汽车公司的发动机曲轴箱体和美国与加拿大联合研制的发动机托架，福特汽车公司 Aerostar Mimi – Vans 牌汽车的座椅骨架、中控箱、仪表板支架、转向盘骨架等，Ranger 轻型货车的离合器壳体和制动踏板支撑托架，克莱斯勒汽车的齿轮变速器壳体，通用汽车的气缸盖、油底壳等近 10 种零件。

汽车用镁合金的典型零件如图 8-22 所示。

宝马汽车公司在世界上首次采用镁 – 铝复合材料制造水冷式发动机的曲轴箱，内部采用铝合金，而外部则采用镁合金，并未公布将配备该发动机的车型及投入实际使用的时间。过去这种曲轴箱是用铝合金制造的，现在采用镁合金制造箱的外壳，而用薄的铝合金做内壳，从而形成一种外镁内铝的复合箱体，集镁与铝的优点于一体，既有铝的高耐蚀性又有镁的减重效果。这种复合曲轴箱的重量比全铝曲轴箱的重量小 10kg，对减轻汽车自身重量效果显著。同时，内部为铝还提高了曲轴箱的强度，它由上、下两部分组成，然后用螺栓固定，为了避免接触腐蚀，不用钢螺栓，而用高强度铝合金螺栓。这种新型曲轴箱采用宝马汽车新近开发的一种新型镁合金，具有高的抗蠕变强度、相当强的耐蚀性、高的热学性能与力学性能，另外还有良好的铸造性能。为了避免镁与其他材料间的接触腐蚀，曲轴箱与发动机之间进行了完全绝缘性密封。生产工艺为先铸造铝合金内衬，再铸造镁合金外壳。这种复合曲轴箱由拥有全球最大压铸机的企业生产，压铸模重 60t，铸造完铝合金内衬后，关闭模具，第二步是立即注射约 700℃ 的镁熔体，注射时间为（1/600）s，压力约 1000bar（1bar = 10^5Pa）。于是铝内衬与镁合金外壳在约 4000t 外力的作用下紧紧地熔接为一体。镁合金在 10s 左右时间内凝固完毕，再过 20s 由机器人取出铸件，随即交付热处理与机械加工。

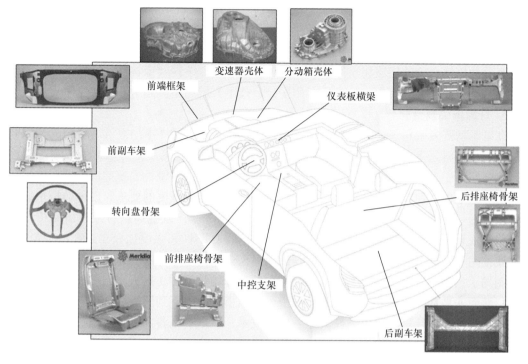

图 8-22 汽车用镁合金的典型零件

发达国家在经历了镁合金大型、超大型铸件等开发的阶段后,已经进入了一个新的发展阶段:

1)推动镁合金大型、超大型铸件技术的转化,实现在汽车上批量应用的产业化目标。例如,德国宝马汽车公司决定投资 1 亿欧元,在兰茨特新技术工艺中心建一个建筑面积为 1 万 m^2 的新厂,专门从事高新技术镁/铝复合曲轴箱的压铸与开发其他的镁合金汽车零部件。

2)从汽车整体设计的角度,集成各种镁合金技术于汽车的某一系统。例如,针对北美地区大多数车辆前端重量较大,前端/后端重量比超过 55/45 的现状,以及从降低前端重量,使前/后重量比接近 50/50,提高汽车的燃油效率及驾驶和操控性能考虑,由美国提出,并建议中国、美国、加拿大参与的"镁质车体前端结构件开发"。这一研究打算跨过由钢到铝的发展阶段,拟将镁在汽车上的应用从单体提高到子系统水准,开发重量较轻的镁质前端结构件,并研究高度一体化的车体结构件的铸造、挤压、板成形以及腐蚀防护、连接和装配的可行性技术。

在中国,汽车镁合金的替代应用处在模仿阶段,自主创新能力弱。镁合金在汽车零件上的应用多限于成熟的小型件,镁合金大型复杂铸件生产制造技术薄弱,主要集中在交通工具上的小型、简单形状、厚壁的压铸结构件上,以及一些 3C 产品的压铸件上,镁合金的用量、应用范围以及应用水平都远远没有达到发达国家的现有水平。虽然中国自"十五"以来,已成功开发了多种牌号的镁合金,并试制了转向盘骨架、变速器壳体、座椅骨架等汽车镁合金零部件,但镁合金应用总体水平不高,单车平均镁合金用量低于 5kg。目前,阻碍中国镁合金零部件产业化的主要问题是成材率偏低、成本偏高、服役中耐蚀性差、集成设计方法缺失、成形控制和性能评价经验不足等。要实现镁合金零部件批量生产和应用仍然面临巨大挑战。2015年，中国国家工业与信息化部发布的《中国制造2025》在新材料篇中提出，高强韧的镁合金成材率需提高10%。而镁合金的熔炼和铸造工艺、模具设计、缺陷和质量控制对镁合金成材率至关重要。当前，小尺寸车用镁合金零部件已实现产业化生产和应用，为了充分利用镁合金的轻量化、减振降噪优势，大尺寸复杂镁合金构件的开发已成为镁合金厂家和汽车企业的共同需求，是今后车用镁合金技术发展的主流趋势和核心竞争力。

3. 纤维增强复合材料

在纤维增强复合材料应用方面，聚丙烯（PP）是汽车用塑料的主要品种，汽车用PP一般都是增强塑料（复合材料）。加入玻璃纤维提高强度是改性的主要方法之一。在车用玻璃纤维增强塑料中，长玻纤增强聚丙烯不仅能有效地提高制品的刚性、抗冲击强度、抗蠕变性能和尺寸稳定性，而且可以做出复杂的汽车模块制品。由于强度的要求，以往的模块载体通常由以聚丙烯为基材的玻璃纤维毡增强热塑性塑料（GMT）或金属板材经冲压制得。由于采用压制成形，很难对多种零件进行集成。而为了提高刚性和强度以及得到薄的成形厚度，还需要使用加强筋。此外，还需要通过其他步骤来去除成形零件的飞边和毛刺。上述所有因素都制约了汽车零件重量和成本的降低。采用长玻纤增强塑料注射成型则可以克服上述诸多弊病。然而，玻璃纤维在注射成型的过程中可能被损坏而得不到所需的强度。

开发应用长玻纤增强聚丙烯及其注射成型技术，就是要制备出增强玻纤长度在10mm左右的聚丙烯原料，并通过改进的注射成型工艺，保证制品中的玻纤长度在3~5mm。2002年，长玻纤增强聚丙烯注射成型技术开发成功，并成功用于生产马自达6汽车前端模块和门模块。该项技术包括以下两个方面：

1）对玻纤增强聚丙烯的材料改性，即采用一种超低熔融黏度的聚丙烯树脂（树脂熔体流动速度为300g/10min），使包裹在其中的玻璃纤维在注射成型过程中受到较小的螺杆推进剪切力，以减少玻璃纤维的长度折损，同时添加一种高结晶结构的聚丙烯树脂来保证注射成型件的强度。通过这种树脂共混改性，解决了材料流动性和制品强度的矛盾，经共混改性后的长玻纤增强聚丙烯的弯曲模量、弯曲强度和冲击韧度三种力学性能已与GMT的同一性能相当，其流动性也比普通的玻纤增强聚丙烯的流动性提高了30%。

2）对注射成型工艺的改进，即通过对螺杆的几何形状进行改进，如加深螺槽、加宽螺齿间距、对螺杆头进行优化设计以及通过扩大热流道的方式，使玻纤增强树脂在注射过程中得以平缓流动以降低塑化过程中树脂承受的高剪切力，从而达到减少玻纤长度受损的目的。在使用长玻纤增强聚丙烯原料的条件下，改进型的低剪切力螺杆注塑制品所得平均玻纤长度为普通螺杆注塑制品所得平均玻纤长度的1.7倍。

新福特Fiesta前门模块采用的材料是DSM公司的牌号为StaMax P30YM240的长玻纤增强聚丙烯材料。在开发该车门模块的过程中，一些专家对注射成型用长玻纤增强聚丙烯材料的性能进行了深入的研究，特别是对该种材料的抗蠕变性能进行了研究。结果表明，长玻纤增强聚丙烯材料即使经受100℃的高温也不会产生明显的蠕变，且比短玻纤增强聚丙烯有着更好的抗蠕变性能。在高温和长时间低负荷条件下，长玻纤增强聚丙烯材料不会产生变形，可使其制品具有良好的尺寸稳定性，这可从新福特Fiesta车型前门模块的尺寸实测结果中得到证实。目前，随着汽车零部件模块化日益引起人们的重视且越来越多地得到应用，长玻纤增强聚丙烯无疑成为一种理想的模块载体材料。

目前，纤维增强复合材料在各国合资车型中已大量应用，如：塑料复合材料前端模块集成度高，已广泛应用于 POLO、捷达、桑塔纳、高尔夫、奥迪 A4、沃尔沃 S60、奔驰 C 级等车型上；塑料复合材料翼子板广泛应用于标致 307、标致 408、三菱劲炫、宝马 X5 等车型上；塑料复合材料后背门广泛应用于日产奇骏、DS6、路虎极光、沃尔沃 XC60 等车型上，见表 8-18。

表 8-18 塑料后背门应用情况

汽车主机厂	车型	年代
标致雪铁龙	DS6	2014
	PSA 308	2014
	PSA 3008	2010
	标致 408	2014
沃尔沃	XC90	2013
	V70	2006
	XC60	2017
路虎	Range Rover Sport	2013
	Range Rover Evoque	2011
	Jaguar XF Sportback	2012
日产	新奇骏	2014
	楼兰 Murano	2013
	Inifiti QX50	2013
	Rogue	2014
	Stagea	2001
奔驰	A – Class	2013
雷诺	Laguna	2011
	Espace	2015
宝马	i3	2013
	i8	2014
斯柯达	Roomster	2014
东风	AX4	2016
	E30/E30L	2014
奇瑞	小蚂蚁 eQ1	2016

8.4.2　轻量化工艺

1. 超高强度钢热冲压工艺

2009 年，欧洲车身会议的资料表明，汽车车身实现轻量化的一个重要手段是采用超高强度热成形钢，以获得性价比高、安全性好的轻量化效果。

热冲压成形工艺技术的出现是解决高强度钢和超高强度钢的成形问题。其实质是将热冲压成形板材加热到奥氏体，然后在模具中进行热冲压成形，随之在模具中通水冷却，在保持零件良好形状的前提条件下，得到高强度的马氏体组织零件，再通过后续的激光加工和表面处理，使之成为抗拉强度超过1500MPa的超高强度钢零件。目前，国际上能够生产热冲压成形零件的公司有德国的本特勒、西班牙的Gestamp（即Hitech）、西班牙的Cosma、加拿大的Magna、德国的蒂森金属成形TK-MF、韩国Posco。这些公司大体采用相同的工艺路线，即将板材下料→在保护气氛炉中加热→由机械手将料放入热冲压成形模具中并进行压制成形→淬火和回火→出模进行切边和打孔→喷丸清理和防锈处理→出厂。

在热冲压成形生产线方面，目前全世界已建约150条，主要分布在美国（19条）、德国（30条）、日本（10条）以及法国、西班牙、瑞典等国。中国目前也拥有大约45条生产线，分别为长春的本特勒、上海昆山的GESTAMP、上海BENTLER、上海嘉定的COSMA以及上海宝钢从AP&T公司引进的热冲压成形生产线。这些生产线知识产权属于德国的SCHULER以及瑞典的AP&T公司，这两家公司几乎垄断了热冲压成形生产线的市场。而中国拥有自主知识产权的热冲压成形生产线尚处于空白。瑞典Plannja获得首个硼钢的专利（GB1490535，1977），用于草坪修剪机的锯片。1984年，萨博汽车公司把该项技术用于萨博9000车型，开始了热冲压成形硼钢在汽车上的应用。随之安赛乐米塔尔公司开发了热冲压钢表面涂层技术并获得相应的专利。

近年来，世界各国钢厂根据热成形工艺的要求，又开发了不同淬透性的热冲压成形用钢。它是为顺应汽车工业安全法规的提升，要求轻量化的同时提高安全性的需求而发展起来。其典型的热冲压成形件有车门防撞梁、前后保险杠的防撞梁、车顶横梁、纵梁、门槛、A柱/B柱加强件等，如图8-23所示。

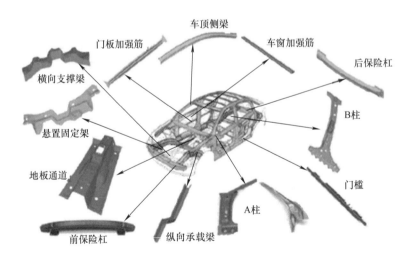

图8-23 典型的热冲压成形件

目前大量采用的是抗拉强度1500MPa级别的22MnB5钢，最近先后出现了抗拉强度达到1800MPa和2000MPa的超级高强度热冲压成形钢，与传统的1500MPa强度级别的热冲压钢相比，可以再减重5%~10%。但为解决氢脆、强韧性匹配，需要添加较多的合金元素，增加合金成本和冶金轧制工艺的复杂性，同时热冲压零件的厚度存在极限，太薄影响冲压淬火和表面处理的难度，因此需要综合考虑零件的功能和性价比，还有较多工作需要深入研究。

2. 内高压成形工艺

内高压成形主要工艺过程首先是把管坯弯曲成零件轴线形状，通过预成形分配材料，然后在模具内施加高压液体（高压液体压力通常在200MPa左右，最高可达400MPa）成形。其特点是可以一次整体成形沿构件轴线截面形状复杂多变的空心结构件。适用的产品包括汽车的副车架等底盘构件、车身框架、座椅框架、前轴、后轴及驱动轴、排气系统异型管件等。内高压成形技术已在德国、美国等发达国家汽车制造中广泛应用。德国、美国均于20世纪90年代初开始内高压成形件的工业生产，随后发展迅速。2004年，北美和欧洲内高压成形产值各约100亿美元。欧洲约有120条内高压成形生产线，北美地区约有100条生产线，到2006年，欧美内高压件年产量达6000万件。

内高压成形在轿车上应用有排气系统异型管件、副车架、底盘构件、座椅框架及散热器支架、前轴、后轴及驱动轴等。

目前，生产应用的内高压成形装备高压源最高压力为400MPa，用于轿车零件生产的内高压成形机吨位最大5000~6000t。按每天一班（8h）计算，每条线可年产副车架25万件。在内高压成形技术方面已经取得大量研究和开发成果，形成了一些企业标准和专利成果，但目前尚无国际通用标准，大量技术成果作为企业专有技术处于保密状态。

目前，内高压成形技术的发展趋势主要为：采用更高强度钢管生产内高压成形件，进一步提高安全性、减轻重量；通过改进设备和工艺，提高生产率、降低成本，例如缩短换模时间，通过集成模具减少成形工序等。

中国国内目前主要采用进口或合资企业生产的内高压成形件。哈尔滨工业大学等在内高压成形的工艺、模具和设备方面已具有一定的研究基础，采用自主知识产权技术为天津等地汽车零部件企业研制了内高压成形机。一汽轿车股份有限公司、宝钢集团也进口了2套内高压成形装备初步开展内高压成形零件的生产应用。目前，中国年产副车架和仪表盘支架类内高压成形件合计约25万件，但是内高压成形件主要采用国外设计或仅做少量修改，没有内高压成形零件设计经验，批量生产模具和钢管基本依赖进口。中国对内高压成形技术在汽车轻量化构件制造上的应用研究已经起步，但是尚未形成产品设计规范、工艺规范和模具设计规范以及技术标准。

3. 高强度钢辊压成形工艺

辊压成形是指以金属卷料或板料为原料，通过多架装配了特定形状成形辊的成形机组，对材料逐步进行弯曲变形，从而得到特定截面产品的塑性加工方法。辊压成形工艺大多采用成卷连续成形，即以卷材为原料，而且前一卷带材的尾部与后一卷带材的头部对焊，使坯料带材连续不断地进入成形机组进行成形。

辊压成形行业经过二十多年的发展，在中国取得了长足的进步，但与美、欧、日等发达国家和地区相比较，还存在不小的差距，主要表现在：产品的品种少、总产量低。目前，发达国家的辊压型钢品种已超过1万种，约占到钢材产量的5%；而中国辊压型钢产品的品种只有2000多种，占钢产量的2.4%。目前，国际新车型的开发设计上，广泛采用了高强度钢板，如前后碰撞横梁、门槛加强件等由辊压成形制造。

欧盟投资1000万欧元启动的Proform项目的组成部分之一就是辊压成形，目标是研发下一代的汽车制造新技术。美国、日本都分别在进行下一代汽车核心技术的研发。中国的汽车产业近年来获得飞速发展，辊压成形工艺广泛应用于汽车部件的制造。如何为中国的汽车制造业提供先进的工艺装备，是我们面临的重大和紧迫任务。

变截面构件在汽车轻量化中具有不可替代的优势，作为变截面构件辊压生产的三维辊压生产技术成为发达国家先进成形技术的热点。由于其成形机理和工艺装备的复杂性，目前中国尚处于研究阶段。开展变截面三维辊压成形关键技术研究，对于中国建立独立自主知识产权的工艺技术和装备，具有重要的意义。

4. 超高强度钢热成形技术难点

与传统的冲压成形模具相比，热成形冲压模具带有冷却压力和流量可控的柔性控制系统，零件在高温下进行热冲压成形后，可实现快速冷却，满足热成形模具中冷却淬火的需求，达到零部件的热成形和高强度的有机统一。超高强度钢的热冲压成形工艺实际上是金属学、结构力学、热传导学和流体力学等多学科的集成，其带来的零件之间的连接方法、连接强度及装配工艺问题都是需要解决的难点。

铝硅涂层高强度钢热冲压成形后的零件发生氢致延迟开裂风险，主要是由镀层中的铝抑制了加热和成形过程中渗透到金属层的氢溢出导致的，需要制定生产相关工艺和零件评价标准规范，减少该类问题的发生。

5. 高强度钢内高压成形难点

内高压成形全过程的数值模拟和优化难度很大，主要是由于内高压成形包括弯曲、预成形、终成形多个工序，结构变量庞杂，材料变形复杂，需要合理构建模拟模型，才能获取有效优化结果。内高压成形批量生产模具设计与制造困难。由于在中国内高压应用不多，大批量生产用模具的设计与制造是一个系统化问题，目前只能进行少量试制试验模具，因此内高压成形用批量生产模具设计与制造还需进一步深入研究。

6. 三维辊压成形技术难点

三维辊压成形是国际上正在研究的先进成形技术，其主要技术难点首先是三维辊压成形机理与成形控制。三维辊压是通过多轴进给和成形压力共同作用实现，由于高强度钢塑性低，成形过程中容易出现回弹、失稳、皱曲等现象，需要建立一个有效的弹塑性有限元分析模型来预测其形成机理，但是中国目前主要对一维辊压成形机理研究较多，对三维辊压的成形机理的研究还是空白。另外，由于轧辊是进行三维运动，其形面位置调整与移动速度、加速度的协调控制也没有一种统一的理论指导，从而导致成形控制技术攻关困难。三维辊压成形的另一个技术难点是成形关键装备设计与研制。在高强度钢材料特性条件下，需要装备本身具有大承载力、高精度、轧辊尺寸不能太大的特性。另外，装备中伺服电动机与传动机构的系统动力学问题也没有理论指导，因为涉及高强度钢本构关系、质量、刚度、阻尼，伺服电动机磁通等参数，没有形成一个完整的理论，限制了装备设计与研制。

8.5　整车轻量化结构集成设计与典型案例

整车轻量化结构集成设计包括结构的优化设计和轻质高强材料的集成应用。经济型和普通品牌的车型应该坚持走低成本高性价比的钢质车身路线，而高端品牌和中大型整车可以采用铝合金和碳纤维等轻质材料为特色的设计开发路线。目前，欧美最新开发的车型已经逐渐聚焦在以多材料混合车身为特色的整车轻量化设计开发。

8.5.1 低成本整车轻量化集成设计技术与典型案例分析

8.2 节介绍了在整车开发过程中需进行整车轻量化顶层设计,利用系统思维考虑二次减重,可以客观地反映出轻量化技术方案的影响以及后续可行性分析。下面以一款低成本轻量化顶层设计产品开发为例,诠释整车轻量化顶层设计技术路线。

在某车型开发过程中,基于油耗法规日益严格,初步确定搭载最新开发的排量为 1.5L 自然吸气发动机,但相比上一代排量为 1.6L 自然吸气发动机,功率减小 4kW,最大转矩降低 4N·m。为实现与上一代相比整车动力性、经济性提升或相当,整车需减重 100~150kg,通过初步 CAE 动力性能分析,最终决定相对上一代车型减重为 135kg。

整车轻量化的实施,使得在发动机功率及转矩减小的情况下,动力性得到提升(百公里加速时间减少 0.9s)。通过整车轻量化直接节油与发动机排量小型化实现经济性改善明显,共计实现节油 1.2L/100km,同时在油箱容积减少 8L 的情况下还实现了续驶里程增加 27.5km。这充分说明整车轻量化顶层设计为整车各项性能的提升带来了良性循环,见表 8-19。

表 8-19　两代车型的轻量化效果

基本参数	某车型 – 1.6L（上一代）	某车型 – 1.5L（新一代）	变化
0~100km 加速时间/s	12.6	11.7	-0.9
工信部综合油耗/L/100km	7.3	6.1	-1.2
整备质量/kg	1360	1225	-135
油箱容积/L	60	52	-8
发动机功率/kW	86	84	-2
最大转矩/N·m	150	146	-4
续驶里程/km	739.7	767.2	27.5

图 8-24 所示为该车开发过程中一些典型轻量化方案与性能表现的关系,如油箱容积减

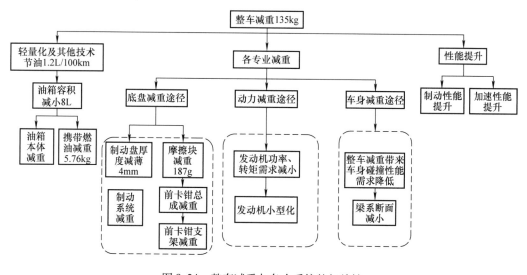

图 8-24　整车减重与各个系统的相关性

小 8L，除本体减重外，额外带来燃油减重 5.76kg。

在轻量化方案推进的过程中，多次提到成本是一个不可或缺的考量，需要利用精细化设计思路，将轻量化技术看作是设计的抓手或动力，以成本作为轻量化设计水平的衡量因素。在性能相当的情况下，实现减重而不增加成本或降低成本，是轻量化技术水平的最高体现。所以在产品开发过程中，首先要结合新一代油耗法规，初定整车重量目标，基于整车轻量化进行机车匹配分析，尽可能选用小排量发动机，系统梳理整车减重规划技术路线，基于 8.2.3 节中整车轻量化系统性分析，尽量客观反映轻量化技术的减重价重比，以此纳入更多的轻量化方案。

以车身（不含闭合件）为例，两代车型均为钢质车身，但其新一代相比上一代实现减重 86.7kg，通过车身结构优化及合理用材，轻量化系数由原来的 4.97 降低至 2.53，轻量化水平显著提高，见表 8-20。

表 8-20 新老两代车型车体轻量化水平对比

车型参数		上一代车型	新一代车型	变化
长/mm		4598	4567	-31
宽/mm		1797	1786	-11
高/mm		1477	1455	-22
轴距/mm		2685	2662	-23
车体重量/kg		391.2	304.5	-86.7
模态	弯曲模态/Hz	64.4	62.1	-2.3
	扭转模态/Hz	41.5	53	11.5
刚度	弯曲刚度 N/mm	22510	15690	-6820
	扭转刚度/(kN·m/rad)	1080.07	1667.98	587.91
车身轻量化系数（L）		4.97	2.53	-2.44

随着轻量化技术的发展，新一代车型应用了多种轻量化技术手段，包括基于结构优化大量开减重孔，暖风机压力室板由传统的金属件改为塑料件，在地板区域取消阻尼胶片，下车体减少或局部区域取消 PVC 喷涂等，如图 8-25 所示。

1. 机舱轻量化设计

两代车型均采用铝合金前碰撞横梁总成，从材料的角度看均为较优的轻量化方案，但其新一代车型横梁本体厚度由原来的 2.7mm 减为 2.5mm，同时减小横梁本体的弦高 10mm。在吸能盒结构设计中，其尺寸由原来的 $XYZ = 145 \times 95 \times 80mm$ 改为 $XYZ = 165 \times 80 \times 90mm$，通过吸能盒长度的增加提升碰撞吸能性，通过整体优化设计，在碰撞性能提升（用于新一代车型的碰撞法规较上一代严苛）的情况下实现前碰撞横梁总成减重 0.6kg，成本降低约 20 元，如图 8-26 所示。

对于前端模块，老一代车型为闭口型，下部有散热器托架横梁，托架横梁重量约为 1.8kg，在新一代车型设计中采用开口型，散热器下部两个安装点为副车架上伸出的两个小托架承载，同时小托架采用塑料复合材料，通过该安装结构的设计及塑料复合材料应用实现减重约 1.3kg，同时成本降低，如图 8-27 所示。

在结构优化设计过程中，在前指梁及轮毂包区域设计了大量减重孔，减重效果较为明

第8章 整车轻量化开发结构集成设计

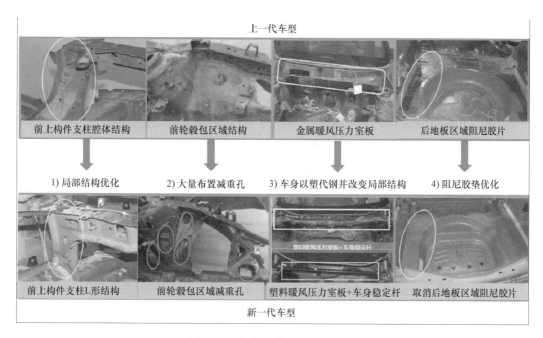

图 8-25 新老两代车型减重对比

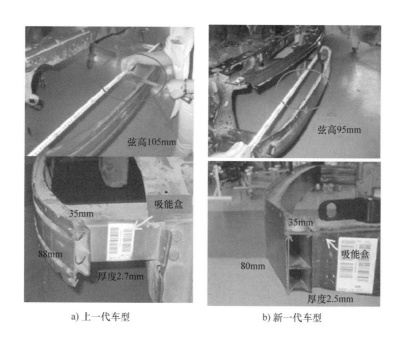

图 8-26 新老两代车型前碰撞横梁总成对比

显，可实现减重 2.5kg/车，如图 8-28 所示。

由于新一代车型减重 135kg，在实现相同碰撞目标的前提下，纵梁的刚度或强度可以相对降低近 10%。在新一代设计过程中发动机舱边梁先由 U 形改为 C 形，C 形结构有利于碰撞性能的提升，同时随着整车轻量化目标的实现，碰撞对纵梁的要求进一步降低，将 C 形

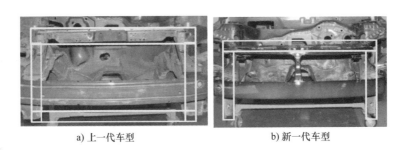

a) 上一代车型　　　　　b) 新一代车型

图 8-27　新老两代车型前端模块总成对比

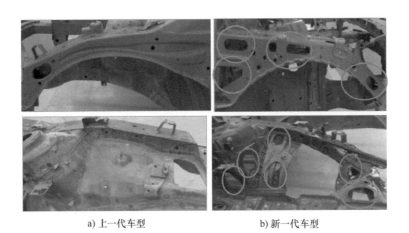

a) 上一代车型　　　　　b) 新一代车型

图 8-28　新老两代车型前指梁、轮毂包区域对比

断面由宽高 75mm×110mm 优化为宽高 81mm×101mm，实现结构与重量的最优，如图 8-29 所示。

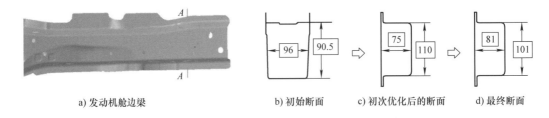

a) 发动机舱边梁　　b) 初始断面　　c) 初次优化后的断面　　d) 最终断面

图 8-29　新老两代车型发动机舱边梁断面结构对比

在暖风机压力室板区域，传统结构为钢制冲压件结构，同时该部位为雨水流经区域，需要采用镀锌板，在新一代车型设计过程中，如图 8-30 所示，由原来的金属冲压改为钢制车身稳定杆＋塑料暖风机压力室板，实现综合减重 0.8kg，同时由于车身稳定杆直接安装在两个轮毂包上，可以有效提升车身扭转刚度约 10%。

2. B 柱加强件轻量化设计

在车辆侧面遭遇碰撞时，B 柱是主要承载零件，其结构设计对整车的安全性有极大的影响。目前主流车型解决方案都选择采用 1500MPa 高强度热成形钢（22MnB5）作为主要材料，同样也衍生出多种创新应用方案，来满足不同车辆在侧碰中吸能和承载的需求。

第8章 整车轻量化开发结构集成设计

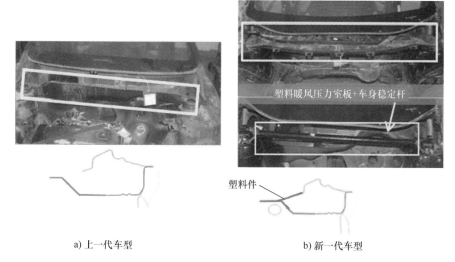

a) 上一代车型   b) 新一代车型

图 8-30 新老两代车型暖风机压力室板区域对比

在 B 柱区域设计过程中，由于 B 柱是满足侧碰要求最为重要的区域，新一代车型相比上一代车型在 B 柱加强件均采用 1500MPa 热成形钢的同时实现截面面积的减小，由原来的 $XY = 138\text{mm} \times 93.5\text{mm}$ 减小为 $XY = 132\text{mm} \times 64\text{mm}$。上一代车型 B 柱加强件采用 1500MPa 热成形钢 + 铰链加强件（340/590DP）焊接而成，新一代车型开发过程中将铰链加强件改成 B 柱加强件的补丁板，然后一体化热成形，如图 8-31 所示。

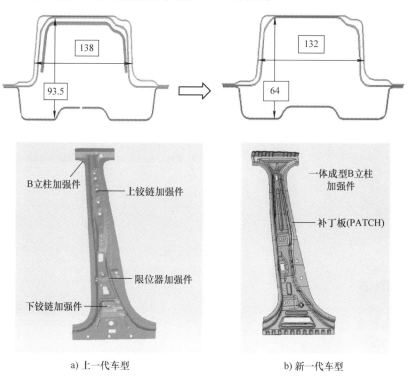

a) 上一代车型   b) 新一代车型

图 8-31 新老两代车型 B 柱加强件对比

通过侧碰性能仿真分析，B 柱的侵入量相当，如图 8-32 所示。该方案减重 12%，实现了性能设计的精细化。通过计算，单车材料成本节省约 14 元，模具费用减少 164 万，总共单车成本降低约 30 元，在减重的同时实现了降本。

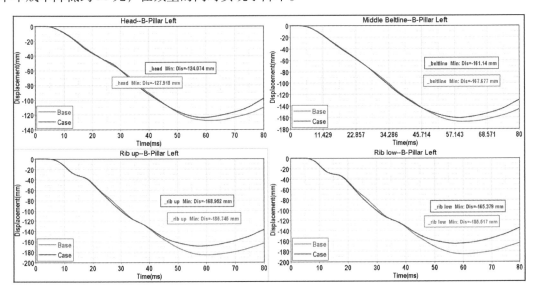

图 8-32　侧碰 B 柱侵入量计算（软件截图，见彩插）

3. 制动类零部件轻量化设计

以制动盘为例，整车确定了相比上一代车型减重 135kg 的目标，导致制动盘热容量要求降低，制动盘工作面厚度减薄 4mm，减重 390g，同时摩擦块减重 180g，也带来前卡钳支架减重。表 8-21 所列是具体的参数和减重情况。

表 8-21　制动盘和摩擦块的联合减重

图示	制动盘				摩擦块重量/kg
	外径/mm	帽檐外径/mm	有效厚度/mm	重量/kg	
上一代制动盘	280	151	26	6.87	0.92
新一代制动盘	280	152	22	6.48	0.74

在产品开发过程中，需对零部件开展精细化设计，通过对细节及几何特征的最优设计，

在保持性能相当的情况下，提出既减重又降本的设计方案，即产品的最优方案。

4. 车门防撞梁轻量化设计

车门防撞梁在侧面碰撞过程中对保护乘员安全起着至关重要的作用。上一代车型车门防撞梁设计为抗拉强度1500MPa热轧管材。常用的轻量化设计方案一般采用W形热冲压防撞梁，但会带来成本的增加，也可以对管径或壁厚进行优化设计。该车在换代设计过程中创新性地采用椭圆管设计，见表8-22，在碰撞性能相当的情况下，实现减重且降本。

表8-22 车门防撞梁两种方案对比

截面形状	截面尺寸/mm	厚度/mm	重量/kg
圆形	$\phi 32$	1.8	1.03
椭圆形	25×32	1.8	0.89

对图8-33所示防撞梁进行碰撞仿真分析可知，圆形管与椭圆管在前车门假人盆骨区域变形量基本相同，如图8-34所示。前车门假人盆骨区域的盆骨受力指标，椭圆管相比圆形管增加0.002kN，影响较为微弱，如图8-35所示。

图8-33 防撞梁两种截面对比

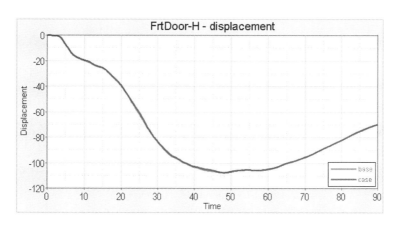

图8-34 侧碰前门侵入量（软件截图）

通过对B柱侵入速度分析可知，B柱头部侵入速度椭圆管略大于圆管，其他部位相当，如图8-36所示。结合三点弯曲以及整车碰撞分析判断，由圆管$\phi 32 - 1.8$mm改为椭圆管$25 \times 32 - 1.8$mm，防撞梁的碰撞性能基本相当，但可以减重降本，综合判断椭圆管更利于项目开发。

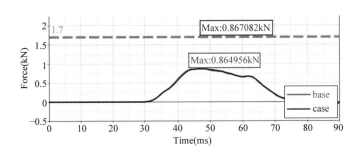

图 8-35 前车门假人盆骨受力随时间的变化（软件截图，见彩插）

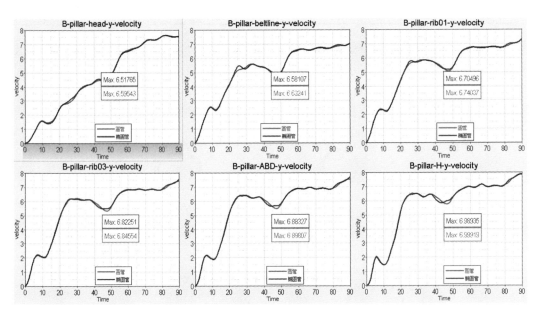

图 8-36 B柱侵入速度分析（软件截图，见彩插）

5. 辅料类轻量化设计

PVC（聚氯乙烯）是下车体地板下部及轮毂包区域常需要喷涂的材料，主要用于降低石子打击声及防止腐蚀。上一代车型下车体地板及轮毂包区域均喷涂了PVC，重量约5kg。而在新一代车型设计中，因轮毂包区域装有塑料轮罩进行美化及保护，首先考虑取消PVC喷涂（经试验论证可取消）；其次在地板下部验证取消PVC喷涂的可行性，经评价石子敲击声可接受，所以新一代车型取消了地板区域的PVC喷涂，总减重约5kg。

6. 车身用材

随着车身材料及工艺的发展，高强度钢应用比例提升是一种性价比高的轻量化技术。在新一代车型开发过程中，初定高强度钢比例大于60%的目标，同时基于零部件减重性价比开展多轮验证分析，最终高强度钢比例由上一代的44.5%提升至62.36%，其中超高强度钢比例由4.4%提升至23.26%，热成形用钢比例由6.4%提升至17.1%，如图8-37所示。

综上所述，通过结构优化、高强度钢应用比例提升，实现了车身减重86.7kg，且通过车身轻量化系数评价轻量化水平得到了提升。对多种技术手段成本变化进行了初步计算，发

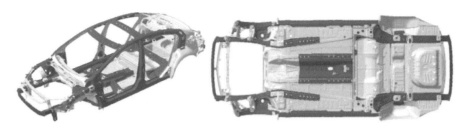

图 8-37 新一代车型车身用材示意（见彩插）
注：红色为热成形，紫色为超高强度钢，绿色为铝合金

现在实现轻量化的同时成本降低了约 260 元，这充分说明了开展轻量化顶层设计、多种轻量化技术手段综合应用以及低成本轻量化方案挖掘的重要性，如图 8-38 所示。

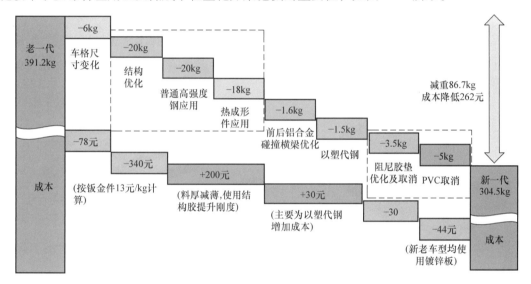

图 8-38 新老两代车型减重及成本变化分析

8.5.2 轻质材料车身轻量化集成设计技术

宝马 i3 是首次批量应用碳纤维增强复合材料（CFRP）的平民化电动车，其车身结构摒弃了传统的承载式车身结构，采用了名为"Life – Drive"的上下模块架构，上下模块之间采用结构胶和螺栓连接。Life 模块乘员舱大量采用 CFRP，外覆盖件主要采用 PA、PC、ABS 等材料，可有效保护乘员和行人安全。Drive 模块主要采用铝合金型材和铝合金铸件，确保电池包和整车碰撞安全。

1. 碳纤维乘员舱

宝马 i3 的碳纤维乘员舱由 34 个碳纤维零部件组成，其中 13 个零件采用 RTM（树脂传递模塑）工艺，19 个零件采用模压工艺，2 个零件采用带泡沫芯的 3D 编织管 RTM 工艺。对于连续性纤维构件，纤维布采用 SIGRAFIL C T50 – 4.0/240 单向布，面密度为 $300g/m^2$，树脂种类为亨斯曼 XB3585 + XB3458，主要采用 RTM 工艺制造。

Life 模块为 138.2kg，主要采用碳纤维（重量占比 49.41%）、铝合金材料（重量占比

19.2%）、结构胶和泡沫（重量占比 14.04%），由顶盖总成、侧围总成、前壁板总成、地板总成构成，如图 8-39 所示。

图 8-39　宝马 i3 的 Life 模块总成

顶盖总成由前横梁、中横梁、后横梁、顶盖组成，各横梁采用上下板粘接而成，形成腔体结构，如图 8-40 所示。顶盖厚度为 2.5mm，前横梁厚度为 2mm，后横梁厚度为 2mm，前、后横梁断面如图 8-41 所示。

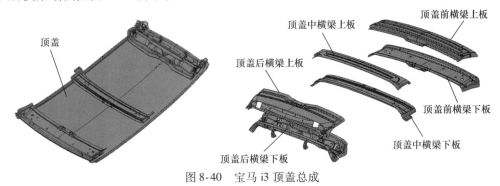

图 8-40　宝马 i3 顶盖总成

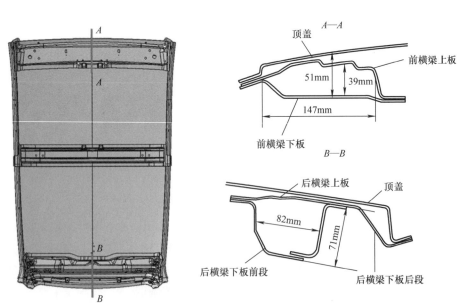

图 8-41　宝马 i3 顶盖关键断面

与传统车身相比，侧围总成采用无 B 柱设计，该设计可以在车身尺寸较小的情况下，为乘员上下车提供更大的空间，但对车身刚度、侧碰性能有一定的影响。侧围总成采用三层结构，其中侧围外板、侧围内板由 9 个料厚不同的零件通过 RTM 工艺形成一个零部件，如图 8-42 所示。A 柱断面宽度为 62mm，高度为 59mm；门槛断面宽度为 115mm，高度为 154mm；侧围外板厚度为 2.3～3.2mm，侧围内板厚度为 2.3～3.1mm。关键断面结构如图 8-43 所示。

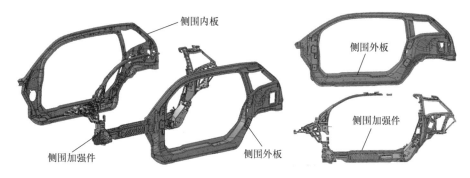

图 8-42　宝马 i3 的侧围总成

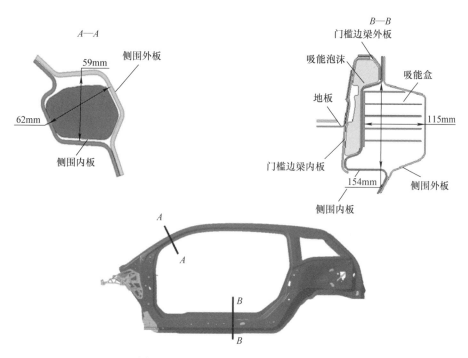

图 8-43　宝马 i3 的侧围总成关键断面

前壁板总成的材料包括碳纤维、铝合金、钢、塑料，通过结构胶粘接而成，与传统车相比，少了暖风机压力室板总成。由于前轮毂包集成在车架上，不与前壁板搭接，所以前壁板结构相对简单，如图 8-44 所示。

宝马 i3 地板总成采用碳纤维 + 铝合金集成设计，与传统车相比，宝马 i3 地板总成分为

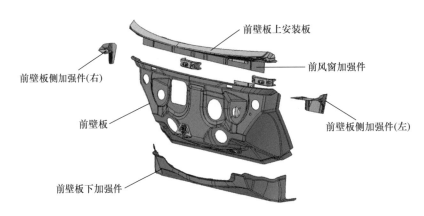

图 8-44 宝马 i3 的前壁板总成

前地板和后地板,其中前地板分为前地板前段、前地板中段和前地板后段。前地板前段中控箱加强件、中段采用铝合金型材,与周围碳纤维零件采用结构胶连接,如图 8-45 所示。宝马 i3 由于没有中通道,地板平整。前排座椅横梁使用铝板件胶粘,采用贯通式腔体结构;后排座椅横梁采用铝型材粘接在地板上,区别于传统钢质车身地板结构,其关键断面如图 8-46 所示。

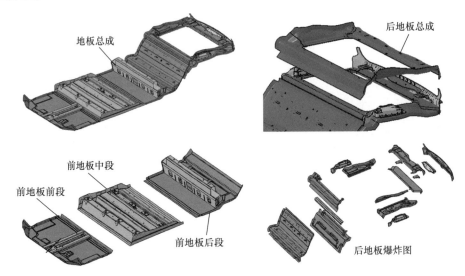

图 8-45 宝马 i3 的地板总成

2. 铝合金框架

宝马 i3 下车体采用铝合金框架结构,框架总长约 3800mm(含前后碰撞横梁),宽 1319mm,对角线长 3061mm。整个下车体铝合金框架采用铝合金型材、铝铸件等集成设计,分为车体前舱、电池及上车体承载框架、车体后端三个区域,重量为 93.3kg,如图 8-47 所示。

宝马 i3 车体前舱区域采用铝合金材料,主要利用了铝合金轻量化效果明显且碰撞溃缩吸能性好的优点。前舱区域与传统车身结构类似,主要有前碰撞横梁总成、轮毂包、发动机舱边梁、前壁板下横梁(前壁板为碳纤维材料),在碰撞过程中起到保护发动机的作用,如

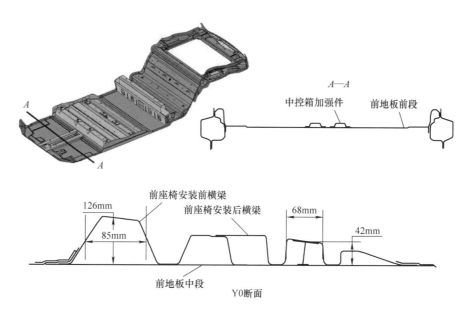

图 8-46 宝马 i3 的地板总成关键断面

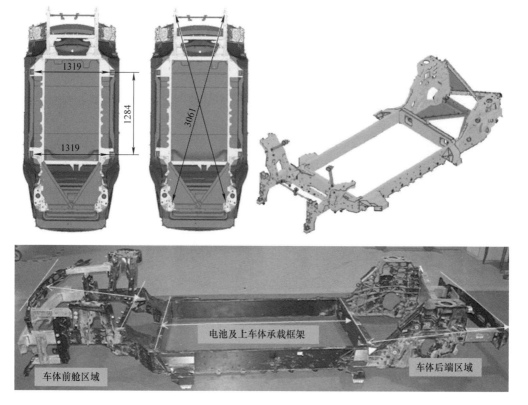

图 8-47 宝马 i3 的铝合金框架

图 8-48 所示。

左右前轮毂包采用铝合金高真空压铸工艺,材料选用 AlSi10MnMg。该材料属于亚共晶

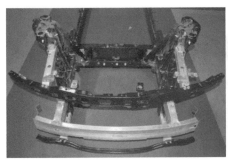

图 8-48　宝马 i3 铝合金车架前舱区域

Al-Si 系合金，与普通压铸铝合金的区别在于高 Si 少 Cu 低 Fe。Si 的质量分数一般在 9% ~ 11%，以保证合金具有良好的铸造性能。少 Cu 可保证结构件有较好的耐蚀性。Fe 含量低，随着 Fe 含量降低，合金的断裂韧性大幅度提高，而相应增加 Mn 含量来确保合金具有较好的抗粘模性。减振塔本体料厚 3.0mm，减振器安装面料厚 4.0mm，重量为 3kg。因轮毂包区域受力复杂，且需要与周边零件进行连接（焊接和螺接），所以铝合金压铸件进行了 T5 热处理，A 点处的断后伸长率 4.28%，C 点处断后伸长率最大为 15.24%。铝合金压铸件焊接性相对较差，主要由于压铸工艺含有气孔且其他元素含量较高，容易形成气孔与夹渣，所以采用高真空压铸工艺。减振塔与纵梁采用 MIG 焊，焊接搭接边为 69mm，并且设计两个铝型材加强件进行加固，如图 8-49 所示。

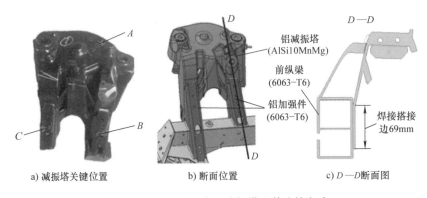

图 8-49　宝马 i3 铝合金减振塔及其连接方式

铝合金前碰横梁总成 3.15kg，其横梁本体厚度为 1.8/2.0mm，吸能盒壁厚为 2.1mm，都采用 7003 铝合金、T5 热处理。吸能盒与横梁本体采用螺栓连接，无安装板，与纵梁通过吸能盒过渡件，采用 2 颗螺栓 Y 向连接，如图 8-50 所示。

宝马 i3 机舱纵梁与电池框架通过前纵梁下段、2 个型材过渡件进行 MIG 焊接，利于前碰载荷能量顺利传递到电池框架，如图 8-51 所示。

宝马 i3 铝合金电池框架采用大截面铝合金挤压型材（6063-T6），作用为支撑碳纤维乘员舱模块及安装电池包。框架上下两个端面主要安装碳纤维乘员舱（胶接）与电池模块（螺接）。电池包与铝合金电池框架采用螺接方式，且从下部安装，方便后期电池模块的更换，可有效保护电池包的安全，如图 8-52 所示。

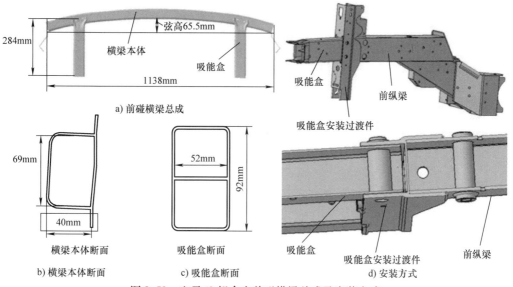

图 8-50 宝马 i3 铝合金前碰横梁总成及安装方式

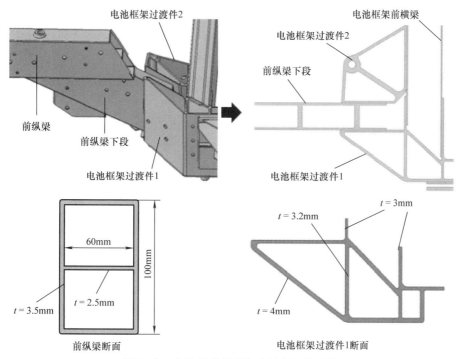

图 8-51 宝马 i3 前纵梁与电池框架的连接

下车体后端区域除后碰撞横梁外均采用铝合金，后左右轮毂包采用高真空压铸工艺，主体厚度为 3.3mm，减振器安装面厚度为 6.8mm，与周围型材件采用焊接工艺连接，其方式与前轮毂包相同，如图 8-53 所示。两轮毂包区域中间设计了一个由铝合金型材与板材组成的 X 形零部件，其主要作用是保护驱动电机、发电机及其他后部电器件的安全。

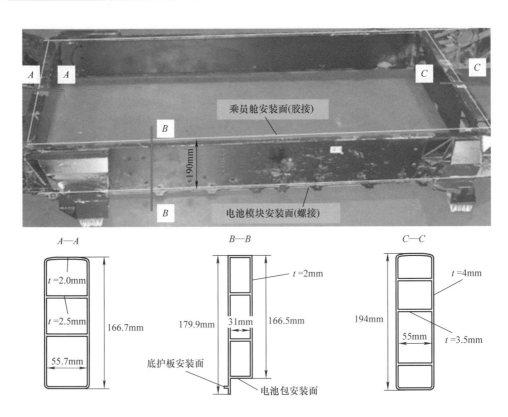

图 8-52 宝马 i3 铝合金电池框架

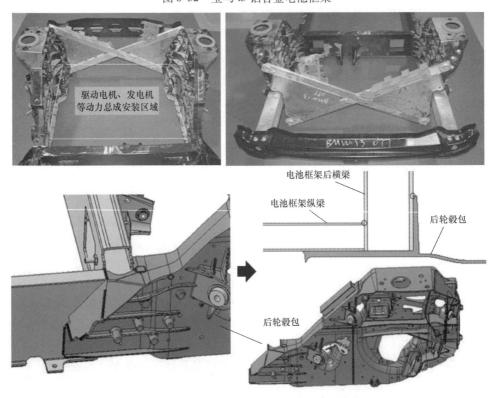

图 8-53 宝马 i3 铝合金车架后端区域及连接

宝马 i3 后碰撞横梁总成为 10.8kg，其本体采用钢质焊接封闭截面，外板采用 1500MPa 热冲压成形，内板采用 HC420LA 材料。吸能盒采用铝合金挤压型材（7003 – T6），吸能盒内部有嵌件，通过螺栓与横梁本体连接，如图 8-54 所示。

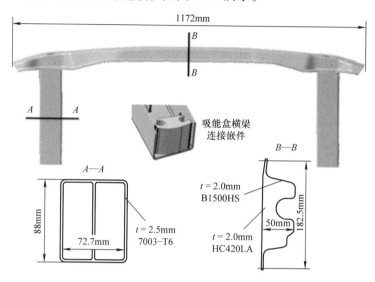

图 8-54　宝马 i3 后碰撞横梁总成

3. 连接方式

宝马 i3 碳纤维乘员舱和铝合金框架之间主要采用结构胶连接，其厚度为 5~6mm，但前指梁（铝型材）与前轮毂包（铝铸件）采用螺栓连接，后地板后段（碳纤维）与后轮毂包（铝铸件）也采用螺栓连接，如图 8-55 所示。

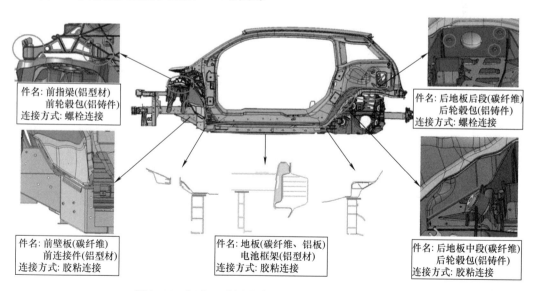

图 8-55　宝马 i3 碳纤维乘员舱与铝合金框架的连接

碳纤维乘员舱的零部件都采用结构胶粘接，主要成分为双组分聚氨酯（PU），其厚度为 1~2mm。碳纤维乘员舱总成零件之间胶接信息见表 8-23。

表 8-23 碳纤维乘员舱总成零件之间胶接信息

总成	总成内部构件胶接	胶宽/mm	胶厚/mm
前横梁总成	顶盖前横梁上板、下板	25~30	1.9
中横梁总成	顶盖中横梁上板、下板	25~30	1.8
后横梁总成	顶盖后横梁上板、下板、加强板	15~30	1.7~2.4
	顶盖后横梁内部钣金	19	1.7
侧围总成	侧围内板与门槛	25	1.5
	门槛与内板加强板	25	2
	内板加强板与侧围内板	30~50	1.5
	侧围内板与侧围外板	20~30	1~2
	侧围与侧围内外部加强件/结构件		1~4
前壁板总成	前壁板与前壁板上板	20~25	1.1~1.5
	前壁板、前壁板底部加强板、内部左右加强板	17.1~34.4	0.5~2.7
	前壁板、前壁板上板内部钣金件		1.3
地板总成	前地板与钣金件	25~30	2
	前地板与前座椅横梁	20~25	1.1
	后地板与前座椅横梁	15~22	1.3~2.2
	后地板与后座椅横梁	24.5	2
后裙板总成	发动机舱连接板、发动机舱前框上板、发动机舱下板	25~40	0.9~2.1
	发动机舱后框上板与下板	20~30	1.4~1.6
	左右轮罩钣金与发动机舱下板和前框上板、侧围		1~3
	左右轮罩与发动机舱后框上板和下板	25	1.1~1.5
	左右轮罩与前框上板	25	1.9

碳纤维乘员舱与外覆盖件、内外饰零件之间的紧固件连接见表 8-24。

表 8-24 碳纤维乘员舱的紧固件连接类型

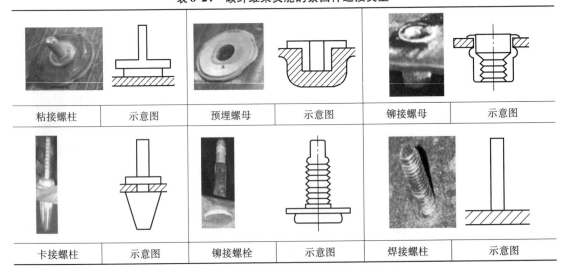

粘接螺柱	示意图	预埋螺母	示意图	铆接螺母	示意图
卡接螺柱	示意图	铆接螺栓	示意图	焊接螺柱	示意图

4. 材料分布

宝马 i3 的车身用材中，碳纤维占比 49.41%，铝合金占比约 19.2%，见表 8-25。

表 8-25 宝马 i3 车身材料分布比例

材料分类		比例（%）
钢	普通钢（LSS）	7.29
铝	6 系列铝板	10.66
	5 系列铝板	0.76
	挤压铝型材	3.89
	铸铝（AlSi10MnMg）	3.89
塑料	碳纤维增强塑料（CFRP）	49.41
	热塑性塑料（Thermoplastics）	9.55
	弹性体（Elastomers）	0.50
其他材料：黏结剂、泡沫等		14.04

注：数据来自 ECB（Euro Car Body）2013。

5. 整车性能与轻量化水平

宝马 i3 的整车性能与其作为一款城市代步车较低的定位相吻合，特别是驾驶平顺性及驾驶环境部分性能表现突出，具体如图 8-56 所示。

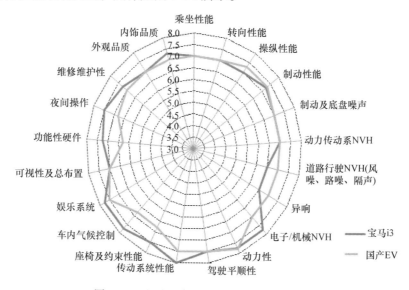

图 8-56 宝马 i3 与国产 EV 的整车性能对比

与某国产电动车相比，宝马 i3 的动态性能表现并无明显优势，尽管宝马 i3 采用的是后置后驱的动力结构布局，但并未极大发挥后置后驱的先天优势，因受布置空间及轴荷分配限制，在操纵性能方面还表现略差。

在 NVH 性能方面，宝马 i3 的风噪、路噪、异响等 NVH 性能表现平庸，但电子/机械 NVH 表现较好。

在传动性能和平顺性方面，由于纯电驱动的结构优越性，两者均表现优异，但宝马 i3

在变速机构的外观设计和操作品质上更胜一筹。

在驾驶环境方面，宝马 i3 在座椅、空调及娱乐系统方面表现较好，在轴距不大的情况下，其可视性及总布置表现良好。

在精致工艺方面，宝马 i3 大量采用纤维材料的设计及制造工艺，并没有在外观和内饰品质上呈现劣势。

对宝马 i3 碳纤维乘员舱加铝合金框架进行车身性能测试，其扭转模态为 42.7Hz，扭转刚度为 27160N·m/(°)，车身轻量化系数为 1.84，具有较高的轻量化水平。

8.5.3 车身结构优化集成设计

对于参数化车身模型，可以通过组件的随意替换以及车身整体尺寸、梁系布置、节点与梁截面结构的隐式参数化实现对概念模型的快速变换，并自动生成高质量的有限元仿真模型，如图 8-57 所示。

在早期概念设计阶段，通过对参数的修改，可以快速评估车身各种设计方案的性能（总布置、模态、弯扭刚度），并可以自动建立适合后续分析工具（碰撞、NVH 等）需要的有限元模型。同时，对多种设计方案进行快速结构拓扑布局与总体优化评估。使得在概念设计阶段能够快速提供最佳设计方案和可行性分析，节省研发时间和成本。

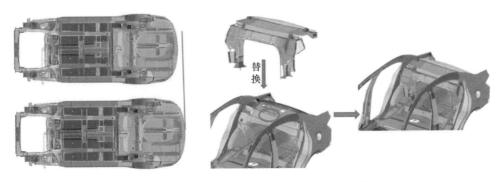

图 8-57 参数化车身模型尺寸变化和模块化替换

多学科多目标结构优化问题的最大特点是目标之间的相互冲突和目标的不可公度性。目标之间的相互冲突是指一个目标的改善往往会引起其他目标的恶化；目标的不可公度性是指目标之间没有统一的度量单位和度量标准，难以进行直接的比较。这些特点使得求解多目标优化问题的难度要远大于单目标优化问题。

通过搭建多学科多目标拓扑优化平台，将用于车身模态、弯扭刚度、碰撞性能、NVH 性能分析的 NASTRAN、LS-DYNA、ABAQUS 等有限元求解器与能自动生成有限元模型的车身参数化模型实现无缝对接，科学地选用试验设计空间、样本点以及多目标算法，进行迭代式多目标搜索与决策，最终得到考虑权重的成本-性能-重量-效率最佳车身集成设计方案，如图 8-58 所示。

1. 车身参数化及多学科拓扑优化设计与分析

将车身进行模块化划分及建模，不仅可以简化车身的拓扑连接操作流程以及方便车身模块之间的相互任意替换，更是为了逐步建立车身模块化数据库。白车身分为发动机舱、侧围、前地板、后地板、顶盖、置物板、行李舱七个模块，通过模块之间的智能连接组装成车

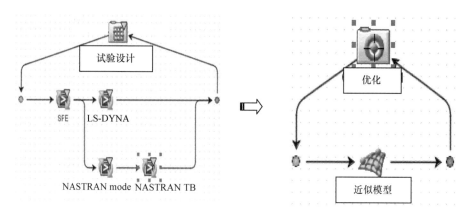

图 8-58　车身参数化多学科多目标拓扑优化平台

身参数化模型，如图 8-59 所示。

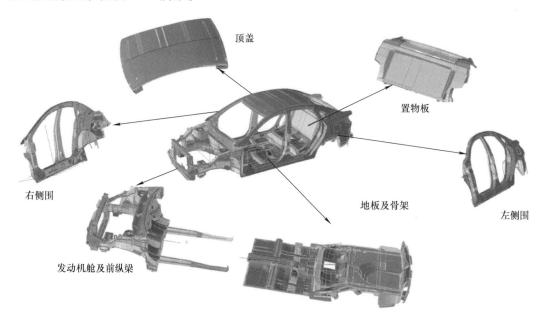

图 8-59　模块组合式的参数化白车身

2. 参数化车身模型精度验证

由于车身参数化模型主要应用于概念设计阶段，所以在建模过程中省略了诸如直径小于 10mm 的孔、小于 1.0mm 的圆角倒角、面积小于 50mm^2 的加强筋等小特征。按照车身仿真优化设计规范，当车身整体性能仿真与试验结果误差 <10%，就可认定参数化模型精度可满足后续的优化工作。

车身结构拓扑优化主要针对模态、静态刚度、碰撞性能进行多学科多目标结构优化，所以从这三个性能对参数化车身模型做了精度验证与校正。从图 8-60、图 8-61 和表 8-26、表 8-27 可知，仿真结果与试验结果之间的误差基本在 5% 以内，模型精度达到计算以及后续优化分析要求。

图 8-60　白车身模态和刚度试验

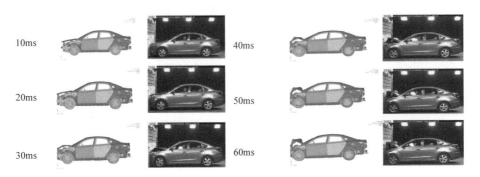

图 8-61　整车正碰仿真分析与试验变形时序图对比

表 8-26　参数化模型模态验证

对比项	原始模型模态/Hz	参数化模型模态/Hz
顶棚搓动	29.6	29.6
一阶扭转	30.3	32.4
机舱横摆	41.5	42.3
一阶弯曲	49.9	51.6

表 8-27　参数化模型静刚度验证

对比项	扭转刚度	弯曲刚度
仿真值	17496.94N·m/(°)	13055.00N/m
试验值	17251.95N·m/(°)	11917.92N/m
相对误差	1.42%	9.5%

3. 参数化车身试验设计及多目标优化

　　参数化基准模型根据总布置与性能要求，共定义了 30 个形状/位置变量、23 个材料厚度变量（符合板材厚度规格）。相对灵敏度分析方法利用白车身性能（如刚度或低阶固有频率等）的灵敏度与重量灵敏度（或者表面积）的比值来定义相对灵敏度。一般来说，零件越大，相应的重量和表面积也越大，其重量灵敏度也越大，这种方法可使得重量大的零件不会因较大的直接灵敏度而被忽略，利用相对灵敏度分析可以使得设计变量的选取获得更高的效率。鉴于碰撞安全性能的灵敏度分析较难实现，灵敏度分析更倾向于非安全件的优化。非安全件的优化中主要考虑白车身的低阶固有频率和刚度性能，如图 8-62 所示。通过搭建参数化车身结构拓扑自动迭代优化平台，经过 DOE（试验设计）分析最终保留 14 个形状位置与 15 个材料厚度对车身性能影响大的变量，其他变量取其重量最小时的定值。

基于 DOE 分析计算结果，利用神经网络方法构建相应的数学模型，即利用间接优化设计方法进行多目标优化分析计算。

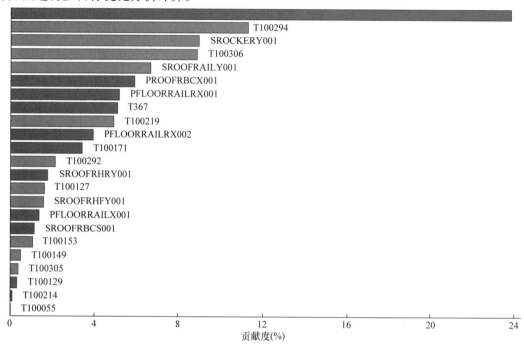

图 8-62　各变量对于车身性能的影响效应

多目标分析计算需要考虑的目标包括：白车身的重量、模态和刚度，整车正面碰撞的乘员舱加速度峰值、A 柱与 B 柱间的距离和前排乘员搁脚区侵入量。利用椭圆基神经网络方法所得到的各优化目标的置信度见表 8-28，置信度越接近 1，表明近似模型的拟合精度越高。有些结果置信度不高的原因（尤其是右侧）在于碰撞分析的高度非线形性。

表 8-28　各优化目标的置信度

名称	置信度
白车身质量	0.9652
白车身一阶扭转模态	0.9137
白车身一阶弯曲模态	0.9362
白车身扭转刚度	0.9234
白车身弯曲刚度	0.9594
乘员舱加速度峰值（左）	0.9101
乘员舱加速度峰值（右）	0.8763
A 柱与 B 柱间距离（左）	0.9033
A 柱与 B 柱间距离（右）	0.8669
前排乘员搁脚区侵入量（左）	0.9206
前排乘员搁脚区侵入量（右）	0.8911

经轻量化多目标优化设计后，得到白车身的轻量化设计方案。与原白车身结构重量相比，优化后的轻量化白车身在不改变白车身零部件材料，保证白车身的刚度、振动特性和被动安全性的条件下，最终实现白车身重量从330.7kg减为296.2kg，减重34.5kg，减重率达10.4%，见表8-29。

表8-29 车身优化前后性能对比

对比项	重量	弯曲刚度	扭转刚度	正碰胸部加速度
优化前	330.70kg	10968.00N/mm	2389.00N·m/(°)	37.72m/s^2
优化后	296.20kg	10817.08N/mm	2352.27N·m/(°)	38.34m/s^2
变化率	-10.4%	-1.38%	-1.54%	1.64%

参数化车身结构优化技术是应用于整车开发前期的车身结构设计及验证集成技术，可以实现多学科多目标的最优化，即刚度、NVH、碰撞、轻量化等多项指标综合考虑，通过结构模型的全参数演变来驱动优化循环，自动寻找最佳结构方案。此项技术与传统的车身"参数化"概念不同的是，车身结构全参数化不只是针对零部件级别参数化CAD数据，而是一个系统级别（至少是白车身级别）的有限元模型全参数概念。车身结构全参数化模型将白车身通过结构化的逻辑重建，用以代替传统的"钣金零件→总成→白车身"的结构描述语言，再通过结构内的逻辑关系构架，自动生成不同零件的连接方式，从而建立与传统结构模型描述方式的映射关系。在整个白车身系统的结构逻辑建立后，通过设置需要变化的参数组合，从而自动调整模型的拓扑关系、结构尺寸等。参数取值可以是连续的，也可以是离散的。因此，结构参数和厚度参数可以同时驱动模型变化，从而快速演变出设计者需要的各种白车身结构方案。

8.6 重要零部件轻量化结构集成设计与案例分析

汽车主要分为车身、底盘、内外饰、动力系统、电器及工艺辅料，从图8-63可知车身的重量占比约为37%，其他系统的减重空间也很大。目前，各国针对车身系统的轻量化技术研究越来越多，也越来越深入，但是对于底盘、内外饰和动力系统的轻量化技术研究相对

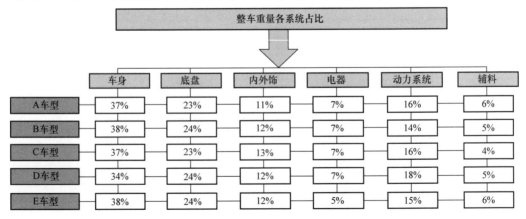

图8-63 乘用车不同系统重量比例

较少。除了车身系统可以采用高强轻质材料和先进工艺进行轻量化设计，底盘系统、内外饰系统和新能源汽车的动力系统都需要进行轻量化的集成协同设计，才能实现整车的最大轻量化。本节选取上述系统的重要零部件进行轻量化设计开发介绍。

8.6.1 底盘重要零部件轻量化设计开发

车辆在路面上行驶时，悬架系统会不断接受来自路面的冲击。乘员在车内最理想的舒适状态是车体始终相对路面保持静止，车轮随着路面情况不断起伏。不过想通过机械的结构做到这一点几乎是不可能的，但是通过增大簧上与簧下重量之比，车辆可以更接近这种行驶状态。单纯从簧上重量与簧下重量之比的角度出发，这个比值越大，就意味着该车拥有越好的乘坐舒适性。而更小的簧下重量同时意味着悬架系统拥有越好的动态响应能力及可操控性。更小的簧下重量会使悬架系统拥有更好的动态响应，车轮快速地随路面起伏吸收振动来实现车身相对平稳。

目前，底盘轻量化主要技术手段为结构优化及新材料、新工艺的应用。涉及底盘部分主要是前副车架、转向节、控制臂、扭力梁、传动轴、螺旋弹簧等。其中，前副车架、转向节、控制臂主要通过铝化实现轻量化，扭力梁、传动轴、螺旋弹簧通过提升材料强度实现轻量化。目前，中国乘用车主要为钢质件，其零部件通常较重。铝合金以其较低的密度、较高的比强度和比刚度、良好的外观、易回收、环保等特点，成为理想的轻量化材料。中国采用铝合金副车架、控制臂还很少。因此，提升底盘重要结构件高性能新材料开发、结构设计和加工工艺水平，建立底盘重要结构件铝合金性能评价标准，对于增强国产铝合金新材料和轻量化零部件的自主配套能力具有重要意义。

悬架系统是现代汽车上的重要组成部分，对汽车的行驶平顺性和操纵稳定性有很大影响。汽车控制臂作为汽车悬架系统的导向和传力部件，将作用在车轮上的各种力传递给车身，同时保证车轮按照一定轨迹运动。汽车控制臂分别通过球销或者衬套把车轮和车身弹性地连接在一起。汽车控制臂（包括与之相连的衬套及球头）应有足够的刚度、强度和疲劳寿命，如图 8-64 所示。

传统控制臂以钢质为主，分为双片式和单片式，其中单片式轻量化效果较好，但开发技术难度高。钢质控制臂虽然一直在进行轻量化设计，但轻量化效果存在局限性。

图 8-64　汽车悬架系统示意

铝合金被誉为汽车轻量化的理想材料，从全球车型来看，早在 20 世纪 80 年代，北美、欧洲和日本就开始大量使用铝合金控制臂，材料以 6061、6082 以及 6110 铝合金为主，经锻造、机械加工制成。据权威统计数据显示，欧盟地区控制臂用铝量位居全球三大汽车发达市场之首，北美地区以及日本分列其后。北美、欧盟、日本三大市场控制臂铝化率之比为 0.63∶1.00∶0.10。2018 年，欧盟锻造铝合金控制臂的年产量达到了 4200 万件，北美也突破了 1800 万件，主要应用于中高档乘用车和新能源汽车。

表 8-30 所列为 2018 年欧洲不同档次乘用车上的用铝量及控制臂所占的比例，可以发现，随着乘用车档次的提高，铝合金控制臂用量和所占百分比也随着显著提高，尤其是在 D

级、E级车，所采取全铝合金悬架系统，铝合金控制臂用量大幅度增加。

表8-30 2018年欧洲汽车用铝量及控制臂所占比例

车型级别	整车用铝量/kg	控制臂占比（%）	控制臂用铝量/kg
A级车	74.4	0.2	0.1488
B级车	97.4	1.0	0.974
C级车	133.0	1.0	1.33
D级车	199.2	4.0	7.968
E级车	356.0	3.0	10.68

应用铝合金控制臂的车型有通用（新科鲁兹、英朗、迈锐宝、君越、君威）、日产（天籁、逍客）、本田CR-V、福特（新蒙迪欧、锐际）、红旗HS5等。总的来说，还是以合资车或国产中高档车为主，但随着国内新能源车的快速发展，蔚来ES8、北汽极狐等自主品牌开始使用铝合金控制臂。

1. 铝合金控制臂开发流程

铝合金控制臂采用数值模拟与工艺分析开发相结合的方式进行设计开发。首先，根据产品周边条件及技术条件，开展零部件CAD设计与CAE分析。其次，在结构设计的基础上进行工艺分析，通过锻造成形仿真分析，设计短流程锻造成形工艺。最后，采用半连续铸造工艺手段制备锻铝控制臂用异形锭坯料，通过均质化处理控制合金中纳米弥散相析出，通过热模锻工艺成形锻铝控制臂，用热处理工艺完成对产品的强化处理，获得高强韧锻造控制臂产品。控制臂开发流程如图8-65所示。

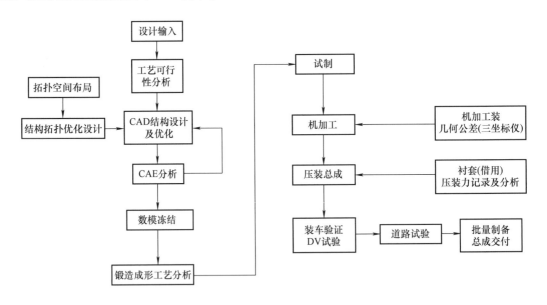

图8-65 控制臂开发流程

2. 铝合金控制臂结构设计

原钢件控制臂总成重量为4.2kg（含衬套）。根据周边布置空间展开铝合金控制臂的结构设计，本项目铝合金控制臂本体采用锻造一体成形，模型总重量为3kg，如图8-66所示。

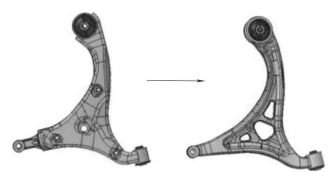

图 8-66 钢质和铝质控制臂对比

由于铝合金弹性模量为 70GPa，为钢的 1/3，刚度有所下降，需要结构优化。材料和加工工艺发生了改变，铝合金控制臂采用锻造的方法生产，而钢质控制臂采用冲压加焊接的方法。两种控制臂方案对比见表 8-31。

表 8-31 钢质和铝质控制臂方案对比

对比项	铝合金控制臂	钢质控制臂
材料牌号	6082	SAPH370
材料屈服强度	340MPa	225MPa
材料弹性模量	70GPa	210GPa
成形方式	锻造	冲压、焊接
结构形式	整体	冲压件焊接

3. 控制臂 CAE 性能分析

（1）静强度工况 L1 级载荷

L1 级载荷条件下零件等效塑性应变小于 1%，引入材料弹塑性模型对 L1 级工况进行计算，求解应力及等效塑性应变值。

通过对计算结果进行后处理，L1 级工况下应力及等效塑性应变结果见表 8-32。

表 8-32 L1 级工况下应力及等效塑性应变结果

工况	最大应力/MPa	等效塑性应变
FX	380.0	0.38%
FY	381.3	0.40%
FZ	183.6	0
MZ – LE	391.4	1.36%

L1 级 FX 工况下，控制臂最大应力为 380MPa，等效塑性应变为 0.38%，应力分布与最大应力位置以及等效塑性应变如图 8-67 所示。

L1 级 FY 工况下，控制臂最大应力为 381.3MPa，等效塑性应变为 0.4%，应力分布与最大应力位置以及等效塑性应变如图 8-68 所示。

L1 级 FZ 工况下，控制臂最大应力为 183.6MPa，等效塑性应变为 0，应力分布与最大应力位置以及等效塑性应变如图 8-69 所示。

图 8-67　L1 级 FX 工况下应力及等效塑性应变

图 8-68　L1 级 FY 工况下应力及等效塑性应变

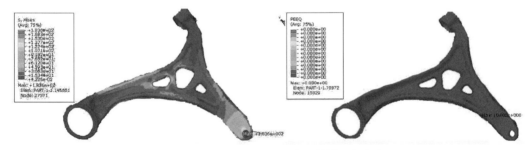

图 8-69　L1 级 FZ 工况下应力及等效塑性应变

L1 级 MZ-LE 工况下，控制臂最大应力为 391.4MPa，等效塑性应变为 1.36%，应力分布与最大应力位置以及等效塑性应变如图 8-70 所示。

图 8-70　L1 级 MZ-LE 工况下应力及等效塑性应变

（2）静强度工况 L2 级载荷

根据控制臂技术要求，L2 级载荷条件下零件不允许发生开裂，因此引入材料弹塑性模型对 L2 级工况进行计算，求解应力及等效塑性应变值。

通过对计算结果进行后处理，L2 级工况下应力及等效塑性应变结果见表 8-33。

表 8-33　L2 级工况下应力及等效塑性应变结果

工况	最大应力/MPa	等效塑性应变
FX	383.3	0.60%
FY	384.3	0.69%
FZ	214	0
-FZ	82.95	0

L2 级 FX 工况下，控制臂最大应力为 383.3MPa，等效塑性应变为 0.60%，应力分布与最大应力位置以及等效塑性应变如图 8-71 所示。

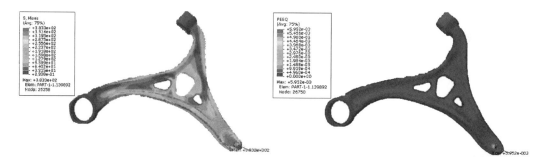

图 8-71　L2 级 FX 工况下应力及等效塑性应变

L2 级 FY 工况下，控制臂最大应力为 384.3MPa，等效塑性应变为 0.69%，应力分布与最大应力位置以及等效塑性应变如图 8-72 所示。

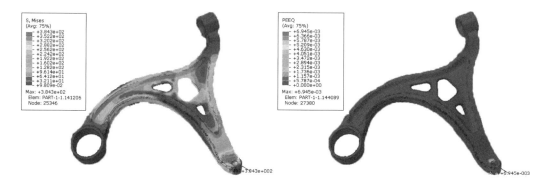

图 8-72　L2 级 FY 工况下应力及等效塑性应变

L2 级 FZ 工况下，控制臂最大应力为 214MPa，等效塑性应变为 0，应力分布与最大应力位置以及等效塑性应变如图 8-73 所示。

L2 级 -FZ 工况下，控制臂最大应力为 82.95MPa，等效塑性应变为 0，应力分布与最大应力位置以及等效塑性应变如图 8-74 所示。

图 8-73 L2 级 FZ 工况下应力及等效塑性应变

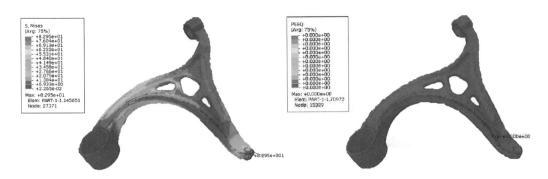

图 8-74 L2 级 -FZ 工况下应力及等效塑性应变

从以上结果可以看出，采用材料弹塑性模型计算后，控制臂最大应力达到 384.3MPa，最大等效塑性应变值达 0.69%，零件发生塑性变形但不会断裂。

(3) 疲劳工况分析

疲劳工况下静强度计算应力结果见表 8-34。

表 8-34 疲劳工况下静强度计算应力结果

工况		最大应力/MPa
满载	BD	29.27
上下振动	BP	73.93
前后制动力	FB	110
	BB	68.2
横向转向力	TL	133.9
	TR	80.62

从以上结果可以看出，疲劳工况下零件最大应力出现在横向转向力 TL 工况下，最大应力为 133.9MPa。

通过前悬系统疲劳仿真分析，确认铝合金控制臂疲劳性能满足使用要求。

4. 锻造成形工艺仿真分析

由于此零件各处尺寸较均匀，可用等厚度异形铸锭为坯料实施锻造。异形铸锭外形及尺寸根据前下控制臂的锻坯形状来设计，利用 Deform 软件模拟锻坯的锻造过程，确定锻坯的厚度，预测锻造过程中可能出现的锻造缺陷。

(1) 锻造坯料设计

针对前下控制臂设计合适的锻坯，以下模飞边桥平面部分为基准面，先将轮廓线往外扩 5mm 以上，连接各段轮廓线并保证各段相切、顺滑，最后将优化过的轮廓线拉伸。异形毛坯外形及尺寸分别如图 8-75 和图 8-76 所示。采用不同厚度坯料进行锻造模拟，通过优化分析最终确定锻坯的厚度约为 24mm，重 4.235kg。

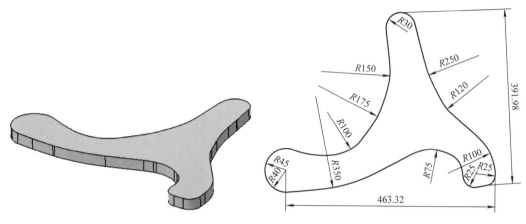

图 8-75　异形毛坯外形　　　　　　　图 8-76　异形毛坯尺寸

(2) 锻造成形分析结果

锻造充型过程如图 8-77 所示。结果表明，控制臂前点衬套安装区域为最终成形区域，当上下模间距离 1.5mm 时充满型腔，锻坯完全符合要求。

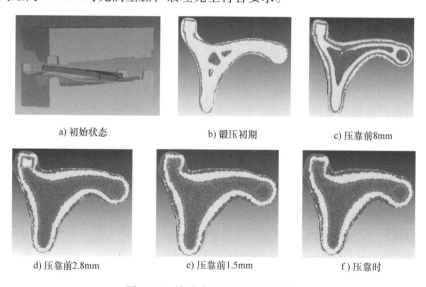

a) 初始状态　　　b) 锻压初期　　　c) 压靠前8mm

d) 压靠前2.8mm　　e) 压靠前1.5mm　　f) 压靠时

图 8-77　锻造充型过程（见彩插）

锻造完成后锻件的应变分布如图 8-78 所示，锻造应变分布较为均匀，应变大部分位置大于 1.33，局部位置应变为 0.5，通常为破碎铸锭中的第二相。锻造加工时，合金变形量最好高于 50%，不能低于 40%。

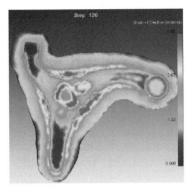
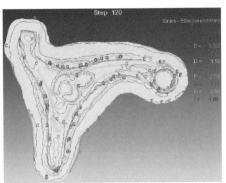

图 8-78 锻造应变分布（见彩插）

金属热变形时的流变应力受变形温度、变形程度、应变速率和合金化学成分的影响。图 8-79 所示是锻造模拟结束后，控制臂的等效应力分布云图。从图中可以看出，等效应力和等效应变的最大值部分出现在飞边及腹板位置。

锻造过程中锻造力曲线如图 8-80 所示。当上模与坯料开始接触，锻造力缓慢升高，坯料在此阶段受到的载荷比较小，此阶段主要表现为上模将坯料沿飞边桥外形进行弯曲，使坯料与飞边桥发生接触。之后坯料与模腔间接触，坯料被压入模腔，模具上承受的压力相应加大，与此同时，飞边开始形成，压力上升

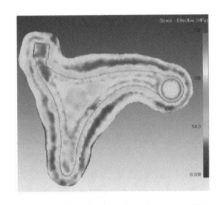

8-79 控制臂的等效应力分布云图（见彩插）

速度较快。最后，坯料进入靠模阶段，坯料的流动变化更剧烈，坯料在模具的圆角、死角和台阶等复杂形状处进行填充，形成飞边，这时压力出现了一个大的突变，然后急剧上升，这是由于飞边桥之间距离变小，金属通过比较困难，而造成压力迅速上升。充满型腔时的锻压力约为 2020t，最大锻压力为 2230t，选用 1600t 锻造压力机需要锻打两次。

在变形初期，金属接触模具的地方先发生局部流动，变形速度比较小。在成形过程中，金属流动沿坯料轴线方向逐渐加强，表现为腹板区域的压缩及加强筋的充型。成形中后期，金属在轴线方向上的趋势减弱，型腔基本与坯料接触，在飞边槽方向流动开始加强，金属流动主要在坯料的局部向飞边槽方向流动。锻造后期，金属流动表现为轴线方向上副车架前后安装点、安装凸台位置充型，中间区域飞边的延伸，直到锻造结束，如图 8-81 所示。

5. 模具及产品生产

下模具设计有 2mm 的零件飞边槽，同时其模锻斜度为 3°，模锻及零件如图 8-82 所示。

将控制臂安装到前悬架上，对前悬架进行疲劳耐久试验。试验后控制臂未出现裂纹、断裂等故障，铝合金控制臂合格。

8.6.2 内外饰重要零部件轻量化设计开发

座椅是内外饰系统中最大、最重的总成零部件，不仅与造型感知质量相关，而且与安全舒适性密切相关。座椅的轻量化主要针对座椅骨架，包括高强度钢、镁合金和塑料复合材料

骨架。本节主要介绍镁合金轻量化座椅骨架的正向设计开发。

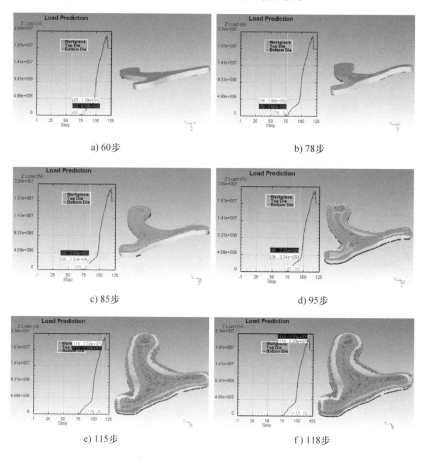

图 8-80 锻造力曲线（见彩插）

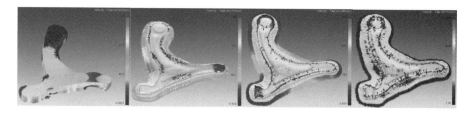

图 8-81 锻造成形速度场分析（见彩插）

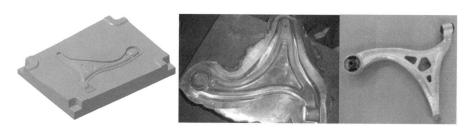

图 8-82 锻造模具及铝合金控制臂零件

1. 镁合金座椅骨架正向集成设计

与传统钢质座椅骨架的钢板、钢管焊接结构不同,镁合金座椅骨架采用压铸一体化成形结构,从十几个钢质零件集成为两个压铸件,集成度高,结构设计难度较大。全新的正向开发从造型的 CAS 面开始,在布置硬点、造型、法规、试验标准输入后,根据车身环境制定座椅骨架设计边界,设计出初版的座椅骨架数据,满足整椅功能要求,如图 8-83 所示。

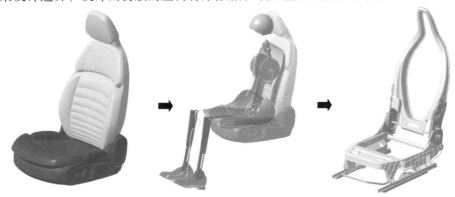

图 8-83 基于造型的整体式镁合金座椅骨架正向设计

在初版数据基础上,借助 CAE 仿真技术对实际工况下的静强度、模态、安装点固定强度和座椅下潜等进行分析,提供座椅骨架结构设计优化依据和方案,以保证座椅安全和满足法规要求。

(1)静强度仿真分析

针对座椅服役过程中,座椅头部不发生过大位移和结构不发生失效,需保证座椅靠背和头枕两大核心部件的强度。座椅靠背和头枕可以在碰撞事故中对乘员的腰部和颈椎起到很好的保护作用。对于座椅靠背,若设计刚度不足,则人员将直接将座椅击溃。如图 8-84 所示,按照实际工况,对座椅模型进行约束,作为边界条件。加载方式为座椅骨架上框,沿纵向向后施加相对于座椅 R 点 530N·m 的力矩。

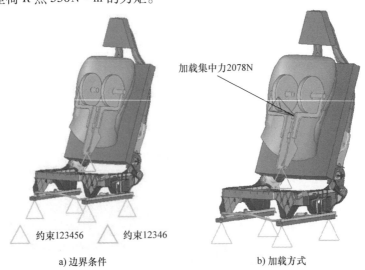

a) 边界条件　　　　b) 加载方式

图 8-84 座椅静强度分析

座椅靠背静强度分析结果显示，最大应力为409.5MPa（目标值：≤784.0MPa），出现在右侧下滑轨上部；最大应变为0.001（目标值：≤0.167），出现在座盆上，均满足要求（图8-85）。

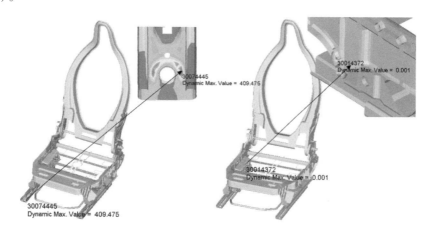

图8-85　座椅靠背静强度分析应力应变云图

对于座椅头枕，则使用球状模型，在对靠背模型施加相对于座椅R点为373N·m的力矩的基础上，先对头枕骨架加载373N·m的作用力矩，后逐渐加载至890N，分析此过程中座椅骨架的强度。图8-86所示分析结果表明：当头枕受力加载到890N时，座椅头枕位移为101.3mm，低于目标值102mm，仿真结果满足要求，但试验时有失效风险；在右侧下滑轨上部最大应力为640.6MPa（目标值：≤784.0MPa），在座盆上发生最大应变为0.005（目标值：≤0.167）。以上结果表明，静强度结果均满足性能要求。

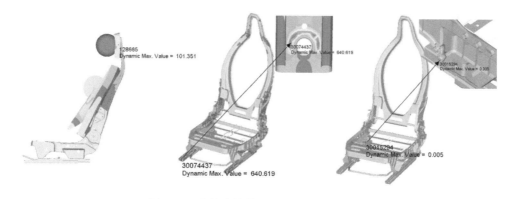

图8-86　座椅头枕静强度分析应力应变云图

（2）座椅安全带固定点强度分析

汽车安全带是人体与汽车接触的主要部件之一，对人体起到保护作用，为了避免乘员的伤亡，提高安全带系统的强度是非常重要的。将座椅单体固定在刚性体地板上，在加载20倍重力工况下，计算靠背最大前向位移及座盆、锁扣和滑轨的应变。初始分析结果表明：座盆和锁扣的应变为0.103和0.322，均高于目标值，需要改进；滑轨处应变值为0.11，低于目标值0.20，满足要求。通过增加连接板厚度至3.0mm、座盆局部提筋处理后，座盆和锁扣的应变值分别为 0.06 和 0.13，满足座椅安全带强度要求，如图 8-87 所示。根据 GB 14167—2013 标准要求进行安全带固定点强度试验，座椅下有效固定点的最小间隔满足下固定点安装位置要求，上有效固定点满足上固定点安装位置要求，安全带固定点未失效。

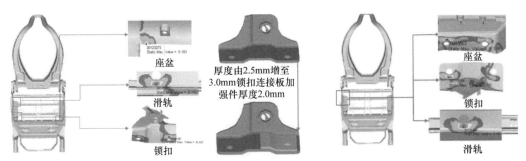

图 8-87　安全带固定点优化设计

（3）座椅骨架模态分析

模态分析广泛应用于产品结构动力特性的研究，是系统辨别方法在工程振动领域中的应用，其最终目标是识别出系统的模态参数，为结构系统的振动特性分析、振动故障诊断以及结构动力特性的优化设计提供依据。为避免与其他零部产生共振，座椅骨架左右摆动、前后俯仰和扭转工况的模态均需大于18Hz。从图 8-88～图 8-90 可以看出：当座椅骨架为左右摆动工况时，模态分析结果为 31.07Hz；当座椅骨架为前后俯仰工况时，模态数值上升，结果为 39.40Hz；当座椅骨架为扭转工况时，模态数值继续上升，分析结果为 75.53Hz；三种工况均大于模态目标值（18Hz），满足设计要求。

图 8-88　左右摆动模态　　　　图 8-89　前后俯仰模态　　　　图 8-90　扭转模态

综上所述，从总布置、造型 CAS 模型出发，确定座椅靠背高度和宽度、坐垫长度和宽度等基础尺寸。再根据车身环境和基础尺寸设计出座椅骨架数据，并按照法规和试验要求进行 CAE 分析，得出经过验证的座椅骨架结构数据。

2. 大型压铸镁合金零件制造工艺技术

镁合金的凝固潜热较低，在压铸的过程中容易被氧化，同时由于镁合金具有较好的流动性，压铸时充型的速度较快，也会导致产品存在气孔、流痕、冷隔及氧化夹杂等缺陷，影响产品的质量。因此，座椅靠背和座盆的压铸机选用、浇注系统设计、压铸成型工艺分析及优化及生产质量检测是工艺控制的关键技术。

图 8-91 所示为镁合金座椅靠背和座盆的零件。靠背骨架压铸件薄处壁厚为 2.3mm，最厚处为 3mm，铸件体积为 $0.00078m^3$，重量为 1.41kg；最宽处为 426mm，长为 757mm；靠背骨架属于大型框架式压铸件，上端有两处通孔用来连接头枕，后两侧为侧凹。下端两处轴孔通过调角器、限位器等固定装置与座盆骨架连接，是座椅上受力最大的部位，所以压铸件在此处要求无欠铸、冷隔、气泡、裂纹、缩松等表观及内部影响力学性能的铸造缺陷。镁合金座盆铸件体积为 $0.001m^3$，重量为 1.85 kg。最大壁厚 6.5mm，最小 3mm，平均 3.8mm；最宽处 420mm，长 510mm；局部多处有安装孔。从尺寸上来看，靠背和座盆均属于大型复杂镁合金压铸件。

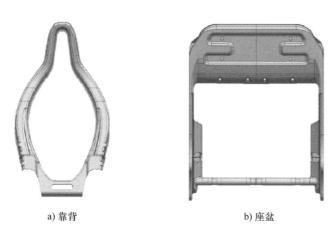

a) 靠背　　　　　　　　　　b) 座盆

图 8-91　镁合金座椅骨架零件

压铸机是压铸生产最基本的要素之一，金属压铸模是通过压铸机的运行而实现压铸成型的，也是压铸模设计的基础。根据锁模力选用压铸机是最常用的方法，但对一些重大零件、安全件，以及高质量要求的零件，仅依据锁模力一项不足以保证满足要求，还须以压射能量为基础，优选压铸机。因此，镁合金座椅骨架压铸采用卧式冷室压铸机。

(1) 座盆的压铸机选择

由于镁合金实心座盆骨架整体受力较均匀，性能要求较高的侧面两支撑板结构较简单，壁较厚，强度和致密度要求较高，其性能要求属于承载件。另外，座盆骨架平面投影的充型行程为175mm，前后两处为深腔，凝固结晶温度范围大，而填充后端即与靠背及调角系统连接部位需要强度较高，为了实现压力远端传递的有效性、达到铸件所需的结构性能强度要求，选择压实压力为 75~80MPa。根据经验公式，可得到锁模力如下：

$$F = 1.15 \times 750 \times 10 \times (1026.05 + 1342.07 \times 0.4) kN/1000 = 13479kN \tag{8-5}$$

考虑到汽车部件的性能要求及设备状况，座盆选择 1300t 压铸机，冲头直径 110mm。

(2) 靠背的压铸机选择

镁合金靠背骨架属于大型框架类压铸件，结构相对较简单，流程短，铸件本体重量轻，选用 75~80MPa 的压实压力。根据经验公式，可确定压铸机的锁模力如下：

$$F = 1.15 \times 750 \times 10 \times (998.78 + 913.55 \times 0.4) \text{kN}/1000 = 11766 \text{kN} \tag{8-6}$$

因此，靠背仍选用 1300t 卧式冷室镁合金压铸机，冲头直径 110mm。

(3) 镁合金座椅骨架浇注系统设计

浇注系统是将冷室内的熔融金属在高温高压高速状态下填充入压铸模型腔的通道，它包括直浇道、横浇道、内浇口以及溢流排气系统等。浇注系统在引导金属液填充型腔的过程中，对金属液的流动状态、速度、压力的传递，排气效果以及压铸模的热平衡状态等各方面都起着重要的控制和调节作用。因此，浇注系统的设计对铸件质量和模具寿命有着直接的影响。

图 8-92 和图 8-93 所示分别为镁合金座盆、靠背的浇注系统设计方案和压铸模具。镁合金靠背属于大中型框架式压铸件，结构左右完全对称，铸件长度为 757mm，两侧呈 V 状凹陷，如果采用一处进水金属液流程较长，而且需要的压铸机性能及后期增压较大，故拟采用类似二型腔模的进水方式，分区充型。靠背框架内部空间较大，所以将内浇口布置在压铸件的内部，既可使模具结构紧凑，又可

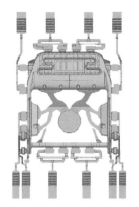
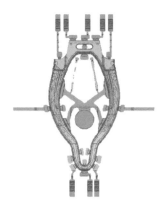

图 8-92 镁合金座盆、靠背浇注系统设计方案

保证模具的热平衡。另外，为避免金属液正面冲击成型零件，并使深腔处的气体顺利排出，采用和座盆类似的端面侧浇口，使金属液首先填充可能存留气体的型腔底侧。浇排系统总体积为 1083.4cm³，占铸件体积的 58%，铸件的工艺收得率为 42%。座盆的结构相对简单，采用传统的 4 浇道设计，浇排系统总体积为 1112.9cm³，占铸件体积的 52%，铸件的工艺收得率为 48%。

图 8-93 镁合金座盆、靠背压铸模具

(4) 镁合金座椅骨架成型工艺 CAE 及优化

由于铸件质量主要取决于充型凝固过程，而铸件的缺陷也大都形成于此过程。压铸成型工艺仿真分析主要采用 MAGMA 软件。分析过程包括导入三维实体模型、网格划分、确定材

料物理参数，设定初始条件、边界条件以及模拟运算参数，模拟分析，后处理，模拟结构可视化等几个步骤。可根据不同的材料及它们相互之间是否接触自动产生界面，忽略界面换热的本质，只需在这些界面上指定不同的传热系数即可，也可使界面换热系数随温度和时间的变化而变化，保持界面换热的准确性。成型工艺仿真主要是压铸模型腔的金属充填过程流场与温度场的数值模拟。

为了有效避免压铸时溶液混流现象的发生，提高铸件的质量，在靠背的浇注系统两边设计渣包，在座盆的浇注系统横浇道处增加支浇道来调整进料的角度。从图8-94和图8-95可以看出，在压铸过程中靠背和靠背的各支浇口进浇同步性较好，从浇道口至产品本体的靠背铸件的充填时间为0.041s，坐垫铸件的充填时间为0.036s，实现了整体同步充型，填充区域较为清晰，金属镁液流态平稳，充型效果较好。

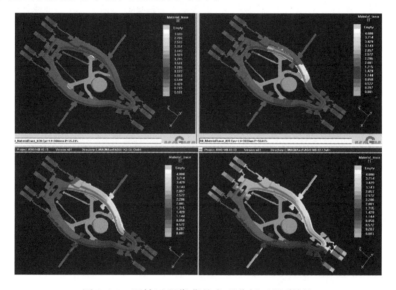

图8-94 压铸过程靠背的充型分析（见彩插）

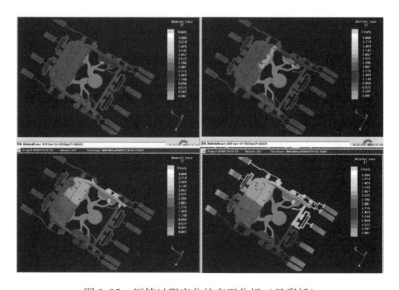

图8-95 压铸过程座盆的充型分析（见彩插）

在充型前期，少量空气会随着镁液一起进入模具，气体与镁液共同充填并完成冷却，铸锭成型后气体会形成缩孔、缩松等缺陷。经分析发现，缩孔、缩松主要控制在靠背的内侧，是非重要承受力的位置。后期通过在铸件的热节处设置局部冷却点，缩孔、缩松将得到有效抑制，如图 8-96 所示。

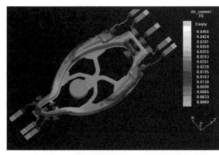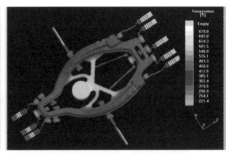

图 8-96　充型前期卷气及缩孔、缩松分析（见彩插）

（5）压铸件内部质量检测

成型性指导数据优化设计后，在压铸单元工况良好、各工艺参数稳定在优化值时，座盆的工艺成品率达到 96%，靠背骨架的工艺成品率达到 92%。铸件的生产如图 8-97 所示。压铸件报废的主要原因是压铸机工艺参数不稳定导致充型质量不佳。如图 8-98 所示，样件试制完成后，在靠背上部窗口位置有轻微冷隔，主要是由于该位置处于浇注末端，由几支金属流汇集形成，金属流融合不完全导致的，需调整浇注系统。

图 8-97　压铸镁合金座椅骨架生产

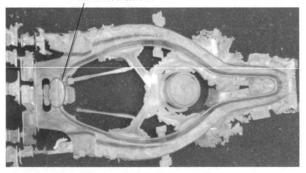

图 8-98　座椅靠背冷隔缺陷

铸件的工艺质量检测分为表面质量、内在质量和几何尺寸检测等几部分。表面质量检测主要利用肉眼或放大镜检查铸件表面缺陷，如变形、冷隔、裂纹、碰伤、欠铸等缺陷。内在质量检测包含铸件内部缺陷和本体性能检测。铸件内部缺陷检测主要利用 X 射线探伤设备对骨架的内裂纹、气孔、缩孔等内部缺陷进行检查，而本体性能检测主要是材料的化学成分、组态组织和拉伸性能检测。

本节介绍了镁合金座椅骨架的正向设计、成型性分析、工艺设计分析、制造，成功开发了压铸镁合金座椅靠背、座盆样件，解决了压铸镁合金成型困难、缺陷高等难题，为内外饰系统重要零部件的轻量化方案提供了新的选择。

8.6.3 动力蓄电池包轻量化设计开发

近年来，电动汽车因其零污染、低噪声、高效便捷等优势得以迅速发展，并受到广大消费者的青睐。动力蓄电池作为电动汽车动力的能量来源，对电动汽车起着关键作用。然而，电动汽车的续驶能力相比传统燃油汽车有着较大的差距，并且动力蓄电池包的引入大幅度增加了电动汽车的整车重量。同燃油汽车一样，电动汽车的耗电量与汽车整备质量紧密相关，电动汽车重量越轻，其续驶能力就越强。因此，电动汽车动力蓄电池包结构的轻量化设计具有重要研究意义。

1. 包络边界

动力蓄电池总成布置在整车地板下，整车总布置要求的蓄电池包络空间尺寸如下：箱体长≤1585mm、宽≤1080mm，单层高度≤144mm、双层高度≤270mm，如图8-99所示。

图8-99　蓄电池包布置示意

2. 总体方案

轻量化动力蓄电池系统总成由箱体组件、电池模块、BMS、高压元器件、铜排、线束等零部件组成。本案例的动力蓄电池包电量为35kW·h，额定电压为350V，质量≤270kg，如图8-100所示和表8-35所列。

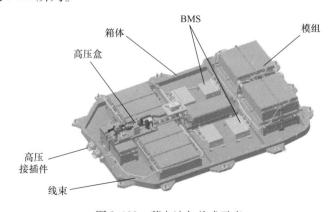

图8-100　蓄电池包总成示意

表 8-35 蓄电池包总成参数

参数项	参数值
蓄电池类型	锂离子蓄电池
蓄电池模块尺寸/[(长/mm)×(宽/mm)×(高/mm)]	355×151×108
串并联数	1P96S
额定电压/V	350
工作电压范围/V	268.8～403.2
总电量/kW·h	35.04
蓄电池系统重量/kg	≤270

3. 结构优化设计

为实现蓄电池包重量最轻,采用厚度优化、新结构设计、拓扑优化三种优化方法相结合,找出最优设计参数组合,达到最优的预期目标,并满足所有设计要求。厚度优化主要针对地板、边梁等铝合金件的厚度进行优化;拓扑优化主要针对二层支架与地板横梁进行拓扑优化;新结构设计针对二层支架结构,在拓扑设计空间内,根据加载方式先寻求最小柔度结构,然后在最小柔度结构基础上进行拓扑优化,完成新结构设计。

(1) 厚度优化

以蓄电池总成重量最轻为目标,对零件厚度进行优化。为保证结构强度,约束条件为在垂向 -4g 加速度时最大应力小于120MPa,一阶模态大于30Hz。零件厚度优化对象及优化结果如图 8-101 和图 8-102 所示。厚度优化减重 7.3kg,见表 8-36。

部件	地板横梁	地板	模组支架	边梁1	边梁2	边梁3	二层支架1	二层支架2	模组连接片	BMS支架
颜色										
初始厚度/mm	3.0	2.0	2.0	2.0	2.5	3.0	2.0	2.5	1.5	1.5

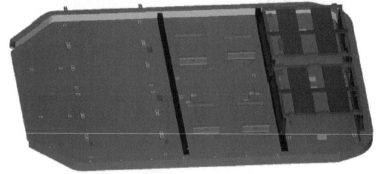

图 8-101 厚度优化对象及初始厚度(见彩插)

(2) 拓扑优化

以蓄电池总成重量最轻为目标,对二层支架与地板横梁进行拓扑优化分析。为保证结构强度,约束条件仍为在垂向 -4g 加速度时最大应力小于120MPa,一阶模态大于30Hz。地板横梁拓扑优化过程如图 8-103 所示,二层支架拓扑优化过程如图 8-104 所示。两种零部件拓扑优化共减重 541g,见表 8-37。

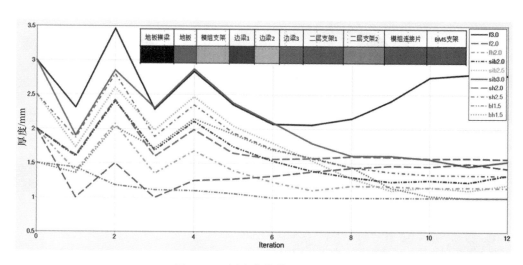

图 8-102　厚度优化结果（见彩插）

表 8-36　厚度优化减重情况

项目	基础模型	优化模型
重量/kg	28.25	20.95
减重/kg	7.30	
减重率（%）	25.8	

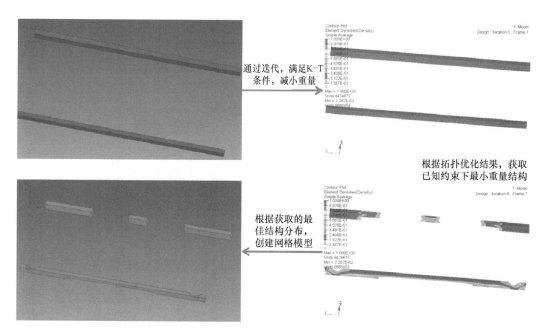

图 8-103　地板横梁拓扑优化过程

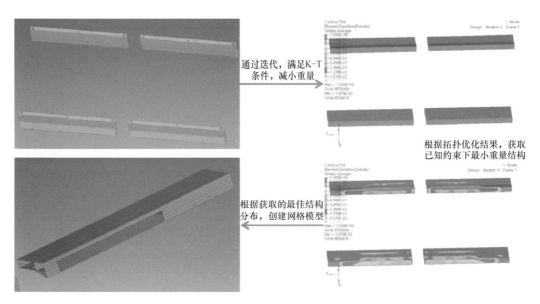

图 8-104　二层支架拓扑优化过程

表 8-37　拓扑优化减重情况

项目	地板横梁	二层支架	小计
基础模型重量/g	1239	1585	2824
优化模型重量/g	882	1401	2283
减重/g	357	184	541
减重率（%）	28.8	11.6	19.2

（3）新结构设计

如图 8-105 和图 8-106 所示的二层支架结构，在设计空间内，先根据已知加载方式寻求最小柔度结构，约束设计空间重量小于初始重量的 20%。

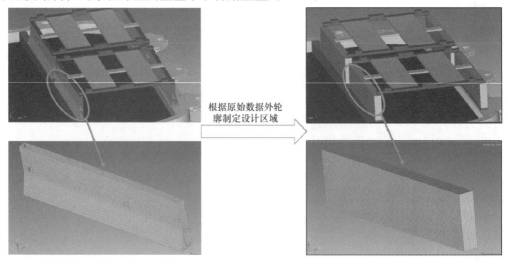

图 8-105　二层支架设计空间定义

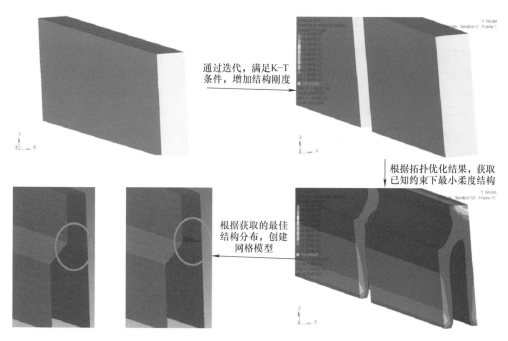

图 8-106 二层支架截面优化设计

在最小柔度结构基础上，以重量最小为目标，对该结构进行尺寸优化设计。为保证新结构强度不低于原结构的强度，设置约束条件为：在垂向 $-4g$ 加速度时最大应力小于 120MPa，一阶模态大于 30.45Hz，二阶模态大于 33.89Hz，三阶模态大于 38.98Hz，如图 8-107 所示。

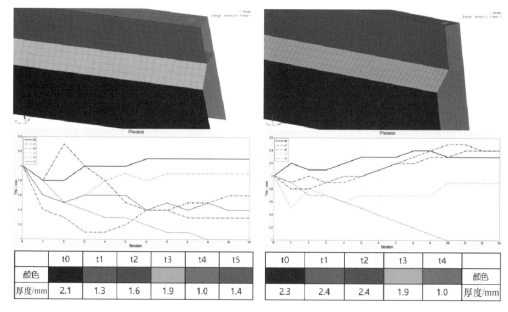

图 8-107 新结构尺寸设计（见彩插）

综上所述，通过采用厚度优化、尺寸优化、拓扑优化等方法相结合，达到蓄电池包总成重量262kg，减重7.841kg，满足设计指标≤270kg，并满足性能要求，见表8-38。

表8-38 新结构减重情况

对比项	新结构方案
基础模型重量/g	1585
优化模型重量/g	1115
减重/g	470
减重率（%）	29.7

参 考 文 献

[1] 中国汽车工程学会. 节能与新能源汽车技术路线图2.0 [M]. 2版. 北京：机械工业出版社，2021.

[2] 刘波. 乘用车车身零部件轻量化设计典型案例 [M]. 北京：机械工业出版社，2020.

[3] 马鸣图，蒋松蔚，李光瀛，等. 高强度热冲压成形钢的研究进展 [J]. 机械工程材料，2020 (7)：1-7.

[4] 小奈弘，刘继英. 冷弯成型技术 [M]. 北京：化学工业出版社，2007.

[5] 乔治·哈姆斯. 冷弯成型技术手册 [M]. 刘继英，艾正青，译. 北京：化学工业出版社，2009.

[6] 中国汽车工程学会. 乘用车整车轻量化系数计算方法：T/CSAE 115—2019 [S]. 北京：中国汽车工程学会，2019.

第9章 全生命周期汽车低成本结构集成设计

中国品牌汽车开发过程中的成本设计和管控通常仅考虑与整车售价和动力性、经济性相关成本,而且大都是通过 VA 和 VE 等分析方法引导进行成本设计工作。本章站在消费者立场,基于整车结构集成开展汽车设计、制造、使用,直至回收进行全生命周期成本分析与成本设计,重点说明成本设计原理与工作方法,聚焦顾客在汽车使用过程中如何降低成本,如降低能耗、降低维修成本、降低保险费等相应的结构集成设计方法,也从全生命周期汽车产品对环境和全球能源消耗的评价角度说明生态结构集成设计要点,同时阐述低成本结构集成设计原则或方法,分享典型案例和经验。

9.1 全生命周期汽车生态与成本设计

为促进全球从生态赤字向生态盈余转变,以绿色工业及绿色经济为核心的工业 4.0 已经到来。发展绿色经济不仅成为欧盟、日本、美国三大经济体瞄准未来的经济主引擎,而且是其占领新的国际市场竞争制高点、主导全球价值链的"新王牌"。生命周期评价方法已被广泛应用于汽车行业,用于指导汽车产品的设计研发和相关环境政策的制定。中国生态汽车认证是基于汽车生态设计的理念,针对汽车产品全生命周期主要环境影响指标进行的综合性评价。生态设计作为国际先进设计方法和潮流,是提升产品竞争力的有效渠道,对绿色技术的创新应用提出了更高的要求。显然,要满足生态设计要求,并承担更多对环境和社会的责任,整车制造成本会相应增加,运用全生命周期成本设计理念将有助于成本效益最大化或成本的有效管控,从而提升产品的综合价值,即在提升产品性能的同时降低产品生命周期对环境的影响和成本。

9.1.1 汽车生命周期评价的概念与政策

生命周期评价(Life Cycle Assessment,LCA)是指对一个产品系统的生命周期中输入、输出及其潜在环境影响的汇编和评价。根据 ISO 14040 标准规定,LCA 的技术框架如图 9-1 所示,包括目的和范围的确定、清单分析、影响评价和结果解释这四个互相联系、不断重复的步骤。

(1)目的和范围的确定

该阶段是对 LCA 研究的目标和范围进行界定,是 LCA 研究中的第一步,也是最关键的部分,它直接影响到整个评价工作程序和最终的研究结论,也直接决定了 LCA 研究的深度和广度。目标定义主要说明进行 LCA 的目的和原因,以及研究结果的可能应用领域。研究范围界定则主要描述所研究产品系统的功能单位、系统边界、数据分配程序、数据要求及原始数据质量要求、重要假设和限制等。鉴于 LCA 的重复性,可能需要对研究范围进行不断

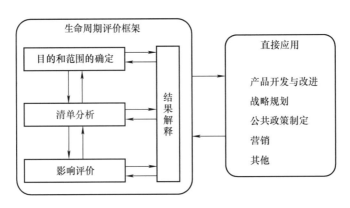

图 9-1 ISO 14040 标准 LCA 的技术框架

调整和完善。

（2）清单分析

清单分析（Life Cycle Inventory Analysis，LCI）是对所研究产品整个生命周期中输入和输出进行汇编和量化的阶段。清单分析主要包括数据的收集和计算，以此来量化产品系统中的相关输入和输出。首先是根据目标与范围定义阶段所确定的研究范围建立生命周期模型，做好数据收集准备。然后进行单元过程数据收集，并根据数据进行计算汇总得到产品生命周期的清单结果。该分析评价贯穿于产品的整个生命周期，包括原材料的提取、加工、制造和销售、使用和用后处理。

（3）影响评价

影响评价（Life Cycle Impact Assessment，LCIA）是理解和评价产品系统在产品整个生命周期中的潜在环境影响大小和重要性的阶段。影响评价对清单阶段所识别的环境影响压力进行定量或定性的表征评价，即确定产品系统的物质、能量交换对其外部环境的影响。这种评价应考虑对生态系统、人体健康、社会福利以及其他方面的影响。影响评价是 LCA 最重要也是最困难的环节，一般可分为分类、特征化与评价三个阶段。目前，国际上具有代表性的 LCIA 方法达数十种，基本上可以分为两类：面向问题的影响评价方法（即 mid-point 中间点方法）和面向损害的影响评价方法（即 end-point 终点方法）。前者着眼于环境影响的中间过程，即当前被关注的环境问题，对各种环境干扰因素进行数据标准化分析，能直观地解释产品对环境问题的贡献度；后者则关注影响后果，对人类健康、环境及资源等造成的损害。

（4）结果解释

结果解释是根据规定的目的和范围的要求对清单分析和（或）影响评价的结果进行评估以形成结论和建议的阶段，系统地评估在产品、工艺或活动的整个生命周期内能源消耗、原材料使用以及环境释放的需求与机会。这种分析包括定量和定性的改进措施，例如改变产品结构、重新选择原材料、改变制造工艺和消费方式，以及废弃物管理等。

汽车产品的生命周期碳排放系统边界是包括乘用车的车辆周期和燃料周期在内的全生命周期阶段。其中，乘用车的车辆周期包括原材料获取、材料加工制造、整车生产、维修保养（轮胎、电池和液体的更换）等阶段，乘用车的燃料周期包括燃料的生产和燃料的使用两个阶段。对于燃油汽车，燃料的生产包括原油开采和提炼加工等阶段；对于电动汽车，燃料的生产包括电力（火电、水电、风电、光伏发电和核电等）的生产和传输等阶段。汽车生命周期碳排放核算目的是进行汽车产品全生命周期温室气体排放的核算，核算的系统边界如图 9-2 所示，功能单位是汽车生命周期行驶 15 万 km 所提供的运输服务。

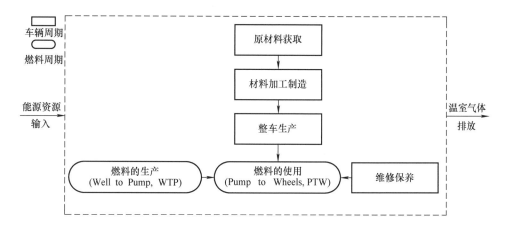

图 9-2　汽车生命周期碳排放核算系统边界

《巴黎协定》要求全球温室气体排放尽快达到峰值，即实现净零排放。欧盟承诺 2050 年实现气候中和，并通过《欧洲气候法》草案以立法形式确保目标实现。在此背景下，世界各国的汽车企业正在积极地采取行动，在自身运营和供应链中实现脱碳。其中，应用 LCA 方法设定科学合理的减排目标是被最广泛采取的行动之一。戴姆勒、大众、宝马、沃尔沃和丰田等都提出了在 2050 年前实现全生命周期"碳中和"或"零排放"的战略目标。

中国政府也采取切实行动应对气候变化，积极参与国际气候治理，并向国际社会承诺"二氧化碳排放力争于 2030 年前达到峰值，努力争取 2060 年前实现碳中和"。值得注意的是，中国作为世界第一大汽车市场也带来了巨大的能源和环境资源消耗，汽车行业已成为中国碳排放增长最快的领域之一，汽车行业的碳减排对中国能否顺利实现达峰至关重要。2019 年，中国汽车技术研究中心有限公司受生态环境部应对气候变化司的委托，开展国家应对气候变化专项研究工作，基于中国汽车生命周期数据库（China Automotive Life Cycle Database，CALCD），应用汽车生命周期评价模型（China Automotive Life Cycle Assessment Model，CAL-CM）开展了 2018 年和 2019 年所有量产车型的碳排放核算，编制可操作的《乘用车生命周期碳排放核算技术规范》标准，并于 2021 年正式发布。

汽车全生命周期碳排放核算评价方法是以整车为单位，从其原材料获取所需能耗、汽车使用期间的能源消耗，直到整车回收利用所需能耗的整体能耗叠加总和，再以碳排放形式综合统计计算对环境的影响评估。例如，传统燃油汽车的生命周期碳排放统计系统边界如图 9-3 所示，由供给制作汽车零部件原材料制备阶段能源消耗、生产阶段基础设施建设及生产的能源消耗（包括生产阶段汽车冲压、焊装、涂装、总装和动力厂房等生产过程的能耗及排放数据）、使用阶段的汽车行驶能耗和尾气排放数据（对于电动车则考虑行驶中获得电能的能源消耗指标），以及汽车报废及回收阶段回收和再利用对环境影响来评估，最终以各阶段碳排放数据结果总和来计算整车全生命周期对环境的影响。

《乘用车生命周期碳排放核算技术规范》中规定了中国境内生产或销售的乘用车单车生

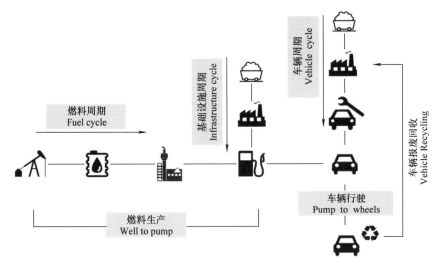

图9-3 传统燃油汽车生命周期碳排放统计系统边界

命周期碳排放的核算技术规范，适用于燃用汽油或柴油的单一燃料的M1类车辆和纯电动乘用车，用以指导核算乘用车单位行驶里程碳排放量。技术规范中规定的核算范围包括了原材料获取阶段、整车生产阶段和使用阶段，单位行驶里程碳排放量即为这三个阶段碳排放量的总和再除以生命周期行驶里程（15万km）。该技术规范将为企业制定战略规划和产品策略提供决策参考，有助于从全产业链降低企业政策应对的成本，从而提升汽车产品综合价值，也将引导今后新车型设计开发材料和工艺选择的方向，在本章有专门阐述。

9.1.2 全生命周期汽车生态设计理念与实践

生态设计是按照全生命周期的理念，在产品设计开发阶段系统考虑原材料选用、生产、销售、使用、回收、处理等各个环节对资源环境造成的影响，力求产品在全生命周期中最大限度降低资源消耗，尽可能少用或不用含有有毒有害物质的原材料，减少污染物产生和排放，从而实现环境保护的活动。

全生命周期的理念要求针对产品的全生命周期采取不同的生态设计战略。图9-4所示生态设计战略轮展示了生态设计所涉及的8个相关领域，具体包括：新概念开发、低影响材料的选择、材料使用的减少、生产技术的优化、分销系统的优化、使用过程中影响的减少、初始生命周期的优化、生命末端系统的优化。沿着生态设计战略轮的顺时针方向看，战略1~7描述了产品的整个生命周期，即从材料选择和加工、产品的生产、分销、使用，一直到生命周期末端各个阶段的战略要点。沿着生态设计战略轮的逆时针方向看，战略@提及的功能集成、产品（零部件）功能优化等都属于整车结构集成内容，比其他战略更具创新性，是贴合消费者需求开发性能更好、环境更友好的产品；战略@、战略7和战略6均需要生态设计开发初期就关注并围绕整个产品的新概念开展工作；战略5、战略4和战略3与产品整体结构设计有关，涉及产品整体结构层面的改变与优化；战略2和战略1与构成产品的零部件设计有关，是产品生态设计的起点，决定着产品结构设计和选材。

生态设计作为国际先进设计方法，是实现环境污染预防的重要措施，是生产者责任延伸的具体体现，是提升产品竞争力的有效渠道，对绿色技术的创新应用提出了更高要求。尤其

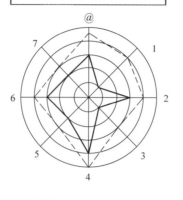

图 9-4　生态设计战略轮

值得一提的是，若按照生态设计战略轮的主要内容来指导新车型产品开发设计，如采用清洁能源、循环再生材料、整车轻量化技术，减少生产环节和废品率，优化物流与减少存储，降低能源消耗，采用模块化结构，提升维修性等，都是降低成本的方法或原则，也是本书讨论的重点。

生态设计已成为国际潮流与发展趋势，美国、日本、欧盟、加拿大、新加坡等很多发达国家和地区都开展了工业产品生态设计认证工作。1992 年，欧盟启动生态标签计划，由欧洲委员会管理，该计划鼓励生产商设计环保产品，为消费者在购买产品时提供环保选择。随着国际上生态设计认证工作的开展，生态设计认证的相关要求已发展成了国际环保贸易壁垒。因此，建立汽车产品生态设计认证和监管制度是引导企业在产品设计开发阶段，充分考虑并减轻产品在全生命周期过程中的环境污染和能源消耗，提升汽车与社会环境友好共荣的重要措施。

研究表明，80%的资源消耗和环境影响取决于产品结构集成设计初期的技术方案。汽车全生命周期生态设计的目标在于：合理开展整车结构集成设计，综合平衡性能、质量、环保、节能、健康与成本的关系，在产品设计初期就考虑如何降低生命周期各个环节对综合环境损害的影响，满足生态环境目标要求。

2013 年，中国国家工业和信息化部联合发展改革委、环境保护部就制定发布了《关于开展工业产品生态设计的指导意见》，近年来逐步明确了生态设计评价实施细则，建立了优秀生态设计产品奖励机制，研究制定了支持企业开展产品生态设计的财税政策等，为促进和实施产品生态设计提供了客观的参考和依据。在国家工业和信息化部的指导下，2015年7月，中国汽车技术研究中心有限公司发布实施《中国生态汽车评价规程》（China Eco-Car Assessment Program，C-ECAP）。它阐述了除汽车碰撞安全之外，汽车产品全生命周期内，对人体健康、环境影响、能源消耗等方面进行的综合评价与认证，即产品的"绿色度"。其结果反映了汽车产品和汽车企业的生态设计能力水平及社会责任意识。其宗旨是建立高标准、公平和客观的生态汽车认证方法，为消费者提供充足的汽车产品健康、节能、环保等生态指标信息，引导绿色消费，推动生产企业增强社会责任感，促进汽车全产业链绿色发展，如图9-5所示。

图9-5　中国生态汽车认证宗旨

中国生态汽车认证按照"全生命周期评价、分阶段实施"原则，是基于生态设计的理念，针对汽车产品全生命周期主要环境影响指标进行的综合性认证。随着汽车产品生态设计技术的不断发展和相关标准的不断更新，从2015年到2021年，中国生态汽车实施规程已更新至第四版，即《中国生态汽车实施规程（2021年版）》，以推动汽车产品生态设计不断进步，促进汽车行业绿色可持续发展。新版中国生态汽车认证适用于以传统能源（汽油、柴油）为燃料的M1类车辆、插电式混合动力M1类车辆，以及由电动机驱动且驱动电能全部来源于车载可充电蓄电池的M1类车辆。

中国生态汽车认证体系由产品检验和技术参数评定2个部分组成。对于传统能源车，生态汽车认证指标体系如图9-6所示。传统能源车产品检验部分包含车内空气质量、车内噪声、有害物质、综合油耗、尾气排放5个项目，技术参数评定部分包含可再利用率和可回收利用率、汽车生命周期碳排放量2个项目。

对于纯电动汽车，生态汽车认证指标体系如图9-7所示。纯电动汽车产品检验部分包含车内空气质量、车内噪声、有害物质、百公里电耗、人体电磁防护5个项目，技术参数评定部分包含可再利用率和可回收利用率、汽车生命周期碳排放量2个项目。

中国生态汽车认证指标体系中与结构集成设计直接相关的汽车材料合理选择及VOC、有害物质、噪声（NVH）、能源消耗、行驶里程等内容，分别在本书中相关章节有详细阐述。

中国生态汽车认证指标体系中汽车生命周期碳排放量的核算方法与9.1.1节所述的《乘

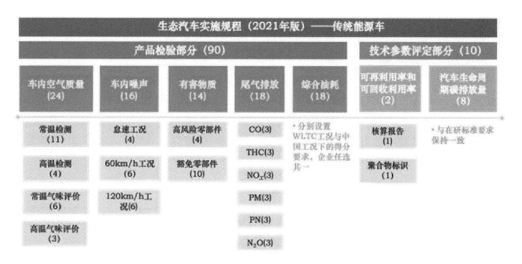

图 9-6 中国生态汽车认证指标体系（2021 年版）——传统能源车

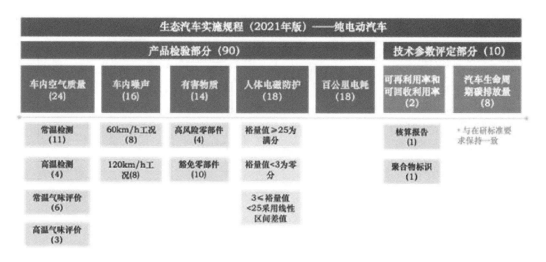

图 9-7 中国生态汽车认证指标体系（2021 年版）——纯电动汽车

用车生命周期碳排放核算技术规范》标准保持一致。为应对国家碳排放法规和中国生态汽车认证的相关要求，企业可以通过核算汽车全生命周期各阶段的碳排放量，针对碳排放占比较大的生命周期阶段进行重点优化，从而实现或达成汽车全生命周期的节能减排。以降低碳排放为目标的生态设计应按照图 9-4 所示生态设计战略轮的核心内容开展工作，例如：①推动更低碳排放材料的应用，所谓低碳材料就是在材料获取或加工过程中能源和辅料消耗更少的材料，如轻质高性能材料、生物基材料、低加工能耗的材料等，在本章有专门阐述；②减少整车材料用量，即轻量化结构集成设计，在第 8 章重点阐述；③整车采用更多可回收和再利用的材料；④零部件和整车的生产加工过程的低碳化；⑤推进可再生能源在自身工厂和整个供应链的应用；⑥提高燃料效率，即降低汽车单位行驶里程的能源消耗量。

生产加工过程的低碳化优化结构集成设计，可以实现节能低碳和降本的"双赢"。根据以上生态设计原则，图 9-8 所示是以一款汽车前保险杠在降低生产能耗同时减少零部件成本的实际案例,解读低碳化零部件生态设计带来的成本效益。首先,主机厂应该与材料供应商合作,采用流动性好的原材料,并通过模流分析虚拟验证方法将保险杠壁厚从传统设计3.0mm降低到2.8mm,单件材料降低成本约3.5元,全年按照150万件产能计算,降低成本525万元,全年减少加工材料的能耗降低带来的碳排放减少约598t。其次,通过制程验证(Design of Experience, DOE)等方法优化注塑工艺参数加工薄壁零部件,保险杠加工时间可以从60s减少到约45s,按年产150万件计算,单件降低成本约564万元,且人工成本降低146万元,同时全年加工能耗降低带来的碳排放减少约2738t。另外,工厂通过设备优化,如给注塑机保温、使用异步伺服电动机等降低能耗的手段,全年生产150万件保险杠可降低生产成本505万元,并减少碳排放约2603t。

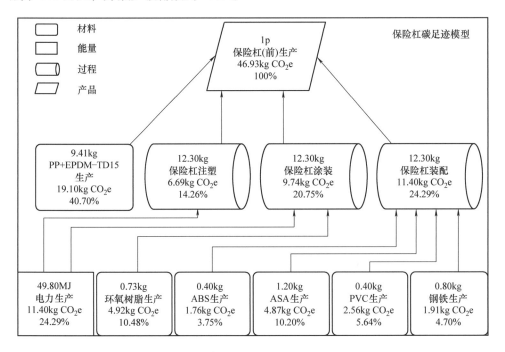

图9-8 汽车保险杠生态设计降本案例(数据仅供参考)

因此,从全生命周期的角度实现整车或汽车零部件产品节能减排的方法与步骤是:①研究汽车产品全生命周期各个阶段评价指标,纳入产品开发流程,形成完善的生命周期设计与评价规范;②分析相同零部件采用不同材料在生命周期阶段的能源消耗和环境影响,为绿色选材和产品设计提供依据;③根据能源消耗及环境影响评价结果,找出减少原材料使用及能源消耗的最佳方法,为绿色设计和回收利用提供改进意见;④辨识能源消耗较大的产品主要影响类别,找出产生环境影响类别的具体原因,为后续工艺改善和技术改造提供依据;⑤逐步建立整车或零部件研究及产品全生命周期数据库和评价模型。

值得注意的是,很多汽车企业已经在新车型开发之初就根据中国生态汽车认证要求制定整车的环境绩效指标,并分解为各个零部件层级的细分指标。指标项目所涉及的范围包括车辆使用阶段的能源消耗、尾气排放和噪声指标、报废阶段的可再生利用性,以及全生命周期碳排放核算等。项目管理人员需要随时检查各项指标的完成情况,及时将评价结果反馈到设计管控工作中,并及时进行调整与修正,最终使得各项指标综合表现最优的生态汽车产品开发成功。

9.1.3 成本设计工作方法与全生命周期成本构成

成本设计（Design for Cost，DFC）是面向成本的结构集成设计。整车设计开发过程中的成本设计，会对成本管控起决定性的作用。其方法是根据零件当前所处的设计阶段和对零件的掌握程度，选取不同的成本设计工具进行分析，确保所设计出来的零部件在满足性能质量要求的前提下，基于生态设计，如采用低能源、循环再生材料、低成本工艺、模块化结构、容易维修性以及最少及最合适的材料用于最合适的地方等理念，通过整车结构集成（拓扑）优化设计，从而实现低成本的最优组合设计。

从图9-9所示统计数据可以看出成本是设计出来的，虽然在产品开发设计阶段研发成本只占总成本的5%左右，但却决定了整车开发原材料成本构成的70%以上。

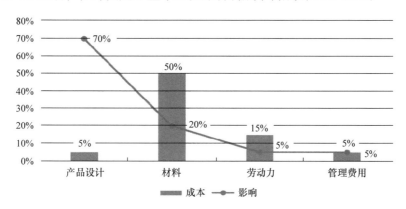

图9-9 项目开发成本构成说明

不过图9-9所示是传统设计成本构成，仅考虑了整车售卖之前的成本，或称为整车开发原材料成本，通常取决于以下几方面：市场定位与配置组合，占整车材料成本的20%~25%；造型成本占整车材料成本的7%~12%；平台化对于大批量生产的成本占比至关重要，这在第3章中有详细阐述；提高车身自制率在某种程度上也能够降低成本，当前各大主机厂的车身自制率在50%~60%，但为提高整车装配精度质量水平，各大主流主机厂有减少自制件，趋于委外模块化生产的趋势。以上因素通常约占整车材料成本的40%。根据项目管理经验教训总结可以知道，传统整车材料成本失控通常发生的问题主要是：①整车VTS和质量目标设定不合理；②设计技术方案在产品开发前期没有通过材料、工艺、设计结构不同组合的多方案对比后选择性价比最优的方案，或是过分依赖供应商；③缺乏高效和科学的过程管控（不在本章讨论）。

DFC就是基于强化开发过程中的结构集成成本设计，为减少后期成本失控而建立的一套理论与方法。其基本原理和工作方法如下：

1) 同步工程的原理（Simultaneous Engineering，SE）：同步工程使得产品开发的设计、分析、制造、装配、使用过程并行化，其工作方式是组织跨部门、跨专业的工作小组（包括供应商和用户），采用并行协同的工作方式，对产品设计、工艺、制造、成本、质量等方面综合考虑，做到交叉并行设计，尽早发现各种质量、成本、设计等方面的问题，并尽早解决。

2）价值工程原理（Value Analysis/Value Engineering，VA/VE）：降成本工作广泛使用价值工程技术，是一种在产品设计中以最少的成本实现最合适功能和质量的有效方法。VE技术的关键是提高产品的实用价值，围绕功能分析这一核心，运用科学分析方法，分析功能与成本之间的价值关系，设法消除过剩功能，增加不足功能，进行方案创新与优化，以满足用户的功能需求。

3）有限功能原理：任何产品的功能都不是无限的，富余的功能必然会增加不必要的成本，而不会给用户增加使用价值，反而会使产品的可靠性降低，必须针对目标市场与特定客户群体的需求确定产品的功能、性能和质量目标。

4）用户第一的原则：DFC的目标是降低成本，但降低成本是有底线的，即不能以牺牲用户的需求和降低质量为代价，只有在确保质量和性能的前提下谈降低成本才有意义。

5）跟踪新技术原则：由于现代科技的飞速发展，新技术层出不穷，有些新技术刚出来时价格较高，但在普及后价格就会很快降低；要高度关注有益于客户的这类新技术发展，包括材料技术、虚拟验证技术、工艺技术，在产品设计中必须前瞻性地应用这些新技术。

6）信息全面原则：在设计中，设计人员掌握的信息往往不全面，更多是依靠自己的经验结合类比法进行设计，这样，设计结果就局限在原有的框框内，很难实现突破。因此，必须尽可能多地掌握信息，才能实现设计突破，真正以高质量的产品实现成本的降低。

7）节省每一分钱的原则：强调节省每一分钱，尽管一分钱相对于整个汽车整体综合成本是个微不足道的数目，但积少可以成多。另外，贯彻"节省每一分钱"的思想，才可能训练技术人员从成本控制的小处着眼，增强成本控制意识。

8）设计目标精准原则：强调精准目标设计，尤其是性能目标的设定要根据市场需求及特定顾客群体的要求来制定最需要、但绝不过度设计的性能目标。也就是不应该按照传统产品开发简单的性能对标来选择保守的性能目标值，导致由于过度设计的成本增加。

DFC实施的体系结构如图9-10所示。

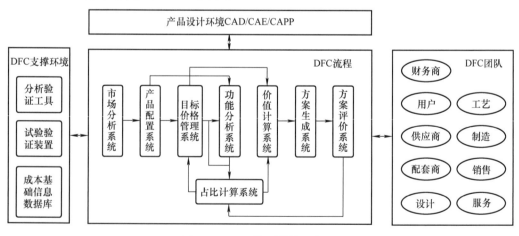

图9-10　DFC体系结构示意图

DFC的基本工作流程如图9-11所示。

DFC的技术工具之一是十问模型，如图9-12所示。

第9章 全生命周期汽车低成本结构集成设计

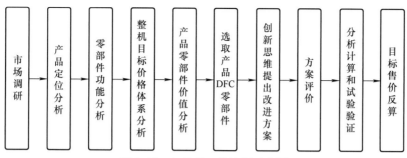

图 9-11 DFC 的工作流程示意图

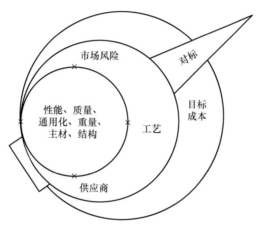

图 9-12 DFC 的十问模型示意图

其具体操作的多方案比较案例见表 9-1。

表 9-1 DFC 的多方案比较案例

序号	××车型××零件多方案对比表							
	车型/方案	××车型			车型1	车型2	车型3	参考车	竞争车	备注
		方案一	方案二	方案三						
	图片									
1	性能目标？为什么这样设定									
2	质量目标？为什么这样设定									
3	是否通用化？为什么不能通用									
4	重量？是否可以轻量化									
5	材质？是否可以优化									
6	结构？是否可以优化									
7	工艺？是否可以优化									
8	供应商？有无更佳供应商									
9	是否存在市场风险？									
10	成本？									

说明：

1. 用于新开发零件不同技术方案之间或与相近车型（公司现有产品或参考车等）同类零件的对比。
2. 目的是通过对比加强和佐证零件成本评估的正确性和合理性，同时发现成本优化的方向。

零部件设计十问模型的特点相对于 VA/VE 方法，更侧重于从对标的角度发现成本可控的方案，它尤其适用于对其关键性能指标或材料掌握不够透彻的零部件。

全生命周期成本构成是站在购车消费者立场，通过分析和研究产品原材料制备、工艺制造或装配过程，以及销售、使用、维修、回收、报废等汽车产品全生命周期中各个阶段的成本耗费构成汇总而得到的。生命周期成本分析往往应用在满足性能需求的情况下多种项目方案之间的选择，这些项目方案在初始成本和运营成本方面具有不同的特征。在这种情况下，多方案比较以便找到可以最大限度地节省成本的方案。图 9-13 所示为汽车产品全生命周期各个阶段成本构成，以及在各个阶段排放对环境的影响。

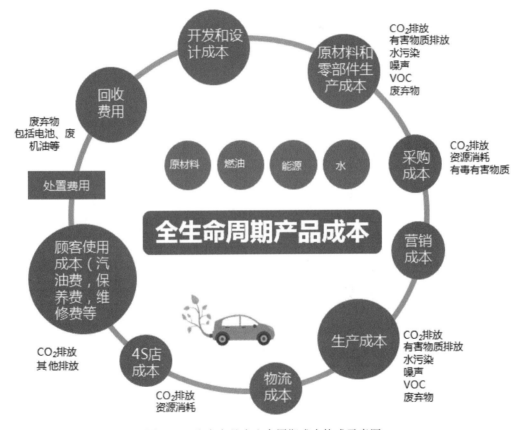

图 9-13　汽车产品全生命周期成本构成示意图

总结汽车产品全生命周期成本构成如下：

1) 新产品设计开发阶段：①前期市场调研费；②设计开发费（含造型）；③原材料成本；④快速样件（含模型）费用；⑤零部件试验验证［含报废品（率）］费用；⑥零部件制造加工费用；⑦项目管理费［含质量管理、认证、APQP（产品质量先期策划）、PPAP（生产件批准程序）等］；⑧模夹检具费用；⑨小批量试装（含报废品）费用；⑩生产线及固定资产投资；⑪设计整改（设变）费用；⑫整车性能试验（含路试）费用；⑬上市"包装"和广告费用。

2) 正常生产制造：①原材料费用；②加工生产制造（含焊接、装配等）费用；③工厂管理（含质量管理等）费用；④废品（率）（含开机试模）费用；⑤设备、模夹检具等器具维护费用；⑥工厂水电气能耗费用；⑦物流、运输和仓储等费用。

3）销售环节：①包装和物流费用；②仓储费用；③广告费用；④试乘试驾费用；⑤三包期间的返修、退货、索赔费用；⑥零部件更换费用。

4）顾客使用期间：①能源消耗费用；②日常维护和保养成本；③保险费；④易损件更换费用；⑤事故后维修和零部件成本；⑥二手车的保值费；⑦整车报废和回收费。

而全生命周期成本设计是在对全生命周期中各个阶段的成本耗费构成情况进行评价后，对原设计中影响产品成本的过高费用部分进行结构设计优化，以达到降低整体综合消费成本的目的。以上全生命周期成本构成中的第1）~3）部分所涉及的成本构成和降本方法在其他技术专著或大量文献中已经大量提及，本章将重点讲述在设计开发过程中如何考虑为顾客在汽车使用阶段降低费用，以及低成本结构集成设计和装配原则及典型案例。

9.2 汽车使用期间的低成本结构集成设计

正如本章开篇提及的，汽车成本结构集成设计是在产品开发阶段，不仅要考虑整车上市时的成本管控，也需要站在顾客的角度，在整车设计开发过程中就考虑到购车后降低能耗、降低保险费等能直接让顾客受益的全生命周期成本。同时应该按照国家法规要求考虑整车全生命周期各个阶段能耗对环境的影响来合理选择材料、工艺以及正确设计方案。

9.2.1 降低行驶能耗的技术方案概述

顾客在汽车使用生命周期中的行驶能源消耗成本在汽车全生命周期综合总成本中的占比巨大，主要包括燃油、电或燃气的消耗。一般来说，降低顾客在汽车使用期间的能源消耗成本的技术手段或方案主要可以从以下三个方面考虑：①动力系统节能，例如提升发动机效能、减少传动损耗、使用混合动力系统等；②电子系统或智能网联化节能，例如怠速起停装置、主动进气格栅、能量回收系统和智能化交通指挥体系等；③降低整车重量，例如拓扑优化、模块化和集成化、新材料、新工艺等。李俊院士在2020年10月中国汽车工程学会年会上正式发布《节能与新能源汽车技术路线图2.0》，即新能源汽车产业未来15年的关键发展方向和发展目标。其中提到的九大技术发展方向具体指节能汽车、纯电动和插电式混合动力汽车、氢燃料电池汽车、智能网联汽车、汽车动力电池、新能源汽车电驱动总成系统、充电基础设施、汽车轻量化、汽车智能制造与关键装备。

传统燃油动力系统影响油耗的主要因素可以分为三大类：①与车辆节能技术方案和结构集成设计相关，如发动机和传动系统效率、空气动力学特性、轮胎阻力和整车重量等；②与道路或驾驶环境相关，如路面状况、天气、地形和交通情况等；③与驾驶员相关，如驾驶习惯、车辆保养和燃油品质等。本节简要介绍车辆节能技术方案，重点讨论节能降耗车辆结构集成设计。一般中型车辆燃油消耗能量流分配大致为：发动机损失55%~60%，传动损失5%~6%，怠速损失16%~18%，空气动力学损失2%~3%，制动损失5%~6%，行驶损失4%~5%，其他附件损失1%~2%。也就是说，实际传送到车轮用以驱动车辆的能量流只有12%~15%。

提高发动机热效率多年来一直是各个主机厂重点努力方向，"2018年度十佳发动机评选"的结果是目前中国国内量产汽油发动机的最高热效率做到了 40%，比较合理的目标是把汽油发动机热效率提高到 45%～50%，把柴油机的效率从目前的 43% 提高到 50%～55%。发动机控制技术也已经发展到智能控制阶段，利用汽柴油废气增压技术，基于模型预测控制电子水泵、机械变排量机油泵、电子调温器等热管理技术，发动机低摩擦技术，低张力活塞环，减摩涂层，润滑油技术等实现节油。另外，正在研究的可变气门技术，改善进排气、增压、直喷技术，涡轮增压（单增压）与缸内直喷组合技术，先进的进排气系统，VVL、电动 VVT、电动气门、可变配气机构、先进的 EGR 技术等也将显出成效。

发动机在起动和低负荷等少数工况下负荷特性差，油耗相应升高，这是传统动力固有的不足。可以把发动机与较小的电池和电机结合起来，例如起动或堵车时，可以让电池和电机工作来弥补发动机的不足，在整体上实现更低的油耗水平，从而产生了混合动力节能技术。相对传统燃油汽车，根据两者不同结合形式，节约油耗从轻度混合小于 10%，到强度混合达到 25%～30% 不等。

发展纯电动汽车是国家鼓励和竭力推行的节能减排主要措施，近年来电动汽车研发已逐步走向成熟。电动汽车的优缺点在众多的技术文献和专业著作中都有详细论述，这里仅针对顾客使用电动汽车的行驶能耗与传统汽油车油耗成本做个简单比较。假设按照汽油车百公里燃油消耗 6L，油价按照 6 元/L 计算，则每行驶百公里的成本就是 36 元；而电动汽车行驶百公里能耗当前约为 14kW·h，成本约为 0.6 元/(kW·h)，则每行驶百公里的成本就是 8.4 元。显然单从能耗成本上看，电动汽车比燃油汽车每百公里要节约成本 27.6 元。可是不要忘记，相同车格的电动汽车购车价格比燃油汽车高出 5 万～10 万元。显然，站在购车顾客的角度应该结合购车价格和行驶里程，还要根据使用状况、日常维护成本及可靠性等多项性能指标综合考虑选择。

这些年来，全球电子电器供应商研发和推广应用的怠速启停系统、制动力可分配能量回收系统、电动空调器和智能调节风量格栅等节能技术已经成熟。其他电子节能技术也在深入开展研究，比如车辆的行驶是通过轮胎与地面的接触来实现的，所以其安全性、动力性、经济性以及路面摩擦等性能，都与轮胎息息相关。如果能在轮胎里面或者在轮辋上安装传感器，把轮胎的大量信息通过传感器收集起来，利用该信息对轮胎以及车辆进行更精准的控制，即可实现轮胎技术的智能化，也能进一步优化节能效果。

汽车智能网联化的迅速发展也会带来显著的节能降耗效益。智能交通系统可以预判前方的交通状况，为行驶车辆选择最佳行车路线以提高出行速度，使得车辆低速行驶和频繁起停的情况减少，动力系统在高效区间运行的时间更多，从而带来节能减排效果。据汽车工程学会"节能与新能源汽车－智能网联汽车技术路线图"展望，到 2025 年基本建成面向乘用车与商用车的自主智能网联汽车产业链与智慧交通体系，实现汽车全生命周期的数字化、网络化、智能化，基本完成汽车产业转型升级，智能网联汽车实行国家信息安全强制认证，汽车交通事故减少 80%，普通道路的交通效率提升 30%，油耗与排放均降低 20%。

以上提及的各种节能降耗措施或技术方案都有专门的著作或文献阐述，这里只是做简单的概述。在实际整车开发节能减排技术方案选择时，通常是将各种技术方案可行性、供应商成熟度，尤其是技术方案带来的节能效果相对成本变化的"性价比"罗列出来，再综合平衡考虑决策，见表 9-2。

第9章 全生命周期汽车低成本结构集成设计

表9-2 节能技术方案综合参数对比

能量损失项	主要应对技术	节油（L）	成本增加（元）	技术成熟度	性价比（元/0.1L）
滚动阻力	降低轮胎滚阻系数（降低30N）	0.15	150	☆☆☆☆	100
空气阻力	智能格栅及底盘封装	0.15	400	☆☆☆☆	266
耗能附件	智能发电机	0.1	220	☆☆	220
耗能附件	皮带张紧轮OAD	0.1	200	☆☆☆☆	200
耗能附件	EPS电动转向	0.3	800	☆☆☆☆	267
耗能附件	变排量机油泵	0.1	200	☆☆	200
耗能附件	变排量压缩机（循环外）		200	☆☆	
耗能附件	高效空调（循环外）		700	☆	
怠速损失	STT	0.25	1200	☆☆☆☆	480
怠速损失	48V系统	0.8	5000	☆	625
传动损失	ECO换挡提示（循环外）		200	☆☆	
传动损失	智能油泵	0.05	500	☆	1000
发动机损失	涡轮增压	0.3	3200	☆☆☆☆	1067
发动机损失	GDI	0.2	2000	☆☆☆☆	1000
制动损失	制动能量回收系统	0.5	4000	☆	800

总的说来，汽车节能减排有两条主要路径：一个是上述各种节能技术方案或措施，另一个则是合理的结构集成设计。后者是本章重点讨论内容。

9.2.2 节能降耗的整车轻量化低成本设计

在汽车使用过程中发生的费用对传统燃油车而言，主要是与燃油经济性相关。提升发动机效率、减少动力传动损失一直是动力总成领域工程师们多年来不断改善优化的工作。然而，改善发动机性能，提高燃烧效率，动力总成更新换代技术难度大、耗资多，多年来在节能减排上没有明显的突破。而对于纯电动汽车而言，降低能耗就是要在相同续驶里程的基础上降低电耗，即降低行驶百公里电能消耗值。近几年来，新能源行业正在千方百计地通过提升电池能量密度、降低电能传递或储存的损耗等技术手段优化行驶过程中的电能消耗，并不断取得令人瞩目的成绩。

但无论传统燃油汽车还是电动汽车，降低牵引力显然是节能减排的主要目标之一。从图9-14中产生牵引力要素的公式分析可以得出，采用低滚阻轮胎技术降低滚动阻力，在造型阶段就从空气动力学角度考虑优化部分敏感型面从而降低空气阻力等都是很好的设计技术方案。

另外，从图9-14的牵引力公式中还可以得出，无论滚动阻力、坡道阻力还是加速阻力都跟整车重量直接相关。表9-3列出了欧洲主机厂通过降低整车重量得到的节能减排经验值。从表中可以看出，若要油耗降低10%，提升发动机效率最为直接有效。但如前所述，高效发动机设计及其传动技术经过几十年的努力，并没有显著的突破且成本增加较大。其次要考虑整车轻量化对燃油经济性的贡献。表9-4中经验值告诉我们整车减重18%就能降低

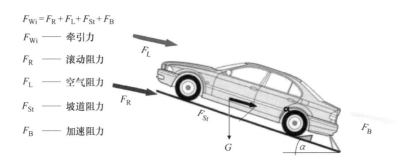

图 9-14 汽车牵引力要素分解公式

油耗 10%，而空气阻力需要降低 41%、滚动阻力要降低 51% 才能达到降低油耗相同目标。显然，降低整车重量是节能降耗的重要手段。

表 9-3 性能提升 10% 对油耗的影响

提升性能	对油耗的影响
发动机效率	10%
汽车重量	5%
滚动阻力	2%~3%
传动效率	1%~2%

表 9-4 油耗降低 10% 对性能的影响

目标	措施	指标
油耗降低 10%	减轻车重	18%
	减小车辆行驶空气阻力	41%
	降低轮胎和地面摩擦阻力	51%

自 2005 年以来，各个主机厂陆续开始注重整车轻量化正向设计技术路线和规划，这在第 8 章中已有详细论述。这里从成本设计的角度阐述，特别要强调的是，汽车轻量化结构集成设计不是基于顾客体验的设计，而是隶属于降低成本的设计范畴。图 9-15 所示为整车重量与轻量化产生成本变化的关系。

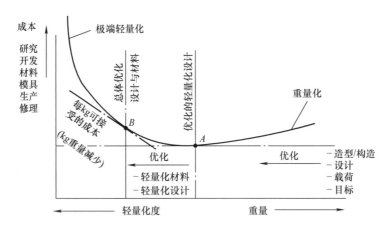

图 9-15 整车重量与轻量化产生成本变化的关系

从图 9-15 可知，在各个主机厂开始关注和实施轻量化设计初期，多数轻量化技术方案都是降低成本的，这个时候大都是通过合理造型、调整性能目标和拓扑优化结构设计等方法剔除重量盈余或过度设计造成的重量增加。当轻量化工作开展到一定程度或达到 A 点的能力水平，开始同步考虑采用新材料、新技术或新工艺替代传统技术方案时，将会带来部分成本增加。我国主机厂低、中端售价车型的轻量化水平一般就设置在 A 点周围，而合资品牌高端车或豪华车则向接近 B 点方向延伸。理论上，当轻量化技术采用新材料、新工艺的方案时，成本将会增加，但对于传统燃油车而言，这个成本的增加是可以从以下三个方面考虑来平衡的，使得整体综合成本不增加反而有可能降低。

首先，当材料被加工成不同零部件用在整车上时，都会产生原材料和加工费用。一般来说，根据原材料价格和加工工艺精度或方法不同，每千克材料被加工成为零部件之后的综合成本在 15 ~ 50 元，例如：采用热成型钢的 B 柱或梁类零件每千克的成本在 30 ~ 35 元，而 PP 材料成型的仪表板或中控箱每千克成本为 25 ~ 30 元。以成本最低廉的普通低碳钢成型车身零部件为例，减重 1kg 车身钣金可以降低整车材料和加工成本 15 元以上。

其次，表 9-5 所列数据是由中国工程院李俊院士 2014 年带领他的团队调研得出的采用各种技术方案节约 0.1L 油平均所需要的成本代价统计。

表 9-5 节约 0.1L 油平均的成本代价统计

车型级别	A0 级	A 级	B 级	C 级（含 SUV）
降 0.1L 油需要的代价	230 元	280 元	416 元	474 元

在第 8 章中已经提到，整车减重 100kg 通常可以降低 0.4L/100km 左右油耗。若在 A 级车上减重 100kg，理论上可以有 280×4 元 = 1120 元的成本额度用于轻量化方案来实现表 9-5 中等价节油的目标。而且轻量化相对其他节能技术手段还可以带来综合性能的提升，这一点在第 8 章中已有阐述。

另外，若按照减重 100kg 可降低油耗 0.4L/100km、单车使用周期 10 万公里计算，从购车客户在使用期间节约油耗来看，每减重 100kg，可减少油耗 $(100000×0.4/100)\text{L} = 400\text{L}$，每升油按 6 元计算，可为终端顾客在汽车整个使用周期内节约油耗费用 2400 元。

综上所述，通过减重所带来以上三方面的成本节约或等效节能，可以抵消或平衡采用新材料或新工艺带来成本的增加，使得整体综合成本不增加，甚至降低。综合考虑整车重量与总体成本平衡的方法或算法称为"轻量化成本模型"。每个主机厂的计算方法或平衡代价都不一样，例如奔驰总部在 2015 年对某个平台车型每减重 1kg，容许的成本增加额度是 3 ~ 5 欧元，具体取决于行驶里程、汽油价格、轻量化开发增加成本等因素。图 9-16 所示为德国奥迪汽车公司在轿车开发中确定轻量化边界成本的一个成本模型。

针对电动汽车的轻量化对成本节约有更重大的意义，按照当前使用的百公里能耗测试方法（New European Driving Cycle，NEDC）工况虚拟验证发现，纯电动汽车每减重 100kg，百公里能耗可降低 3% 左右，续驶里程可增加 4% 左右。而且整车整备质量越小，减重对百公里能耗或续驶里程的影响越大。在冬季城市工况实际路试中，由于电池能耗在低温和频繁启停状态下衰减更快，整车降重使得续驶里程增加效果更显著。反之，若保持原设定续驶里程不变，减重势必可以减少相应的电池电量来降低动力所需成本。一般来说，燃油汽车的发动机排量大小都是规划好的，并且间隔比较大，不易随整车重量变化而改变。电动汽车总电量却可以在立项之初根据载荷、电池能量密度、市场需求和续驶里程综合考虑而定，比较灵活。若按当前能耗水平，续驶里程一般为 7 ~ 9km/(kW·h)，成本约 800 元/(kW·h)。而通过验证可知中级车减重 100kg 续驶里程可增加 7 ~ 10km 不等，这样通过整车减重可以减少在相同续驶里程目标前提下所需要的电池总电量，而通过减少电量节省下来的成本就可以

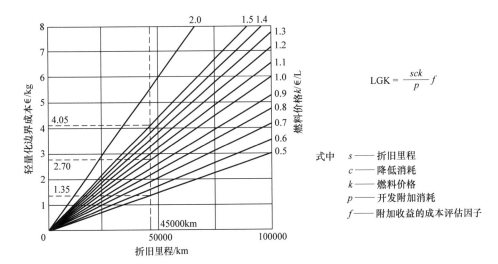

图 9-16 汽车轻量化成本模型案例

用来弥补轻量化技术方案中成本的增加。换言之,按照以上案例若整车减重100kg,实现同样续驶里程而减少的电量为0.89~1.71kW·h,相应带来成本节约为710~1370元,而这部分节约的费用就可以用来补贴轻量化技术方案带来的成本增加,这就是近年来新能源汽车行业提出轻量化技术方案的"成本对冲"理念。更重要的是,目前纯电动汽车电池重量水平相对发动机取消后仍然净增了200~300kg,整备质量越大需要的电量也就越大或电池更重,电动汽车的减重就显得更为重要了。另外,减少新能源电池电量,还同时减少了电池本身的重量。一般来说,1kW·h的电池模组质量为7~10kg,假设电动汽车设计开发整车规划减重100kg,可以节约1kW·h的能耗,则整车实际只需减重90~93kg。基于以上原因不难得出,整车轻量化对电动汽车更为重要,电动汽车相对燃油汽车的轻量化技术应用与综合成本平衡在整体设计方案选择上具有更大的灵活性。这就是新材料、新工艺或先进的轻量化技术方案通常都是先在电动汽车上实施应用的主要原因。

按照传统项目开发管理模式,某电动汽车立项并在原有车型基础上先完成一版结构数据设计,这时整车重量、续驶里程、电池电量、成本等开发指标都基本确定,再提出整车减重一揽子轻量化技术方案可能会改变某些已经确定的开发指标,牵动或带来其他细分指标的相应变动,甚至会涉及节点或成本的改变,项目组一般都不会轻易同意调整。正确的项目管理工作方法应该是在立项之前,即项目预研究阶段进行下列工作:①根据项目续驶里程、配置、性能要求等,参考"整车轻量化多维度重量目标制定与评价体系"分别设定新开发车型轻量化处于L、A、C的三个整车重量目标;②整车结构集成根据不同重量目标或在不同整备质量载荷之下,按照相关性能要求,如碰撞星级要求等初步虚拟设计下车体和车身结构,显然,不同的重量目标(或载荷)将会导致完全不同的整车集成设计技术方案,即不同的车身纵梁或横梁断面结构、前后车架结构、制动系统结构等,采用不同轻量化材料和工艺、配套总装装配工艺路线及不同的成本预算;③在相同续驶里程目标和电池能量密度等前提下,根据L、A、C不同整备质量确定电池包电量;④成本部门根据三个整车重量对应不同的技术方案和电池电量,分别统计出三个综合总体成本并进行对比分析;⑤呈交项目组针对"综合成本-电量-续驶里程-整车重量"综合平衡决策立项。换言之,轻量化一揽子技术方案应该在各项技术指标确定和主体结构设计之前提出，最好是在预研究阶段通过不同的重量目标设定和各系统轻量化技术方案带出不同的整车主体结构集成设计方案，及相应的性能目标和成本核算结果，再由项目组综合平衡抉择，整体轻量化结构集成技术方案及较低的综合成本结果才可能得以实现，如图9-17所示。这也是第8章整车轻量化正向设计开发技术路线的核心内容之一，即最终找到降低成本、性能最优的整车一揽子轻量化整体设计技术方案。

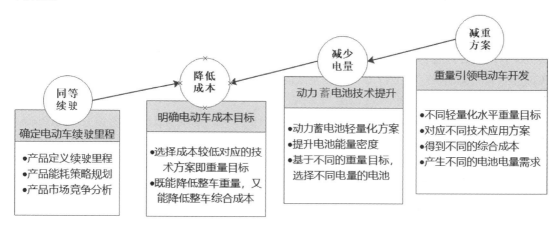

图9-17　电动汽车低成本轻量化实施技术路线

通过以上项目管理运作步骤，结合参考第8章轻量化正向设计开发案例可知，汽车产品结构集成设计的顶层正向开发技术路线是根据市场与特定客户群体需求，综合考虑功能、性能、整备质量、续驶里程和成本目标等各项指标，并反复调整权重和平衡，最终形成或固化各项指标的，绝不是简单对标或直接借鉴那么简单。

9.2.3　降低汽车维修和保险费用的结构集成设计

降低顾客购车之后日常维修或维护花费及保险费用是在整车开发设计时应该考虑的设计要素，也是提高顾客用车满意度的重要指标，维修经济性设计（Design for Serviceability, DFS）就是为此目的提出来的设计方法。可维修性不仅是指一般性的修理和保养的能力，而是指为保证车辆具有正常使用功能和性能的一切服务能力。这包括车辆的例行和非例行的保养、车辆损坏后的维修、召回修理、车辆系统软件的升级和更新等服务及其配套服务能力。

而DFS就是对任一部件或者子系统，通过相对容易的诊断、拆除、更换、补充、调校或修理，使之达到低成本维护其最佳特性的能力。对于客户而言，就是尽可能少的例行保养，产品故障少，事故维修要快速和经济；对于服务商（4S店、维修站）而言，就是能正确而直观地诊断出问题，有明确而完整的维修文件指导维修，维修时能方便的接近和拆下维修对象，操作时能清楚地看到被修对象，有正确的工具用于维修；对于汽车公司本身而言，就是客户能对公司提供的服务满意，公司为服务支付的费用最少。因此，低成本维修结构集成设计的目的就是以上期望值的总和。

汽车的一般性维修或保养会产生显性成本和隐性成本。显性成本包括每小时人工费、基本维修时间、设备费用、更换零部件成本等；而隐性费用则包括可能因维修耗时过长而需要提供备用车给用户使用，维修出现意外导致额外软硬件损失费等。因此，基于成本设计的可维修性结构集成设计原则应该是"安全、简便、准确、快捷、低价"。而对于常规汽车保养活动最好是能够"简单方便，自己动手"，在自家进行常规保养这在欧美已经十分普遍。例如总布置（详见第3章）设计更换机油滤清器必须考虑：①机油滤清器位置在哪里？应与维修手册指示位置一致；②能很容易地看到它在什么地方吗？是否必须要拆掉某些东西才能看到？或者无论怎样都最多只能摸到（实际上有些车真是这样布置的）？③能不拆东西就够到它吗？应该从汽车上部可以直接够着并取出；④拆装空间够吗？⑤机油滤清器的位置和方向使得拆装操作顺手吗？⑥拆卸机油滤清器时是否会使机油流出来？流出来时会不会流到维修人员身上或易被机油污染损伤的部件上？⑦更换机油可否不用千斤顶将整车升起？这样即安全又省时间，而且自己在家中就能方便更换（很多日本汽车就是这样设计的）。另外，更换相对频繁的发动机空气滤清器和车内空气滤清器布置设计时应该有足够的更换空间，最好不需要特殊工具，徒手也能方便取出和置换。

对于需要定期更换的易损零部件的布置与设计DFS的原则：①设计寿命在考虑到恶劣使用环境下，还应该稍大于使用寿命；②结构设计与装配或更换应遵循最简化设计原则；③在满足功能要求前提下尽可能降低易损零部件成本；④到期保养或更换的标识应该清晰可辨，或在汽车启动自检车况时通过仪表屏幕自动提醒；⑤要注意预留装卸或置换操作空间，操作过程中不要有其他零部件遮挡。

良好的维修经济性和低保险费的DFS结构集成设计可以从以下四个数据统计评测：①质保期间三包维修工时统计；②客户定期维修零件价格和工时费统计；③顾客不定期维修零件价格和工时费统计；④易损件更换零件价格和工时费统计。通过综合以上四项统计费用并综合对比，不难看出哪些车型在设计之初就考虑到DFS，或评价顾客使用期间的维修经济性设计水平。

中国汽车保险市场逐步走向成熟，近年来一直在学习国外保险业经验，将汽车保险费与汽车本身理赔实际发生的费用直接关联。例如，据统计保险公司理赔频次和金额最高的场景就是"追尾"。中国汽车保险协会与汽车行业相关部门正在参考国外模式，制定"标准追尾场景"试验规范，评价不同车型在追尾过程中汽车损坏程度、维修和更换零部件所需工时，以及需要更换零部件的费用，得出不同车型在相同"追尾"情况之下综合维修费用，据此确定各个车型涉及"追尾"场景的相应保险费。据福特公司统计，73%的购买新车顾客认为保险费高低是一个非常重要的购车考虑因素。因此，如何降低汽车保险费在欧美汽车结构集成设计中已经全面应用。

美国IIHS（Insurance Institute for Highway Safety）模拟常见的"追尾"场景，2006年制定了低速追尾碰撞试验评测标准（IIHS Low – Speed Crash Test），其目的就是要推动主机厂通过稳定性、兼容性、吸能等合理设计，减少在低速追尾过程中汽车零部件损坏的修复费用。试验项目有：10公里前碰撞和追尾碰撞（图9-18），5公里15%偏置前碰撞和追尾碰撞。

2007年IIHS发布第一批上市车型抽检结果，见表9-6。同时发文指出美国大多数中级车保险杠的设计不能满足顾客在日常驾驶过程中经常发生的"追尾"维修经济性要求，破损严重。17款车中只有3款日系车型维修费用在5000美元以下，而少数车维修费用甚至高达9000美元。至此，北美各大主机厂才真正开始注重降低保险费用的低速碰撞结构集成设计。

a) 前碰撞　　　　　　　　　　b) 追尾碰撞

图 9-18　IIHS 低速碰撞示意图

表 9-6　IIHS 低速碰撞检测结果

车型	汽车保险杠低速碰撞后的维修成本				
	正碰撞	前角碰撞	后碰撞	后角碰撞	损坏维修总成本
Mitsubishi Galant	$929	$1,138	$1,048	$1,162	$4,277
Toyota Camry	$936	$1,467	$1,480	$1,028	$4,911
Mazda 6	$978	$1,384	$1,202	$1,397	$4,961
Ford Fusion	$1,620	$991	$1,298	$1,121	$5,030
Volvo S40	$2,252	$1,306	$802	$1,240	$5,600
Kia Optima	$1,730	$1,534	$1,715	$756	$5,735
Satum AURA	$1,032	$1,152	$3,191	$999	$6,374
Nissan Altima	$945	$969	$3,114	$1,431	$6,459
Chevrolet Malibu	$1,268	$1,610	$2,542	$1,226	$6,646
Subaru Legacy	$3,911	$1,287	$1,122	$1,128	$7,448
Chrysler Sebring	$1,084	$2,061	$3,210	$1,099	$7,454
Hyundai Sonata	$4,312	$1,349	$739	$1,165	$7,565
Honda Accord	$3,469	$1,169	$2,767	$605	$8,010
Volkswagen Passat	$4,594	$1,544	$982	$1,139	$8,259
Pontiac G6	$4,588	$1,183	$1,638	$1,510	$8,919
Volkswagen Jetta	$2,598	$1,223	$3,375	$1,824	$9,020
Nissan Maxima	$4,535	$1,732	$1,787	$997	$9,051

中国的汽车保险定价以往都是按照"保额定价",即通过车辆购置价笼统核定保险费率。这种定价模式无法关联不同车型发生事故之后造成的实际损失赔付费用与对应保险费高低,汽车保险费率分级不够导致保险收费与理赔不合理。2018 年中,汽车保险业在广西、陕西、青海等地开始"商车费改"自主定价的试点,逐步扩大保险公司的自主定价权,车险费开始向完全市场化的阶段推进。汽车维修研究委员会(Research Council for Automobile Repairs,RCAR)是成立于 1972 年的保险行业技术研究国际组织,主要从事汽车保险安全的研究并制定和推出试验规范及评价标准。RCAR 的研究表明 50% 以上的汽车保险赔付发生在汽车修理费用上,零配件价格和车辆维修工时是影响汽车保险价格的主要因子。商业车保

险需要综合多种因素进行定价，其中"车型定价"是重要因素之一。欧洲、美国和日本等汽车发达国家和地区已建立起了成熟的车型保险安全分级评价体系。中国保险行业协会牵头也正在建立与车型相关的重要风险因子，如零整比、维修工时、零配件价格、车辆碰撞损失等系统的评价体系和数据库。

在中国保险行业协会的推动下，中国汽车工程研究院与中保研汽车技术研究院于2018年推出了2017版中国保险汽车安全指数（China Insurance Automotive Safety Index，C‑IASI）测试评价体系，其中包括耐撞性与维修经济性、车内乘员安全、车外行人安全、车辆辅助安全四项指数的测试评价，在第4章中已有论述。其中耐撞性与维修经济性指数作为C‑IASI体系的一项评价指数是参照RCAR的低速耐撞性测试标准制定的。耐撞性是低速（15km/h）行驶下车辆本身抵御碰撞变形的能力，主要分为正面碰撞和追尾碰撞。在车辆低速结构正面碰撞中，试验车辆以15km/h的速度撞击刚性壁障。在车辆低速结构追尾碰撞中，装有刚性壁障的移动台车以15km/h的速度撞击静止的试验车辆后部，如图9-19所示。维修经济性是指车辆在经过耐撞性测试之后，汽车损坏或变形后的维修费用，包括配件价格和维修工时等综合费用总和。耐撞性与维修经济性的测试结果分为四个等级，分别为优秀G、良好A、一般M、较差P，详见第4章的说明。2021年，C‑IASI推出了2020版测评规程，相对于2017版，增加了对于保险杠系统的测试程序，包括车辆前端保险杠全宽动态测试、车辆后端保险杠全宽动态测试及车辆前/后端防撞横梁静态测试。

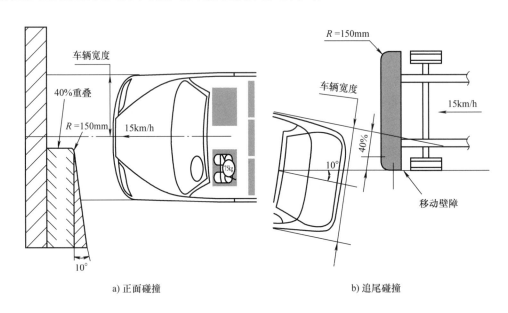

a) 正面碰撞　　　　　　　　b) 追尾碰撞

图9-19　C‑IASI中耐撞性与维修经济性测试

根据2019年来在中国市场随机测试的50款车试验结果可以看出，车辆的低速耐撞性与维修经济性存在严重问题，达到优秀的仅有2款，良好的也只有5款，其中大部分车评测落在较差P范围中，也就意味着这些车在发生追尾后损坏严重，更换零部件多，维修代价高。以C‑IASI中耐撞性与维修经济性评价优秀的科迪雅克为例，其低速碰撞之后前后纵梁及车身保持完好，前保险杠蒙皮、前保险杠下导流板、前翼子板等部件只有轻微损坏,可修复再用。这说明科迪雅克在设计之初就设立了低速碰撞的维修经济性指标,吸能效果良好,在整车结构集成设计中已经考虑降低碰撞维修零部件成本的技术方案。

综上所述,针对汽车耐撞性和维修经济性指标的低成本结构集成设计需要考虑在常见"追尾"场景下或 RCAR 低速碰撞测试场景下,最大限度地减少零部件损坏的成本。基于以上要求,提出"首先失效模式"(First Failure Mode,FFM)设计原则,即在低速碰撞过程中有目的地设计特定零部件先"失效",降低维修或置换零部件成本。所谓 FFM 就是从维修经济性考虑,在不影响功能并具备基本吸能或抗冲击总布置结构设计的前提下,要求结构集成设计优先考虑:①成本低的零部件先失效;②相对小、容易更换或修复的零部件先失效;③相对独立容易更换的零件先失效;④不会引起安全问题的零件先失效;⑤零部件失效时不要牵连其他零部件失效。FFM 具体的整车结构集成设计步骤和方法如下:①对标低速耐撞维修经济性能优秀的整车集成结构设计,尽可能参考其结构与总布置形式;②通过虚拟验证模拟 C-IASI 低速碰撞场景下零部件损坏机理、损坏顺序、损坏部位和各自吸收碰撞能量的程度等;③参照虚拟验证结果合理调整设计参数,反复验证使得整车结构集成设计满足FFM 设计原则;④保证实车零部件失效模式与虚拟验证一致。

提高车辆的低速耐撞性与维修经济性,需要从车辆前后端总布置、结构集成设计入手,总体 FFM 设计原则是使车辆的防撞梁、吸能盒在低速碰撞中充分吸能,以保护其他部件不受损伤或减小损伤程度。其中通用的一些结构集成设计原则还包括并不局限于以下几点:①约束系统,如安全气囊、预紧式安全带在低速碰撞中不被点爆;②吸能盒与纵梁设计应为可拆卸的,吸能盒应充分吸能,确保纵梁不变形;③避免保险杠与翼子板刚性连接,导致撞击保险杠连带拽拉损坏翼子板;④前防撞梁布置需位于前照灯及框型副车架前端;⑤散热器框架安装结构一般设计为活装结构,以便拆卸更换,尽量避免本体损坏;⑥散热器安装支脚设计为独立可拆卸结构,确保散热器本体不损坏(参考图 9-21 案例);⑦采用前保险杠"软鼻子"造型、机盖锁后移以降低发动机舱盖受损概率;⑧前照灯安装支架保护设计,设计额外安装螺栓孔(参考图 9-20 案例);⑨采用可更换式线束接头,防止接头损坏而更换整条线束。

如图 9-20 所示,一般来说在 15km/h 追尾情况下,追尾车辆前照灯上部安装支架常常有可能在受到强烈冲击之下折断。遵循 FFM 设计原则,可以有意在前照灯上部安装支架延伸臂中部设计结构弱化槽,受冲击时这个部位会首先断裂破坏,而避免了前照灯本身受损。同时在弱化槽之前的部位预留两个备用螺栓安装凸台,在支架断裂之后,利用这两个安装台上的螺栓安装孔来固定前照灯,避免整体前照灯更换。

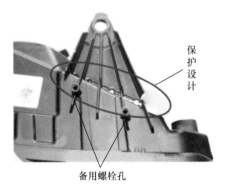

图 9-20 前照灯弱化槽结构设计

同理,散热器安装支脚在碰撞过程中有可能剪切破坏,如图 9-21 所示。按照 FFM 设计原则设计时,若刻意将安装支脚与散热器本体分离,安装支脚单独设计出一个小件装到散热器本体上,并有意将支脚弱化,碰撞冲击时此处首先剪切断裂,修复时只需更换安装支脚而保留散热器本体,使得零配件更换成本降低。

图 9-21 散热器安装支脚断裂导致整体更换

再以汽车前保险杠为例说明根据 FFM 的设计原则创新设计与应用。在汽车追尾低速正碰或角碰过程中,保险杠承受的巨大冲击力会传递到侧边,使得保险杠侧边(图 9-22 中标识部位)可能弹出脱落。图 9-23 所示为保险杠断面位置,而图 9-24 所示为大多数保险杠侧边定位和安装典型设计结构。

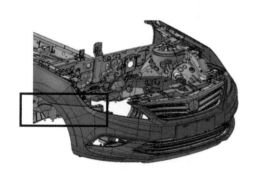
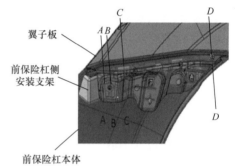

图 9-22 低速碰撞过程中保险杠通常脱落部位　　图 9-23 保险杠断面位置

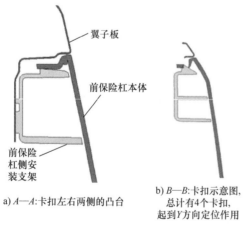
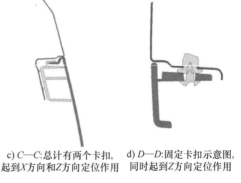

a) $A—A$:卡扣左右两侧的凸台　　b) $B—B$:卡扣示意图,总计有4个卡扣,起到Y方向定位作用　　c) $C—C$:总计有两个卡扣,起到X方向和Z方向定位作用　　d) $D—D$:固定卡扣示意图,同时起到Z方向定位作用

图 9-24 保险杠侧边定位和安装典型设计结构

传统设计的破坏或失效通常就发生在断面 $B—B$,保险杠蒙皮安装或定位结构最薄弱的

开口周边撕裂破坏而失效脱落，造成整个保险杠总成必须更换。据保险公司统计评估，保险杠前后蒙皮配件价格是整车价格的3%～5%，而保险杠前后蒙皮维修配件价格则是配件价格的4～6倍。保险杠蒙皮是保险杠系统中最大的零件，它先破坏显然不符合FFM设计原则。正确结构设计失效部位应该选择在保险杠总成系统中较小的侧安装支架上，例如采用强度较弱的材料在断面B—B处的前保险杠侧安装支架上刻意分离出一个小卡扣零件来定位和锁止保险杠蒙皮，同时在断面D—D部位沿脱落方向设计开口。当发生"追尾"低速碰撞事故使保险杠发生冲击变形时，强度较弱的卡扣首先剪切断裂失效，保险杠蒙皮从原有结构中弹出脱落，但没有损坏。修复时只需要在侧安装支架上更换小小的卡扣配件即可，这样就使得在碰撞过程中保险杠系统的更换或维修成本最低。总而言之，从维修经济性或降低保险费用的成本设计角度出发，我们首先应该熟悉行驶过程中发生频次高的事故场景，并充分了解相关的国家法规和评价规则，了解在低速碰撞工况下容易损坏的零部件或系统，按照FFM设计原则在整车结构集成设计过程中有意识地设计失效部位和弱化失效零部件，让该零部件具有成本低廉、容易更换、相对独立的设计特征，并通过虚拟或实物验证方法加以试验验证，最终实现维修经济性或低成本结构集成设计的技术亮点。

9.2.4 汽车全生命周期生态设计案例及材料选择

近年来，为应对日益严格的燃油消耗、污染物排放和碳排放标准法规的要求，汽车企业采取了多措并举的应对方案，包括提高动力传动系统效率、降低轮胎滚动阻力、电动化和轻量化设计。其中，轻量化设计被认为是普遍采用且行之有效的方法之一。

在轻量化设计方面，轻量化材料，包括先进高强度钢、镁合金、铝合金以及碳纤维增强塑料（CFRP）等已在汽车车身上得到不同程度的应用。铝合金和CFRP可以实现在减轻重量的同时保持与钢材相同的刚度和强度，在不久的将来有望成为最有潜力的车身轻量化材料。从生命周期的角度来看，轻量化材料的应用使得整车大幅度减重，可以实现汽车使用阶段的节能减排，但轻量化材料的生产和回收过程的能耗和碳排放比普通钢更大，特别是CFRP生产的能耗比普通钢高出5～20倍，并产生8～30倍的碳排放。单就生产阶段碳排放而言，轻量化材料应用设计方案似乎不利于在全生命周期内实现碳排放的平衡，无法保证轻量化设计的可持续性。下面案例针对传统钢材及常用轻量化材料，通过全生命周期碳排放总量计算，为企业轻量化材料选择提供决策参数或信息，以利于应对中国的生命周期碳排放标准法规的要求。

汽车的生命周期阶段可以划分为原材料获取、生产、使用和废弃处理阶段。为了便于理解，这里将原材料获取和生产阶段合并。图9-25从生命周期碳排放的角度出发，基于LCA说明随着行驶里程的增加（横坐标），轻量化材料设计方案全生命周期碳排放的净变化（水平线）相对于传统钢材生命周期平均碳排放"基准方案"水平的关系。它反映出三个方面的信息：①在原材料获取和生产阶段，轻量化材料的生命周期碳排放要高于普通钢材的设计方案；②在使用阶段，轻量化设计方案生命周期碳排放变化随着行驶距离的增加相对于基准方案在逐渐变小（负斜率），当达到与X轴的交叉点时，两者的碳排放相等，此交叉点即为"平衡点"，此交叉点对应的行驶距离为"平衡距离"；③在平衡点之后的生命周期行驶距离中，相对于基准方案，轻量化设计方案将实现碳减排。

在本节中，以白车身的轻量化设计方案为例，为读者呈现如何应用LCA方法进行汽车

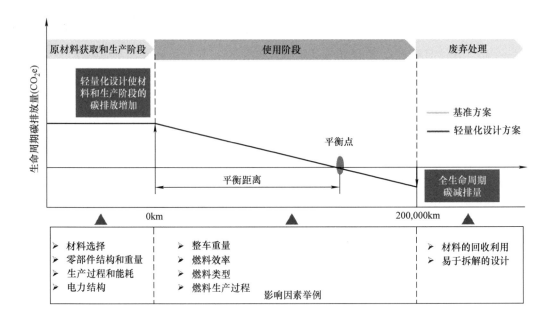

图9-25 汽车产品轻量化设计方案行驶里程与碳排放的关系示意

产品的生态设计及材料选择。

1. 研究方法

本案例应用 LCA 方法，依据 ISO 14040 和 ISO 14044 等国际标准的相关规定，基于 2015—2017 年材料生产和回收的现场调研数据，以及中国汽车生命周期数据库（CALCD），以普通钢制白车身方案为参照，进行三种轻量化方案的白车身生命周期碳排放核算和对比分析，最终确定最低碳排放的轻量化设计方案。CALCD 是中汽数据有限公司开发的针对中国汽车行业的生命周期数据库，其中包括汽车材料制造、零部件及整车制造、行驶和报废回收等过程的数据。

本案例中的白车身包括车身结构、翼子板（两个）、前门（两个）、后门（两个）、发动机舱盖和行李舱盖。白车身主要部件的重量百分比及相关设计参数见表 9-7。本案例中包含基准方案与三种轻量化方案。其中，基准方案是普通钢白车身方案，方案 I、方案 II 和方案 III 是分别以先进高强度钢、铝合金和 CFRP 为主的白车身轻量化设计方案。为了实现相同的白车身设计功能，在不同方案中不同零部件的重量占比根据材料选择的不同有所不同。例如，在基准方案中车身结构的重量占比为 74.1%，而在方案 III 中增加到 82.9%。

本案例评价的功能单位为一辆行驶 20 万公里紧凑型轿车的白车身，以汽车整备质量为 1220.0kg 的某紧凑型轿车为目标车型，其 100% 普通钢制白车身为基准方案，质量为 430.0kg。如图 9-26 所示，在方案 I 中，先进高强度钢重量占总重量的 98.1%，在方案 II 中，铝合金重量占总重量的 86.1%，在方案 III 中 CFRP 重量占总重量的 60.0%。在方案 II 和方案 III 中，其他材料重量占比分别为 12.4% 和 12.0%。从白车身的重量来看，方案 III 的轻量化效果最佳，其次是方案 II 和方案 I。

表 9-7 白车身主要部件的重量构成和设计功能

零部件名称	基准方案	方案Ⅰ	方案Ⅱ	方案Ⅲ	主要设计参数
车身结构	74.1%	72.8%	78.2%	82.9%	屈服强度，抗弯刚度，应力和应变，抗凹性，噪声振动和严重度（NVH）
翼子板（两个）	1.4%	1.5%	1.6%	2.2%	耐冲击性，NVH
前门（两个）	9.3%	10.9%	6.6%	6.9%	抗弯刚度，抗凹性，NVH
后门（两个）	8.7%	5.8%	4.3%	4.4%	抗弯刚度，抗凹性，NVH
发动机舱盖	2.9%	6.0%	5.6%	2.7%	抗弯刚度，抗凹性，NVH
行李舱盖	3.6%	3.0%	3.6%	0.9%	抗弯刚度，抗凹性，NVH

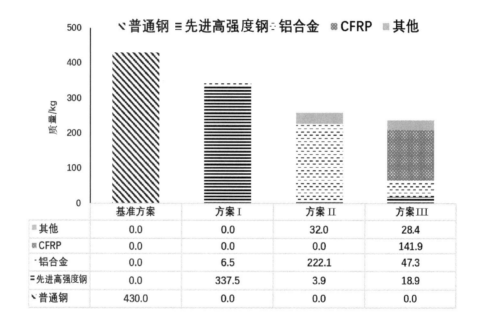

图 9-26 不同白车身材料设计方案

如 9.1.1 节中所述，产品生命周期碳排放系统边界包括原材料的获取、白车身的生产阶段、使用阶段和废弃处理等四个生命周期阶段。本案例为简化起见，边界中未包含原材料、半成品等在生产厂内和厂间的运输过程，以及现场建筑、机械设备等基础设施的生产制造过程。

（1）原材料的获取阶段

普通钢、先进高强度钢、铝合金、化学材料和能源的生命周期清单数据均来自 CALCD。碳纤维的主要生产工艺包括聚合、氨化、湿法纺丝、预氧化、碳化、干燥和卷取。碳纤维生产所需的主要原材料包括丙烯腈（重量占比 99%）和环氧树脂（重量占比 1%），其生产过程中，每千克碳纤维共计消耗 $30.02 kW·h$ 的电力和 $0.11 m^3$ 的蒸汽。

（2）生产阶段

如表 9-8 所列，在基准方案、方案Ⅰ和方案Ⅱ中白车身的生产加工过程是相似的，均包括轧制、锻造、下料、冲压和焊接等主要加工过程。在方案Ⅲ中，除上述过程外，白车身的制造还包括CFRP的塑模、固化、拆除、粘接和翻边等过程。

表9-8 不同白车身设计方案生产阶段材料和能耗数据

类别	子类别	基准方案	方案Ⅰ	方案Ⅱ	方案Ⅲ
材料消耗	普通钢（kg）	430.0	0.0	32.0	28.4
	先进高强度钢（kg）	0.0	337.5	3.9	18.9
	铝合金（kg）	0.0	6.5	222.1	47.3
	碳纤维增强塑料（CFRP）（kg）	0.0	0.0	0.0	141.9
生产过程能耗	电力（kW·h）	96.0	105.6	658.9	614.8

（3）使用阶段

本案例中基准方案车型的综合油耗是6.5L/100km，汽车使用阶段的温室气体直接排放主要包括$0.01gCH_4/km$和$153.0gCO_2/km$。本案例中轻量化设计白车身的节油系数（FRV）按照0.38L/(100kg·100km)，并考虑了轻量化设计后动力系统的变化。因此，由于轻量化设计实现的节油量（C）的计算公式如下：

$$C = \Delta m \times FRV \times D_V$$

式中 Δm——车辆重量变化量（kg）；

D_V——车辆生命周期行驶距离（200000km）。

表9-9列出了三种轻量化设计方案使用阶段的模型参数。

表9-9 三种轻量化设计方案使用阶段的模型参数

参数名称	基准方案	方案Ⅰ	方案Ⅱ	方案Ⅲ
整车质量/kg	1220.0	1134.0	1048.0	1026.5
白车身质量/kg	430.0	344.0	258.0	236.5
整车减重/kg	—	86.0	172.0	193.5
生命周期行驶距离/km	200000	200000	200000	200000
生命周期节油量/L	—	653.6	1307.2	1470.6

（4）废弃处理阶段

本案例假设95%的报废汽车在生命周期末期被收集、分类、拆解和粉碎，假设金属（如钢、先进高强度钢和铝合金）和CFRP的回收率分别为95%和90%。回收钢、先进高强度钢和铝合金使用CALCD中设定的回收模型来处理。

2. 研究结果与讨论

图9-27所示为三种白车身轻量化方案的生命周期碳排放对比传统白车身作为基准方案（居中实线）的总体情况。不难看出，方案Ⅲ在原材料获取过程中呈现最大的碳排放，但在使用阶段可最大幅度降低碳排放，其次是方案Ⅱ。这主要是因为CFRP和铝合金是能源密集型材料，在生产过程中比普通钢消耗更多的能量并产生更多的碳排放。但是，由于在使用阶段通过减轻重量实现了燃油经济性的提升，三种方案在汽车使用阶段产生的碳排放比基准方案都要低，尤其是CFRP车身重量最轻，从而大大减少了行驶燃料消耗造成的碳排放。另一方面，在废弃处理阶段，轻量化材料的回收利用使得该阶段的碳排放比基准方案均低。

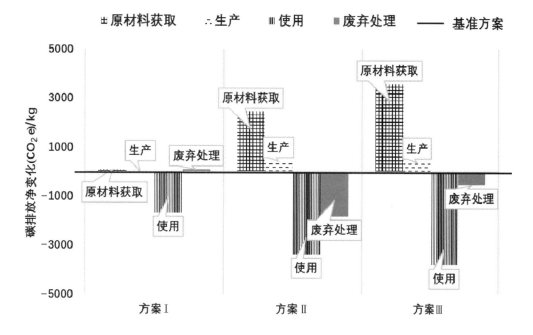

图 9-27　三种白车身轻量化设计方案的生命周期碳排放的净变化

为了进一步量化轻量化设计的生命周期碳减排效益，依据图 9-26 的案例，将以图 9-27 所示案例用图 9-28 描绘出随着汽车行驶里程增加，不同白车身轻量化设计方案相对于基准方案生命周期碳减排效果（将原材料获取和生产阶段合并为生产阶段）。

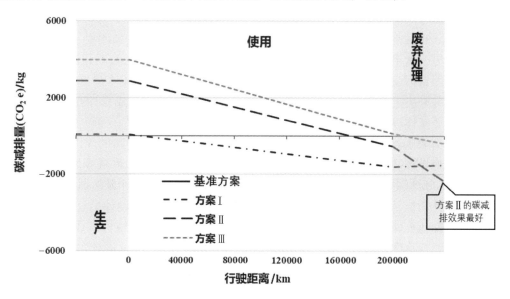

图 9-28　三种轻量化方案随行驶里程增加相对于基准方案的碳减排量

由图 9-28 可知，方案Ⅰ（先进高强度钢）相对于基准方案的碳排放平衡点（与 X 轴的交叉点）在行驶到 10000km 左右即可达到，这表明方案Ⅰ从此行驶距离开始可实现碳减排，主要是因为其生产阶段的碳排放仅略高于基准方案。方案Ⅱ（铝合金）的排放平衡点的行驶里程为169152km，原因在于其生产阶段的碳排放远高于基准方案，但其使用和废弃处理阶段的碳减排效果要优于方案Ⅰ，使其在全生命周期中实现了较大的碳减排。方案Ⅲ（CFRP）的生命周期碳排放平衡点为207568km，超过了案例设定200000km的生命周期，这表明方案Ⅲ在生命周期内无法实现碳排放的平衡。但综合其使用和废弃处理阶段来看，方案Ⅲ生命周期碳排放仍略低于基准方案，这主要是因为方案Ⅲ使用阶段的轻量化带来的减排，且碳纤维材料回收再用也体现了较好的碳减排效果。

综上所述，基于铝合金的轻量化设计方案Ⅱ在200000km的生命周期中的碳减排效果最为明显，是低碳化的轻量化设计材料首选；基于先进高强度钢的轻量化设计方案Ⅰ位于其次；基于CFRP的轻量化设计方案Ⅲ在全生命周期仅体现了比基准方案稍低的碳排放。换言之，CFRP的轻量化设计方案Ⅲ需要更长的行驶距离生命周期、更大的节油系数和更高的轻量化率，来实现在整个生命周期中更大化的碳减排。

随着CFRP生产和回收技术的发展，选择CFRP轻量化设计方案将需要更少的能耗和成本，有望成为更低碳的轻量化设计方案。另一方面，随着国际应对气候目标的确立和相关行动的开展，以及新能源汽车产业的发展，电动汽车将在全国以及世界汽车市场占据主导地位。电动汽车虽然使用阶段是零排放，但从全生命周期来看，电力的供应、动力蓄电池的生产及报废回收等环节所产生的碳排放不容忽视。因此，从全生命周期的角度开展更低碳、更轻量化的电动汽车设计值得进一步探讨。

9.3　低成本产品开发结构集成设计

回顾中国品牌汽车自主研发在2000年前后刚刚起步的开发历程，大都是以"逆向结构设计"为主导，也就是以技术标杆参考车为原型，在此基础上做适当变更，主要是在A面及造型上的变更。近年来设计能力已趋于成熟，基本能够通过虚拟验证和试验方法优化结构，但主要性能目标设定仍以对标为主，而不是根据载荷变化、特定客户群体驾驶需求或习惯、道路状况等来决定，或针对特定VTS性能指标开展正向结构集成设计开发的技术路线，尤其是底盘或下车体等结构基本上按技术参考车或上一代车型保持不变。而且，为保险起见，对标通常都取比较保守，即较高的性能或技术目标参考值。过高的VTS等性能目标要求，不可避免地导致过于保守的结构集成"过设计"，使得整车重量和成本增加。

一般来说，无论主机厂还是设计公司承担设计任务，其结构设计最终都能按照要求达成预期的各项设计功能目标或VTS性能目标，那怎么评价一个系统设计的优劣呢？除性能、功能和质量目标达成外，一个好的产品设计，就应该满足本章所述结构集成成本设计原则。在北美汽车行业戏称优秀的设计是"Simple and Stupid!"，即"傻瓜设计"，它意味着产品具有结构简单、操作容易、可靠耐久和成本低廉等优点。

9.3.1　结构集成优化设计方法与典型案例

结构集成成本设计开发过程中要始终秉承如下理念：①取消，例如取消过剩或多余功能，取消多余的构件或部件，取消非必要的表面处理或加工等；②减少或合并，例如减少材料用量，减少构件或部件，减小构件尺寸，减少制造或装配时间；③变革或优化，不断挑战多功能合一，采用更低成本的材料，提高尺寸精度，简化结构，调整与优化目标。

基于以上理念，低成本结构集成设计主要的设计原则如下：①精准的功能或性能目标定义，不容许有多余或重复功能，剔除过剩功能，追求新的顾客能体验的附加功能；②功能或性能目标所设定的设计安全系数必须适当，不可追求过高的安全系数；③材料最少，结构最简化，料厚最薄，实体镂空，重量最轻；④构成部件的个数最少，整体尺寸最小，分件最少，功能尽可能合一；⑤零部件分割位置合理，形状要考虑是否容易加工；⑥采取利用率高、成本低廉的环保原材料；⑦采用成本低廉的加工工艺，减少加工步骤；⑧装配简单，工位尽可能少，配合容差大，尽可能采用自定位装配，自动识别防错；⑨适度放松苛刻的基准与过高的精度设计要求，以便选用成本较低的工艺，并大幅度降低模具、夹具和检具的成本；⑩选择相同连接方式和标准件，并尽可能减少连接件数量；⑪采用相同的平台架构，模块化或通用化零部件。下面根据上述设计原则结合实际案例分别阐述低成本结构集成设计。

1. 成本设计中结构对标分析方法

当新开发项目初步确定战略定位或市场策略之后，首先应该按照整车定位、性能要求及配置要求开始选择市场标杆和技术标杆，开展对标活动。对标就是分析市场标杆和技术标杆产品的技术秘密和优缺点，达到改进和提升自己产品的目的。市场标杆通常指的是新车型开发上市时同价位和同级别的市场竞品车型。需要针对市场标杆做好商品性评价，除了开展成本对标之外，要同步开展功能、性能、结构和质量等对标工作，尤其要识别竞品的亮点和不足之处，在新产品开发过程中通过差异化设计"扬长避短"，确保跟住竞品的亮点，更要有目的地优化和改进竞品缺陷，甚至将其转化为自身的优势或亮点。技术标杆是指产品开发设计在技术上用于参考或借鉴的车型，不同专业领域也许选择不相同的车型。例如，内外饰技术标杆从结构集成角度来看最好选择与造型技术标杆采用的参考车一致，这样 A 面上分块大致类似，结构也多为相同，可借鉴的内容可能更多，可起到事半功倍的效果。另外，技术标杆车选择品牌好、销量大、性能优秀的参考车是可以的，但更高的质量和性能要求一定会导致成本相应提升。

只要进行新车型设计开发就离不开对标这个环节，但一些主机厂却不够注重对标分析方法，大多是到项目立项才急急忙忙找车对标，由于时间紧迫一般只是简单地借鉴，耗费人力和财力实为可惜。其实对标都应该遵循一个原则，就是永远带着"批判或怀疑"的观点对标，尤其是针对要借鉴的结构或技术方案，必须反复确认是否有不足之处，是不是还可以创新优化使其更加完美，因为理论上永远没有完美无瑕的设计。只有在这样的理念之下对标，新开发车型才可能有新的突破。反之，一旦确认该结构或技术可行"没毛病"，就应该严格借鉴而不应该轻易改动，因为这个结构或技术方案是经过对标车实践检验没有问题的，任何更改都可能出现新的问题而需要重新试验验证。在汽车产品开发过程中盲目借鉴了对标车的设计错误导致之后的设计变更，或随意更改本来是可行的设计结构导致不得不改回与对标车一样的设计结构的案例比比皆是。对标可分为项目对标和常规性对标两种。项目对标一般是有目的地对标，对标技术标杆的主要目的就是学习和借鉴，而对标竞品车的重点却是寻找对手的不足之处，借此通过差异化设计彰显新车型开发亮点。常规性对标的目的是专业领域的能力提升。图 9-29 所示是一款汽车门内饰板常规成本对标案例。

以 X3 这款车门内饰板为例先做质量对标分析，若仅从柱状图的绝对质量来看，X3 车

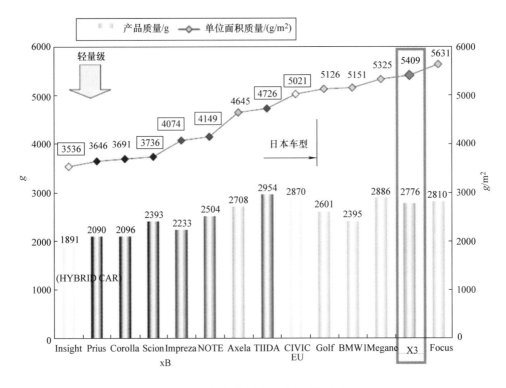

图 9-29 门内饰板常规成本对标案例

门饰板并不是太重,但若看上部曲线单位面积的质量对标结果,该门板设计却位列第二。质量越大,说明用材越多,势必成本也就越高。

图 9-30 所示是 X3 门板软包覆重叠部分的面积和质量的对标,可以看到 X3 车的材料重叠部分质量为 268g,而对标车型仅为 90g。X3 包覆材料重叠部分质量比对标车大了近 178g,而这部分材料是不产生任何功能价值的,却产生了额外的成本。

图 9-31 所示是门板系统零部件总数对标,显然零件数越多装配成本越高。从图中标注可知 X3 门板设计采用了约 30 个螺钉实现装配连接,而大部分其他对标车门板基本不用或很少采用螺钉连接形式。这是因为螺钉连接固然可靠,但大量螺钉的应用导致该门总成的零部件数大大增加,从而装配时间相应增加,成本也必然增加,重量当然也会增加。

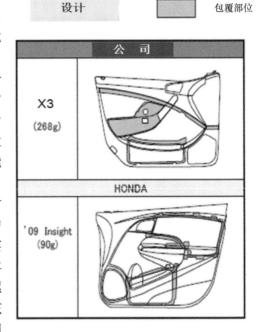

图 9-30 X3 门板软包覆重叠部分对标

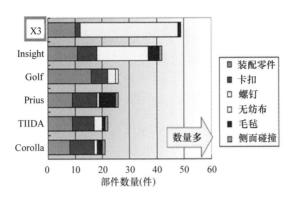

图 9-31 门板系统零部件总数对标

以上门内饰板成本设计对标的 3 个案例简单说明了对标分析的方法。显然，上述汽车门内饰板总成的设计一般都能满足类似功能或性能要求，但通过合理对标分析不难看出设计能力上的差距。由于未遵循低成本结构集成设计方法或理念，X3 门内饰板总成的不当设计付出了相对其他对标门内饰板总成结构设计更大的成本代价。综上所述，对标不仅可以学习和借鉴技术标杆的优点，大大节省产品设计开发时间；也能识别市场标杆的亮点和不足，以便在新开发车型上"取长补短"，开展差异化亮点设计；还可以通过常规性对标分析，提升自身成本设计能力，通过低成本结构集成设计降低产品成本。

2. 合理的功能与性能目标选择

在低成本结构集成设计过程中首先要注意到的就是整车功能或性能目标要求是否合理。如上所述，由于中国品牌汽车设计开发，尤其是在性能目标设定方面，仍以对标逆向设计为主，可能会造成不合理或过高的性能目标导致成本增加但却不易发现，究其原因主要是：①简单对标或直接借鉴；②没有根据特定配置、载荷、市场和客户群的需求分析性能或功能差异性，直接沿用原有指标；③通常对标选择较保守的性能目标，不敢或不愿意根据功能要求做适应性调整。

例如：传统燃油汽车的转向支撑架（CCB）需要避开发动机振动频率 22~28Hz，以防止共振造成转向盘抖动，通常要求模态按 30Hz 以上设计。根据简化单自由度固有频率公式：$\omega_n = \frac{1}{2\pi}\sqrt{\frac{k}{m}}$，传统设计方法大都是只考虑大幅度提升 CCB 自身的设计刚度 k 值，导致质量增加，一般钢结构质量会达到 8~10kg，如图 9-32a 所示，以满足性能目标要求，而对于 CCB 的其他（如载荷）功能要求却完全不需要那么高的刚度。

其实从低成本结构集成设计角度还可以通过优化其他的技术参数达到相同模态要求，如图 9-33 所示，根据固支梁无限自由度固有模态计算频率公式：

$$\omega_r = \left(r + \frac{1}{2}\pi\right)\sqrt{\frac{EI}{\rho A l^4}} = \left(r + \frac{1}{2}\pi\right)\sqrt{\frac{EI}{\rho A}}\frac{1}{l^2}$$

式中　E——材料弹性模量；

　　　ρ——材料密度；

a) 传统钢结构CCB

b) 注塑复合材料CCB

图 9-32 燃油汽车的转向支撑架（CCB）

I——截面关于中性轴的惯性矩；
A——横截面积；
l——固支梁长度。

图 9-33 固支梁示意

若在设计前期总布置时就考虑到在 CCB 中部到乘员侧一端增加固定点，就减小了固支梁长度 l，而 l 的平方与固有模态成反比，减小 l 可以大幅度提高系统的固有模态，进而可以削弱 CCB 自身的结构，降低 CCB 的成本和重量。图 9-32b 所示为宝马 BMW M4 的 CCB 采用长玻璃纤维半芳香族尼龙材料，自身模态虽远不能达到 30Hz 以上，但增加固定点使得装配总成满足模态要求，重量大幅度减轻，价格比金属方案便宜。同时，由于传统钢制 CCB 一般由 15~20 个构件分四道焊装工序组装完成，精度难以保障。而注塑工艺实现结构集成一次成型，符合前述多功能合一或模块化设计原则，精度也有所提升。

另外，当前电动汽车 CCB 的性能设计开发目标大都还沿用与燃油汽车相同的性能目标，而电动汽车已经没有发动机系统的振动源，虽然功能要求类同，但由于激励环境不一样，性能目标就应该做相应调整，其模态性能目标若还与燃油汽车一样，过高的模态要求将导致 CCB 结构"过设计"。

再以汽车前围内侧隔声垫为例，通常都是对标采用 20~30mm 起到吸声作用的 PU 材料，加上 2~3mm 起到隔声作用的 EVA 材料组合而成，形成厚重而昂贵的总成部件。仅从声学 NVH 角度来说理论上是合理的，但不根据市场要求和整车激励环境变化考虑，也不从成本设计原则综合考虑其他有效设计方案，一律采用这种材料组合设计只能导致重量和成本的增加。纤维注塑工艺是以 PET 纤维及低熔点纤维为原材料，利用真空吸附工艺，经吸附、蒸汽穿透、冷却定型等环节，其特点是重量轻、与钣金贴合性好、吸声性能好，近年已在现代、丰田、福特等多款合资车型上广泛应用。该技术相比 PU + EV 技术方案降重 45%，成本降低 15% 以上。某合资旧款车型使用传统材料与新车型采用的轻质材料构成见表 9-10。

表 9-10 某车型前围隔声垫材料与厚度变化

车型	某合资车（旧款）	某合资车（新款）
材料组成	2.5mmEVA + PU 发泡	5mmPET 棉毡 + 纤维注塑棉毡
厚度	50mm	25mm

在实车上采集样件，进行两种材料的声学性能试验，吸声系数对比结果见表 9-11。

表 9-11　在老款和新款车型材料上取样试验的吸声系数对比

频率/Hz	400	500	630	800	1000	1250	1600	2000	2500	3150	4000	5000	6300
旧款吸声系数	0.49	0.70	0.77	0.89	0.96	0.98	0.98	0.91	0.81	0.79	0.95	0.95	0.87
新款吸声系数	0.29	0.21	0.22	0.30	0.33	0.40	0.54	0.54	0.61	0.73	0.85	0.93	0.96

仅从材料声学 NVH 测试效果不难看出，新款材料在中低频段的 NVH 吸声效果与传统材料组合有明显的差距，传声损失对比结果甚至相差将近 10dB。从这个试验结果来看，该车型应用轻质材料取代传统厚重材料（主要用于中低端车型）似乎是为降低成本而不得不降低了 NVH 性能目标。其实这样的论断有片面性，从整车结构集成高度来考虑的是合理的结构（含材料和工艺）设计带来整车性能的实际效果，以及顾客实际体验与评价，而不仅是材料在实验室的声学效果评价结论。另外，根据声音传递原理可知，若阻隔构件有 2% 的空隙，就可能导致 80% 的声音泄漏。因此在整车结构集成设计中，更要关注的是前围隔声垫上许多过孔的密封效果。实际情况是传统材料组合构件总成太重，工艺制造和装配误差较大，装配过程中整体下沉，贴合性不好，外部噪声主要并不是直接穿透声学材料传递到车内，而是通过前围板上的各个通孔装配间隙泄漏传入乘员舱的。基于纤维注塑工艺及材料加工精度较高、工艺性和贴合度好的特性，在原有老款车型传统材料组合和结构设计基础上，更换轻质材料并对设计进行了优化，根据不同位置按照声学传递实际路径调整不同部位壁厚，适当减小各个孔的配合间隙，提高部件过孔轮廓度公差等级。不同壁厚调整优化前后数据对比如图 9-34 所示，其中环绕部分通孔周边不同颜色示意设计优化变更部位（不含过孔轮廓度精度优化）。

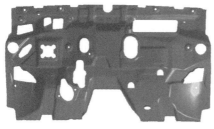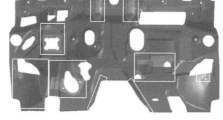

a) 优化前　　　　　　　　　　　b) 优化后

图 9-34　前围隔声垫优化部位前后数据对比

装车后分别对两款装配有不同材料前围内侧隔声垫的汽车进行整车的怠速噪声、二档全油门加速噪声、三档全油门加速噪声、四档 50km/h 水泥路面匀速噪声、五档 80km/h 柏油路面匀速噪声、五档 100km/h 和 120km/h 柏油路面匀速噪声、发动机舱 - 乘员舱噪声衰减量等各种测试。发现 NVH 实际客观测试结果与原有采用传统材料和设计的车型相差不大，尤其是经过多人主观评价后，结果竟然无法分辨哪个车是采用轻型材料的车型。这个实际案例说明低成本结构集成设计就是要站在整车高度，从客户体验与成本设计角度来开展合理的整车结构设计，才能既满足客户需求，又能达到降低成本的目标要求。

3. 平台架构、模块化设计和通用化零部件

模块化是指一种特殊的设计结构，其中参数和功能结构在单元模块内是相互依赖的，而在单元模块之间是相互独立的，对任何设计而言，都可以通过设计或功能结构矩阵来确定模块之间的独立性和相互依赖关系。模块化的作用是减少设计或生产过程中发生的循环次数，缩小发生循环的范围。将设计功能进行模块化划分能缩短完成生产过程或设计过程所需的时间，在不改变产品外观、质量和性能的前提下，能加快产品的更新换代频率，同时保持较低的成本代价。模块化是通过合理的设计，将产品的某些要素组合在一起，构成一个具有特定功能的子系统，将这个子系统作为通用性的模块与其他产品要素进行多种组合，构成新的系统，产生多种不同功能或相同功能、不同性能的系列产品。早在20世纪初，丰田集团就开始在普锐斯（Toyota Prius）推行模块化设计与生产，新产品设计开发时间由原来的4年缩短至2年，2008年，普锐斯全球产量突破100万辆，2012年突破260万辆，处于行业领先地位。其次是大众推行的平台架构MQB设计理念，以奥迪Q5为例，零部件装配数量减少90%，人工成本大大降低，缩短了产品装配时间，提升了产能。这种平台架构和模块化的结构集成设计在第3章中已有详细论述。

下面通过对标分析丰田凯美瑞与雷克萨斯ES240的平台模块化结构集成设计案例，来了解其带来的经济效益。凯美瑞自20世纪80年代面世以来，就凭借出众的舒适空间和卓越的产品品质，在全世界范围内享有广泛的知名度和崇高的美誉度，诞生仅23年就完成突破1000万辆的极限之旅。雷克萨斯ES系列轿车是行政轿车（ES是Executive Sedan的缩写），ES系列是豪华车型中最为成功的一款，在当时国际市场上已成为豪华、优雅、舒适的代名词，据说它借用了中级品牌凯美瑞系列的下车体平台架构和V6发动机。通过解析对标分析，凯美瑞与ES240的轴距、轮距、车宽测量值基本相同，下车体、底盘系统、动力总成也都是采用同一平台或模块部件，虽然ES240的前排、后排和在Z方向稍有调整，主要是调整因车高降低带来的头部空间的影响及后排腿部空间，而且整车长度较凯美瑞也增加了51mm。经过对标分析，得出两款车为同一平台架构。可以这样说，雷克萨斯ES240是在凯美瑞上换了个更豪华的"马甲"。这具体体现在整体性能和质量上，如DTS、NVH、操稳性能、碰撞性能等，以及顾客感知材料选择上，ES240要优于凯美瑞。再加上配置升级增加的成本，ES240整车成本相比凯美瑞总体增加2万~2.5万元，而该车型由于品牌相比凯美瑞的售价差异却在5.5万元以上，实现了更大的利润空间。

为实现效益最大化，不仅是下车体平台架构应该规划和统一，系统及零部件也应该尽可能通用化。换言之，从低成本结构集成设计考虑，看得见的地方尽量不一样，看不见的地方应该尽可能一样。例如丰田通过标准化和通用化设计，把公司35种门把手统一成为3种，分别为高档车、中档车、低档车专用门把手。这就意味着供应商的生产量放大11倍多，由于规模效应，供应商的固定成本被摊销，同时品类减少，单位产出时间缩短，生产率提升，成本显著下降。

4. 合理的材料、工艺、公差选择

如前所述，采取利用率高、成本低廉的环保原材料，以及成本低廉的加工工艺是低成本结构集成设计的重要环节，节能增效的成果也是显而易见的。尤其是所选择的材料或工艺在全生命周期的能耗或碳排放对社会或环境影响，这在本章相关节中已有详细论述和案例说明。

这里需要重点提及的是在汽车零部件设计中合理的公差选择。由于工程师们不够关注，或者对尺寸和工艺分析不熟悉而无法确定，往往选择偏高的精度要求，导致供应商不得不采用更精密的设备和更长的加工时间，势必引起成本增加，这是成本设计必须改善的重点。图 9-35 所示是一款仪表板产品图样，乍看起来十分专业和完善，其实从成本设计角度审视有如下严重的问题：①轮廓度公差值基本上就是三档：0.8mm、1.4mm、2.0mm，对于如此复杂的系统部件，除非必要不应在众多地方限定如此小的公差值；②大都是复合公差，导致在检具制作上难度极大，成本很高；③指定的轮廓度检查部位要求各不相同，很多地方完全可以采用通用公差，不必标注；④应该标注少数受工艺影响大的关键公差需要在生产过程控制（SPC）现场检查，在零部件投产之后，工艺控制检查不可能也完全不需要对所有公差全检，只需要检查对工艺参数变化最敏感的极少数几个尺寸，否则一个总成要检查几十个公差，检查时间和成本大增；⑤如此众多的高等级公差造成产品加工难度大大增加，必须采用大型高精密注塑设备，还需要反复调试并可能产生大量废品；⑥若实际按照该产品图样上所有公差检测要求制作检具，检具本身报价就会十分昂贵。

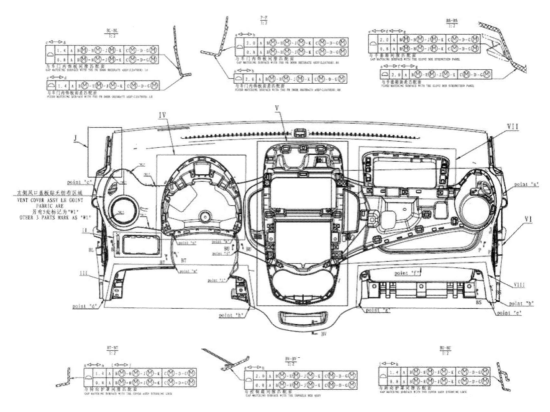

图 9-35　仪表板产品图样

中国汽车刚起步时，产品图样相对简陋，尺寸和工艺控制过于简单，导致生产过程中产品质量得不到有效控制。而随着我国自主开发设计能力的提升，有的工程师在图样上追求完美表述与控制，使得产品图样又走向另外一个极端，过于复杂和要求过高，并没有根据功能和使用要求简化，更没有利用尺寸工程分析技术工具优化结构设计，选择成本较低的工艺生产，从而降低零部件加工和检测成本。如图 9-36 所示，随着加工精度的提高，加工费会呈指数增长。当精度提高到一个数量级，就意味着使用的设备等级越高。价格不同的设备，加工成本的差别非常大。

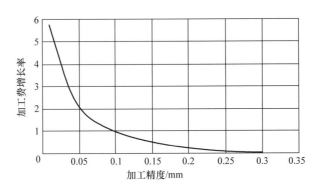

图 9-36 加工精度与加工费的关系示意

换言之，若该设计精度不是功能要求所必须的或产品的卖点，就不要进行专门的要求。设计工程师必须熟悉材料和制作工艺，能够在不影响产品使用质量的前提下选用价格更低的材料或加工工艺，这有助于降低生产成本。例如，对于单一注塑成型零件，制造误差主要是由以下因素构成：①设备加工误差，一般占比应该小于总误差的15%，否则就应该升级使用精度更高的设备；②模具自身加工误差，一般占比应该小于总误差的25%；③材料自身成型收缩变形误差，约占总误差的50%；④其他误差，如测量误差、环境影响等因素。了解加工过程和影响误差的因素，就应该知道如何确定公差值或提高精度的方法。如对于模具图样上的精度要求，其数值应该小于产品图样中总误差的25%，而主机厂工程师若不对加工过程相关精度进行约束或控制，终端产品的公差就很难受控。既然材料成型误差是构成产品误差的主要影响因素，工程师就应该合理选材，并从了解该材料加工成形公差特性（表）入手。过高的公差要求必然导致使用精度等级更高的设备，或是加工特性更稳定的材料，两者都会导致加工成本的增加。因此，制定合理的零部件加工公差成为成本设计重要的一环。

而从低成本整车结构集成设计角度出发，根据第 6 章尺寸链计算公式：

$$\text{RSS} = (T_{01}^2 + T_{02}^2 + \cdots + T_{0n}^2)^{1/2} \tag{9-1}$$

式中 T——任意一个零部件加工误差或总成部件装配误差。

整车装配间隙或面差上累积的误差无非来自两个环节：制造误差和装配误差。更好的成本设计工作思路应该是适当调整放松零部件制造公差，转而追求减少装配误差，来弥补或保持总体公差值不变。根据公式可知要提高 DTS 装配精度无非从两个途径入手：一是提高对总误差贡献度较大的那个零部件的加工精度，这显然是要以成本增加为代价的；另一个则是是通过合理结构设计减少尺寸链环节，这个途径反而降低成本，这也就是尺寸工程结构集成设计的主要目的。所以工程师应该充分利用尺寸工程技术工具减少尺寸链，如合理的定位系统设计、遵循基准统一原则、减少零部件数量的功能合一设计等技术手段，在保持相同的总公差要求不变的前提之下，适当降低零部件加工精度，通过简化装配和提高装配精度，达到降低工艺加工或材料成本的目的。这个方法在第 6 章中已有详细阐述。

9.3.2 造型同步工程中的低成本结构集成设计

同步工程又称并行工程，是对汽车产品设计及其相关活动进行并行、一体化设计的一种系统化的工作模式，在第 2 章已有介绍。在造型阶段开展同步工程对于保障产品开发最终的上市实车达成造型的意图,或者说保证实车与当时评审通过的油泥模型一致具有极其重要的意义。这种开发模式促使造型与结构设计工程师们共同协作,在造型阶段就考虑整个产品生命周期内所有工程实现可行性因素,最大限度地减少项目开发后期的设计变更。传统的项目管理造型同步工程主要介入部门一般是总布置、人机工程、碰撞和 NVH 专业,而从整车低成本结构集成设计高度开展同步工程工作,就应该包含所有传统专业领域,尤其是结构集成相关专业领域的全面介入,目的不仅是保证工程可行性与减少设计变更,更注重在满足造型意图前提下简化设计结构,最大限度地降低原材料、制造和装配等综合总体成本。本节通过案例对造型同步工程中应该关注的结构集成设计问题进行说明。

如前所述,造型决定了整车材料成本的 10% 左右。若在造型阶段工程可行性等技术方案或工艺可行性验证不充分,将导致后期制造成本增加更多或开发周期延长,因此,良好的成本管控工作是从造型阶段就开始的。在造型初始概念设计阶段,结构集成平台主体架构尺寸和机舱及下车体总布置要求必须提前输入。换句话说,造型不是天马行空任意发挥,而是在一定工程约束条件下的创意表现。在这个阶段,同步工程交流方式主要是通过几十个关键结构集成布置级断面彼此表达和沟通的。初始布置级断面出来之后,碰撞、NVH、CFD、可靠耐久、动力总成、人机工程、感知质量等领域开始检查与完善各个断面,结构集成布置级断面是随着造型深入,对应油泥模型的不断修改而一版一版不断更新完善,直到造型完成。随后在油泥模型扫描点云基础上建立了 CAE Morpher,即参数化网格变形,作为根据工程约束要求快速优化造型型面相互沟通的重要工具。这时,相关底盘、车身、电器、内外饰、尺寸工程及整车结构集成领域逐步开始全面介入,通过断面与 Morpher 配合造型不断更新油泥模型来保障既满足造型意图,又能满足工程和工艺可行性要求。最终造型给工程设计的交付物就是基本没有重大工程或工艺制造可行性问题、完整的结构集成布置级断面和 A 面。

从低成本结构集成角度看,在造型过程中需要考虑的主要因素如下:

(1)整车内外造型曲面的分块数量、位置和形式

构成造型曲面的各零部件因性能属性、工艺属性、材料属性及运动关系等因素必须进行分割形成独立个体或区域,这个分割过程称为造型分块,分割产生的分割线称为造型分缝。从美学角度看,完美的造型是不希望有分块的,之所以要在完整的曲面上分块,只是功能或工艺制造的需要。从这一理念出发,造型与工程分缝或分块原则就可以达成一致了:越简洁越好!仔细观察多数高端豪华车的分块,大都符合"视觉和谐简约"原则,这说明"简约"造型不一定就"低端",关键在造型艺术的表达方式和材料应用,但分块减少,零部件制造成本自然就降低了。

最典型的案例就是尾灯的造型设计或布置。为体现高端豪华感一般会将尾灯造型设计得比较长,造型分块时通常将尾灯分割为 A、B 灯,一半在侧围上,而另一半在后尾门上。从低成本结构集成设计角度考虑,推荐尾灯造型如图 9-37 所示,通过调整后尾门的分缝线将尾灯全部包含在后尾门上,将大大节约尾灯的成本。

图 9-37 针对尾灯合理分缝降低成本的案例

另外，从图 9-37 还可以看到，在牌照上部通过采用合理冲压角度设计或激光拼焊方式，省去了大部分 SUV 车型由于工艺成形原因不得不增加的一个牌照装饰件；在轮眉部位造型刻意做出轮眉的轮廓型面，而省去了至少 6 个轮眉装饰件。由此可知，该车型在造型阶段就从成本设计角度充分地考虑分块及工艺，通过合理调整型面和分缝位置实现成本节约。

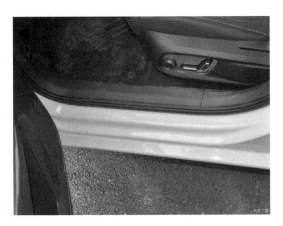

图 9-38　门坎踏板与 A 柱下装饰板合并成一个零件

内饰分缝设计原则也是一样，要尽可能考虑"合二为一"来减少模具成本，如图 9-38 所示就是 A 柱下装饰板与前门坎踏板"合二为一"的案例。

分缝的形式还应该考虑到工艺制造和装配难度，否则零部件加工精度和装配精度都要提高，成本也势必提高。图 9-39a 所示车型的发动机舱盖与 A 柱、翼子板的分缝是比较复杂的曲线，对工艺制造轮廓度的要求高，尤其是装配精度的调整需要在 X、Y、Z 三个方向同时与 A 柱和翼子板匹配间隙及面差，匹配难度大；而图 9-39b 所示车型的分缝平直并与造型特征线重合，零部件制造和装配工艺相对容易，成本大幅度降低。

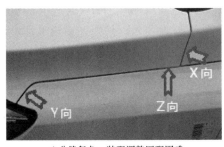 

a）分缝复杂：装配调整匹配困难　　　　b）分缝平直：装配精度易达成

图 9-39　造型分缝形式和装配精度

（2）造型型面上的构件形式与数量

以前保险杠总成为例，据统计 A0 级汽车一般来说零部件总数量为 15 个左右，质量为 6kg 左右，如图 9-40 所示。但有的车型造型采用多种元素或饰件堆积来体现前脸的"豪华"，零部件多达 25 个以上，质量超过 10kg，使成本大幅度增加。其实良好的造型不一定要依靠饰件的堆积实现，而更应该首先遵循简约与视觉和谐的设计原则，否则，成本过高且没有竞争力。

造型构件形式也十分重要。图 9-41 所示为两款车的后保险杠装饰条。图 9-41a 所示车型造型刻意让装饰条与保险杠同色，这样可以在后保险杠上直接成形工艺槽模拟为"分缝线"，不增加额外零件，却实现装饰条造型效果；而图 9-41b 所示车型装饰条与镀铬亮条分别单独成形零件，后保险杠上增加了 8 个零件。从成本设计角度看，若要保持原有造型风格，至少可以考虑装饰条与保险杠同色，与前述车型一样直接成形在保险杠上，从而节省 4

图 9-40　简约及视觉和谐的前保险杠造型案例

个装饰条零件、模具及部分装配费用。

 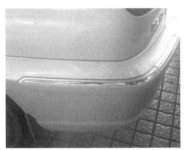

a) 装饰条与保险杠一体设计　　　　b) 装饰条和镀铬亮条都是独立零件

图 9-41　保险杠构件形式与数量案例

(3) 造型分块之间的搭接关系与工艺加工难度

如前所述，理想完美的造型是完整、连续、光滑的曲面，不应该有分缝或面差。因此在曹渡先生主编的《汽车静态感知质量设计与评价》一书中，大胆地将 DTS 定义的缝隙和面差称为视觉"缺陷"，提出了视觉精致工程定义"通过对设计和制造中各种'缺陷'的规避、遮蔽、隐藏、弱化或美化，并根据制造可行性难易程度，来评价造型或结构设计的合理性，并加以改善和优化，以达到精致工艺最高水平效果"。同时，该书针对造型分块搭接形式，首次明确提出了一整套客观评价标准——精致工程指数（Craftsmanship Engineering Index，CEI），以及相应优化设计原则。用于综合评价整车 DTS 视觉精致性和制造难易程度的 CEI 是由整车每一个间隙或面差本身所处位置的视觉关注度（Visual Focus，VF），以及基于分缝搭接形式或关系的视觉敏感度（Visual Sensitivity，VS）的集合统计而成的。其中，视觉关注度指的是顾客在购车时对该特定部位的关注程度。对于汽车各个特定部位而言，通常它是一个固定不变的值。例如：购车时所有顾客都会关注前照灯部位，因此这个部位的视觉关注度分值就高，而对于杂物箱下部就不是所有顾客都会弯腰低头去查看，那个部位的视觉关注度分值就低。视觉关注度依据程度依次划分为 1～10。而视觉敏感度是指顾客在观察该特定部位分缝搭接形式时，对其细节"缺陷"的敏感性程度，也是依据程度依次划分为 1～10。而视觉敏感度得分取决于分缝搭接形式根据视觉精致工程定义设计原则的结构设计的判定。VF 和 VS 在造型分缝和搭接结构关系确定之后，都有客观评价得分，而所有外饰或内饰 DTS 得分的集合就是整车 CEI 的评测得分值。

$$\mathrm{CEI} = \left(1 - \frac{\Sigma \mathrm{VF} \times \mathrm{VS}}{\Sigma \mathrm{VF} \times \mathrm{VS}_0}\right) k \tag{9-2}$$

式中　CEI——精致工程指数；
　　　VF——视觉关注度等级；
　　　VS——视觉敏感度评价等级；
　　　VS_0——视觉敏感度最高等级；
　　　k——调整系数，目的是调整 CEI 数值，使之更加直观。

以汽车发动机舱盖与保险杠或前照灯的合理搭接形式为例。如图 9-42 所示，虽然顾客对汽车前脸的视觉关注度不能改变，但通过造型设计刻意将发动机舱盖向下延伸，使得其与保险杠或前照灯的缝隙朝下，避开了顾客的视线，从而使顾客能看到或感知这个缝隙"缺陷"的视觉敏感度大大降低，而缝隙的 DTS 名义值和公差都可以适当放大。也就是说，这时的装配工艺难度相对降低，使得零部件轮廓度制造公差可以适度放大，装配调整时间缩短，与之相应的成本降低。

 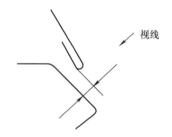

图 9-42　降低视觉敏感度的发动机舱盖与前照灯或格栅搭接结构优化设计

图 9-43 以案例形式说明汽车 A 柱与翼子板或发动机舱盖不同结构集成设计中具体 VS 和 VF 的得分情况，更详细的内容参见《汽车静态感知质量设计与评价》专著第 5 章。

关注度 VS	实车图片	特征断面	特征描述	间隙 VF	断差 VF	间隙 CEI	断差 CEI
10			间隙正对视线方向； 零断差要求高	5	5	0 ☹	0 ☹
10			间隙在视线方向被遮挡； 断差在视线方向被遮挡	1	2	80 ☺	60 ☺
10			间隙方向趋于水平，适当弱化； 断差名义值设计较大，R角大，形成小"台阶"，敏感度降低	4	3	20 ☹	40 ☹
10			翼子板（或装饰件）盖住侧围A柱设计，正常视觉下间隙不可感知；断差无要求	2	1	60 ☺	80 ☺
10			间隙正对视线方向； 零断差要求高	4	5	20 ☹	0 ☹

图 9-43　局部 DTS 结构形式的 CEI 得分计算案例

分缝在细节上的位置和形式也十分重要，如图 9-44a 所示翼子板与发动机舱盖在会合处

第9章 全生命周期汽车低成本结构集成设计

处理不当就会造成"老鼠洞",而图9-44b所示的设计形式就美观很多,装配或匹配要求也相应降低。

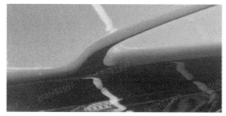

a) 局部分缝细节造成视觉缺陷　　　　b) 局部优化处理弱化视觉缺陷

图9-44　局部分缝形式细节优化案例

这里引进CEI评价和设计理念不仅是为了提升感知质量,更重要的是,遵循CEI设计原则预示着零部件制造和工艺装配难度降低,直接关系到相应成本的降低。因此,在造型初始阶段就应该通过CEI评价与优化设计原则实现低成本结构集成设计。

9.3.3　结构集成创新构想与虚拟验证拓扑优化设计

在第2章中已经介绍了虚拟验证的意义、作用和流程等,这里以案例的形式说明虚拟验证是低成本结构集成设计的有效工具或手段。图9-45所示是可乐瓶底部结构设计演变过程,在容积不变的前提下,从a方案到c方案不仅瓶子的刚度有所提升,壁厚还可以减薄0.2mm,每年为该公司节约几亿美元的原材料费用。由此可知,结构优化一般来说是最好的降本技术手段之一。

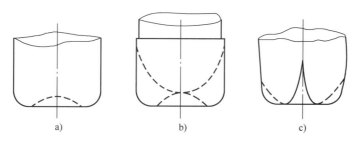

图9-45　可乐瓶底部结构优化设计降低成本的案例

本章前述复合材料CCB结构设计案例中,若将该零部件主体承载梁结构形式从单边抽芯成形结构(图9-46左边)改为分段反方向抽芯成形结构(图9-46中间),则通过CAE虚拟验证发现其抗弯曲能力提升75%,抗扭转能力提升24%(图9-46右边)。这个实际结构优化案例再一次说明,通过CAE虚拟验证技术工具可以大大提高设计结构的合理性,有效地节约原材料用量成本,并减轻重量。

图9-46　承载梁断面结构形式优化设计案例

虚拟验证技术工具不仅能通过结构优化在降低成本方面起到重大作用，也可以通过工艺虚拟验证分析得到最佳工艺方案，提高加工效率，并反过来指导优化结构设计。图 9-47 所示为某款车型的 A 柱装饰板，初始设计方案对标参考壁厚是 2.8~3mm，成本设计希望壁厚减到 2.5mm，但不能确定是否可行。通过模拟注塑加工工艺场景，模流分析软件能够精确模拟实际注塑加工过程中的工艺情况，并通过调整浇口位置、工艺参数等手段实现最佳组合。同时还可指导调整结构优化设计，如调整加强筋的高度和位置等，实现了 2.5mm 壁厚，其变形反而更小，满足设计轮廓度要求。

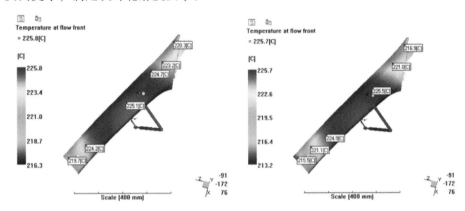

图 9-47 模流分析优化工艺技术方案与结构

利用 CAE 虚拟验证手段固然非常有效，但在低成本结构集成设计开发中更重要的是要有创新思维，有了创新构想才能利用 CAE 技术工具实施验证。例如，白车身轻量化结构集成设计一直是整车轻量化设计开发的主要内容，但传统的思维模式大都是依赖虚拟软件做整体结构优化，以达到相同的性能目标为衡量指标采用轻质材料替代的方法，这可能会受到成本增加的限制或技术方案成熟度的约束，较难落实。这里介绍一个白车身轻量化创新"节点增强减重法"结构集成设计思路：通过 CAE 参数化分析找到车身数据对性能（模态或刚度）变化最敏感的部位或节点，在此处根据参数化分析结果进行局部（材料或结构）增强，从而提升了车身性能指标；再寻找对性能指标不敏感的多个部位或部件，削减或弱化结构（减壁厚或镂空）或采用低成本材料替代，使得最终在性能目标相当的前提下实现降本减重。其虚拟验证技术路线或工作步骤如下：

1) 白车身参数化与性能达标分析：建立白车身参数化模型并确定 NVH 相关变量。

2) 贡献度 DOE 分析：确定对车身性能贡献小，但是对车身质量贡献大的结构参数，以及对车身性能贡献大的部位或节点。

3) 混合建模：白车身参数化模型及有限元模型集成化。

4) 多目标优化分析：分别增大对车身性能贡献度大的节点刚度，并削弱对车身性能贡献度小但质量较大的部位结构，削减材料和壁厚；建立整备车身减重后近似模型，并利用"排除法"进行多目标优化分析。

5) 整备车身其他相关的性能验证分析：碰撞、耐久性及工艺性能等相关性能的分析验证。

下面举一个节点增强减重法应用案例。按照钣金件的面积大小排序，选取了 200 个左右车身钣金件（考虑对称后一半的钣金件数量）。如图 9-48a 所示，分别提取弯曲刚度和扭转刚度相对灵敏度最大的各 20 个左右钣金件，以及相对不敏感的部位和部件，分别得出每一个零部件或节点对提升性能的影响比例。如图 9-48b 所示，专门分析侧围上构件对性能敏感度和对重量贡献度，通过列表排序对比得出敏感度最大的一组零件或节点，以及敏感度小但对车身重量贡献度较大的一组零部件。

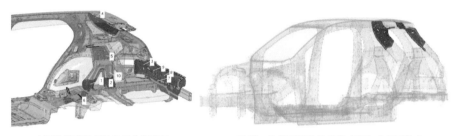

a) 标注敏感度高的零部件顺序号　　　b) 逐一分析零部件性能敏感度和重量贡献度

图 9-48　车身节点增强减重法应用案例

结果发现若增强占车身总质量 1.5% 的局部小零件或节点，可提升车身扭转刚度 25% 和弯曲刚度 35%。将这几个敏感零部件或节点增强集合起来，只占车身质量的 8% 左右，但理论上可提升车身扭转刚度 55% 和弯曲刚度 70%。反之，在保持原有性能指标的前提下，那些质量占比较大而对性能影响很小的零部件就可以被大幅度削弱来实现减重降本了。在验证满足模态、碰撞、可靠耐久等其他性能之后，该车身在原有虚拟验证提供的结构优化减重基础上，通过节点增强减重法额外减重 21kg，并达到降低成本的目的。

9.3.4　低成本最简装配结构集成设计

最简装配结构集成设计简称装配设计（Design for Assembly，DFA），指的是易于装配的产品设计。DFA 工作开展的主要目的：①为设计团队简化产品结构，降低装配难度；②提高装配效率；③降低装配成本。影响 DFA 导致成本增加主要是两个因素：产品中的零件总数量和零件转移、插入、定位和紧固的难易程度。因此，DFA 的主要工作方式如下：

1）部件或系统简化：将多个零件分别实现的几个功能合并成为由一个零件实现，即模块化设计。这也可以减少多余零件制造及多个零件装配过程中的模具、夹具、检具成本。

2）定位系统简化：在零部件生产制造和装配过程中模具、夹具和检具设计尽可能采用相同基准，提高装配精度，减少尺寸链环节。

3）防错与稳定性装配设计：确保不能替代或混装，并一次性装配到位。

4）装配方式简化：尽可能采用自定位系统设计和自身连接设计，减少标准件应用，提高装配效率，并减少紧固件数量，实现成本节约。

以下通过案例分析分别叙述。

1. 结构集成装配设计原则与案例分析

1）最大限度地减少零部件数量。在实现预定功能和性能的前提之下，任何多余的零件及华而不实的结构设计都是浪费。这可以用装配总成零部件数量多少来评价，如图 9-31 所示对标门内饰板总成装配设计案例，以及图 9-40、图 9-41 所示前、后保险杠总成同步工程案例都说明装配零部件数量必须控制，它包括系统零部件总数和装配零部件的紧固件总数之和。要想实现减少零件这一目标,就要将每个零部件都视为可能被取消的多余零件,而考虑如下问题:①该零件与周边零件有相对运动吗?②功能一定要求使用不同的材料吗?③该零件在使用过程中是否需要拆卸和置换?通常,考虑被取消的零件可以是:①紧固件,用零件自身的卡扣、超声波或热焊等方法取代;②垫块或填充块,用零件的台或柱取代;③标牌或标识等字体,应该尽可能在模具上直接体现。

如图 9-49 所示,汽车底护板的装配方案就存在如下问题:①三种不同的标准紧固件造成该工位仓储和更换工具的时间增加,还容易出错,装配效率低,若没有特殊限制,应该尽可能采用单一标准紧固件装配方式;②紧固件数量过多且装配位置不合理,可以根据受力或冲击载荷情况,通过虚拟验证方法合理布置,将紧固件数量减到最少。

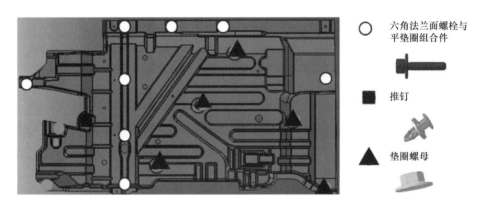

图 9-49　装配紧固件品种多和位置不合理的案例

2) 合理设计定位系统。应遵循本书第 6 章介绍的基准统一、基准平行、基准继承、基准稳定性等设计原则,这对于装配的精度与效率极其重要。不合理的基准设计会导致装配废品率增加和时间延长,直接影响到装配成本。例如,基准统一设计原则就是将零件的加工、装配、检测等都尽可能选择为同一定位点,最好的方法是将零件的加工定位点作为与其他零件装配或检测的定位点,以减少装配尺寸链。

3) 最小的装配基准表面。多而大的安装表面将造成安装和定位的困难,同时也增加了模具加工成本,且精度难以保证。图 9-50 所示为一款仪表板沿 Z 方向定位面设计案例。为确保如图 9-50a 所示各个面板和杂物箱与仪表板本体的面差,需要定义装配基准面。若将配合面周边全部都定义为定位面,不仅增加了模具加工整个定位曲面的成本,还可能由于加工误差造成局部过高顶起。因此,以中央空调面板装配为例,正确的设计可以考虑只将

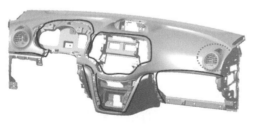
a) 各个面板及杂物箱与本体配合区域示意

b) 本体空调面板局部定位位置示意

图 9-50　仪表板定位面设计案例

图9-50b中画虚线圈的部位作为空调面板Z方向局部基准装配定位面。这样需要加工的基准面不是整体复杂的曲面,而是六个很小的平面,而其他地方有意设计为降低0.3~0.5mm,相应加工难度和成本降低,而定位精度反而提高。

4)尽可能设计成沿Z方向进行装配。最简单的装配是沿Z方向直线进行的,因为可以利用重力进行装配,也更容易实现装配自动化。同时可以增加一些导向用的功能设计,如导向和定位柱(销)、槽或导向筋等都有助于提高零部件的装配精度。

5)尽可能设计实现"可视性"装配。设计中首先考虑提供一个"透明"或"可视"的装配操作,尤其是手工装配,尽可能避免所谓不可见的"触摸"甚至"盲区"安装,从而造成装配不到位而脱落的质量风险。其中最典型的"盲装"案例就是门内饰板装配到车门钣金上的定位采用众多塑料安装卡扣而其中之一作为定位销时,十来个卡扣需要一次性定位和装配到位,不符合装配设计原则。正确的定位设计方法如图9-51右边所示,在门内饰板本体上增加一体成形的主副定位销(图中

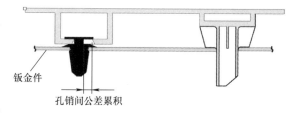

图9-51 采用一体式定位销将门内饰板装配到车门钣金上

只显示一个),主副定位销设计分别高出卡扣10~15mm。装配时首先看到主副定位销分别匹配定位之后,所有安装卡扣就与相应安装孔对齐了,一次按压装配到位即可。这样既解决了采用卡扣定位孔销间隙误差问题,又解决了工人盲装强行拍打装配门内饰板到车门钣金上导致卡扣断裂或脱落的质量问题。

6)尽可能设计对称零件。对称零件有助于产品加工、成本控制和装配。若不能设计成对称结构,一定要在零件上有安装识别的标识,尤其是要有防错设计。

7)改善零部件间装配兼容的能力。不同供应商用不同工艺加工制造出来的不同零部件,由于尺寸加工误差积累而造成的装配错位,是装配过程中的最大挑战之一。因此,在产品和装配设计中一定要考虑两个或多个零部件装配时的兼容能力。特别是要考虑误差造成错位的适应性设计,如要考虑到足够的导向筋(面)、定位柱(销或孔)或用椭圆定位孔来缓解安装定位的问题等。另外,应合理确定加工公差,以达到配合要求,详见本书第6章相关内容。

8)利用零件的自身定位和锁止结构设计尽可能减少装配连接及紧固件数量,这在下面有详细论述。

9)最大限度地减少装配件之间的尺寸链。装配总成尺寸链误差是由于多个部件尺寸链误差累积而造成的,因此减小尺寸链是减小尺寸总链误差的最好方法。减少尺寸链既可以从减少零件数着手,也可通过确定定位基准和安装方式达到目的。合理的装配夹具设计也是简化尺寸链的最佳途径之一,详见第6章相关内容。

2. 防错与稳定性装配设计

防错设计(Fool - Proof或Poka - Yoke)是通过消除产生错误的根源,或及时预警,并防止不合格产品流到后工序来预防产品缺陷的设计或机制。它的主要作用是为了消除由于技能、规则和理解等人为差异造成的装配质量缺陷,以及最大限度地减少装配质量检验环节,从而降低装配成本,同时也是稳定性精益生产的保障。根据装配错误的类型和原因,提出了

相应防错十大设计原则：

1）断根原则：将造成错误的原因从根本上排除掉。例如，通过非对称设计、工装或模版限制装配位置和方向，使得零件只能按照正确的方向和位置装配。

2）保险原则：两个以上的动作必须共同或依序执行才能完成。例如，操作压力机必须双手同时按下操作按钮才能启动工作。

3）自动（化）原则：通过各种电学、力学、化学、机构学等原理来限制或提醒某些动作的执行，避免误操作。例如：钻孔深度的位置限位器；安装不到位，传感器将信号传递给终端，以鸣笛、闪灯、振动等形式发出提醒。

4）相符原则：检验形状、符号、数量、声音等特征是否相符合，来防止错误的发生。如图 9-52 所示，螺钉盖板装配设计成一侧卡扣，另一侧下沉延伸卡板，相应的本体也设计成一高一低，尽管零件是对称形状，但装配时却只有在正确位置才能装上。

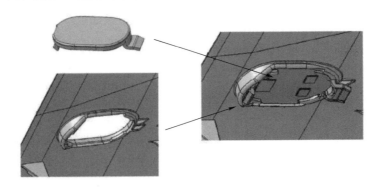

图 9-52　对称零件不对称防错装配设计案例

5）顺序原则：避免工作顺序或流程前后倒置，可以编号顺序排列或检查。例如，在每个工序完成检验合格之后才会打印条码，避免漏掉检验这道工序。

6）隔离原则：以分隔不同区域的方式来达到保护某些区域的目的，使在该区域的产品不会因混淆而导致错误发生。例如，将不合格产品进行隔离，放置在不合格品区域不能取出。

7）复制原则：同一件工作，如需做两次以上，最好采用"复制"方式来完成。例如，标识或标牌直接在模具上成型，效率高且不会出错。另外，对称设计也符合"复制"设计原则，可以相互替换，消除由于不适当的方向或布置带来的装配错误。

8）层别原则：为避免将不同的工作做错，而设法将其标识出来。例如，对于肉眼较难识别的高低配置不一样的零件装配细节，应设计增加明显的标识或特征，便于在装配过程中辨识。

9）警告原则：如有不正常的现象发生，以声、光或其他方式显示各种"警示"信号，避免错误发生。例如，没系安全带或车速超过限定等的提示。

10）缓和原则：通过防护措施减少错误发生之后的损害。例如，安全带这类被动安全设计就是典型的补救设计方案。

3. 自身定位和连接结构装配设计

在大规模批量化生产过程中，装配连接用的标准件或紧固件是高效装配过程和降低成本的主要障碍。这不仅因为标准件或紧固件本身会增加成本,更重要的是会导致装配效率降低与人工成本增高。在北美汽车总装线上人工装配成本一般是紧固件本身成本的 6~8 倍,因此只有在迫不得已的情况下才应考虑用额外紧固件连接方式。而零部件在装配时自身一体成形的导向、自定位和安装或锁止结构集成设计,使得装配效率大大提高,还省去了紧固件与额外的夹具成本,应该算是装配成本设计 DFA 的最高境界。不过自定位和锁止结构集成设计方法一旦掌握不好,会导致装配松动、异响,甚至脱落失效的风险,这一设计方法或技术要灵活应用实际上具有极大的挑战性。下面以内外装饰件为主要案例,对自身卡接装配设计原理和方法做系统阐述。

(1) 卡扣装配的定义

传统概念中卡扣就是如图 9-53a 所示悬臂钩形式的功能件,此种观念极易造成卡扣设计时考虑不周,导致连接失效。实际上卡扣为一个连接机构,如图 9-53b 所示,它由定位件、增强件、锁紧件等结构有机结合组成。而要实现卡扣装配功能,必然是卡扣装配件装配到另一个具有相应接受机构的基体件上,并在零件间形成稳定机械连接的卡扣装配系统。良好的卡扣装配设计还有可靠、易装配、成本低等要求。

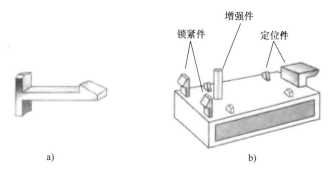

图 9-53 卡扣连接系统示意图

(2) 卡扣连接类型

卡扣连接的类型可从动作、目的、保持和拆卸等四方面来描述。按动作可分成固定连接和可动连接:固定连接是指零件装配后,零件之间不存在相对运动;而可动连接在接合后,零件之间可存在相对运动,例如车门与车身的连接。按装配目的或要求不同可分成最终连接和临时连接:最终连接是指在汽车的有效寿命内始终保持连接状态,大多数卡扣属于此类;而临时连接是指卡扣仅将连接保持到最终连接完成。按保持类型可分为永久型和非永久型连接:永久锁紧件是不打算拆开的,这种卡扣一旦接合就难以分开,拆卸时一般需要借用工具并在拆卸过程中通常会对零件造成损坏;非永久型连接设计为可拆卸的。拆卸则可分为可反复拆卸和一次性拆卸两类。可反复拆卸指预定的分离力施加到连接零件上,允许零件分离,如图 9-54a 所示。可反复拆卸连接在设计上不能保证避免意外的分离失效,需要特别注意。并且每次拆卸再装配之后连接系统保持力性能可能会衰减,在设计上需要定义拆卸次数。例如门内装饰板因维修需要,若在汽车使用寿命期间定义拆卸不超过 2 次,可以考虑采用塑料卡扣,而若在 3 次以上可能需要考虑采用金属卡扣或更换卡子,以确保原定设计的保持力。一次性拆卸连接机构通常需要人工使锁紧件退让才能拆卸,如图 9-54b 所示。例如,汽车前格栅装配在保险杠本体上,原则上是不需要拆卸的。不过有时因维修的需要,同时还要考虑借助工具拆卸而不破坏零件的装配连接系统。

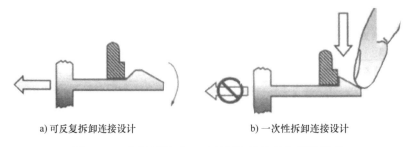

a) 可反复拆卸连接设计　　　　b) 一次性拆卸连接设计

图 9-54　可反复拆卸与一次性拆卸连接机构设计示意

（3）卡扣装配连接系统可靠耐久性设计要求

1）强度和刚度的要求：锁止功能需要在使用生命周期内保持连接完整性，具备不破坏或变形失效的能力。

2）约束性要求：如第 6 章定位系统相关内容所述，空间自由物体有 12 个自由度，约束是指根据功能要求，对零件全部或部分自由度的限制。而约束功能件是在连接系统中提供约束的机构，分为定位功能件和锁紧功能件。定位功能件是起到定位作用的构件，锁紧功能件是起到紧固并保持不松动作用的构件。要特别强调的是，前者的作用是"限位"即装配到预定位置，而后者的作用是"安装"即保持在预定位置，这是两个完全不同的功能。如图 9-55 所示，上部的装配件要装配到下部基体件上去完成稳定装配动作，定位功能件是零件上凸起的定位筋，而锁紧功能件是悬臂钩。任何一个卡扣装配连接机构至少都有这两类构件，有时结构可以合二为一，但仍具备两个独立功能，这在装配连接结构设计实践中有时被混淆，而导致装配精度差甚至失效。

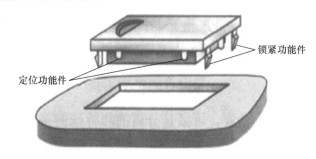

图 9-55　卡扣装配连接配合的基本构件示意

3）匹配性要求：匹配性是指组成卡扣连接所有要素（基本形状、锁紧功能件、定位功能件、导向增强、装配方向等）之间在装配过程中的协调性，即装配容易度。例如门盖类在装配过程中，由于视线被阻，在还没有完全装配到位时盖板的钩爪可能因为错位碰撞损伤，需要考虑设计如图 9-56 所示的导向增强销，在装配过程中帮助导向与定位。两根导向销设计应该不一样长，先让较长的主定位销插入，再稍微旋转让次定位销依次进入匹配定位孔，从而装配件与基体件完全找正，避免出现盲装错位问题。这个导向机构设计在之前可视性装配实际设计案例（图 9-51）中已有体现。

4）坚固性要求：坚固性是指卡扣连接机构抵抗已知变量和未知变量干扰的承受能力。

常见的有装配者对如何使用或操作卡扣的理解能力,拆卸和重装而不造成卡扣损坏对拆装技术的要求,零件装配后的服役条件和环境,误操作的可能性或意外的负载等。

(4) 装配操作运动设计

装配操作运动是装配件与基体件在初始找正定位过程中的运动方式或轨迹,其运动属性可以划分为推、滑、翻、扭和转,如图9-57所示,或相互组合构成。

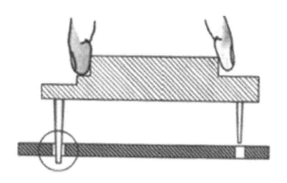

图 9-56 根据装配连接匹配性要求设计导向增强销

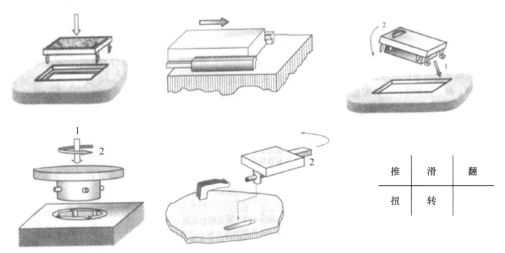

图 9-57 装配操作运动属性基本划分

一般来说,定位件机构较锁紧件机构的强度更大,所以卡扣装配连接中由定位件约束的自由度越多,锁紧件约束的自由度越少,其装配连接强度和稳定性就越高。表9-12所列为不同装配操作运动决定的定位件与锁紧件各自约束自由度。

表 9-12 不同装配操作运动决定的定位件与锁紧件各自约束自由度

装配操作运动	最好情况		最差情况		应用难易程度
	定位件可约束的最多自由度	锁紧件约束剩下自由度	定位件可约束的最少自由度	锁紧件约束剩下自由度	
推	7	5	7	5	适应能力强
滑	11	1	10	2	受基本形状限制
翻	10	2	10	2	适应能力强
扭	11	1	10	2	受基本形状限制
转	11	1	10	2	适应能力强

根据上述稳定性装配设计原则,可以得出装配操作运动的选择原则如下:

1) 由于"推"的装配操作运动形式依靠结构较薄弱的锁紧功能件来约束较多自由度,

其实是强度和稳定性最弱的卡扣装配连接设计。而在汽车卡扣装配设计中应用最多的简单悬臂钩卡接装配机构设计大多数都属于这种形式,需要优化或改进。

2)从定位件约束自由度多少和应用灵活性来看,"翻"的装配操作运动设计值得推荐。如图9-58所示,其凸耳作为第一运动副一旦咬合,便使得装配件和基体件相对固定,更易于其他约束功能件的对位与咬合。显然,在装配运动过程中的匹配性相对于图9-56所示"推"的装配运动方式要好得多,也解决了锁紧功能件同时对位并咬合不利于装配而需要额外增加导向销机构的问题。这种卡扣装配连接机构在汽车电器面板装配设计上应该优先考虑,如车窗控制面板装配结构等。我们日常使用的各种遥控器,如电视遥控器电池盒盖的结构就是这类装配连接的典型应用。

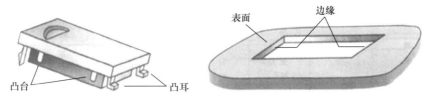

图9-58 "翻"的装配操作结构示意

在实际工作中应该运用装配操作运动选择原则,在传统连接结构设计上注重改进和优化来降低成本。如图9-59所示,就是利用以上设计原则从现有"推"的装配操作运动形式优化为"翻"的装配操作运动机构设计的一个典型降本案例。如图9-59a所示,从ECU本体的4个安装孔可以看出原供ECU的安装方式为使用4个螺钉紧固,是典型"推"的装配方式。装配总成为6个零部件,原带螺钉支座的金属支架与螺钉质量为350g,装配时间为6s左右。该ECU同时还供应给其他多家主机厂,因此在不改变原供ECU本体结构的前提下,按照DFA的设计原则重新设计ECU支架基体件。利用塑料复合材料设计具有一定弹性变形能力的卡子的支架,将原有"推"的螺钉装配连接设计改为"翻"的卡接装配连接方式,支架质量仅为88g,装配时间约为1s。省去原有4个紧固件成本,及其装配与工装线上仓储等成本,装配效率大大提高,装配完成如图9-59b所示。

a)装配前　　　　　　　　　　　b)装配后

图9-59 ECU装配降本优化设计——不改ECU本体,优化设计支架

3)若情况容许,还应该首先考虑"滑""扭"和"转"装配操作运动结构设计,这也是最简单可靠的装配结构集成优化设计,下面会进一步介绍应用原理与案例。

(5)卡扣装配连接系统"装配与分离"设计等级划分

传统悬臂钩卡扣连接系统在装配与分离过程中,其锁紧件结构在功能属性上是有矛盾的。一方面要求从装入直到定位锁止过程中锁紧件容易变形,易于进入到位,即希望其刚度和强度较小;而另一方面装配到位之后,又要求锁紧件必须有足够的刚度和强度,来抵御外力和意外的分离。"装配与分离"等级就是按照"易装配,难分离"的设计原则来划分不同等级,也就是说,等级越高,锁紧结构件的保持力相对装配过程力的差值就越大,从而给出高等级优化结构选择原则,指导最佳卡扣装配连接设计。

1) 1级:其装配特征为装配力等于分离力,结构特征为悬臂钩卡子分离角 β 等于插入角 α,典型结构如图9-60所示。显然,1级结构设计不能满足上述装配连接设计功能的基本要求。

图9-60 装配连接系统1级结构示意

2) 2级:其装配特征为分离力大于装配力,结构特征为悬臂钩卡子分离角 β 大于插入角 α。汽车传统悬臂钩卡扣装配连接结构设计很多都属于这个等级,由于抵御分离的锁止功能仅靠锁紧件上分离角那个小斜面控制,且装配方向与分离或脱出方向一致,其连接的稳定性或可靠耐久性能不好。

3) 3级:其装配特征为装配方向与分离或脱出方向垂直。例如图9-61所示结构设计,将悬臂钩爪的导入斜面旋转90°,这样装配方向与分离脱出方向形成90°,就能使得悬臂钩抵御外力脱离的保持性能大幅度提升。

图9-61 装配连接系统3级导入角旋转90°结构示意

下面按照上述设计原理,以一个汽车徽标(LOGO)装配连接优化设计案例加以说明,其结构也适于格栅饰条或其他较小的饰件装配案例。传统汽车前、后徽标安装一般都是采用螺母或卡帽紧固连接,不仅装配时间长,还要额外增加紧固件成本。而按照3级装配设计原理在徽标本体上实现一体式卡扣连接,如图9-62所示结构,取消装配紧固连接件,装配时只需轻轻按压推入即可,还可听到装配到位提示音。这种结构首先在林肯汽车的车头徽标设计上得以应用。

其工作原理说明如下。图9-62a所示是徽标装配件卡扣的结构,紧固卡扣结构主要包括徽标后面塑料基座本体1和一体成形卡钩。卡钩整体呈片状镰刀形,卡钩根部2为刀柄,卡钩端部3为镰刀形卡片。镰刀形卡片的前部向一侧弯曲偏移约1.2mm,装配过程中可以向一侧扭转变形。在卡钩端部3的镰刀形卡片下部卡接边缘刻意设计一个小斜边,形成锁紧功能件锁止边,并能吸收钣金基体件一定的厚度误差。图9-62b所示是车身与徽标卡扣配合的

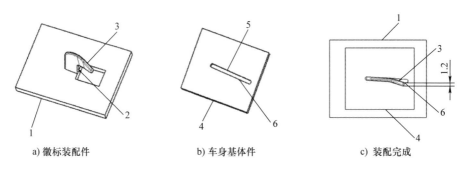

图 9-62 汽车徽标 3 级卡扣装配连接设计示意

卡槽结构。卡槽 5 设置在车身钣金基体件 4 上，卡槽 5 为条形开孔，其宽度较卡钩端部 3 厚度稍大，以便导入锁紧件卡钩。图 9-62c 所示是徽标装配到车身上，装配完成之后的结构。装配过程中受到卡槽 5 的限制，卡钩端部 3 扭转变形约 1.2mm 后导入，到位之后再弹回恢复原状，此时镰刀形卡片下部小斜边与卡接边 6 实现有效咬合，同时卡钩根部 2 一侧与卡接边 6 相对一侧边定位，从而实现稳定的装配连接。注意到，装配时镰刀形卡片偏转方向与锁止之后装配零部件之间的分离方向成 90°，外力分离受力在结构很强的卡钩根部，因此，这类悬臂钩抵御外力脱离的保持性能大幅度提升，装配时间大大缩短，还省去了紧固件成本，对于不拆卸的一次性装配可以优先考虑。实际上图 9-59 中 ECU 支架上的锁紧件结构也是这一应用的具体体现。在下面 5 级装配连接介绍中还有很多同时满足 3 级的应用案例。

4）4 级：其装配特征为装配与保持不分离为不同受力形式。如图 9-63 所示，止逆锁装配进入时是卡扣梁的弯曲变形，而保持约束却是该梁的轴向压缩，因此抵御外力分离的能力大大提升。

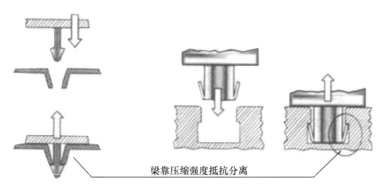

图 9-63 装配连接系统 4 级止逆锁结构示意

如图 9-64 所示，汽车格栅装配到保险杠本体上的典型结构形式可以归类为 4 级装配连接，其在格栅上的悬臂钩可以设计得相对较弱、易于变形装配（图 9-64a），或设计得十分坚固（图 9-64b）、在装配时让保险杠本体的支撑悬臂变形。装配到位之后，用于抵御两个零件在外力下分离的

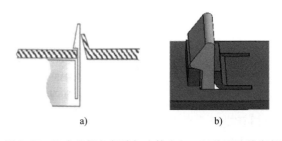

图 9-64 汽车格栅与保险杠本体卡扣 4 级装配连接案例

是格栅悬臂钩本身的拉伸变形。

5) 5 级：其装配特征为装配与保持不分离的功能分别由不同的功能件来实现。这是通过上述装配操作运动不同组合，实现"易装配，难分离"最佳装配连接效果的最高级别。5 级装配连接系统在日常生活中已有很好的案例。例如门与门把手的机构设计：关门时，门只需轻轻一推就能关上，开门时却不能简单地拉门或拉门把手，必须转动门把手收回锁舌才能开门，也就是关门过程和关门之后锁止保持行为被分解了，分解成"推"的装配运动和"旋转"的脱开运动。另外，传统可自己更换电池的手机电池盖大都采用滑移卡接机构装配，装配到位之后还会有卡接锁止提示音，其防止分离的结构是电池盖的翻边，而不是较弱的卡接机构。日常生活应用的高压锅盖是旋转装配，装配到位后也有提示音，但抵御蒸汽膨胀的分离力依靠的却是锅盖翻边，十分坚固可靠。上述案例同时也都符合装配方向与防止分离锁止方向垂直的优化卡接装配设计原则。

图 9-65 所示是 5 级卡扣装配连接的一个案例，通过独立推销填充锁紧功能件中的空间实现锁止功能，以防止较弱的锁紧件受外力倾斜或脱开。汽车紧固件中塑料"推钉"的结构设计类似该工作原理。

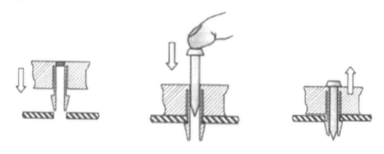

图 9-65　装配连接系统 5 级推销结构示意

5 级"易装配，难分离"卡扣装配连接的最高境界是：①装配过程中主体锁紧功能结构件不受力或不变形；②装配定位完成之后形成永久牢固可靠的锁止；③需要拆卸时，分离过程中主体锁紧功能件不受力或不变形，可以反复拆卸。推荐 5 级装配连接滑移 - 锁止结构，如图 9-66 所示。其装配和锁止过程说明如下：主体装配件上的锁紧功能件凸耳对准基本体

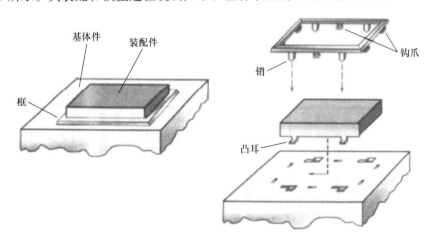

图 9-66　装配连接系统 5 级滑移 - 锁止结构示意

"L"开口沿虚线方向推入，并向左滑移使得每个凸耳都移动到"L"开口的狭缝内，完成装配定位；再将装配锁止框上较长的导向定位销插入基本体；继续推压锁止框到位，使得小悬臂钩爪卡接锁止到基体件定位面上，完全阻止了主体装配件的回退或松动，实现装配与保持不分离的功能分别由不同的功能件来完成。注意到两个装配件上锁紧机构凸耳和导向定位销结构很强，在装配过程中也完全没有受力或变形，并通过锁止框将主体零部件配合牢固地定位在装配位置，由此可知这样的装配定位保持强度非常高。因为没有外力使得锁止框脱出，所以其上的悬臂钩爪结构设计比较弱，为2级装配连接，需要拆卸时只要轻轻拉出锁止框即可。

在汽车卡扣装配连接设计中，应该优先考虑5级可靠装配结构设计。例如，汽车车门内开拉手通常都是通过螺钉连接到门内饰板或车门钣金上的，而图9-67所示的车门饰板内开拉手自身卡扣装配结构是根据5级装配连接原理的创新设计，取消了紧固件，简化了装配过程，缩短了装配时间，并且连接牢固可靠。其工作原理说明如下：首先将内开拉手基座下面的4个"L"形卡子（图中未显示）插入门钣金矩形开口槽中，在向前滑移直到装配定位位置（类似图9-66所示）；再将装饰盖板的导向锁止销插入基座和车门钣金上对应的定位锁止孔，从而将基座非常可靠地锁止保持在装配定位处，无法后退脱出或松动；继续推送装饰盖板直至4个悬臂卡钩通过桥型卡簧变形到达锁止位置，完成装配。值得一提的是，装饰盖板装配进入时是桥型卡簧受力变形，而阻止分离的是装饰盖板悬臂卡钩受力拉伸变形，属于4级装配连接。

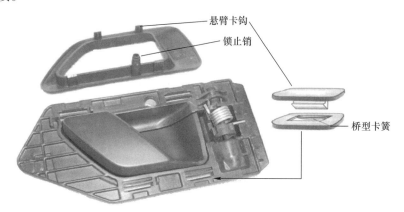

图9-67 汽车门内开拉手无紧固件装配连接

类似结构还可考虑在其他内外装饰件装配连接设计上应用。例如，格栅上的镀铬装饰亮条就可以考虑应用上述原理和方法，直接将装饰亮条插入格栅本体的"T"形开口上部，之后借助重力向下滑移定位于"T"形开口下部，再用一个小小定位销锁止即可完成可靠装配。

综上所述，一个良好的自身定位卡扣装配连接设计按照装配过程顺序的表现应该是：开始装配可视性好，或有导向定位机构引导，确保装配件与基体件的初始对位找正容易；装配直至定位的过程中力越小越好；在装配过程中和保持锁止状态下锁紧功能件不受力或不变形；装配到位并锁止之后应该能够识别或有锁止完成提示（音）信息反馈；装配完成并锁止之后能抵御外力造成松动或脱离的保持能力越大越好。

参 考 文 献

[1] International Organization for Standardization. Environmental Management – Life Cycle Assessment – Principles and Framework：ISO 14040：2006［S］. Geneva：International Organization for Standardization，2006.

[2] 工业和信息化部，发展改革委，环境保护部. 关于开展工业产品生态设计的指导意见：工信部联节［2013］58号［A/OL］.（2013 – 02 – 27）［2020 – 09 – 30］. http：//www. mee. gov. cn/gkml/hbb/gwy/201302/t20130228_248609. htm.

[3] 朱庆华，耿勇. 工业生态设计［M］. 北京：化学工业出版社，2004.

[4] 中国汽车技术研究中心有限公司，中国生态汽车评价规程 C – ECAP：2015 年版［Z］. 2015.

[5] 中汽数据有限公司. 中国生态汽车实施规程：2020 年版［EB/OL］.［2020 – 01 – 20］. http：//www. doc88. com/p – 27739760722257. html.

[6] 中国汽车工程学会. 节能与新能源汽车技术路线图 2.0［M］. 2 版. 北京：机械工业出版社，2021.

[7] 赵福全，刘宗巍，杨克铨，等，汽车技术创新［M］. 北京：机械工业出版社，2019.

[8] IIHS. Genesis G70、GV70 Earn Highest Honors［Z］. 2007.

[9] KELLY J C，et al. Impacts of Vehicle Weight Reduction via Material Substitution on Life – Cycle Greenhouse Gas Emissions［J］. Environ. Sci. Technol.，2015，49（20）：12535 – 12542.

[10] International Organization for Standardization，Environmental Management – Life Cycle Assessment – Principles and Framework：ISO 14040：2006［S］. Geneva：International Organization for Standardization，2006.

[11] SUN X，et al. Life cycle energy use and greenhouse gas emission of lightweight vehicle：A body – in – white design［J］. Journal of Cleaner Production，2019. 220：1 – 8.

[12] KOFFLER C，ROHDE – BRANDENBURGER K. On the Calculation of Fuel Savings Through Lightweight Design in Automotive Life Cycle Assessments［J］. The International Journal of Life Cycle Assess，2010，15（1）：128 – 135.

[13] MALEN D E. Fundamentals of Automobile Body Structure Design［M］. Detroit：SAE International，2011.

[14] EPA. Light – Duty Vehicle Mass Reduction and Cost Analysis：Midsize Crossover Utility Vehicle［S］. Detroit：Environmental Protection Agency，2012.

[15] SINGH H. Mass Reduction for Light – Duty Vehicles for Model Years 2017 – 2025：Peer Review Summary Report［EB/OL］.（2012 – 01 – 01）. https：//www. nhtsa. gov/sites/nhtsa. gov/files/documents/13250e – peerreviewsummaryreport_final – 112818 – v3 – tag. pdf.

[16] 曹渡. 汽车静态感知质量设计与评价［M］. 北京：机械工业出版社，2018.

[17] BOOTHROYD G，DEWHURST P，KNIGHT W A. 面向制造及装配的产品设计［M］. 林宋，译. 北京：机械工业出版社，2017.

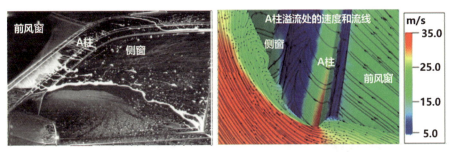

图 3-50 A柱溢流现象示意图

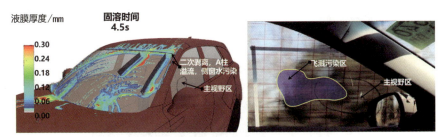

图 3-51 虚拟风洞仿真模拟分析与实车试验

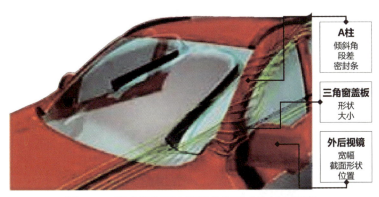

图 3-52 影响侧窗雨水污染的造型（几何）因素

图 3-53 欧拉壁膜模型（EWF）Fluent仿真结果及实车试验结果

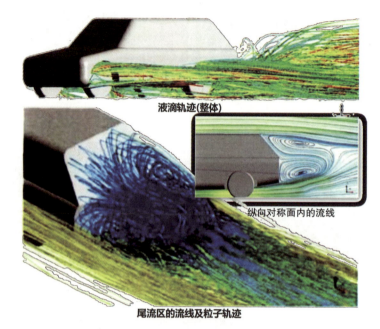

图 3-54 液滴运动轨迹

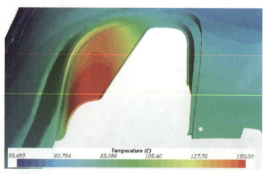

图 6-10 排气尾管与保险杠热害分析示例

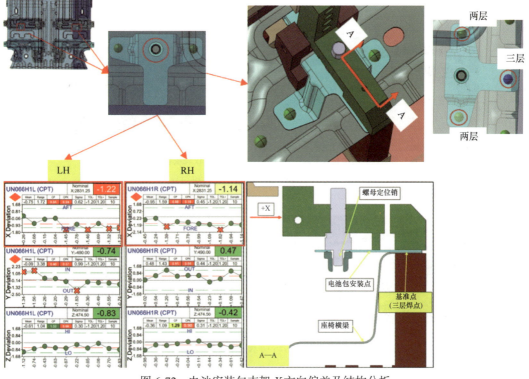

图 6-72　电池安装包支架 X 方向偏差及结构分析

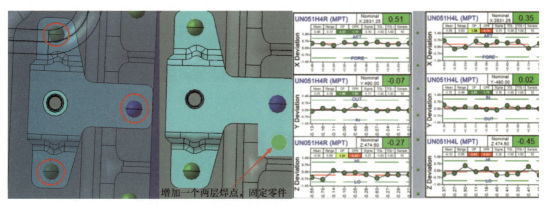

图 6-73　电池安装包支架结构和工艺优化及测量结果

测点	UPV2		目标
	位移/mm	Δ/mm	
P1	0.96	—	—
P3	1.06	0.1	
P5	1.24	0.18	
P7	1.00	0.24	
P9	0.68	0.32	$\Delta < 0.26$mm
P11	0.57	0.11	
P13	0.66	0.09	
P15	0.46	0.20	

图 6-74　后背门载荷对间隙面差影响

a) 仪表板装饰板纹理清晰精致美观　　　　　b) 仪表板装饰板纹理粗糙老旧

图 7-2　仪表板装饰板视觉感知对比

a) 灯罩无分型线外露现象　　　　　　　b) 分型线外露在高可见区域

图 7-13　前照灯灯罩分型线处理效果对比

图 7-15　2021 款奔驰 S 级内饰效果

a) 劳斯莱斯星空顶　　　　　　　　　　b) 宝马天使之翼毯灯

c) 扬声器内部灯光，音乐随动　　　　　　d) 一键启动呼吸灯

图 7-20　汽车灯光亮点案例

图 7-34　某车型整车按键及旋钮纹理形态一致、做工精致

a) 仪表板与门板、立柱饰板色差明显

b) 仪表板与门板、立柱饰板色彩一致

图 7-51　仪表板、门板、立柱色差效果对比

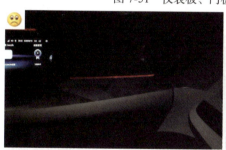

a) 氛围灯亮暗不均，品质感差

b) 氛围灯环抱设计且发光均匀

图 7-56　内饰氛围灯光照效果对比

a) 劳斯莱斯星空顶效果图

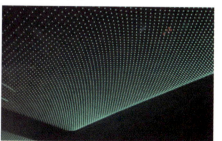

b) 宝马系列星空顶效果图

图 7-65　汽车内部星空顶氛围灯效果展示

主图 细节图

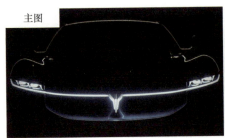
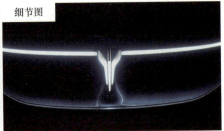

图 7-83　岚图汽车 LOGO 透光式设计

a) 奔驰EQC仪表板蓝色饰条搭配设计　　　b) 宝马I8转向盘采用蓝色元素设计

图 7-86　电动汽车色彩设计案例展示

图 7-94　车载健康系统监控成员体温异常情况

a) 门板智能表面概念图　　　b) 智能天窗概念图

c) 安全带表面调节座椅温度　　　d) 织物材质表面触控游戏

图 7-99　其他智能表面概念设计

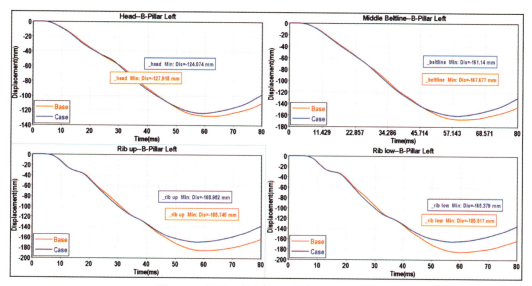

图 8-32 侧碰 B 柱侵入量计算（软件截图）

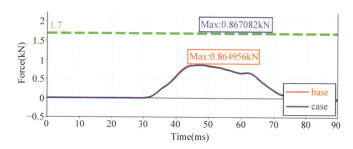

图 8-35 前车门假人盆骨受力随时间的变化（软件截图）

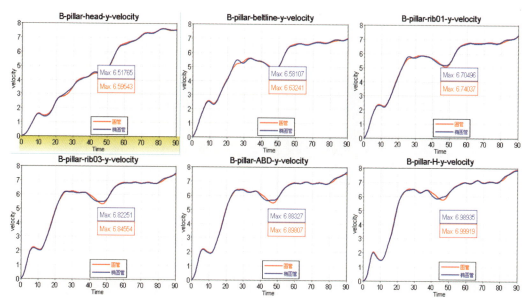

图 8-36 B 柱侵入速度分析（软件截图）

图 8-37　新一代车型车身用材示意
注：红色为热成形，紫色为超高强度钢，绿色为铝合金

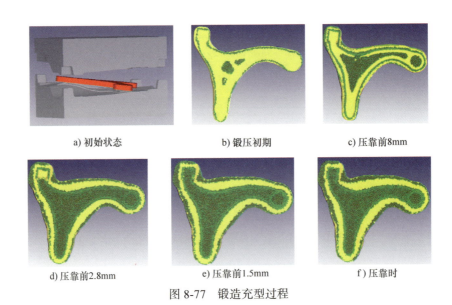

a) 初始状态　　　　　　b) 锻压初期　　　　　　c) 压靠前8mm

d) 压靠前2.8mm　　　　e) 压靠前1.5mm　　　　f) 压靠时

图 8-77　锻造充型过程

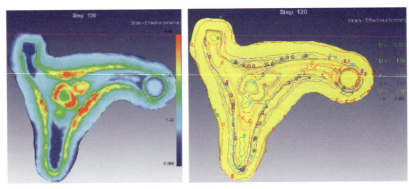

图 8-78　锻造应变分布

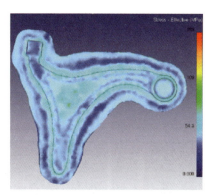

图 8-79 控制臂的等效应力分布云图

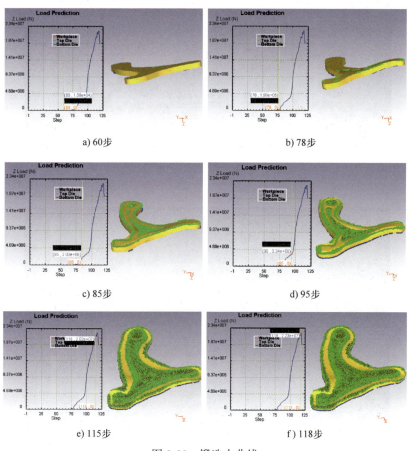

a) 60步　　　　　　　　　　　b) 78步

c) 85步　　　　　　　　　　　d) 95步

e) 115步　　　　　　　　　　f) 118步

图 8-80 锻造力曲线

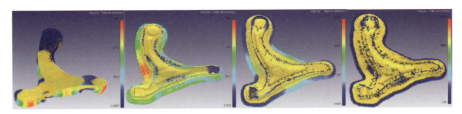

图 8-81　锻造成形速度场分析

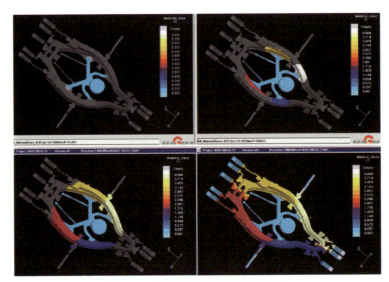

图 8-94　压铸过程靠背的充型分析

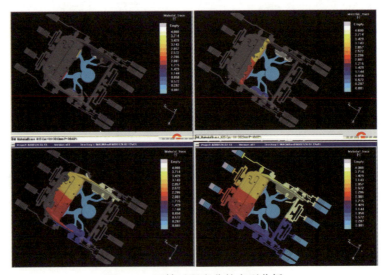

图 8-95　压铸过程座盆的充型分析

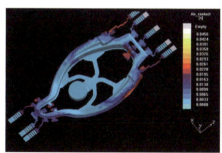
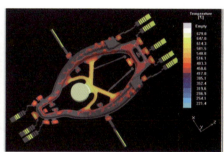

图 8-96 充型前期卷气及缩孔、缩松分析

部件	地板横梁	地板	模组支架	边梁1	边梁2	边梁3	二层支架1	二层支架2	模组连接片	BMS支架
颜色										
初始厚度/mm	3.0	2.0	2.0	2.0	2.5	3.0	2.0	2.5	1.5	1.5

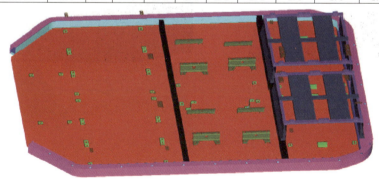

图 8-101 厚度优化对象及初始厚度

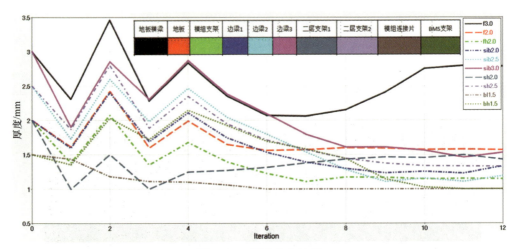

图 8-102　厚度优化结果

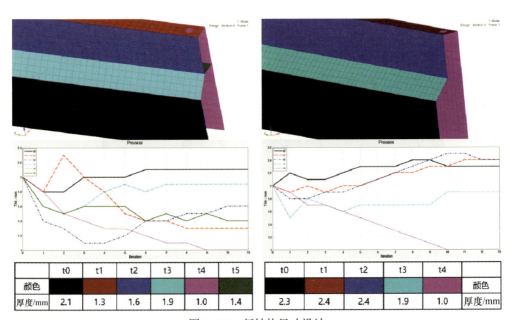

图 8-107　新结构尺寸设计